高等财经教育研究

2011年高等财经教育研究论文集

RESEARCH ON HIGHER EDUCATION OF
FINANCE AND ECONOMICS

赵德武 主编

西南财经大学出版社
Southwestern University of Finance & Economics Press

高等财经教育研究

2011 年第二届中国高等财经教育论坛：质量评价与战略规划
RESEARCH ON HIGHER EDUCATION OF FINANCE AND ECONOMICS

前　言

　　《高等财经教育研究》创刊于 20 世纪 80 年代，起初为西南财经大学针对高等财经教育领域教学改革与教育发展的研讨活动内容结集出版的年刊，曾有力地推进了学校各项教育教学活动的开展。近年，为了适应高等财经教育在社会各界影响力的持续增强，西南财经大学与中国高等教育学会高等财经教育分会合作，面向全国高等财经教育界进行征稿并举办论坛以集思广益，共同提高学术水平，促进高等财经教育发展。

　　2011 年是国家"十二五"规划的开局之年，也是《国家中长期教育改革和发展规划纲要》正式颁布实施的第一年。《高等财经教育研究》（2011 卷）以学习贯彻落实《国家中长期教育改革和发展规划纲要》为中心，紧紧围绕提高教育质量这个核心议题进行了探讨。教育质量是高等财经教育的生命线，也是高等教育未来发展的核心任务，贯穿于人才培养、科学研究、社会服务以及大学管理的全过程。如何把学校工作重心落实到提高教育质量上，把办学资源集中配置到提高质量上，建立以提高质量为导向的学校工作机制和评价体系，始终是高等财经教育面临的重大课题。

　　《高等财经教育研究》（2011 卷）收集了全国几十家高等财经院校及学者的文稿。这些论文围绕高等财经教育质量提升与质量评价、高等财经教育发展战略研究与规划、高等财经教育国际竞争力的提升路径、高等财经教育人才培养模式改革、高等财经教育课程建设与教学方式创新、现代大学制度建设与大学治理研究等六大板块进行广泛深入的研究，开拓了高等财经教育发展的思路和对策。

　　西南财经大学高等财经教育研究中心是目前国内唯一一家专门研究高等财经教育改革发展及相关问题的学术机构，在中国高等教育学会领导和高等财经教育分会的共同努力下，为我国高等财经教育提供了一个总结办学实践、交流办学经验、共同开展专题研究和互相借鉴学习的平台。中心承担的中国高等教育学会 2010 年度重点课题《我国高等财经教育质量评价指标体系研究》（编号 2010YHEZ011），在西南财经大学党委书记、校长赵德武教授的主持下，在各兄弟院校领导和专家学者的大力支持下，已经初步构建起我国本科财经院校质量评价的指标体系，从而形成了有借鉴意义和参考作用的质量评价报告。中心还承担了中国高等教育学会 2010 年度重点课题《经济管理复合型拔尖创新人才培养模式探索》（编号 2010YHEZ004）以及中国高等教育学会"十二五"教育科学规划重点课题《中国特色社会主义高等财经教育思想传承与创新研究》（编号 11ZD001）。

　　本论文集由西南财经大学党委书记、校长赵德武主编，参与编辑的有西南财经大学高等财经教育研究中心许德昌、黄韬、陈益刚、彭浩波、李欣玲、魏薇、王耀荣等，执行编辑为黄韬和魏薇。

　　由于论文集成果众多、篇幅浩繁，在出版编辑过程中难免存有疏漏之处，希望广大作者和读者海涵。我们也期望在大家的共同努力下，把《高等财经教育研究》办成广大高等财经教育工作者和研究家互相交流沟通的学术园地，并热忱期待各位领导和专家学者长期给予关注和支持。

西南财经大学

高等财经教育研究中心

2012 年 2 月 27 日

目 录

高等财经教育发展战略研究与规划

高等财经教育质量提升与质量评价

高等财经教育国际竞争力的提升路径

高等财经教育人才培养模式改革

高等财经教育课程建设与教学方式创新

现代大学制度建设与大学治理研究

高等财经教育发展战略研究与规划

建设高水平行业特色型大学的战略突破口

——以西南财经大学打造大金融学科群为例

赵德武①

（西南财经大学，四川 成都 611130）

胡锦涛总书记在庆祝清华大学建校 100 周年大会上的讲话中指出，高等教育作为科技第一生产力和人才第一资源的重要结合点，在国家发展中具有十分重要的地位和作用。要坚持走内涵式发展道路，借鉴国际先进理念和经验，全面提高高等教育质量，不断为社会主义现代化建设提供强有力的人才保证和智力支撑。胡锦涛总书记这一重要论断，进一步明确了高等教育在建设中国特色社会主义、实现中华民族伟大复兴进程中的功能定位和独特作用，也为高等教育转变发展方式、提高教育质量提出了明确的要求。

高水平行业特色型大学是我国高等教育的一支重要力量，在我国教育、科技和人才体系中居于非常重要的地位。《国家中长期教育改革和发展规划纲要》第七章对高等教育作了专门阐述，其中明确提出：促进高校办出特色，发挥政策指导和资源配置的作用，引导高校形成各自的办学理念和风格，在不同层次、不同领域办出特色，争创一流。那么，如何建设高水平行业特色型大学？其战略突破口又应该在哪里？我以西南财经大学打造大金融学科群、建设高水平行业特色型大学为例，与大家共同探讨这一问题。

一、行业特色型大学面临的学科建设问题

行业特色型大学具有较强的行业背景，在长期服务于行业发展的办学历程中，形成了自己的特色学科或优势学科，这是区别于同类高校的显著标志。但是，随着绝大数学校隶属关系的转变，行业特色大学与原属行业部门之间的联系有所减弱，学科特色或学科优势也随之有所淡化，特色和优势学科与其他学科之间也变得难以平衡和协调，这是行业特色型大学学科建设面临的重要问题，也是带有共性的问题。

一是学科的覆盖面偏窄，整体水平不高。行业特色型大学的办学背景和性质决定了其办学方向和发展定位。虽然很多学校在转制后意识到了学科面偏窄的问题，加大力度对学科布局进行调整和优化，但一方面是新建学科专业很难在短期内快速提升实力，另一方面是在建设新学科时影响了传统特色学科、优势学科的巩固和发展，制约了学科整体水平的进一步提高。

二是学科各自为政，造成资源浪费。多数学科建设仍然是在单一学科的内部单向发展，学科之间没有形成有效的共享平台，也很少进行交叉的学术交流、科学研究。表现在具体形式上就是科研仪器设备、实验室、教研室等的归属界定清

---

① 赵德武，西南财经大学党委书记，教授，博士生导师。

晰、划分过细，无法达到共用共享。这种学科各自为政、自成体系的弊端，造成教学资源和科研资源的重复购置和资源的极大浪费。

三是学科间师资队伍建设不均衡。传统的特色学科和优势学科在师资引进、培养等方面均已相对成熟，决定了优秀师资力量主要集中在特色、优势学科专业。那些新增的学科专业因基础薄弱、发展平台尚不成熟、资金有限等原因，在短时间内很难汇聚到所需的优秀师资，尤其是学术领军人物，造成学科的师资队伍建设不均衡。这一点对于地处西部的这类高校来说，表现得尤为明显。

四是对地方经济社会发展的贡献率不高。行业特色型大学因其学科专业和科学研究有着鲜明的行业特色，与行业联系紧密，为行业服务比较到位，但对区域和地方发展的服务还不够全面，贡献率也相对偏低，没有很好地融入到地方的经济建设和社会发展中。这一问题不仅使行业特色型大学相对较难实现与地方政府的互助共赢，而且也使自身的办学条件受到很大影响。

二、打造优势学科群是建设高水平行业特色型大学的战略突破口

一流大学不是在所有学科上都一流，但往往拥有一个或几个一流学科，通过一个或几个一流学科，带动形成高水平的学科群。我们知道，哈佛大学的商学、斯坦福大学的心理学、麻省理工学院的电机工程、霍普金斯大学的国际问题研究、剑桥大学的物理、牛津大学的古典文学等已成为这些名校的招牌与魅力所在。学科群作为一个整体，打破了学科间的阻隔，各学科之间相互依存、相互促进，具有高度的协同共生性，改变以往单兵作战、单科突进的方式，注重对学科资源的整合和优化，形成学科整体合力和竞争力，共同促进学科群整体水平的提升。实践证明，从学科到学科群的演进是现代学科发展的重要趋势，为行业特色型大学整合学科资源，优化学科布局，创新学科发展机制提供了一个新的视野和契机，也为建设高水平行业特色型大学提供了战略突破口。

行业特色型大学，一方面拥有显著的行业背景、相对集中的学科分布、长期服务于行业发展

等先天的内在基础条件；另一方面有着国家大力支持高校办出特色的宝贵发展机遇。所以，以打造优势学科群为重点突破，带动高水平人才培养、科学研究、社会服务和文化传承创新，坚持有所为有所不为，有所先为有所后为，把优势、强势和特色的学科、专业、课程、项目，做强做特，在日益激烈的竞争中以特制胜、以特促发展，不仅是行业特色型大学在基础层面促进学科健康发展的生存战略，也是在理性层面建设高水平大学的发展战略。其重要作用具体表现在以下几个方面：

一是有利于扩宽学科覆盖面，优化学科结构。行业特色型大学的学科结构大多是某个学科门类中若干核心学科实力较强，其他学科则基础相对薄弱，往往依赖于核心学科的优势资源，但学科间又难以形成集成共生的发展机制。打造优势学科群，可以打破现有学科设置的阻隔，集聚多个学科的力量，形成由核心学科、支撑学科和新兴交叉学科等构成的学科生态体系，充分发挥"学科群"的综合效应、交叉效应和横向效应，达到非优势学科向核心学科的特色优势方向发展，孕育和产生一些新兴交叉学科和方向，有效克服原有学科体系中存在的学科老化、缺乏交融、与社会需求脱节等问题。

二是有利于构建多学科人才培养大平台，培养高层次复合型创新人才。高水平行业特色型大学的人才培养定位于培养大批满足行业发展需求的高层次复合型人才。优势学科群将以往单一学科对人才的培养扩大为学科群对人才的培养，在课程设置上既遵循各学科的内在规律，又打破了课程间的壁垒，构建起了多学科人才培养的大平台。一方面，学科群内不同学术思想相互交融和碰撞、不同研究方法相互借鉴和启发，在交叉融合的过程中擦出创新的火花，为创新人才的培养营造了非常好的环境；另一方面，在学科交叉中产生大量既有理论意义又有实用价值的研究课题。这些课题往往是行业发展和区域经济社会建设的重点问题，有效地拓宽了人才培养的专业口径。可以改善我国高校专业划分过细导致的受教育者知识面偏窄、创新能力和适应能力不强的现状，主动适应行业发展对高层次复合型创新人才的需求。

三是有利于增强学科科研整体实力，提升学

校科研及社会服务能力。目前，仅靠个别学科，或者仅靠若干学科的简单配合，已经难以解决当前产业发展和经济社会建设中所面临的各种复杂性问题。优势学科群在学科领域中拥有权威地位和绝对优势，是高新知识和技能的集中，其学术团队由相关学科的优秀人才组成，有利开展多学科的联合攻关。此外，在联合攻关中，最容易产生新观点、新方法，也是创新产生的最佳土壤和实践的良好场所，有利于创造出前沿的科技成果。在优势学科群的带动下，可整体促进学校科研和社会服务能力的提高，从而更好地为行业发展和区域经济社会建设服务。

四是有利于整合学科资源，实现资源优化配置。优势学科群打破了行政体制性壁垒，通过搭建跨学科的基础课程平台、开放的实验室和研究中心平台，使多学科的师资、课程、仪器设备、科研场所、科研资料等资源实现自由共享。一方面避免了"麻雀式"的重复建设，让以往闲置的资源得到利用，提高资源利用率，防止资源的浪费，使存量资源得到优化使用；另一方面可以进行整体统筹规划，把人力、物力和财力资金用到最有效用的地方，实现增量资源及时有效扩大。这样充分实现了学科资源的优化配置，使各个学科的人力资源、物力资源、专业资源等活化使用，增强了新的学科发展力量。

三、打造大金融学科群是我校建设特色鲜明高水平财经大学的重大战略抉择

西南财经大学是一所具有鲜明行业特色的国家"211工程"重点建设大学，深厚的金融行业背景、独特的金融学科优势、出色的行业影响力是学校区别于综合性、理工科大学以及其他同类财经院校的主要标志。这决定了我校在主动适应金融国际化的发展趋势、推进我国金融业的创新发展、促进我国经济发展方式的转变上，必须积极发挥金融学科群结构合理、优势突出、综合实力强的优势，搭建以金融学科群为核心的学科创新平台、构建以金融学科群为核心的学科生态，以此带动学科和学校的整体发展，担当起中国金融人才培养、中国金融理论创新和中国金融学科发展的时代使命。我们的具体做法有以下几点：

一是成立"金融学科群发展委员会"，组织领导大金融学科群发展。金融是现代经济的核心，主导着现代经济的发展。现代金融是一个高度复杂、高度综合、高度开放的系统，决定了金融学与经济学、管理学、法学、数学、信息科学、政治学、社会学、心理学等众多学科的紧密交融。现代金融学已经发展成为以金融学为核心多学科交叉融合的学科群。为了主动适应现代金融学科发展趋势，我们决定成立"金融学科群发展委员会"（如图1所示），统筹大金融学科群学科发展、人才培养、科学研究、团队建设和国内外合作交流。构建以大金融学科群为依托的高水平人才培养平台、学科创新平台、人力资源平台、对外合作平台，推进高水平金融人才培养、科学研究、社会服务和文化传承创新，努力营造竞争创新、充满活力、共享资源、共同发展的学科群发展环境及机制。

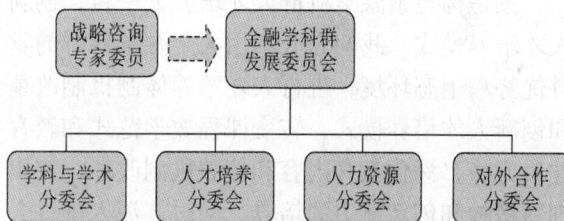

图1　金融学科群发展委员会组织机构示意图

二是促进学科交叉融合，凸显学科特色、凝炼学科方向。我们按照"金融引领、多科交融、竞争创新、共同发展"的学科发展思路，充分发挥银行、证券、保险等金融学科的核心和引领作用，鼓励和支持其他学科在各自领域实现突破，并主动全面融入大金融学科群，构建以金融学为核心，多学科交叉融合、集成共生、竞相发展的大金融学科群。我们围绕中国金融创新发展的重大问题和需求，形成现代金融基础理论创新、金融政策与金融体制创新、金融风险与金融监管创新、金融信息与金融计量创新、资本市场与公司金融创新等五大学科方向，推动形成金融经济学、金融统计与数量分析、行为金融学、金融会计与审计、金融法学、金融工程学、金融信息与计算科学、数理金融学等一批具有金融特色的新领域和生长点，形成有利于健康发展的学科群生态，提升金融学科群国际竞争力，加快建设具有国际先进水平的学科（如图2所示）。

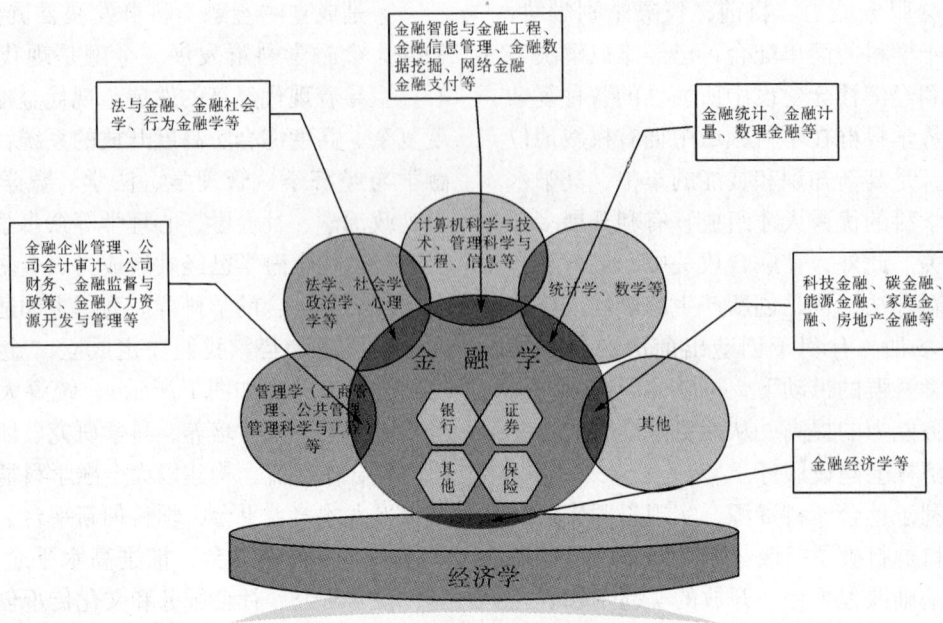

法与金融、金融社会学、行为金融学等

金融智能与金融工程、金融信息管理、金融数据挖掘、网络金融金融支付等

金融统计、金融计量、数理金融等

金融企业管理、公司会计审计、公司财务、金融监督与政策、金融人力资源开发与管理等

计算机科学与技术、管理科学与工程、信息等

法学、社会学、政治学、心理学等

统计学、数学等

科技金融、碳金融、能源金融、家庭金融、房地产金融等

金 融 学

银行 证券 其他 保险

管理学（工商管理、公共管理、管理科学与工程）等

其他

经济学

金融经济学等

图 2　金融学科群示意图

三是构建金融学科群人才培养大平台，创新人才培养模式。我们充分利用大金融学科群的学科优势和生态环境，进行人才培养体制机制改革和创新人才培养模式，转变课程教学范式和教育评价方法，深化教育内容和培养机制改革，突出创新精神和创新能力的培养。同时，深入推进人才培养国际化，拓展国际视野，提高国际竞争力。重点实施金融学学术型创新人才、"金融+X"复合型人才、国际化金融创新人才三大培养计划，与之配套搭建学生科研创新平台、应用创新及社会实践平台和国际化培养及交流平台。以"通识教育+大学科基础教育+大金融学科专业基础教育+经管复合型专业教育"的培养模式，着力培养信念执着、品德优良、知识丰富、本领过硬的高素质金融专门人才和拔尖创新人才，形成厚基础、宽口径、复合型、国际化、本硕博贯通培养的高素质金融创新人才培养体系。这样，即可实现从单一学科的专门性人才培养，到以学科群为平台的行业领军人才培养的根本转变，增强学生的综合性、创新性、实践性和社会适应性，促进学生全面发展和个性化发展。

四是汇聚金融学科优秀人才，培养和造就学术领军人物和创新团队。人才是学校的核心要素，我们在总结近几年人才建设的成功经验的基础上，还将加大这方面的投入力度，建立创新人才引进培养、评价发现、选拔任用、流动配置、

激励保障机制，营造充满活力、富有效率、更加开放的人才制度环境。实施两大人才工程：①"卓越创新团队工程"，以采取"领军人物+创新团队"的模式，组建 5 支左右金融创新团队，创新团队注重战略性、前瞻性、基础性研究，着力解决金融经济发展重大问题；②"金融英才发展工程"，即在全球范围内全职引进 3 ~ 5 名学术领军人物、30 名左右金融学相关领域（方向）博士和若干名实践经验丰富的实践型创新人才，重点选派 20 名左右学术领军人物后备人选到国外著名大学、大型金融机构及重点实验室进行交流和访学研究，每年遴选 5 ~ 8 名校内外优秀全日制在读博士、硕士及高年级本科生，赴国外一流大学或知名研究机构攻读金融学相关的博士学位。这些措施可为金融学科群提供可持续的人才支撑。

五是着力提高金融学科群自主创新能力，增强科研及社会服务能力。就是要瞄准金融学国际学术前沿，面向国家金融行业重大战略需求，密切与"一行三会"及各大金融机构协同创新，加强基础条件与载体建设，如中国金融研究中心、金融研究院、中国家庭金融调查与研究中心、中国支付体系研究中心、金融智能与金融工程实验室等，着力研究国际金融、中国金融、西部金融三大领域的重大问题，重点建设中国金融发展中的重大基础理论创新、中国金融宏观调控

政策与体制创新、中国金融风险防范与金融监管创新、现代金融信息技术与金融计量方法创新、中国资本市场发展与公司融资选择等五大研究项目，在世界货币体系改革与人民币国际化、我国外汇储备风险及其应对、资本市场与经济发展方式转变、中国农村金融改革、金融监管、中国家庭金融调查与研究、金融宏观审慎管理制度创新、投资与金融资产定价、金融会计准则与金融资产公允价值、金融法律制度、西部经济发展与金融制度创新等重大课题研究上，产出一批高水平的理论创新与对策研究成果。

长期以来，西南财经大学享有"中国金融人才库"之美誉，毕业生中有近 4 万名在金融系统工作。我们的发展目标是建设高水平行业特色型大学，正如 30 年前中国人民银行选择西南财经大学一样，30 年后，西南财经大学依然选择"金融特色"，这就是学校的招牌。我校金融学科群与中国金融创新发展"优势学科创新平台"的前期论证和实施工作已取得阶段性成果。我们将以此为契机，努力打造国内一流、国际知名的大金融学科群，为我国金融人才培养、金融理论创新、现代金融业发展、国家金融经济安全以及金融学科发展做出西南财经大学应有的贡献。

关于构建中国财经类大学联盟的几点思考[①]

伍世安[②]

（江西财经大学，江西 南昌 330013）

摘 要：本文在综述和借鉴国内外大学联盟的产生原因、组织形态、活动内容的基础上，认为有必要在中国高等教育学会高等财经教育分会（HFEEB）的基础上，构建中国财经类大学联盟，以提升中国高等财经教育质量，并就其必要性、可行性及合作项目进行了探讨。

关键词：大学联盟；中国高等财经教育

《国家中长期教育改革和发展规划纲要（2010—2020 年）》指出，要"推动高校创新组织模式"，"加强学校之间、校企之间、学校与科研机构之间的合作以及中外合作等多种联合培养方式，形成体系开放、机制灵活、渠道互通、选择多样的人才培养体制"。根据这一战略部署，探索高校合作发展机制、建设高等教育优质资源共享平台，已被列为国家教育体制改革试点的重要内容之一。我国高校之间历来具有良好的合作交流传统，进入新世纪以来又效仿国际大学发展的经验，纷纷成立了不同形式的大学联盟的合作机制。在这种形势下，我国高等财经类院校有无必要建立联盟，怎样建立联盟，本文拟对之进行探讨，以求教于同仁。

一、从单打独斗到抱团发展

所谓联盟，是一个管理学或政治学术语，迈克尔·波特（1997）认为，"联盟是指企业之间进行长期的合作，它超越了正常的市场交易但又未达到合并的程度。联盟方式包括技术许可生产、供应协定、营销协定和合资企业"。也就是说，联盟介于合作与合并之间。联盟是一种合作，但它不是一种交易而退的合作，而是一种长期稳定的基于战略目的、全方位深层次的合作；联盟不是一种合并，参盟者仍然拥有对自身资源的完整的所有权，但在联盟里，参盟者又必须放弃对某些资源的支配权，以履行联盟约定的义务。

正如企业发展到一定阶段之后，有必要通过联盟方式进行价值链合作，以凸显品牌经营和核心竞争力，获取更多的效用价值一样，高校作为从事知识创造、传授、存续、延绵的类似组织，其发展到一定阶段，也同样地会产生各种联盟方式。

从国际来看，人们所熟悉的美国常春藤联盟（The Ivy League）创始于 1945 年，最初目的在于促进各校之间的体育交流，1975 年创立了"共同申请协会"，免费为高中和高中毕业生提供大学入学申请统一标准，成为美国最大的大学招生联盟，2010 年已有会员大学 415 所。美国的 CIC（Committee on Institutional Cooperation）大学联盟则是由中西部 8 个州的 12 所研究型大学于 1958 年成立，致力于发现和解决大学发展中的共同问题。英国罗素大学集团由牛津、剑桥等 20 所英国研究型大学于 1994 年成立，旨在维

---

① 本文为伍世安教授在"2011 第二届中国（太原）高等财经教育论坛"上的报告。
② 伍世安，江西财经大学原党委书记，教授，博士生导师。

持最高水准的科研、教育和知识传递。英国"大学联盟"（University Alliance）主要由92后大学（即1992年后由科技学院升格的教学型大学）于2006年成立，旨在确保成员高校在国家的高等教育事务的争论中能发出共同呼声。欧洲CLUSTER（Consortium Linking Universities of Science and Technology for Education and Research）由欧洲各国顶尖工科大学于1990年组成，现有14个成员学校，以促进工程师、科学家、建筑学家的高端研究和培养，并有发展成为世界工程教育联盟的趋向可能。环太平洋大学联盟（Association of Pacific Rim Universities, APRU）是由太平洋沿岸国家的研究型大学于1997年组成的大学联盟，现有36所成员学校，致力于促进环太平洋地区的教育、研究及企业合作，推动区域经济、科学和文化进步。东盟大学联盟（ASEAN Universities Network, AUN）于1995年成立，通过促进东盟各国确定的优先发展领域的交流学习与合作研究，加强东盟高校之间的合作，现有来自东盟10个成员国的21所著名高校。东亚研究型大学协会（The Association of East Asian Research Universities, AEARU）由东亚地区中日韩三国顶尖的研究型大学于1996年成立，在会员大学共同的学术文化背景下，促进本地区高等教育与科研发展，推动社会、经济及文化进步，现有会员大学17所。

从国内来看，20世纪80年代初中期，原财政部部属院校之间就开展了"国内留学"，跨校修读，以及五所院校共建山东财政学院的合作范例。进入新世纪以来，校际合作也进入新的发展阶段。为适应大学扩招，提高投资效益，一些地方在"大学城"的建设中实行体育场馆、图书资料、集会场所、实验设备、后勤设施、商贸餐饮、学生宿舍等教育资源共享，甚至推行跨校互聘教师、互选课程和互认学分，形成区域教学联合体和"无边界高等教育"。[①] 1999年6月成立的北京学院路地区"教学共同体"，目前有16所高校参与，通过建立跨校选课、成员校辅修专业、共同体辅修专业的多层次教学体系，实现优质教育资源的共享和校园文化的交融，以提升人

才培养质量。上海西南片的上海交大、华东师大等14所高校成立联合体，相互之间实行跨校选课和资源共享。近几年大学联盟之风更盛，2009年安徽省应用型本科高校联盟成立，14所新建本科院校实现"抱团发展"；2010年末，具有自主招生资格的一些"重量级"大学分别组成了"清华联盟"（7所）、"北大联盟"（13所）、"理工联盟"（9所）和"京派联盟"（5所），举行自主选拔录取联合考试；2011年5月，江苏试点组建区域高校联盟，5所高校走在探索的前列；2011年6月10日，重庆市大学联盟正式成立，首批成员包括6所高校。国内外大学之所以从单打独斗走向抱团发展，可能基于如下几方面的原因：

（一）实现教育资源共享

在传统的管理和运行体制下，高校各自划地为牢，单打独斗，追求小而全、大而全，教育资源的短缺和闲置同时并存。一方面，一些高校买不起高端的科研设备仪器和大型的电子文献信息库，使教研人员和学生无法了解和掌握国际学科发展的最新动态；另一方面，却又存在着一些高校的重复购置以及使用低效的现象。通过联盟协议，成员学校间的教育资源相互开放，彼此共享，可以有效地提高投资效益和利用效率。一些招考联盟的形成，不仅可以节约各校招考的成本，而且可以节约考生的考试成本，为考生提供极大的便利和更多的选择。

（二）完善人才培养机制

正如物种的杂交可以产生杂交优势，高级人才的培养更需要多方位的复合。一位学生倘若只能在一所大学里"从一而终"，尽管这个学校可以为他提供良好的学习条件，但其视野和思维仍会有所局限。正因如此，许多国外的大学规定学生必须要有跨校或跨国学习的经历，取得相应的学分方可毕业。在这里，跨校学习不仅可以使学生聆听到更多名师的教海，获得更多的求学机会，发展自己的兴趣和特长，更为重要的是可以领略不同大学的文化氛围和科学气质，使其受益终生。因此，从有利于人才培养的角度，一所大学不仅要为学生提供校内跨院系修读以及接触社

---

① 无边界高等教育由英国大学副校长与院长委员会和英格兰高等教育资助委员会在2000年一份题为"无边界的教育业：英国的视角"的报告中提出。见 David Martin. Opening teaching idea [M]. Oxford: Oxford University Press, 2001.

会的各种机会，而且应提供更多的校际开放和交流的机会，为人才的成长提供自由而全面的发展条件。在一定意义可以说，一个学校的开放度的大小也即能为学生提供的求学机会的多少，决定着这个学校的核心竞争力。联盟使校际合作的形式由"一对一"上升到"一对多"，不仅可以使校际合作获得巨大的网络效应，而且可以使校际合作"盟约化"，有效降低交易成本，更有利于形成体系开放、机制灵活、渠道互通、选择多样的人才培养体制。

（三）形成集群聚合效应

各所高校无论办学历史长短、办学规模小大、办学层次高低，均有自己的比较优势，这正是各校之间能够达成合作"交易"，获取比较利益的动力基础。在联盟中，各个学校取长补短，优势互补，不仅能使各所院校获得更多的发展机遇和发展条件，提升学校实力和社会声誉，而且通过资源的整合，融合各校的比较优势和核心能力，可以完善人才培养和知识创造的价值链，产生"1＋1＞2"的集群聚合效应，提升联盟所有高校的整体实力，实现从比较优势向竞争优势的转化。

（四）维护成员共同利益

各个高校在改革和发展中都存在着与政府和社会的互动，都有着自身利益的维护和诉求，都面临着某些需要相互协商、协调立场的共同事务。通过联盟形式，有助于反映成员学校的共同呼声和利益诉求，发现和解决大学改革和发展中的共同问题。以英国大学联盟为例，由于在英国，92 后大学被许多人认为不具有完全的大学资格，因而很难获得研究委员会的科研拨款，在一些关系高等教育发展的重大问题上也缺乏话语权。为此这些学校组成联盟，以确保成员高校在国家的高等教育事务的争论中能发出自己的声音，确认所有的高校均具有与自身使命相适应的科研、教学和创新能力。

（五）促进教育质量提升

如果说以往的某些大学联盟更多地侧重于硬件教育资源的共享，节约教育投资，解决大学扩招和经费拮据，则现在及今后的大学联盟将更多地侧重于教育质量的提升，合作范围和内容将更为广泛和深刻，涉及制度建设、学科建设、人才培养、队伍建设、科学研究、社会服务、公共资源共享与共建以及国际交流与合作等多个领域。如东盟大学联盟（AUN）的一项重要活动就是协调东盟各国的高等教育体系和质量标准。1998 年 AUN 首任主席万差·斯里查那（Vanchai Sirichana）创设了 AUN 质量保障计划，旨在通过制定相应的政策和要求，制定可付诸实施的、共享的统一质量标准，提高东盟高等教育质量；2000 年形成了《曼谷协定》，成为成员学校的集体意愿和承诺；2001 年通过了《AUN 质量保障通用政策与标准》，被各成员大学认可并采用；2004 年通过了《AUN 质量保障指导方针》，以指南形式发至 AUN 成员和相关各方，为东盟各大学提供了一个质量保障基准。

中国财经类院校起源于民国时期，成长于新中国的社会主义建设，崛起于改革开放大势，迄今具有独立法人资格的公办本科财经类院校已达 50 余所，成为中国高等教育的一支重要的方面军和国家现代化建设的一支重要的生力军，成为莘莘学子求学的热门、政府经济决策的智库、社会科学研究的主力和企业咨询服务的高参。但是勿庸讳言，虽然各个财经院校以及彼此之间存在广泛的合作联系，但从总体上来看，尚处于单打独斗的阶段，有必要顺应国际国内高等教育的发展趋势，提升发展层次，形成"抱团发展"。在这里，依托中国高等教育学会高等财经教育分会（Higher Financial & Economic Education Branch of China Higher Education Association, HFEEB），构建中国财经类大学联盟，也许是一种可能的途径。

二、从专门协会到大学联盟

纵观上述国际国内大学联盟的类型，既有地域型，如美国 CIC 大学联盟、环太平洋大学联盟（APRU）、东盟大学联盟（AUN）、东亚研究型大学协会（AEARU）、上海西南片大学联盟、重庆市大学联盟等，又有行业型，如欧洲 CLUSTER；既有强强型，如 CIC、英国罗素大学集团、APRU、AEARU，又有弱弱型，如英国大学联盟、安徽应用型本科高校联盟，还有混合型，如美国常春藤联盟。但无论何种类型的联盟，必须要有相应的组织机构、结盟原则和制度约束，否则联盟就会流于形式。

美国 CIC 大学联盟成立了校际合作负责委员

会（CIC provost），负责领导、指挥、协调活动和计划，其常设机构 CIC 设在伊利诺斯大学，雇用专职人员，在校际合作负责委员会的指导下，负责组织各种会议，执行、评估和管理由几所成员大学共同完成的合作项目以及信息分享和问题解决，年度业务预算经费由成员大学进行审查和核拨。环太平洋大学联盟由会员大学选举产生的指导委员会领导，联盟主席（也即指导委员会主席）及指导委员会成员每届任期两年，秘书处负责日常行政事务，目前常设于新加坡国立大学，但独立于新加坡国立大学。东亚研究型大学协会章程规定由校长年会决定协会的政策和活动，年会的代表应为大学校长或校长代表，选举产生理事会并负责协会的治理，理事会由协会主席、副主席、上届主席和其他 4 位会员大学的校长组成，每届主席任期两年，副主席接任下届主席，协会总部和秘书处设在主席所在大学，日常事务由秘书处负责处理。东盟大学联盟设有董事会，由来自东盟各国政府指定的代表、东盟秘书长和 AUN 执行主任组成，董事会成员任期 3 年，不得超过两届，主席由泰国高等教育委员会主任兼任。董事会还设立了筹款委员会，负责为 AUN 的项目和活动筹资。秘书处目前设在泰国朱拉隆功大学，由执行主任领导，泰国政府承担运行经费。

从结盟原则来看，自愿、平等、合作、发展是各大学联盟的基本原则。自愿是大学联盟的首要原则，加盟学校完全基于自愿，从本校实际需要出发，自愿加入和退出，从而有利于保障每个成员的主动性和内驱力；平等是大学联盟的基础原则，所有入盟学校地位完全平等，遵循协商一致原则，一些关键的岗位和重要的活动甚至轮流"坐庄"，从而有利于保障每个成员的主体性和积极性；合作是大学联盟的根本原则，联盟通过开展一系列丰富多彩的合作项目，深化已有合作，开辟新的合作，拓展外部合作，稳固长期合作，实现战略合作，从而有利于保障每个成员的优势互补、整体提升；发展是大学联盟的最高原则，联盟成立的落脚点就是要努力实现各校单独行动而难以实现或短期内难以实现的目标，达到"1＋1＞2"的系统优化效果，从而有利于每个成员的跨越式发展和可持续发展。

从制度约束来看，各大学联盟均具有宪章章程及其统率下的具体的规章制度和操作规程，从而有效地保障了联盟的运行和具体活动项目的实施。以 CIC 实施的校园间在线课程共享（Course Share）为例：首先，参与此计划的系、部要与 CIC 签订授权共享课程的正式协议，参与的成员大学有义务消除课程共享的障碍，学费分摊必须经参与的系、部同意，一般由 CIC 推荐参数，决定中期注册学生学费交款额度；其次，承办学校的共享课程必须经所在系、部同意，同时提交给 CIC 一份课程共享报告，包括学生注册资格（每一参与大学的学生注册的数量）、课程日历的使用、课程内容（包括课程性质、是否与学位挂钩、成绩记录方式等）、学校课程委员会审核意见、授课教师、参与大学等；最后，申请的学生一般至少在开课前 30 天向所在大学和承办大学注册，CIC 通过课程共享数据库，帮助所在大学和承办大学进行注册数据信息转换，完成学分转换。

通过对上述大学联盟的组织结构、结盟原则和制度约束的分析，笔者认为，HFEEB 已基本具备大学联盟的雏形。第一，HFEEB 凸显了大学联盟的行业特色。HFEEB 于 2005 年 4 月成立以来发展迅速，成员单位由 17 个增至 47 个，汇聚了我国所有有影响的财经院校，已成为我国高等财经教育方面最有代表性、最具影响力的社会团体。第二，HFEEB 初显了大学联盟的结盟特色。HFEEB 已形成卓有成效的组织架构和运行机制。按照 HFEEB 章程，由会员单位选举产生的理事会负责 HFEEB 的治理，秘书处负责日常的行政事务，定期出版《高等财经教育通讯》，作为 HFEEB 的信息交流平台。成员单位自愿参加、地位平等、积极合作、共谋发展。第三，HFEEB 体现了大学联盟的合作特色。HFEEB 下设 17 个专业协作组，牵头单位"能者为贤"，围绕主要的财经学科、不同的办学层次和共同的校务管理进行研讨和协作，较好地实现了优势互补和共同发展。

但是，尽管 HFEEB 已具有大学联盟的雏形，虽然某些大学联盟的本身就是协会性质（如东亚研究型大学协会），然而 HFEEB 要成为真正意义上的大学联盟，还有许多工作需要去做，还有很长的路要走。

三、从信息平台到项目合作

上文阐述了大学联盟之所以存在和发展的五个方面的原因,上述原因归结起来是因为各校之间存在共同的问题、共同的利益和共同的目标,而这些问题的求解、利益的维系和目标的达成,均需借助具体的项目来实现。在一定意义上可以说,倘若缺乏具有实质意义的合作项目,则协会永远只是协会,只是一种交流信息、联络感情的平台,而不可能发展成为大学联盟。

综观国内外大学联盟的活动项目,大致可分为如下几个方面:

(1)联盟性会议,包括理事会议、校长年会、高级职员会议等,主要是研究和决策联盟的重大问题,巩固和发展大学联盟。

(2)专业性论坛,包括各种学术研讨会、学术报告会、教务长论坛、学院院长会议、博士生论坛等,旨在为具有某种共同需要的学科、专业和人群提供交流沟通的平台。

(3)专项性协作,包括联合招考、专项比赛、校际选修、跨校修读、教师互聘、学者交流、师资培训、学生夏令营等,即针对人才培养和教育质量的某个环节开展校际合作。以北大招考联盟为例,其在人才自主选拔考试环节进行联盟,考试科目共设 7 门,由 13 所参与高校根据人才培养定位的共性需求联合命题,但在具体的考生资格的审核、考试科目的选取、考试成绩的使用上,各校仍保留了各自的独立自主性。如有的高校可根据综合成绩来选拔,有的可根据综合和单科成绩来选拔,还有的可根据不同考试科目加权后的综合成绩来选拔。

(4)资源性共享,包括校园间在线课程共享、在线图书馆共享及区域性大学联盟的后勤服务资源的共享等,以充分发挥各校已有资源的最大效益。

(5)外部性合作,即以联盟名义对外进行各种合作,争取和接受各种捐赠,取得官方和社会的广泛支持。如 APRU 与亚太经合组织(APEC)、朗讯科技基金会及其他团体合办活动或共同开展项目;AUN 与中、日、韩、印及欧盟等对话伙伴合作而形成了东盟—中国大学校长论坛、东盟 10 + 3 大学校长会议、东盟—欧盟大学校长论坛、AUN 东南亚工程教育联盟、AUN 东盟韩国研究中心等项目活动。

从上可见,正是由于各种大学联盟实施了一系列丰富多彩而切实可行的合作项目,才使得大学联盟充满活力和生机,在促进区域或行业经济社会发展的同时,也使得联盟成员学校各得益彰。HFEEB 已走过了 6 年的发展历程,并已取得了骄人的发展业绩,但要在提升我国高等财经教育质量上有所作为,逐步地成为中国财经类大学联盟,尚需在项目合作上有所突破,有所前进。鉴于 HFEEB 的成员单位具有强烈的行业特色但又存在强弱不一的现状,笔者认为可以先易后难地实施如下一些合作项目:

(1)HFEEB 学生交流,包括跨校修读、文体比赛、夏令营活动、博士生论坛、校际本硕连读、硕博连读等。

(2)HFEEB 教师培训,包括网络公开课、教师暑期培训班、学者进修计划、学术研讨会等。

(3)HFEEB 教材编写。HFEEB 的特色之一是数家出版社的加盟,可以专业协作组为依托,编写高质量的专业教材,通过加盟出版社发行,既有利于扩大印数,又有利于教学质量的提高,还可为 HFEEB 筹集部分资金。

(4)HFEEB 外部合作。通过加强与教育部、财政部、金融机构、大型企业的合作联系,争取更多的科研项目和奖教奖学资金。

具体的合作项目的形成,可采取自下而上的方式,即首先在各个专业协作组进行酝酿讨论,形成初步方案和一致意见,再提交理事会审议后实施,并由秘书处进行跟踪、评估和协调。由此循序渐进,积少成多,实现 HFEEB 向中国财经类大学联盟的华丽转身。

参考文献

[1] 金凤,朱洪镇,李延吉. 美国 CIC 大学联盟探析 [J]. 现代教育科学,2007(4).

[2] 刘清绘,袁源. 东亚研究型大学协会与环太平洋大学联盟的比较:组织结构与活动内容的视角 [J]. 世界教育信息,2011(3).

[3] 迈克尔·波特. 竞争优势 [M],陈小悦译. 北京:华夏出版社,1997.

[4] 张成霞. 东盟大学联盟在促进东盟高等教育发展中的作用 [J]. 世界教育信息,2011(2).

[5] 张韦韦,闫志刚. 中国式"大学联盟" [J]. 教育与职业,2011(3).

筹建重庆金融学院：
建设金融人才培养基地①

杨继瑞②

（重庆工商大学，重庆 400067）

按照《重庆市国民经济和社会发展第十二个五年规划纲要》，重庆将依靠金融人才支撑、依靠金融法制和政策环境、依靠大量金融力量的集聚，加快建设以结算为主要特色的长江上游金融中心，然而金融人才短缺却日益成为制约重庆金融业发展的"软肋"。虽然企业管理人才可以转换知识结构从事金融，但还是需要建设专业匹配的金融学院，积极构筑金融中心的核心竞争力——建设金融人才培养基地，从而塑造金融文化、优化金融生态环境，为重庆金融行业的发展提供人才支撑和智力支持。重庆工商大学作为重庆唯一的财经特色鲜明的多科性高水平大学，理应顺时而动，乘势而上，担当大任。

一、筹建重庆金融学院的必要性

（一）建设长江上游地区金融中心和金融人才高地的迫切需要

近几年来，重庆建设长江上游地区金融中心的步伐明显加快。重庆建设长江上游地区金融中心的总体思路、总体规划、战略定位、路径选择、功能定位、金融核心区建设等日益清晰，建设力度也逐步加大。重庆市委、市政府出台了多部关于发展重庆金融业的文件，如市政府常务会审议通过的《重庆市促进金融业发展若干意见》，有利于吸引金融资源聚集重庆，有利于金融辐射西部，有利于重庆对外开放，对重庆推进长江上游地区金融中心的建设起了重要作用。尤其是 2009 年 1 月 26 日正式颁布的《国务院关于推进重庆市统筹城乡改革和发展的若干意见》，以"314"总体部署为纲，明确提出"完善金融市场体系，提升金融服务水平，促进金融产业健康快速发展，建设长江上游地区金融中心，增强重庆的金融集聚辐射能力"。国务院 3 号文件确认重庆"建设长江上游地区金融中心"，已成为国家战略的重要内容。2011 年重庆市政府工作报告相应提出了明确要求：要加快金融改革创新，在扩大直接融资、要素市场建设、外汇管理改革试点、优化金融发展环境等方面取得重大进展。在这样的历史机遇下，筹建重庆金融学院，显得十分必要。

（二）解决重庆金融业中高端人才供不应求的现实需要

重庆要成为金融中心，必须具备三个基本条件：一是金融规模要足够大，无论是资产总量、交易规模还是营运利润都要具备体量优势。此外，保险市场、要素市场市值和各类结算业务规模也应达到较高水准。二是金融法制要足够健全，要有良好的政策法制环境，包括法律法规、行政规章、社会诚信体系等，有一整套规范而健

---

① 本文为国家教育体制改革项目《创新高校与行业企业产学研合作模式》的研究成果。
② 杨继瑞，重庆工商大学校长，教授，博士生导师。

全、能够保障金融健康运转和便利化的游戏规则。第三点，也是最重要的一点，需要足够多的金融及其相关高端人才，要集聚各类金融人才，包括注册金融分析师、会计师、资产评估师、审计师、精算师，同时相应的培训服务要比较完善。未来区域和区域之间的竞争，不仅仅是资本、技术、投资环境或者劳动力成本的竞争，归根到底是人才的竞争，其中推动金融业发展的主要内容就是人才。在目前全国金融人才极度匮乏以及外来人才不能很好地适应区域金融业发展需求的情况下，培养大量业务精、视野宽、熟悉当地金融行业情况的复合型金融人才迫在眉睫。

表1　重庆市金融行业急需紧缺人才预测表

领域	急需紧缺人才类别	2009年规模（人）	发展目标(新增)	
			2015年（人）	2020年（人）
金融	风险评估及预测专业技术人才	426	1200	3600
	金融分析师、注册会计师、保险精算师、保险核赔、资产评估师、证券投资及经纪人	2646	2000	6000
	高级金融管理人才	1572	1600	5400

注：数据来源于《重庆市中长期人才发展规划纲要（2010—2020年）》

（三）适应长期对国际化、复合型、专业化金融人才的需求

金融行业是知识密集型的高智能、高创造、高技术、高风险的行业，既懂得中国金融市场同时又了解国际金融市场，既懂证券、基金、保险、外汇、期货同时又通晓经管、外语、法律、商务，综合素质优秀且业务过硬的专业技术人才和中高级管理人才已经成为金融、投融资机构追捧的热点。金融企业招聘到合适的金融投资和管理人才的难度变得越来越大，企业对金融人才的综合专业素养、管理能力提出了更新更高的挑战。重庆作为未来的长江上游地区金融中心，对熟悉国际资本市场和复杂金融产品结构的人才需求更为迫切，将国际领先的金融实务教育培训体系应用于对国际化、复合型金融人才的培养已经刻不容缓。

表2　重庆实施百名金融高端人才培养计划

百名金融高端人才培养计划：到2020年，培育30名具有全球视野、通晓国际惯例，金融管理和资本运作经验丰富，在业界有较大影响的高级管理人才，70名精通现代金融知识、熟悉国际金融业务，能够引领金融创新的高级专业人才。

注：数据来源于《重庆市中长期人才发展规划纲要（2010—2020年）》

（四）充分发挥重庆工商大学金融学科专业人才培养巨大潜能的发展需要

人才培养、科学研究、社会服务是高校的三大职能，培养高素质劳动者和高水平的人才是高等教育的根本任务，有效服务经济社会发展是高等教育的重要使命。面对金融人才已成为"重庆市国民经济和社会发展重点领域急需的紧缺人才"的现状——按照国际惯例，要成为一国或一地区的金融中心，金融从业人员占就业人口比重应在10%以上。重庆在金融人才方面的缺口巨大（据统计2009年末重庆金融业就业人口9.8万人），且金融人才培养模式单一，远远不能满足金融行业缺口的需求。围绕建设"长江上游金融中心"的目标，重庆将金融人才的培养作为人才发展的重点项目，制定了支持市内高校建设金融专业重点学科、组建金融研究机构、加强金融平台建设等措施。因此，建立重庆金融学院，培养中高端金融人才，打造金融人才培养基地，不仅是充分发挥高等教育职能的需要，也是重庆高校的必然选择。重庆工商大学作为重庆市唯一一所以财经类为特色的高校，理应充分发挥其专业特色和专业优势，以及培养金融人才的巨大潜力，为重庆建设长江上游地区金融中心输出人才。

二、筹建重庆金融学院的可行性

（一）重庆金融行业的强劲发展势头提供了坚实保障

近几年来，重庆从硬件、软件上不断推进长江上游地区金融中心的建设。金融业GDP占整个国民经济总值的比重，已由5年前不到3%，提高到了目前6%左右，力争5年后将这一比例提高到10%以上；重庆金融机构资本回报率长期保持在20%以上，超过全国平均水平；银行不良资产率下降到 0.9%；国民经济证券化率达到 45%，5 年后有望达到 100%。同时，重庆市委、市政府及金融办出台了一系列关于发展重庆金融业的文件。《重庆市国民经济和社会发展第十二个五年规划纲要》也确定，到 2015 年重庆要基本建成以结算为主要特色的长江上游金融中心，目前已形成了建设长江上游地区金融中心的总体思路、战略目标及规划、具体路径。这些具体的举措和目标有利于吸引金融资源聚集重庆，有利于金融辐射西部，有利于重庆对外开放，对重庆推进长江上游地区金融中心的建设起了重要作用，也为筹建重庆金融学院提供了良好的环境支撑。

（二）重庆工商大学的学科特色和优势提供了办学基础

（1）重庆工商大学是具有鲜明财经特色的多科性大学，对金融学形成了很强的支撑厚度。

重庆工商大学是一所经济学、管理学、文学、工学、法学、理学等学科协调发展的、具有鲜明财经特色的高水平多科性大学，开设有 25 个学院（中心）教学单位以及 2 个独立学院，58 个本科专业，有区域经济学、企业管理、环境工程等 30 个硕士学位授权点和 1 个博士后科研工作站，拥有区域经济学、产业经济学、企业管理等 3 个市级重点学科和统计学、思想政治教育 2 个市级立项重点建设学科。

我校经管类学科现有高级职称 157 人，博士 71 人；经管类实验室近 5000 平方米、经管类教学仪器设备值近千万元，经管类图书 129 449 种，形成培养金融人才的有力支撑。

——经济类学科竞争力居于全国上游水平

应用经济学是我校传统财经类优势学科，多年来该学科积极主动适应区域内经济社会发展需要，精心凝练学科研究方向，在金融理论与应用、国民经济核算体系与方法、区域经济理论与政策、产业经济理论与政策、城镇化与城市经济及数量经济理论与应用等方面的研究独树一帜，学术成果在全国产生了广泛的影响。在 2009 年教育部组织的学科评估中，我校应用经济学在参评的 68 所高校中位列第 28 位，领先部分具有博士授权点的高校，充分展现了我校财经类高校的学科优势和实力。

表 3　应用经济学二级学科一览

学科门类	一级学科	二级学科
02 经济学	0202 应用经济学	020201 国民经济学
		020202 区域经济学
		020203 财政学（含：税收学）
		020204 金融学（含：保险学）
		020205 产业经济学
		020206 国际贸易学
		020207 劳动经济学
		020208 统计学
		020209 数量经济学
		020210 国防经济

注：2011 年 2 月 12 日，国务院学位委员会第二十八次会议审批通过，新增"统计学"为一级学科，包括数理统计学、经济统计学、精算学与风险管理、生物统计学、应用统计、应用概率等 6 个二级学科。

表 4　2009 年我校应用经济学在全国高校中的评估情况

校代码及名称	整体水平	
	排名	得分
10007 北京理工大学		
10022 北京林业大学		
10240 哈尔滨商业大学		
10247 同济大学		
10251 华东理工大学	28	65
10255 东华大学		
10269 华东师范大学		
10491 中国地质大学		
10611 重庆大学		
11799 重庆工商大学		

注：数据来源于《2009 年教育部学位与研究生教育发展中心学科评估报告》

——财经类学科实力在重庆居于优势地位

除应用经济学外，工商管理也是我校传统的财经类优势学科，经过多年的建设和发展，该学科在会计与财务管理、企业发展与治理、供应链与物流管理、营销理论与应用、区域旅游发展与管理以及人力资源开发管理等特色方向在区域内形成了比较优势，具有较强的学术影响力和较高的学术声誉。2010 年，第三方评估的我校应用经济学在重庆高校中排名第二，工商管理位居第三，这也充分体现了我校财经类学科群的综合实力和学术影响力。

表5　2010 年重庆高校应用经济学一级学科
评估情况

	排名	位次
重庆大学	33/233	1
重庆工商大学	87/233	2
西南大学	101/233	3
重庆理工大学	154/233	4
西南政法大学	167/233	5
重庆师范大学	174/233	6

注：数据来源于《中国研究生教育评价报告 2009 - 2010》

——市级财经类重点二级学科我校占主导
地位

重点学科的分布体现了一个学校的特色和优势。在"十一五"期间，我校有市级重点及重点建设二级学科 5 个，其中有 4 个属于财经类学科。重庆市财经类重点二级学科共有 10 个，我校占 4 个，占比为 40%，居于主导地位。因此，我校重点学科涵盖的领域充分体现了财经类高校特点。

表6　重庆高校财经类市级重点二级学科比较情况

高校名称	财经类市级重点二级学科数	所占比例（%）
重庆工商大学	4	40
重庆理工大学	2	20
重庆大学	1	10
西南政法大学	1	10
重庆医科大学	1	10
重庆师范大学	1	10
合计	10	100

注：重庆大学应用经济学和工商管理为市级重点一级学科，未计算在二级学科内。

——财经类学科梯队建设优势明显

为强化和突出财经类高校的特色和优势，我校不断加大财经类学科梯队建设力度，采用引进与培养并重的人才建设模式，不断加强和完善学科带头人、学术带头人以及学术骨干组成的学科梯队。财经类学术人才建设取得了显著成效，这可从我校财经类学科重庆市技术学术带头人数量可见一斑。在应用经济学和工商管理两个一级学科中，我校有重庆市学术技术带头 10 位，占全

市财经类总人数的 31.3%，在重庆高校中位列第一。

表7　应用经济学和工商管理学科重庆学术技术
带头人比较情况

高校名称	所占人数	所占比例（%）
重庆工商大学	10	31.3
重庆大学	9	28.1
西南大学	3	9.4
重庆师范大学	2	6.3
西南政法大学	2	6.3
重庆交通大学	1	3.1
重庆工学院	3	9.4
后勤工程学院	1	3.1
重庆社会科学研究院	1	3.1
合计	32	100

——财经类高层次人才培养规模快速发展

我校在财经类学科建设中，十分重视高层次人才培养工作，积极创造条件，加快研究生教育步伐。与此同时，积极探索财经类高层次人才培养创新模式，全面提高研究生的学术、人文、实践及创新能力，加快具有国际化视野的财经类人才培养改革步伐，主动适应重庆市经济社会发展要求。近三年来，我校研究生招生规模呈快速增长态势，并且主要以培养财经类专业为主，每年财经类专业人数也呈现快速上升态势。近三年我校财经社科类专业招生比例达到了 69.8%，这反映了我校为地方培养财经类高层次人才在总体人才培养中占比很高。

——财经类学科平台具有突出优势

为进一步凸显财经类高校优势，我校致力于加快财经类学科平台建设，初步建成了国家级、省部级和校级财经类学科平台，在重庆高校中处于领先地位。长江上游经济研究中心在教育部第二轮基地综合评估中，综合水平排全国同类基地第三位。2002 年以来，我校经管学科共获得 478 项省部级以上科研项目，获国家社科基金、国家自然科学基金 36 项，科研经费 9063 万元，培育和产出了一系列财经类学科标志性成果，这为我校财经类学科快速发展奠定了坚实基础。

表8　　我校高层次科研平台一览

级别	财经类学科平台	批准部门
国家级	教育部人文社科重点研究基地——长江上游经济研究中心	教育部
	经济管理实验教学示范中心	教育部 财政部
省部级	重庆市人文社科重点研究基地——区域经济研究院	重庆市 人民政府
	重庆市人文社科重点研究基地——产业经济研究院	
	重庆市人文社科重点研究基地——企业管理研究中心	
	重庆市发展信息管理工程技术研究中心	重庆市科学 技术委员会
	电子商务及供应链系统实验室	

注：我校拥有的市属高校唯一的教育部人文社科重点研究基地长江上游经济研究中心，在全国综合水平评估中位列第三位，并获得2009年度全国教育系统先进集体。

——金融类学科专业办学基础较好、金融师资队伍较强

我校财政金融学院成立于2002年，已有近10年的办学历史，现有金融学、财政学、保险学、投资四个本科专业（投资专业、保险专业为重庆市唯一本科专业，金融专业在重庆市名列前茅），大金融专业齐全（涵盖银行专业、证券和保险三大门类）。学院现有教职工60余人，高级职称教师占专任教师的比例为56%；教职工科研成果丰硕，近五年来，学院教师承担国家级、省部级等科研课题100余项，共发表论文近500余篇。学院外汇交易课是国家级和市级双语教学示范课程，金融学是市级精品课程。学院积极促进科研成果转化，积极参加国内外学术交流活动，成立了金融研究所，建有财政金融实验室，并在大中小银行、证券公司、保险公司、财政局和税务部门建立了稳定的专业实习基地。我校金融学专业2010年文理科最低录取线均超过一本（重点大学）控制线，近三年文理科录取平均分均超一本控制线。2010年金融学专业就业率达96.4%，高出重庆市金融学平均就业率12.5个百分点。学院已累计培养和培训金融人才近万人，毕业生遍布重庆乃至于全国各金融单位（其中不乏世界500强单位），并成为业务

骨干。

（2）开放办学、服务地方经济建设是重庆工商大学的一贯秉持。

开放办学是我校长期以来形成的办学特色。学校秉承原两校开放办学的优良传统，深入研究经济全球化、西部大开发和重庆经济社会发展对人才培养的现实需求，科学分析学科专业尤其是经济管理类学科专业的发展态势，不断挖掘自身优势，探寻办学特色，逐步形成了开放办学的人才培养理念和多层次、宽领域的开放办学格局。

目前，我校开放办学取得了显著成效。国际化交流合作广泛开展，建成中外合作办学学院2所，合作项目由中法"2＋2"双校园人才培养模式拓展到中法、中加2＋2双学士项目、中法4＋2硕士和中英国际商务硕士等项目，已与15个国家（地区）47所知名高校和机构建立了友好合作关系。与凯博国际教育机构（KAPLAN）合作开设了重庆首家会计学专业ACCA项目；与全球最大的管理会计师组织CIMA（英国皇家特许管理会计师工会）签署战略合作协议。留学生规模不断扩大，与国（境）外知名高校之间的师生互访和交换学习频繁开展。

深入推进校地、校企和校际合作，积极拓宽合作领域。与境内外160多家知名企业建立了相对稳定、形式多样的合作关系，建成校企合作办学学院3所；与南川、大足、遵义、邻水等市内外10余个市、区、县建立了战略合作关系，与各机关企事业单位建立了10余个实质性的横向科研服务机构，承担各级政府及企业横向科研项目800多项。全球发展学习网络重庆远程学习中心已成为世界银行和国家发改委在西部地区的人才培训基地，2010年荣获人力资源和社会保障部、国家发展和改革委员会联合颁发的"国家西部大开发集体贡献奖"。同年，学校获准成为"创新高校与行业、企业产学研合作模式"教育体制改革项目试点单位。

（3）重庆工商大学已为筹建重庆金融学院做了大量基础性工作。

——成立筹建工作组，启动筹建工作

制订了重庆金融学院筹建工作方案，成立了筹建工作组，由书记、校长领衔，相关部门和学院全面参与。自筹备工作开展以来，校领导多次带队赴国内外延揽人才，着手实施国内外著名高

校高级访问学者计划，启动了金融国际化合作计划，积极拓展金融学、财政学、金融工程三个二级学科硕士点及 MBA 金融工程专业硕士学位点，建立了金融创新实验室平台，实施了金融数学、金融法学、金融工程、金融投资双学位计划及创新人才培养计划，与四川大学研究生院、经济学院联合举办金融学、金融工程学博士生课程班，开展了高端金融人才培训及远程教育。为便于金融相关专业产学研的开展，我校筹划在江北校区（位于两江新区）或茶园新区建设重庆金融大楼，计划先期投入配套经费 500 万元，专项用于金融学科、平台、师资队伍建设。

——西南财经大学博士后流动站重庆工商大学分站挂牌

2011 年 3 月，西南财经大学博士后流动站重庆工商大学分站正式挂牌，该分站涵盖理论经济学、应用经济学和工商管理等 3 个一级学科。该分站第一批 5 位博士后已经进站开题，分站的成立将进一步形成我校在金融理论研究和经济体制改革的研究优势，为着力研究国家金融、西部经济建设和社会发展重大理论和实践问题，形成了一支繁荣经济科学，服务金融事业，发展地方经济的研究力量，将建成培养金融高端人才的重要平台。

——相关行业及机构大力支持重庆金融学院的筹建

在我校与银监会、证监会、保监会和各大银行、证券公司，保险公司以及联合产权交易所等机构初步沟通后，纷纷表示愿意加盟重庆金融学院的筹建，并成为该学院理事会单位。复旦大学金融研究院，西南财经大学金融学院、保险学院、证券与期货学院，教育部（西南财经大学）中国金融研究中心，四川大学经济学院等单位也积极支持该学院的筹建，来函表示在学院的筹建和运行过程中将尽全力给与指导和帮助。中国工商银行重庆分行、中国建设银行重庆分行、重庆银行等已与我校签订战略合作协议，并就筹备重庆金融学院设立了专项基金。

三、重庆金融学院的办学模式及特色

（一）办学思路
重庆金融学院将依托国家教育体制改革试点

项目——"创新高校与行业、企业产学研合作模式"，采取高校与行业、地方产学研合作模式，由重庆市人民政府依托重庆工商大学举办；由市教委、市发改委、市财政局、市金融办、银监会、证监会、保监会和各大银行、证券公司，保险公司以及联合产权交易所等机构，联合一批跨国企业和国内外知名高校，会同重庆工商大学，整合集聚资源，建立战略合作关系，按照现代大学制度建立政产学研用合作联动、相互支撑的开放式联合办学体。按照重庆市社会经济发展总体要求，形成适应重庆金融业发展需求的金融人才教育培训体系，以弥补重庆市在金融人才培养方面的不足，提高重庆市金融人才的总体水平和研发能力，争取将筹建重庆金融学院列入重庆市经济社会发展总体发展战略。

（二）管理体制
聚集社会资源，成立由政府部门、行业和学校联合组成的理事会，共同研究和制定学院章程、发展规划、培养方案、师资聘用等。学院实行理事会领导下的院长负责制，拟恭请黄奇帆市长出任首任金融学院院长或名誉院长，并面向全国招聘执行院长、学科带头人和教学科研团队。

（三）培养模式
重庆金融学院作为一个开放式的办学平台，以市场需求为导向，深化教学改革，整合校内外学科资源、集聚重庆市乃至西部地区高端金融人才，紧密结合企业（行业）发展要求，根据经济社会发展需要，确定和调整各专业的培养目标和课程设置，与合作企业（行业）共同制订实训方案，采取学校与企业（行业）双轨制、导师制等多种方式实施人才培养。深入开展多种形式的国际国内交流合作，积极运用市场机制开展校企合作、实施产学研用结合。

（四）办学定位
拟筹建的"重庆金融学院"是重庆市人民政府依托重庆工商大学举办的、学校与政府有关部门和金融行业合作办学的实体化学院，是金融人才培养基地，金融理论创新基地，政府和金融行业高水平决策咨询服务基地，重庆和海内外金融学术交流和资料信息基地，"创新高校与行业、企业产学研合作模式"探索试点基地，为重庆建设"长江上游金融中心"提供人才支持、知识贡献和智力服务。

四、重庆金融学院的发展规划

（一）办学目标

（1）重庆金融学院面向金融、保险、证券等传统金融业务和非银行类金融机构以及交易所等结算中心，开展全日制本科教育和研究生教育，联合培养博士生及博士后，培养既具有金融专业优势，同时又通晓经管、外语、法律、商务和熟悉 WTO 规则的复合型金融人才，打造重庆金融教育高端品牌。

（2）围绕实施重庆市"百名金融高端人才计划"，联合国内外产学研用机构合作培育金融高级管理人才和专业人才，开展金融行业执业资格认证培训和国际金融业从业认证培训，提升重庆的金融人才竞争力。

（3）联合重庆金融研究院举办"两江金融论坛"。

（4）聚集校内外学术领军人物和"战略思想家"，组建"智囊团"和"专家库"，为政府和金融行业提供高水平决策咨询服务。

（二）办学规模

通过 5～10 年的建设，学院形成每年培养及培训 3000 人次的办学规模；建设一支 150 人左右的以专职为骨干、专兼结合双师型高素质师资队伍。

（三）专业设置

本着服务重庆、面向西南、辐射全国的宗旨，以经济社会发展需求为导向，学院拟开设金融学、投资学、保险学、国际金融学、金融数学与金融工程等本科专业，开设金融学、金融工程、财政学学术学位二级学科硕士点，拟新增金融、保险、税务、会计、资产评估、审计、国际商务、物流工程等硕士专业学位点；同时与四川大学、西南财经大学等金融人才培养实力强的大学共同开办 MBA 金融班、EMBA 金融班。各专业（方向）将紧跟市场需求，以行业导向和新职业增长点作为指路标。

（四）师资队伍建设规划

学院的师资队伍建设将突破常规，主要通过以下途径汇聚国内外高层次金融人才，打造一支"世界眼光、金融精英"的教学管理队伍。一是以现有重庆工商大学财经师资为基础，着力提升金融类教师、研究人员的学术和实践能力，培养 20 名金融类博士；二是面向海外，以新机制招聘 30 名以博士、博士后为主的高级专兼职教师；三是在全国金融及相关行业选聘 30 名优秀专兼职教师；四是在全市高校相关专业团队选拔 20 名专职教师等。

关于高等财经院校治理与联盟的思考[①]

李维安[②]

（东北财经大学，辽宁 大连 116025）

我想讲几点关于高等财经院校治理和建立联盟的问题。我记得曾经在刘部长领导下编写《中国经济五十年》，其中最重要的就是讲了改革、发展和稳定的关系。我们的高等教育，在制度上最核心的就是建立现代大学制度。我本人搞了几十年公司治理，现在很多地方请我去讲大学治理，开始我心想这两个根本不是一回事，但现在看来，两者还是有一定联系的。首先"大学治理"这个概念的提出就是参照了公司治理，而且我发现，我们现在大学改革所走的路子实际上就是效仿了当年国企改革所走的路子，只不过国企作为企业面对的市场压力大、改革力度大，而大学呢，作为培养人才的地方，即便要改，没有一定的年头是看不到成效的。现在从本科生培养到博士毕业短则十来年，长的话像现在光读博士就要 8 年时间。我们现在明确要建立现代大学制度，实际上很多概念都是引进的。现在大学的治理就是要调整利益相关者，从出资人到政府，再到教师和行政人员，从几个方面设置一个内外部的结构或者机制，以保证大学培养人才的质量。

在此情况下进行改革，我们不仅要看到大学治理的问题，而且要关注国外正在进行的改革。国外现在也在探讨，大学治理是行政权利、学术权利及其他利益相关者的多方面的共同治理，包括大学学术权利的实现问题。国外的大学治理也有一个过程，包括现在许多私立大学也受到了内部监控，生源减少，有破产的危险，所以治理的动力也是很大的。即便是国外对教授治校的问题，行政权利和学术权利的匹配也有争论。像美国模式，我们大家也都比较熟悉。和企业不同的是，企业董事会任命 CEO 去负责，高校最大的问题是行政不能主导学术。所以我们往往讲教授不能治校，教授应治学。学术委员会到底该怎么弄？治理不是管理，治校、治学不是直接让人当管理者，治理就是把握大方向、大决策。另外一个问题是学术委员会应该开几次会议？学术权利怎么弄？我们看看国外的大学，学术委员会下面要设专业委员会，然后有常设机构。日本是世界上高校管理管得最死的，把国立高校管理人员都看成是公务员。大家知道前一段日本一桥大学曾经出过一个事，有个教授到公司当独立董事，日本人事厅知道后让这位教授辞去职务，说你是政府官员，要么辞去独董，要么辞去教授。后来就这个事情引发了讨论。现在日本也已开始改革，叫做国立大学的法人化，让大学有独立的法人，然后放权。但作为国立大学仍然要受到政府的监督，当然在大学校长的选任委员会中也要有政府官员出面。所以，我们现在一方面要看到我们的实际情况，就像中国的改革是建立法人治理结

---

① 本文为李维安教授在"2011 第二届中国（太原）高等财经教育论坛"上的报告。
② 李维安，东北财经大学校长，教授，博士生导师。

构，中国的大学还都没有章程，当前的任务是制定章程。如果一个大学连章程都没有的话，就不是一个合法的法人。学术权利、行政权利到底该怎么弄都没有一个说法。我们现在迫切需要一个顶层设计。中国的大学是设理事会还是董事会？非营利性的大学一般设理事会，私立性大学一般设董事会。现在我们设这些都是为了校庆而设立的，找几个校友过来，捐点钱就完事，它不是一个治理结构。就像我们搞了多少年的国企改革，最近提出新的口号：党组织怎么嵌入法人治理结构？搞了法人治理结构在海外才能上市，要不别人怎么认识你的企业，怎么敢进去？

当年国企改革"一放就乱，一乱就收，一收就死"形成了恶性循环。现在就是要从这个恶性循环里面跳出来建立现代法人治理结构。当前大学治理在世界上通行的是两个机制：一个是大学自治，一个是学术自由。由于时间关系，我就简单地讲一下，当然这里面有很多问题都可以讨论，我们现在大学的改革就像当年国企改革也到了一个关键点，很多问题的症结都在这里，包括我们开会多次提到的"钱学森之问"什么的。另外，我再提一个问题就是，在这种背景下，财经大学有必要建立一个联盟：抱团发展。刚刚我们讲了建立现代大学制度，现代大学治理。大学治理也有外部治理，不是政府一放，什么都不管。就像我们的上市公司，虽然政府不干预你了，但马上就有来自股东的、来自评估机构的、来自证券市场资本市场的监管，也就是来自市场的经济型治理。那么在大学内部做好了以后，也有来自两方面的外部治理。一方面有经济效应。什么意思？就是将来生源越来越少了。另一方面来自学术治理。政府不管你，那你什么学都可以办，不好的就由行业开除，好的就继续留下来。从这个平衡机制来说，将来政府对这些治理的完全垄断放开以后，各界又要开始探讨了。在这种情况下，财经类院校就应抱团发展，包括像我们

学会都是起凝聚大家的作用的。就像当年我们的企业都叫国有企业，后来改革成国有控股。我们大学也一样，作为政府的下属自主办学，去行政化以后外部治理的利益结构怎么建立？从这个意义上说，海外的经验可供借鉴，像美国的常青藤联盟，像商学院等都属于这种。现在国内也陆续出现了，当然我看这种联盟的情况有的叫联盟有的叫别的，有二十来个。有的是靠着原部委，比如原来搞机械那些部门，像铁道部所属院校，虽然现在都归教育部管了但还要组成联盟共同发展、互利协调。像今年4月23成立的高校文科类联盟，主要就是课程网路资源的共享、学分互认、互派本科生访学、建立研究生互访推荐、联合举办暑期学校、图书文献共享、实验室研究室开放、跨学科跨学校的科研平台学术团队合作开展科研项目。其原则是平等资源、互信互利互补、互相尊重。我们财经院校有天然联系，连名字都差不多，都离不开"财经"二字。那么我们也可以组成某种形式的中国财经类大学联盟，当然可以不同的形式出现，比如说可以是服务导向型，也可以是教学导向型、科研导向型等。这样既有利于抱团发展又有利于在建立现代大学治理过程中，形成财经类院校的约束。

最后说一下东北财经大学"十二五"规划中，我们考虑的几个战略，我们的目标是建立国际知名的特色突出的高水平财经大学。我们确定的四个战略是：①学科立校战略。抓学科，当然包括层次性布局，包括学生素质的培养，学财经的单靠财经不行，还要上其他专业的课程。②人才强校战略。我们今年就派了20人出去搞合作研究，而且出去的人国内津贴还保留。③国际化改革战略。④目标竞争战略。行业领先高校，以最好的指标来衡量。我们的五个重点是办学的国际化、人才培养的精细化特色化、科研成果的精品化、管理的服务化和信息的基础化。

（根据录音整理）

高校海外高层次人才工作实践与思考

边慧敏　冯卫东　任旭林①

（西南财经大学，四川 成都 611130）

摘　要： 大力引进使用海外高层次人才是新时期高校获取核心竞争优势的关键。本文以西南财经大学为例，分析海外人才"引、用、留、走"长效发展机制及工作成效，并对高校海外人才工作存在的问题提出对策和思考。

关键词： 高校；海外高层次人才；人才工作

人才资源是高校发展的第一资源，大力引进使用海外高层次人才是新时期高校获取核心竞争优势的关键。目前，海外高层次教师队伍短缺已成为我国高校发展和创建世界一流大学的重要制约因素，培养拔尖创新人才迫切需要一大批海外师资人才队伍，尤其是具有世界眼光和国际竞争力的高素质人才。只有通过引进海外高端人才的直接带动，才能在较短时间内突破学术学科发展瓶颈、促进教学范式变革、提高国际化人才培养质量。因此，要进一步提高对高校引进海外高层次人才重要性紧迫性的认识，进一步加大高校引进海外高层次人才的力度。

一、西南财经大学海外人才工作实践

近年来，西南财经大学采取一系列超常规的重大举措，尤其是人才工作改革创新和实践探索，取得积极进展。2006 年以来，学校共吸引来自美、英、德、日、澳、我国香港等 10 多个国家和地区，包括哈佛大学、剑桥大学、加州大学伯克利分校、东京大学等国际知名大学毕业的全职博士 100 多人；采取"柔性机制"，特聘 8位海外知名学者为学院的院长，聘请海外讲座教授、课程教师近 180 人次来校工作。教师国际化程度显著提升，具有海外学习一年以上经历的教师占专任教师总数的 40%。同时，学校加大引进全职非华裔外籍高层次人才力度，积极为外籍人才的发展创造条件。

（一）建立健全"引、用、留、走"长效发展机制

1. 完善"引得进"工作机制

实施"年薪制 + 聘用制"。2006 年 1 月 1 日起，对引进的海外人才采取协议工资的方式，以高薪激励、合同管理、目标考核为原则，实行聘用合同制和人事代理制，两个聘任期考核合格后，可以转为长期教职。实施知名学者"柔性"引进策略。采用"不求所有，但求所用"思路，特聘海外知名学者为国家重点学科所在学院的院长，在执行院长的协助下，全面负责学院的教学、科研、管理等工作。加大海外讲座教授、海外课程教授、海外课程博士引进力度。

2. 优化"用得好"工作机制

采用"统分结合"使用模式。"统"就是成

---

① 边慧敏，西南财经大学副校长，教授，博士生导师；冯卫东，西南财经大学教职工心理健康与人力资源开发中心主任，副教授；任旭林，西南财经大学教职工心理健康与人力资源开发中心副教授。

立专门面向海外人才的学科特区，组建以国际知名学者金融学教授菲尔·迪布韦克（Philip H. Dybvig）为代表的"金融研究院"；以"长江学者"为院长，以海外讲座教授、海外留学人才为主体的"经济与管理研究院"，聚集了50余名经济与管理学科的全职海外高层次人才，已成为西财人才培养模式创新策源地和高水平科研成果产出中心。"分"就是根据自愿原则到相应的专业学院。加大"走出去"力度。支持海外人才到国内外知名高校、研究院所担任客座教授、兼职教授，鼓励"进口转外销"，让海外人才巩固"国际触角"，扩大学校影响力。

3. 健全"留得住"工作机制

流动是彰显人才价值的重要尺度，解决优秀人才流失的关键在于吸引人才的后续工作是否到位。学校实施海外人才重大培养工程，加大海外教学名师和教学团队建设力度，每年邀请几十位海外人才的博士生导师以及获得终身教职的知名教授到学校开设讲座、合作进行课题研究等，继续指导青年海外人才成长。实施海外"青年教师成长项目"，为学科长远发展培养后备优秀人才。高度重视海外人才的职业生涯规划，成立了教职工心理健康与人力资源开发中心，为海外引进人才量身定做个性化培养方案，落实职业生涯发展规划。建立与高层次人才的经常性联系制度，想方设法解决其工作、生活问题，全心全意为其服务。

4. 探索"走得掉"工作机制

尊重人才发展和学术发展规律，为人才提供宽松研究期和单纯学术环境，保证海外人才可持续发展。在保证海外人才总体稳定的条件下，实施制度性退出策略。聘期结束时的年薪制人才，如果没有达到最低续聘要求，实行自动终止合同或者学院分担人才投入费用的逐步退出机制，促进有限资源配置于更加优秀群体，最大程度激活人才、用活人才。

西南财大着力优化"引、用、留、走"长效发展机制，吸引大批人才加盟，成为海外杰出人才向往之地。同时，也为我国高校规模化引进使用海外人才探索了经验，扩大国内高校在全球人才竞争中的吸引力。

（二）人才发展综合效能持续提高

经过几年建设，海外人才队伍呈现稳定发展态势，在教学、科研、社会服务等方面成绩斐然，人才培养改革突破式推进，科研成果呈现"井喷"，社会服务质量与影响力持续提升。

（1）人才培养改革突破式推进，为经济学教育改革积累经验。借鉴国际一流商学院人才培养经验，实施"经济与管理国际化创新人才培养模式"，被誉为"北美模式中国制造"；以北美知名大学经济学与管理学博士培养方案为主要参照，实施"北美经济学与管理学研究生培养"，许多优秀毕业学生被国内一流大学聘用为专任教师。

（2）科研成果呈现"井喷"，推进科学研究范式深入转型。由学校领军人物牵头的高层次创新人才队伍紧跟国际经济与管理学科的发展步伐，引导教师们由传统研究范式转向国际前沿研究范式，学术研究成果明显提速，高质量论文发表数量倍数级增加，课题立项、学术讲座呈现百花齐放局面，国际高层次学术会议上的话语权逐步显现，学术影响的范围和质量逐步提高。

（3）社会服务质量与影响力持续提升，致力于打造"中国西部财经智库"，为国家建设和西部发展提供高品质社会服务。如与中国人民银行研究局合作成立"中国家庭金融调查与研究中心"，为国家制定经济金融政策提供参考；与华西期货联合成立"华西期货金融科技研究中心"，使西部地区期货公司服务平台达到国内领先水平；中国教育需求研究中心发布的"中国大学生就业能力指数"已经得到各级党政高度认可和社会广泛应用。

二、引进、使用海外人才工作的思考

西南财经大学在引进使用海外人才工作中，还存在急需解决的问题，也是国内高校引进海外人才共同关注的问题。结合学校多年的工作实际，参考海外专家、国内同行的意见，对这些问题提出对策建议，希冀促进我国高校海外人才工作有序推进、科学发展。

（一）创新海外人才工作理念

加强海外人才引进使用工作理念创新，引导

不同用人体制教职员工站在学校发展大局进行换位思考，促进彼此相互理解。

1. 强化改革发展共识

学校领导在各种会议和场合，宣讲学校发展面临的危机和压力，让包括离退休教职员工在内的全体西财人了解学校面临的发展困境，理解、认同和支持学校的用人体制变革，激发教职员工发展的动力，更好促进学校大发展。

2. 提高干部变革理念

通过滚动式境外培训，借鉴国外先进的人才体制理念，充分理解到海外人才的人力资本投资状况，逐步理解学校改革大局，对海归人才、年薪制人才态度更加积极和包容。

3. 提升海外人才归属感

学校领导与海外人才建立定期联系制度，举行座谈会，面对面倾心交谈，认真解决他们的实际问题。采取系列措施，将学术资源倾斜配置，研究条件优先解决，为海外人才潜心教学科研提供更多的便利。

（二）完善引进工作

海外人才的引进方式和程序与国内人才引进工作存在一定的差异，需要遵循国际惯例，不断优化工作程序，完善配套政策与制度。

1. 设立高校海外人才引进专项基金

通过基金会运作，可以集中经费资助高校引进特需的高层次海外人才，经费来源除了国家财政性拨款外，还可以通过企业赞助、社会人士捐助等形式。同时，高校以项目形式申请海外人才基金，基金会采用项目运作方式统筹高校海外人才经费宏观管理，提高海外人才经费的使用效益。

2. 建立海外高层次人才信息储备库

依托国家各类驻外机构，通过信息收集和摸底调查方式，发现和推荐海外杰出人才，逐步建立人才信息储备库，降低人才引进风险。追踪国际各类高水平学术会议，对大会的学术委员会成员、会场主持人以及主题报告者等进行重点关注，通过征求海外同行专家、学者的意见，遴选确定本领域的佼佼者。加大对各学科领域顶级学术期刊论文发表者的基本信息分析，及时了解工作单位变化状况，评估回国（来华）工作的可行性。

3. 尝试技术移民，完善移民管理制度

可尝试开通许可有移民倾向的技术性签证，对于国外一流学校教授或研究型学者、在全世界科学、艺术、文化等领域取得杰出成就的顶尖人才，可以直接申请外国人永久居留权，并着手论证顶尖人才入籍制度。建立我国统一或者单一窗口的外籍人才管理机构，作为移民法的主要实施机构，归口管理外国人事务，以达到立法和管理的协调和统一。

4. 创新外籍人才引进策略

健全跨国猎头公司的资质评估，完善跨国猎头公司对非华裔人才引进政策，提高国际接轨的引才运作水平。完善外籍人才的公共服务政策，如子女入学、购房、机动车行驶证、税收保险以及出入境管理等，切实解决外籍人才来华工作和生活问题。

5. 加强"引才"工作队伍建设

配齐相关人员，要具有熟悉学科发展前沿情况，同时具有信息搜寻、人才识别能力与引进人才能力以及熟悉国际化"引才"机制。随时更新海外重点关注人选的即时信息，及时掌握海外人才的动态，如科研论文发表、参加学术会议、来华访问交流等情况。

（三）创建人才发挥作用机制

要把充分发挥海外人才作用作为工作的出发点和落脚点，使海外人才越用越多，越用越强。

1. 完善人才评价制度

改革与海外学术环境相似的科研体制，良好的学术体制和氛围，建立与不同科研领域特点相适应的科学人才评价标准和符合科研规律的人才评价体系。

2. 健全人才工作调整制度

海外人才政策制度既要保持政策的相对稳定性，又要因应变化。保持政策条件的超前性和连续性，确保对人才支持的相对定性。同时，在社会发展大变革环境下，及时对政策需因时而变，不断根据新情况做出校正性调整。

3. 加强人才服务机制建设

加强对高层次海外人才工作和生活的关心，实施一对一心理生活面谈策略，了解他们的真实想法。提供"员工帮助服务"，协助解决工作生活平衡、职业发展等问题，使他们身心和谐、快乐工作。

（四）加强与海外知名高校和科研机构的合作

1. 发挥海外高校知名教授和学者的作用

充分利用高校聘请的海外教授和知名学者所在大学和学院的学术资源和平台，让他们对高校引进海外人才进行再培养和再指导，加强对海外人才学术创新团队培养。

2. 建立急需紧缺专门人才的合作培养机制

选拔具有良好学术潜质的优秀高年级本科生、硕士研究生学术苗子作为未来师资，赴海外知名高校攻读急需紧缺专业博士学位，为学校可持续发展提供可靠的师资储备，实现急需紧缺专门人才与优势学科专业发展的动态平衡，提升高校未来师资人才的比较优势。

3. 加大海外学术团队引进与合作

实施"以才引才"方式，赋予海外领军人才带动引进团队成员权限，或与海外高校合作，实施海外团队"柔性"引进，如由 3 ~ 5 名海外人才组建科研团队，共同与学校签约，推进海外学术团队的实体性运作。

（五）提高海外人才归属感和使命感

1. 促进海内外人才交流互动

海外高层次人才先进的教学理念和范式对国内教师产生直接影响，通过组建课程组、承担教学改革项目、教学观摩等措施，促进海内外人才教学思想的交融。海内外人才组建学术团队，将海外人才的先进科研范式与国内人才对中国问题的研究结合起来，形成强强联合，营造"专长互补、智慧共享、鼓励创新、宽容失败"的大学文化氛围。

2. 加强海外人才使命感

对于海归人才，要积极创造调研、交流和学习等条件，增进对社会主义制度和政策的理解与认同；并适时建立和完善海归人才中的基层党组织，拓展工作思路，增强海归人才的创造力和凝聚力。对于外籍人才，要主动创造条件，促使他们对中国国情的了解，寻找感兴趣的研究点，取得高水平学术成果。

科学战略规划 实现高校内涵发展

杨 震[①]

（天津商业大学 高等教育研究所，天津 300134）

摘 要： 内涵发展是"十二五"期间我国高校发展的主旋律。本文以"十二五"期间，高校内涵发展作为主题，以天津商业大学为例，从发展战略规划角度提出高校实施内涵建设的具体对策。

关键词： 高校；内涵建设；内涵发展；办学质量

进入高等教育大众化阶段后，实现规模、结构、质量和效益的协调发展，已经成为我国高等教育的艰巨任务。"十二五"期间，我国高等教育将进入了以全面提高质量，实现内涵发展作为核心任务的新的发展时期。

一、以科学发展观为指导转变高校发展方式

从高等教育的发展过程看，内涵发展与外延发展是高校发展的不同模式，两者往往会伴随着高校发展过程而交替出现。相对于注重数量增长、规模扩张的外延发展，内涵发展注重的是质量和效益的提高。内涵发展要求高校以提高核心竞争力为目标，稳定或适度发展规模、合理配置资源、全面加强质量建设、增强服务社会能力，实现规模、质量、结构、效益协调发展。

科学发展观是高校转变发展方式，实现内涵发展的理论依据。科学发展观强调以人为本，强调实现经济社会的全面、协调、可持续性发展。以人为本的高等教育发展观，就是要着眼于人的全面发展，着力提高教育质量和效益，努力实现速度和结构、质量、效益相统一，不断增强教育发展的可持续性。

科学发展观既是我国高等教育发展的指导思想、教育观念，也是教育发展的重要策略。科学发展观要求坚持教育为社会经济建设和人民服务的宗旨，统筹高等教育的规模、结构、质量和效益协调发展，最大限度地满足人民群众的教育需要，最大限度地服务于国家和地方的经济社会发展需要。对于高校来说，这一要求应体现为以内涵发展为主导，将内涵建设作为学校发展的核心，作为学校全面协调可持续发展的主要推动力。

二、内涵发展是"十二五"期间高校发展的主旋律

《国家中长期教育改革和发展规划纲要（2010—2020 年)》（以下简称《纲要》）对今后一个时期我国教育事业改革发展做出了一系列重要部署。

首先，从发展的总量来看，高校规模扩展空间有限。在高等教育发展规模上，《纲要》提

---

① 杨震，天津商业大学高等教育研究所所长，副研究员。

出，从现在起到 2020 年，高等教育总规模将从 2900 多万增加到 3550 万，高等教育毛入学率从 24.2% 提高到 40%。有关专家预测，到 2020 年前只需要每年增加 1.6%，平均每年增长 50 万人就可以达到未来高等教育毛入学率 40% 的目标，原因在于 18～22 周岁年龄的人口在未来十年当中将下降约 4000 万人。也就是说，即使保持现有规模不变，高等教育的毛入学率也可以达到 35%。上述数据体现了我国高等教育规模在经过超常规的扩招发展后，今后保持稳步增长的趋势。此外，境外优质教育资源的强势介入，进一步加剧了高校考生生员市场的竞争。

其次，从办学质量看，高校充分发挥自身功能的要求不断提高。《纲要》确定今后我国高等教育的发展任务将定位在以全面提高质量为重点，提高人才培养质量、提升科学研究水平、增强社会服务能力，特别要求高等教育优化结构办出特色。胡锦涛总书记在庆祝清华大学建校 100 周年大会上发表的重要讲话中指出：全面提高高等教育质量，必须大力提升人才培养水平；全面提高高等教育质量，必须大力增强科学研究能力；全面提高高等教育质量，必须大力服务经济社会发展；全面提高高等教育质量，必须大力推进文化传承创新。胡锦涛总书记的讲话突出强调了全面提高高等教育质量的紧迫性，并提出明确要求，对高等教育发展和高校的建设具有重要的指导意义。

此外，高等学校正在面临地方经济社会发展新形势、新要求。"十二五"期间，深入贯彻落实科学发展观，实现经济发展方式的转变，已成为地方经济社会发展的战略重点。如天津作为北方经济中心城市，提出要实现服务业突破性发展。把服务业大发展作为产业的战略重点，摆在更加突出的位置，采取有力措施，增强服务业对经济增长的拉动作用。2015 年，天津服务业增加值占全市生产总值的比重将达到 50%。高校要抓住机遇，主动适应社会需求，在学科专业建设等方面，优化结构、提高质量，为地方经济社会的发展提供智力成果和人才支持。

三、高校实现内涵发展的战略选择

我国高等教育在经历了大规模扩张，实现高等教育大众化后，正在进入以全面提升人才培养水平、增强科学研究能力、大力服务经济社会发展、推进文化传承创新为要求的的内涵发展时期。在这一时期，实施特色发展战略、重点发展战略和国际化战略是高校加强内涵建设，实现内涵发展的重要路径。

（一）强化特色是实现高校内涵发展的核心

特色是高校在长期办学过程中积淀形成的本校特有的、比较持久稳定的发展方式和被社会公认的优良传统和教育教学观念、人才培养、管理思想、科学研究和社会服务等方面的特征的总和，是高校独有的个性和价值的体现，也是区别于其他高校的特征和亮点。特色就是优势，标志着学校的办学水平和质量，体现了学校的竞争实力。

目前我国高校存在的突出问题是模式趋同，缺乏特色，千校一面，难以满足我国现代化发展对高层次专门人才需求的多样性和区域的差异性要求。纵观国内外高水平大学，其显著的办学成绩无不源于具有鲜明的办学特色。在当今竞争激烈的社会中，没有特色的大学，就没有生命力。

每一所高校的学科结构、办学实力和文化底蕴都不尽相同，因此不同类别、不同层次的高校，应该体现出发展目标的差异性。这种差异性并不代表高校办学水平的高低，各级各类高校都有自己的一流，这是高等教育自身发展规律的体现。高校特别是地方高校，只有准确定位，在特有的领域办出高水平，才能获得生存发展的空间。

（二）打造品牌学科是促进高校内涵发展的关键

学科是高校的基本组织单位，是高校有效发挥人才培养、科学研究和社会服务三大职能的重要载体。学科发展水平是衡量高校办学水平和综合实力的主要指标。因此，学科建设是高校内涵发展的重要基石，是内涵发展的核心。

不同类别的高等学校，无论在办学条件和办学实力上有着多大的差别，但其可利用的办学资源都是有限的，并且学校的层次、类型、服务面向各有不同，因此，对于高校而言，不可能也没必要将所有学科均建设成为一流学科，在所有领域尽显优势。

高校要充分发挥差异性优势，着眼于优势、

特色和核心竞争力，选准突破口，坚持"有所为、有所不为，有所先为、有所后为"的原则，实施重点发展战略，通过优化配置办学资源，在若干重点学科和重点领域，实现高水平。通过重点学科建设，打造学校的品牌，提升学校的社会声誉。同时充分发挥重点学科建设的示范作用，带动其他学科的发展，实现重点突破和全面提高的有效结合。

（三）国际化办学是推动高校内涵发展的重要途径

高等教育国际化是21世纪世界教育三大发展趋势之一，是高等教育现代化的重要标志，已成为发达国家改革与发展高等教育的共同抉择和普遍战略，对于发展中国家，也产生了广泛而深刻的影响。

《纲要》明确提出要扩大教育开放，坚持以开放来促改革，促发展，开展多层次、宽领域的教育交流与合作，提高我国教育国际化的水平。在全国教育工作会议上，温家宝指出："教育对外开放是优化我国教育资源、培养具有国际竞争力人才的重要举措。中国的发展离不开世界，中国教育事业的发展要始终面向世界。要瞄准世界教育发展变革的前沿，学习和借鉴世界先进的教育方法和教育经验，紧密结合我国教育实际，提高我国教育发展水平和国际化水平。"在经济全球化和高等教育国际化的大趋势下，国际化已经成为高校提升办学水平的普遍选择。

中国高等教育学会会长周远清认为："开放对于教育的发展至关重要，中国高等教育改革的发展得益于开放。"每一所高校，其学科建设水平、高水平创新团队建设、科学研究、人才培养质量等方面，距离满足经济社会需求和学校办学目标的要求，不同程度地存在着差距。有效地缩小差距、解决问题，需要高校树立国际化办学的理念，加强国际交流与合作，通过与国外知名大学的交流，引进先进的办学理念、优质的教育资源和先进的管理方式，增强办学综合实力，全面推动学校的改革创新和快速发展。

实施国际化战略不是全盘西化，也不是简单的国外化。其主要要求有三点：一是开展多层次的教育交流与合作，提高我国教育国际化水平；二是借鉴先进的教育理念和教育经验，促进高等教育改革发展，提升高校的影响力和竞争力；三是适应国家经济社会对外开放的要求，培养具有国际视野、通晓国际规则、能够参与国际事务和国际竞争的国际化人才。

四、"十二五"期间天津商业大学加强内涵建设的路径规划

天津商业大学建校30年来，经历了创建成长期、快速发展期和水平提升期，综合办学实力有了显著提高。适应我国高等教育改革面临的新形势、地方经济社会发展的新要求和学校建设的新目标，全面提高办学水平和质量，建设高水平商业大学，成为学校今后一段时期的历史任务。

学校提出，自"十二五"起，我校进入以建设高水平商业大学为主题的内涵建设期。这一时期，学校要坚持实施特色发展战略、重点发展战略和国际化战略，坚持改革创新，健全和完善有利于学校可持续发展的运行机制和管理体制；全力打造特色人才和品牌学科专业，在衡量学校办学水平的标志性成果指标上取得突破。在准确定位、把握校情的基础上，按照又好又快发展的要求，科学规划学校"十二五"期间发展目标和发展思路。

（一）以主动适应社会需求，进一步强化人才培养特色为目标，全面加强教学质量建设

坚持特色人才培养质量观，培养商学素养与专业能力结合、知识学习与实践能力并重、诚信做人与创新能力兼备的复合型创业型应用人才。第一，加大专业调整改造力度，积极探索特色专业建设的新途径，根据专业的实际情况和人才培养要求，采取多种方式，打造专业特色。特别是要充分利用企业的资源优势，拓展订单式联合培养人才的合作领域。继续实施就业—招生—学生规模—经费核拨的联动机制，增强各学院专业建设的积极性。第二，全面实施教学质量与教学改革工程，深化教学改革。继续实行按学科大类招生、培养，深化课程体系和教学内容、教学方法手段的改革，实施毕业设计论文形式多样化和课程考核方式改革，加强实验教学体系和实践实训基地、校外实习基地建设，实现学生知识、能力和素质协调发展。在精品课程、特色专业、双语教学示范课、人才培养模式创新实验区、实验教学示范中心、教学团队等项目的建设上，数量明

显增加、水平明显提高。第三，深化教学管理改革。注重因材施教，积极创造条件，给予学生更多的学习空间，充分调动学生学习积极性和主动性。严格质量标准、规范教学管理，加强教学质量监控保障体系的建设。

（二）以围绕现代服务业发展，凸显多学科相互支撑、协调发展的综合优势为目标，提高学科建设水平

作为一所以服务地方为主的商科院校，天津商业大学必须要主动适应天津服务业发展的对人才和智力成果的需求，在为地方经济社会服务中，体现自身价值，在服务中做贡献，在贡献中求发展。一是要围绕现代服务业，积极推进学科间的交叉融合，整合学科资源，形成多学科相互支撑、协调发展的综合优势；二是重点建设优势学科，特别是应用经济学、动力工程及工程热物理、食品科学与工程、工商管理等四个天津市重点学科，努力实现博士授权点的突破；三是进一步完善学科建设的动态管理机制，加强学科建设的组织、协调，优化科研工作环境，实现学科建设的可持续发展和整体水平的提高。

（三）以推动成果转化，增强社会服务能力为目标，创新产学研合作模式

按照服务方式创新、贡献天津产业结构升级的要求，着力构筑产学研中心。主动服务于地方经济社会特别是天津现代服务业发展，推进学校与科研院所、企业的资源共享，形成协调合作的有效机制，组织教师以重大现实问题为主攻方向，围绕企业技术创新需求开展应用研究，积极开展技术开发、咨询服务，增强服务社会能力。开发具有自主知识产权的科研成果，推进科研成果的转化。

（四）以满足教学研究型大学建设要求，支撑学校长远发展为目标，建设高素质教师队伍

师资队伍建设是提高教学质量和水平实现内涵发展的重要保证。第一，要完善人才引进分类标准及管理体制，建立符合学科、专业建设需要的人才引进遴选、评价与淘汰机制，提高引进人才的整体水平。第二，依托高层次人才引进计划，拓宽渠道，在引进高水平学术带头人上取得突破。面向优秀中青年教师实施人才推助计划，建立有针对性的培养方案，加速拔尖创新人才的培养。第三，完善校、院两级培训管理体制，逐

步构建教师学位教育、教学技能培训和高层次研究"三位一体"的培训体系，大力提高教师的教学水平、科研创新和社会服务能力。第四，建立长效机制，加强教师职业理想和职业道德教育，引导教师树立全面的教育观、质量观和人才观，形成良好学术道德和学术风气，培养良好的教风和学风；深化人事分配制度改革。

（五）以增强综合办学实力，培养国际化人才为目标，提高国际化办学水平

"十一五"期间，学校与国外合作办学项目取得了丰硕的成果，获得较高的社会声誉。"十二五"期间，一是要继续坚持积极引进优质教育品牌、人力资源和管理模式，总结、借鉴学校中外合作办学项目的先进经验，在教学、科研和学校管理等方面，稳步推进实施；二是在办好现有合作项目的基础上，进一步扩展中外合作办学的规模，培养具有国际视野、通晓国际规则、能够参与国际事务和国际竞争的国际化人才，并将其打造成为特色或品牌；三是积极培育留学生教育品牌，把学校的教育资源推向国际市场，面向海外留学生，开设中国经济学等具有特色和优势的专业；四是支持鼓励教师出国进修或学术访问，开展科学研究。引进国外优秀教材，促进教学改革，加强学术交流与合作。

（六）以营造良好的育人环境，充分发挥导向、激励、规范功能为目标，加强大学文化建设

文化建设是实现高校内涵发展的重要环境条件，学校要促进大学文化建设与人才培养有机结合。一是以校训——"笃学、弘毅、明德、济世"为要求，引导师生独立思考、勇于创新、诚实守信，在潜移默化中培养师生的科学精神和人文品格；二是加强精神文化、制度文化、环境文化建设，培育民主的学术风气，尊重和保护个性发展，努力形成追求真理、崇尚学术、尊重学术自由的学术环境；三是开展丰富多彩、主题鲜明、形式多样的学术、科技、体育艺术和娱乐活动，形成一批有影响、有特色的文化品牌；四是按照"自然、科学、节约、人性化、有功能"的要求，规划、建设生态校园，加大校园周边环境的综合治理和建设，形成整洁、美观、幽静的校园风貌，营造文明育人环境。

内涵发展是高校适应高等教育发展趋势和经济社会发展要求的必然选择，是高校实现可持续

发展的战略选择。然而不同学校有着不同的发展基础和条件，实现内涵建设也要充分考虑学校之间的发展差异和水平不同，高校要制定并实施符合自身定位要求的发展战略，采取有效措施，突出特色、打造品牌，不断提高办学质量和效益，以实现高校长远的发展。

参考文献

[1]《国家中长期教育改革和发展规划纲要》，教育部网站，http://www.moe.gov.cn/publicfiles/business/htmlfiles/moe/moe_838/201008/93704.html。

[2] 谢晓青. 关于高校内涵建设的理性思考与对策 [J]. 江苏高教，2008（1）.

[3] 徐木兴，刘朝马. 论高校内涵式发展模式与运行策略 [J]. 辽宁教育研究，2008（6）.

[4] 于光. 提升高校软实力促进高等教育内涵式发展 [J]. 国家教育行政学院学报，2008（6）.

我国高校实施发展战略规划的视角转换

张明星　伍　韧[①]

（西南财经大学 出版社，四川 成都 611130）

摘　要： 在新一轮高等教育面临发展与挑战并存面前，如何通过大学发展规划的实施，真正转变发展方式，更加自觉用系统性、可持续的方法论视角审视全面提高办学质量，创新人才培养模式，构建现代大学治理结构等重大问题，成为我国高校目前实践需要的路径选择。

关键词： 高校；发展规划；视角转换

一、从注重目标设计向强化质量评价转换

一个大学的发展内涵与国家经济、社会发展的战略取向要求不同，与企业的经营赢利方式也不同，自然在发展规划的目标设计上就不能完全生搬硬套单向的设计思路，偏重用数量化、约束性指标要求。因为量化指标对于大学职能有时是难以准确评价和认定的，究竟要完成多少量，才意味着达到"特色鲜明"、"高水平"、"国内知名"的标准？我们认为，我国高校发展规划里可以有些约束性的量化目标设计，但绝不能固化为一种简单数量要求，应转向思考和谋划"办一所什么样特色鲜明"的大学？通过哪些质量评价来强化这所学校的定位与特色？

从国外一些大学的发展路径不难看出，重视设计和实施好大学发展规划对于这所大学发展同样不可或缺。以加拿大多伦多大学为例，这所建于 1827 年的大学，其前身叫"国王学院"，规模不大，学科单一。1849 年从宗教体制中脱离后，重新命名为"多伦多大学"（University of Toronto），定位于"地方性的大学"，注重"有特色学科"，"多方面支持学生取得成功"，"走高质量研究型"的发展路径。他们把这种发展战略规划写入"大学宪章"，作为秉承光大的办学理念。甚至在 1971 年，多伦多大学把这些经过实践验证的发展经验以"大学法案"的形式明确下来，作为历任校长接力前行、继续推进的发展目标。细细阅读多伦多大学不同时期的战略规划，几乎看不到国内高校规划中的"数据指标"，"几大任务、几大工程"之类的描述。相反，其始终围绕大学章程里早已确定的办学定位、特色、质量，一以贯之地用制度的方式来保障实施，真可谓是把最初的一张蓝图绘到了底。多伦多大学经过一百多年的发展，现已成为加拿大规模最大、学科门类最多、师资力量雄厚、设备先进齐全的一所国际性综合大学。该校先后共有 9 位学者荣登诺贝尔领奖台，不仅在传统优势学科高歌猛进，而且在新兴学科，如机械计算机辅助设计方面也涌现了一批有国际影响的科研成果，就连后起的教育学科，经过多年的厚积薄发，也已跃身进入国际五大教育学科行列。数学在建校时就作为特色学科建设，被誉为"数学

---

①　张明星，西南财经大学出版社编辑部主任；伍韧，西南财经大学出版社总编辑，教授。

诺贝尔奖"的菲尔兹奖（全名为"国际数学杰出成就奖"）正是出自该校教授之名。到目前为止，该校共有34位菲尔兹奖得主，其中4位东方人。唯一的华裔学者丘成桐成为1983年获奖者，所有获奖者当时的年龄都没超过40岁。这种脚踏实地的历练，始终聚合着一批国际数学前沿领域内的中青年学者，掌握着最新数学研究的进展动态。这种规划基础学科发展的实施步骤，不仅让整个学校的学科总体规划不像建筑在沙滩上的楼阁，而是夯实了学科的交叉、融合、创新的坚实基础，带动了诸如医学工程学，管理学、教育学等学科集群异军突起，极大地促进着学校办学质量的全面提升。在2011年世界大学排名榜上多伦多大学高居第17位，这些年来也基本保持在世界大学的前20位之列。

与国外大学战略规划的实施进行比较后，我们得到的启示是：第一，国外大学注重质量内涵，并不追求指标的量化，以质量评价引导学科建设，优化学科布局，提升学科竞争力，改进学科管理环境。第二，学科建设一开始就坚持有所为，有所不为，不是所有学科都为优势学科，一哄而上，全面开花，而是有重点、分层次、有步骤的推进，更长远维系学科生态发展。第三，用制度保证规划实施，避免随意性，并与年度考核奖励联通操作。

二、从单向行政管理向多元治理结构转换

我国高校大多习惯行政管理手段来推进规划实施，通过不同层次的"大会小会的讨论，大报小报的心得，大班小班的动员"，形成宣传效应。当院（系）一级的规划提上议事日程时，往往是比照学校一级规划分解成具体的工作任务，一些在学校规划层面占有相当分量的内容，比如跨学科的重大研究课题，交叉学科增长点的培育，融合创新的学科集群，多元人才培养模式的探索。由于参与院系的利益边界模糊，前期绩效投入大于产出，因而或多或少地出现基层积极性不高的现象，即便是院（系）负责人热情支持学科交融，但苦于缺少制度性安排，协调交易成本过高，不可避免地会陷入"讨论时热闹，执行时偏道，考核时漏掉"的境地。

借鉴国外大学在规划实施方面"大学治理"经验，用条规方式明确界定大学内外利益相关者的权利、责任和义务，用合理的制度安排确立各种利益关系格局，对于诸如规划的决策，校长的行政权力、学术规范、财产处置等都给予管理运作规程。无论是美国公立还是私立高校，或是德国、英国的欧洲大学，建立起的大学治理结构，成为大学规划实施的助推器。上面提及的北美多伦多大学，每年都要由校长出面召开多次专题会议，讨论研究落实、完善规划的具体措施和办法。作为大学治理标识的《大学章程》，明确规定由董事会审定发展规划，监督校长修订、完善、落实规划提出的质量目标。大学董事会下设有100个由教授、社会贤达、理事会代表，行政管理人员代表、学生代表组成的"学术议会"，专门商定学科专业建设、师资配置、教学质量等办学事宜中的重大问题，学校、院系还建有工会组织，如教师工会，维护和反映群体的利益诉求。这种治理结构，不但可以最大限度地听取教职员工意见和建议，而且从制度上保证了战略规划的实施，并取得绩效。

正是基于这样的认识，多伦多大学教育学院许美德教授将"学校自治"和"学术自由"作为现代大学基本的价值取向和两个关键性环节。在她看来，大学组织的意义首先应该是作为"专门化"和"学术性"组织，其次才是行政组织。相比之下，我们的大学长期受计划经济管理模式的影响，内部管理机制多采用行政组织架构，院系的权责利边界不清，学术权力影响力降低。在规划研制、学科融合、专业建设、院系设置、专业人员引进等众多学术活动中，基本上由行政权力拍板敲定。所以，解决好大学制度的创新，改革"行政化"的管理模式，成为新一轮发展规划实施中的当务之急。

三、从同质化培养取向向创新人才模式转换

一所大学能够常盛不衰充满生机活力，始终在社会公众心目中保持着较高信任度和强烈吸引力的东西，就是这所大学培养出来的各类人才身上展示出来的知识、能力和素养。它是这所大学办学质量内化体现在各类人才身上的有形结果。

特别是当中国高等教育驶入大众化的高速发展快车道，在校大学生人数稳居世界第一，办学条件有了巨大改观的背景下，遭遇的却是创新拔尖人才极度奇缺，一流的有世界影响的原创性科研成果较少，许多大学毕业生就业难的困局。造成这种需求与供给严重失衡的根源，在于大学人才培养的同质化取向，导致人才数量与质量的反差，结构与需求的背离。我们仅从冠名财经高校来看，这种"千校一面"的同质化办学取向引发的问题值得在发展规划实施时倍加关注：

（1）办学定位上：作为办学历史文化积淀相对不太悠久，学科发展时间较短，又主要以经济管理类学科为主的财经高校，步入大众化、全球化发展阶段后，基本上是在快马加鞭的追赶式发展，学科成长缺少坚实的基础。面对"世界一流"、"国内知名"、"高水平"、"研究型大学"诱惑，不少高校都狂热将学校未来发展目标锁定在脱离办学实际的期盼里。事实上我国的"985"、"211大学"离世界水平都还有相当长的路要走，更何况众多高校包括财经类高校，距离世界高水平大学的标准尚有不小差距。由此可知，作为学科基础较为薄弱的财经高校，与其临渊羡鱼，不如退而结网，以一种淡定的心态回归大学的人才培养本位，扎扎实实做好学科发展规划，聚合学校的优势资源，把1~2个学科做好、做强、做出特色，达到真正意义上国内外知名，才是这所大学师生终生受益的幸事。

（2）学科结构上：由于历史沿革，区位条件，师资水平、经费来源等多种客观因素的影响，财经高校的学科大多比较单一，主要集中在经济、管理、法学、文学这几个学科领域，二级学科覆盖到应用经济学领域，而具有后发优势的新兴学科、交叉学科、人文学科、边缘学科，工程学科对大多数财经高校而言，不具备得天独厚的发展根基，难以形成学科聚合效应和学科创新集群。在激烈的竞争条件下，学科空间受到冲击和挤压，学科创新人才匮乏，新兴交叉学科举步维艰，自然不可能在短期内积淀厚实底蕴支撑学生知识视野的拓展，课程内容和教学方法的创新，其带来的后果必然是学生技能素质的降低。

（3）师资水平上：一流的师资才可能教出一流的学生。在大众化高等教育发展的今天，高校办学特色的比较，办学实力的提升，学科发展

的差异，很大程度程度上取决于学校师资水平的高低。然而，缺少有竞争力活力的学科发展平台，很难吸引和留住优秀的师资，加上多年来形成的传统认识误区，在年度考核时偏重教学任务的完成，多少放松或降低了对教师科研的要求，同时也缺少一个学科专业创新程度的学术评价机制，造成科研水平不高，有重大影响的原创成果不多，在国际学界发言不响亮。这是制约财经高校发展的最大"软肋"，也是导致产生同质化人才的根本原因所在。这样科研水平拿到世界范围内一比较，无论如何都不会进入"高水平大学"行列，自然而然也不可能是真正意义上的"国际知名"。

笔者在加拿大多伦多大学考察期间，曾就教师的教学和科研如何协调，如何有一个合理的机制来认定和评价的问题，请教于学校主管教学和人才资源的副校长，她的回答简明、坦诚、一语中的："一流大学里的教师，只有具备一流（高水平）的科研成果，才会有一流的教学创新成果。"在多伦多大学，如是您仅从事教学，那么你的职称通道就是讲师。而要晋升为教授，以至终身教授席位，您必须提交科研成果，接受科研评价机制的考核。这种用高质量的科研支撑教学质量，人才培养质量，才是育人为本的应有之义。这也就不难理解，为什么在良好制度框架下，学校行政管理人员、职能部门能够热情、主动地服务于教师的科研申报，连如何填报项目申报表、组织科研团队以及关于申报失败的总结经验会都有专人帮助教师完成。这一系列的服务保障机制，在多伦多大学的《大学章程》（或称"大学法案"）中明白地表述了出来，该做什么，不该做什么，该怎么样去做，清清楚楚，一目了然。每位教师，甚至于新进教师的第一次培训内容，就是从了解制度安排到进入熟悉学校发展规划的。

建设有中国特色、世界一流的现代大学，是中国大学人义不容辞的历史责任，也是财经高校师生员工为之奋斗的梦想与追求。在未来发展道路上，肯定会遇到相当多的新困难、新矛盾、新问题，但我们有信心、有恒心用改革创新的思路破解发展路上的各种难题。作为财经高校中进入国家"211工程"的西南财经大学，在谋划未来、改革创新的实践中，在办学理念、特色定

位、人才培养、学科建设、科研创新、国际化教育等方面进行了有意义的探索，取得一定的成效，办学质量、办学实力明显提升。这其中很重要的一个因素，就是对学校发展规划的制定和实施的系统性、前瞻性、操作性的研究，不断丰富和完善规划中的办学思路，不断修正和改进规划实施中反映出来的新问题，不仅让学校战略规划经受时间和历史的检验，更重要的是成为大学可持续发展的不可缺少的重要保障。近来，学校制定和下发的《"十二五"发展规划纲要》，突出"质量优先、内涵发展"的战略主题，以教育部批准的四项国家教育体制改革试点项目为依托，以国家"985 优势学科创新平台"项目——"构建大金融学科群与中国金融创新发展"为平台，以"大学章程"的研制为成果，把办学的一些基本理念、特色定位、人才培养模式通过"大学法规"确立下来，真正形成发展战略规划的制度保证，在新一轮大学发展的挑战中做出理论和实践上的应答。

参考文献

[1] 湛中乐，等. 大学治理与大学章程 [J]. 新华文摘，2011（14）.

[2] 张艳敏. 大学战略规划：批判的视角 [J]. 高教探索，2008（2）.

[3] 陆斌. 关于财经高校学生学业评价指标体系的思考 [J]. 教师，2008（7）.

[4] 梁烨. 高等教育大众化趋势下财经高校发展思路浅析 [J]. 长春工业大学学报，2004（12）.

[5] 钱佩忠，宣勇. 我国大学战略规划制订：问题、原则与方法 [J]. 理工高教研究，2009（8）.

公平视角下地方高校生均经费支出的地区差异分析

李友根　曹顺发[①]

（重庆交通大学，重庆 400074）

摘　要：运用 1998—2008 年省际面板数据对我国地方高校生均经费支出的地区差异进行实证分析，结果发现生均经费支出和地区平均工资之间存在协整关系。因此，中央和各地方政府应大力发展经济，缩小地区工资差异，加大高等教育经费投入的力度，促进高等教育服务地区均等化，努力构建中国高等教育与社会经济的和谐发展。

关键词：生均经费支出；地区差异；地方高校

一、问题的提出

20 世纪 90 年代中期以来，我国高等教育管理体制和筹资体制的改革，极大地调动了地方办普通高等教育的积极性，使我国高等教育实现了跨越式发展。然而，在地方高等教育经费主要由地方政府负责筹措的体制下，地方经济发展不平衡必然会造成省际间地方高校生均教育投入的差异，进而导致省际间学生接受高等教育的机会不均等。近年来关于地方高等教育生均投入差异的研究（如米红、刘见芳、安立华、陈廷柱、华成刚、李祥云、刘亮等）主要集中在运用极差、方差、标准差、基尼系数、泰尔系数等指标估算地方高校生均投入是否存在差异以及地区差异成因分解等问题，而对生均支出与工资的地区差异问题的探讨较少，尤其是缺乏相关的实证分析。本文在考察这些文献资料的基础上，从生均支出地区分配差异和地区平均工资差异状况入手，运用实证分析的方法，得出两者之间的关系，从而寻求解决问题之道。

二、地方高校生均支出与平均工资的地区差异现状

中国经济在抓住机会快速增长的同时，也面临着地区平均工资增长不协调的严峻挑战。如同经济增长存在着地区差异，现阶段中国平均工资的地区分配差异同样非常显著，各地区的高校生均支出差距也十分突出。

本文主要采用平均工资和高校生均经费支出两项指标来分别反映各地区的差异状况。根据《中国教育经费统计年鉴》、《中国统计年鉴》（1999—2009 年）的数据，整理计算得出 1998—2008 年中国各地区地方高校生均支出和工资的差异状况（见表 1 和图 1）。

① 李友根，重庆交通大学财经学院；曹顺发，重庆交通大学外语学院。

表1　　　　　　　　　　中国各地区高校生均支出和工资的分配差异状况

年份	极值比		C.v 变异系数		年份	极值比		C.v 变异系数	
	生均支出	工资	生均支出	工资		生均支出	工资	生均支出	工资
1998	3.96	2.52	0.359	0.277	2004	3.38	2.6	0.356	0.339
1999	2.72	2.74	0.27	0.303	2005	5.06	2.51	0.45	0.307
2000	3.41	2.68	0.289	0.314	2006	3.29	2.64	0.412	0.257
2001	4.85	2.75	0.316	0.334	2007	3.05	2.68	0.357	0.324
2002	3.73	2.7	0.335	0.345	2007	3.05	2.68	0.357	0.324
2003	3.24	2.63	0.362	0.344	2008	3.31	2.69	0.334	0.307

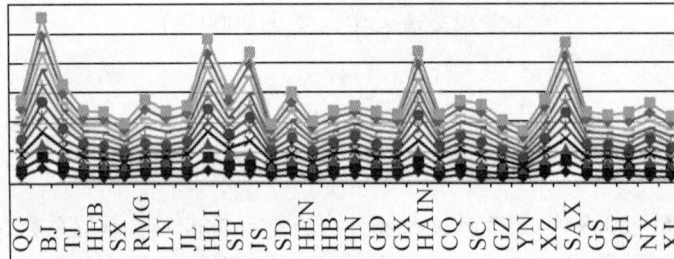

图1　1998—2008 年全国地方高校生均支出地区差异变化趋势

从表1可以看出，1998—2008 年中国各地区不论是人均工资，还是高校生均支出都存在着较大的差异。先看二者的极值比，期间除 1999 年外，各地区地方高校生均支出极值比均高于其工资极值比（其中，2005 年甚至达到工资极值比的2倍），这说明各地区工资收入分配与高校生均支出差异非常大。从变异系数看，2002 年以前（1998 年除外）高校生均支出的离散程度略小于而平均工资的离散程度，2002 年以后则略大于平均工资的离散程度，说明各地区高校生均支出的差距更大，更需要引起重视。此外，从表1和图1的统计中可以看出，各变量观察值之间都具有较大的变差，这为下文的估量提供了可能。

三、地方高校生均支出差异的实证分析

（一）计量模型

1. 静态回归模型设定

利用各省、市、自治区的地方高校生均支出和平均工资差距进行回归，在不考虑滞后影响的假设条件下，设定回归模型形式如下：

$$y_{it} = \alpha_{it} + \beta_i w_{it} + u_{it} \qquad (1)$$

其中，Y_{it}、w_{it} 分别是第 is 个省 t 年地方高校生均支出差距与平均工资差距，α 是常数项，β 是回归系数；$i = 1, 2, \cdots\cdots, 32$，表示各省，$t = 1998, 1999, \cdots\cdots, 2008$，表示年份，$u_{i,t}$ 为参差项（包含个体效应和扰动项）。在回归模型估计的基础上检验残差 $\mu_{i,t}$ 是否存在单位根，如果参差 $\mu_{i,t}$ 存在单位根，则拒绝 y_{it}、w_{it} 之间有协整关系；如果参差 $\mu_{i,t}$ 是平稳的，则接受 Y_{it}、W_{it} 之间有协整关系，存在长期均衡。

2. 动态调整模式

值得注意的是模型（1）中隐含假设地方高校生均支出差距会随着解释变量的变动而即时完全地变动，两者之间不存在滞后效应。事实上任何经济因素变化本身均具有一定的惯性，前一期结果往往对后一期有一定影响影响地方高校生均支出差距的诸多宏观因素如城市化水平、产业结构、政府政策等，而地方高校生均支出差距对这些宏观经济因素的敏感程度在很大程度上决定着地方高校生均支出的滞后效应。引入动态模型滞后项可以较好地控制这些因素。具体动态模型设定如下：

$$y_{it} = \alpha it + \lambda y_{it-1} + \beta_i w_{it} + u_{it} \qquad (2)$$

其中，y_{it-1} 是被解释变量 y_{it} 的一阶滞后项。调整系数 λ 反映了上一期地方高校生均支出差距的大小对本期生均支出差距的影响，是一个综合性系数指标。在动态模型估计的基础上本文应

用差分广义矩（DIFF - GMM）对模型是否存在　　内生性问题进行了检验。

表2　　　　　　　　　　　　　　　　　　计量模型估计结果

Dependent variable：Y

variable	模型 1	模型 2	模型 3	模型 4
y_t			0.42 *** (0.04)	
w	0.37 *** (0.023)	0.42 *** (0.021)	0.43 *** (0.03)	0.40 *** (0.023)
c	− 328 ** (53.28)	− 371 ** (43.05)	− 285.6 ** (51.18)	− 265 ** (34.29)
Total pool obs	310	310	310	310
Cross * sections	31	31	31	31
Method test	Randon effects	Fixed E	FGLS	GMM
Adjusted R^2	0.58	0.61	0.71	0.85
AIC	14.75	15.27	10.32	5.79
Durbin - Walson	0.85	0.85	1.88	2.06
ADF - Fisher	Y：30.26 ** W：31.36 **	Y：30.38 ** W：32.47 **	Y：19.68 W：87.06 *	Y：16.88 W：73.06 **

注：1. 括号内数值为标准差；2. *** 表示 1% 水平显示显著，** 表示 5% 水平显著。

（二）计量结果及相关分析

首先对变量进行描述性统计分析，两变量 JB 对应的相伴概率 P 值小于 0.01，表明至少可在 99% 的置信水平下拒绝零假设，即序列不服从正态分布。接着使用 Eviews7.0 得到表 2 统计结论，即报告了回归方程（1）和（2）的估计结果。其中，模型 1 和模型 2 分别用固定效应和随机效应模型估计了回归方程（1）。模型 3 采用 Feasible - GLS 方法对方程（1）进行了再估计，而模型 4 则是进行方程（2）进行动态分析。

1. 面板数据常规检验

在对随机效应进行 Hausman 检验时，结果显示相伴概率值为 0.037，小于 0.05，拒绝假设 H_0，即个体效应与回归变量有关。因此，我们同时报告了固定效应和随机效应模型以供对比，事实上两者的结果相当接近。

面板数据模型往往受异方差和自相关问题的困扰，有必要对此进行检验。表 2 中报告结果显示，在固定效应模型和随机效应模型中原假设都被拒绝，而且都在 1% 水平显著，且 D - W 值远离 2，这说明存在严重的自相关问题。同时，为考察参数约束是否成立，我们还对其进行了 Wald Test，从其 T 值、F 值、chi - square 值等对应的相伴概率 p 值（0.065 以上）均大于 0.05 的检验结果看，该模型的参数约束存在严重的组

间异方差问题。

另外，为了检验的稳健性，本文还采用了 Fisher - ADF 检验，对 Y 和 W 进行单位根检验。检验结果表明，除个别情形外，当对 Y 和 W 的原值进行检验时，检验结果都表明不能拒绝"存在单位根"的零假设；当对 Y 和 W 的一阶差分进行检验时，检验结果都可以强烈地拒绝"单位根"的零假设。由此，上述单位根检验都说明 Y 和 W 的一阶差分是不存在单位根的，即 Y 和 W 的面板数据为一阶单整。由于面板数据的不稳定性，应用最小二乘法 OLS 可能导致伪回归，所以本文为消除异方差、自相关等问题，模型 3 进一步采用 Feasible - GLS 方法对模型进行了再估计。

从模型 3 的结果可以看出，地区平均工资差距变量对地方高校生均支出地区差异的影响并不显著。一个有趣的问题是，是什么原因导致地区平均工资差异变动对地方高校生均支出差异变动几乎没有影响？为此，我们考察了 1998—2008 年内地方高校生均支出和平均工资变动情况。我们发现，自 1998 年以来，我国地区平均工资收入差距不仅表现为现行的地区差距格局走向固化，地区平均工资处于前列的主要是上海、北京、天津、浙江、广东等地区，处于末端的依然是贵州、江西等中西部地区，且在 2006 年开始与上海、北京等地区平均工资差距程度有不断拉

大的趋势。与此同时，图 1 数据表明，虽然地方高校生均支出处于前列的主要是北京、上海、天津、浙江、广东等地区①，处于末端的依然是贵州、江西等中西部地区，不过从 2006 年开始与上海、北京等地方高校生均支出差距极值比系数有缓慢下降的态势，从 2005 年的 2.65 降为 2006 年以来的 2.26 以下。考虑到这些因素，两者之间影响不显著这一结果也就不难理解了。

2. 面板协整检验

在面板数据常规检验的基础上，本文接着进行面板协整检验，以检验各个非平稳时间序列之间是否存在协整关系。本文利用 Pedroni（Engle–Granger）法检验变量之间的协整关系。由 Pedroni（1999、2004）协积检验结果显示 P 值（0.037）小于 0.05，表明协整关系存在，地区平均工资差异是地方高校生均支出地区差异的长期原因，而地方高校生均支出地区差异同时也是地区平均工资差异的长期原因。在面板协整检验的基础上，本文最后通过模型 4 估计了动态调整模型 2，进一步将地方高校生均支出差距的一阶滞后项纳入分析。表 2 的结果显示，各项系数检验不能拒绝原假设，因此 GMM 广义矩估计是有效的。从模型 4 的回归结果可以看出，动态模型滞后项的系数为小于 1 的正数，且在 1% 水平显著，这是符合教育经济理论的预期的。这一结论说明，在实际操作中，政府可以制定相关的高校生均支出政策，设计有效的激励机制和监督手段，推动高校生均经费投入制度的进一步完善。

本文报告了用来判断模型拟合度的主要指标，即 Adjusted–R^2、AIC（Akaike Information Criterion），如表 2 所示。从表中结果可以看出，Feasiable–GLS 估计要比随机效应和固定效应估计拟合得更好，而动态模型（方程 2）则比静态模型（方程 1）要更优。

四、总结性评论

从以上实证分析可知，若 A 地区平均工资比全国平均工资高 1%，那么 A 地区地方高校生均支出额将比全国平均水平高 0.40%；同时，地方高校生均支出差距对平均工资差距的拉大也

有着极强的带动作用。经济越发达的地区，地方高校生均支出越多，地方高校生均支出反过来又拉动发达地区平均工资的增长与经济的发展，而经济欠发达地区，地方高校生均支出少，不利于其平均工资的增长，进而不利于人才的引进与经济的发展。这一状况，使得地方高校生均支出地区差异和地区平均工资都呈剪刀差的态势，即强者愈强，弱者愈弱，地区差距越来越大。实证结果表明，我国人均地区平均工资差距与地方高校生均支出差距之间存在协整关系，各地区高校生均支出之所以存在如此大的差异，根本原因在于各地区平均工资水平存在巨大的差异；与此同时，高校生均支出地区差异又在很大程度上加剧了地区平均工资分配的不平衡与经济增长的不平衡，两者是相辅相成、相互促进的互动关系。

然而，目前我国正处在社会转型加速期，平均工资和地方高校生均支出的地区差异正在进一步拉大，这不仅不利于我国经济的协调、可持续发展，还对社会稳定和和谐社会构建种下祸根。因此，中央和各地区要认真贯彻落实科学发展观，充分认识和把握地方高校生均支出和平均工资的地区差异互动关系，大力发展经济，缩小地区收入差异，加大高校生均经费投入保障制度的改革力度，促进地方高等教育服务地区均等化，努力构建中国高等教育与社会经济的和谐发展。具体而言，在近期内，中央可以通过加大欠发达省份地方普通高等教育专项补助力度，遏制住不断扩大的全国地方普通高校生均支出的省际差异。与此同时，中西部地区要严格控制招生规模，将原本用于扩招的财政资金，用于提高生均支出水平。沿海发达地区则应适当增加中西部地区的招生数，解决入学机会不均等问题。就长期而言，在分权财政体制下，地方普通高等教育经费由地方政府负责筹措，要从根本上缩小地方普通高校生均支出地区差异，需要建立规范的、能均等各地财政能力的转移支付制度。

当然，本文的研究仍然比较初步，在诸多方面值得进一步探讨。一个值得深入研究的问题是，如何在本文计量模型的基础上，较为科学地预测未来我国地方高校生均支出的基本趋势，这对我国政府制定地方高等教育战略发展具有重要

---

① 因政策因素，在此分析时，将西藏予以排除；

的参考价值。

参考文献

[1] 米红. 未来十年我国高等教育经费投入状况的理论分析与实证研究 [J]. 教育与经济, 2005 (1).

[2] 刘见芳. 我国高等教育发展水平地区差异研究 [D]. 清华大学教育研究所, 2004 (2).

[3] 安立华. 我国地方普通高等教育投资区域差异分析与对策研究 [D]. 黑龙江大学教育学院, 2008 (3).

[4] 陈廷柱. 在公平与不公平之间——论高等教育的地区差异 [J]. 教育发展研究, 2004(9).

[5] 华成刚. 1949 年以来我国普通高等教育经费投入情况分析 [J]. 教育发展研究, 2003(8).

[6] 李祥云. 地方高校生均支出地区差异及其原因的实证分析 [J]. 高等教育研究, 2009 (7).

[7] 刘亮. 中国地区间高等教育经费差异的因素分解 [J]. 统计与决策, 2007 (6).

[8] 胡永远. 高等教育对经济增长贡献的地区差异研究 [J]. 上海经济研究, 2004 (9).

[9] 邹阳. 高等教育与区域经济协调发展程度的地区差异分析 [J]. 高教探索, 2008 (3).

财经类教学型大学人才培养模式的构建与实现

——创建高水平财经类教学型大学的思考与实践

林三洲[①]　聂春田　索凯峰

（湖北经济学院 发展规划处 湖北 武汉 430205）

一、教学型大学及人才培养模式的界定

（一）教学型大学及其特征

按照中国管理科学研究院科学学研究所武书连研究员提出的大学分类标准，大学按科研规模大小，可以分为研究型、研究教学型、教学研究型、教学型等四类。可见，教学型大学是相对于研究型、研究教学型和教学研究型大学而言的。

教学型大学，以本科教学为主，培养本科层次的应用型人才，同时承担一定的应用性科研任务，个别专业可以承担少量硕士研究生教学和少量的专科教学任务。与研究型大学相比，我国的教学型大学具有自己鲜明的个性特征，突出表现在：①办学类型，以教学为主，科研规模小；②办学层次和人才培养规格，以培养本科生主，亦有少量硕士研究生培养，人才培养规格是高级应用型人才；③办学特色，主要打造教学工作特色；④科研，立足教学研究、服务人才培养，立足应用研究、注重技术开发与转化；⑤服务社会方面，立足地方实际，积极服务地方经济社会发展。

（二）人才培养模式的内涵

一般认为，人才培养模式指高校在一定教育理念指导下，以人才培养目标和社会需求为导向，依托可以利用的办学条件，在特定的时限内，为使学生达到特定的人才规格要求所预设的知识、能力和素质结构及其实现这种结构较为稳定的施行范式。它是高校人才培养过程中的管理模式、教学模式和课程模式的总称和集合体。

一般而言，人才培养模式包含教学理念、培养目标、培养规格、课程体系、培养过程、教学制度和教学评价等要素。

二、教学型大学人才培养模式存在的主要问题

国内教学型大学一般本科办学历史不长，综合办学实力较弱，以20世纪80年代后新建本科院校为主。随着我国高等教育步入大众化以来。高等学校的层次和类型更加丰富和多样化，但教学型大学难以像研究型大学一样形成特色。研究型大学依靠其学科实力很容易形成学科特色，而教学型大学打造教学特色的关键在于人才培养模式的构建。现阶段，我国教学型大学人才培养模式存在的主要问题有：

（一）培养目标定位不准

人才培养目标是人才质量标准、人才规格要求、人才类型等要义的高度概括。也就是说，人才培养目标是关于培养什么样的人总体规定。人才培养目标是培养模式的核心要素，是培养方案

---

① 林三洲，湖北经济学院发展规划处处长。

的灵魂，是课程体系、培养过程、教学制度设计和教育评价的依据。不少教学型大学的人才培养目标定位基本上是研究型大学和高等职业院校培养目标的简单叠加，没有体现学校层次及类型定位、学科及专业特色、办学思想及教学理念、经济社会发展需要等对培养目标的决定作用。

（二）培养规格模糊不清

培养规格是培养目标的细化，是学生知识、能力、素质结构的具体要求。由于教学型大学与研究型大学培养目标界限不清，导致人才培养规格缺乏市场对不同类型人才的细分，不同院校人才培养目标的无差异化，使人才培养出现同质化倾向。

（三）课程体系设置不当

课程体系是人才培养模式的归宿和落脚点，是影响学生知识、能力、素质结构的主要因素，也是实现人才培养目标和基本规格要求的根本保证。目前，国内教学型大学课程体系设置存在不少问题，主要表现在：

（1）跨学科课程少。由于受前苏联模式的影响，国内高校长期以来一直坚持以理论知识为中心的课程模式，追求专业理论体系的系统和完整，受课堂教学总学时的限制，一些学科基础课、相邻学科或专业的重要课程都无法开出，导致专业口径过窄，学生知识结构单一。

（2）课程设置缺乏个性。教学型大学在课程设置的实际操作中要么以"教指委"课程目录为依据，要么以重点大学为标杆，与培养目标、培养规格、学生基础脱节，导致课程体系僵化雷同，缺乏个性。

（3）课程设置变动较为频繁。教学型大学由于办学历史不长，新办专业较多，专业发展和课程体系不够成熟，在设置课程时往往以兄弟院校的培养方案为参照，对课程在培养方案中的地位和作用、课程设置的目的及意义缺乏深入系统的研究，从而极易产生增拼课程的现象，导致课程设置频繁变动。

（4）实践教学环节没有形成体系。实践教学是培养学生创新精神和实践能力的主要手段，近年来得到了各高校尤其是教学型大学的普遍重视，绝大多数高校都采取了拓展实践教学项目、增加实践教学在全程教学计划中的比重等措施，但对实践教学环节缺乏系统设计，致使各个实践教学环节零散而孤立，没有形成课内课外、校内校外、课堂教学和第二课堂相互衔接、互为补充的实践教学体系。

（四）培养过程创新不够

培养过程是实现培养目标和规格的执行环节，它由培养方式、培养途径和一系列教学活动相应条件构成。教学型大学由于受自身条件、外部环境等诸多因素的限制，在人才培养过程方面创新不够，具体表现在：

（1）培养方式不够灵活。教学型大学一般都按专业招生，学生在校期间执行统一的教学计划，学生在专业和课程的选择上基本没有自主权和灵活性。

（2）培养途径较为单一。不少高校在校企合作、国际合作等方面做了一些有益的探索，但这些培养途径仅仅局限于少数特殊专业或特定对象，学生受益面较小。

（3）教学方法和手段改革有待深化。教学方法以灌输知识为主，启发式、探究式、讨论式等教学方法运用不够，对学生自主学习能力、分析和解决问题能力、创新能力的培养重视不够。

三、湖北经济学院人才培养模式的构建

从人才培养模式的要素可以看出，大学的人才培养质量深受人才培养模式的制约，而人培养模式又受到社会政治、经济、文化、受教育者的个性需求、学校定位、教育教学观念等因素的影响。以培养本科层次应用型人才为己任的教学型大学要提高人才培养质量，就必须不断深化人才培养模式改革，这就要求我们必须遵循大学的发展规律，找准学校定位；以社会发展需求为标准，调整专业设置及专业培养目标和规格；以人才培养目标和规格为基础，调整课程设置、培养方式与培养途径。

（一）遵循大学发展规律，找准学校定位

根据厦门大学教育科学学院王洪才教授的大学发展阶段论，一所大学从创建到成为一流大学，一般要经历五个阶段，即初创期、适应期、起飞期、机遇期和成熟期。一所大学处于不同的发展阶段会有不同的行为特性，其发展定位也会随之调整。湖北经济学院在办学初期（即初创期）

于2003年明确提出"入主流、办特色、高起点发展"的办学思路；2004年在学校第一次党代会上提出了"建设学科专业结构合理、特色鲜明，以培养应，型高级专门人才为主、人民满意的本科院校"的奋斗目标；2006年在"十一五"发展规划中提出"到2010年将学校建设成为一所以经济学、管理学为主体，多学科协调发展，在省内有较大影响、国内有一定知名度的教学型大学"的目标。这些目标的提出，不仅为学校发展指明了方向，而且极大地振奋了人心，鼓舞了士气，凝聚了力量，为实现实质性融合和跨越式发展提供了强大的内在动力。

在历经规模扩张、新校区建设、本科教学工作水平评估之后，湖北经济学院2009年开展了"再识校情、正确认识学校发展阶段"的系列调研和办学思想讨论。调研和讨论结果表明，我校已经顺利完成了初创期的建设，呈现出进入适应期的明显特征，学校已经取得了一定的社会认可，但市场地位并不稳固。我校在完成了第一阶段的超常规发展以后，必须步入常态发展轨道，在一定意义上讲，从超常规发展阶段转入常态发展，需要为前面的发展补课。因此，学校进入常态发展阶段后，最重要的事情就对第一阶段的发展经验与教训进行总结，完善第一阶段操作中的具体环节，逐渐形成一个比较稳定的、适应我校发展的制度体系。通过办学思想讨论，坚持走内涵发展道路在全校上下形成了广泛共识。2009年，在学校第二次党代会上明确提出了未来5年的办学思路和办学定位：全面贯彻党的教育方针，以科学发展观统领学校各项工作，坚持教学工作中心地位，以培养具有创新意识、创业精神和实践能力的应用型人才为目标，实施质量立校、人才强校、特色兴校、改革活校战略，努力将我校建设成为规模适度、结构合理、质量较高、特色鲜明的高水平财经类教学型大学。

（二）根据社会发展需要，调整专业设置及专业培养目标和规格

（1）广泛听取社会各个方面对学校专业设置的意见和建议，为学校前瞻性地调整专业结构、优化专业布局提供科学依据，紧密结合学校的办学优势和发展定位，制订科学合理的专业建设发展规划和专业调整实施计划。

（2）主动适应湖北省推进新型工业化和建设两型社会对经济结构和产业结构调整的需要，适应科学技术发展和湖北加快推进高等教育大众化进程、努力建设教育强省的要求，建立与经济结构、产业结构和人才市场需要相适应的专业体系。以学校优势特色学科为依托，整合相关专业的教学资源，重点培育和增设跨学科专业点，创建经济社会发展所需的新的专业。

（3）努力改造有发展前景和社会需求的传统学科专业，把丰富专业内涵和提高专业办学水平作为专业结构调整的一项强身固本的重要任务，准确把握国家和区域经济社会发展对人才的需求趋势，通过调整专业方向，积极引入现代科学发展的最新成果和技术，改革课程体系教学内容和教学方法，使之更好地适应经济发展和社会进步的需要，实现传统学科专业的新发展。

（4）根据社会发展需要和学校定位，确定人才培养目标。各专业在制定人才培养目标时，紧密结合社会发展需求和学校定位，根据专业特点，明确人才层次、类型和服务面向。

（5）以培养目标位基础，细化人才培养规格。在广泛调研的基础上，了解社会对本专业人才知识、能力、素质结构的要求，明确学生应该具备的人文社科知识、专业知识，社会能力、专业技能、工具应用能力、分析解决问题能力、创新能力及综合素质的具体标准。

（三）以人才培养目标和规格为基础，调整课程设置、培养方式与培养途径

（1）调整课程设器，优化学生知识、能力素质结构。按照有利于促进学生知识、能力和素质协调发展的原则，改变传统"三段式"的课程分类方法，将人才培养方案的全部课程分为：通识课程（通识必修课、通识选修课）、学科基础课程、专业课程（专业必修课、专业选修课）、实践与实验课程。以通识课程扩展学生知识领域和知识背景，增强学生服务祖国和人民的责任感，塑造学生健康向上的人格，培养学生的开放性思维和国际视野；以学科基础课程强化学生对于学科领域基础知识的掌握，拓宽学生专业视野，使学生具备从事相邻专业的知识和技能；以专业课程提高学生专业知识，使学生具备扎实的专业基础、较强的理论联系实际和分析解决问题的能力；以实践与实验课程加强学生创新精神、实践能力、专业技能的培养。

（2）优化课程体系和教学环节，科学设计各类课程和教学环节的结构比例。遵循高等教育教学的基本规律和大学生身心发展规律，着眼于经济社会发展和学生个人的全面发展需要，坚持传授知识、培养能力、提高素质、协调并进。充分发挥我校经济学、管理学学科的优势，加强传统优势学科对新兴学科的渗透，在人才培养过程中强化经济学、管理学、财经法学的通识教育，使学生共同具备基本的财经管理人才素养；正确处理通识教育与专业教育的关系，在强化本科通识教育理念的同时，更加重视专业教育，适当加大专业课的比重，强化专业教学的地位；加强专业选修课的管理，在专业选修课中根据专业和专业方向的要求设置限定性选修课程模块，充分发挥专业选修课在学生专业学习和能力培养中的重要作用；做实实践教学，以"开放性实验教学平台、互惠性校企合作平台、多样性社会实践平台、探究性科研活动平台、设计性学科竞赛平台"为支撑，规范课内实验、课外实践等教学环节的管理，强化课程实验、校内模拟、校外实训、社会实践、毕业实习、毕业论文（设计）等实践教学环节的训练，着力培养学生理论联系实际的能力、实践动手能力、创业与创新能力、就业竞争能力。

（3）改革培养方式，注重因材施教，鼓励学生个性发展。实行院（系、部）指派和师生双向选择相结合的方式，为每10~20名学生配备1名导师，充分发挥教师在人才培养中的主导作用和学生的主体作用，通过导师引导学生思想、督促学生学业、辅导学生科研、指导学生实践、帮助学生就业，全面指导学生成长成才；在部分院系实行大类招生，经过一年半的基础课程学习后实行专业分流，为学生选择专业提供更大的空间，减少学生选择专业的盲目性。

（4）创新培养途径，探索多样化的人才培养途径。根据专业特点和培养目标要求，积极探索校地、校校、校企合作培养，中外分段、国际合作培养，促进教学活动与实践活动相结合、校内教学与校外教学相结合，学生接受知识的途径广泛化，从而丰富学生的知识结构，有利于学生差异性与多样性发展。

湖北经济学院作为一所财经类教学型大学，坚持走内涵发展的道路，经过8年探索和努力，初步形成了以经济学、管理学为主，兼有文学、法学、工学、教育学等学科门类的学科专业体系，形成了一批标志性的教学科研成果；师资队伍结构明显改善，教师队伍素质明显提高；第一志愿录取率和学生就业率在湖北省省属高校位居前列，社会声誉和认可度迅速提升。

高校转型升位发展中科研平台和科研团队建设的思考

余兴厚　王立存①

（重庆工商大学，重庆 400067）

近年来，高水平大学通过科研平台和科研团队建设，实现学科和科研的融合发展，有效提升了学科科研实力，造就了大批学科领军人物。但目前我校科研组织方式与模式陈旧，科研方向分散，处于一种自发发展的状态，不能适应综合交叉学科发展的趋势，导致传统学科的分类不尽科学合理，造成学科研究团队思想上的局限性，阻碍了学科之间的交流和合作；在科研平台和科研团队建设中既具有权威科研实力又善于组织沟通的带头人较少，没有形成合理的科研梯队，在学科研究团队的建设过程中遇到了很多现实的问题和困难。

因此，本文针对我校科研平台和科研团队建设当中存在的问题，提出科研平台和科研团队建设思路和管理模式，对于提升学科、科研水平，培养学术领军人物具有重要现实意义。为此，经过近期的调研和思考，总结出一些有关我校科研平台建设和科研团队建设的方法，以供参考。

一、科研平台和科研团队建设在学校转型发展中的重要性分析

实现学科科研组织方式创新，越来越成为国内知名高校提高学科科研研究核心竞争力的重要手段，而以科研平台为抓手，组建科研团队是实现学科科研组织方式创新的主要载体。国内很多知名高校都出台了有关科研平台和科研究团队建设和管理的相关政策和实施细则，力图使科研团队规范化发展，以期最大限度地发挥其效率。

例如，自 2003 年 5 月起，大连理工大学先后建设了 29 个科研团队，并制定出相应的科研平台和科研创新团队建设与管理的暂行办法、实施细则，出台了相关的优惠政策及考核办法来鼓励科研团队的构建。山西财经大学制定了专门的考核评审办法来量化考核指标，实行学术带头人、"团队双达标"考核制，团队总得分中，学术带头人得分和团队得分各占 50%；华中科技大学为了进一步规范科研平台和科研团队建设，制定了相应的科学研究经费使用办法、科研项目管理办法等管理条例，并出台了科技成果奖励办法来鼓励科研活动的开展。

重庆工商大学是一所经济学、管理学、文学、工学、法学、理学等学科协调发展的、具有鲜明财经特色的高水平多科性大学。学校现由中央和地方共建，以重庆市政府管理为主，被国家确定为西部"一省一校"重点支持高校。目前，我校在正处于由教学型高校向教学研究型高校转型发展的关键时期。

在转型发展时期，如何实现科研平台和科研团队组织方式的创新，越来越成为提高研究核心竞争力的重要手段，而以科研平台建设为抓手，组建科研团队是实现科研组织方式创新的主要载

---

① 余兴厚，重庆工商大学科研处处长，教授；王立存，重庆工商大学机械工程学院副院长，教授。

体。但是，长期以来，我校科研平台和科研团队建设滞后，严重影响了高水平学科的培育和发展。因此，针对我校科研平台和科研团队发展的现状，研究并制订我校科研平台和科研团队建设与管理方案势在必行，同时，提出了适用于普通高等学校科研平台建设和科研团队建设的具体策略。

二、探索科研平台建设，打好科学研究根基

科研平台的组建应面向地方社会经济发展的需要，坚持产学研结合的发展思路，努力承接各级各类科研项目，积极参与科技竞争，大力推进科技成果的产业化，成为知识创新、高新技术与产业孕育、开发的主要阵地。

学校鼓励跨学科、跨单位共建校级科研平台，鼓励校级科研平台以适当方式与党政机关和企事业单位进行科研合作，在互惠互利、共同发展的原则下促进科研平台的建设与发展。科研平台的管理实行优胜劣汰，动态管理，总量控制，有进有出。

（一）细分科研平台设置，明晰科研平台目标

我校科研平台是指经过一定程序审批并由学校正式下文批准成立的校级研究院、研究中心、研究所等。校级科研平台不具有独立建制，不带固定编制，初次设置的科研平台统一命名为重庆工商大学某某研究所、中心、院等。根据各学院根据研究队伍实力，可以申请成立 1～2 个研究机构，在相同或相近的研究方向不重复设立。

成立校级科研平台应具有如下条件：有明确、稳定的研究方向和研究目标，有切实可行的中长期研究规划；各研究机构应建有相应的校级及以上研究团队，其建设思路和管理办法按重庆工商大科研团队有关管理办法实施；有持续的研究项目和经费来源，具有一定的研究优势，拥有一批内容相对集中的研究成果；具备一定的学术资料储备和实验研究设备，并制定有比较完整的管理制度；应用类校级科研平台应与政府部门或企业联合共建，应有书面的共建协议；校级科研平台应有启动经费，申请设立研究中心或研究所人文社科类和自然科学类均不低于一定资金比例，申请设立研究院，人文社科类和自然科学类均不低于更高的资金比例；基础研究类研究机构应依托校级及以上重点学科，且主持一定级别和数量的在研省部级及以上科研项目。

科研平台的申报由申请单位提交重庆工商大学校级科研平台申请书及共建协议等材料，由学校科研管理部门审核，报学校审批。校级科研平台不具有法人资格，无权直接对外签订经营性合同，但可独立开展学术交流，争取各级各类项目或进行项目洽谈活动。科研平台科研成果的知识产权一律归学校（有约定的除外），智力劳动成果的生成、知识产权的认定和归属、无形资产的利用和转移、管理和保护、研究人员和知识产权的关系等依据国家有关法令和学校相关制度进行运作和管理。

（二）加强科研平台管理，搞好科研平台建设

科研平台要围绕学科建设组建团队，培养一批在市内外有影响的中青年学术骨干。应用类科研平台针对地方发展中的专业性的需求，通过承接横向课题，提供高质量的决策咨询和科技咨询服务。各类机构的年度到账经费：经管艺术类、文法理体类和科技开发类均不低于一定的资金比例。基础研究类机构建设周期内，承担省部级及以上项目不少于一定数量，发表相应级别刊物论文不少于一定数量。

科研平台由批准部门负责总体规划、检查、评估等宏观管理。印章、业务管理（包括资质管理）归口学校科研管理部门，日常行政性管理以机构为主，校科研管理部门负责相关的协调工作。科研平台除业务监督、周期性评估由学校科研管理部门负责外，其他日常性管理均由挂靠学院或部门负责。

在政策支持方面，机构成员承担横向项目的返还管理费，学院应全额用于机构团队建设。有限额要求的科研项目申报、校级青年基金项目立项、专著资助出版，同等条件下，优先向机构团队成员倾斜。科研平台实行主任（所长）负责制，机构负责人须由我校人员担任。

（三）加强科研平台评估，提升科研平台层次

各研究机构根据自身的实际，在考核周期期初一个月内全面系统地制订研究机构的三年科研

工作计划，并提交科研处备案，以此作为考核评估的依据。研究机构科研工作计划内容包括：建设目标与定位，科研主要方向与特色，应完成的科研任务。

各校级研究机构每年年底应向科研处提交年度工作报告，并纳入学校年终考核，三年考核周期满时还需提交考核评估报告，科研处将对照各机构的科研工作计划对其进行考核评估。对评估不合格的机构，科研处可以提出撤销或调整等处理意见，并报请学校批准后执行。

三、加强科研团队建设，提升科学研究能力

为促进高层次人才的培养，产出标志性科研成果，增强服务地方、服务社会的能力，科研平台应根据学院实际，组建学术研究或社会服务科研团队。学术研究团队围绕学科研究方向，通过国家级高水平科研项目研究和高水平科研论文发表，打造重点学科的特色和优势，培养高水平创新型科研人才，提升我校学科科研核心竞争力。社会服务科研团队针对地方发展中的专业性的需求，通过承接横向课题，提供高质量的决策咨询和科技咨询服务。

（一）打造三类科研团队，提升学科科研能力

科研团队分为三类，即为"战略咨询型"团队；"社会服务型"团队；"学术研究型"团队。

"战略咨询型"专家团队：由知名专家领衔的专家团队。其目标是围绕地方经济社会科技发展的高端需求，通过课题研究、形势报告、干部培训、受聘顾问、媒介言论或其他有重大影响的社会活动，服务决策，成为服务经济社会发展的"智囊团"、"思想库"，赢得社会声誉，扩大学校影响。该类团队可分为决策咨询团队、科技咨询团队两大类。

"社会服务型"团队：立足我校学科优势和科研特色，依托校级科研平台，组建若干个"社会服务型"团队，针对地方发展中的专业性的需求，通过承接横向课题，提供高质量的决策咨询和科技咨询服务。"社会服务型"团队分为科技开发类、经济管理艺术类、文法理体类。

"学术研究型"团队：立足我校学科建设需求和高水平科研成果产出要求，围绕重点学科研究方向，通过国家级高水平科研项目研究和高水平科研论文发表，打造重点学科的特色和优势，培养高水平创新型科研人才，提升我校学科科研核心竞争力。

（二）支持科研团队申报，搞好科研团队建设

科研团队带头人原则上应具有正高职称（副高职称者须具有博士学位），科研团队应是在长期合作基础上形成的研究集体，具有相对稳定、集中的研究方向，以及合理的专业结构、年龄结构、学历结构和职称结构，且每位成员必须有明确的特长或分工要求。科研团队成员应在10人以内。每位成员最多只能参加2个团队。

组建"战略咨询型"团队应依托省部级及以上科研平台；组建"社会服务型"团队应依托校级及以上科研平台；组建"学术研究型"团队应依托校级以上重点学科。建设期满后，三类团队应分别达到相应的考核标准和考核要求。

科研团队应按年度由科研团队带头人填写科研团队年度进展报告，经所在部门和依托的科研平台审查后报送科研处。科研处将会同有关部门组织同行专家检查评估团队年度任务完成情况，并将评估结果纳入学校对二级单位的年度考核。

团队建设周期为3年，建设期满后，需向学校提交团队建设总结报告，全面阐述团队建设取得的成绩及存在的问题。学校将组建专家组对团队建设成效进行评估和验收。各有关单位需向学校提交本单位院级团队建设情况总结报告。

（三）加强团队资助奖励，加快科研团队建设

对"战略咨询型"团队，建设周期内给予每个团队10万元运行经费资助，主要用于团队的咨询活动支出和开展重大课题预研。对于省部级以上党政领导委托的咨询项目，按照相关要求给予配套资助。对"学术研究型"团队，也给予一定资金比例的经费支持。

对"战略咨询型"团队的咨询类成果受到相关部门采纳的，按照科研成果管理和奖励办法进行相应认定。对"战略咨询型"团队接受媒介专访，按照下列方式给予奖励：接受中央党报党刊、中央电视台、中央人民广播电台专访，新

华网、华龙网专访直播等，可以按照一篇相应类别的重要期刊论文奖励。

对"战略咨询型"团队，团队年度横向到账经费达到相应数额的，可比照一篇相应类型的期刊进行奖励。对"社会服务型"团队，团队年度横向到账经费超过任务量相应比例的，可比照一篇相应类别的期刊论文进行奖励。对"学术研究型"团队的奖励政策可根据发表论文的级别、所承担项目的级别进行相应数额的奖励。同时，对科研团队采取动态式管理，根据验收情况淘汰和增补。

四、结论

本文分析了我校转型发展过程中科研平台和科研团队建设中存在的问题，以我校科研平台建设和科研团队建设为模板，提出了适用于普通高等学校科研平台建设和科研团队建设的建设思路和管理模式，对于提升学科、科研水平，培养学术领军人物具有重要现实意义。

参考文献

[1] 路甬祥. 世界科技发展的新趋势及其影响 [J]. 中国科技奖励，2005 (3).

[2] 蒋蓉华，周永生，李自如. 团队合作与创新激励分析 [J]. 系统工程，2003 (5).

[3] 付贤超. 试论团队精神与企业文化 [J]. 经济师，2004 (6).

[4] 陈忠卫. 团队管理理论述评 [J]. 经济学动态，1999 (8).

[5] 左金风，温新民. 基于学科交叉的科研平台建设策略 [J]. 经济与社会发展，2006 (3).

[6] 潘泳，何丽梅. 关于高校科研团队建设的几点思考 [J]. 现代教育科学，2004 (9).

[7] 张炳生. 论高校科技创新团队的运行机制 [J]. 江苏工业学院学报：社会科学版，2006

(4).

[8] 郝登峰，刘梅. 基于团队凝聚力结构的科研团队管理 [J]. 科技管理研究，2005 (11).

[9] 柳洲，陈士俊. 我国科技创新团队建设的问题与对策 [J]. 科学管理研究，2006 (2).

[10] 许小东. 关于 R&D 团队建设与管理的思考 [J]. 科学学研究，2001 (2).

[11] 杨映珊，陈春花. 科研组织团队运作的应用研究 [J]. 科学学研究，2002 (2).

[12] 王洪瑞. 医学院校并入综合性大学的和谐发展之路 [J]. 国家教育行政学院学报，2008 (5).

[13] 学科建设为龙头 团队建设为根本 力促中心良性发展——访北京理工大学教学实验中心主任韩力教授 [J]. 中国现代教育装备，2010 (19).

[14] 衣俊卿. 实验室是现代综合性大学发展的依托 [J]. 实验室研究与探索，2005 (6).

[15] 张德良. 基于学术组织结构之维的教学型省属综合性大学团队建设 [J]. 现代教育科学，2009 (3).

[16] 舒皆亮. 论综合性大学学科团队建设 [J]. 科教文汇（下旬刊），2009 (11).

[17] 刘献君. 没有一流的学科就没有一流的大学 [J]. 求是，2002 (3).

[18] 河南科技大学学科建设稳步发展 [J]. 河南科技大学学报：自然科学版，2006 (2).

[19] 叶松，张磊，蒋国俊. 深化体制创新 促进学科交叉 [J]. 广东工业大学学报：社会科学版，2005 (2).

[20] 曹坤. 关于高校构建学科团队的思考 [J]. 科技资讯，2007 (13).

[21] 郑红翠，温智虹. 高校社科学报综合性论略 [J]. 黑龙江高教研究，2007 (7).

对地经渗透办学特色的探索[①]

吴文盛[②]

（石家庄经济学院 经贸学院，河北 石家庄 050031）

摘　要：地经渗透是石家庄经济学院的办学特色。本文从地经渗透的含义出发，从专业、课程、实践教学环节、教材建设和师资队伍建设五个方面探讨了地经渗透方式；从地经渗透特色专业群的内涵出发，探讨了河北地质学院时期和石家庄经济学院时期地经渗透特色专业群的构成及特点。

关键词：地经渗透；地经渗透方式；地经渗透特色专业群

在《现代汉语小词典》中，特色是指事物所表现出来的独特的色彩、风格。古人曾有"事物之独胜处曰特色，言其特别出色也"。这里，"独胜"即独出众者之意，"特色"既表明与众不同，又显示优于众者。经过50多年的发展，石家庄经济学院已经形成了地经渗透的办学特色。所谓地经渗透，有狭义和广义之分。狭义地经渗透是指地质学和经济学两类学科的交叉渗透与融合；广义的地经渗透是指地球科学与经济学、管理学的交叉渗透与融合。本文采用广义的地经渗透的含义。

一、形成了多样化的地经渗透方式

地经渗透体现在学科层面、专业层面、课程层面、实践教学环节、教材建设及师资队伍建设等方面。

（一）学科层面的地经渗透

在办学早期，学科之间的渗透并不明显，但随着经济的发展，实践部门对地经渗透的需求逐渐增加。早在20世纪80年代初期，我校就率先开创了我国首例矿床经济评价"北京首钢迁安铁矿经济评价"，为首钢开采迁安铁矿提供了最佳方案；联合国京津地区地热评价子课题："天津市区及王兰庄地热田第三系热水勘探、开发、利用经济评价"，是国内首次对地热资源进行评价。此后，地球科学、经济学、管理学三大类学科之间交叉渗透的不断深入，并取得了丰硕的研究成果。

（二）专业层面的渗透

专业层面的地经渗透体现在四个方面：

（1）地学类专业开设了经管类课程。如办学之初的中专时期，1954年的"矿产地质与勘探"专业开设了勘探作业组织会计及核算、"水文"专业开设了水文地质工作的经济组织计划和技术报表；河北地质学院时期，1985年"地质矿产勘查"本科专业开设了政治经济学、地质工作管理，1984年"水文地质与工程地质"本科专业开设了政治经济学、地质工作组织与计

---

①　本文系河北省教育科学"十一五"规划重点资助项目"地经渗透特色专业群建设的理论与实证研究"（课题编号：08020188）和石家庄经济学院教改革基金重点项目"地经渗透人才培养模式研究"（课题编号：2007J10）部分研究成果。
②　吴文盛，石家庄经济学院经贸学院副院长，教授，硕士生导师。

划、地下水资源保护与管理、地下水资源开发与管理,1977 年金属、非金属地球物理勘探本科专业开设了政治经济学、组织与管理、计量经济学、国外经济统计、地质经济管理概论、地质技术经济学、管理心理学、经济地理、对外贸易统计(讲座)、公共关系学(讲座)等经济管理类的课程,1990 年地质——地球物理专业开设了管理学基础、经济学基础、系统工程学、运筹学等经济管理类课程;石家庄经济学院时期,1996 年地质矿产勘查本科专业开设了经济学、系统工程学、现代管理概论、矿床技术经济评价、工程项目管理学等课程,"水文地质与工程地质"本科专业开设了现代管理概论、系统工程、工程概预算、工程项目管理学、地质技术经济学,应用地球物理本科专业开设了经济学、系统工程学、现代管理概论、工程项目管理学;从 2006 年开始,在全校所开设的 12 个地学类本科专业中规定:地学类各专业学生必须至少选修两门(4 学分)经管类课程。拟开设的经管类公共选修课有:管理学概论、人力资源管理概论、金融学、公共关系学、社会保障学、经济学导论、电子商务、WTO 与国际贸易、房地产开发与经营、证券投资实务、行政管理学、会计学、项目管理、实用统计、市场营销学、企业理财、税法、创新思维与创业、旅游资源概论、物流管理、技术经济学、创业学。此外,土木工程专业开设了工程概预算与招投标、土木工程项目管理、建筑工程概预算;环境工程学专业开设了环境经济学、环境工程技术经济、环境管理与法规、ISO14000 环境管理体系;水文与水资源工程专业、地下水科学与工程专业开设有水资源规划概论、技术经济学;宝石及材料工艺学专业开设了市场营销学、推销技巧与商务谈判、公共关系学、消费者行为学、现代企业管理、商业经济学、服务市场营销、珠宝商贸、珠宝首饰评估等经管类课程和地经渗透课程;矿物加工工程专业开设了技术经济学、企业经营管理等课程。

(2)经济管理类专业开设了地学类课程。如 1991 年专科层次的会计学、审计学、统计学、劳动经济、投资经济管理开设了矿产地质基础、勘探技术;从 2006 年开始,在全校所开设的 19 个经济管理类本科专业中,规定:经济学、管理学各专业学生必须至少选修两门(4 学分)地学

类的课程,拟开设的地学类公共选修课有:地球科学概论、现代地质学、资源、环境与地球、地学创造性思维、地质灾害概论、海洋地质学、地质旅游、野外地质考查、奇妙的化石世界、遥感技术、自然资源概论、水资源概论、非金属应用概论、勘查技术导论、环境科学、华夏玉文化、宝玉石鉴赏(宝石学)、生命科学概论、材料科学概论、土木工程概论。

(3)地经渗透专业开设了地学类课程。从 20 世纪 50 年代开设的地质财务会计、地质计划统计专业到 1975 年开设的地质经济管理专业,再到 1984 年开设的地质技术经济专业、工业管理工程专业、1999 年开设的土地资源管理和 2006 年开设的资源环境与城乡规划管理专业,都属于地经渗透专业。这些地经渗透专业的一个显著特点是地学类课程和地经渗透课程所占的比例较大。如 1977—1979 年招收的地质经济管理专业在基础课中开设了地质学基础、矿床学与找矿勘探、探矿工程基础、水文地质与工程地质基础、物化探基础等地学课程;1988 年(地质)会计学、(地质)统计学专业开设了地质学基础、矿床学与找矿勘探、勘探技术、水文地质学、物探基础等地学类课程;地质技术经济专业理论教学安排上与地质矿产勘查专业类似,1985 年设置了 23 门基础课和 13 门专业课,此外还设置了 10 门的选修课(加选课)。其中,在基础课、专业课、在计划内选修课(指定选修课)和加选课中设置了普通地质学、矿物学、岩石学、古生物地史学、构造地质学、矿床学、采、选、冶基础、地质勘查技术、区域地质学、数学地质、水文地质与工程地质、测量学、地球化学、地质力学、同位素地质等课程地质矿产勘查专业的骨干课程,开设了政治经济学、技术经济原理、运筹学、系统工程学、地质技术经济学、地质勘查单位管理、管理统计学、国民经济计划与管理、能源经济学、经济法等经济管理专业的专业课;土地资源管理本科专业开设有(不包括地学类的选修课外)土地资源学、应用遥感学、地理信息系统、自然地理学、地籍测量、地图学、土地整理、自然资源学导论、采选冶概论等地学类课程。

(4)研究生层次和双学位的地经渗透。自 1986 年起,学校先后与中国地质大学(北京)、

北京经济学院联合招生，培养工业经济专业和企业管理专业硕士研究生，具体设四个研究方向：地质勘查单位管理与组织、地质勘查单位生产管理、地质勘查单位经营决策与计划、地质勘查单位科技管理、矿区原料经济，并开设了地质勘查单位管理学、地质经济管理概论、矿产经济学、地质技术经济等地经渗透课程。从2004年开始，学校独立招收人口、资源与环境经济学硕士研究生，该专业下设资源经济、环境经济、资源与环境核算、投资经济、生态经济、区域经济、资源与环境政策六个类别，侧重于矿产资源与环境经济、地质灾害经济、矿产资源开发管制、矿产资源开发生态补偿、矿产资源经济评价、矿产资源开发与环境政策等鲜明的特色和优势；2008年开始招收硕士研究生的会计学专业下设勘探采掘业会计方向，体现出了矿产与经济的渗透。

如果说研究生层次的地经渗透属于经济管理类专业开设地经渗透课程的话，1988年学校开设双学位班则是地学类专业和经济管理类专业的结合。1988年学校从经管系会计学专业、统计学专业和地质系矿产普查专业招收12名优秀毕业生进入双学位班学习，学制两年。具体做法是地学类专业毕业生学习经济管理类的课程，毕业后获经济学第二学士学位，而经管系毕业生则学习地学类课程，毕业后获工学第二学士学位。

（三）课程层次的渗透

为实现地经渗透人才培养目标，各专业相继开设了行业特征明显的地经渗透课程。如中专时期的地质财务会计和地质计划统计专业开设了经济地理、地质勘探工作组织与计划、地质勘探统计学、地质勘探设计与预算、地质机构经济活动分析、地质勘探机构会计核算、地质机构财务收支计划、地勘管理、地勘定额、地质经济活动分析等地经渗透的课程；1977—1979年招收的地质经济管理专业开设了地质工作会计、地质工作统计、地质经济活动分析、地质工作计划、地质工作统计、地质工作定额等地经渗透的课程；1988年会计学、统计学专业开设了地质勘探财务会计、地质经济管理概论、地质勘查单位管理、地质经济活动分析、地质技术经济、地质工作统计、地勘单位计划管理、基本建设计划与统计、建设单位会计、地质会计核算、经济地理等地经渗透的课程；1988年地质矿产勘查专业、

勘查地球物理专业中设置了地质技术经济；2006年资源环境与城乡规划管理本科专业开设有旅游地理学、资源开发利用与管理、城市规划原理、城市地理学、资源环境与可持续发展、矿产资源评价、土地评价与管理、土地利用规划、旅游资源开发与规划、旅游管理学；土地资源管理专业开设有土地经济学、土地资源管理、土地利用规划、不动产估价、地籍管理、矿产资源管理、建设用地管理、土地调查与评价、经济地理学、土地金融学、工程概预算、资源经济学、矿产经济学等地经渗透课程。

（四）实践教学环节的地经渗透

根据地经渗透培养目标的要求，在培养方案制订时设置有一定比例的地经渗透实践教学学时。不论是中专时期，还是河北地质学院时期或者是石家庄经济学院时期，经济管理类各专业的理论教学都安排有地学类的课程和地经渗透课程。其中，除了地质经济管理、地质技术经济、土地管理专业外，地学类课程所占课时比例一般在10%以下。除了地质财务会计、地质计划统计和土地管理专业外，绝大部分专业的地经渗透课程所占课时比例在10%以下；而且，经济管理类各专业一般都安排有2~3周的野外地质实习。地学类各专业除了地质——地球物理专业和地理信息系统专业外，其他各专业安排的经济类课程或地经渗透课程所占课时比例在13%~16%之间。这可能与1991年培养方案修订时确定的地学类和经管类课程交叉不低于10%的要求有关。

（五）教材建设的地经渗透

学校非常重视地经渗透教材及辅助教材建设。中专时期所开设的地经渗透课程地质勘探计划、地质勘探统计、地质勘探会计都有油印教材，还编写出大量的参考资料、习题集和大作业。河北地质学院、石家庄经济学院时期，学校除了印刷出版校内教材以外，还积极鼓励教师公开出版教材，如1979—2002年公开出版的教材有地质经济管理概论、统计学基础与地质工作统计、地勘单位管理学、地质勘查单位会计、地质勘查单位财务管理、地勘单位定额管理、地勘单位经济活动分析、地勘单位经营计划管理学、矿床技术经济评价等。

（六）师资队伍培养的地经渗透

地经渗透师资队伍的培养，特别注重选材环节和培育环节。在选材环节，师资的来源有三种：一是由地质类的专业教师或地质类的毕业生改行而来。20世纪八九十年代，地质行业不景气，有一批年轻教师改行搞经济管理，这批教师擅长地经渗透。二是经济管理类的毕业生来校任专业教师，通过学习、研究和教学，逐步培养成地经渗透型教师。自建校以来，有很大一批教师属于此类型。三是经管类毕业生留校任教。八九十年代，有相当一批经济管理毕业生留校任教，由于他们在校学习时就接受过地经渗透训练，因此毕业后从教比较得心应手。在培育环节，主要通过两个途径：①到地质队、矿山实习、实践；②与国土资源部门合作搞课题，通过做研究来提高地经渗透理论水平。这较好地锻炼了几代地经渗透型教师，并取得了丰硕成果。早在20世纪80年代初期，石家庄经济学院就率先开创了我国首例矿床经济评价"北京首钢迁安铁矿经济评价"，为首钢开采迁安铁矿提供了最佳方案；联合国京津地区地热评价子课题："天津市区及王兰庄地热田第三系热水勘探、开发、利用经济评价"，是国内首次对地热资源进行评价；90年代，石家庄经济学院又承担了国家"八五"攻关课题"长江三峡工程库区地质环境质量损益经济评价研究"、地质矿产部"八五"重点攻关课题"厦门海沧开发区土地利用的地质经济论证"等课题，并先后参与了国家"七五"、"八五"攻关项目"新疆305项目，为相关部门的决策提供了依据。

二、形成多层次的地经渗透特色专业群

特色专业群是指以一个或多个特色专业为主导，以支撑特色专业为主体所形成的多个专业的群落。而地经渗透特色专业群是指以一个或多个地经渗透特色专业为主导，以支撑特色专业为主体所形成的多个专业的群落，由主导特色专业、支撑特色专业和关联特色专业构成。主导特色专业是指对特色专业群的形成起引导、催化作用的专业，它是特色专业群的核心层；支撑特色专业指特色专业群众其支撑作用的特色专业，它是特色专业群的主体，是特色专业群的紧密层；关联特色专业指与主导特色专业和支撑特色专业由一定关联关系的专业，它是特色专业群的松散层。为此，本文对建校50多年来积淀的地经渗透办学特色进行了深入探讨。

为了适应地质事业的发展，学校于1972年底设立了地质经济管理系，下设地质计划统计和地质财务会计两个专业，面向全国招生，先办短训班，从1975年秋季起陆续招收地质经济管理专业学生，学制为3年。地质经济管理专业是当时地质系统唯一一个培养地质经济管理人才的专业，担负着为全国地质系统培养高级经济管理人才的重任。恢复高考以后，学校共招收3届地质经济管理专业4年制本科生。1981年地质经济管理专业分为地质财务会计和地质计划统计两个专业；1985年又设置了地质技术经济专业和工业管理工程专业，之后专业领域覆盖到投资经济、审计学、财务管理等本科专业，以及会计学、审计学、统计学、劳动经济、投资经济管理等专科专业。在办学层次上，除了有本科和专科外，1986年开始，学校先后与中国地质大学（北京）、北京经济学院联合招生、培养地经渗透型的硕士研究生（工业经济专业、企业管理专业）；1988年开设双学位班；从1986年开始，学校先后设立培训科、函授部，于是，地经渗透延伸到成人教育和培训领域。由此可见，从20世纪70年代开始到1996年学校更名前，形成了以本科、专科特色专业为主体，包含硕士研究生专业和成人教育本、专科专业的地经渗透特色专业群（见图1）。

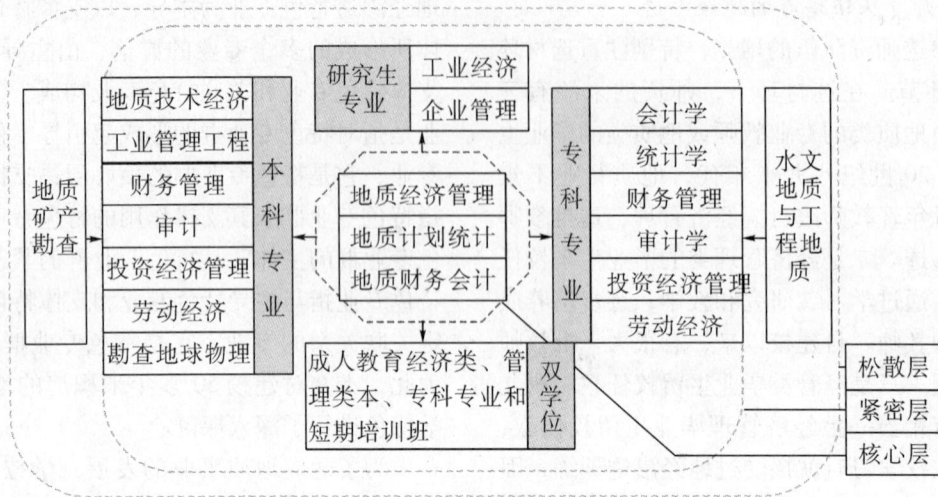

图 1　河北地质学院时期地经渗透专业群

从图 1 可以看出，地经渗透特色专业群可分成三个层：核心层、紧密层和松散层。核心层为特色专业群的核心，由主导特色专业地质财务会计、地质计划统计和地质经济管理三个专业构成（1981 年后取消地质经济管理专业，1987 年以后规范专业目录，所有专业前都去掉"地质"，但仍然是地经渗透专业，毕业生仍服务于地矿部门）。核心层的主导特色专业决定了特色专业群的形成和发展方向，即决定了该专业群的地经渗透特色。中间层是地经渗透特色专业群的紧密层，由本科支撑特色专业（地质技术经济、工业管理工程、财务管理、审计学、投资经济管理、劳动经济、勘查地球物理）、专科支撑特色专业（会计学、统计学、财务管理、审计学、投资经济管理和劳动经济）、研究生层次的支撑特色专业（工业经济、企业管理）和成人教育经济管理类的本、专科支撑特色专业构成。

从 1996 年学校更名开始，地经渗透特色专业群发生了新的变化，出现了新的特点，主要表现在：

（1）学校统一安排地经渗透选修课程。从 2006 年开始，在全校所开设的 40 多个本科专业中，统一设置 160 学时（10 学分）的公共选修课，包括地学类、科学技术类、经济管理类、社会法律类、文学艺术类、其他类六个模块，并规定：经济学、管理学各专业学生必须至少选修两门（4 学分）地学类的课程，而地学类各专业学生必须至少选修两门（4 学分）经济管理类的课程；拟开设的地学类选修课有：地球科学概论、现代地质学、资源、环境与地球、地学创造性思维、地质灾害概论、海洋地质学、地质旅游、野外地质考查、奇妙的化石世界、遥感技术、自然资源概论、水资源概论、非金属应用概论、勘查技术导论、环境科学、华夏玉文化、宝玉石鉴赏（宝石学）、生命科学概论、材料科学概论、土木工程概论。拟开设的经管类的选修课有：管理学概论、人力资源管理概论、金融学、公共关系学、社会保障学、经济学导论、电子商务、WTO 与国际贸易、房地产开发与经营、证券投资实务、行政管理学、会计学、项目管理、实用统计、市场营销学、企业理财、税法、创新思维与创业、旅游资源概论、物流管理、技术经济学、创业学。

（2）经济管理类出现了一批新的支撑特色专业。经济学、财务管理、工商管理、旅游管理、土地资源管理等一批本科专业成为地经渗透支撑特色专业。经济学专业先后设有人口资源与环境、区域经济、环境与资源核算、城市经济与管理方向，并开设有资源经济学、环境经济学、环境与资源经济学、生态经济学、土地经济学、环境经济核算、环境质量评价、环境管理与法规等地经渗透课程；财务管理专业设有矿产资源企业财务管理方向，并开设了勘探采掘企业会计、矿床技术经济评价、勘探采掘企业财务管理、地质学与勘探地质工程；土地资源管理开设有（不包括地学类的选修课外）土地资源学、应用遥感学、地理信息系统、自然地理学、地籍测量、地图学、土地整理、自然资源学导论、采选冶概论等地学类课程，合计 328 学时，占专业总学时的 13.3%，还有土地经济学、土地资源管理、土地利用规划、不动产估价、地籍管理、矿产资源管理、建设用地管理、土地调查与评价、经济地理学、土地金融学、工程概预算、资源经济学、矿产经济学等地经渗透课程，合计 560 学时，占专业总学时的 22.6%；旅游管理专业开设有地质与地貌学、生态学、地质景观旅游等地学类课程以及地质景观旅游地经渗透课程；工商管理专业开设有矿产经济学、资源开发利用与管理、矿产资源评价等地经渗透课程。

（3）地学类专业普遍开设地经渗透课程或经济管理类课程。测绘工程专业开设有土地利用规划、土地资源管理学等地经渗透课程；地球信息科学与技术专业开设有工程造价管理概论、管理学原理等地经渗透课程；资源勘查工程专业开设有矿产资源经济学；地理信息系统专业开设有矿床统计预测、土地开发利用、资源开发利用与管理、地质旅游信息系统等地经渗透课程，合计 192 学时，占专业总学时的 7.5%；资源环境与城乡规划管理专业开设有旅游地理学、资源开发利用与管理、城市规划原理、城市地理学、资源环境与可持续发展、矿产资源评价、土地评价与管理、土地利用规划、旅游资源开发与规划、旅游管理学，合计 400 学时，占专业总学时的 15.7%；土木工程专业开设了工程概预算与招投

标、土木工程项目管理、建筑工程概预算；环境工程学专业开设了环境经济学、环境工程技术经济、环境管理与法规、ISO14000 环境管理体系；水文与水资源工程专业、地下水科学与工程专业开设有水资源规划概论、技术经济学；宝石及材料工艺学专业开设了市场营销学、推销技巧与商务谈判、公共关系学、消费者行为学、现代企业管理、商业经济学、服务市场营销、珠宝商贸、珠宝首饰评估等经管类课程和地经渗透课程，合计 336 学时，占专业总学时的 13.5%；矿物加工工程专业中设置技术经济学、企业经营管理等课程。

（4）独立招收地经渗透硕士研究生。2004 年学校开始招收硕士研究生的"人口、资源与环境经济学"专业下设资源经济、环境经济、资源与环境核算、投资经济、生态经济、区域经济、资源与环境政策六个类别，侧重于矿产资源与环境经济、地质灾害经济、矿产资源开发管制、矿产资源开发生态补偿、矿产资源经济评价、矿产资源开发与环境政策等鲜明的特色和优势；2008 年开始招收硕士研究生的会计学专业下设勘探采掘业会计方向，体现出了国土与经济的渗透。

由此形成了新世纪的地经渗透专业群（见图 2）。

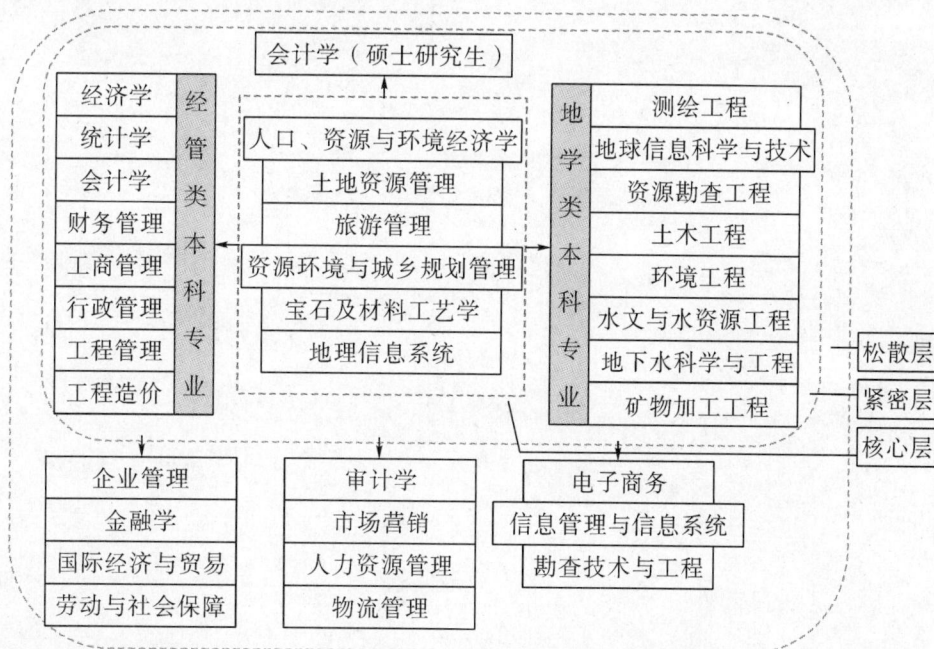

图 2　新世纪地经渗透特色专业群

参考文献

［1］阎凤鸣，赵淑兰．河北地质学院志［M］．武汉：中国地质大学出版社，1993．

［2］石家庄经济学院教务处．石家庄经济学院教学计划［Z］，1996．

［3］石家庄经济学院教务处．石家庄经济学院本科培养方案（2006）［Z］，2006．

［4］郝东恒．五秩春秋［M］．北京：新华出版社，2003．

［5］专业设置［EB/OL］．http//www2.sjzue.edu.cn/sjyyjsc/default.asp，2009-12-22．

高校在社会主义文化大发展大繁荣中的行动指南

——解读新一轮高等学校哲学社会科学繁荣计划的四个新亮点

黄　韬[①]　王耀荣

（西南财经大学 发展规划处，四川 成都 611130）

摘　要： 新一轮高等学校哲学社会科学繁荣计划对新时期高校哲学社会科学工作做出了全面规划和总体部署。本文从高校哲学社会研究人员的视角，就该计划在突出时代背景的创新性、注重发展方式的科学性、强调价值取向的服务性、明确改革思路的系统性等四方面进行解读，并在此基础上对高校进一步繁荣发展哲学社会科学做出探讨。

关键词： 高等学校；哲学社会科学；行动指南

教育部、财政部启动实施的《高等学校哲学社会科学繁荣计划（2011—2020 年）》（以下简称"繁荣计划"）提出，积极推进高等学校哲学社会科学创新体系建设，为国家哲学社会科学创新体系建设提供有力支撑，为全面建设小康社会作出新贡献。"繁荣计划"全面贯彻落实了教育规划纲要和党的十七届六中全会精神，充分体现了高等学校哲学社会科学在建设社会主义文化强国中的重要作用和光荣使命，是高等学校在推动社会主义文化大发展大繁荣中的行动指南。"繁荣计划"在实施的时代背景、发展方式、价值取向、改革思路等四方面的新亮点，对加快高等学校科学发展、内涵发展，全面提升高等学校哲学社会科学综合研究水平有着重要的指导意义。

亮点一：突出时代背景的创新性

每一项重大计划的出台都有着深刻的时代背景和重大的战略意义。"繁荣计划"的启动实施是处在我国全面建设小康社会的关键时期和深化改革开放、加快转变经济发展方式的攻坚时期，鲜明地突出了这一时期急需创新的时代特性。从经济发展的角度看，过去一段时期经济强劲发展所依靠的高投入、高消耗、高资本积累的传统经济增长模式，在新时期已经引发了一系列经济和社会问题，并且不利于国民经济的持续健康稳定地发展。"2008 年以来的金融危机提醒人们，以亚洲的生产、西方的消费和世界其他地区的资源开采为基础的世界增长模式不能再继续下去"，加快转变经济发展方式成了我国"十二五"时期的发展主线。

从社会发展的角度看，2010 年我国人均GDP 达到 4682 美元，已跻身中等收入国家行列。然而，经济社会转型凸显出发展不平衡、不协调、不可持续的问题，使刚刚跳出"贫困陷阱"的中国在"十二五"又面临着"中等收入陷阱"的新挑战。国际经验表明，由于快速发展中积聚的矛盾集中爆发，自身体制机制的更新

---

① 黄韬，西南财经大学教授。

进入临界，很多发展中国家在这一阶段由于经济发展自身矛盾难以克服，发展战略失误或受外部冲击，经济增长回落或长期停滞，陷入"中等收入陷阱"，造成民主乱象、贫富分化、腐败多发、过度城市化、社会公共服务短缺、就业困难、社会动荡、信仰缺失、金融体系脆弱等社会问题。

从国家战略需求的角度看，2010 年我国GDP 总量为 401 202 亿元人民币，超过日本跃居世界第二，然而美国 2008 年发布的国力排名显示，我国的军事实力世界第三，科技实力世界第八，教育实力世界第十，我国综合国力的各项指标发展并不均衡，真正意义上的大国地位还没有完全建立起来。在面临日益增多的贸易摩擦，维护国家主权和领土完整及周边国际环境稳定，承担与我国国情相符的"大国责任"，增强国际竞争文化软实力等众多问题时，旧有的应对思维和处理方式已显得捉襟见肘，急需有新的思维和大的智慧来制定实施新时期的国家大战略，应对复杂多变的国际环境。

上述社会热点问题和重大战略问题的解决，需要以制度创新、技术创新、知识创新为重点，加快思想的再创新、发展战略的再创新和发展模式的再创新。这是哲学社会科学的使命，急需哲学社会科学做出积极的回应。特别是高等学校作为推进哲学社会科学繁荣发展的重要力量和主要阵地，要充分发挥知识创新之源的重要作用，以改革创新为动力，增强引领社会文化的能力、服务经济社会的能力和国际学术的影响力，为我国经济社会持续健康稳定地发展和走"和平崛起"之路，提供强有力的思想保证、精神动力、智力支持和政策支持。

亮点二：注重发展方式的科学性

自 2003 年教育部印发《关于进一步发展繁荣高校哲学社会科学的若干意见》以来的一系列重大举措，调动了高等学校广大哲学社会科学工作者的积极性、主动性和创造性，提高了高等学校的综合实力和整体水平。当前，高等学校哲学社会科学的发展正处于从数量增长向质量提升、从外延扩张向内涵提升的关键时期。新一轮哲学社会科学繁荣计划正是立足于提高质量和增

强科学发展的能力，"在保持政策连续性的同时加大改革创新力度，坚持统筹协调原则，统筹人才培养、科学研究和社会服务，统筹基础研究、应用研究和对策研究的协调发展。"

第一，明确哲学社会科学发展的战略重点。一个时期以来，高校普遍实施以学科为重点的发展战略，大大提升了学校的整体实力。对部分高水平大学而言，经过一段时期的聚焦建设，尤其是"211 工程"、"985 工程"和"优势学科创新平台"的建设，其主体学科已经成为博士学位授权一级学科，大多数学科成为省部级以上重点学科，学科点的覆盖范围已趋饱和，学科体系也基本成熟。这类高校的战略重点应逐步从学科点扩张升级的内向型战略，转向与国家经济、科技、文化发展相适应的外向型战略，要更加注重实施质量战略、协同战略、文化战略和国际化战略等，以更高层次的战略实现教育全面科学的发展，为学校能够承担新的时代使命创造有利条件。

第二，加强哲学社会科学的交叉融合和跨学科发展。由于不同程度地存在"重申报、轻建设"现象，以及学科本位主义思想，哲学社会科学往往是"一个人的学问"，学科口径过于狭窄，学科之间界限森严，缺乏学科间的交叉融合和跨学科联合研究。面对日益增多的各种具有综合性、复杂性特征的重大现实问题，哲学社会科学必须冲破传统的学科界限，强化学科的交叉、渗透、融合与综合化发展，并加强与自然科学、工程技术之间的融合发展。

第三，加强哲学社会科学的全面协调发展。高等学校在全面贯彻落实"繁荣计划"时，要始终坚持科学发展、内涵发展，从推进教育事业发展的全局和落实教育规划纲要的战略高度出发，结合自身发展现状和目标，将繁荣发展哲学社会科学与提升人才培养、科学研究、社会服务、文化传承创新的能力相结合，全面提高高等教育质量。

在哲学社会科学研究领域，长期存在着"重理论研究、轻应用研究"的问题，以及"理论研究高于应用研究"等模糊认识。事实上，理论研究和应用研究同样重要，理论研究是应用研究的基础，应用研究是理论研究的最终目的。要以科学发展观为指导，强调哲学社会科学的实

践指向，使理论研究和应用研究相互促进、相互提升，造就出一大批学术精品和标志性成果，使理论研究和应用研究都能得到全面协调的发展。

亮点三：强调价值取向的服务性

哲学社会科学是人们认识世界、改造世界的重要工具，是推动历史发展和社会进步的重要力量。"哲学社会科学的发展水平，体现着一个国家和民族的思维能力、精神状况和文明素质。中国特色社会主义事业的兴旺发达，离不开自然科学的繁荣发展，也离不开以马克思主义为指导的哲学社会科学的繁荣发展。""哲学社会科学的研究能力和成果，也是综合国力的重要组成部分。"我国社科研究成果的应用转化与自然科学相比，其转化率仍然很低，社会科学研究成果仅有 5% ~ 6% 被应用转化，3% 的成果形成了产业。

哲学社会科学研究绝不能脱离实践、远离人民大众而孤芳自赏。当前我国正处在社会转型时期，经济社会发展暴露出来的各种问题纷繁复杂，迫切需要哲学社会科学研究人员主动深入基层、深入实践，积极回应人民群众的利益关切和思想疑惑。"繁荣计划"的主要任务中鲜明地提出："推进哲学社会科学成果的转化应用，强化哲学社会科学育人功能，普及哲学社会科学知识，大力开展决策咨询研究，积极发挥思想库和智囊团作用，构建哲学社会科学社会服务体系，全面提升社会服务水平。"

高等学校哲学社会科学研究也要"跳出学校的围墙"，强化研究的服务取向和实践取向，加强哲学社会科学研究成果的推广和应用，改变过去研究中存在的"重理论、轻实践"现象，要从"象牙塔"走向田野，从一般性理论建构走向政策咨询与对策研究，不仅能在理论研究方面发挥积极作用，还要在重大现实问题的应用研究和对策研究方面做出重要贡献。高等学校哲学社会科学研究人员要在准确把握时代特征和中国国情的基础上，深入实践，拓展视野，认真研究、科学论证、合理解释我国经济建设、政治建设、文化建设、生态文明建设和党的建设面临的一系列重大问题，将新理论、新观点、新对策及时运用到经济社会的现实需求中，充分发挥出

"思想库"和"智囊团"的作用，在实践中推进哲学社会科学研究成果的科学化、大众化。

亮点四：明确改革思路的系统性

哲学社会科学属于意识形态、上层建筑范畴，发展繁荣哲学社会科学要坚持以马克思主义为指导，建设具有中国特色、中国风格、中国气派的哲学社会科学。同时，繁荣发展哲学社会科学是一项复杂而系统的工程，必须遵循哲学社会科学的一般规律和特征，统筹协调好各个环节上的体制机制改革，为进一步繁荣发展哲学社会科学提供制度上的保障。在"繁荣计划"启动实施的同时，教育部还下发了《关于进一步改进高等学校哲学社会科学研究评价的意见》、《高等学校哲学社会科学"走出去"计划》、《高等学校人文社会科学重点研究基地建设计划》等配套文件，充分体现了本轮哲学社会科学繁荣计划的系统性改革思路。高等学校作为新一轮哲学社会科学繁荣计划的实践主体，理应以义不容辞的责任感和使命感贯彻落实好"繁荣计划"。

第一，加快建立和完善现代大学制度，为哲学社会科学创新提供制度保证。以适应经济增长方式转变为契机，以教育与经济、科技、文化的协同创新为重点，构建和完善现代大学制度及相应的体制机制。以合理配置学术自由与行政权力、协调好学术自由与行政权力的关系为关键，积极探索教授治学的有效途径，充分发挥学术委员会在学术评价中的重要作用，为哲学社会科学创新营造良好的制度环境。

第二，牢固树立评价的质量导向，深入推进哲学社会科学科研评价改革。与哲学社会科学的时代使命相适应，改革过去为成果而成果、为立项而立项、为出招而出招、为评价而评价等传统方式，更多地接受社会和实践的检验。建立科学合理的分类评价体系，对于不同的评价对象、不同的学科领域、不同的研究类型和不同的研究成果，采取不同的合理评价方式。正确把握数量和质量的辩证关系，特别注重成果的"实质性贡献"，推进优秀成果和代表作评价，引导研究人员潜心钻研、铸造精品，担当负责任的"思想库"和"智囊团"。

第三，实施国际化战略，推动高等学校哲学

社会科学走向世界。根据文化强国战略的要求，结合学校的发展定位和战略目标制定国际化战略，加快教育国际化发展步伐。坚持"请进来"和"走出去"相结合，搭建高质量的长效交流与深层次交流平台，提升国际交流合作的深度和水平。加快建设高水平的国际期刊、国际出版物和国际化研究机构等，促进我国哲学社会科学的繁荣发展，提升国际学术影响力和话语权。

参考文献

［1］赵人伟. 中长期发展规划借鉴国际经验的问题——解读《中国经济中长期发展和转型：国际视角的思考与建议》［J］. 经济学动态，2011（8）.

［2］胡鞍钢. 中国如何跨越"中等收入陷阱"［J］. 当代经济，2010（8）.

［3］推进高校哲学社会科学创新体系建设——教育部社科司相关负责人解读《高等学校哲学社会科学繁荣计划（2011—2020 年）》［N］. 中国教育报，2011 – 11 – 22.

［4］江泽民. 必须高度重视哲学社会科学的发展［M］//江泽民文选：3 卷. 北京：人民出版社，2006.

［5］周敏. 关于社科研究成果应用转化问题的思考［N］. 陕西日报，2010 – 07 – 21.

［6］赵德武. 肩负起繁荣发展哲学社会科学的时代使命——访西南财经大学校长赵德武［N］. 中国社会科学报，2011 – 11 – 30.

［7］李卫红. 以改进科研评价为突破口 促进高校哲学社会科学健康发展［N］. 光明日报，2011 – 11 – 25.

高等财经教育质量提升与质量评价

我国高等财经教育质量评价指标体系研究[①]

西南财经大学课题组[②]

（西南财经大学，四川 成都 611130）

摘　要：高等教育大众化时期质量是一个多元化的概念。高等教育质量评价的兴起深受新公共管理运动与全面质量管理理论的影响。西方发达国家高等教育质量保障的基本模式大致分为三种，即欧洲大陆模式、英国模式和美国模式。我国高等教育质量评价虽已取得长足进展，但也存在诸多问题。本研究在分析、借鉴国内外高等教育质量评价（大学排行榜）和 EQUIS、AMBA、AACSB 等世界三大管理教育认证体系的基础上，运用主成分分析方法，初步构建起了我国本科财经院校教育质量的评价指标体系，并提出了几点针对性的政策建议。

关键词：高等财经教育；教育质量；教育评价；评价指标；新公共管理运动

一、导言

伴随着知识经济的到来和经济全球化的浪潮，高等教育质量正成为提高国家综合实力、影响国际经济竞争的最主要因素之一。高等教育质量的核心是人才培养质量，提高人才培养质量必须建立一套行之有效的高等教育质量监控与评估体系。我国最近颁布的《国家中长期教育改革和发展规划纲要（2010—2020 年）》明确提出要"把提高质量作为教育改革发展的核心任务。树立科学的教育质量观，把促进人的全面发展、适应社会需要作为衡量教育质量的根本标准……制定教育质量国家标准，建立健全教育质量保障体系"。"十二"期间将继续实施"高等学校本科教学质量与教学改革工程"，以质量标准建设为基础，探索建立中国特色的人才培养国家标准。为此，教育部将组织制定 100 个左右本科专业类教学质量国家标准。以经济学和管理学（特别是工商管理）两大学科门类为主体的高等财经教育是我国高等教育体系的重要组成部分。目前，以欧洲质量发展认证体系（EQUIS）、英国工商管理硕士协会（AMBA）和美国国际商学院联合会（AACSB）为代表的世界三大管理教育认证体系，正对世界范围的高等财经教育产生重要而深刻的影响。建立和完善针对中国高等财经教育实际情况的质量评价指标体系，推进高等财经教育的改革和发展，是我国政府、财经院校和专业协会共同面临的一项重要而紧迫的任务。

我国高等教育已经从精英教育发展到大众化教育阶段。2009 年全国高等教育毛入学率已经

---

① 该研究报告为中国高等教育学会 2010 年度重点课题《我国高等财经教育质量评价指标体系研究》（编号 2010YHEZ011）的结项研究成果。

② 课题主持人：西南财经大学党委书记赵德武教授。课题参与者还有：西南财经大学许德昌教授、黄韬教授、袁圣军副教授（纽约州立大学哲学博士）、李伊副教授（佐治亚州立大学理学博士）、徐舒博士、缪芳（英国纽卡斯尔大学硕士），发展规划处陈益刚、彭浩波、李欣玲、魏薇、王耀荣以及统计学院何艳秋博士等。

达到 24.2%，在校本专科学生人数为 1997 年的 6 倍多。高等教育正从以数量增长为主要目标的外延式发展向提高教育质量和办学水平为核心的内涵式发展模式转变。在高校扩招的大规模扩张时期，新型高等教育机构（如独立学院、民办高校）不断涌现、现有高校因资源紧缺等原因存在良莠不齐、质量下滑等问题。下述背景或原因促使建立高等教育质量保障体系成为必要：①在新公共管理运动（NPM）或管理主义思潮的影响下，各国政府加强对公共部门或准公共部门的问责制（accountability）；②高等教育机构需要通过认证和评估确立自身的社会地位，并强化内部管理；③高等教育质量评估为学生、家长及社会能提供入学选择的参考依据，而且对于有些机构和个人来说高等教育质量评估已经成为一种有利可图的产业，如正在世界各地兴起的大学排行榜运动。可见，无论是高等教育内部还是外部都存在某种强大的力量推动质量评估的开展，尽管当今世界对于高等教育质量的界定，特别是质量评价的指标见仁见智、莫衷一是。

目前，国内外有关高等教育质量评价的研究和实践方兴未艾、蓬勃发展。1998 年 UNESCO 在巴黎召开主题为 21 世纪高等教育的世界大会。质量和质量评估得到大会的认同，并被写进了《关于 21 世纪高等教育的世界宣言：设想与行动》。目前，建立了质量保障体系的国家或地区已有 90 个，共有外部质量保障（EQA）机构 150 个（江彦桥，2007）。2003 年经合组织与 UNESCO 联合开发《保障跨国界高等教育办学质量的指导方针》，并于 2005 年 10 月正式发布。在此背景下，英国、美国、日本等国都制定并实施了相对成熟而完善的质量保障体系。有的学者从理论角度探讨了教育质量评价的内涵（如：Harvey & Green, 1993；戚业国，2002；潘懋元，2000；李志宏，2007；贾海基，傅勇，2006；余小波，2005），有的研究者从应用的角度设计了不同的质量评价指标体系（如：Tang & Wu, 2010；金莉，2009；刘易，张日桃，2009；徐宏毅，周群英，2010）。当然，以《美国新闻与世界报道》、英国《泰晤士报高等教育增刊》，以及国内网大、中国校友网、上海交大、武书连等机构和个人发布的大学排行榜对社会公众和高等院校都产生了不同程度的影响。教育部也在世纪之初开展了针对大学教学质量的水平评估。然而，这些质量评价指标体系大都面对大学整体，无法反映不同层次、不同类别高校的质量差异。目前，我国尚未建立起针对高等财经院校的质量评价指标体系。本研究通过分析比较，运用主成分分析方法，试图构建一套高等财经教育的质量评价指标体系，以促进我国高等财经教育的改革和发展。

二、高等教育质量评价的基本理论

高等教育的质量评价与新公共管理运动（NPM）或管理主义的兴起不无关系，并深受企业界全面质量管理（TQM）的影响。然而教育质量却是非常难以界定的，即使在理论上能达成一致，要进行实际测评也是非常困难的。这也是尽管研究者提出了种种不同的评价指标体系却仍受到质疑和批评的主要原因。

（一）新公共管理运动与全面质量管理对高等教育质量评价的影响

20 世纪 80 年代后期和 90 年代初期，新公共管理运动（又称管理主义）席卷发达国家和发展中国家的公共部门管理。公共选择理论和新制度经济学是管理主义的主要思想来源。根据 OECD 的界定，这场运动强调：①企业管理技术的采用；②服务及顾客导向的强化；③公共行政体系内的市及竞争功能的引入。马丁·特罗认为，管理主义以"柔性的概念"和"刚性的概念"两种迥然不同的形式应用于高等教育领域。"柔性的概念"注重低成本高质量地提供高等教育服务，强调提高现有高等教育机构的效率；而"刚性的概念"则主张在高等教育领域中引入商业模式，通过建立完整的质量评估体系从而持续改进教育质量和有效率的管理（Trow, 1994）。新公共管理运动的核心是要把企业和私营部门经营的一些成功的管理方法移植到政府部门中来，主张政府应该像企业那样引入竞争机制，树立顾客意识和绩效意识。政府应该以市场或顾客为导向，实行绩效管理，提高服务质量和有效性。绩效管理的内容主要包括服务质量、顾客满意度、效率和成本收益等。公共部门的绩效评估主要以经济、效率和效益（即"3E"）为标准。

随着高等教育领域质量问题的凸显，企业界

普遍使用的质量管理理论开始渗透进高等教育领域，并对高等教育质量的理论研究与实践产生了直接影响。如荷兰政府早在 1985 年就发表了题为《高等教育：质量与自治》的政策文件，并提出了"以质量换自治"的政策思路。也就是：如果大学能够保证其质量的话，政府将给予其更多的自治和自主权（王建华，2008）。

在全面质量管理的框架下，顾客需求满意度成为判定企业产品质量高低的重要指标，并开始运用于高等教育领域。比如在美国，IBM 于 1991 年提出了"IBM 大学院校 TQM 奖"计划（IBM – TQM Award Program），以美国国家品质奖之评审标准为依据，鼓励大学开始导入 TQM 理念治校。1993 年美国国会通过国家质量承诺法案，鼓励大学秉持 TQM 的精神，每年颁奖给在推广教育、内部管理及与产业合作有卓越成效的大学（张家宜，2002）。基于对企业质量管理理论的推崇，许多大学纷纷引入 ISO9000 系列标准和全面质量管理体系。据统计，1996 年美国有将近 160 所大学参与质量改进活动，将近一半的大学建立了质量管理的相关机构。我国也有少部分高校尝试建立全面质量管理或 ISO9000 系列标准主导下的内部质量管理体系（王建华，2008）。

王璐和曹云亮（2011）探讨了新公共管理运动对美国公立高等教育的影响。主要包括：价值理念从关注公平向追求卓越转变；运行模式从计划模式向市场模式转变；社会契约从为公民服务向为顾客服务转变；服务功能从核心向外围扩张；资金优势从公立大学转向私立大学。贺智勇（2009）分析了新公共管理运动对我国高校评估体系的影响，提出了高等教育质量评估的主体和客体多元化思路。毫无疑问，新公共管理运动与全面质量管理对高等教育质量评价有着重大的影响，但高等教育有其自身规律，企业界的相关管理理论固然可以借鉴，但不能完全照搬于高等教育领域。

（二）高等教育质量与评价的内涵

提高教育质量是世界范围高等教育改革与发展的主题之一。质量保障体系在教育中的应用源于工商业的质量保障体系和全面质量管理思想对教育领域的渗透。然而，对于"质量"的内涵却有着不同的理解，难以形成一致的定义。1998 年在巴黎召开的首届世界高等教育会议通过的

《21 世纪高等教育展望和行动宣言》指出："高等教育的质量是一个多层面的概念"，要"考虑多样性和避免用一个统一的尺度来衡量高等教育质量"（潘懋元，2000）。质量对于不同的人来说意味着不同的东西。Harvey & Green（1993）把"质量"区分为五类：卓越（质量是独特的或优异的）、完美（即零缺陷）、适合目的（质量就是满足顾客的需求）、金钱价值（质量与成本相关）、和变迁（在教育中变迁意味着提高或强化）。另有学者将"质量"概括为下面五类定义：①超绝（Transcendent）定义，这些定义是主观的、个人的，它们与美和爱这样的概念相关；②居于产品的定义（Product – based），质量被视为可测量的变量；③基于用户的定义（User – based），质量是度量客户满意度的工具；④基于制造的定义（Manufacturing – based），质量就是符合要求和规格；⑤基于价值的定义（Value – based），质量与成本相关（Lagrosen, Seyyed – Hashemi & Leitner, 2004）。联合国儿童基金会在《教育质量定义》中提出了学习者、教育环境、教育内容、教育过程与教育成果等五个教育质量要素，并认为应该从这五个方面检测教育质量（郑新蓉，2009）。

我国的《教育大辞典》把教育质量界定为"教育水平高低和效果优劣的程度"，"最终体现在培养对象的质量上"。"衡量的标准是教育目的和各级各类学校的培养者的一般质量要求，亦是教育的根本质量要求；后者规定受培养者的具体质量要求，是衡量人才是否合格的质量规格。"这个定义突出了质量对教育水平的衡量，并体现在培养对象上。林正范和贾群生（1999）认为高等教育质量的本质是培养有教养的高层次的社会公民。潘懋元（2000）提出在高等教育的大众化阶段应当有多样化的教育质量标准。胡弼成和陈小尘（2010）也持有高等教育质量多样化的观点，认为只有根据高等教育质量的基本特征，并对这些因素加以重视、研究及有效控制，从职责上履行使命，在专业上制订基准，课程经同行评价，产出有结果检测，从而在分类排行中获得声誉，享有满意的顾客评价，才能保证质量。戚业国（2002）认为我国高等教育大众化时代同时存在着学术质量观、社会需要质量观、个人导向质量观、市场导向的质量观，不同

的高等学校应有不同的选择和侧重，应有各自的主导质量观。研究型大学必须坚持学术质量观，一般本科院校必须树立社会需要导向的高等教育质量观，普通专科教育应当坚持个人选择导向的高等教育质量观，而社会办高等教育可以坚持市场需要导向的质量观。贾海基和傅勇（2006）把高等教育的质量分为宏观的高等教育发展质量和微观的人才培养质量。宏观的发展质量目标应追求高等教育的规模、效益、速度、结构和质量的协调发展，而微观的人才培养质量应视高等教育的主体而定，不同层次的高等教育、不同类型的高等院校应有各自的培养目标和规格。

综上所述，我们赞同教育质量是一个多样化的概念。正是基于这样的理解，我们认为高等财经教育的质量有其独特性，应有有别于一般意义上的高等教育质量评价指标体系。对教育投入、教育过程、教育产出的评价同样重要，在研究中我们不仅从用户（即学生）的满意度角度出发，也考虑到教育目的的适切性以及教育成本等因素综合评价我国高等财经教育的质量。

美国教育评价标准联合委员会将教育评价界定为"对教育目标和它的优缺点与价值判断的系统调查，为教育决策提供依据的过程"（涂艳国，2007）。国内学者陈玉琨（1999）认为教育评价是对教育活动满足社会与个体需要的程度作出判断的活动，是对教育活动现实的（已经取得的）或潜在的（还未取得，但有可能取得的）价值作出判断，以期达到教育价值增值的过程。高等教育评价大致包括五大要素：①评价的目的，包括强化教育、研究活动，提高效率，保证质量，向社会说明大学的情况，以及排名等等；②为谁进行评价，是为大学自身还是为了与大学利益相关的人或机构（包括政府、资金提供者、毕业生、在校生、职员及全社会）；③评价的对象，包括教师、职员、学生个人及机构的研究、教育、社会服务等活动；④评价的方法，约翰·布伦南等人（2005）认为质量评估的"一般模式"包括国家质量机构、院校的自我评价、外部同行评价、公布的报告；⑤评价的主体，包括专门机构、专家、同事、大众媒体、作为顾客的学生、雇用毕业生的企业等（张晓鹏，2004）。本研究以中国高等财经教育（本科阶段）的主要参与者学生、老师及相关服务活动为评价对

象，希望通过相对独立的专业组织进行客观公正的评价，以评促教，最终促进中国高等财经教育质量的提升。

需要指出的是，质量评价通常有其他大同小异类似的说法，如质量评估、质量保障、质量控制、质量管理等。如约翰·布伦南等人（2005）就使用"质量管理"这一广义的概念，用以"描述对高教质量的判断、决策和行动的整个过程"。据此，质量评价只是质量管理的重要组成部分。因本研究侧重于对我国高等财经院校质量现状的测评，故仍使用"质量评价"这一术语。

三、国内外高等教育质量评价的现状

20世纪末，对高等教育质量的关注和研究以及质量保障体系的建立，已经获得国际社会的广泛认同，众多国际性、区域性组织为推动这一工作作出了不懈努力。譬如，成立于1991年的高等教育质量保障机构国际网络（INQAAHE），旨在交流质量保障方面的经验和良好实践，促进国际合作，探讨全球发展，目前至少有51个国家的135个质量保障机构加入了该网络。作为INQAAHE内的一个地区性网络，亚太质量网络（APQN）目前已经拥有54个会员国（地区）。2005年在新西兰惠灵顿召开首届年会后，2006年APQN在上海召开第二届年会。会议主题是"区域流动背景下的质量保障合作"，涉及国家教育质量保障框架、区域性跨境教育质量保障合作，跨境教育质量标准等多个方面。2006年，亚太地区国家教育部长参加了在澳大利亚布里斯班召开的国际教育论坛，会议签署了《布里斯班公告》。构建亚太地区教育质量保障框架是该《公告》的主要内容之一（江彦桥，2007）。英国、美国、俄罗斯、日本等西方国家相继建立了各自的高等教育质量评价体系，我国目前尚处于探索和建立阶段。

（一）西方发达国家的高等教育质量评价

发达国家高等教育质量保障的基本模式大致分为三种：①大陆模式，指在西欧大陆国家发展起来的一种高等教育质量保障模式，"以政府严格挖掘高等教育的评估为特征"；②美国模式，也可以称作中介组织论证模式；③英国模式，也可以称作大学自我管理模式，或学术团体自我管

理模式（陈玉琨，2004；王淑娟，2004）。

传统上，英国的高等教育质量保证是大学自己负责。评估体系由四个层次评估共同构成：①高校内部的教学质量管理、教育质量控制和自我评估；②高等教育基金委员会代表政府实施的高等教育评估；③高等教育委员会代表大学校长委员会的集体协商组织实施的质量审核；④以《泰晤士报》发布的英国高等学校排行榜为典型代表的社会评估。1997年成立的高等教育质量保障局（QAA）对英国各个大学各个专业的教学质量进行评估（TQA），共分为六个指标：课程内容设计、教育学习评估、学生表现情况、学生辅助及指导、学校学习资源和质量管理及改进。QAA成立之后，试图设计一套统一的高等教育质量保证模式，但认为有必要分别在院校层次和学科层次独立进行评估。院校层次的学术质量审查是对所有高等教育机构进行的质询，确定各校是否有足够而有效的学术标准和质量管理程序。学科评估是在学科层次进行的教学质量评估，是英格兰高等教育基金委员会应1992年《继续与高等教育法》的要求而进行的，由英格兰高等教育基金委员会之教学质量评估委员会于1993年开始进行。评估的目的是：保证对公共资金的责任，在投资和提高质量之间建立联系，为公众提供信息以及分享好的范例（金顶兵，2005）。

在美国，专业性的非政府机构负责对高等教育机构的认证及对个别学术与专业课程的认证。美国教育部门则定期检测及评估这些非政府机构，以确定他们是否遵循所建立的标准与惯例。美国共有六个地区性的认证机构，每所认证机构负责在美国某个特定区域进行教育认证，主要是对教育院校的认证，包括公立与私立学校、学院及大学。认证（Accreditation）指某权威机构授予一个高教机构或项目的合格评定（约翰·布伦南等，2005）。认证的基本程序包括：该教育机构或课程需备有一份自我评估表；认证机构指定一组人员藉以复审评估表、参观校园及作调查报告；认证机构决定是否承认该教育机构或课程。有些机构或课程在接受正式认证前，被承认为"预先认证"（王东江，2003）。

单春艳（2008）分析了俄罗斯高等教育质量标准及评价体系，从教育大纲、教育过程管理、教育工作者、中学应届毕业生、大学生掌握的知识、教育活动以及信息教育环境保障等方面提出了高等教育质量的标准。全俄教育质量评价体系在指导思想上侧重于教育质量评价观点、方法、模式的多样性，强调评价过程中的专业化、客观性、公开性、透明性、公正性、阶段性、连续性、总括性、国际合作与发展的不间断性。俄罗斯的教育质量评价体系包括外部质量评价体系和内部质量评价体系。外部评价体系由国家所认可的机构对教育机构进行认证、鉴定和评估，以确定职业教育组成部分的特点，还包括在科学—教育团体、科学协会、科学联合会的基础上形成的社会认证机制。内部评价体系产生于教育机构内部，主要通过结果性和阶段性鉴定（自我鉴定）两种形式对学者及毕业生进行评价和心理诊断等。与美、英的强调社会评价为主不同，俄罗斯高等教育质量评价更多地还是行政评价。

日本的大学评价机构有两类：一类是官方的评价机构，包括大学设置审议会、临时教育审议会和大学审议会；另一类是民间评价机构，主要有大学基准协会、私立大学联盟与国立大学协会、新闻媒体与社会团体。日本的高等教育质量评估主要由第三方进行，集中于学校状况和管理措施，内容主要涉及学习效果、知识能力水平、就业状况、科研课题、财务情况等，目的是让师生、社会了解学校发展情况、为学校的工作提供借鉴。其主要评估类型有四种：①由大学评价与学位授予机构实施的评价；②由大学基准协会进行的评价；③技术教育机构对大学特定专业的评价；④其他大学评价，如大众传媒进行的"大学排行榜"等（徐东，2008）。

上述诸国在高等教育质量评价方面虽然存在不同的模式和做法，但也有趋同的一面，即强调评价主体的多元化和针对不同类型、不同层次的高等教育机构建立相应的评价指标体系。李晓群（1996）和徐东（2008）分别比较了西方发达国家高等教育质量评价体系在价值观、评价主体、评价内容、评价程序等方面都存在的诸多差异。近年来高等教育质量管理呈现出"绩效化"、"元评估"、"从技术到文化"以及"从监控到管理"等新的发展趋势（王建华，2008）。钟秉林和周海涛（2009）进一步将国际高等教育质量评估发展的新特点总结为以下五方面：实行分类评估成为国际高等教育质量评估发展的新热点；调整不同评估主体的职能分工成为各国关注的重点；赋予高等院校以质量保障的主要权责成为广泛共识；重视资源使用率以及学生学习效果成为评估指标体系改进的主要内容；注重定性描述成为收集质量信息的重要趋向。西方发达国家高等教育质量评价体系的不同模式及最新发展特点对我国高等教育质量评价体系的构建无疑具有重要的影响。

（二）我国的高等教育质量评价

我国的高等教育质量评价发端于 20 世纪 80 年代的教育体制改革，晚于西方发达国家。1990 年国家教委颁布《普通高校教育评估暂行规定》，就高教评估性质、目的、任务、指导思想、基本形式等明确作了规定，从而确立了我国高教评估制度的基本框架。1993 年颁布的《中国教育改革与发展纲要》提出要"建立各级各类教育的质量标准和评估指标体系。各地教育部门要把检查评估学校教育质量作为一项经常性的任务。"1998 年的《高等教育法》规定："高等学校的办学水平、教育质量，接受教育行政部门的监督和其他组织的评估。"1993 年中国高等教育评估研究会正式成立，并从 2003 年开始在全国展开普通高等学校本科教学工作水平的评估工作。2004 年教育部成立了高等教育教学评估中心，标志着我国高校评估工作进入了制度化阶段。我国本科教学评估本着"以评促建、以评促管、以评促改、评建结合、重在建设"的宗旨，由被评学校自我评估、专家组现场考察和学校整改三个阶段构成，对于推进我国高校教学改革，建立和完善教育教学质量评估体系发挥了重要作用。

除了相关法规、条例的出台以及评估机构的成立，这一时期我国在教育评价的研究方面也取得相当进展，涌现出了一大批的学术著作和论文。比如：陈玉琨《教育评价学》（1999）、陈玉琨等《高等教育质量保障体系概论》（2004）、涂艳国《教育评价》（2007）、史朝《研究型大学本科生教育质量保证研究》（2008）、周远清《世纪之交的中国高等教育——大学本科教学评估》（2005）、朱新秤和潘东明《高等学校教学评估与督导》（2006）。

我国的高等教育质量评估属于欧洲大陆模式，和俄罗斯类似，带有明显的中央集权特点。评价主要由政府指导和部门推动，由官方出面组织实施的外部评估，评估形式多为鉴定、审验性质的总结性评价，比较注重评估结果，并试图在等级上给予划分。评估方式主要有国家评估与高校内部评估两种：一是合格评估（鉴定），对新建学校办学及质量审定的认可制度，由政府主管部门组织实施，不定期进行；二是办学水平评估，又分综合评估和单项评估。

康宏（2006）回顾了我国高等教育评估制度的发展历程。其特征表现为：①法规建设日渐完善，出台了专门性的评估法规，其他法规中的若干条款对评估工作也多有论述；②组织建设日趋完备，政府评估占主导地位，社会中介评估在政府职能转变中应运而生；③本科教学评估和研究生教育评估活动蓬勃兴起；④高等教育评估研究不断深入。对我国高等教育质量评估过程存在的问题，不少研究者（比如：温世浩，江晓滨，姜平，2004；李晓群，1996；徐东，2008；金莉，2009）也进行了分析。这些问题主要表现在：①评价主体单一，由政府部门制定并实施，缺乏独立的非政府评估组织；②官方行政式评估色彩浓厚，评估结果容易出现主观片面性；③评估使用的指标体系专业针对性不强，影响评估结果的可信度；④过于强调评估指标体系的量化功能，且指标过多，影响评估的可操作性。这些问题还有待于今后加以改革和完善。

四、中国高等财经教育质量评价指标体系建构

在新公共管理运动与全面质量管理的影响下，"质量"、"绩效"成为高等教育利益攸关者关注的重点。各国政府开始建立或加强针对高等教育的质量保障体系，社会组织或媒体通过大学排行榜对高等教育机构进行排名等方式影响高等教育的运行轨迹。在对高等教育机构进行统一的、整体的评估基础上，进一步展开对不同类别、不同层次、甚至不同专业的评估工作是十分必要和有益的尝试。

（一）国内外大学排行榜比较及评价

20 世纪 80 年代由《美国新闻与世界报道》最先推出的大学排行榜与其后相继出现的其他大

学排行榜（如英国的《泰晤士报高等教育增刊》）一道已经并正在对社会公众和高等院校产生巨大的影响。我国最近二十年也先后推出了不同版本的大学排行榜，如网大、中国校友会网、武书连等。对于这些大学排行榜，部分国内学者做了一些比较分析。譬如：胡咏梅（2002）对中美大学排行榜的方式、方法以及评估指标体系的科学性等进行对比分析，进而对中国大学排行榜的构建提出合理化建议。Liu & Liu（2005）介绍了网大、广东管理科学院、武汉大学、中国校友会（CUAA）上海教育科学研究院、中国学位与研究生教育发展中心的大学排名。Marginson（2006）比较了上海交通大学与英语泰晤士报的大学排名。殷之明（2006）对国内外 7 所大学评价主体的评价指标从社会大众认知差异方面、国家相关的教育与行政法律、法规与政策方面和

大学评价研究及发布主体单位差异三个方面的原因进行了比较分析。

《美国新闻与世界报道》用学术声誉、学生选择性、教授资源、毕业率、校友捐赠及财政资源等指标设计出了美国本科院校排行榜（见表1）。2011 年使用的指标和权重与 2008 年版本略有修改。如 2011 年版比 2008 年版在教授资源上增加 5% 的权重，显示出对这方面更加重视的程度。

崔艳丽（2010）在其研究中分析了英国《泰晤士报高等教育增刊》2010 年世界大学排行榜排名指标体系（见表2）与前面几年的区别。

国内网大（见表3）2010 中国大学排行榜指标体系和中国校友会网 2011 中国大学排行榜评价指标体系（见表4）均呈现出各自不同的特点。

表1　　　　　《美国新闻与世界报道》本科院校排名的指标及权重（2011）

排名种类	权重（%）		从属指标权重	权重（%）	
	全国性大学和文理学院	地方性大学和学院		全国性大学和文理学院	地方性大学和学院
本科生学术声誉	22.5	25	同行评估调查	66.7	100
			高中指导教师评分	33.3	0
学生选择性	15	15	录取率	10	10
			高中班级中居前 10% 的	40	0
			高中班级中居前 25% 的	0	40
			录取高考成绩（SAT 或 ACT）	50	50
教授资源	20	20	教师补助	35	35
			获得最高学历的教师比例	15	15
			全职教师比例	5	5
			师生比	5	5
			1－19 班级比例	30	30
			50 人以上班级的比例	10	10
毕业率和持续注册率	20	25	平均毕业率	80	80
			平均大一新生持续注册率	20	20
财政资源	10	10	生均财政资源	100	100
校友捐赠	5	5	校友捐赠率	100	100
毕业率履行情况	7.5	0	毕业率履行情况	100	0
100	100	—	100	100	100

表2 英国《泰晤士报高等教育增刊》世界大学排行榜排名指标体系（2010）

一级指标	权重（%）	二级指标	权重（%）
工业收入（测算知识转移）	2.8	师均工业来源研究	2.5
研究师资和学生	5	国际国内教师比	3
		国际国内学生比	2
授课（评估学习环境）	30	与教学相关的声誉调查	15
		师均博士学位授予数	6
		师均在册本科生数	4.5
		师均收入	2.25
		博士与学士学位授予比	2.25
研究（包括数量、收入和声誉）	30	与研究相关的声誉调查	19.5
		研究收入	5.25
		师均学校论文量	1.5
		公共来源研究收入与总研究收入比	0.75
论文引用影响（测量研究影响力）	32.5	篇均论文引用量	32.5

资料来源：崔艳丽（2010）。

表3 网大中国大学排行榜指标体系（2010）

一级指标	权重（%）	二级指标	指标权重（%）
声誉	15	两院院士、知名学者、专家、大学校长和中学校长调查结果	15.0
学术资源	20	博士点数（对本学位点比例）硕士点数对本学位点比例）	4.4
		国家重点学科（对本学位点比例）	2.4
		国家级实验室级工程中心数（对本学位点比例）	4.6
		国家人文社科重点研究基地数（对本学位点比例）	4.2
			4.4
学术成果	22	科学引文索引SCI（总量和人均）	8.1
		工程索引EI（总量和人均）	5.5
		社会科学引文索引SSCI（总量和人均）	6.2
		中国社科引文索引CSSCI（总量和人均）	2.2
学生情况	13	录取新生质量（高考成绩）	5.9
		全校学生中研究生的比例	6.1
教师资源	19	专任教师中副高以上人员的比例	8.0
		两院士人数	5.0
		长江学者特聘教授人数	4.0
		师生比（专任教师人数/学生人数）	2.0
物资资源	12	科研经费总量及专任教师和科研机构人员人均科研经费	6.0
		图书总量及生均图书总量	3.0
		校舍建筑面积及生均面积	3.0

资料来源：http://www.cuaa.net/cur/2010/zhibiao.shtml。

表4　中国校友会网中国大学排行榜评价指标体系
（2011）

一级指标	二级指标	三级指标	指标权重（%）
人才培养	杰出校友	杰出人才	20.02
	师资队伍	师资水平	13.33
	培养基地	学科水平	10.22
科学研究	科研成果	重大科研成果	20.00
	科研基地	科学创新基地	13.33
	科研项目	基础科研项目	13.33
学校声誉	综合声誉	国家声誉	2.22
		校友捐赠	3.11
		社会声誉	4.44

从上述例举的国内外大学排行榜的指标体系中不难发现教学（或人才培养）与科研是评价的核心指标，这也符合大学的基本功能。分析这些排行榜其指标体系设计的指导思想、原则和方法，对于构建我国高等财经教育的质量评价指标体系具有重要的参考价值。

（二）世界主要管理教育认证体系

我国高等财经教育涵盖经济学和管理学（特别是工商管理）两大学科门类，以高等财经院校、其他高等院校的财经类院系为主体，涉及管理体制、教育对象、教育规模、教育内容及资源配置等方面的综合系统。高等财经院校为国家经济建设培养了大批经济和管理人才，为社会经济发展做出了重大贡献（王裕国，2002）。近年来，我国高等财经教育稳步发展，无论是财经院校的规模还是在校生人数、毕业生人数以及专任教师数等方面均占全国普通高校的10%左右（见表5）。

表5　　　　　　　　　　　　　中国高等财经教育现状（2004—2008）

年份	普通高校数	财经院校	普通高校毕业生人数	财经院校	普通高校在校生人数	财经院校	普通高校专任教师数	经济学	管理学
2004	1 731	/	2 277 455	176 501	12 845 873	1 023 588	858 393	50 975	47 014
2005	1 792	169	2 940 119	239 373	15 060 351	1 266 729	965 839	58 607	56 893
2006	1 867	172	3 615 074	303 209	16 870 435	1 445 017	1 075 989	64 923	68 981
2007	1 908	178	4 319 487	372 144	18 424 493	1 634 007	1 168 300	70 554	78 783
2008	2 263	237	4 941 138	440 857	19 852 665	1 811 956	1 237 451	74 707	85 739

说明：数据根据我国年度教育统计数据整理，数据来源 http://www.moe.edu.cn/

目前，对高等财经教育质量评价发挥重大影响的是以欧洲质量发展认证体系（EQUIS）、英国工商管理硕士协会（AMBA）和美国国际商学院联合会（AACSB）为代表的世界三大管理教育认证体系。欧洲质量发展认证体系（EQUIS）是由欧洲质量发展基金会创立的针对工商学院的国际性质量认证体系，是欧洲最严格的质量认证体系，也是世界上质量评估、质量提高和管理与工商领域高等教育评估领域的领头羊。该体系的使命是全面提升全球管理类教育水平。截止到目前，共有38个国家的131所商学院获得该认证。中国有上海交通大学、中欧国际工商学院、北京大学、中山大学岭南（大学）学院、中国人民大学、中山大学、清华大学、复旦大学等获得认证。

EQUIS的认证框架包括11个标准。其中，最主要的两个标准是国际化和与商业世界的联系。"国际化程度"主要指的是教授和学生国籍的多元化，也指课程内容和教学的国际化。另一方面，"与企业界的联系"指的是很强的客户导向，与国内外优秀企业的大量接触，以及雇主对所聘毕业生素质的满意程度。其他标准还包括学院在本国的地位、使命、战略、师资、学生、硬件设施等。进一步的关键点是学院各个项目的质量、研发能力、对社区的贡献、个人发展和对高层管理人员的教育等。作为一个国际权威机构，EQUIS是从整体来评价认证对象，认证过程非常严谨。以MBA项目的认证为例，EQUIS认证时，除要求高等管理教育机构提供证明其在本国内拥有高水平的教学标准的有力证据以外，还要求该机构课程必须高度国际化，学生必须具备全球使命感。除要求机构制订完备的学习计划以外，还要推动商业研究工作。此外，EQUIS认为高等管理教管机构与工商业界之间应密切联系，保持专业理论知识和商业实践之间的平衡。

英国工商管理硕士协会（AMBA）于 1967 年在英国成立，专门从事 MBA 的质量认证，是世界三大商学教育认证组织之一，也是全球最具权威的管教育认证体系之一。AMBA 认证注重体现商务和管实践的发展，其标准则包括高等管理教育机构整个 MBA 项目的质量、机构能否独立自主地颁授学位、个人及 MBA 毕业生雇主是否认同国际 MBA 认证体系。

美国国际商学院联合会（AACSB）始创于 1916 年，是一个由商学院、社团和其他机构组成的，致力于提高和促进工商管理学和高等教育水平，是工商管理和会计学专业学士、硕士、博士等学位项目的首要认证机构。AACSB 现已发展成为全球最权威的商学院认证、世界管理教育领域最具影响力的认证机构。AACSB 于 1919 年颁布了商学认证标准，并于 1980 年颁布了会计学项目的标准。1991 年 AACSB 通过了与使相联系的认证标准和评估考察团评估程序，2003 年颁布了新修改的标准。学院通过严格和全面的评估取得认证资格意味着对其质量和发展前景的肯定，是优秀的管理教育的重要标志。

AACSB 主要包括三大类 21 个方面的标准：①战略管理标准，包括被审查高等管理教育机构是否有宗旨（使命陈述），宗旨（使命陈述）是否适当，学员来源，不断提高的教育目标以及财务目标；②参与者标准，包括生源情况、学员水平、职员能否足够支持学员、教员充足性、教员资历、教员的管理与支持、教职工整体教育责任感、教员个人教育责任感以及学员教育责任感；③教学保证标准包括教学目标和课程内容管理。获得 AACSB 认证资格的商学院必然具备以下特征：根据不断调整的使命进行管理；教师拥有先进的财经管理知识；提供高质量的教学和前沿的课程体系；鼓励师生互动；培养的毕业生能完成学习目标。

（三）财经院校本科教育质量指标体系初建

1. 评价原则

为保证客观、公正、系统地评价我国高等财经教育的质量水平，课题组在评价体系设计和指标遴选上，坚持系统性、公正性、可操作性和导向性等原则，针对我国高等财经院校的实际情况严格筛选出具有代表性的质量指标和持续性的指

标集，确保最终遴选出的评价指标具有简洁性、可比性、可操作性、可重复验证性和可持续性等特征。①系统性原则。质量评价的指标间既互相联系又互相制约，同一层次的指标尽可能界限分明，同时每一个指标都应具有明确的内涵和科学的解释。②公正性原则。确保被选择的指标能比较客观准确地反映出我国财经院校的实际情况，评价结果具有可比性和说服力。③可操作性原则。确保评价指标体系繁简适中，计算方法简单可行；保证数据易于获取，且不能失真，并严格控制数据的准确性和可靠性，评价结果他人可以按照同样的程序复核。④导向性原则。高等财经教育质量评价的主要目的是引导参评高校能比较客观地了解和把握本校的特色、优势和劣势，鼓励参评高校更好地、有针对性地向正确的方向和目标发展，特别是向着社会和经济发展需要的方向和目标发展。根据上述原则，借鉴其他相关指标体系，经过课题组成员多次讨论并征求部分专家学者的意见，初步构建起了我国财经院校本科教育质量评价指标体系（见表6）。

2. 指标构成

我国本科财经院校教育质量评价指标体系采用三级评价指标体系。"一级指标"由"学科与专业"、"人才培养"、"科学研究"、"办学条件"、"国际化水平"和"社会声誉"六大指标构成。每个"一级指标"下面由 2 到 4 个"二级指标"组成，共计 16 个"二级指标"。每个"二级指标"下面设若干"三级指标"，由具体的观测点获取相关数据。

我们对指标的选取与设置（表6）兼顾现实与发展，体现了高等财经院校的一般实际，如学科专业、办学条件；体现了高等财经院校办学的主要工作，如人才培养、科学研究；体现了高等财经院校现阶段的发展重点，如国际化；体现了社会公众对高等财经教育质量的诉求，如社会声誉、满意度。这些内容都是高等财经院校办学质量的重要内容和标志，也是众多指标体系排行榜的共通性选择。同时为便于比较，所有指标和观测点已尽量考虑全国范围的通用性。比如民，在"C2 科研项目"这一指标下，我们只选用了"国家级重大项目/国家自科或社科项目/部省级项目"作为收集数据的观测点。此外，除"社会声誉"主要通过问卷调查获取数据外，所有

表6　　　　　　　　　　　　　　本科财经院校教育质量评价指标体系

一级指标	分值	二级指标	权重（%）	三级指标	权重（%）
A 学科与专业	20	A1 学科层次	30	A11 博士学位授予点	25
				A12 硕士学位授予点	35
				A13 学士学位授予点	40
		A2 重点学科	30	A21 国家级	60
				A22 省部级	40
		A3 最具特色和影响力的学科或专业	40	最具特色和影响力的学科或专业	100
B 人才培养	25	B1 学生情况	30	B11 本科生生源（招生录取线）	30
				B12 研究生比例	20
				B13 本科毕业生一次性就业率	20
				B14 学生获奖奖项	30
		B2 师资队伍	30	B21 高级职称占专业教师的比重	25
				B22 专业教师中博士学位的比重	20
				B23 行业背景教师的比重	15
				B24 师生比	20
				B25 各类荣誉	20
		B3 教学水平	40	B31 师资水平	25
				B32 国家级教学团队	20
				B33 精品课程	20
				B34 国家级教学成果奖	20
				B35 跨世纪教材	15
C 科学研究	20	C1 科研基地	20	C11 教育部人文社会科学研究重点基地	50
				C12 省部级人文社会科学研究基地	30
				C13 其他共建科学研究基地	20
		C2 科研项目	30	C21 国家级重大攻关项目	40
				C22 国家自科或社科一般项目	35
				C23 部省级项目	25
		C3 科研经费	20	C31 横向经费	100
		C4 科研成果	30	C41 IE/SCI/SSCI/CSSC	50
				C42 科研成果奖	50
D 办学条件	15	D1 教育经费	40	D11 人均财力状况	100
		D2 基础资源	60	D21 生均占地面积	20
				D22 生均教学行政用房	20
				D23 人均教学科研仪器设备值	20
				D24 生均图书	20
				D25 信息化	20
E 国际化水平	10	E1 人员流动	40	E11 出境/入境学生人数比例	50
				E12 出境/入境教职工人数比例	50
		E2 国际交流与合作	30	E21 合作项目	60
				E22 主办国际学术会议	40
		E3 海外人才比例	30	E31 海外人才比例	100
F 社会声誉	10	F1 准毕业生满意度	50	F11 准毕业生满意度	100
		F2 社会满意度	50	F21 社会满意度	100

其余指标均为客观的数据资料。

（1）学科与专业由学科层次、重点学科以及最具特色和影响力的学科三个二级指标构成。其中，"博士/硕士授予点"分别包括一级和二级博士/硕士点数量；"重点学科"分别包括国家级和省部级一级和二级学科；"最具特色和影响力的学科或专业"系指在学校发展中具有举足轻重的地位并对学校发展具有导向功能的在财经领域中发挥重大影响的某一特定学科或专业，每所高校限填一个。

（2）人才培养主要是指学校的教学方面，由学生情况、师资队伍和教学水平三个二级指标构成。其中，"本科生生源"包括本地生源和异地生源，其中异地生源采用学校录取人数最多的前三名生源地的录取分数线与提档线之差的平均值来衡量。"本科毕业生一次性就业率"以国内相关机构的调查数据为标准。"学生获奖奖项"系指学生在公认的国际国内（不含省级）竞赛中的获奖情况，包括国家政府奖项、社会组织奖项和国际性奖项。"师资队伍"中的"各类荣誉"系指教师在国际国内获取的公认的具有可比性的各种荣誉，包括国务院特殊津贴获得者、中组部"千人计划"、人事部"新世纪百千万人才工程"、教育部"长江学者计划"、教育部"新世纪优秀人才支持计划"和省级学术带头人及后备人选。"行业背景教师的比重"指在相关行业具有 3 年及以上工作背景的教师比例。"教学水平"由"师资水平"（国家级/省级教学名师、全国模范教师、全国优秀教师）、"国家级教学团队"、"精品课程"、"国家级教学成果奖"和"跨世纪教材"等指标构成。

（3）科学研究由最近三年的科研基地、科研项目、科研经费和科研成果四个二级指标构成。科研项目、科研经费和科研成果统计师均数据。其中，"科研经费"采用师均横向经费（即用总的横向经费除以全校教师总数）数据表示。"科研成果奖"包括国家三大奖、国家级哲社奖、教育部人文社会科学奖、省部级哲社奖和其他政府及专业学会奖。

（4）办学条件由教育经费和基础资源两个二级指标构成。其中，"人均财力状况"由学校的某年度的总收入除以全校学生和教职员工总数表示。"基础资源"包括生均占地面积、生均教学行政用房、人均教学科研仪器设备值、生均图书和信息化等指标，"信息化"由无限上网覆盖率和 IPV6 两个指标反映。

（5）国际化水平由人员流动、国际交流与合作和海外人才比例三个二级指标构成。其中，"人员流动"既包括短期交换学生、老师参加国际会议和访学，也包括以获取学位为目的的留学生（出国留学和来华留学）和老师进修。"合作项目"系指国内外高校经协商达成协议且开展实质性工作的近三年的项目数。"国际学术会议"包括三大要件：至少有两个及以上国家的会议参加者（包括主办国），与会人员不少于 50 人，并且外宾人数占到与会者的 20% 以上。"海外人才"是指拥有海外学位或在海外（含香港、澳门、台湾）进修一年及以上的全职教师。

（6）社会声誉由毕业生满意度和社会满意度两个二级指标构成。"毕业生满意度"采用对离校前的四年级学生的调查数据。"社会满意度"采用对雇主、学生家长、社会公众的调查数据。

3. 关于观测点与赋值的说明

A11 博士学位授予点的总权重为 25%，其中一级 60%、二级 40%。一个一级博士点 60%，每增加一个一级博士点权重增加 10%，最高 100%（即 5 个及以上）。一个二级博士点 40%，每增加一个二级博士点权重增加 10%，最高 100%（即 7 个及以上）。

A12 硕士学位授予点的总权重为 35%，其中一级 60%、二级 40%。统计方法同上。

A13 学士学位授予点的总权重为 40%，其中一级 60%、二级 40%。统计方法同上。

A21 国家级重点学科的总权重为 60%，其中一级 60%、二级 40%。一个一级重点学科 90%，每增加一个一级重点学科权重增加 10%，最高 100%（即 2 个及以上）。一个二级重点学科 40%，每增加一个二级重点学科权重增加 10%，最高 100%（即 7 个及以上）。

A22 省部级重点学科的总权重为 40%，其中一级 60%、二级 40%。一个一级重点学科 60%，每增加一个一级重点学科权重增加 10%，最高 100%（即 5 个及以上）。一个二级重点学科 40%，每增加一个二级重点学科权重增加 10%，最高 100%（即 7 个及以上）。

B11 本科生生源（招生录取线）的总权重为 30%，其中本地生源 50%，异地生源 50%。招生录取分数线与提档线之差介于 0～30 分，权重 50%；30～60 分，权重 70%；60～90 分，权重 90%；90 分以上，100%。

B12 研究生比例的总权重为 20%。研究生占全校学生比例 10% 以下，权重 60%，研究生比例每增加 10%，权重增加 10%，最高 100%（即研究生比例达到 40% 以上）。

B13 毕业生一次性就业率的总权重为 20%。就业率 80% 以下，权重 80%，就业率每增加 5%，权重增加 5%，最高 100%（即就业达到 95% 以上）。

B14 学生获奖奖项的总权重为 30%，其中国家级政府奖项 30%，社会组织的奖项 30%，国际性奖项 40%。所有三类奖项获奖一个，总权重 60%，每增加一个，权重增加 10%，最高 100%（即 5 个及以上）。

B21 高级职称占专业教师的比重的总权重为 25%。高级职称占专业教师的比重 40% 以下，权重 60%；40%～60%，权重 80%；80% 以上，100%。

B22 专业教师中博士学位的比重的总权重为 20%。专业教师中博士学位的比重 40% 以下，权重 60%；40%～60%，权重 70%；60%～80%，权重 80%；80% 以上，权重 100%。

B23 行业背景教师的比重的总权重为 15%。专业教师中行业背景教师的比重 2% 以下，权重 60%；2%～5%，权重 70%；5%～10%，权重 80%；10% 以上，权重 100%

B24 师生比的总权重为 20%。教育部基本标准为 18∶1。师生比 25 以上∶1，得分为 0；20～25∶1，权重 60%；16～20∶1，权重 80%；16 以下∶1，权重 100%。

B25 各类荣誉的总权重为 20%，其中国务院特殊津贴获得者 25%，中组部"千人计划" 20%，人事部"新世纪百千万人才工程" 15%，教育部"长江学者计划" 15%，教育部"新世纪优秀人才支持计划" 15%，省学术带头人及后备人选 10%。每一人次荣誉权得 5%，最高 100%，）即 20 人次以上。

B31 师资水平的总权重为 20%，其中教学名师 40%，全国模范教师 30%，全国优秀教师

30%。教学名师分国家级（60%）和省级（40%）。国家级教学名师 1 名权重为 60%，每增加一名权重增加 10%，最高 100%，即 5 名以上。省级教学名师 1 名权重为 40%，每增加一名权重增加 10%，最高 100%，即 7 名以上。全国模范教师与全国优秀教师的统计方法与省级教学名师的统计方法相同。

B32 国家级教学团队的总权重为 20%。一个国家级教学团队权重为 60%，每增加一个权重增加 10%，最高 100%，即 5 个以上。

B33 精品课程的权重为 20%，B34 国家级教学成果奖的权重为 20%，B35 跨世纪教材的权重为 20%，统计方法与"国家级教学团队"相同。

C11 教育部人文社会科学研究重点基地的总权重为 60%，一个教育部重点基地权重 80%，2 个及以上，100%。

C12 省部级人文社会科学研究基地的总权重为 25%。一个省级基地权重 60%，每增加一个，权重增加 10%，最高 100%，即 5 个以上。

C13 其他共建科学研究基地的总权重为 15%。统计方法与 C12 省部级基地相同。

C21 国家级重大攻关项目的总权重为 40%。一项国家级重大攻关项目权重 60%，每增加一个，权重增加 10%，最高 100%，即 5 个以上。

C22 国家自科或社科一般项目的权重为 35%，C23 部省级项目的权重为 25%，统计方法与 C21 国家级项目相同。

C31 横向经费的总权重为 100%，师均横向经费 5000 元以下的权重为 60%；5000～10 000 元，80%；10 000 元以上，100%。

C41 IE/SCI/SSCI/CSSC 的总权重为 50%。近三年师均 IE/SCI/SSCI/CSSC 论文数 0.5 篇以下的权重为 60%，每增加 0.5 篇，权重增加 10%，最高 100%，即 3 篇以上。

C42 科研成果奖的总权重为 50%，其中国家三大奖 50%，国家级哲社奖 30%，教育部人文社会科学奖 10%，省部级哲社奖 5%，其他政府及专业学会奖 5%。国家三大奖获奖一次的权重为 100%。其余奖项一等奖 40%，二等奖 30%，三等奖 20%，优秀奖 10%，获奖一人次权重为 60%，每增加一人次，权重增加 10%，最高 100%，即 5 人次以上。

D11 人均财力状况的总权重为100%。人均经费（年度总收入除以全校师生员工）8000 元以下，权重 60%；8000 ~ 12 000 元，权重为80%；12000 元以上，权重为 100%。

D21 生均占地面积的总权重为 20%。教育部基本标准为 54 平方米。未达标者得分为0；达标者的权重为 100%。

D22 生均教学行政用房的总权重为 20%。教育部基本标准为 9 平方米。未达标者得分为0；达标者的权重为 100%。

D23 人均教学科研仪器设备值的总权重为20%。教育部基本标准为 3000 元。未达标者得分为 0；达标者的权重为 100%。

D24 生均图书的总权重为 20%。教育部基本标准为 100 册。未达标者得分为 0；达标者的权重为 100%。

D25 信息化的总权重为 20%，其中无限上网覆盖率的权重 50%，IPV6 的权重 50%。全校园无限上网覆盖率一半以下的权重 60%；一半以上，80%；全覆盖，100%。

E11 出境/入境学生人数比例的总权重为50%，出国留学生与来华留学生各计一半。留学生比例在 1% 以下，权重为 60%，每增加 1%，权重增加 10%，最高 100%，即 5% 以上。

E12 出境/入境教职工人数比例的总权重为50%。出境/入境教职工人数比例 10% 以下，权重为 60%，每增加 10%，权重增加 10%，最高100%，即出境/入境教职工人数比例达到 50%以上。

E21 合作项目的总权重为 60%。近三年合作项目 10 个以下，权重 60%，每增加 10 个，权重权重增加 10%，最高 100%，即合作项目超过 50 个。

E22 主办国际学术会议的总权重为 40%，统计方法与 E21 合作项目相同。

F11 毕业生满意度的总权重为 100%，F21社会满意度的总权重为 100%。满意度在 80% 以下，权重为 60%，满意度每增加 5%，权重增加10%，最高 100%，即满意度超过 95%。

4. 评价的计算方法

为了使指标体系中各项评价能够合并，以计算每所院校总得分，我们采取对每分项指标排名

计算相对分、最后将各项相对分加权相加的原则。由于本指标体系包含一级指标、二级指标和三级指标，其中，三级指标为可观察的观测点，我们将首先计算每个观测点的得分，然后从低到高逐一计算每级指标的得分最终得到各院校的总得分。

计算方法可用以下公式：

$$S_{ij} = 100 \times \frac{\sum_{k \in \Theta_{i+1}} S_{i+1,k} w_{i+1k}}{\max_{j \in \Theta_i} \left(\sum_{k \in \Theta_{i+1}} S_{i+1,k} w_{i+1k} \right)},$$
$$j \in \Theta_i, i = 0,1,2$$

其中，S_{ij} 表示第 j 个 i 级指标的得分。0 级指标代表总得分；Θ_i 表示所有第 i 级指标的总和；w_{ij} 表示第 j 个 i 级指标的权重（$\sum_{j \in \Theta_i} w_{ij} = 1, i = 1,2,3$）

具体计算各级指标得分的方法如下：

（1）计算三级指标（观测点）得分

为了使得三级指标（观测点）具有可比性以及可合并性，我们首先计算各个观测点的相对得分，即将分项数据标准化到 ［0 – 100］的区间。

三级指标（观测点）得分 = 100 × 观测值/max（各院校观测值）

（2）计算二级指标得分

二级指标的得分为各个三级指标得分的加权平均并做标准化处理，即将最高分标准化为100 分。

二级指标得分

$$= 100 \times \frac{\sum 三级指标得分 \times 权重}{\max(\sum 三级指标得分 \times 权重)}$$

（3）计算一级指标得分

一级指标的得分为各个二级指标得分的加权平均并做标准化处理，即将最高分标准化为100 分。

一级指标得分

$$= 100 \times \frac{\sum 二级指标得分 \times 权重}{\max(\sum 二级指标得分 \times 权重)}$$

（4）计算总得分

总得分为各个一级指标得分的加权平均并做标准化处理，即将最高分标准化为 100 分。

总得分

$$= 100 \times \frac{\sum 一级指标得分 \times 权重}{\max(\sum 一级指标得分 \times 权重)}$$

5. 指标修正

在获得实际数据之后，对于指标体系的计算会根据实际情况做必要的修正。例如，如果存在某些个别院校在某分项上的特殊表现打压其他所有院校的得分、甚至影响到整个评价指标体系的准确含义，我们可能强制规定标准化过程中，第二名至少获得 90 分，或者取第一名与第二名的平均数，作为评 100 分的基准。

6. 几点说明

如前所述，要建立一套成熟而完善的质量评价指标体系殊非易事，尽管经过多次讨论和修改，目前的本科财经院校教育质量评价指标体系有诸多地方值得探讨和修正：①指标体系尚未经过实践检验，需要在今后的运用中进一步修改完善；②有关指标的权重设置具有较强的主观性，今后将根据实际情况加以调整；③有关"社会声誉"的调查可能出现意想不到的情况而影响评价结果的信度和效度，但该指标权重仅有 10%，应无大碍；④具体的观测点还有待进一步明确和细化。

五、相关政策建议

我国高等教育质量评价尽管起步晚于西方发达国家，但毫无疑问的是最近二三十年已经取得了重大进展。针对目前高等教育质量评价中存在的问题，下面几点建议值得考虑：

（1）针对高等教育多样性的特征，切忌"一刀切"，应根据不同层次、不同类型的高等教育机构建立相应的质量评价指标体系。

（2）在条件成熟的情况下，可建立中国高等财经教育质量的发展指数，定期公开发布相关指数报告。

（3）通过立法等形式明确政府、高校、社会中介组织在高等教育质量评价中的职能部门和作用，避免评价主体的单一化，可参考美国等西方国家通过专业学术团体或非政府组织开展高等院校的认证和质量管理。

（4）建立高校内部自我评价与外部评价的长效机制，强化评价的激励和导向功能。

（5）加强高等教育质量评价的国际交流与合作，提升我国高等教育质量以及与其他国家的学历互认。

参考文献

［1］Clarke，M. Some guidelines for academic quality rankings. Higher Education in Europe，2002，27（4）：443 – 459.

［2］David，D. D.，& Maarja，S. Academic quality，league tables，and public policy：A cross – national analysis of university ranking systems. Higher Education，2005（49）：495 – 533.

［3］ENQA.（n/a）. ENQA Strategic Plan 2011 – 15. Helsinki：European Association for Quality Assurance in Higher Education. Retrieved on July 8，2011 fromht .

［4］ENQA. Standards and guidelines for quality assurance in the European higher education area. Helsinki：European Association for Quality Assurance in Higher Education，2009.

［5］Harvey，L.，& Green，D. Defining quality，Assessment & Evaluation in Higher Education，1993，18（1）：9 – 34.

［6］Liu，N.，Cheng，Y.，& Liu，L. Academic ranking of world universities using Scientometric：A comment to the "Fatal Attraction". Scientometrics，2005，64（1）：101 – 109.

［7］Marginson，S. Global university rankings：private and public goods. 19th Annual CHER conference. Kassel，Australia，2006（9）.

［8］Liu，N.，& Liu，L. University Rankings in China，Higher Education in Europe，2005，30（2）：217 – 227.

［9］Tang，C. W.，& Wu，C. T. Obtaining a picture of undergraduate education quality：a voice from inside the university. High Educ，2010，60：269 – 286.

［10］Trow，M. Managerialism and the the academic profession：The case of England. In M. Trow & P. Clark（Eds.），Managerialism and the the academic profession：Quality and control. London：The Open University，1994.

[11] Van Dyke, N. Twenty years of university report cards, Higher Education in Europe, 2005, 30 (2).

[12] 约翰·布伦南等. 高等教育质量管理——一个关于高等院校评估和改革的国际性观点 [M]. 上海：华东师范大学出版社，2005.

[13] 朱新秤，潘东明. 高等学校教学评估与督导 [M]. 广州：广东高等教育出版社，2006.

[14] 李明霞. 《美国新闻与世界报道》大学排名研究 [J]. 世界教育信息，2008（10）.

[15] 金莉. 对高等教育质量评价指标体系的几点思考 [J]. 宝鸡文理学院学报：社会科学版，2009（4）.

[16] 周远清. 世纪之交的中国高等教育——大学本科教学评估 [M]. 北京：高等教育出版社，2005.

[17] 温世浩，江晓滨，姜平. 高校教学质量评估指标体系及结果反馈中存在的几个问题的探讨 [J]. 西北医学教育，2004（1）.

[18] 张蕾. 美国田纳西州教师评价和专业发展的框架及借鉴意义 [J]. 世界教育信息，2008（8）.

[19] 单春艳. 俄罗斯高等教育质量标准及评价体系的革新 [J]. 外国教育研究，2008（6）.

[20] 徐东. 高等教育大众化阶段西方国家高等教育质量评价体系的比较研究——以美、日、英、德为例 [J]. 国家教育行政学院学报，2008（3）.

[21] 王东江. 美国、加拿大高等教育质量监控与评价体系及其启示 [J]. 世界教育信息，2003（5）.

[22] 刘娟. 全球高等教育教学质量评价体系欧美模式综述 [J]. 吉林省教育学院学报，2007（11）.

[23] 殷之明. 大学评价指标国内外差异原因分析 [J]. 评价与管理，2006（1）.

[24] 周海涛. 高等教育质量评估向国外借鉴什么 [N]. 中国教育报，2009 - 02 - 07.

[25] 李晓群. 国内外高等教育质量评估比较研究 [J]. 有色金属高教研究，1996（4）.

[26] 王琴. 我国大学评价指标体系研究 [J]. 评价与管理，2006（1）.

[27] 胡咏梅. 中美大学排行榜的对比分析 [J]. 比较教育研究，2002（8）.

[28] 郭燕，李卫红. 美国高等教育认证制度研究 [J]. 重庆大学学报：社会科学版，2001（2）.

[29] 邱丽敏. 高校教学质量监控与评估体系的构建 [J]. 宁波大学学报：教育科学版，2003（4）.

[30] 胡弼成，陈小尘. 高等教育质量评议与提升路向 [J]. 高等教育研究. 2010（2）.

[31] 郑新蓉. 走出教育质量评价困境 [N]. 中国社会科学报，2009 - 12 - 01.

[32] 涂艳国. 教育评价 [M]. 北京：高等教育出版社，2007.

[33] 陈玉琨. 教育评价学 [M]. 北京：人民教育出版社，1999.

[34] 陈玉琨，等. 高等教育质量保障体系概论 [M]. 北京：北京师范大学出版社，2004.

[35] 林正范，贾群生. 高等教育质量概念探析 [J]. 高等教育研究，1999（4）.

[36] 潘懋元. 高等教育大众化的教育质量观 [J]. 清华大学教育研究，2000（1）.

[37] 李志宏. 建立与新时期质量观相适应的高校质量保障体系 [J]. 中国高等教育，2007（9）.

[38] 戚业国. 论高等教育大众化时代的质量观 [J]. 高等师范教育研究，2002（2）.

[39] 贾海基，傅勇. 高等教育质量观与大众化高等教育质量保障体系的建立 [J]. 评价与管理，2006（4）.

[40] 王建华. 高等教育质量管理的新趋势及我国的选择 [J]. 中国高教研究，2008（8）.

[41] 余小波. 高等教育质量保障活动中三个基本概念的辨析 [J]. 长沙理工大学学报：社会科学版，2005（3）.

[42] 江彦桥. 促进教育质量保障活动的国际合作 [J]. 中国高等教育评估，2007（1）.

[43] 张晓鹏. 单项取胜——日本 2005 年版《大学排行榜》探析 [J]. 上海教育，2004（05B）.

[44] 王淑娟. 世界高等教育质量保障三大模式及未来趋势 [N]. 科学时报，2004 - 11

-09.

[45] 武书连, 吕嘉, 郭石林. 2010 中国大学评价 [J]. 科学学与科学技术管理, 2010 (4).

[46] 刘易, 张日桃. 应用型大学本科教育质量评价指标体系研究 [J]. 扬州大学学报: 高教研究版, 2009 (3).

[47] 张小亚, 崔瑞锋. 中美大学排名指标体系比较——网大与《美国新闻与世界报道》大学排名指标体系比较 [J]. 江苏高教, 2003(6).

[48] 康宏. 我国高等教育评估制度: 回顾与展望 [J]. 高教探索, 2006 (4).

[49] 金顶兵. 英国高等教育评估与质量保障机制: 经验与启示 [J]. 教育研究, 2005 (1).

[50] 崔艳丽. 《泰晤士报高等教育》大学排行评价方法的改变 [J]. 大学 (学术版), 2010 (9).

[51] 徐宏毅, 周群英. 高等教育质量与水平评价指标体系构建——基于建设高等教育强国的视角 [J]. 现代教育管理, 2010 (5).

[52] 史朝, 等. 研究型大学本科生教育质量保证研究 [M]. 北京: 中央广播电视大学出版社, 2008.

[53] 张家宜. 高等教育行政全面品质管理——理论与实务 [M]. 台北: 高等教育文化事业有限公司, 2002.

[54] 贺智勇. 新公共管理运动对我国高校评估体系中主体和客体多元化的启示 [J]. 长春师范学院学报 (人文社会科学版), 2009 (1).

[55] 钟秉林, 周海涛. 国际高等教育质量评估发展的新特点、影响及启示 [J]. 高等教育研究, 2009 (1).

[56] 周远清. 世纪之交的中国高等教育——大学本科教学评估 [M]. 北京: 高等教育出版社, 2005.

[57] 教育大辞典 (增订合编本) (上) [M]. 上海: 上海教育出版社, 1998.

[58] 王裕国. 中国独立设置的财经院校综合改革与实践研究之一 [M]. 北京: 中国财经经济出版社, 2002.

创新：财经类高素质专门人才的品格①

郭泽光②

（山西财经大学，山西 太原 030006）

现代大学具有人才培养、科学研究、服务社会和文化传承与创新四方面的职能，其中人才培养是最基本的职能。建设创新型国家需要依靠高素质的创新型人才，而创新型人才的培养关键在教育，尤其是高等教育。培养创新型人才是高校的根本任务，也是高校对于国家创新体系建设义不容辞的责任。因此，包括财经类高校在内的高等学校如何适应国家发展的需要，为建设创新型国家培养更多的高素质创新型人才，是时代赋予的历史使命。

一、经济社会发展需要大批创新型人才

创新是人类社会发展的本质要求。经济社会的发展历程就是一个不断创新的过程，从政治、军事领域到经、社会、文化、科技等各个领域，无不包含创新的内在动力与成果体现。作为最具能动性的生产要素，人是创新的主体，离开了人这一最主要的生产力要素，创新则无从谈起。

（一）社会生产方式的发展需要大批创新型人才

马克思主义唯物史观认为，生产力与生产关系构成了社会生产方式的两个方面，两者之间的矛盾运动推动着社会生产方式的不断创新与发展，推动着一个国家经济的不断发展与社会的不断进步。

生产力与生产关系之间的矛盾表现为生产力决定生产关系，生产关系又反作用于生产力。生产力如何决定生产关系、生产关系如何反作用于生产力，生产力中的人的因素——劳动者发挥着主要作用。因为，劳动者作为唯一具有能动性的生产力要素与生产关系的具体组织者，一方面在社会生产过程中通过自身的劳动实践发明各种劳动工具，掌握各种劳动技术，创造各种物质生产资料条件，从而形成现实的社会生产力；另一方面，劳动者在生产过程中又通过自发或自觉的方式组织成各种现实的社会生产关系，并建立起各种具体的社会经济组织制度来进行社会性生产，从而构成了现实的具体的社会经济运行模式。劳动者能发明与运用什么样的生产工具，采用什么样的生产技术，创造什么样的物资生产资料条件，劳动者所结成的这种社会生产关系是否真正满足了生产工具及其他物质生产资料高效率的运用，尤其重要的是能否使劳动者自身的积极性、主动创造性得到充分的发挥，取决于劳动者的创新意识与创新能力。

由生产力与生产关系矛盾运动所推动的社会生产方式的发展从而社会经济的发展，客观上是由大批具有创新意识与创新能力的劳动者来实现

---

① 本文为郭泽光教授在"2011 第二届中国（太原）高等财经教育论坛"上的报告。

② 郭泽光，山西财经大学校长，教授。

的。之所以如此，是因为劳动者是生产力中最基本的、唯一具有主观能动性的要素，是生产关系中的具体组织参与者，创新型劳动者能够在劳动对象的创新、劳动资料的创新、社会经济体制的创新等方面发挥积极的主观能动作用。

（二）社会组织的革命需要大批创新型人才

社会组织有广义和狭义之分。广义的社会组织指一个社会中的所有组织，包括政治组织（政府）、市场组织（企业、消费者）和其他组织；狭义的社会组织，就是指政治组织与市场组织之外的其他组织，指不以营利为目的的民间组织，主要包括社会团体、民办非企业组织和基金会。狭义的社会组织是社会组织管理的研究对象。如果不是特别说明，社会组织一般指的就是狭义的社会组织。但是，我们这里所指社会组织的革命是就广义的社会组织而言的。

一般认为，社会管理指的是政府组织、市场组织和社会组织为促进社会系统的和谐运行与良性发展，对社会生活、社会结构、社会制度、社会事业和社会观念等各个环节进行组织、协调、服务、监督和控制的过程。政府组织、市场组织和社会组织是社会管理的三大核心主体，政府在社会管理中占主导地位，而市场组织与社会组织在社会管理中则是政府必不可少的协同主体。

在传统的政府管理模式下，政治组织基本上是社会管理唯一的主体，政府充当"无限政府"的角色，单一的政府对社会政治、经济及社会事务大包大揽，对经济、社会事务管得过多、过死，产生诸多弊端。随着改革的不断深入和社会主义市场经济体制的逐步建立，我国正面临着一场深刻的社会变革。在这场社会变革中，利益主体的多元化、利益领域的广泛化、利益关系的复杂化，社会矛盾的尖锐化对我国的社会管理提出了新的更高的要求，复杂化的社会管理已远非政府一元主体能够实现。因此，社会管理主体多元化是是我国社会管理发展的必然方向，也是我国社会组织发生的一场革命性变化。构建由政府、市场和社会组织"三元架构"组成的现代公共管理结构，创新社会管理体制和管理方式，有效协调解决各种社会矛盾，消除经济和社会发展中的不和谐因素，是构建社会主义和谐社会的必然要求与重要途经。

面对复杂的社会管理形势，构建包括政府、企业、消费者、社会团体、民办非企业组织和基金会等组织在内的社会管理体系，在我国是一项前无古人的大事业。在完成这项伟大事业的过程中，传统的固有思维与陈旧做法必须被打破，大批具有创新思维、创新精神与创新能力的人才需要补充进来并在各个类型的社会组织中发挥应有的功能与作用。

二、创新型人才应该具备的独特品格

发展社会经济、构建和谐社会需要培养大批的创新型人才，而创新型人才不同于普通的人才，他们是一些具备独特品格的特殊人才，只有具备这些品格的人才才能承担创新的重任。

（一）继承性

人类知识具有不断累积、扩充与发展的特点。我们目前所接触与学习的知识是在长期历史发展中形成并保留在现实生活中具有相对稳定性的知识，这些知识是前人脑力劳动与社会生产实践的结晶。在社会经济活动中，人类一方面把前人创造的知识继承下来，另一方面又创造出新的知识。正因为如此，知识才能够不断发展，并向生产要素中渗透，使劳动者素质不断提高，生产设备不断更新，科研设备不断改进，经营管理水平不断提高。没有对知识的继承，也就没有知识的发展。为此，继承性是财经类高素质创新型专门人才的第一个品格要求。只有继承前人优秀的文化知识与管理技能，才能创造出适应时代特点与社会经济发展要求的新知识来。

（二）批判性

任何一种知识，特别是社会科学知识都是具体的、历史的，有其时代性、历史性等方面的局限，我们必须以批判的眼光、历史的视觉和审视的态度去看待。知识的继承，不是原封不动地承袭前人，而是要有所淘汰，有所发扬；不是对前人知识的简单否定，而是既克服又保留；不是简单的知识照搬重复，而是前进的、上升的对前人知识的扬弃。为此，批判性是财经类高素质创新型专门人才的第二个品格要求。只有把握时代的脉搏，与时俱进，有所淘汰，有所发扬，从改革开放和社会主义建设的实践中汲取养分，在创造中继承，在推陈中出新，才能创造出既具有时代精神又具有中国特色的社会主义新知识、新技能、新经验来。

（三）坚韧性

上下几千年，人类累积的知识浩如烟海、难以计数，根据自己的学科专业，孜孜以求地、批判性地学习前人知识，汲取营养，是一项艰苦的、长期的脑力甚至是体力劳动，没有钢铁般的坚强意志与持之以恒的耐久力，往往是难以坚持下来的。为此，坚韧性是财经类高素质创新型专门人才的第三个品格要求。只有通过自己的意志力，根据时代要求批判性的继承与掌握前人的优秀文化知识与技能，才能为创新奠定坚实基础。

三、财经类高校怎样培养创新型人才

财经类高校培养的主要是经济、管理方面的高素质专门人才，如何将这些高素质专门人才培养成符合我国社会经济发展需要的创新型人才，需要从以下几方面做好工作。

（一）宽厚的理论基础

大学作为我国培养高素质创新型人才的主要基地，是知识创新和科技创新的主力军，是国家创新体系的主要组成部分。大学创新型人才的培养必须建立在宽厚的理论基础之上，因为创新型人才是理论、能力与素质的高度统一体，其中理论是能力和素质的载体。理论既包括本专业、本学科的基本理论、基础知识，也包括相邻专业、相关学科的基本理论与基础知识。按照拓宽基础、淡化专业意识的思路设计教学计划，加大相邻专业、学科基本理论、基础知识的教育比重，并在此基础上进行专业教育。通过拓宽学生基本理论的学习，为创新型人才的培养提供理论保障。

（二）复合的知识结构

传统人才培养模式因专业设置过窄、课程设置过专而使学生的知识面较窄，大学培养的人才因缺乏不同学科（专业）之间知识的相互融通交叉、缺乏基本的人文社科及自然科学素养及较强的适应能力和创新能力，而难以适应知识经济时代及社会经济发展的要求。当前，科学技术飞速发展，不同学科交叉融合，信息科技日益渗透到社会生活的各个领域，这些都标志着人类社会进入知识经济时代、进入信息时代。面对新的挑战，创新型人才的培养要在改变过细过窄的专业设置、拓宽专业面向的基础上，重新设置或调整本科专业人才培养方案，增加学科共同课程、学科交叉课程、人文社会科学及自然科学课、实践课程等课程模块，构建学生复合的知识结构体系。

（三）实践的教学模式

创新型人才的培养离不开课内理论知识的传授，更离不开课外严格的科研、实践能力训练。为此，要重视学生科研能力及创新能力的培养与锻炼。学生除学习课程外，可以从事和自己专业研究有关的科研活动，将课内教学与课外的科研项目、企业实践有机地融合起来。鼓励和支持达到一定条件的本科生参与教师的科学科研项目，以此为学生创新精神、创新意识、创新能力的培养提供广阔的舞台。

世界各国都十分重视学生科研能力的强化与训练，注重大学与政府、企业三者间的良性互动并积极投身于创业型大学的建设中。闻名于世的微软、雅虎、谷歌等最初都是由在校大学生创办的公司，比尔·盖茨、杨致远、拉里·佩奇等都是非常成功的大学生创业者。创业公司的创办为学生提供了科学研究的实训基地，大大激发了创新意识及创新能力的提高。可以作为国内大学的借鉴和参考。我们应当借鉴国际知名大学在创新型人才培养上的成功经验，同我国高校的具体情况相结合，走出一条自己培养创新型人才的路子来。

（四）独立的思维能力

独立思考能力是一种综合能力，它是学生面对不同的环境，运用不同理论知识，采用一定的思维方式、方法和技巧解决所面临问题的能力。从更为广泛的意义上说，独立思考是有所发现、有所突破、有所创新的前提。我国古代的教育家历来重视学与思的统一。孔子认为"学而不思则罔，思而不学则殆"；宋代教育家程颐认为"为学之道，必本与思，思则得之，不思则不得也"，"不深思而得者，其得易失"。因此，培养学生的独立思考能力，对创新型人才的培养十分重要的意义。学生的独立思考能力必须经历一个长期的过程，才能逐步培养、构建并发展起来。如何培养学生的独立思考能力，首先要鼓励与引导学生积极参与教学过程，尽可能提高每个学生的参与度，创造学生勇于思考的环境；其次要通过揭示思考问题的思路、训练思考问题的方法，提升思考问题的品质等手段，帮助学生逐渐掌握正确的思维训练的方法和分析问题的方法；最后要通过树立尊重学生意识、有效教学意识和引而不发意识，为学生提供充分思考的时间和空间。

搞好本科专业建设，切实全面提升人才培养质量[①]

施建军[②]

（对外经济贸易大学，北京 100029）

一个大学的根本任务是培养人才，而人才培养的核心是本科生，本科生的培养质量是大学的重中之重。所以，提高大学办学质量的关键，主要在于本科生的培养质量。由此我们知道，本科生培养处于一个大学办学的中心位置，本科教学处在大学根本任务的地位。我们需要在本科生培养上，创新的力度再强一点，改革的步子再大一点，真正促使大学从外延式发展转向内涵式发展的道路上，真正促进大学人才培养质量的提升。目前大学处于科学发展的关键时期，要坚持稳定规模、优化结构、强化特色、提高质量、注重创新，走内涵发展的路子，从教育大国向教育强国的路上迈进。

近十年来，高等教育基本上走的是扩张和外延发展的道路，数量增长最快，在校生规模由 1999 年的 1000 万人扩大到现在的近 3000 多万人，高等教育的毛入学率达到 24.5%。新校区、超大型高校不断出现，高校平均规模超过 1 万人，大学规模越来越大。但是我国入学适龄人口的高峰期已过，招生规模下降的拐点已经出现，高等学校大规模扩张阶段已告一段落。面临着扩张的结束，下一阶段，高校之间竞争的压力越来越大，数量的竞争必然会转变为高校办学质量的竞争，可以说现在正是中国高校开始进行质量转变的关键时期。除了来自国内的质量竞争外，我

们还要面对国际竞争。相当一部分高中毕业生直接进入国外留学，2011 年官方统计留学人数人数达 18 万之多，实际规模还不止于此。高等教育的发展形势要求我们提高认识，正确把握高等教育的发展格局，明确学校的人才培养定位和人才培养规格，深化教学改革，全面提高教育教学质量。

我想就两个方面的问题提出自己的思考：①对外经贸大学培养什么人？②怎样培养人？这是教育教学改革两个根本性的价值命题。

一、对外经贸大学本科人才培养追求的目标：高素质、创新性、国际化的未来领军人才

结合高等教育的发展规律和我校的实际，我们必须坚定不移地坚持精英教育理念，培养高素质、创新性、国际化的未来领军人才。关于一所大学的培养质量的研究，一是学生的内在素质和知识体系、能力建设和实践经验的培养要求；另一个方面就是培养学生的社会的需求导向。

第一个主要特征：高素质——学生各项能力、国际竞争力和素质、品德等诸多要素反映出人才的高素质。高素质就是具有宽厚的基础知

---

① 本文为施建军教授在"2011 第二届中国（太原）高等财经教育论坛"上的报告。

② 施建军，对外经济贸易大学校长，教授，博士生导师。

识、专业素质、概括能力、驾驭力，尤其要具有优良的品行德行，学会做人的本领，要用感恩的心去做人。著名教育学家陶行知说："千教万教，教人求真；千学万学，学做真人"，强调的就是"做人"对于高素质人才的重要性。所以，我们要全方位育人、管理育人、服务育人、环境育人。

第二个主要特征：创新型——强烈的时代特征和创新特征，要有强烈的责任感和使命感进行创新，推动社会前进需要一定的创新力，创新力的强弱直接导致了领导力的高低和自信力的强弱。创新性就是具有强大的创造力、多方案选优的思维能力。我们培养的人才要较强的分析问题能力，要具有创造性才能、融会贯通于解决实际问题的能力。我们国家的发展战略正在由学习赶超型战略转变为自主创新型战略，国家在高新技术领域的竞争说到底是高端人才的竞争，自主创新型的国家战略客观上要求高校为社会和企业输送大批创新型人才。目前，一方面存在着大量的待就业的大学生，另一方面社会迫切需要高素质人才的严重匮乏，这无疑为我们学校在人才培养上提出了更高要求。学生创新能力的强弱关乎社会发展和国家强盛，也关乎一所高校的生存和发展。开展创新教育，深化教学改革，培养学生的创新能力是时代赋予我校的历史使命。

第三个主要特征：国际化——什么叫国际化人才，国际化人才如何培养？国际化几乎是每一所大学的口号，没有哪所大学不讲国际化，没有哪所大学不讲开放性。但是什么是真正的国际化人才？学生的知识结构体系，所学课程结构和特点，实践专业技能要求和社会实践内容，培养人才的规格都是适应国际化发展的人才的需要。国际化人才，通常是指具有国际化视野、通晓国际规则，能够参与国际经营和竞争的专门化人才。这里的几个概念，首先是国际视野，即有跨文化交流的知识、国际关系知识、国际外交知识、国际经贸专业知识；通晓国际规则，即掌握国际经贸中有许多贸易知识、保险知识，管理学知识、营销知识、电子商务知识体系等。这些知识体系都是为了适应国际业务规则，参与国际经济贸易，培养有较强国际竞争能力的人才。所以，我们培养什么人才呢？我们的本科建设的第一个特点——对外经贸大学办这样的专业和其他大学有

什么不同？别的学校也有金融专业，也有贸易专业……我们的特色和专业竞争力是什么？我们如何创建一流？那就是：人无我有，人有我优，人优我特。国际化是我校的办学特色，是我们的看家本领，我们要毫不动摇地推进和强化国际化特色。要体现我们的财经政法外语类复合型人才培养特色，不能是"0.5＋0.5"，而是"1＋1"，我们要打破旧的循环，浓缩知识，确立学科方向，体现在新的人才培养的理念上，在专业方向的培养上，让学生受到良好的专业训练。国际化是我们的目标，我们的留学生人数占学生总人数的17％，海归教师超过40％，在数量上完全达到了国际化标准，但在质量上更要强化培养学生国际化的竞争力，使学生真正能够跨文化交流，在与国际人才同台竞争中显示出强有力的核心竞争力。同时，我们要注意到，外语只是手段、是工具，我们更要求学生具备宽厚的财经类专业知识。

培养财经类未来领军人才，就是指培养出未来各行各业的领袖人才。近十年来，高等教育规模发生了重大变化，目前在校大学生3000万人，毛入学率超过了24.5％，从理论上高等教育进入了大众化教育阶段。大众化教育阶段的高校类型逐渐分化为三个层次，即精英型的研究性教育、大众化的一般教育和以动手实践为主的职业技能性教育。精英教育的基本特点包括：学生素质好、生师比很低、教育条件优越、教学方法科学、产出的人才都是未来领袖型人才。根据我校的实际，我们有理由相信，我们培养的人才必须是精英型人才，学校的优质生源、学生的综合素质，决定我们必须实施精英教育。我们的培养手段和培养模式都说明我校必须是精细化培养、现代化管理的精品大学。所以，我们要毫不动摇地明确定位于精英人才培养，坚持精英教育，培养出一大批高素质、创新型、国际化的未来领军人才，这是我校办学的人才培养的定位。本科专业建设应该坚持以就业和招生为导向的思路。

我要特别强调的是，就业是本科质量的生命线，不能动摇。大学财经类的专业建设必须是具有强招生吸引力的。为什么要有招生吸引力，仅仅是家长和考生看到名字好听吗？当然名字好听一点也会有一点吸引力，但是更多的是注重培养过程的手段和模式，即从学生入校门到出校门，

再到就业，找到最适合自己专业的工作。对外经贸大学现在应该说是录取分数很高的财经类大学之一，从目前我们学校的就业状况来看，形势不错，但是我们需要进一步动态地在就业和招生这方面对专业形式进行重新打造，本科的专业建设一定围绕着招生的吸引力和充分就业和高质量就业。根据学生在就业能力的差距，我特别主张要经常把我们培养的规格、培养的课程体系、培养的大纲，用就业的需求重新检验一遍，哪一些课程、哪一些项目社会发展已经不太需要了，应该调整和补充新的内容。我们时刻准备着，要让我们的学生在就业市场上最具有竞争力。大学的本科建设，这是一个根本性的目标。为什么我要特别强调这点呢？因为我们每年都要对专业重新审定一次，所以要动态调整适合社会需要的。我们就是生产学生的工厂，我们大学就是围绕着消费者，消费者就是上帝，就业就是我们的生命线，我们的培养是为就业服务的。什么叫办人民满意的教育？能找到工作的教育，有实用知识的教育，就是人民满意的教育。我们一定要把要办人民满意的教育这句话落在我们的本科专业建设上，能找到工作的，能促进人的技能提高的，能促进人的全面发展的，就是大学本科专业目录、专业建设质量和人才培养手段和途径一定要考虑的。

二、在如何培养人的这个问题上，值得我们深度思考

在如何培养人的这个问题上，我提出几点思考：

第一，不同类型的人才培养目标要进一步明确

胡锦涛总书记在清华百年纪念大会上，提到人才的全面发展和个性化培养的结合问题，如何结合好，是一个非常有意义的教育理念创新。因为现在全面发展、人人成才是我们教育规划大纲规定的战略目标，我们的培养目标就是要使每一个学生都能成为人才，因此一定要因材施教，按需培养。我希望大家能够认真并充分地研讨我们同一个专业在不同分解方向上的课程体系、知识结构以及其他专业建设基本能力的要求。我认为知识体系这个方面被大家忽略的是他需要什么能

力，每一个专业都应该知道他需要什么样的能力。国际贸易、国际金融、保险、电子商务、国际关系、对外汉语教育和商务英语等专业有什么能力要求？我们的教学活动和教学大纲要围绕能力而加强，我们过去的大纲偏重于知识体系。专业基础知识以及专业课，大家都知道本科大纲就是从这里开始的。什么是基础课？我们的专业基础课、专业课、选修课三大体系，是一个知识体系。但是这个知识体系里面要融会贯通各种能力的培训。我们现在的能力培养目标有的时候不是很清楚，有的学生在四年时间里没有脱稿在公共场合讲过五分钟以上的话，不能独立表达自己的思想，那一个大学生的培养有什么用？学生没有独立写过小论文，除了抄就是抄，这样的学生怎么会有竞争力？所以我们的培养目标一定要清楚三个方面：知识体系是什么，需要哪些能力，还要哪些实践经验补充，这个定义我们必须搞清楚。这是我讲的第一条：如何培养人。培养进一步明细，在院系内形成高度统一，在教授们充分讨论的基础上动态完善。我们培养什么人，大学的人才培养需要分类。第一类是精英人才，第二类是拔尖创新人才，第三类是通用人才。本科阶段，大学生的就业去向，大家心里清楚，我校一直是四六开的，40%的人去继续深造发展，去攻硕士、博士，做科学研究，60%的人去就业。而就业要解决的就是怎么能增加他们的能力，增加他们的动手能力，上岗能力、实践经验，能够提高就业竞争力；做科学的就是要解决怎么能增加基础知识、掌握方法论，使他们能够在科学研究上再上一层楼。这两类知识应该有所分解，特别是搞经济学、管理学的。如果你要是去做科学发展的人才，你在方法论上就要上得去，上不去你没法做硕士、博士，就要被淘汰。事实上这两者就有一点分解了，真正去从事实际工作的人，去研究方法论搞那么复杂也不需要，他需要的更多的是经贸知识、应用性知识，这就足够了。所以，我们一定要把专业建设落实到人才培养的分类、分流上，每一个专业、每一类人才都应该被考虑到。因材施教，按需培养，这是我们应该深度思考的问题。我主张大学人才培养要进行分类培养。

第二，进一步优化完善本科生的培养方案。

本科生培养方案按照我们的分类培养各取所

需，形成不同的培养规格和要求。我们按照学科和专业分类，我们的培养方案要形成复合型的人才培养。在基础知识一致的基础上，形成不同的的分类，朝两个方向偏重。一方面偏重科学人才培养方向，一方面偏重应用人才培养方向。应用性人才的培养更多的是按照社会岗位的需求，让学生能够增强就业能力和就业竞争力，以适应社会岗位的需求。增加就业，增强学生就业竞争力，我们一定要在这两个方向上弄清楚我们的目标。

特色大学的本科建设，要列出一流的专业建设目标，突出对外经贸大学的特色，加强复合型人才培养，最终达到提升本科生人才培养质量的要求。一定要想到大学的课程特色和专业特色。什么叫特色大学呢？特色大学是由特色专业组成的，没有特色专业就没有特色大学。特色大学的奋斗目标很显然需要一大批特色专业来支撑，

将来对外经济贸易大学的学生要更多的把地球当成我们的研究对象，把全球化当成我们的研究背景，我们的每一个专业都要讲国际化。我们要对国际经营比较感兴趣，对企业"走出去"、参与国际经贸比较感兴趣，对跨国经营、跨国投资比较感兴趣。各类不同的大学重点不一样，我们未必关注大家都关注的热点问题，我们关注的问题可能就是我们的办学特色，所以在课程体系上要认真研究。认真研究就是搞出我们有特色的培养方案，从课程开始，课程体系到知识结构到培养方案，到学生的能力建设，到学生的经验和实践培养，整套体系里面都要体现出我们的追求目标。所以，这个培养方案应该动态的、适时的。我们建议，每年至少开一次院级教学培养方案调整会议，有的课程是从科研项目着手，有的是从课题着手，慢慢建设核心和特色课程。一定要注重课程体系的创新，现在的老师和学生的差距在信息技术，特别是网络技术，学生的技术手段比老师强，所以我们应该充分抓住学生的时代特征。通过信息技术的发展，我们很多传统的教学方式方法都会改变，全新的教学教研方式要在现代信息技术条件下来更新、完善和发展。

第三，努力创新财经类人才的培养方式。

关于教与学的关系，以前有人把师生关系比作"演员"和"观众"，教与学是两张皮，贴不到一起，很痛苦；没有互动，演员演得再好，也

调动不了气氛。我们必须调整这个关系，学生是"演员"，老师是"导演"。变革思想，转变过去的传统教学方法，要增强教学互动环节，不断用问题来让学生讨论、发言，进行思考，让学生带着各种问题学习，要学会提问，更要让学生学会学习，培养终生学习能力，终生受用。教师要通过互动来体会教学的快乐，教书的乐趣，通过采用灵活的教学方法有效地组织好教学，达到思维训练的要求，体现研究型教学。好教师不用考试就应知道学生学习情况的好坏。此外，我们要通过分类指导，筛选与淘汰，抓两头带中间，个性化指导，全面提高教学水平，通过荣誉学士学位项目培养拔尖人才，通过通识教育培养应用型人才，不断完善我们的人才培养体系。

要倡导教师转型，围绕培养目标和培养方案，围绕市场，需要什么我生产什么，而不是我会什么我就教什么。我们现在很多教师习惯在原有的知识体系上教学。比如某个老师他是专门研究文学评论的，而我们要教的是对外汉语，可能就不适应。我认为，如果你是讲论语的，就要讲管理上论语的应用；你是讲孙子兵法的，就要讲孙子兵法在管理中的运用。如何适合市场，这对我们的老师有一半是挑战。我们有很多老师是按照以前老师教给自己的知识在教学生，我们的知识体系就存在这么一个问题，转型很慢。我们很多系转型比较慢，就是因为老师进校的时候，知识体系和知识结构不对。旧的体系是一个慢慢转化的过程，新的知识却还没有掌握，现在你要开拓的是新的知识体系。研究表明：社会科学的专业知识每十年就会淘汰一大半，保守的、旧的知识体系会被淘汰，文科教师必须注重知识的更新。我们知道，大多数教师都是自学成才的，你现在教的知识一般不是你老师教给你的，应该是后来慢慢自学的。所以，大学的课程体系要建设、要创造，要转型，要大胆地创新课程教学的方式方法。我们一贯倡导的案例式、启发式、互动式、讨论式的教学方法，收效甚微，中国跟国外先进大学的差距就在教学方法上。我们现在大学 90% 的老师，都是满堂灌，PPT 放起来从头放到尾，学生在下面玩手机打游戏也不管，教学之间的互动完全中断，学生拒绝接收老师的专业知识传授，人在教室里坐着却没有听课，在想他自己的事。要把学生调动起来，很不容易，因为

学生也要看大量的资料，才能参与到课堂的讨论中来，不然他们不敢来讨论。所以从客观上讲，我们在培养方案上要实行创新，实行教师新的专业知识转型。我很赞赏北大的于丹教授，为什么她会成功呢？为什么她讲文学就能讲的这么轰动呢？她的成功的背后有很多社会原因，但这应该是一个教学转型成功的典范。

第四，要进一步完善财经大学的人才培养途径。

教学方法改革要进行深度思考，要培养学生启发性、研究型学习能力，教师应以研究型教学为导向，探讨新在教学方法，实施模拟教学、案例教学等。在案例教学方面，要建立案例库，进行大量的案例教学，同时案例应共享，把一个人的智慧变为众人的智慧，把高水平教师的智慧变为一般教师的智慧，做到理论、实践、经验的综合，但要拒绝重复劳动。

需要强调的是，我们的培养途径是科研引导型教学或者说是科研主导型教学。把科研的题目带到课堂上去，由学生来讨论变成教学内容。例如，日本3.11大地震后，你出一个课堂讨论题目：日本海啸对中日经贸有什么影响？一定会有新的东西产生。日本的海产品出口下降多少了，中国的海产品出口会增加吗？日本的游客下降多少？会有哪些国际方面的变化？日本的蔬菜、农产品的出口受阻，还有什么影响呢？总之，要用这些新的大家感兴趣的题目来引导课堂学习和讨论，在应用知识的过程中学习。通过大量的实例和案例谈论学习，对于学习社会科学的学生，特别受益，所以我赞成科研主导型教学。科研主导型教学其实对于我们老师来说是一个挑战，在我们培养路径里面，大家一定要把科研的任务带到教学工作中去，不能就书本谈书本，特别不能用"发黄"的讲稿去讲，知识案例都不能太陈旧。知识要在创新中才能发展。

加强实践环节是难点，也是需要创新的。财经政法类大学尤其要加强学生的实践能力，学生动手能力差，到工作岗位就会出现问题。现在大多数大学在经费制约和社会接纳能力限制以及出于对学生安全问题的考虑，对学生的社会实践和专业实践，时间难以保证，常常流于形式，不能覆盖到全体同学，更谈不上精英式的实践。这一问题的解决是提高社会科学形式培养质量的关键，有待于体制和机制的突破和创新，更在于我们在培养学生质量上的理念的突破。

在本科建设上，要特别发挥对外经贸大学的特色，即国际化的特色。我们要以一流的品质要求，努力打造一流的本科教育，体现我们人才培养的质量，真正体现出世界一流大学的核心特征。我还是要特别强调，一流大学最主要的是本科生培养质量。全世界公认，不管一个学校的博士、硕士培养得有多好，最后的竞争力还是看本科生的培养质量。这是检验一个大学人才培养的根本标志。所以，我们一定不能放松本科教育教学改革，持之以恒地抓好本科教学工作，真正通过提高人才培养质量，才能使大学的办学质量越来越高。

（根据录音整理）

大众高等教育质量观的思考[①]

曲振涛[②]

（哈尔滨商业大学 黑龙江 哈尔滨 150028）

一、大众化高等教育与精英教育比较

中国应如何对待精英教育？我认为在财经类院校中的精英教育应该与高等大众教育共存，这就要促进精英教育，因为中国如果没有真正的精英教育是很不完善的。不仅是 985 院校，211 类院校也要加强精英教育，甚至非 211 院校也要对此给予加强和重视。

二、大众高等教育质量观

为什么要提出能力危机呢？有学者指出：目前的社会是风险社会。这就要求我们的教育必须做出反应，而精英的教育问题不是学校自身的问题，是社会，是实践。提升德育，强化能力，重视体与美。与大学的教育相关的，如每次军训的状况大家应该还是很清楚的，总有学生晕倒的状况。从这也可以看出我们的确忽视了体育，那还怎么再谈能力呢？我在治理学校中总结了几句话：一是提升德育；二是能力质量关；三是坚持标准，尤其是拒绝作弊；四是有一个指挥系统、一个检查评估系统、一个保障系统，还有一个反馈系统，还要重视体育和德育。另外，大学的内部治理和外部治理，对教学质量和教育质量影响至关重要。对于内部治理，我的经验就是校长治校，专家治教，教师治课，学生治心。关于外部治理：对于中国的大学，什么时间能够提高质量，走进国际的主流，只有政府的监管权、社会的话语权和企业的股权同时发挥作用的时候，中国的大学就有希望了。如果不从体制和机制上转变，我们只能在内部上修修补补，不可能解决根本的问题。最后讲一下"钱学森之问"的问题。为什么我们的学校总是培养不出杰出人才？这就是钱先生关于中国教育事业发展的世纪之问。我认为，总的来说还是我们的体制机制不够完善，因此，我们应该好好地思考一下。

三、实践与探索

（一）全面的质量观——教育质量

教育质量以德育为先，全面提升德育水平。

（二）能力质量观——教学核心质量观

智：

● 发展定位

（1）类别定位：财经院校。

（2）类型定位：教学研究型。

（3）学科专业定位：以经管学科为主，坚持经管法融合、商工结合，相互支撑、协调发展，突出优势学科，加强基础与交叉学科，适度

---

① 本文为曲振涛教授在"2011 第二届中国（太原）高等财经教育论坛"上的报告。

② 曲振涛，哈尔滨商业大学校长，教授，博士生导师。

增设社会亟需的新兴学科，重点发展应用性学科专业。

（4）办学层次定位：以本科教育为主体和基础，积极发展研究生教育，期间重点发展专业学位研究生教育，根据社会需求和学校实际，适度发展其他类型教育。

（5）办学形式定位：以全日制学历教育为主，兼顾其他教育形式。

（6）办学规模定位：2015 年发展目标全日制本科在校生 25 500 人，全日制研究生 3220 人。2025 年发展目标全日制本科在校生 28 000 人，全日制研究生 5400 人。

（7）服务面向定位：立足区域和行业，面向全国，重点服务龙江。通过培养应用创新型、复合型、创业型高级专门人才，主要服务实际管理及开发岗位。

（8）办学水平定位：把学校建设成综合实力较强，在国内同类院校居于前列，特色更加鲜明的多科性高水平教学研究型大学。

（9）办学功能定位：努力将学校建成黑龙江省的第三产业，尤其是经济管理、现代服务业与公共经济管理的人才培养、科学研究与社会服务的核心基地；建成我省食品、药品研发与研制的工程基地；成为我省经济管理、商业工程方面应用创新，成果转化与政策咨询的中心。（两基一中心）

● 办学特色

办学特色定位：大商大雅。大商铸才，大雅育人，商雅呈颂，经世济民。

1. 以商为主，在商崇商，突出鲜明的商科特色

以商经、商管、商工、商法为主线，实施商科的学科、专业融通，形成相互协调支撑，适应社会需要宽口径的学科、专业优势。

2. 重视学生实践能力的培养

（1）开发以应用创新型、复合型、创业型人才为培养对象的系列教材。这些教材包括：《经济学通论导读》、《管理学通论导读》、《商学通论导读》、《工学通论导读》、《商法学通论导读》等。这些教材的特征在学体上体现"通"和"导"上。

（2）积极开展创业教育，根据社会情况和市场需求设置有针对性的专业课程，使创业教育

在本科人才培养中真正发挥效果。

（3）有重视实践教学，着力培养学生的学习能力、实践能力、适应能力及创新创业能力的传统。

把案例教学引用到课堂，培养学生的操作性、实践性以及分析、解决问题的能力。经管实践中心以《公司创建与运营》实习教学为依托，完善现有实验教学内容体系，为应用创新型、复合型、创业型人才的培养提供了可靠保证，可确保培养人才要求，使毕业生在社会上有较强的竞争力。

3. 打造以校训为灵魂的诚信商大

（1）校训"求真至善、修德允能"。

（2）成立师生学术道德监督委员会，进一步匡正学风校风。

（3）突出诚信教育和重视学生鉴定评语。

（4）开设本科人才培养改革实验班，带动学风建设。

（5）校园文化建设突出以孔子儒学为核心的主线。

● 教学事故认定办法

（1）哈商大〔2010〕75 号文——关于印发《哈尔滨商业大学教学事故认定及处理暂行办法》的通知

（2）修改二版

（3）重点：联带机制。

一个教学单位一学期内发生两次Ⅱ级以上教学事故，院长、教学副院长、教研室主任负领导责任，岗位津贴本学期下调一档。

● 学风建设

将诚信教育与学风、考风教育和缴纳学费密切结合起来，本着"坚持标准、多给机会、拒绝作弊"的原则，减少违纪。

● 本科教学质量监控与保障系统运行

体：

学校一贯重视体育工作的开展，全校的体育教学、科研，群众性体育活动蓬勃开展，体育工作硕果累累，被评为黑龙江省体育工作优秀学校，黑龙江省开展健身活动优秀学校。

学校先后建设了国内一流的体育场馆及配套设施。

学校先后承办过"PICC 杯"中澳女子篮球对抗赛、"吉华杯"四国女子篮球挑战赛、全国

第四届特奥会、中韩国际周足球赛、黑龙江省第五届农民运动会、第十二届全国大学生网球锦标赛暨"校长杯"网球赛、黑龙江省大学生田径锦标赛、第九届全国大学生游泳锦标赛、黑龙江省省直机关第三届职工田径运动会等国家、省、市及各部门的大型赛会。

学校按照教育部提出的"每天锻炼一小时、健康工作五十年、幸福生活一辈子"的精神开展学校群众性体育活动，每年坚持开展体育节、田径运动会、环校长跑接力赛、越野比赛、拔河比赛、轮滑比赛、冰上运动会、广播体操比赛等活动。

美：

* 新校区航拍图
* 图书馆
* 雕塑
* 图书馆浮雕：寰宇周天

中心球体为八卦同时又为眼睛，寓博览万物、汲取知识之意。周围图形以中国传统文化理念展现宇宙空间。浮雕以人为本，融汇中西方商业、金融、文化、科技的特定符号，意在激励师生在无限的知识空间中求索。

铭文为：书契造，文明袭。俯仰法象，开天辟地。融中外，贯古今。探赜索隐，博学笃行。德与义，利之基。经世富民，生生不息。

* 六馆合一

按照学校发展战略，图书馆构建了适应学校和现代社会发展的文献资源建设体系，在图书馆内设置了学校的档案馆、校史馆、货币金融博物馆、哈尔滨商业票证馆、奇石馆，初步形成了六馆合一、档案文献史料、商业票证、货币金融实物史料共存、馆藏多样化、多种媒体资源网络化、数字化的系统。合理地配置文献资源，形成一个满足学生需求的最优文献布局。

* 商业文化馆

馆藏上至春秋战国，下至中华人民共和国不同历史时期的各种货币、票据、证券及金融史料等展品 6000 余件。展馆作为爱国主义教育基地，是哈尔滨市委授予的青少年科普教育基地和历史文化教育基地。

（根据录音整理）

财经类大学教师专业发展研究

——基于教学学术的视角

郝书辰　　刘玉静①

（山东财经大学（筹），山东 济南 250014）

近年来，伴随高等教育规模的不断扩大，教师专业化呼声的不断高涨，大学教师的发展（Faculty Development）愈来愈引人关注。

对于大学教师专业发展的具体内涵，有学者认为：大学教师专业发展是大学教师从事教学、研究及服务工作时，经由独立、合作、正式及非正式等进修、研究活动，引导自我反省与理解，增进教学、研究及服务等专业知识与精神，主要目的在于促进个人自我实现，提升学校学术文化，达成学校教育目标，从而提升整体教育质量。

由此观之，一个完整的大学教师发展计划应体现在教学、科研与社会服务三个方面。三者中，各大学目前大多偏向于科学研究和社会服务，对于教学则相对忽视，如高校的排名、教师的评价体系中，科研和服务等指标所占的比重较之教学要大得多。评价是个指挥棒，评价指标指向哪里，教师就往哪里走。高校及教师为了自身的利益，不得不重视科研和社会服务，而相对忽视了教学，继而造成本科教育质量的普遍下滑。我们认为，造成这种现象的根本原因就在于人们对教学的看法存在偏差，教学不被看做是学术活动，认为它不具有可研究的价值。也正是针对此种情况，1990 年时任卡内基教学促进基金会主席的博耶出版了《学术的反思——教授工作的重点》一书。该书重新思考了学术的含义，并对大学教师作为学者所做的事情进行了重构。博耶在书中指出，在高等教育的使命越来越多样化的今天，教师的奖励制度却变得越来越窄，即只重视科研论文的发表，不重视本科生的教学。这种现象同样也存在于我国财经类大学之中，基于此，我们试图以博耶所提出的"教学学术"为视角，对当前财经类大学教师专业发展过程中出现的问题进行分析研究，并试图在制度建设方面提出相关建议。

一、教学学术视角下财经类大学教师专业发展的实证分析

从教学学术的角度来研究财经类大学的教师发展水平，首先要确定研究的指向与问题。什么是教学学术？根据卡内基教学促进基金会现任主席李·舒尔曼（LeeShulman）等人的看法，认为：将教学视为学术的一种，就要不仅将教学作为一种活动，而且要作为一个探索的过程。教学像其他形式的学术一样是一种成果，这种成果的显露需要经过一段长时间的过程。当教师将工作公开、接受同行评价和批评，并与所在专业社团的其他成员进行交流时，反过来又加强了自己的工作。这时教学就变成了教学学术，而这些也是所有学术所具有的特点。

以此概念为基础，我们的实证研究主要集中

① 郝书辰，山东财经大学（筹）书记，教授，博士生导师；刘玉静，山东财经大学（筹）高等教育研究室副教授。

在大学教师教学与科研的相关度以及大学教师在教学活动中教学效果与教学行为的研究，结果如下：

（一）教学与科研相关度较低，教学研究游离于学术研究之外

表1　　　　　　　　　　　原山东经济学院财经类教师教学与科研一致程度的研究

教学与研究一致程度表										
学院	财金学院	比例（%）	工管学院	比例（%）	公管学院	比例（%）	信管学院	比例（%）	国贸学院	比例（%）
一致	17	65	15	68	4	67	4	57	2	40
不一致	9	35	7	32	2	33	3	43	3	60

1．数据样本解释

本研究以原山东经济学院财政金融学院、工商管理学院、工商管理学院、信息管理学院、国际贸易学院五所学院中具有副高以上专业技术职务并拥有博士学位的 66 位专任教师为研究对象，搜集了 2008 年至 2010 年三年间，66 位教师所发表的论文、出版著作、获省级、部级、校级奖励等情况与相应学年教师的教学评价得分等相关信息以供研究使用，数据来源于山东经济学院各相关部门的统计信息。

2．输出结果分析

以教师教学评价得分为被解释变量，所发表的论文数量、出版著作的数量、获省级、部级、校级奖励的数量五项作为解释变量。采用 SPSS 软件（社会科学专用统计软件）的相关分析法、因子分析法对数据进行处理与分析。为了进一步印证因子分析的结果，用相关分析法对数据进行处理后，输出如下结果（见表2）：

表2　　　　　　　　　　Kendall 秩相关分析和 Spearman 秩相关分析

Correlations

			论文	书	省级	部级	校级	教学评分
Kendall's tau_b	论文	Correlation Coefficient	1.000	.134	.275（*）	.025	.213（*）	-.023
		Sig.（2-tailed）	.	.209	.012	.815	.047	.809
		N	65	65	65	65	65	65
	专著	Correlation Coefficient	.134	1.000	.207	.064	.145	-.061
		Sig.（2-tailed）	.209	.	.092	.601	.232	.564
		N	65	65	65	65	65	65
	省级	Correlation Coefficient	.275（*）	.207	1.000	.098	.195	-.186
		Sig.（2-tailed）	.012	.092	.	.430	.114	.083
		N	65	65	65	65	65	65
	部级	Correlation Coefficient	.025	.064	.098	1.000	.259（*）	.050
		Sig.（2-tailed）	.815	.601	.430	.	.034	.638
		N	65	65	65	65	65	65
	校级	Correlation Coefficient	.213（*）	.145	.195	.259（*）	1.000	.098
		Sig.（2-tailed）	.047	.232	.114	.034	.	.356
		N	65	65	65	65	65	65
	教学评分	Correlation Coefficient	-.023	-.061	-.186	.050	.098	1.000
		Sig.（2-tailed）	.809	.564	.083	.638	.356	.
			65	65	65	65	65	65

表2(续)

			论文	书	省级	部级	校级	教学评分
Spearman's rho	论文	Correlation Coefficient	1.000	.158	.315(＊)	.033	.246(＊)	-.028
		Sig.（2－tailed）	.	.208	.010	.794	.048	.826
			65	65	65	65	65	65
	专著	Correlation Coefficient	.158	1.000	.211	.065	.149	-.076
		Sig.（2－tailed）	.208	.	.092	.605	.236	.548
		N	65	65	65	65	65	65
	省级	Correlation Coefficient	.315(＊)	.211	1.000	.099	.198	-.216
		Sig.（2－tailed）	.010	.092	.	.434	.115	.083
		N	65	65	65	65	65	65
	部级	Correlation Coefficient	.033	.065	.099	1.000	.265(＊)	.061
		Sig.（2－tailed）	.794	.605	.434	.	.033	.628
		N	65	65	65	65	65	65
	校级	Correlation Coefficient	.246(＊)	.149	.198	.265(＊)	1.000	.115
		Sig.（2－tailed）	.048	.236	.115	.033	.	.360
		N	65	65	65	65	65	65
	教学评分	Correlation Coefficient	-.028	-.076	-.216	.061	.115	1.000
		Sig.（2－tailed）	.826	.548	.083	.628	.360	.
		N	65	65	65	65	65	65

＊ Correlation is significant at the 0.05 level (2－tailed).

在秩相关分析表中，省级奖励与校级奖励的相关系数在 0.05 的显著性水平下相对显著。总体看来，各指标与教师教学评分的相关系数均在 0.2 以下，对应的 P 值都大于 0.05，表示各项科研指标与教师教学的正相关关系较弱，此外，发表论文、出版著作及获省级奖励三项与教师教学呈负相关关系。

用因子分析方法对数据进行处理后，输出如下结果（见表3）：

表3　　KMO and Bartlett's Test
（KMO 检验与 Bartlett's 检验）

Kaiser-Meyer-Olkin Measure of Sampling Adequacy.		.723
Bartlett's Test of Sphericity	Approx. Chi－Square	48.950
	df	15
	Sig.	.000

表3 KMO and Bartlett's Test 是 KMO 检验与 Bartlett's 球形检验，给出了 KMO 检验统计量和球形检验结果：Bartlett's 球形检验的 P 值为 0.000，小于 0.05，说明了本研究分析的合理性，KMO 统计量等于 0.723，说明数据适合进行因子分析。

表4　　Component Matrix^a（旋转后的因子载荷阵）

	Component
	1
教学评分	1.000
专著	-.249
省级	-.165
论文	-.124
校级	.092
部级	.010

表4 为因子载荷阵的输出结果，从显示的因子得分情况来看，载荷系数普遍较低，仅有与教学直接相关的教学评分一项得分较高，专著、省级、论文三项的因子得分甚至为负值，其余两项虽为正值，却得分极低，说明教师科研与教师教学的关系极微。

通过因子分析和相关分析，我们可以得出结论：解释变量与被解释变量的相关度较低，即教师科研与教师教学的相关度较低，关系较小。

（二）教师教学行为合理化程度有待于提高，教学成就不明显

教学学术型大学教师的特征是指具有教学学术或教学学术水平高的大学教师区别于教学学术研

水平低或毫无教学学术的大学教师的独特差异或不同点。我们认为，教学学术型大学教师的特征体现在教学行为和教学成就两方面，前者主要表现为富有教育知识，充满问题意识，展现教学机智和进行有效交往；后者主要表现为产生重要影响，主要包括圆满完成教学任务、编撰证明其教学学术水平的资料、实现教学公开。教学行为是教学成就产生的基础或条件，教学成就是特定教学行为的逻辑结果。一般而言，教学学术型大学教师的教学行为高度合理，教学成果显著有效。

以这 7 项为依据，我们对这 66 位教师进行了访谈与问卷调查。同时，在目前山东经济学院的教师管理过程中，学生评教是一个评定教师教学质量的一个重要环节。我们还是以这 66 位教师为研究对象，对其评教结果进行了分析与考察。结果如下（见表 5 - 1、表 5 - 2、表 5 - 3）：

表 5 - 1　　　2008 秋季学期

分数区间	≥90	80 ~ 90	<80
人数（人）	36	6	24
比例（%）	55	9	36

表 5 - 2　　　2009 秋季学期

分数区间	≥90	80 ~ 90	<80
人数（人）	44	1	21
比例（%）	65	3	32

表 5 - 3　　　2010 秋季学期

分数区间	≥90	80 ~ 90	<80
人数（人）	44	1	21
比例（%）	67	2	31

同时，我们对这 66 位教师所教授的五个学院的学生进行了问卷调查与个别访谈，问卷与访谈的内容以教学行为与教学成就两方面的五个纬度进行了问卷设计与访谈提纲。结果如下（见表 6）：

表 6　　　学生问卷与访谈内容一览表

教师行为特征	学生评定结果	多（%）	较多（%）	一般（%）	较少（%）	几乎没有（%）
教学行为	富有教育知识	56	28	12	4	0
	充满问题意识	41	22	24	12	1
	展现教学机智	22	25	35	14	4
	进行有效交往	14	25	28	22	11
教学成就	完成教学任务	18	22	31	14	15
	编撰教学资料	16	12	38	24	10
	实现教学公开	8	12	17	34	29

勾画教学学术型大学教师的特征是让教师明确怎样才像教学学术型大学教师，为成为这样的教师而努力。在我们的数据分析以及个别访谈过程中，我们可以充分感受到：传统的教师更多地埋头于教学活动本身，很少思考教学体验，习惯了某种教学技能甚至不知不觉发现了一种新技能，但他们不善于把这种技能表述出来。他们的教学任务完成得好，且教学质量高，但不能说明教学质量为何高。也就是说，他们没有有目的地去建构自己的知识。这样的大学教师不属于教学学术型大学教师。教学学术型大学教师表现为不仅做得好，而且能够有意识地把教学当作学术来研究，把建构教育知识作为自己的的责任，注意思考这些知识的内容与性质，并努力将这些知识系统化。一方面，在教学中能有意识地对教学活动进行反思，结合教育教学理论和实践经验进行分析；另一方面，将对教育教学的反思上升到理性认识，用各种形式公开外显自己的知识：写教学的反思性论文、总结教学经验、出版关于教学的著作、参加教学研讨会、进行教学示范、公布教学方案、在网上进行讨论、举办教学成果展，让其他教师分享和评论，供其他教师学习、参考，丰富教学的公共资源。

二、促进财经类大学教师专业发展的制度建设研究

基于教学学术的视角对财经类大学教师专业发展的研究，说明基于教学学术的大学教师专业发展的现状及原因分析是其明确制度建设对其的必要性及作用，为基于教学学术的大学教师专业发展提供支持和保障。调查研究表明，制度建设

问题是高校教师在履行教学学术责任的过程中是最为重要的障碍，不合理的制度常常对高校教师的教学、科研等工作造成束缚。针对当前教师专业发展过程中的问题，我们可以尝试着从培训制度、教学研究制度与教学学术评价等方面进行相关的改革。

（一）开展帮助教师提升教学学术的培训

在我国，有硕士学位或博士学位就有资格进大学当教师，因而培养大学教师是研究生教育的一个重要职能。然而，我国的研究生教育并没有把培养未来大学教师放在显著的位置，致使进入大学任教的研究生不了解教学学术。针对这种情况，学校可在研究生教育阶段就对有意从事教师者进行职前教学培训，增强他们的教学学术意识；同时，培养他们的教学能力以及对教学的反思和研究能力。高校可在研究生教育阶段开设有关教育学、心理学等有关的理论课程和实践课程，培养他们的教学学术意识，锻炼他们的教育教学能力，培养他们的教学科研能力。另外，可适当增加教学实践课程，让那些有意成为高校教师的学生接受教学指导和训练。例如，加拿大的麦吉尔大学首先通过一个学年的培训，对在读研究生一方面通过讲授让他们学习教学内容、教学方法、教学情境等方面的理论知识；一方面安排他们担任"教学助理"，给他们单独授课的机会，并为他们指派固定的指导教师，指导他们设计教学方案、合作开展教学。"师徒"相互交流、讨论、探索教学学术，掌握现代的教学方法和教学技术，从而改进教学，提高教学质量。其次培养他们的教学学术的创新能力。博耶认为，学术和智力活动是充满着变化的。具有杰出教学学术水平的教师，能在他们的教学活动中表现出创造性，能通过分析、综合把知识以一种新的、更有效的方式呈现出来。综上所述，大学欲提升教师教学学术，必须树立正确的教师教学培训观，强化教师的学术发展理念，着力改善教师的教学态度、教学热情、知识水平、教学效能感和教学监控能力，增强对教师进行教学培训、发展其教学学术的责任意识。

（二）创造支持教学学术的氛围和条件

虽然我国各高等院校的办学理念、办学目标、办学层次等有所不同，但重视教师教学学术水平的理念还是相通的。国家、政府和学校自身有必要创造支持教学学术的氛围和条件，促进教师自觉提高自身的教学学术水平。

首先，建立关于教学学术的各类奖项，如设立教学成果奖、教学创新奖等，激发教师进行教学研究，从而调动其教学的积极性；其次，将精神奖励与物质奖励相结合，奖酬金的分配与教学直接挂钩，从根本上满足教师的多层次需求；再次，要不断增加教学经费投入，加大教学工作（包括教师教学能力及有效性、科学研究、课件、教材等）的奖励力度；最后，在评审和奖励时对教学业绩与科研业绩同等要求，从而提高教学方面的标准，让更多的教师投入教学。同时，建立健全教学质量保障制度，形成保障教学质量的规则体系，把教师的工作重心引导到教学质量上；建立多种信息反馈渠道，使教学评价与教学检查相结合，形成完整的教学质量监督体系；改善教学条件，学校各级领导都要树立教学工作的中心地位，把教师的观念引导到教学质量上；配置相应的教学仪器设备，及时进行更新与维护，丰富专业图书种类以及相关专业的种类，把经费与精力都投入到教学中。综观国内外，很多国家都建立了富有本校特色的教学学术培育制度。密西根大学在1962年建立了美国第一个教学研究中心；哈佛大学于1975年建立了哈佛—丹弗斯教学中心。在我国，台湾大学设有教学发展中心，辅仁大学设教师发展与教学资源中心，高雄医学大学设教师发展暨教学资源中心；清华大学建立有教学研究与培训中心，北京大学建立有教学促进中心，首都经贸大学建立有教师促进中心，中国海洋大学建立有教学支持中心，华中科技大学建立有教学方法与技术研究支持中心，江南大学在教育学院设置了教师卓越中心。所有类似机构，都旨在促进基于校本的教学学术培育。

（三）加大教学学术在教学评价中的比重

博耶根据卡内基教学促进会的调研结果指出，不论什么形式的学术工作都有六个共同的标准，包括知识、明确的目标、适当的方法和程序、创造性使用资源、有效交流、重要的成果。博耶认为以上六个标准适用于不同类型、不同学科的学术。学术评价是大学发展的风向标，其结果已成为衡量大学办学水平的重要指标和教师科研业绩考核、职称晋升、岗位聘任、津贴分配的主要依据。大学教师学术发展程度以其职称为标志，而教师职称晋升的主要依据是教师发表的学术论文，对教师的教学与科研评价相分离，科研等同于学术，教学属于非学术活动，成为教师职称晋升的点缀，导致对教师的学术评价没有教学因素。事实上，教学与科研是有机联系的，教师的学术评价应立足于教学。需要从教学学术性角度，改革教师职称晋升中教学与科研分离的评价模式，从知识综合、知识发展、教学反思、教学成果与教学交流等方面，全面评价教师教学的学术水平，促进教师加大教学改革力度，发展专业学术与教学学术体系。学校和有关专业机构应该制订一个相对合理、公正的评价指标，在教师的职称评定、评估的过程中，既要支持那些在研究工作中表现杰出的教师，也要支持那些在教学工作中表现杰出的教师，这样高等教育才有活力。例如，1992 年斯坦福大学对杰出的教学表现设立了新的教学奖励与薪金补助；美国高等教育协会与卡内基基金会也在探索能够更加集中关注教学的方法。我国的一部分大学也在职称评审中强制性地增加了关于教学学术的硬性规定，比如南京师范大学关于教授职称的评审条件中就明确规定，必须"公开发表一篇以上教学研究论文"。

参考文献

［1］林杰. 大学教师专业发展的内涵与策略［J］. 大学教育科学，2006（1）.

［2］王玉衡. 试论大学教学学术运动［J］. 外国教育研究，2005（12）.

［3］姚利民，蔡珊珊. 教学学术型大学教师特征论［J］. 湖南大学学报：社会科学版，2007（9）.

［4］宋燕. 大学教学学术性探析［D］. 华中科技大学硕士学位论文，2008.

［5］刘春宏，时伟. 大学教学管理制度的缺陷与对策——大学教学学术的视角［J］. 理工高教研究，2008（4）.

［6］陈伟，易芸云. 从遮蔽到去蔽：教学学术发展的制度分析［J］. 高教探索，2010（4）.

［7］［美］欧内斯特·博耶. 关于美国教育改革的演讲［M］. 涂艳国，方彤，译. 北京：教育科学出版社，2002.

［8］时伟. 大学教学的学术性及其强化策略［J］. 高等教育研究，2007（5）.

［9］王建华. 大学教师发展——"教学学术"的维度［J］. 民办教育研究，2007（1）.

主动适应社会需求　自觉遵循高等教育规律 不断提高应用型人才培养质量[①]

——南京财经大学深化人才培养模式改革的思考与实践

许承明[②]

（南京财经大学，江苏 南京 210046）

近年来，南京财经大学始终坚持主动适应社会需求，自觉遵循高等教育规律，将科学发展观内化为学校的办学观、质量观和人才观，按照入主流、定好位、办特色的要求，积极探索并全方位推进人才培养模式改革，进一步坚持夯实基础，明确导向，拓宽选择，强化实践，切实增强学生的适应能力、竞争能力、创新精神和实践能力，在新的起点上不断提高应用型人才培养质量，取得了明显成效。

一、人才培养模式改革的基本思路

我校人才培养模式改革的基本思路是：坚持准确定位人才培养目标，整体优化人才培养方案，持续创新人才培养过程，不断提高人才培养质量，坚持实施国际化、信息化、一体化三大发展战略不动摇，坚持规范与创新相统一，坚持以育人为核心，按照知识、能力、素质协调发展的要求，构筑新的人才培养模式。

首先，进一步明确人才培养目标，在坚持培养具有社会主义市场经济适应能力和竞争能力，具有创新精神和实践能力的应用型人才总目标下，要求各专业针对社会需求、学科领域、职业指向以及学生面对的就业层次等实际情况及变化趋势，提出各自专业人才培养的具体目标和培养规格，坚持宽厚的基础与明确的就业导向有机结合，进一步强化应用型人才培养的扎实基础、持续后劲和发展潜力。

其次，整体优化人才培养方案，着重强调科学合理的教学计划的制定与实施，丰富多彩的第二课堂活动的开展与提高，健康向上的校园文化学术氛围的熏陶与引导，实现第一课堂、第二课堂与第三课堂联动，坚持全过程育人。进一步明确第一课堂是关键和核心，第二课堂是深化和发展，第三课堂是熏陶和引导。

再次，持续创新人才培养过程，依据知识、能力与素质相互关联、动态转化的趋势，努力实现知识教育的三大转变：从本本主义到人本主义，从知识掌握到文化陶冶，从强调知识传授到重视实践实验。帮助学生从被动接受知识到主动适应社会需求，从强制管理到为学生提供更多的选择机会和更大的选择空间，从以知识为中心转向能力训练系统化，让学生积极主动地学习实践。

最后，不断提高人才培养质量，进一步完善教学管理规范与创新相统一的运行机制，建立教学运行的实时监控与教学事故及时追究相结合，学生评教与教师评学相结合，第一课堂与第二、第三课堂相结合的教学质量保证体系；努力实现毕业生适应能力和竞争能力相统一，就业层次与

---

① 本文为许承明教授在"2011 第二届中国（太原）高等财经教育论坛"上的报告。
② 许承明，南京财经大学副校长，教授。

就业率相统一，积极引入外部机制对人才培养质量进行评价，构建人才培养质量保证、监督的长效机制。

二、人才培养模式改革的主要内容

按照上述基本思路，我校人才培养模式改革在实施过程中坚持统筹规划，融会贯通，努力做到教书育人、管理育人、服务育人高度融合，课内教学、课外活动、校园文化有机统一，拓展知识、增强能力、提升素质整合协调。

（一）整体优化人才培养方案，构建科学合理的知识体系

1. 进一步深化通识教育课程改革

着力构建以素质教育为取向的通识教育课程体系，按照"通、宽、厚、透"的要求，依据人文科学、社会科学、科学素养、综合类知识等四大模块分类设置，在最基本的知识领域为学生提供多学科交叉综合的精品课程，推进人文科学、社会科学、自然科学与经济管理等专业知识之间的融会贯通，帮助学生搭建平台，开启心智，拓展胸怀，提升境界，为未来的职业生涯和人生发展奠定基础，提供支撑。

2. 大力推进职业发展教育、创业教育、第二课堂活动一体化建设

以培养学生科学的职业理想、职业目标、创业意识、创新精神和综合能力为重点，以激发学生自主管理、自觉学习、自我探索的内在动力为着力点，推进职业发展教育、创新创业教育、第二课堂活动的一体化建设，建立相应的课程体系，搭建平台和载体，建立专兼结合的师资队伍，完善考核评价办法，为学生各个阶段的发展提供持久动力。

3. 切实加大公共基础课程改革力度

按照统一目标、分类教学、多元考核、允许替代的总体指导思想，全面深化公共基础课程教学改革。大学英语实施平台＋模块的教学改革；公共计算机课程推行统一目标下的多维度考核的教学改革；公共数学课程按照实施分类教学、推进分层教学、扩大应用教学、探索特色教学的改革思路开展教学；从提高学生的文学艺术鉴赏能力、沟通能力、写作能力的要求进行大学语文教学改革。

4. 着力实施专业基础课程和专业课程改革

按照专业基础入主流、专业主干显优势、专业复合呈特色的要求设置专业课程。专业基础课程坚持"2＋2"培养模式总体框架不变，按照学科大类设置，坚持打通培养；专业主干课按照"主、精、特、复"的要求，进一步拓宽基础、扩大专业适应面，体现专业核心问题，坚持基本规范；专业选修课按照交叉复合、体现特色的思路设置。紧密型复合对应专业限定选修课，以体现专业要求；非紧密复合对应专业任意选修课，目的在扩大选择。

5. 不断完善实验实践教学体系

进一步深化实验教学改革，进一步细化实践教学环节，依据基础实验、课程实验、综合实验三位一体，认知性实践、课程或专项实践、毕业实践相互衔接的要求，设置相应的课程体系，初步搭建集基本技能训练—专业素养训练—综合创新训练于一体的实验教学基本框架，系统整合实验实践教学资源，全面优化实验实践教学体系。

（二）不断拓宽选择空间，满足学生多样化的学习需要

1. 以社会需求为导向，切实贯彻因材施教、分流培养

学生入学后前两年按学科大类打通培养，以夯实基础；从三年级开始，根据学生个人特长、兴趣和未来就业取向，结合社会发展需要，采取专业组内选择、学院内选择、学科大类内选择、全校范围内选择等不同方式实施分流培养，更好地满足学生学习选择性和需求多样化的要求。

2. 以提高学生综合素质为核心，大力开展第二、第三课堂活动

根据普及与提高相结合、基本要求与尊重选择相结合的原则，按照"三商（智商、情商、灵商）并举"、"五能（外语、计算机、沟通、写作、专业技能）并重"的要求，围绕能力训练和素质拓展，坚持课程引领与实践锤炼相结合、第一课堂与第二课堂相衔接，团体辅导与个性化指导相统一，精心组织学生踊跃参与各类团学活动和社会实践活动，为学生增长见识、提高能力、学习知识创造必要条件。

3. 以激发学生的积极性、主动性为目标，建立健全教师主导、学生主体的教学模式

积极倡导研究性教学，着力培养学生的知识

融通和迁移能力，培养创新精神和实践能力；按照讲授方法改革、多媒体运用与实践性教学有机结合的原则和抓住知识点、强化系统性、加大训练力度的思路改革课堂教学，切实加大训练力度；按照理论有用、实践为重的指导思想，全面加强实验实践性教学；扩大学生的选择空间，鼓励学生的个性发展，尽可能为各类学生的成长提供机会，创造条件，帮助学生自主设计符合自身愿望的发展方向和成才目标，激发学生自主学习的积极性。

（三）着力加强平台建设，促使学生把知识内化为素质，外显为能力

1. 以国际化拓宽应用型人才培养视野

一是坚持在国际化进程中创新应用型人才培养机制，不断推进课程体系、教学内容、教学方法与国际接轨，为学生搭建既符合国际规则，又体现社会主义市场经济特色的教学平台；二是通过国际化实施人才强校战略，切实加强教师跨文化交流能力的培养，加大海外高层次人才引进力度，选派学科带头人、青年骨干教师到国外大学进修学习；三是通过国际化不断加强学生的国际化交流，不断拓展学生国际化合作交流的渠道，通过"2+2"、"3+1"、"4+1"等多种途径，为学生提供广阔的海外学习空间；四是通过国际化全面加强国际文化交流，与美国纽约州立大学合作共建的全美首家商务孔子学院于2010年12月正式揭牌，扩大了我校的海内外影响力，在人文和经贸领域搭建了重要的交流平台。

2. 以信息化提升应用型人才复合能力

一是主动适应信息时代人才培养模式的转变，强调现代信息技术的应用与开发，进一步适应社会需要，强化技能应用，不断提升学生的信息化素养和计算机应用能力；二是用信息化改革传统的本科教学，在教学理念创新的前提下实现知识结构的交叉复合，全面提高应用型人才培养的适应性、针对性和竞争力；三是加快信息化基础设施建设，着力打造满足人才培养、科学研究和社会服务需要的数字化基础平台、资源平台和管理平台体系，建成各部门之间数据整合、资源共享、管理流程优化和应用系统集成并满足学校信息需求的信息化系统。

3. 以实验实践教学体现应用型人才"知行统一"

一是把课堂教学作为培养学生实践能力的主渠道，努力做到理论教学与实践教学的紧密结合，全面加强课程教学的实践性；二是用"整合"或"集成"的思路重建实验教学体系，逐步形成强化基础、突出设计和综合能力、强调创新精神、兼顾个性发展的实验教学系统，创造面向全体学生、满足教学需要的实验教学环境；三是坚持实验实践教学与学科、专业、课程建设紧密联系，全面实施多层次、分类型的实验实践教学改革，不断探索以能力培养为核心的实验实践教学模式。

三、人才培养模式改革的实施成效

几年来，通过人才培养模式改革的综合实践，我校学生的整体水平和综合素质不断提高，社会适应能力与竞争能力明显增强，应用性人才的就业市场竞争力稳步提升，获得了社会和用人单位的广泛好评。

（一）学生整体水平和综合素质不断提升

我校学生基础理论扎实，基本技能过硬，外语、计算机等通用知识能力保持较高水平，江苏高校计算机等级考试通过率一直保持在95%以上；2011届毕业生参加大学英语四、六级考试，四级通过率达到96.7%，六级通过率达到62.7%。

我校学生综合素质明显提高。2004年以来，我校大学生艺术团每年受邀参加教育部主办的"五月的鲜花"全国大学生大型校园文艺演出。今年"五月的鲜花"——全国大学生"永远跟党走"大型校园文艺演出活动在中央电视台一号演播大厅举行，我校大学生艺术团原创的情景诗朗诵《以青春的名义宣誓》受邀赴京参加演出，获得了一致好评。在全国第一、第二届大学生艺术展演中共获得4个一等奖（最高奖）；在江苏省第三届大学生艺术展演比赛中获得4个一等奖。毕业生中考入清华大学、北京大学、中国人民大学、复旦大学、南京大学、上海财经大学等重点大学研究生的人数逐年增多。

（二）学生创新、创业能力不断增强

我校学生创新精神培养成效明显，连年在全国大学生数学建模竞赛、美国大学生数学建模竞赛、全国及江苏省"挑战杯"创业计划大赛、

"挑战杯"课外学术作品大赛、中国智能机器人大赛、全国大学生电子商务大赛、全国大学生广告艺术大赛等各类重大比赛中取得突出成绩。2006年以来，我校学生在各类大赛中共获得全国性奖项127个，省级奖项246个。

学生创业能力明显增强。我校近年来约有上百名学生在校期间或毕业后创办了各类公司，其中部分佼佼者已经在各自领域和行业内崭露头角，有2人先后被评为"江苏省十大青春创业风云人物"和"江苏省知识青年自主创业典型"。

（三）学生就业率和就业层次不断提高

近年来，我校先后为政府机关、事业单位及金融保险、商贸流通、各类企业等输送了大批优秀本科毕业生。据国家统计局江苏调查总队对我校2001—2007届本科毕业生情况调查统计，用人单位对我校毕业生各方面素质比较满意，对我校毕业生的专业知识水平、专业技术能力、综合实践能力和学习新知识的能力评价较高。

近年来，我校本科毕业生的就业率基本稳定在98%左右，始终位居江苏高校前列，毕业生就业层次逐年提高。毕业生大部分集中在长江三角洲等经济较发达地区就业，其中江苏省就业毕业生超过70%（在宁、苏、锡、常等地就业毕业生约占江苏省内就业总数的75%）；京、沪、浙、粤等地就业毕业生占12%以上。与其他院校同期毕业生相比，我校毕业生的职级水平和薪资水平总体较高，毕业生月薪增长较快，呈现出良好的职业发展潜力。

对高等财经教育质量评价方法的探讨

朱宁洁　郭剑川

（首都经济贸易大学 发展规划处，北京 100070）

摘　要：开展高等教育质量评价的目的是为了检验成效、找出不足、比较差距和提出改进建议。本文从学术评价角度出发，通过对同行评议和文献计量法这两种评价方法的本质、特点和优劣势的介绍，为建立高等财经教育质量评价体系提供参考和建议。

关键词：教育质量；评价方法；同行评议；文献计量法

前　言

建立高等财经教育质量评价体系对提高高等教育财经教育质量、实现高等财经教育的可持续发展有着极其重要的意义。开展高等财经教育质量评价的目的主要是为了检验成效、找出不足、比较差距和提出改进建议。以大学排行榜、一级学科评估为代表的社会评价和排名并不能达到这样的目的。这类的评价和排名多是依据投入产出的思路，在"高质量的输入就能带来高质量的输出"的假设下，通过分析和建立一个较为客观的指标（包括经费资源、教师资源、科研情况、学生选择性、传统声誉等），然后赋予权重形成一个总分。这类社会评价过多地强调了教育的投入和产出，忽视了对教育活动本身的考察，不能很好地告诉我们学生学到了什么、学校和学科获得了多大发展。为此，只有对高等财经教育

的投入、过程和产出整个活动过程进行综合评价，才能达到所期望的目标。

在英文中，评价可以由多个单词来表示，其中常用的有 assessment，evaluation 和 review，都包含着评价评估的意思，但是三者之间却有着明显的差异。简单地说，assessment（评估/估值）是根据一定的标准，来考察实际情况是否符合标准，以及与实现目标的"距离"做出的判断。例如，在美国高等教育认证中，就将 assessment 作为一种评价的方法。evaluation（评价/赋值）则需要做出价值上的判断。Review 主要的含义是指检查和复查，即按一定要求进行检查，并做出（合格，符合）的判断。高等财经教育质量评价应该是指 evaluation，即在对财经教育的质或量的"事实判断"的基础上，根据评价者的需要和愿望进行"价值判断"。不同的评价主体，会表现出不同的价值取向，这些主体对评价的需求又可分为经济利益的需求、政治利益的需求和相关高校或院系自身发展的需求。

为了能够实现对教育整个过程的考察以及尽可能多地满足不同需求，我们需要形成一个综合性的高等财经教育质量评价方案，包括采用多种评价方法。本文从学术评价角度，而不是对资源配置和管理的评价角度出发，期望通过对同行评议和文献计量法这两种国内外比较通用的学术评价方法的介绍，为建立高等财经教育质量评价体系提供一些参考和建议。

一、同行评议

同行评议（peer review）是学术体系中最为通行，也最为核心的审查和评价制度。科学项目、职务晋升、学术奖励、论文和专著出版等，都会涉及同行评议这一环节。最早的同行评议始于1416 年对专利申请的审查。在 17 世纪，由英国皇家学会主办的《哲学学报》主编欧顿堡设计了一种用于审查刊物稿件的同行评议制度。随着科学不断专门化和体制化，这种由同行才有发言权的制度设计也慢慢地渗透到所有与学术评价有关的活动环节中。同行评议方法在欧美国家被广泛应用，并成为了国际学术界通行的学术水准评价手段。

随着科学各个领域的专门化，同行评议中的同行就是指各个专门领域的内行。在学术评价中，出于只有本领域的专家才能通过将学科专业表现与国际相关水平比较给出中肯意见的考虑，他们可以在本学科专业范围内给出一个比较准确的理解和建议。虽然同行评议是目前学术评价活动中不可或缺的、具有普遍意义的制度或准则，但是与其说同行评议是学术评价中最优选择，还不如说它是一种最能让大家接受的选择。一般说，与学术活动主体相关的权力有作为个体的学者自主权力、学术人群体的共同权力和外部的政府以及机构中的行政权力。其中，同行认可权力的合法性依据就是学术（科学）规范，其演绎出来的权力即为共同体所共享的学术人士的特权。它对外具有排他性，对内则作为个体是否具有入职、晋升、获得研究项目和奖励等资格的审查权力，即内行人当家作主的权力。在这三种基本的权力博弈中，同行评议似乎更能体现学术活动的内在逻辑而获得制度优势。但是，由于学术系统内部存在一个等级结构，少数精英主宰了学术认可和资源分配的过程，因此，同行评议只能说是目前学术评价中的一个权宜之计。关键问题是应该如何在学术评价中实现三种权力的平衡。

在具体开展评价活动中，与定量方法常常受到数据的限制不同，同行评议能充分考虑关于教学科研质量和文化等方面的一些定性的信息，如培训效果、国际意识、教学和科研文化、科研对社会经济文化政治的影响等。但是，作为一种受到科学家青睐的评价科学进展的方法，同行评议也不是完美的，其弱点除了有来自理论上的缺陷外，还有来自学术界中人们与普通人所同样固有的人性缺陷。因此，它至少存在着三个主要问题：首先，科学圈内的政治和社会压力将影响到科学家对同行贡献的评估。同行评议需要找到中立的同行，其材料和调查行为不受到他人判断的影响。但是，现代科研竞争日益激烈，科研资源逐渐集中到少量的大型机构中，这些都使得很难在研究资本密集领域中找到真正中立的评估者。其次，不同认知和社会地位的不同，内行可能做出的评议也会有所不同。最后，没有哪个同行评议会得到关于评估对象的所有信息，因此同行的评议都是建立在信息不对称和不完善的情况下的。

针对同行评议的不足，N Rons，A De Bruyn and J Cornelis 通过多年实践总结出了同行评议时最容易出现的问题，并提出了预防措施，具体内容见表1。

表1　　　　　　　　　　　　同行评议方法中的不足和预防措施

内容	问题	预防措施
（1）对学科专业的描述	* 不合适的数据/标准/建议	* 一个来自本专业的协调员能确保收集的相关数据和内容符合对学科专业的描述。
（2）选择专家	* 不匹配的能力	* 来自本专业的协调员以确保专家有能力和经验来胜任评价工作。

表1（续）

内容	问题	预防措施
（3）独立性和客观性	* 不同类型的偏见	* 学科专业可以提议和拒绝专家，避免意识上消极的偏见存在。 * 需要核实学科专业与专家的关系，避免出现积极的偏见。 * 在会议过程中，专家们可以互相监督，不鼓励偏见意见的表达。 * 每个专家可以评论所有的相关学科专业，避免受个人偏见的影响。 * 专家组应包括国际专家，以避免本国专家的偏袒。
（4）国际水准	* 没有挑战或存在不平等的标准	* 选择国际专家确保评价工作按照国际标准进行。
（5）真实的、未修改的意见	* 有所保留的意见	* 事先约定对评价报告保密能鼓励专家畅所欲言和小组充分陈述和介绍。
（6）定性的数据和评估	* 缺乏战略/背景/承上启下的信息	* 评估文档应包括科研行为的描述、SWOT 分析、人事和教学数据，使专家能充分了解具体表现和活动。 * 允许学术和管理人员提供评价专家更多的即时信息。
（7）统一和公平的对待	* 考虑不周全 * 没有考虑到所有因素	* 统一的评估报告和评估格式能保持所有参加评价的单位具有共同点。 * 一名专家主持一个学科专业领域评价工作，保证每个学科专业的表现都能被详细的考察到。 * 每个评价报告是统一和可比的，以利于管理。
（8）对特殊研究的关注	* 对创新/交叉学科研究的低估	* 要求专家关注创新和交叉学科情况。 * 根据实际情况，允许设立不同的标准和出现不同的观点。
（9）一致性和可靠性	* 评价建立在一种观念或不同的标准之上	* 每位专家以一个具有统一性和可比性的报告来考察学科专业。 * 各个学科专业排名的优先权赋予本领域的权威专家。
（10）全面、及时	* 不完全的数据/建议 * 过时的结果	* 留有一定的机动时间，保证所有步骤按质完成。 * 一个完整的评价应限制在一年内完成。
（11）有效、良好的沟通	* 错误/误解	* 对成绩的总结以及提出相关意见时，要允许专家确定了解一些需要解释的信息。 * 召开专家、学科专业和学校管理人员的会议，说明问题，避免误解。
（12）准确和选择性的报告	* 没有充分、清晰地考虑到不同政策水平下，而采取相同的行动	* 评价的公开报告需要告知学校的相关管理部门。 * 详细的、需要保密的报告要告知相关管理人员。

资料来源：N Rons, A De Bruyn & J Cornelis. Research Evaluation per Discipline: a Peer – Review Method and its Outcomes [J]. Research Evaluation, 2008 (1).

二、文献计量法

20 世纪 70 年代末至 80 年代初，一些欧美发达国家出现了引文计量法，并开始向传统的同行评议提出了谨慎的挑战。其实，早期的计量学中量化指标主要是为了科学决策而开展的科学质量和科学发展趋势的研究。直到 20 世纪 80 年代中后期，科学计量指标才逐渐真正应用到科学家个人研究成就的评估过程中。尽管西方发达国家率先开发出 SCI、SSCI、A&HCI 等引文计量工具，但是对在学术评价中引入计量学指标方法却十分谨慎和缓慢。直到 20 世纪 90 年代初，英国高等教育基金委员会才在《1992 年科研评价实施条例：评价标准》中明确宣布同行评议是科研评价的基石，并公开表示他们将向包括文献计量学指标在内的可能作为同行评议补充的评价方法和建议敞开大门。

在我国，最早的大学排名并没有采用同行评议法，而是从客观数据开始，采用文献计量法来对大学进行评估。我国的高校科研计量评价模式经历了四个阶段，见表 2。

表 2　我国高校科研计量评价模式演变

排序	名称	例子
阶段一	单一指标比较阶段	中国管理科学研究院科学学研究所的《我国科学计量指标的排序》
阶段二	多指标单一权重评价阶段	中国科技信息研究所的《中国科技论文统计与分析简报》
阶段三	多指标不同权重评价阶段	广东管理科学研究院的《中国大学评价》
阶段四	多指标不同权重计效评价阶段（根据不同形式、不同级别的科研成果取不同权重）	深圳网大（中国）有限公司的《网大中国大学排行榜》，学位与研究生教育发展中心的学科评估

资料来源：史兴伟. 利用文献计量学指标对高校科研量化评价研究［J］. 情报科技, 2005（11）.

将文献计量法用于评价科研成果质量、水平与影响力等，其评价功能与其他社会评价指标的功能是相似的，可以较为准确地揭示出科研实际情况，提供一个比较科学的参照。一般来说，考察科研情况的指标主要包括科研的"量"和"质"这两方面。其中，"量"的指标多时是指科研产出的数量指标，"质"的指标多时是指科研成果的质量、水平和影响力。

在运用文献计量法来评价大学科研情况时，学术出版物和引用情况是最常用的评价指标，下面从科学进步的角度来对这两个指标进行深入探讨。

（1）学术出版物

学术出版物，即出版在同行交流的期刊上的能代表真实的科研成果的文章，能比较合理地测量科研的产出。事实上，到目前为止，还没有一个完美的能够衡量科学进步的指标，其中主要原因就是大部分的出版物只是对知识的缓慢添加，只有少部分文章能对科学进步做出重要的贡献，但出版物不能对此进行区分。正因如此，学术出版只能是一个部分地反映知识积累和贡献的指标，它反映了一个人或一个小组所取得的科研成就。此外，由于社会和政治等的其他因素的影响，科研人员所服务的机构、国家或学科专业的

出版行为和要求，以及通过对出版类型的强调以获得提升和奖励等原因，都会影响到学术文章的出版。

（2）引用情况

分析引用情况的目的主要是为了评估不同的出版物对科学进步的贡献。但是，引用率的使用除了会受到技术问题的困扰外，还存在许多概念上的问题，如"错误"的关键引用，引用早期科学经典的失误，不同领域和论文的引用率的变化以及光圈效应等。这些问题的出现多是由于作者没有完全按照要求来做文章的参考。

为了进一步理解引用情况衡量什么，需要对出版物的质量、重要性和影响方面做出一个概念性的区分。首先，质量是一个相关的，不是绝对的概念，它受到社会和认知的决定；它不是研究本身所固有的，它会由其他人按照各自的研究兴趣、社会和政治目标来评价，因此对同样的一份文章的质量不一定能得到同样的评价。其次，重要性是指对周围研究行为的潜在影响，如果在科学界有完美的交流这将大大地促进科学的进步。然而，在科学界更多地存在着的不完美学术交流，可能会导致一篇文章的重要性与影响不相符合。最后，出版物的影响就是在既定时间内，对周围科研行为产生实质的影响。该影响部分地依赖于重要性，但也可能受到诸如作者地点、声望、语言和出版刊物的有效性等因素影响。通过以上三个概念的解释，可以清楚地得到引用次数是一个衡量影响而不是质量和重要性的指标。

尽管在学术评价中，文献计量法可以克服同行评议的主观性和随意性，但是在使用该方法时，还应注意到文献计量法所存在的局限性。

（1）文献计量法一般比较适用于自然科学和生命科学领域。因为这两大领域最优秀的研究成果均发表在国际期刊上，其在人文学科和社会科学领域的适用性就要差一些（心理学、语言学等接近自然科学范式的学科除外）。主要缘于：①和自然科学领域相比，人文社会科学论文的被引次数要少得多，而且学科之间存在显著差异；②人文社会科学领域的学术影响力往往不能在短期内显现出来。与自然科学研究不同，社会科学的很多研究并不存在"过时"的问题，很多研究在很长时间后仍然具有巨大的学术影响力；③在人文社会科学领域，很多有影响力的期

刊并没有被收录在 SSCI 内，很多人文社会科学领域的研究更多以著作而非论文的方式出版。

（2）在文献计量法中，被引用率常常被视为衡量学术质量的重要标准。不过，这一方法同样具有局限性。学科间在知识属性、研究范式、学科文化和成果形式等方面会存在明显的差异。例如，物理学，生物学这些硬的纯学科领域的学科具有竞争性、群居性、组织结构良好、较高的出版发表率、以任务为取向等特征，其被引用率就比较高；历史学、考古学等软的纯学科领域的人文和纯社会科学具有个人主义、多元论、松散的结构、较低的出版发表率、以人为取向等特征，因此被引用率自然就比较低。

（3）文献计量法不能反映出高等教育的另一重要功能人才培养方面的情况。文献计量法主要反映的是科研方面情况，如科研成果质量、水平与影响力等，但是对于人才培养的评价，其作用有限。

三、结　论

在学术性活动的评价中，如何处理好同行评议法和文献计量法的关系？荷兰的安东尼·拉昌认为，真正的同行评议是在小范围进行的，如果让学者对大专业领域进行排名实在是为难他们。可以用论文引用率之类的文献计量法代替，因为学术界的引用其实就是一种很自然的同行评议。但是，如果不仅是为了排名，更是为了促进高等财经教育实现内涵式发展，我们在进行学术评价时，就不能完全采用文献计量方法，应当采用以同行评议为主，文献计量法为辅的评价方案。事实上，没有一种教育评价方法是十全十美的，因此，制订评价方案和在选择评价方法前，需要了解该方法的优劣势以及应注意的问题，方能在实践中取得所预期的效果。

参考文献

[1] 阎光才. 学术共同体内外的权力博弈与同行评议制度 [J]. 北京大学教育评论，2009（1）.

[2] 朱少强. 国外科学研究计量评价的研究进展 [J]. 重庆大学学报：社会科学版，2008（2）.

[3] B. R. Martin. The Use of Multiple Indicators in the Assessment of Basic Research [J]. Scientometrics, 1996（3）.

[4] 沈文钦. 博士培养质量评价：概念、方法与视角 [J]. 北京大学教育研究，2009（4）.

行政法学教育范式改革：目标与路径

陶维东①

（西南财经大学 法学院，四川 成都 611130）

2008年，为了提升课堂教学水平，探索现代财经教育教学范式，努力提高人才培养质量，学校启动了"课堂教学卓越计划的开展"；2009年，为了寻求多种方式与多样途径，力争在更大范围内推动教学方式改革，促进教学经验的交流共享、惠及不同教学阶段的教师群体、提供集中研讨的沟通平台，学校领导带领学科教师开展了具有针对性的教学观摩活动并进行了教学研讨；2010年，我校《纲要》出台，提出推进拔尖创新人才培养，全面提升教育教学质量的要求，为以后我们的教学和学生培养工作确定了重心。短短两年不到的时间里，在全新的教学范式改革思想的熏陶影响下，在进行行政法与行政诉讼法的授课过程以及对于法学教育中，逐渐积累了如下几点心得体会：

（一）关于教学范式改革的背景及其在法学教育中的体现

课程教学是大学教学的基本组织形式，也是大学生接受学科知识最重要的过程，是高校人才培养的主要途径和中心环节。切实提高课程教学的效率，推动课程教学范式的转变，必然会成为深化教育教学改革、提升人才培养质量的趋势。以往的教学方式虽然也是以教师为主导，学生为主体，但是落实到具体教学过程中，往往会出现教师拥有话语霸权，学生被动接收知识的情况，无疑这种现象是不利于培养大学生"主动学习，主动思考，主动挑战"的，进而也会影响大学生的创新思维。反观国外普遍的教育模式，仅仅从其课堂的活跃程度来看，我们就能看出其教学模式和教学成果与我们的差异。以法学教育为例，在美国高校，每节课前，老师会提前下发下节课要用的资料，包括将要讨论的案例，重要法条以及重要文献资料，要求学生下去后了解大概内容，心中有数，并为了讨论案例而做一系列的准备。在准备的过程中，学生的创新思维的能力，主动学习的能力，检索信息的能力以及团队协作能力（他们通常会分成几个读书小组，按组别准备案例讨论）都会不同程度地得到较大的挖掘和提高，而课堂气氛也会因为大家的积极准备而显生动活泼，这样就给学生营造了一个良性的学习环境。耶鲁大学和哈佛大学均采用了这种方式。虽然在法律制度上，我国和英美国家有着比较大的不同，但是其课堂教学的范式正是我们所推崇的真正的"以教师为主导，学生为主体"的模式。如果我们能将这种教学范式真正融入到教学过程中，无疑，对于培养创新性的拔尖人才将会起到较大的推动作用。

（二）教学范式改革在我院法学教育中的应用基础和原则

学校关于课程教学范式转变的安排及未来3～5年学院对课程教学范式改革的设想，具体内容主要涉及以下两个方面：一是关于教学核心

---

① 陶维东，西南财经大学法学院副教授。

理念的转变，将以往以向学生传递知识为核心转变为以培养学生的融通、应用、拓展、创造与创新能力为核心；二是对传统教学方式的转变，教学主体由以教师为主转变为教师与学生共同参与，教学阵地由课堂向课前、课后、课外延伸，提出当前教学应从教师讲课精彩到学生学习精彩，从事后、事中精彩向事前精彩，从偏重语言艺术到真正的思维盛宴，从教师个人魅力到注重课程本身的科学性的四个转变。同时要打破教师在课堂上的话语霸权，让更多的同学参与课程教学，改变学生对教师的依赖，培养学生自己查阅资料的学习方式，增加学生参加实践的机会。至于新的教学范式在法学教育中的应用原则，我们可以从法律这门学科的本质来看，它不仅容纳了浩如烟海的理论知识，其背后更是蕴含了最为迫切的对实践能力的要求。所以，从教学方式上，就不应该再采用最传统的"老师讲，学生听"的范式，而应该采用一种能够增强互动性，提高学生能动性的教学方式，让学生能够有机会在学校里就可以接触实务，自己体会感知如何将书本知识运用于处理真实案件中去。这比老师直接讲授要受用得多，正所谓授之以鱼，不如授之以渔。学生选择法律学科应该也是有毕业后从事实务工作的想法的，而这种想法在潜意识里也激励了学生对增强自己实践能力的诉求。既然学生自己都有这种诉求，作为教师就理应为其传业授道，为其意识中的自我培养建立一个较为广阔的平台。一方面，学院长期为学生提供实践的机会，包括推荐学生到地方法院，协助法官解决当事人争议，邀请国内外著名学者和实务界高级律师以及公检法系统的高级官员为学生开展讲座，开设"法律诊所"。另外，学院更可将一些典型案件的庭审搬到了校园的模拟法庭中进行，目的都是让法学院的学生对自己现有的知识有更直观的了解，一方面提升对所学专业的了解程度，另一方面也可锻炼学生将理论知识与实践运用相结合的能力。拿法律诊所的例子来说，"法律诊所教育"又称"临床法学教育"（ClinicalProgram）。该模式源于美国，主要是借鉴了医学院学生的临床实习手段，通过指导学生参与实际的法律应用过程来培养学生的实践能力，在美国已有约40年的历史。"诊所教育"并不要求教师把某一法律领域的全部知识教予学生，而是以培

养学生处理法律实务问题的各种技巧为要义。在学生和老师之间的话语权是灵活的，流动的。当学生自己坐在法官席或是律师席上时，一位法律工作者的职业素养首先就会得到很好的诠释。在他们辩论的过程中，其法律思维又会得到更深入透彻的解析。近年来，伴随学校国际化水平日益提升，对外交流和合作逐步扩大，我校"法律诊所"得到了美国国际开发署"中美法学教育交流项目"的帮助。同时，法学院自身力量也不断壮大，一大批人才的引进，把海外成熟的教学经验带回国内，为法学院课程教学范式转变奠定了坚实的师资基础。这样的课程安排就是对学生的职业培养以及创新性培养创造了一片肥沃的土壤。另外，法学院为了给学生营造一个更为真实的实战环境，还与四川省很多著名的律师事务所联合成立了实习基地，给学生搭建一个更真实的操作环境。每年我们会输送多名优秀的学生去这些事务所实习，担任合伙人助理，直接尝试以自己的知识处理实务，让学生自己亲身体会行业要求，及时调整以后学习的重点，及早的培养学生自己学习，主动学习，处处学习的习惯。

（三）在行政法与行政诉讼法课程中的具体实施

从行政法与行政诉讼法这门课程的性质看，它是一部国内的公法，是关于国家的、政治的、支配的、他律的、公益的规范的法，与关于个人的、经济的、平等的、自律的私法有很大的区别。它所规范的内容是国家公共管理问题，调整的对象是政府与公民间的关系。从它的特点来看，它相对于民法或刑法而言是政治性的法，相对于宪法而言又是技术性的法。它规定的事项涉及国家权力的分工、国家与公民的关系、权威与自由的关系、社会与个人的关系、行政权与执政党政策的关系等若干政治问题，整个调整过程都充满了浓厚的政治性色彩。基于这门课程以上特点，我们可以看出，行政法因其所具有的政治性和公共性而较其他部门法，如民法，对于学生而言，距离他们的生活要更远一些。学生在生活中对行政法的内容鲜有直接接触，难以形成基本的行政常识，由于其脑海中缺乏对行政法的基本认识，因而要其对此产生巨大的兴趣也就显得不太实际了。如何面对学生匮乏的基本知识保有量，如何转变学生对这门课程的看法，如何使学生在

课堂上能最大限度地接受更多的理论知识，又如何使他们在学校里就能接触到相对"遥远"的行政法实务，这些都是当时亟待解决的问题。通过全校教学范式改革的活动，在教学过程中拟做出适当的调整：①让学生分组，每组在每几周内准备一个事先给定的题目，让学生自己下去充分准备相关的案例和法条以及重要文献，形成一篇学术论文或者文献综述的形式，最终通过课堂的PPT的形式，展示给大家。在准备过程中，学生会对自己将要学习的内容有个比较全面的了解和认识，从生疏到熟悉，从别人的思想到自己的思考，这些过程对学生而言是一个锻炼的机会。同时其他组的学生也会对这个题目产生兴趣，因为这毕竟是自己的同学取得的成果，一方面他们会很理解并珍惜，另一方面是抱着学习的态度或是质疑的态度去面对同学做的课题，这对于学生的学习和理解过程都是有推进作用的。②给学生讲述更多的案例，尤其是疑难案件，也会激发学生学习的热情。除了口头讲述，也可以引入更多的视频，如《今日说法》等法制节目中的具体案例，以此提高学生的兴趣。其实我们可以比较容易地发现，至少在法学院里，许多学生都希望学到更多的实践知识，因为比起理论知识，其趣味性和可操作性以及挑战性更强。现在的本科生中，有很大一部分是90年后出生的，他们对于实践的渴求比高年级的同学更为迫切。尤其是像行政法这样的课程，其实务对于学生来讲，知之甚少。因此，就更应该在授课时注意实际案例的讲解分析和共同讨论。③多了解学生。学生听课认真与否与他是否愿意接受这门课程有很大的关系，而这又与这门课程的实用程度和对教师的信任程度有关。先说前者，大学生的培养应该是理论与实践并重的，因为这可能是其在成长过程中接受的最后一个阶段的全日制专业的学习，以后要面临的可能是就业的压力。而在就业过程中，如果没有一项核心竞争力，学生就有可能面临毕业即失业的状态。这项核心竞争力使得更多的学生愿意去学习在工作生活中更实用的课程，这无可厚非。再看后者，学生对教师的信任程度在这个教学范式改革的过程中也是很重要的。学生如果相信老师会教给他更实用的知识，有更优质的授课技巧，有更能吸引学生的人格魅力，那么他对这门课程的兴趣就会倍增。而要了解学生的需

求，让学生在课堂上更放得开，能更有效率地汲取知识，就要和学生多接触。笔者注意到学校的一些外教老师，会利用他们的午餐时间和学生进行交流，做更多的接触，不论外教老师想了解中国文化，还是中国学生对外教老师的好奇，这种了解学生的主观意图和方式我们还是可以借鉴的。作为老师，其实可以试着和学生一起午餐，或者一起散步。笔者相信这一路上的谈话会为以后的教学工作带来便利，对学生了解老师，了解这门课程也是一种捷径，从而增进师生了解，增进学生对这门课的兴趣，也加强了师生协作的互动性。④鉴于法律学科的特殊性，大部分学生会参加全国司法资格考试，这也是法科学生比较关心的问题。每年考试中，涉及行政法和行政诉讼法的题目也是分值比较重的。在对学科理论的讲述到达一定程度后，可以对司法考试中常见的这类问题做一个梳理和讲解，让学生加深印象。这样做的意图并不是强调应试教育，而是有针对性地对应试需求的一种回应。毕竟这是学生们以后要面临的，且大部分学生对司考复习还没有初步的概念和自己独到的方法，需要教师做一定的指导。在通过以上适当的改变过后，笔者发现学生对这门课的看法较以往有所改变，课堂的气氛比以往活跃生动，学生接受知识的效率和主观能动性比以往要强些。这对于激发学生的创造性思维也有一定的好处。

（四）学生反馈的问题及思考

在做出教学方式的调整以后，学生对这样的调整也有很多感受和想法。一方面，学生感觉这样的课堂气氛更轻松有趣，因为多了自己的同学讲课的环节，多了老师对实际视频案例的评述以及和同学的共同讨论，课堂氛围不再像过去一样单一和枯燥了。在相对轻松的环境里学习，大家接受知识的意愿比以往要高。另一方面，学生对这种改革也有些不适应的地方，譬如，有学生抱怨，随着教学范式的改革，几乎每门课的老师都让同学进行分组，有些分组是为了讨论，有的是为了共同在课后准备一个讲课的内容。而一个大三的学生一周往往有2～3门专业课的老师都不约而同地布置了类似的作业，要求在两个星期内准备，对于学生来说，尤其是刚接触教学范式改革的学生，工作量确实显得比较大。学生都有不同程度的劳顿感。甚至有学生说为了准备课题，

一个小组的同学经常需要讨论几天，有时还会到深夜。这个问题是比较实际的。因为教学范式改革不仅是教师要做的工作，也是学生的工作，其宗旨就是为了培养拔尖的创新性人才。在改革过程中，尤其在现阶段，刚刚开始让学生全面体会改革内容的时候，应该注意大家的反馈，尤其是学生的反馈，毕竟他们是此次改革的最终受益者，或者说是改革结果的承载体。他们的反馈和感受对我们修正教学范式的调整有着重要的参考价值。我想，我们教师要做的，一方面应该多给学生一些准备的时间，分组的时候多注意学生组成的调配，可以让每组的人数尽量多一些，除了选一名负责人外，还应该选2~3名协助负责人，这样组长的任务就不会那么重；另一方面，我们也应该思考更多的方法，让学生主导课堂，除了让学生讲课这样的方法之外，也可以用课外讨论，提交讨论稿，或者课堂辩论等方式进行。另外，教师也需要更多地了解学生，及时得知学生的状况和需求，实时做出调整。

以上是在教学范式改革过程中对于课程教授的一些思考和想法。经过一段时间的教学范式的改革，在教学过程中看到了一定的改变，包括学生对课程的反馈以及自身的感想。在深化教学制度改革的道路上，作为教师，应该更加坚持不懈，持之以恒，开拓进取，力争在下一步改革中，从深层次上推进教学改革，加大教学方式转换力度，力求做到从老师到学生主导的转换，协助学生高效地接受知识并融通运用，使学生在今后进入社会、走向工作岗位时不会因为缺乏实践经验而无所适从。在今后3~5年的时间里，将以深刻转变课程教学范式为本科教学改革工作重心，坚持教学学术观、教学民主观、教学协作观等现代主流教学范式的核心理念，紧密围绕人才培养的目标，对所教授的课程进行深入研究和设计，形成既符合现代教学理念，又体现课程个性化的教学范式，并在教学实践中不断完善优化，力求培养出拔尖的创新性人才。

对我校保险精算教育的再思考

张运刚①

（西南财经大学 保险学院，四川 成都 610074）

摘　要：我校是国内较早开展保险精算教育的学校之一，20 年余年来已在精算学科体系完善、人才培养、教材建设、师资培养、对外交流、实验开发等方面取得了丰硕成果，但也存在适应新的精算师资格考试体系、理论与实践联系较松散、双语教学时间紧任务重等困难。可以通过本硕连读、优化培养体系、争取保险公司的支持、加强实验室建设、处理好专业学习与精算师资格考试的关系等措施来使我校的保险精算教育再上一个新的台阶。

关键词：保险精算；教育；思考

虽然我校属最早开展保险教育的国内高等院校之一，保险精算教育也走在队伍前列，在业界和学术界享有良好的声誉，但面对其他高校近年来保险精算教育与精算师资格考试开展得有声有色，笔者感到有必要回顾我校 20 余年来保险精算教育走过的历程，总结其经验教训，为我校保险精算教育再上一个新台阶尽自己的绵薄之力。

一、我校保险精算教育的发展演变

随着全国保险业与保险教育的持续发展，我校保险精算教育也呈现出上层次、上规模的可喜局面。从 1991 年起，在保险专业本科生中陆续开设寿险精算和非寿险精算学等保险精算课程，

1995 年招收保险精算方向的硕士研究生，2003 年招收保险精算方向的博士研究生。1998 年与日本精算学会合作设立日本精算师资格考试中心，并从当年起由日本精算学会与保险学院定期联合举办保险精算课程培训、讲座和组织资格考试，我校派出多名教师赴日本精算学会研修保险精算，本人有幸参加了这样的活动，受益匪浅。2002 年西南财经大学中国精算师资格考试中心的成立，极大地促进了我校精算教育的发展。

为了方便保险精算教育工作的开展，充分考虑保险精算学科的特点，2000 年学校专门建立了功能较为齐备的保险与精算实验室，2007 年设立了专门的保险精算实验室，购置了一些数学、统计学与精算软件。

我院为适应保险市场的发展需求，遵循精算学科的自身规律，提升保险学科的综合实力，2005 年，在保险学本科生中有目的地开设了保险精算方向班。该班级的毕业生中大多在国内外名校继续攻读精算及相关专业的硕士学位，也有相当一部分学生在保险公司实现了满意的就业。2006 年，我院与英国著名的保险精算学府赫瑞·瓦特大学开展合作，师资相互交流，学生有"2+2"与"4+1"有两种选择，这极大地提升了我校的精算教育水平。2007 年，学院派出了一位学生去该大学学习精算，以后逐年增多，目前已基本稳定在 16 人左右。随后，学院不断拓

---

① 张运刚，西南财经大学保险学院副教授。

展办学思路，做实保险双语教学，于 2008 年开办保险双语精算班，至今已招了 4 届本科生，目前已进入良性运行轨道。

在师资培养上学院下了不少工夫。一方面，对现有专业教师有目的有计划地进行培养，使他们的学历层次迅速提高，教学科研水平不断提高。同时，派出专业教师到海外著名精算学府、精算师协会访问与交流。另一方面，积极从国内外著名精算高校引进高素质专业人才。

目前，我校从事保险精算教育的全职专业教师有 6 人，其中博士生导师 2 人，硕士生导师 4 人，专业教师全部具有博士学位。有 3 人在德国、日本、澳大利亚、德国等国研修过保险精算；2 名海归博士分别具有北美地区精算教育背景。有 2 人分别取得北美精算师协会会员、日本精算学会会员资格，4 人取得了中国精算师协会会员资格。未来还将陆续引进一些高素质、有丰富实践经验的精算人才，以期使西南财经大学的精算教育成为西部重要的精算教育重地。学院师资力量分布于寿险精算、非寿险精算、健康保险精算和社会保险精算等方向。

在课程建设方面，通过成立课程组，每一门课程由在该学科具有丰富教学经验教师的负责，相关老师积极配合。实践表明，课程组建设模式极大地促进了精算学科的发展。2007 年，由笔者主持的，以寿险精算课程组为基础的寿险精算实验获得了学校首批实验建设项目的立项与资助，取得了一系列课程建设成果，包括实验教材、实验程序、实验模式。其特点是所设计的程序具有半自动功能，精算专业学生可根据实际需要进行适当修正就可满足更多的需要，同时也可加深对精算理论的理解，消除了专业精算软件容易将专业人员退化成普通操作人员的风险；寿险精算实验已纳入 2011 年度四川省"高等教育质量工程"建设体系之中。2007 年，以卓志教授主持的，我校精算教师积极参加的寿险精算成为西南财经大学精品课程，2008 年成为四川省精品课程，2009 年获得了国家级精品课程的称号，目前正在进行系统的建设。学院积极支持并参与中国精算师资格考试工作与教材建设活动，获得了中国精算师协会的好评。20 年来，我校精算专业教师先后出版了《利息理论》、《利息理论与应用》、《寿险精算的操作与实践》、《寿险精算》、《寿险精算理论与实验》、《保险精算通论》、《保险统计》、《非寿险精算》、《健康保险精算》、《社会保险精算教程》等专业教材，不少教材获得了同行好评，并被其他高校使用，其中由卓志教授编著的《寿险精算的操作与实践》（《寿险精算》的前身）荣获教育部首届全国高校人文社会科学研究优秀成果二等奖。

保险学院开设的保险精算方向的课程主要有寿险精算、非寿险精算、利息理论、风险理论、精算模型、精算实务、风险计量等；还对全校学生开设了保险精算原理、利息理论、寿险精算、非寿险精算等选修课，为外专业有志于从事保险精算相关职业的学生提供了便利条件。

经过 20 余年来的发展，我校保险精算教育取得了显著成就，主要表现在：一是师资学历层次高，全部具有博士（后）学历。二是专业方向齐全，专业教师的研究方向基本上覆盖了保险精算的各个分支。三是国际化办学特色显著。学院先后与日本精算学会、澳大利亚精算师协会、英国赫瑞·瓦特大学等精算专业团体合作办学，实现了双向交流。从 2005 级开始，本科留学赫瑞·瓦特大学的人数逐年递增，目前已超过了精算方向本科生的 25%，学生的学习表现受到了接受大学的一致好评，不少来自我院的留学生获得了去帝国理工大学、伦敦政治经济学院等名校攻读硕士学位的机会。四是课程建设成绩显著，寿险精算获得国家级精品课程建设立项。五是理论建设与实验课程实现了较好地结合。六是编著了较为系统的保险精算各个分支教材，不少教材颇具特色。

二、我校保险精算教育中存在的主要问题

20 年来，尽管我校保险精算教育取得了不少成果。但也存在如下一些问题，希望能和同仁共同磋商。

（一）双语精算时间紧、任务重

双语精算方向是在考虑了单纯精算方向与保险双语方向的缺陷之后而开设的专业，它克服了前者对外交流薄弱与后者技术性不强的局限性，增强了与国际接轨的主动性，使学生学习目的更加明确，综合素质得以显著提高。但是，由于保

险精算是技术性很强的专业学科，需要扎实的数学基础，加上外语学习需要较多时间，同时精算核心课程采用比较独特的语言表述，因而学生学习压力比较大，普遍感到时间紧、任务重。再加上我校第一年进行通识教育，还有许多大学科基础课要学，在大三时不少学生又要准备考研，同时也考虑到我校在教学活动中增加实践实验课的比重，这对教师的教学与学生对时间的合理分配与利用均提出了严峻的挑战。

（二）适应新的资格考试体系尚需时日

由于惯性思维的作用，旧的考试已实施多年，师生都已基本适应了，很难迅速适应新的考试体系。2011 年 4 月已开始了新的中国精算师资格考试体系。新的精算师资格考试体系，仍分为准精算师与精算师两个部分。就准精算师资格考试而言，虽然课程从 9 门减少到了 8 门，但考试范围扩大了，考试难度也有所增加，学生初次参加考试的时间显著推迟。新的考试体系中每一门课程的综合性都提高了，至少是过去两门课程的组合，很难与教学体系的一门具体课程相对应，而且往往要在大三时才能覆盖较多课程，才能参加资格考试。要完全覆盖新体系中的一门是不容易的，而这个时间段不少考生要面临考研压力或出国的选择，无疑会对学生参考积极性造成打击，降低了考试通过率。

（三）资格考试与专业学习不完全协调

每一专业有其自身的内在规律，形成了相对独立的课程系统与方法体系，注重知识的系统性与能力的培训。而通过资格考试是相关从业必须具备的条件，考试体系未必与专业相协调。尽管二者有较大的正相关性，但考试也有其局限性，能力与思维培训上有些欠缺。如何处理好资格考试与专业教学的关系，始终是我们必须回答的问题。从国外实践来看，专业课程设置参考了精算师资格考试的内容，精算师资格考试也要考虑精算教育的实际，对一些著名大学开设的某些课程考试合格者，精算师协会给予免考待遇。就目前而言，我国精算教育既不能完全跟随国际步伐，也不能不顾精算师的资格考试。众所周知，在任何一种精算师资格考试体系中，要通过全部精算师资格考试一般需要 5～7 年时间。也就是说，仅仅依靠学校的专业学习，在本科阶段完成精算师资格考试的可能性相当低，本硕连读完成全部

考试的可能性比较大。

（四）理论学习与实际应用比较脱节

我国精算教育与资格考试已走过了 20 多年的历程，在理论教学方面取得了长足的进展，已达到了国际水准。但由于我国精算教育与运用的历史比较短，保险精算运用于实践当中还比较薄弱，保险公司的精算水平也有待提高，运用范围与研究深度还可进一步拓展；也由于保险精算专业性极强，保险公司尚未充分运用精算技术，新的运用领域尚在开拓之中，再加上认识上的局限性，因此使得精算学生多少存在一些失落感。我校地处西部，保险公司总部几乎没有，精算方向学生在精算部门实习机会较少，获得实践经验的渠道尚需拓展，同时也极度缺乏精算实务方面的专业教师。另外，由于国外专业精算软件相当昂贵，因而难以满足学生上机实验的需要。

三、我校保险精算教育的改进措施

（一）推行本硕连读制度

由于本科精算教育时间非常紧迫，推行本硕连读制度，或者扩大保送比例生将有助于解决时间局限性这一矛盾，并将本硕培养目标通盘考虑，使课程设置更加优化，学生有更多精力系统学习。同时，这也能保证学生在大四时继续专业课程的学习，至少大四上学期还可静下心来学习专业，大四下学期可进行实习与毕业论文写作。显然，这一举措几乎克服上述所有困难。但是，还是应建立正常的淘汰或转出机制，才可促使学生努力拼搏，奋勇争先。

（二）争取保险公司（精算部门）的大力支持

一方面，设置合理的课程体系，苦练内功，培养出高素质的精算人才，以得到更多保险公司的认可；另一方面主动出击，积极争取中国精算师协会、各保险公司及其精算部门的大力支持，开展合作研究与交流，以便他们能接受更多的学生实习，吸纳更多的学生就业。同时，积极邀请保险公司的精算师到校进行较为系统的教学，以便学生能将理论与实际联系起来，目前我校已和慕尼黑再保险公司等单位开展了精算合作。更现实的对策是：定期派出一些专业教师到保险公司精算部门实习观摩或者兼职锻炼。

（三）选择合适的教材和参考资料

经过20多年来保险精算教育与考试的发展演变，现在保险精算教材、教学参考书可谓林林种种，既有北美精算师的考试用书，又有英国精算师的考试用书，还有中国精算师考试的指定教材。几乎所有著名大学，尤其是财经院校，基本上都编出了自己的保险精算教材。在此背景之下，选择适当的保险精算教材与教学参考书是必须首先要考虑的事。一般遵循如下原则做出选择：一是符合学生知识实际、思维实际，特别考虑到文科院校学生大多数理基础比较薄弱，数理思维训练不够，教材应当简单明了；二是明确保险精算课程的培养目标：是参加精算师的资格考试，还是仅仅作为一般性的常识来了解？目的决定手段，决定教材的选择，也决定教学方法的选择；三是考虑掌握资源的现状（包括拥有的师资条件、教学设备、图书资源、实验设备）：是使用国外教材？还是选择国内教材？还是使用自编教材；四是教材本身的质量的高低。是否易于学生接受？逻辑推理是否清楚？知识系统性是否很强？理论是否充分联系实际？这些都应当成为重要考虑因素；五是在教材体例编排上，应遵循由浅入深，循序渐进原则。

由于教材更新较为缓慢，可以在教材的基础上，发一些补充讲义，这样也可将最新研究成果融合进来。

（四）开发EXCEL等电子计算机技术在保险精算教学中的应用

当今，电脑网络技术日新月异，开发运用前景十分广阔。从前，保险精算中的"算"只有通过专门的替换函数表来达到简化计算的目标；如今，可以运用专门的精算软件，在一定假定条件下，就可轻松完成复杂的计算工作。笔者在这里所要强调的是，不必利用专门的精算软件，只需利用普通的计算机上安装的EXCEL程序，在极短的时间内就可以完成大量的计算工作，从而可以让学生看到保险精算的实际运用效果，避免纯粹的公式演算给学生所带来的枯燥无味的感觉，把学生从大量繁琐的计算中解放出来；同时也可以让学生更加深刻地理解保险精算的内涵，增加学习的趣味性和能动性。此外，还可以考虑多媒体技术在保险精算教学中的应用。也就是说在专业精算软件缺乏的条件下，可主动开发现有

资源以满足实验的需要，编写的《寿险精算理论与实验》可充分满足精算教学实验的需要，使理论与实践较为充分地结合起来；其最大贡献在于将寿险精算中的替换函数（或转换函数）起死回生了。

（五）加强保险精算知识的系统性教学

众所周知，保险精算以其符号、公式众多而著称，一个符号代表一大段文字所表述的含义，而符号之间差异甚微，上下标中的一个微小变化，就可导致涵义的极大变动，初学者往往感到十分困惑，无所适从，甚至对于数学专业的学生来讲，也是一件头痛的事；还有公式的千变万化，学生难以把握彼此之间的联系。这些问题完全可以通过加强知识的系统性教学来解决。保险精算是一门系统性很强的学科，各知识点之间联系十分紧密。大量采用精算符号是北美精算教育体系的特点，但也造成了学生认知上的困难。可以采用英国精算教育体系来克服，即更多地通过大量实际例子来阐述精算的基本原理。

（六）保险精算教学与参加精算师的考试相结合

保险精算教学与参加精算师的考试相结合是目前精算教育搞得有声有色的高校的普遍做法。当然，对普通的保险专业学生未免要求太高，但可以鼓励成绩优秀的学生参加精算师的考试是完全可能的。可以利用我校作为中国精算师考点的便利条件，动员和组织学生参加考试，既可以检验我校保险精算教育的成效，又可以促进考试中心的发展，同时增强学生的就业能力。如果时机成熟，还可以引进英国精算师资格考试体系，而不建立北美体系的考点。主要原因是西部还没有英国体系的考点，并且我院有大量学生赴英国留学。

以上看法，还有许多不成熟的地方，这里仅起抛砖引玉的作用，以期引起共鸣，齐心协力，共同促进我国的精算教育的发展，提高保险精算师的职业水准，拓展保险精算的应用领域。

参考文献

［1］吴岚. 我国高等学校精算教育的现状和关注的问题［J］. 精算通讯，2003（4）.

［2］张运刚. 对我校保险精算教育与考试的几点思考［M］. 成都：西南财经大学出版社，2004.

"入世"十年及后金融危机时期对完善我国高等金融教育的思考

李燕君 ①

（西南财经大学 金融学院，四川 成都，611130）

摘 要："入世"十年来我国在各个方面都取得巨大进展，但是金融危机爆发，又让我们在收获面前发现了不少问题。本文作者通过教材选用、师资培养，职业培训以及金融道德操守和金融法律法规意识培养方面，对我国高等金融教育发展中的一些问题进行了深入思考，并提出了建议。

到2011年年底，我国"入世"已经走过了十年。十年间，我国经济发生了翻天覆地的变化，一跃成为世界第二大经济体、世界第一大贸易出口国、世界第一大外汇储备国。处在经济核心地带的我国金融体系和金融机构不仅经受了"入世"大潮的洗礼、还经受了1929年以来最大的一场金融海啸的冲击，让人欣慰的是：它仍然保持一种相对健康的状态！究其原因，得益于我国"入世"十年来的踏实工作、潜心发展。当然，我国金融市场的开放程度还不够大、开放的速度也不够快，面对激烈的市场竞争以及复杂严峻的金融危机，我们不仅增强了自信，也看到了自身的不足。目前，我国正处在中等收入陷阱的边缘，如何顺利的迈过这道坎儿，金融作为国家的未来发展最重要的支柱产业、金融人才培养与储备就显得尤为关键。

十年来的改革可谓大刀阔斧，然而2008年的一场金融海啸，让那些成熟、纯粹的市场经济模式都在进行修正与反思。我们也发现自己并非一无是处，因此，有必要对"入世"十年来以及后金融危机时代的金融高等教育改革做进一步的梳理与思考。

一、高等金融教育不能完全照搬西方的模式

中国加入世界贸易组织的目的是要融入国际经济金融的一体化，借鉴西方发达国家先进的教育理念以及教育方法十分重要。毫无疑问，西方高等金融教育历史悠久、经验丰富、教师水平高、管理先进。可是一体化并不等于完全照搬国外的东西，不等于美国化，而是应该在强调共同遵守的基本原理与基本准则上具有自身的发展以及文化的特色。另外，本土化不等于片面强调中国特色，而是应该强调中国的案例、国情及特点的历史发展阶段。国际化与本土化是一个有机整体，不能因国际化而忽视中国的国情及中国发展的历史阶段，也不能因本土化而无视世界发展的趋势与潮流。总之，坚持走国际化与本土化结合之路，就是要学习他国的先进思想，引进国际化的师资、教材与研究方法的同时，结合自身国情，立足于解决本国发展中的问题，进而培养能

① 李燕君，西南财经大学金融学院副教授。

在东西方两个文化平台上可以无障碍地自由往返、自由漫游的高素质人才。

应该说，任何国家的教育模式与教材都不可能完全适用于我国，或者说不一定适合于我国目前的这个市场。我们需要的现代化的金融理论、需要先进的教学理念与经验，但是中国社会主义市场经济体制只是初步建立，金融市场发展和监管还很不完善、法制也不健全、市场的参与者也缺乏自律，西方国家适用的理论和经验可能并不都适用于中国国情。所以，我们目前完全可以在选用国外先进教材的基础上，加进我们自己的鲜活案例，加进我们实时的最新经济数据，让学生既感觉到世界经济清新的空气，又随时感觉到自己国家经济的跳动脉搏，这样不仅可以让学生真实体会并比较中外经济发展的不同，也会发现市场无形之手与政府有形之手的巨大差别与威力。

比如说，在课程设置上，我们可以结合国情，加大民间金融、微型金融、农村金融等课程的教学，引导学生的研究取向，可以预见下一个十年，这些领域将是中国经济发展的又一巨大推动力。还比如，哈佛商学院最具特点的教学活动就是案例教学，他们可以不远万里请到中国海尔的张瑞敏为他们上课，难道我们不能将我国的优秀企业家、银行家、创业者以及他们的经典案例作为学生的必修课，甚至到这些企业实习作为学生必须的实践环节？所以，切实加强金融学科群实验教学中心和实践课程建设，推动与行业共建优质实习基地将是教学中的最重要的一环。

二、加大职业培训的力度和培养的标准

金融危机使各国把职业教育作为提高产品竞争力、国家竞争力的关键，纷纷颁布职业教育发展国家战略。职业教育已经成为发达国家引领世界经济重要驱动力，成为高等金融教育的新亮点。

在我国金融的快速发展进程中，金融人才总量不足，结构不合理的矛盾仍然十分突出，尤其缺乏具有国际化背景和从业经历的高素质复合型人才以及一批具有国际先进水平的金融学术领军人物和学术人才。据统计，中国每万名从业人员中金融业仅有48人，而同期韩国、德国、法国、日本、美国分别是中国的4～9倍。这无疑是对全国高等财经院校提出了加快培养金融人才的更高要求。

根据我国《教育规划纲要》确立的职业教育发展目标："到2020年基本形成终身教育理念、中等和高等职业教育协调发展的现代职业教育体系，满足人民群众接受职业教育的需求，满足经济社会对高素质劳动者和技能型人才的需要。所以，在新形势下除了应加快中国高等金融教育的改革之外，还特别要强化对现有金融从业人员的职业培训和职业再教育。这个问题在金融危机的大背景下就显得极为迫切与重要。

目前我国各大重点高校都在开办各种在职培训、在职教育，市场对此也是积极响应，从周末各大院校密集的车辆就可见一斑。这的确是一个喜人的现象，说明全社会都意识到知识的不断植入与更新的重要性。但是这里面仍有一些令人担忧的隐患，主要表现在：①在职业培训的教材上还不够专业，参加职业再教育的人员已有的知识结构多样、水平参差不齐、而且他们学习时间相对紧凑集中，所以应该为其配置专门的教学大纲与教学计划，使其更具有针对性；②在教师的配备上，应该选用经验丰富、理论与实践都有一定的能力与水平、负责任的教师担任；③对于这些在职学生的考核上还不够全面与严格，特别是在案例教学方面以及知识的系统性上还比较欠缺。

金融产业的发展、金融生态净化以及金融市场的竞争，归根结底都是金融人才方面的问题。"入世"十年来，我国商业银行的监管环境、市场竞争环境、客户需求环境都发生了巨大的改变。商业银行的核心竞争力有赖于数量充足、素质优良、年龄合理、充满活力，能够适应业务发展需要的员工队伍和科学完善的银行培训制度，使优秀金融人才能够尽快脱颖而出。对于这个人才培养的重任，我国的高等财经院校具有不可推卸的责任。

三、加强师资队伍的建设与培养管理

目前，我国高等金融教育在师资力量上已经有了极大的改观，由国外学成归来的教师已占相当比重，国内培养的年轻博士也逐渐胜任教学与

科研，出现了令人可喜的局面。目前，国内很多用人单位甚至在某些方面更愿意使用自己培养的学生，特别是"211"重点大学培养的学生。

众所周知，教育应该是连续的，但是我国的师资队伍确实有断层。过去老一辈的教育家大都已经进入耄耋之年，无法继续站在讲坛第一线。目前站在讲台上的大多为改革开放后的80年代毕业的中年老师，这批教师是我国高等教育发展史上不可多得的、具有承上启下作用的一批人，为改革开放后最初三十年市场经济的发展奠定了重要的基础。他们人生阅历丰富、了解中国国情、爱岗敬业、大多已经具有二三十年的教学经验。但是，这批教师最大的不足就是外语能力、电脑操作和数学基础等方面能力较弱，是与国外先进大学金融教学接轨的最大软肋。令人欣慰的是从国外引进的海归博士以及国内培养的全新博士已经迅速成长，他们大多在35岁上下，思想活跃、富于创新、知识结构新颖而健全，外语、电脑能力超强，与国外先进大学的师资已经没有太大的差距。但是这批年轻人大多生长在改革开放之后，不少又走出国门十多年，对中国的国情了解不多，讲台经验相对欠缺。

面对如此现状，各高校应该积极制定和完善人才引进、培养、使用、评价、激励和保障等系列制度和办法，加快人才队伍的流动配置。从制度上、资金上加大对年轻教师的培养力度，让他们去业务部门实践、尽快了解熟悉中国国情；而且要加强与国外院校的学术交流，始终把握经济金融学科的发展前沿动态。对于中年以上的教师，鼓励他们利用自己的教学经验多为学生开课，同时加大课时补贴以及帮助他们解决后顾之忧。这样可使新老教师各得其所，都能够尽最大可能调动教师们的教学积极性，使中国的高等金融教育迈上一个新台阶，为国家培养出更多合格金融人才。

四、增强学生的法律法规意识和道德伦理教育

2008年秋，以雷曼兄弟破产为标志的美国金融危机全面爆发并蔓延，给各国经济造成了难以估量的损失。这场危机告诉了我们金融市场中的贪婪、欺诈、无知、恐慌与崩溃，使人们再次认识到加强金融监管与法治、强化金融从业者的职业道德与职业技能、提高投资者的金融风险防范意识的极端重要性。

不可否认，金融创新可以有效地分散并转移风险，但不能最终消除风险。华尔街精英们利用其精湛的金融工程技术，设计出各种金融衍生品以转移分散风险，其实这并没有错，错的是在金融创新的过程中，金融监管严重滞后，而且缺乏对这些复杂的金融创新产品自身所暗藏的巨大风险强有力的外部约束。如果只知道疯狂地去投机揽财、赚钱，而较少地考虑其他股东和投资者们的利益，较少地考虑社会的责任，金融风险的出现以及金融危机的爆发将不可避免。

所以，从美国近期爆发的"占领华尔街"的群众运动中，我们可以看到社会各界对于金融高管贪婪欺诈行为的痛恨，对于他们剥夺社会财富的愤怒。由此可见金融从业人员的基本素质，特别是金融高管的职业道德与社会良知对于国家经济乃至世界经济的重大影响力。

"入世"十年来，我国市场中各种经济、金融法律纠纷增多、很多案件是我们无法预料、无法应对、甚至是茫然无知的。因此我们必须认真学习相关的法律法规，学法懂法，必须学会使用法律武器和熟悉运用市场游戏规则，在遵守世界经济游戏规则的前提下切实保护好自身的合法权益。

因此，在金融高等教育的环节中，道德、伦理以及法律法规意识应该作为学生的必修课，应放在非常重要的位置上。我们必须告诫学生——银行家的身上，同样应该流淌道德的血液！这就是金融学子们应有的基本素质和社会责任感，必须爱岗敬业、忠于职守、遵纪守法、诚实可信。道德、伦理以及职业操守教育必须成为金融学子们的必修课。

金融是经济的核心，教育关系着一个国家的核心价值观，金融人才数量与素质是未来国家经济发展的核心竞争力。在目前如此动荡不安的世界经济大背景下，我国经济如何顺利迈过中等收入陷阱，争取再来一个高速发展的十年、三十年，甚至更长的时间，将有赖于加快金融人才的培养。让金融产业成为推动国家经济发展的又一巨大引擎！

参考文献

[1] 刘小强. 高等教育学科专业制度：回顾、反思与方向 [J]. 学位与研究生教育，2010（1）.

[2] 刘小强. 当前我国高等教育专业制度的困境与出路 [J]. 中国高教研究，2009（5）.

[3] 纪宝成. 中国大学学科专业设置研究 [M]. 北京：中国人民大学出版社，2006.

[4] 袁本涛，延建林. 我国研究生创新能力现状及其影响因素分析 [J]. 北京大学教育评论，2009（2）.

[5] 王志伟. 金融教育改革事关中国金融业前途 [J]. 中国经济周刊，2009（22）.

法律诊所教育与经济法教学的融合

——来自西南财经大学实践性教学的汇报

王伦刚①

（西南财经大学 法学院，四川 成都 611130）

法律诊所教育20世纪60年代在美国法学院兴起的新的法学教育方法。这种教学方法给予学生各种形式的法律职业训练，即在教师的指导和监督下，通过学生积极地参与办理真实案件来进行多方面教学。从1999年开始，诊所教育在全国范围内的大学法学院中蓬勃开展，尚在发展之中。笔者从2009年开始至今一直参加在美国国家开发署资助的"体验式法学教育在中国"，该项目由Brain Landsberg教授主持并深入开展了系列对中国法学教师的法律诊所教育的培训交流活动。在2010年10月底至11月初，笔者还参加了该项目组织的中国5高校10名教师飞赴美国加州太平洋大学考察观摩诊所法律教育的活动，这使我对美国的法学教育有了一些比较直观的感受。

虽然法律诊所教育在中国的宣传和推广已经十年，但就笔者对国内高校教学情况的了解，由于种种原因法律诊所教育一直未能很好地融入我国现有的法学教育教学体系中。我国的法学教育历来较为注重基础理论，相比较而言，比较注重素质教育而不是职业教育。教育部为中国的法科大学生设置了16门主干课程，学生们一般修完16门主干课程，就可以毕业了。唯一可能的职业接触可能是毕业实习等实践性教学课程或者少数院校推广的法律诊所教育课程。在笔者看来，法律诊所教育课程和中国现有的法学教育仍然是分离的两大板块，而这未能很好地融合。

针对法律诊所教育与经济法教学分离而且板块化的现状，我们面临的问题是，如何将法律诊所教育和我国法科教育的课程教学有机结合起来？这成为笔者几年来一直思考和身体力行要解决的问题。笔者相信，中国教师应该将法律诊所教育的理念和做法融入自己传统的教学中，而不是单单去设置并从事法学诊所教育课程。笔者是经济法的老师，下面就谈谈自己如何尽力融合法律诊所教育与传统经济法教学的理论思考、具体做法和深入反思的，与大家交流，请大家指正。

一、法律诊所教育与经济法教学融合的理论思考

我国的法学教育与美国法学教育的最大区别在于对象不同。前者是本科生，后者是研究生。这就决定两国法学教育的教学任务有很大的不同。中国的法学教育既要进行素质教育，又要进行职业教育。也就是说，既要将本科大学生培养成一个合格的现代社会公民，同时也要为法科学生做好法律职业的准备。而美国的法学教育任务单一，只需要进行职业教育，素质教育的任务在本科阶段已经完成。当然，从求同存异的角度来看，不管是美国还是中国，法律职业教育都是法学教育主要内容。这就决定了法律诊所教育的教

① 王伦刚，西南财经大学法学院副教授，博士，硕士研究生导师。

学方法可以运用于中国的法学教育之中。换言之，法律诊所教育方法运用于中国法学教育之中是可能的。

法律诊所教育与经济法教学的结合点在哪里？法律诊所教育课程主要目的是教授学生的律师执业技能，而我国的法学教育基本上是一种学历教育和职业知识教育，注重法学知识传授。1977 年以后中国法学教育得到恢复且规模不断扩大，但它与法律职业分离的局面并未有实质性改变。法学教育与法律职业教育是分离的，经济法教学也是如此。2007 年，有学者仍然指出，我国法学教育核心问题之一是与法律职业脱节。虽然如此，但改革开放以来中国法学教育与法律职业的联系越来越紧密却是一个不争的事实。理论上，人们已经认识到，离开法律职业来讨论法学教育是没有实际意义的。考察世界各国的法学教育，不论是大陆法系的日本、德国，还是英美法系的美国，毫无例外都把法律职业的基本要求作为法律人才培养的根本出发点。实践中，2001 年统一司法考试制度的确立就已经改变了法学教育与法律职业脱节状况的外部制度环境，在法学教育和法律职业之间架起了一座促使双方协调发展的重要桥梁。因此，法律诊所教育与经济法教学融合的结合点应在培养本科大学生的法律职业素养之中去寻找。

将法学本科生变成法律人是中国法学教育的基本任务。所谓法律人，根据王泽鉴先生的看法，就是拥有法律知识、具备法律思维、能够解决社会争议的人。西南财大法学院的高晋康院长提出，法律思维方式才是法律人最基础的核心的职业素养，培养学生法律思维方式是法学教育的基础。笔者深以为然。在各法律素养中，法律思维方式最具有决定性作用，只有它才使得法律人具有非法律人不具备的独特性。法律知识是法律思维方式运行的硬件系统；解决争议等法律职业技能是法律思维方式的外化和实际运用；法律职业道德是判断法律人的善恶标准；法律信仰是法律人的一种精神状态……总之，一切其他法律职业素养对一个人是否是法律人都不起决定性的作用，只有法律思维方式才是法律人不可或缺的素养。如此看来，培养和帮助学生养成法律人的职业思维方式应该成为法学教育的基础。因此，笔者以为，在经济法教学实践中培养本科大学生的

法律思维方式可能是推广法律诊所教育的较好方式，也才能融合法律诊所教育与经济法教育的鸿沟。

二、法律诊所教育与经济法教学融合的具体实践

根据上述理论思考，法律诊所教育与经济法教学融合的教学方法就是采用真实案例分析演示法。具体做法如下：

第一步是选择真实案例。先将全班学生分成若干组，每组五人。每个小组分配经济法的一个知识板块，比如"经济法一般理论"，"微观规制法"、"宏观调控法"等。要求每个学生找到与每个知识板块对应的现实生活中近几年发生的真实案例。例如，"微观规制法"板块的同学会找到"王海现象"、三聚氰胺牛奶等案例和事件；"宏观调控法"的板块会找到中央银行下调存款准备金、中央各部委"三公"消费等。这些案件和事例交给老师后，再由老师进行选择加以确定。

第二步是小组讨论和准备。给定每个组一个案件之后，要求学生按照一定步骤去进行案件的分析："案情简介——法律问题——寻找法律依据——进行理论解读——建构大前提——涵摄——结论"。要求每个小组根据这个步骤去分析老师挑选的案例。

第三步是小组汇报和评分。每个小组将自己的讨论分析结果做成 PPT 向全班同学做汇报。在汇报的时候，其他组的同学根据老师指定的标准来给汇报小组的同学打分，取平均分作为该组同学的平时成绩。

《课堂案例汇报要求与评分标准》

一、选择案例

小组成员每人首先寻找一个与他人不同的案例。这些案例既要有纸质打印文稿，又要有电子文档，然后交给老师挑选可以用于上课讲解的案例。案例的要求是：

1. 在我国发生的又经法院审判的社会争议很大的案件。

2. 每个案例都要整理成 WORD 文档格式。

3. 要有注释标明来源出处：

（1）书籍要求标明作者、书名、出版社、

出版日期，具体到页码；

（2）上网查询要有作者、文档名字、网址、访问日期；

（3）文章署名作者、文章名称、期刊名称、年月刊期和页码。

5．文档中需注明所有小组成员名字及学号。

二、讲课及评分

讲课时间：为 20 分钟。

讲课同学：每个小组推选 1～2 位同学。

讲课方式：讲解或者辩论均可，小组自己选择确定。

讲课内容：案例介绍和分析。

考察内容：法律思维能力、思想品质、表达能力。

评分标准：

（一）备课情况（25 分）

1．介绍小组每个同学的准备情况；（5 分）

2．介绍小组讨论情况，具体观点及其交锋；（5 分）

3．讲台上下配合默契；（5 分）

4．文献资料来源有据；（5 分）

5．Word 文档和 PPT 制作。（5 分）

（二）讲课情况（60 分）

6．上下讲台节约时间；（5 分）

7．表情自然大方；（5 分）

8．普通话标准；（5 分）

9．口齿清楚、声音洪亮；（5 分）

10．表达清晰；（5 分）

11．案件事实清楚简练；（5 分）

12．法律问题准确；（5 分）

13．法律依据准确；（5 分）

14．法律依据与案件事实有衔接；（5 分）

15．法律依据与案件事实衔接细密；（5 分）

16．有法律依据与案件事实衔接逻辑图；（5 分）

17．对不同观点驳斥有理。（5 分）

（三）结束情况（15 分）

18．总结恰当；（5 分）

19．下台有风度；（5 分）

20．环保、谦逊。（5 分）

每次小组讲课，其他 11 个小组评分。去掉一个最高分和一个最低分，平均分就是得分一，这是民主；老师有 100 分，这是得分二，是专业

要求。得分一、二平均算出最后得分。两个同学算分核对。

第四步是要求每个同学写下自己准备案例汇报的反思总结交给老师，包括自己参与准备的角色、准备的全过程和自己的收获，对这种教学方式的建议等。

上述是真实案例分析演示法的基本环节，它的主要目的是训练学生的法律思维方式和办案技能，尤其是交际能力、协作能力、表达能力等等。

三、法律诊所教育与经济法教学融合的反思

笔者采用这种教学方式已经教了两届学生，颇有收获，也深有感触。最大的收获是学生的成长。绝大多数学生反映是这种方法能够训练他们分析案件的能力，锻炼了他们的资料收集能力、人际交往能力、表达能力和团队协作能力等。还有一个收获是老师获得了学生的认可。同学们觉得这种方法比老师讲解要好，老师以他们为中心，老师是真正关心他们的，因此给老师以很高的赞誉。但这种教学方法也有不足之处。据学生反映，这种教学带给他们的知识显得比较零散，知识不成体系。还有一个问题就是，老师会增加很多时间和精力的投入，但是在现有教学评价体系下，教师不会获得任何物质的鼓励。

在注重知识传授和走向职业能力培养的过程中，笔者的这种教学模式是注重法律思维方式的培养。最近，笔者发现这种教学同美国法学院的"兰代尔案例教学模式"非常相似。从历史来看，法律诊所教育正是为了克服学院制教育的产物。难道在知识传授和能力培养中间，一定会有一个思维模式转换的过程吗？我们应该在办理案件中去培养学生的法律思维还是在课堂上就可以通过案例进行训练？这是需要进一步思考的问题，希望能得到同行指点。

参考文献

[1] 方流芳. 中国法学教育观察 [J]. 比较法研究，1996（2）.

[2] 霍宪丹. 中国法学教育反思 [M]. 北京：中国人民大学出版社，2007.

［3］曾宪义，张文显. 中国法学专业教育教学改革与发展战略研究［M］. 北京：高等教育出版社，2002.

［4］王泽鉴. 法律思维与民法实例［M］. 北京：中国政法大学出版社，2001.

［5］高晋康. 培养学生法律思维方式是法学教育的基础［J］. 财经科学，2010（2）.

［6］汪习根. 美国法学教育的最新改革及其启示——以哈佛大学法学院为样本［J］. 法学杂志，2010（1）.

［7］张红. 学徒制 VS 学院制——诊所法律教育的产生及其背后［J］. 中外法学，2007(4).

上海金融学院关于 "本科教学质量与教学改革工程"实施情况

上海金融学院

（上海金融学院，上海 201209）

为贯彻落实《教育部财政部关于实施高等学校本科教学质量与教学改革工程的意见》（教高〔2007〕1 号）以及教育部《关于进一步深化本科教学改革全面提高教学质量的若干意见》（教高〔2007〕2 号）精神，提高我校本科教学水平和人才培养质量，建设优质本科教育，学校决定实施"本科教学质量与教学改革工程"（简称"质量工程"）。

一、质量工程建设的基本内容

（一）专业建设

以学校的金融保险、国际经济与贸易等优势特色学科为依托，加强专业建设，拓宽专业口径，优化专业方向。按照优势突出、特色鲜明、新兴交叉、社会急需的原则，全面启动品牌专业和特色专业建设。从 2007 年开始，对我校现有本科专业进行校内评估，做好专业认证的准备工作，做大市场需求旺盛的专业，做强具有明显特色的专业。在加大新设专业建设力度的同时，2007—2010 年立项建设 5 ~ 8 个校级品牌和特色专业。

（二）课程体系建设

以知识、能力、素质的协调发展为基础，进一步理顺本科课程模块及其结构，在鼓励教师开设更多新课程的同时，力争在课程质量上得到较大幅度的提升。2007—2010 年，学校重点支持公共基础课程、学科基础课程、文化素质类任意选修课程和实验课程的建设，每年立项建设 15 ~ 20 门校级重点课程、5 ~ 8 门市教委重点课程，申报 3 ~ 5 门市级精品课程。对于被立项为市教委重点课程和评审为市级精品课程，学校给予重点支持。积极推进基于网络的课程中心建设，实现精品课程的教案、大纲、习题、实验、教学文件以及参考资料等教学资源上网开放，为广大教师和学生提供免费享用的优质教育资源。同时，完善主辅修制，让更多的学生能够获得跨学科专业选修课程的机会。

（三）特色教材建设

完善教材建设和选用制度，鼓励教师进行新教材、立体化教材、实验实训教材的建设，有计划地组织编写一批反映学科发展前沿，适应应用型本科教学改革要求，内容新、水平高的特色教材。2007—2010 年立项建设 15 ~ 20 部，同时，设计开发一批实验实训教学项目并形成教材。

（四）优秀教学团队建设

严把教师队伍质量关，完善和落实引进人才的优惠政策，吸引国内外高层次人才来校工作。发挥优秀教师传、帮、带作用，完善中青年教师的培训与培养机制，鼓励教师开展本科教学研究。根据教学改革和教学任务需要，以教研室（课程组）为基础，建设 10 ~ 12 个由教学和学术水平高的教授领衔，由教授、副教授、讲师、助教及教辅人员组成的教学团队。进一步规范校内教学名师、教学优质奖、青年教师课堂教学竞赛等教学评优评先制度，大力表彰在教学和人才培养领域做出突出贡献的教师。每年评选 3~5 名校内教学名师、10~15 名校内教学优质奖获奖教师，并在此基础上推荐申报市级以上教学名师。

（五）实践实验教学体系建设

建立和完善实验室校院两级管理体制，建立健全规章制度，规范创新实验教学管理推进实验教学内容、方法、手段、队伍、管理及实验教学模式的改革与创新。加强实验室和校内实训基地建设，整合实验教学资源，提高实验室的利用率。力争用四年的时间，建成 1 个市级实验教学示范中心，完成 1 个国家级实验教学示范中心的申报。深化大学英语教学内容和教学方法改革，建立网络环境下的英语教学新模式，着力提高大学生英语综合应用能力，四年后使我校大部分本科毕业生拥有良好的英语听说能力。

（六）大学生文化素质教育基地建设

以提高德育素质、人文素质、艺术修养为目标，建立覆盖课堂教学、校园文化和社会实践三位一体的文化素质教育体系和实施文化素质教育的长效机制，努力将我校建成文化素质教育的示范性基地。用四年的时间，建设较高水平的文化素质教育重点课程 5~8 门；每年推荐一批文化素质教育优秀图书，增加文化素质教育精品讲座的次数，凝练一批文化素质教育特色活动。

（七）大学生创新活动项目建设

以第二课堂为载体，建立大学生创新活动基地，提供满足活动所需的场所、课题、设备、经费，配备相应的指导教师，为学生创新成果的发表、出版、推广应用提供支持和帮助。实施大学生创新性实验计划，支持 10 个左右由优秀学生进行的创新性试验项目。继续开展大学生竞赛活动，重点资助在国内外具有较大影响和广泛参与面的大学生竞赛活动，激发大学生的兴趣和潜能。

（八）教学质量监控体系建设

完善同行专家和学校、院系两级领导听课评价制度、期中教学检查制度、教学专项评估制度、课堂教学监控制度、毕业生跟踪调查制度等。完善以学生网上评价为主体的包括自我评价、专家评价、同行评价、领导评价在内的教学质量评价体系，健全校内校外有机结合的教学评价机制。强化对实验实训课程、专业实践与实习、毕业论文（设计）等实践教学环节的质量监控。以本科教学工作水平评估指标为参照系，建立学校教学质量基本状态数据及其发布机制，并以此引导学校专业的设置和人才培养模式的改革。

（九）优良教风学风建设

加强教师职业道德教育，狠抓教师教学工作规范和教学基本技能，立师德，铸师魂。加强学生思想教育，建立学生学业导师制度。完善学生专业调整办法，适当放宽转专业学生的比例。加强校纪校规教育，严肃课堂教学纪律。注重学生学习过程考核，提倡考核形式多样化。加强诚信教育，严格违纪处理，狠抓考风建设。

（十）国际化教学建设

充分发挥学校国际化办学的良好基础，进一步提升教师和学生的国际视野。加大双语课程比重，完善双语教学的质量评价机制，稳步实施全英语教学模式。完善与国外大学"课程对接、师生互派、学分互认"机制，加大引进国外优质教学资源的力度，努力实现与发达国家一流大学课程与师资的共享。吸引更多的外国留学生来校学习，增加国内学生接触异质文化的机会。

二、质量工程建设的成效

（一）完成 24 个本科专业的建设与结构优化，打造特色品牌专业

按照"扶优、扶特、扶需"的原则，完成了学校 24 个本科专业建设的定位规划和专业方向建设的定位规划。同时学校按照优势突出、特色鲜明、新兴交叉、社会急需的原则，全面启动了特色专业建设。

（二）围绕"三型一化"人才培养目标，启动实施创新人才培养模式

学校目前已建成金融保险和外贸经济两个教育高地，先后选拔了四个教育高地实验班 140 多名学生，正在为把这批学子培养成基础扎实、知识面广、国际交流能力强的应用型经济专门人才而努力。在高地教育实践中，学校积极进行教学内容、课程设置和教学方法的改革，充分发挥高地班教学对本科教育教学改革的示范作用，为培养具有创新思维、创新意识、创新魄力、创新能力的高素质人才打下了良好的基础。正在建设的

金融学、会计学、财政学、金融信息四大教育高地也陆续筹建教育高地实验班，不断探索创新人才培养模式的改革之路。

（三）凸显应用型、国际化特色，构建课程教材体系，打造精品课程

学校以宽口径、厚基础、重实践为指导，加强课程体系建设。在体系结构上，以"三型一化"人才培养目标为指导，建立了包括公共基础模块、学科基础模块、专业基础模块、专业选修模块、综合素质任意选修模块和实践教学模块等六大模块的课程体系。公共基础模块和综合素质模块着重于综合能力的培养，学科基础、专业基础、专业选修着重于创新能力的培养，实践教学模块着重于应用能力的培养，各模块中的双语课程着重于国际化思维与国际适应能力的培养。与课程体系相匹配，建立规范完善的教材体系。建立规范完善的教材选用制度，营造良好的学科专业环境，积极鼓励任课教师建设新教材、编写实践实训教材，编写渗透金融、经济、管理等学科的特色教材。

为建设一批"具有一流的教师队伍、一流的教学内容、一流的教学方法、一流的教材和一流的教学管理"的示范性精品课程，学校高度重视重点课程的培育和精品课程的申报，多次提出要求并号召有基础、有条件的课程要向精品课程努力。在合理设置课程内容的基础上，学校逐年加大改革力度，积极推进特色精品课程建设。

（四）加强教学团队建设，推动教学改革和教学研究

学校在积极培育校级优秀教学团队的基础上，从中遴选申报上海市级优秀教学团队。学校对优秀教学团队在团队及组成、带头人、教学工作、教学研究、教材建设等方面提出了明确的建设要求。优秀教学团队建设项目采取各院（系部）先行建设，学校组织评审立项的方式进行，并加强对教学团队的评估。学校通过建立有效的团队合作机制，推动教学内容和方法改革和研究，促进教学研讨和教学经验交流，开发教学资源，推进教学工作的老中青相结合，发扬传、帮、带的作用，加强青年教师培养。

（五）建立实践教学体系，着力培养学生的应用能力

为体现应用型、创新型的人才培养特色，学校从校内实验课与校外实践两个环节加强实践教学体系的建设。一方面积极建立和完善实验室校院两级管理体制，规范创新实验教学管理，推进实验教学内容、方法、手段、队伍管理及实验教学模式的改革与创新；另一方面加大校外实践实习基地建设的力度，极大地拓展了实践教学的空间。

（六）构建学生学术科技创新平台，提高学生科创素养和科创能力

学校通过了《上海金融学院"学生学术科技创新平台"建设与运行办法》。学生学术科技创新平台是《上海金融学院关于加强创新人才培养的实施意见》的重要举措，是学校推进"三型一化"（应用型、复合型、创新型，国际化）人才培养目标的重要抓手。科创平台是以学校人才培养目标为指导，以课堂教学为基础，以培养学生创新意识、创新思维、创新精神和创新能力为目标的有组织、有保障、有激励、有支撑、开放式的系列活动和项目。构建科创平台是为了整合校内资源，出台相关办法，使学生学有兴趣，做有项目，掌握方法，锻炼能力，提高水平，取得成果，探索一条加强创新人才培养的机制和途径。科创平台建设坚持分层指导、循序渐进、统筹协调、办出特色的原则。

三、质量工程建设的基本体会

第一，质量工程的实施要注重加强教学基本建设，筑牢本科教学基础，不断提高本科教学水平和人才培养质量；

第二，质量工程的实施要致力于正确处理通才教育与专才教育、点与面、建设与改革、规范与创新的关系；

第三，质量工程的实施要致力于加大教学投入，强化教学管理，深化教学改革，创新人才培养模式，建设与金融行业背景紧密结合的优质本科大学。

坚持特色发展 优化配置资源
健全工作机制 确保教育质量

——哈尔滨商业大学提高教育质量的探索实践

哈尔滨商业大学

（哈尔滨商业大学 黑龙江 哈尔滨 150028）

哈尔滨商业大学在半个多世纪的办学历程中，始终把提高质量作为教育改革发展的核心任务，坚定树立以提高质量为核心的教育发展观，注重教育内涵发展，通过建立以提高教育质量为导向的管理制度和工作机制，把教育资源配置和学校工作重点集中到强化教学环节、提高教育质量上来，走出一条特色发展之路。

一、坚持走"大商大雅"特色之路，大商铸才，大雅育人

"大商"即构建经管法融合、商工结合的人才培养模式，着重实施学生全方位商业意识与综合实践能力的培养，形成商科基础上的以商学、商务为指向，商业为平台的商经、商管、商法与商工相结合的办学与人才培养特色，开发具有发现商业价值的应用人才群体与服务经济社会的复合型人才。

"大雅"即恪守"在商研商、兴商爱国"精神，坚持以人才培养、科学研究、服务社会为提升与振兴经济社会的办学目标。其核心是以诚信品质为商魂，培养具有传统文化底蕴与时代精神相统一，具有高尚品格、高雅情趣、富有社会责任感和人文精神的商科应用型、复合型、创新创业型人才。也就是通过经管法融合、商工结合的学科专业架构，培养高尚品质的商业价值人才。

（1）强化内涵建设，构筑服务第三产业的专业群，坚定不移地走"大商"之路，呈现具有哈尔滨商业大学商科特色与优势的历史底蕴。

学校主动适应"大市场、大商业、大流通"的需要，形成了凸显出"经管法融合，商工结合"的学科综合优势的学科专业群。

我校是经国务院学位委员会批准的博士、硕士学位授予权单位，拥有推荐优秀本科生免试攻读硕士研究生资格，现有应用经济学、工商管理、中药学3个一级学科博士点和1个独立设置的二级学科博士点，2个博士后科研工作站和1个博士后科研流动站；有11个一级学科硕士点，30个二级学科硕士点，9个专业学位硕士点。拥有1个教育部天然抗肿瘤药物工程研究中心；机械设计制造及其自动化、会计学、商品学、制药工程、食品科学与工程、经济学等6个国家特色专业；省级工程研究中心2个；2个省级重点实验室；3个省普通高校重点实验室；1个国家级实验教学示范中心；5个省级实验教学示范中心；10个省级重点学科；10个省级重点专业。1个黑龙江省哲学社会科学重点研究基地；3个黑龙江省教育厅人文社会科学重点研究基地；6个黑龙江省教育厅人才培训中心。

学校按照"服务三产、发展经济、改善民生"思路开展培训，承担会计、市场营销、电子商务、物流、烹饪、机电产品、旅游、管理、计算机、食品等各级各类资格证书、岗位证书等培训。连续四年承担教育部中等职业教育骨干师资、第三世界国家的旅游高级人才培训，形成了独具哈尔滨商业大学特色的培训品牌。

（2）以德为范，将师德的培养融入教学全过程，着重师德的养成，使学生受到潜移默化的教育，培养"大雅"精神。

学校秉承"大雅"办学特色和"求真至善，修德允能"校训，正确把握培养什么样的人和怎样培养的核心问题，坚持以人为本、德育为先、能力为重、全面发展的原则，遵循教育教学规律和学生身心发展规律，立德树人，充分发挥思想政治理论课对学生进行思想政治教育的主渠道作用，将社会主义核心价值体系、师德师风、现代企业优秀文化理念融入教育的全过程，构建德育体系。

学校进一步完善大学生思想政治教育工作队伍的选拔、培养和管理机制，加强对学生管理队伍的创业教育、职业生涯规划、心理咨询等培训和再教育。切实加强和改进大学生思想政治教育工作，帮助学生树立正确的世界观、人生观和价值观，培育牢固的热爱祖国精神，继承和发扬民族传统文化，实现大学生思想道德素质、科学文化素质和健康素质协调发展。

二、优化资源配置，创设良好的教书育人环境

（一）实施专业建设计划，以商为主线的学科专业布局更加清晰，商科特色鲜明

高等教育质量工程为学校的专业建设和学科专业优化带来了良好机遇，学校根据社会发展需要进行了专业设置与结构调整，国家、省、校三级特色（重点）专业建设取得丰硕成果。

1. 应用型本科专业设置与结构调整基本完成

（1）学校科学定位，立足区域和行业，面向全国，改造和提升学校的特色应用型专业，培养服务经济和社会发展的应用型高素质人才。

学校遵循教育教学规律，以强化优势为根本，突出特色为核心，充分体现学校办学特色和区域经济社会发展特色；以改革创新为动力，增强专业建设的开放性、灵活性和适应性，提高办学效益，走专业内涵发展之路。

采取多种措施，努力将学校建设成为黑龙江省的经济管理、商业经济，尤其是现代服务业与公共经济管理的人才培养、科学研究与社会服务

的核心基地；建设成为我省食品、药品研发与研制的工程基地，以及我省经济管理、商业工程方面知识创新，成果转化与政策咨询的中心。

（2）构建以商为主线的学科专业布局，突出应用型专业设置。

作为新中国第一所多科性商业大学和黑龙江省内唯一一所主要为第三产业培养人才的学校，为了适应社会主义商业发展的需要，学校积极构建"以商科为主线，以经管学科为主，突出优势学科，加强基础学科，重点发展应用学科专业，多学科协调发展"的结构布局。针对振兴东北地区老工业基地和黑龙江经济、建设高教强省的需要，"十一五"期间增设和恢复招生 15个应用型专业。包括支撑两大平原农业综合开发试验区和千亿斤粮食产能工程、社会主义新农村建设工程的食品质量与安全、药学、环境工程、物流管理等专业，支撑老工业基地改造和重点工业项目建设工程的生物工程、金融工程、油气储运工程等专业，支撑北国风光特色旅游开发区和贸易旅游综合开发工程的烹饪与营养教育、会展经济与管理等专业，支撑保障和改善人民生活工程的建筑环境与设备工程等专业，使学校的本科专业达到 52 个，为地方经济建设和发展培养了大量的针对性强的高级应用型人才。

2. 校、省、国家三级特色（重点）专业建设取得丰硕成果

学校依托省部级重点学科、重点实验室、人文社会科学重点研究基地和人才培养基地，优化学科专业布局，对传统优势专业、特色专业和新兴交叉专业进行重点培育和建设，学科专业结构布局彰显鲜明的商科特色。

我校现有国家级特色专业 6 个，省级重点专业 10 个，校级重点专业 5 个，初步形成了国家、省、校三级特色（重点）专业格局，特色（重点）专业的办学条件、专业内涵、教师的教学与科研水平、教学管理、人才培养质量和对社会服务能力得到了明显提高，形成了一批教学改革成果，产生了一批优质高等教育资源，为培养更多高素质的专门人才构建了高水平的专业平台，部分特色、优势专业在国内同类专业中的处于先进水平。

（二）优化人才培养方案，加强教学软硬件建设

为实现学校提出的"实现内涵发展，质量

提升，学科专业整合，教学内容、课程体系、教学方法与手段深化改革，品牌专业建设，名师塑造等目标"，学校从优化人才培养方案入手，坚持研究、改革、建设和管理紧密结合，整体推进并不断深化教学改革，改革成效显著。

1. 优化人才培养方案，突出社会需求、岗位需求的知识结构设计

学校坚持教学改革的核心地位，提出并实践"以教育思想观念为先导，以人才培养模式改革为前提，以课程体系与教学内容改革为重点，以优化办学资源和增加教学投入为保障，以提高教学质量为目标"的教学改革思路，不断深化教学改革，全面提高人才培养质量。

学校根据"坚持以育人为本，以学生为主体，适应社会发展需要；坚持知识、能力、素质培养协调发展，突出能力培养；坚持课程体系整体优化；坚持加强实践环节训练，培养创新精神和创业能力；坚持同一性与多样性相结合，因材施教，有利于学生个性发展；坚持符合专业认证基本要求，发挥专业优势和特色"的基本原则，围绕地方经济和社会发展确立人才培养目标，每三年对全校的专业人才培养方案设计提出原则意见并进行全面修订，形成了我校具有商科教育特色的本科人才培养课程体系。各专业在修订培养方案前强化社会调研环节，广泛深入了解用人单位的人才需求信息，掌握本专业就业岗位对毕业生知识能力结构实际需求，依照学校商科办学的定位，围绕第三产业与现代服务业的服务面向，制定出既符合学生就业创业对专业能力实际要求，又有发展后劲的全过程培养计划。

2. 凝练历史传承，强化内涵建设，深化课程体系改革，高起点打造精品课程

我校从促进学生全面发展出发，发挥学科专业的整体育人功能，挖掘各个学科专业的优势，整合全校的优质教育资源，从学校和学院两个层级制定了课程建设规划，对本科课程体系进行了优化，从公共课、学科共同课、专业课和实践环节四大课程模块组成了优质课程教学平台，为学生搭建科学完整的知识架构、掌握先进正确的思想方法、发展专业能力、提高综合素质提供了保障，突出了我校的商科办学特色。

学校把建设精品课程作为提高教学质量，培养高水平教师的重要手段。学校采取多种措施，

围绕人才培养方案的修订工作，重点建设了基础课、学科共同课及凝聚了几代教师教学思想和理念、培养和造就了一批老中青结合的高水平师资队伍的传统课程、优质课程和优势专业课程群。截止到 2010 年 4 月，我校已建成国家级精品课程 1 门，省级精品课程 32 门，校级精品课程 58 门，为广大教师和学生提供了大量免费优质教育资源。省级精品课程覆盖了全校经济学、管理学、工学、法学、文学、理学、医学和教育学 8 大学科门类、40 余个专业，对提高教学质量，培养应用型、复合型商科人才的专业能力、创新能力和综合能力起到了巨大的作用。

3. 深化教学方法与教学手段改革，提高教学效果

学校在青年教师课堂教学竞赛、岗位练兵、教学成果奖和精品课评选等活动中，都将教学方法改革作为重要内容，强调采用适合课程特点、多样化的教学方法。通过开展教学方法改革的立项研究，组织教学观摩和交流，推进了教师采用启发式、案例式、研究式等教学方法和合作式学习方式。如金融学专业中国金融货币史课程，依托我校货币金融博物馆馆藏的 4000 余种不同历史时期的货币、票据、证券为学生实地讲解中国金融演变发展史，使学生在模拟真实的氛围中掌握金融专业相关知识。

学校鼓励教师根据课程性质和考核目的的需要，选择多种形式的考试方式，变一次终结性考试为全程形成性考核，变单一闭卷笔试为开放的多样化模式，变单纯记忆模仿为综合能力全面考核的方式，切实以学生为主体，调动了学生学习的主动性和积极性，保证全面、有效地评价学生的学习质量，也有利于学生创新精神和实践能力的培养。如经济应用文写作课程将考核的视点由期末转移到课堂和课后作业，考试方式的改革使学生的学习由被动变主动，提高了学生写作水平。法律基础课程以考核学生应用能力为主，用案例分析作为考试内容和依据，每个小组学生在查阅资料、讨论、研究的基础上以组为单位提供案例分析报告。

学校积极支持和鼓励教师开发和有效使用多媒体课件，要求多媒体课件内容要吸收教育改革和科研工作的最新成果，表现形式等要体现课程的特点，具备科学性和适用性。学校多次举办现

代教育技术培训班，加强对教师多媒体课件制作能力的培养。

4. 教材建设成效显著

各专业紧紧围绕教学目标，适应应用型人才培养的需要，根据相关产业和领域的新发展和新要求，加强与课程体系、教学内容、教学方法和手段改革相适应的教材建设。

学校设立精品教材专项建设基金，狠抓重点规划教材和特色教材的编写工作，力争出版高质量精品教材，确保我校精品教材能在同类高校中广泛使用。我校现在主编国家"十一五"规划教材14部，使特色（重点）专业和精品课程的优势和特色得到进一步的巩固和提高。学校还制定了科学的教材选用和评估制度，确保教材的先进性。

5. 以教学研究带动教育教学改革的深化

学校高度重视教学研究工作，从校领导到广大教职员工充分认识到转变教育思想和更新教育观念是深化教学改革、提高教育教学质量的先导。教师利用丰富的教学实践经验，积极获取教学研究所需要的信息，在教学过程中密切结合学生的学习，针对教学现状、教学中存在的问题，把握研究的目标、内容和方向，保证教学研究取得预期的效果。

经过长期努力，我校已经形成了"以教研促教改，以教改促教学"的教学工作思路，教学研究活动已经成为提高教学质量的一条重要途径。2006年以来，我校先后主持和参加省级课题103项，校级教研课题123项；先后获国家级教学成果二等奖1项，省级教学成果一等奖8项，二等奖10项，校级教学成果30项。这些研究项目和研究成果对推动学校教育教学改革、提高教学质量起到了重要作用。

（三）以学生实践能力的培养为核心，加强实践教学软硬件建设

1. 整合资源，创设优质办学环境

学校以实验教学示范中心的建设作为深化实践教学改革的突破口，建成国家级实验教学示范中心1个，省级实验教学示范中心4个，校级实验教学示范中心4个，形成以物理、化学、计算机与电工电子为基础的基础实验教学中心，以经济、管理、现代工业技术为基础的专业基础实验教学中心和以专业为基础的专业实验中心的格局，使教学条件得到充分改善。

各专业积极开发多种教学资源，以精品课程、网络课程、网上资源、电子教材等形式，向学生提供优质教学资源。

各专业加大校内外实习基地建设力度，通过与服务企业紧密结合、互惠互利、"产学研"合作，现已建成校内实习基地13个，校外实习基地150多个，保证教学实习和毕业实习的教学质量。

2. 构建立体化实践教学内容体系，突出学生实践能力与创新创业能力培养

学校构建了"以课程实验、实训环节为基础，以单独设置的实习实训环节为纽带，以课程、专业、毕业设计（论文）环节为核心，以科学研究、社会实践环节为支撑"的实践教学内容体系。

作为国家级实验教学示范中心的实践教学中心，按企业基本流程为走向，将资金流、物流和信息流进行整合，打破原来的分学科、按专业的单一实验模式，以培养学生创新精神、提高学生综合能力为目标，建立经管类专业的基础性、综合性和创新性的实验平台，形成实践体系合理化、资源共享化、实验仿真化、设计场景化的实践教学体系，经管综合实践中心实践教学模式，获2009年国家级教学成果二等奖。

各专业积极探索实践教学改革的新方法、新手段、新途径，把综合性、设计性实验作为实验教学改革的重点和突破口，鼓励学生参加第二课堂、课外科技文化活动、社会实践等活动，指导学生参加各种竞赛，切实通过实验教学促进学生实践能力、创新与创业能力的培养与提高，为将来学生的发展奠定基础。

（四）实施人才强校战略，提高师资队伍水平

1. 优化师资队伍结构

学校各专业积极引进高水平师资，制订青年教师培养计划，探索学校与社会联合培养教师的新途径。通过积极推动校内专任教师到相关产业领域开展产学研合作，聘请相关产业领域的优秀专家、资深人员到学校兼职授课，形成交流培训、合作讲学、兼职任教等形式多样的教师成长机制，建设成一支整体素质高、有良好的科研背景和专业技术背景、熟悉社会需求、教学经验丰富、严谨治学、专兼职结合的高水平教师队伍。

专业教师积极参与教学研究和科学研究，科研促进教学成效明显。近五年省级教学研究项目数44项，发表教学研究论文数121篇；省部级教学奖69项，国家级教学奖2项；承担省部级科研项目217项，国家级科研项目38项，出版著作156部，发表学术论文826篇，获得省部级科研成果奖64项。

2. 培育教学名师和教学团队

高水平师资队伍对提高人才培养质量、推动学校跨越式发展具有重要作用。因此，学校以提升师资队伍整体水平、全面提高教学质量为目的，以质量工程项目建设为契机，结合特色（重点）专业建设，以主讲国家、省、校三级精品课程与重点专业省、校级的教学梯队为基础，重点培育老中青搭配合理、教学效果明显、在教学改革与实践中形成的教学团队和教学经验丰富、学术造诣深厚、教学科研成果多的教学名师，推进教学内容和方法改革，促进教学研讨和教学经验交流，使科技创新和人才培养的结合更加紧密。

学校现有省级教学团队5个，校级教学团队7个，省级教学名师8名，校级教学名师14名，带动了我校整体师资水平的提高和师资队伍结构的进一步优化，教学质量的全面提高，为学校教学科研发展奠定了良好的基础。

3. 加强实践教师队伍建设

学校高度重视实践教学教师队伍的建设，对实践指导教师的基本素质、任务职责、工作量提出明确要求，重点选派高职称、高学历、有实践经历的教师承担实践教学任务，构建了一支由校内教师和校外兼职教师组成的、结构合理、满足实践教学需要的实践教师队伍。

结合教育部和黑龙江省"卓越工程师教育培养计划"要求，学校组织教师深入企业了解应用型人才培养定位和目标，按应用型人才培养要求有针对性地改进教学内容和教学方法，按学生专业核心能力培养要求提高学术水平和实际应用能力。学校通过鼓励教师学习进修、脱产或在职提高学历或专业实践能力，引进有实践经历的高级人才充实教师队伍，组织博士、青年教师下企业挂职锻炼等多种渠道，提高教师的服务能力和实践水平。

学校切实加强校外兼职教师队伍的建设。学校吸纳企业负责人、企业各环节技术骨干作为兼职教师，广交企业朋友，密切学校与企业的联系，促进师生与企业间的相互交流，了解企业人才和技术需求动态，及时调整人才培养方案和科研服务方向，促使学生培养和科研服务贴近社会实际需求。

三、建立健全工作机制，以学校的质量文化培育为工作重点，严格教学质量监控

学校不断强化质量意识和全员育人意识，坚持"管理治校"，完善和健全各主要教学环节质量标准、教学规范和教学质量监控与保障体系，以质量文化的培育为工作重点，保持优良教风、学风和校风，逐步形成自我激励、自我约束、自我发展、闭合循环、不断完善的保证和提高教学质量的长效机制。

（一）加强教学管理制度建设

学校结合人才培养、学分制管理的实际和办学指导思想，体现"学校以育人为本，教学以学生为主体，以教师为主导；办学以教师为主体"的理念，加强以法治校、维护教学秩序、巩固和提高教学质量。我校多年来十分重视教学管理规章制度建设，根据当前学生情况和大众化教育要求，健全和完善了各项教学工作规章制度，制定了4个总体指导文件、15个教学计划与运行管理文件、14个教学基本建设管理文件、8个实践教学管理文件、16个教学质量管理文件、2个教学研究管理文件、6个教学管理组织系统文件共65个教学管理文件，形成了比较完善的管理制度体系，经过运行收到了良好的效果，起到了积极的作用。

通过制度建设，促使教师把主要精力投入教学工作，引导教师正确处理教学与科研的关系，鼓励教师积极探索教学规律，研究和改革教学内容与教学方法，不断提高教学水平；规范教学管理人员的岗位职责，促使管理人员把主要精力投入管理和服务工作；规范学生的行为，促使学生把主要精力投入学习活动。

（二）完善教学评价与质量监控体系，建立保证教学质量的长效机制

学校不断完善由教学指挥系统、检查评估系统、信息反馈系统和质量保障系统四部分组成的教学质量监控与保障体系。通过日常教学检查、专项教学评估、教学信息反馈与监控、整改调控等形式，对全校的教师教学过程、学生学习过程、教学管理过程和毕业生质量等方面进行指挥决策、检查评价、信息反馈、整改调控。经过实践检验，该体系闭合循环运行，能够实现自我约束、自我完善的功能，对于教学管理的规范化、科学化，对保证和提高教学质量，成效显著，已逐步形成教学质量监控运行长效机制。

学校在"十一五"期间先后开展了毕业设计（论文）评估、实验室评估、课程评估、课堂教学质量评估、学生学习状态与学习效果评估、新专业评估、新建学院本科教学工作评估等教学评价工作，重组优化了教学资源配置，使我校的本科教学工作又上了一个新台阶，为实现从教学型大学向教学研究型大学转变奠定了坚实的基础。

四、践行"大商成才、大雅成人"教育理念，人才培养声誉日隆

（一）围绕社会需求培养紧缺人才

学校以应用型人才培养模式改革，带动紧缺人才的培养，使其在素质、能力等诸多方面适应实际工作的需要。

会计学院与加拿大注册会计师协会、ACCA专业培训机构签订协议，共同制订符合具体岗位实际需要的特色培养方案，合作培养CGA会计、ACCA会计等。目前会计学院在校的国际化专业方向的学生数量已达到403人，为地方经济建设做出了贡献。

经济学院依托哈尔滨中央红商贸集团、中国煤炭国际经济技术开发总公司、黑龙江省对外经贸集团总公司等20个实践基地，定期与实习基地、企业进行交流和沟通，聘请各级地方政府、行业、企业相关人员共同参与人才培养方案的制订或讨论，做到制订的人才培养方案与企业生产实践、产业发展和行业需要相结合。

物流管理专业与青岛利群、深圳天虹、世纪联华、宅急送等建立了长期稳定的合作关系，重点培养学生"技术＋管理"的综合素质，通过与企业的"学习实践工作"的合作模式，学生毕业后可以直接到企业工作，提高了就业率。

轻工学院包装工程专业与哈尔滨和鑫包装制品有限公司、哈尔滨上洋包装制品有限公司、哈尔滨卷烟厂、哈尔滨三精制药有限公司、哈尔滨啤酒有限公司等企业建立了长期的合作关系，2009年与哈尔滨上洋包装制品有限公司联合成立了"黑龙江省生物产业与软包装材料工程技术研究开发中心"，在包装工程专业设立省内唯一的"上洋包装印刷奖学金"。

计算机学院的服务外包研究中心与大庆华拓数码（我省最大服务外包公司）、九洲电气（创业板上市公司）等建立了紧密的校企合作。

法学院成立学生法律援助工作部，受理社会案件、提供免费义务咨询、无偿代写各类法律文书、调解法律纠纷等。

财政学专业实施的以就业为导向，充分利用学校和企业各自的教育环境和资源，采取课堂教学和学生参与实际工作相结合、现场实训与仿真模拟实训相结合、学校与企业相结合的"三结合"产学研人才培养模式，培养适应市场需要的高技能、紧缺人才。

（二）人才培养质量不断提高

秉承半个多世纪的"大商成才，大雅成人，培养应用型、复合型高素质专门人才"的办学特色，各专业不断适应商业、流通、第三产业发展的需求，改造、提升专业实力和办学水平，学生基础理论和基本技能水平逐步提高，大学英语四、六级通过率、考研率逐年提高。

各专业通过"第一课堂与第二课堂相结合"、教师积极吸收本科学生参加纵横向科研课题、实习实训实战化、大力开展"校企结合，校社结合，产学研"活动，指导学生参加各类竞赛，学生在全国大学生"挑战杯"竞赛、全国大学生数学建模竞赛等重要赛事上连续获奖；鼓励、支持学生考研、考取职业资格证书等，培养学生的实践能力，拓宽学生就业渠道，毕业生平均就业率在90%以上，就业层次明显提高。

学校的办学传统、综合实力和人才培养质量得到社会广泛认可，社会声誉良好，本科录取分数线一直保持在我省前列，校友满意，毕业生深受用人单位欢迎。

高等财经教育国际竞争力的提升路径

沃顿商学院 MBA 课程设置的经验与启示

——兼论我国高等财经教育人才培养模式的改革

徐敦楷[①]

（中南财经政法大学，湖北 武汉 430073）

摘　要：沃顿商学院作为现代 MBA 教育的发源地，其独具特色的四大课程模块充分体现了卓越人才培养目标的要求。借鉴沃顿商学院的教育理念和人才培养模式，遵循高等财经教育发展的规律和趋势，我国高等财经教育应树立"关注和促进每一名学生全面发展"的理念，注重全体学生的发展，注重学生的个性发展，注重学生的全面发展，赋予学生充分的教育选择权利，全面推进人才培养模式的改革和创新。

关键词：沃顿商学院；MBA 课程体系；财经高等教育；人才培养模式

沃顿商学院作为世界一流的商学院，其人才培养模式以及教育教学管理对我国高等财经教育的发展具有启示和借鉴意义。MBA 是沃顿商学院的品牌教育，本文以沃顿 MBA 的人才培养理念和课程设置为切入点，在分析高等财经教育发展的趋势特点和我国高等财经教育人才培养模式弊端的基础上，提出我国高等财经教育人才培养模式改革的对策建议。

一、沃顿商学院 MBA 课程设置及其启示

沃顿商学院创立于 1881 年，是美国最具有开拓精神、创新意识和国际化视角的商学院。在人才培养目标上，沃顿商学院明确提出了"学得越多、做得越多、成就越高"的办学理念，以培养适应全球商业环境最有效的管理者。沃顿商学院被誉为现代 MBA 教育的发源地，其独具特色的 MBA 课程体系充分体现了沃顿商学院 MBA 卓越的人才培养目标，彰显了作为一流商学院的学科特色。沃顿商学院 MBA 的人才培养目标是使培养的学生在置身于当今全球化的商业竞争中，能够拥有严密的、善于分析的思维能力，掌握解决应对当前和未来最棘手的商业问题的手段，学会运用数据和有效推理进行判断的方法。沃顿商学院 MBA 的教育理念是以学生个人的优势为基础，以更深层的知识和技能的学习为途径，实现学生自身的最高目标。[②] 沃顿 MBA 教育的课程分为四个模块：预备课程、核心课程、专业课程和选修课程。这些课程的科类分布比例是：人文学科和社会学科 44%；工程、数学、科学 26%；经济 25%；其他 5%。四大模块式的课程分布为学生阶段性的学习和渐进式的掌握知识提供了良好的学科平台，为学生多样化发展和接受多元化交叉学科知识提供了灵活机制。不仅如此，沃顿商学院利用宾夕法尼亚大学整合传统学科知识这一特色学科优势，大量开设跨学院跨学科的交叉课程，为学生选修课提供多

---

① 徐敦楷，中南财经政法大学党委书记，教授。

② http://www.wharton.upenn.edu/mba/academics/index.cfm，2011 − 05 − 21

样化的选择。

预备课程向学生提供沟通技巧、语言课程以及 MBA 入门的材料或者案例，让学生根据个人学习经历和知识积累以讲演的形式进行交流。预备课程的开设不会深入涉及学生更期望获取的核心专业课程知识，只为后期的学习打下基础，提高学生深入学习的兴趣。预备课程开始于正式课程体系前三周，让学生讲演个人学术心得或经历，最大程度地表现其学术价值，为学生共享同学间的经验提供了一个平台。预备课程还开设了财务会计、微观经济学、统计学和财务分析的回顾和导论等 MBA 入门工具性课程。这些课程为打造宽口径、厚基础型的人才培养模式奠定了基础。

沃顿商学院 MBA 集中的、多元化的核心课程所关注的是领导能力、分析能力、沟通能力的培养和企业原理的获取。核心课程的开设为学生在任何一个职业领域获取成功提供了必要的管理技能。通过预备课程和核心课程的学习，学生掌握了广泛的综合管理基础知识，在专业课程的学习中为他们选择一到两门专业领域科目进行深入拓展学习打下了坚实的基础。第一年的集中核心基础课使学生能够掌握在任何一个领域都能获取成功的广泛管理技巧，第二年大范围的专业课可以帮助学生深入钻研一门专业知识或者拓宽多个领域的学科知识。

沃顿商学院不受限制的选修课选择领域，给予了学生自由扩展学科领域的学习机会。学生可以从宾夕法尼亚大学的 11 所世界顶级学院将近 200 个课程进行选择，这种打破学院和学科限制的选修课范围能够满足学生个人发展目标的需要，为学生提供继续钻研一个领域或者拓宽专业视野的融通的学科平台。例如，研究生院、社会政策和实践学院、医学院和法学院都提供可以与 MBA 教育融合的课程，还增设一些兴趣课，如生物工程、知识产权、非营利管理和公共管理等课程。除此之外，宾夕法尼亚大学的语言中心向学生提供全国最大的语言选择体系，从美国手语到祖鲁语覆盖了 30 多个语言体系。

表 1 沃顿商学院 MBA 四大课程模块

课程模块	科目
预备课程	财务会计、微观经济学、统计学和财务分析的回顾和导论、经营史、语言课程、短期沟通技巧交流班、计算机技术、模拟贸易、职业生涯管理
核心课程	领导能力、分析能力、沟通能力的培养，企业原理、会计学、财政学、销售学、管理学、销售运营、统计学、战略模式、领导素养、伦理学和高层管理需要的沟通技巧培养
专业课程	会计学、经济与政策学、企业管理、环境与风险管理、财政学、医疗保险管理 个性化课程：策略与经济、保险学、市场学、法律知识和商业伦理学、销售与运营管理、跨国界管理、运营与信息管理、组织绩效、不动产、统计学、策略管理
选修课程	高级财政合作；高级不动产投资与分析；竞争策略；消费者行为；企业家精神和企业启蒙；固定收益债券；医疗保险应用计划；信息；行业结构与竞争策略；创新、变化和企业家精神；国际发展策略；谈判与纠纷解决；公共部门政治经济学；跨国公司的政治环境；新兴市场的私募股本；国际视角下的私有化；销售的可能性模型构建；领导能力研讨班；权利、影响和领导阶层转换；城市财政政策；城市不动产经济学；风险投资和私募股本财政学等

资料来源：wharton. upenn. edu/mba/academics/curriculum – structure. cfm.

阶梯式模块化的课程设置体现沃顿商学院 MBA 英才培养目标；集中的核心和专业课程充分彰显专业特色；多元广泛的选修课程促进知识融通和学生个性自由发展。一流商学院要有一流的人才培养目标，人才培养模式重在科学广泛精深的课程设置。沃顿明确提出了"学得越多、做得越多、成就越高"的办学理念，以培养适应全球商业环境最有效的管理者。即使在 MBA 研究生教育阶段，课程设置都兼顾了通识教育与专业教育相结合的模式，打破了狭隘的学科壁垒、院系壁垒，促进知识整合、学科融通、文化交流，为学生全面自由发展提供基础和平台；而财经管理教育则为学生的职业发展做好充分准备，课程设置体现实用性。在教学方法上，沃顿商学院的突出特点是以集体协作为主的教学模式。这种教学模式是从全球角度进行的整体化教学，注重"团队"与"协作"，教学重点在人际关系能力的培养，注重沟通。在教学过程中，教师会把实时的知识带到课堂上分享给学生，注重知识的及时更新。此外，沃顿商学院注重师资队伍的建设，倾力打造核心团队，鼓励合作，并且允许教师参加商业活动。与其他的商学院相比，沃顿商学院为 MBA 的学生提供了更多的课程、学术领域和跨学科课程，沃顿多元广泛的课程为学生在学习过程中实现自己的兴趣提供保证。沃顿商学院在 MBA 人才培养过程中一直紧密贯彻着以学生个人的优势为基础，以更深层的知识和技能的学习为途径，促进学生自身发展的最高目标的教育理念。沃顿商学院重视和关注每一个学生的发展，为每一个学生提供自由广阔的发展空间，这对我国高等财经教育人才培养模式的改革有着重要的启示意义。

二、高等财经类教育的发展特点与趋势

高等财经教育与其他科类学科教育相比，具有鲜明的职业实用化特征，人才培养与社会经济的发展有着紧密联系。经济学被誉为社会科学的王冠，但高等教育大众化发展加速了财经类专业的职业化和实用化，这对传统学术理论型人才培养模式形成巨大挑战。财经类教育的主体学科（经济学和管理学）直接服务于财政、金融、税务、保险、会计、统计、工商、企业运营与信息管理等事关国家经济与民生的行业和领域。财经类专业的特殊性决定了高等财经教育的教学、科研与社会服务三大功能不仅与社会经济发展息息相关，而且与政府经济主管部门、金融和工商企业联系紧密，学科专业性和行业特色突出，应用性和实践性强。随着经济的快速发展，高等财经类教育也呈现出全新的发展趋势。

高等财经类教育国际化的趋势不断加强。财经专业是国际范型的学科，经济学理论、金融学、国际贸易等是高度西方化的、国际化的专业学科。经济的高速发展对高等财经教育的国际化程度要求越来越高，在财经类教育具体体现在人才培养目标的国际化、课程设置的国际化、学生

培养的开放性和国际化。在外语语言课程作为国际化课程打底课程的基础上，开设国家金融、国际贸易、外国文化等课程，在课程设置中体现国际化的倾向，让学生在课程学习中接受多元的国际化课程，以培养国际化财经类人才。此外，留学生、交换生、国际学术会议等交流与合作也体现出财经类教育的国际化趋势。

数学、统计方法和计量经济学在高等财经类教育领域应用日趋广泛。如沃顿 MBA 学生在进入核心课程前要接受数学测试，而在预备课程开始前要通过数学测评，学校规定不合格的学生要在学习开始时，注册数学为选修课程。对于之前从未接受过本科水平的微积分和统计学课程学习的学生，由于这两门是进行核心课程学习的重要基础，学校将会推荐他们在入学前选择一门进行学习。除此之外，沃顿还要求 MBA 的学生学习一到两门经济学领域的学科以加深和拓展管理学的理论基础知识。在我国财经类教育中，统计与财政学、金融学，数学与经济学、管理学的复合交叉型课程也越来越多，数理统计与财经类课程设置的融合也越来越紧密。

高等财经类学科交叉融通发展趋势加强。高等财经类教育在人才培养上已逐步打破学科间壁垒，实现大专业平台的学科交叉融通发展。比如沃顿商学院 MBA 的人才培养更注重综合知识的学习，在核心课程、专业课程和选修课程的设置中使学科的交叉融通得到最大限度的发展，为学生的课程选择提供最大可能的复合型知识学习机会。社会经济发展对复合型知识的需要促进了财经类专业内部的学科融合以及与外部学科如数学、经济、信息技术等学科的交叉发展。财经类学科内部与外部的融通发展也进一步促进了高等财经类学科形成更规范的研究范式，高等财经类教育人才培养规格更多样化、复合化、国际化。

三、我国传统财经类教育人才培养模式的缺陷

沃顿商学院以学生自身的优势为基础，通过学校多元化、广泛的课程设置为途径，为促进学生更高目标的实现提供平台的教育理念贯穿于人才培养过程的始终。这一教育理念恰好是我国高等财经类教育在迎合社会经法发展过程中所欠缺

的指导思想。在高等教育蓬勃发展的今天，高校过于重视学校自身的发展、学校特色专业的发展和教师队伍的建设，唯独学校核心任务的核心主体，学生的发展却并未受到足够的关注。财经类高校在人才培养方案的制订中，缺乏对学生全面发展、个性发展的凸显，缺少"关注和促进每一名学生的发展"培养理念的指导。我国高等财经类教育在人才培养模式上存在着培养目标定位模糊、培养模式单一，缺乏对学生个性差异的关注、教师对学生的关注和交流程度不够、财经类教育过于关注专业本位致使学生片面发展等。

培养目标定位模糊，培养特色彰显不够。高等院校培养人才不仅划分层次和科类，每一层次的人才又分为不同类型，每一科类的人才也分为不同的专业。当前高等财经类专业的人才培养目标并没有根据财经类专业发展的特色和内涵来进一步细化培养目标，形成财经类专业具体的、特色化的人才培养目标和规格。人才培养目标缺乏对人才培养的具体的指导性、科学性和可操作性，在实际教学管理中难以反映财经类专业的价值取向，难以融入到现实教学实践活动中来。在经济全球化日益激烈，教育国际化日益加快，人才市场化日趋明显的今天，高等财经类人才培养目标的修订也要与时俱进，引领和推进专业教学与课程改革。

培养模式单一，培养方案的制订与培养对象不相匹配。单一培养模式下覆盖的是统一的培养方案、大班教学、统一课程体系和统一课程设置。目前，存在于高校人才培养模式比较突出的一个突出问题是培养模式比较单一，培养方案的设定并没有根据专业特点、学生差异、实际需要进行对应制订。这样的问题同样存在于财经类教育中，对在校生统一采取一种培养模式，忽视了学生的个性差异，学生身上潜在的特长没有得到重视和特殊培养。财经类院校由于其复杂而特殊的学科背景，大班教学和统一的培养方案很容易使学生对所学知识停留于课堂和书本，没有进一步探索求知的欲望和动力。这种单一的培养模式导致培养出的学生同一化、趋同化，难以培养出拔尖创新人才。

课程结构不合理，学生课程自主选择有限，课堂规模过大。课程结构仍旧停留在"基础课、专业基础课和专业课"的传统模式，学生在课程选择上没有主动权。"三层"的课程结构模式贯穿于整个大学学习，过多的必修课限制了学生的课程选择、上课时间、上课方式等，而且现存选修课的设置只是一种满足学生学分需要的形式表现，难以满足学生多样化的学习需求和个性发展。我国财经高等教育传统的课程结构很容易养成学生重技能轻基础知识，重专业知识轻理论知识的局面，这种课程结构同时体现出重专业培养忽视学生的个性化分流培养的倾向。财经高等教育大众化的快速发展使得学校规模急剧膨胀，这突出地表现在财经热门专业规模过大，一些基础课程和核心专业课程注册学生人数巨大，生均百人课堂规模使教师难以关注到每一名学生，师生缺乏交流，教与学脱节，导致教育质量得不到有效保障，学生难以全面自由的发展。

财经教育过于专业本位、应用性和职业化导致学生片面发展。高等财经类教育由于偏重专业知识的传授，在人才培养过程中过于强调专业本位，强调行业特色，忽视学生自身发展过程中自由发展的课程需要和培养模式。沃顿商学院MBA 人才培养阶梯式的课程设置和广泛多元化的学科融通以及选修课程，成功打破了人才培养专业本位的限制，拓宽人才培养的知识领域，为培养多元化创新人才提供了良好的课程基础与沟通平台。我国高等财经类院校大多内部学院分割，专业设置过细，院系间缺乏沟通与交流，学科间难以打破壁垒限制，学生培养过于分散与分化。这导致了学生缺乏广泛的知识基础，专业知识难以拓宽和精深，不利于学生后续职业中可持续能力的培养和提高。

四、创新高等财经类教育人才培养模式的建议

人才培养模式是指在一定的现代教育理论、教育思想指导下，按照特定的培养目标和人才规格，以相对稳定的教学内容和课程体系、管理制度和评估方式，实施人才教育的过程。在高等教育蓬勃发展的今天，特色发展、内涵发展、质量发展也成为高等财经教育发展的共识，《国家中长期教育改革与发展规划纲要（2010—2020

年）》也明确提出将"创新人才培养模式"作为高等教育改革的重点工作之一。借鉴沃顿商学院 MBA 人才培养经验，我国高等财经教育应树立"关注和促进每一名学生的发展"的教育理念，凸显专业特色、学科优势，改革人才培养模式，分类培养，分类发展，既培养出一批创新型拔尖人才，又培养出大多数的高素质合格专门人才，实现教育质量的全面提高。

第一，关注和促进每一名学生的全面发展，注重全体学生的发展。差生、中才、英才都应是学校和教师关注和培养的对象，指导思想上绝不抛弃每一名学生，真正做到"有教无类"，但实践中应"培养有别"，实施差异化的人才分类培养机制。只有做到差异化的分类培养，才是真正的关心、关注每一名学生的发展，才能有效促进每一名学生的发展。大一统的培养模式扼杀了学生的个性，千人一面，教育毫无生气和活力，既妨碍了优秀人才的发展，也不利于一般学生的提高，实际必然导致教育的平庸和失败。因此，应根据不同的学生类型和特点，探索差异化教育和教学特区模式，建立"精英培养班"、"拔尖人才培养特区"、"本硕博连读制度"、"复合型人才实验班"、"创业实验班"、"双语实验班"、"联合培养留学生班"等。分类培养关注的是不同的个体，对不同类型和基础的学生予以不同培养方案、差异化培养机制以及多样化的课程考核方式。同时，缩小课堂规模，创造条件大力推进小班授课制，推广教学助理制和本科导师制，强化学习过程中的控制和管理，这是提高教育质量，实现人才培养模式创新的基本前提。在第一阶段的通识课程和第二阶段财经类大学科平台课程结束后，参照学生高考入学成绩和前两个阶段课程考核结果、学生平时表现及发展潜力，选拔本硕博连读班的学生人选。本硕连读班和硕博连读班同时采取严格的淘汰机制，硕博连读班学生进行分离重点培养，要配备资深教授和骨干教师进行论文写作指导、科学研究引导，培育出高水平的标志性研究成果，全面提升学术型人才培养的质量。不同的实验班采用不同的课程考察方式，融合社会调查报告、论文写作、试卷考察等多种考核方式。

第二，关注和促进每一名学生的全面发展，注重学生的个性发展。传统人才培养模式以学科专业为本，以教师为本，忽视学生的发展甚至牺牲学生的利益。"关注和促进每一名学生的全面发展"，首先要做到"以生为本"。在"以生为本"的前提下，重新审视和修订高等财经教育的人才培养目标，促进学生个性的自由发展。在新型的培养目标中，凸显学生特色发展的重要性，以学生已有的知识和能力为基础，为学生提供个性化差异发展的自由学科环境和课程平台，既要有基础知识扎实、研究与创新能力强，能从事专业研究和教学的学术人才，也要有社会实践能力和组织能力强、社会沟通交往能力强、善于把专业知识用于实践活动中的社会精英。学校、教师、学校各个管理机构都应为学生发展服务和负责，使我国传统"以师为本"的高等财经教育真正转变成为"以生为本"，凸显学生个性发展的主体性教育。

第三，关注和促进每一名学生的全面发展，注重学生的全面发展。在财经类专业的学科背景下，实行专业教育与通识教育的有机结合，以素质和能力培养为主，多种培养方式并存。以"通识教育课程＋学科平台课程＋专业基础课＋个性课程班"为基础结构，实现前期的通识教育，中期的财经类大学科融合平台课程，后期的专业教育和个性化发展。美国耶鲁大学校长理查德莱文在 2010 年第四届中外大学校长论坛专题演讲中指出："目前中国大学本科教育缺乏跨学科的广度和批判性思维的培养，而这有赖于发挥通识教育的作用。"通识教育核心课程旨在打破分门别类的学科壁垒、贯彻人类学问与知识的共同基础，并展示民族文化精神对一个民族的学问创新能力。学科平台课是以经济、管理、金融、法律等专业交叉融合的大财经类课程模块，同时注重数理基础课程的设置，为学生后期的学习打下坚实的基础，为学生奠定长远可持续发展的基础，注重理论思维和方法训练。专业基础课是学生根据前两个阶段的知识的综合学习以及学科背景知识的融会贯通，步入到自己所在专业科类的课程学习阶段。个性课程班是学生根据自身学习情况以及兴趣差异所选择班别，这样可以有效弥补专业基础课阶段课程学生选择性较小的不足。

表2　　　　财经类教育课程结构与设置

课程结构	课程设置	所占学分比例
通识课程	语言与文学、哲学与人生、历史与文化、经济与社会	25%
学科平台课	经济通史、法律通史、管理学通史、财政史、统计学基础知识、英语（提供多种语种供学生选择）	25%
专业课	根据不同的专业进行设置	40%
个性课程	（所有开设的课程供学生自行选择）	10%

第四，关注和促进每一名学生的全面发展，赋予学生充分的教育选择权利。本着学生个性发展、全面自由发展的理念，在人才培养应扩大学生课程选择的自主权，适当缩减必修课学分，增加选修课学分，实行弹性学制和学分收费制。课程结构对于学生的知识结构、能力结构、思维方式有着决定性的作用。在学分的设置上可大力增加选修课的学分比重，给学生自由选择课程的权利。除了必修学分和选修学分外，还应给予学生一定比例的自由学分。自由学分可以用于校内课程也可用于发表学术文章或校外实践以及实地调研，但是对于自由学分的考察一定要严格，防止自由学分的设置形式化。这样有利于学生根据自己的实际学习情况和兴趣爱好选择课程，灵活的学分设置可以优化学校的学习氛围，凝造民主的校园文化。教学管理上则配套实施学分收费制，学生按学分缴费，学校可以根据学生的表现情况设置奖励学分，以有效激励和约束学生的学与教师的教。

参考文献

［1］http：//www. wharton. upenn. edu/mba/aca－demics/index. cfm，2011－05－22.

［2］http：//www. wharton. upenn. edu/mba/academics/index. cfm，2011－05－21.

［3］http：//www. wharton. upenn. edu/mba/academics/preterm. cfm，2011－05－22.

［4］http：//www. wharton. upenn. edu/mba/academics/core. cfm，2011－05－25.

［5］http：//www. wharton. upenn. edu/mba/academics/electives. cfm，2011－05－23.

实施"本土国际化"战略 培养具有国际竞争力的复合型精英人才

刘 亚①

（对外经济贸易大学，北京 100029）

摘 要： 高等教育的国际化作为经济社会全球化的重要组成部分，在国际化进程中各个高校因其办学传统和历史积淀不同而显示出各自的办学特色。对外经济贸易大学作为一所外向型的财经外语类高校，围绕着国际化精英人才的培养定位，进一步明晰办学理念，实施"本土国际化"战略，以优化的多元人才培养模式为平台，在政策导向和制度建设、人力以及物力资源的配置等方方面面形成了国际化的支撑体系，培养了大批具有国际竞争力的复合型精英人才，得到社会、家长和用人单位的广泛认可。

关键词： 本土国际化；国际竞争力；精英人才

对外经济贸易大学具有近60年的外贸行业特色和国际化办学传统，自建校起，就把为国家培养外语、外贸型人才作为自己的历史使命。近60年来，我校始终坚持把国际化作为"立校之本、特色之源、发展之基"，学校培养的各类外语、外贸类专业人才一直活跃在中国对外经济开放的最前沿。进入21世纪以来，随着科学技术的飞速发展，经济金融全球化向更深、更广的领域扩展，国际竞争越来越体现为人才的竞争。培养国际化人才已成为世界高等教育发展的新趋势，教育发达的国家无不重视对学生国际适应能力的培养，力图长期主导国际人才市场。中国要实现伟大复兴，迈向世界强国，迫切需要"具有国际视野，通晓国际经济规则，能够进行跨文化交流和从事国际经济事务，能够参与和赢得国际竞争的国际化人才"。

在经济全球化和高等教育国际化的背景下，对外经济贸易大学及时准确把握国际经济发展脉搏，适应国家开放型经济发展需求，全面实施"本土国际化"（Internationalization at Home）战略，凸出国际化、复合型为人才培养特色。通过创新人才培养模式，改革教育教学支撑体系，构建起国际化特色专业群、国际化课程群，配备具有国际学术背景的师资队伍，加强国际化的学术和教育项目拓展和管理，在学生培养过程中加大国际化的实习实践活动、国际文化交流等元素，加大国际化的学生来源及中外学生交流融合等；通过第一、二、三课堂的整体设计、紧密衔接和良性互动，使学生切实构建起国际化的知识结构，具备和生成国际化的能力和素质，具有综合素质高、国际特色强、竞争能力好的特质，从而形成在人才市场上的核心竞争力。简言之，通过全面深化教育教学改革并构架国际化的教学体系，使绝大多数学生在国内高校完成他们的国际化培养，特别是在本土完成对学生跨文化交流能力和具备国际竞争力的能力结构的培养。

---

① 刘亚，对外经济贸易大学副校长，教授，博士生导师。

一、突出国际化办学特色，积极开展人才培养模式探索与实践

（一）更新教育观念，进一步明确国际化人才培养目标

围绕国际化人才培养目标，学校于 2001 年下半年和 2007 年上半年，分不同层次开展教育教学大讨论，进一步明确人才培养目标，坚定了继续走国际化办学道路的信心，进一步明确了培养国际化特色人才的办学指导思想。学校更是站在促进外经贸事业发展的高度，立足和弘扬自身国际化办学传统和优势，突出学校办学特色，主动适应国家对国际化专门人才的迫切需求；主动适应国家经济社会发展对国际贸易、金融、管理、法学类国际化专门人才的需求；主动适应人才市场的发展变化，特别是适应外向型企业和国家"走出去战略"的需要；大力培养具有跨文化交流能力的高素质、强外语、精专业"三维整合"的国际化复合型精英人才。

（二）借鉴国际著名高校经验，创新学分制，创立富有弹性的人才培养方案

1. 打通两个平台，为学生提供个性发展空间

学校不断深化学分制改革，培养方案进一步与国际接轨。学校参照哈佛大学设立公共核心课程的做法，打通全校公共基础课平台，面向全校学生开设经济、管理、法律等 9 个通识教育基础课程模块，除政治理论课外，取消必修课程，代之以必修学分；同时，打通学院内学科基础课平台，无论是按大类招生还是分专业招生，共享平台课程。打通公共平台，学生在指导教师指导下按培养方案自由选择学习起点、选择课程、确定学习进程，自主选择任课教师和上课时间，使学生在专业选择、课程选择等方面有了丰富的可能性；打通学院平台，为学生提供第二次选择专业的机会。两个平台的设置，打破了学科界限，形成各学科互为基础、互为支撑，学科交叉融合的公共基础课平台，也打破学院专业界限，提供多样化的选择，真正体现了培养厚基础、宽口径人才的教育思想，为学生的个性发展、自我培养奠定了基础，同时拓展了学生未来的就业空间。

2. 凝炼专业方向，坚持"双导向"，保证专业特色

根据学校定位，坚持"双导向"，既注意培养有科研潜力的学术型人才，也要重视培养以社会需求为导向，能够参与国际人才市场竞争的应用型人才。学校在专业方向课程设置上提出"小而精"原则，即专业方向课程要精炼，注意开设研究型和应用型两类课程，把理论教学与实践教学尽可能完美地结合起来，为学生继续从事学术研究和就业提供两种训练。坚持"双导向"，分类指导，为学生专业技能培养提供了更高的灵活性和适应性。

自 2002 年以来，我校每年均进行本科培养方案的微调或更新，但一直保持其基本架构和选课机制的稳定性，除了教育部所要求的本科生专业限制和学分的收费限制等政策性刚性约束外，我校本科人才培养方案在实质上已与国际上通行的完全学分制保持一致并完全接轨。

（三）完善主体培养模式，探索多种人才培养途径

我校主动适应高等教育改革的总体趋势，主动适应高等教育国际化潮流，大力开展人才培养模式研究、探索与实践，探索了"一体二翼"人才培养模式，即主体培养模式与通用人才培养和拔尖创新人才培养相结合，使多元人才培养模式与统一的培养方案架构进行有机融合。

学校在不断完善以素质教育、国际化、复合型人才培养为中心的主体培养模式的基础上，主要探索了四种不同的人才培养模式，简称"一带四"培养模式。

所谓"一"，就是一个主体培养模式，即面向全体本科生主修专业的人才培养模式。所谓"四"是指"主修和辅修相结合"、"国内培养和国外培养相结合"、"学术教育与职业资格认证相结合"、"专业学习与专业实践相结合"等选择性培养模式。

"主修＋辅修"模式，即按照我校的培养方案修读主修专业和辅修专业或辅修学位，取得双专业或双学位。近年来，根据统计，每年申请辅修的学生已经占到全部学生的 50% 以上。

"国内＋国外"模式，即学生按照本校的培养方案修完部分课程并取得相应学分后，到国外大学继续修读相应专业，取得学校认可的学分，

既可获得本校和国外学校授予的双学位，或一个学士学位和一个硕士学位。

"主修＋职业"模式，即学生在修读学校专业培养方案的同时，按照国外专业培训项目的要求修读相关课程，取得本专业学位和国外专业证书。

"专业＋实践"模式，即学生在学习专业知识的同时，长期参加与本专业相关的实践活动，使专业学习与专业实践进行深层次的相互促进和相互提高。

此外，在借鉴国内外相关名校培养模式的基础上，学校与国际名校合作探索多层次、多渠道国际化精英人才培养模式，探索中外合作"本续研"、"双学位"、"短期交流"等人才培养模式。

（四）依托"荣誉学士学位项目"，培养国际化拔尖创新人才

除继续大力优化现行的主体精英人才培养模式和探索通用人才培养模式外，近两年，学校不断深化人才培养模式改革，鼓励学业优良的本科生学习更具挑战性的研究型课程，推出"荣誉学士学位项目"。该项目旨在培养具有创新精神和创新能力，自我学习和发展能力强的研究型拔尖人才，目前该项目已获批北京高等学校市级人才培养模式创新试验区项目。

"荣誉学士学位"学生在全校范围选拔，学校为他们开发和建设了一批研究型课程，即"荣誉课程"，并配备科研导师，指导他们参加学术活动，努力培养学生的创新意识和科研能力。毕业时获得本学科学士学位证书的同时还将获得"荣誉学士学位"中英文证书。2009年我校首届经济学荣誉学士实验班共有35名毕业生，其中15名同学在包括本校在内的国内一流大学继续深造；10名同学选择到杜克大学、康奈尔大学等国外知名高校求学；10名同学选择到外交部、中国银行总行等单位就职。

综上所述，我校顺应高等教育国际化潮流，围绕国际化人才培养目标所设计的富有弹性的培养方案，在目前高等教育的刚性政策约束下在实质上已实现了与国际发达高等教育的完全对接。同时，我校分级、分类人才培养的多元人才培养模式又极大地满足了当代大学生个性化发展的空间，充分满足了学生国际化素质发展的种种需

求，将国际化要素通过制度、体制和培养模式等要素内化为我校本科人才培养实践，实现了国际化与本土化有机统一，为"本土国际化"的人才培养奠定体制和机制基础。

二、坚持国际化办学特色，大力建设"本土国际化"培养支撑体系

在国际化办学目标指导下，围绕国际化精英人才培养，学校在课程体系、师资队伍、课堂教学、实践实习、校园氛围等方面均融入高等教育国际化的重要元素，构架了"本土国际化"人才培养支撑体系。

（一）国际化的专业体系和课程体系

我校是国内最早引进国外专业课程体系的高校之一，从20世纪80年代初开始，学校积极引进经济发达国家的国际贸易、工商管理等学科、专业体系，并注意使之与中国的国情相结合，创建了既符合国际高等教育规范又适合我国国情的学科、专业体系。学校在国内率先开设了国际经济合作、国际金融、国际企业管理、国际经济法等一系列以"国际"打头的新专业，努力在专业教学内容上与国际接轨，大力培养我国对外开放事业急需的外向型人才。学校的努力不仅在国内赢得了广泛的社会声誉，也得到了国际高等教育机构的认可。近几年来，学校更加积极开展以重点课程、精品课程和双语课程为主要内容的国际化课程体系建设。在我校34个本科专业中，已申报成功11个国家级特色专业建设点，形成以16门国家级精品课程、8门国家级双语教学示范课程、25门北京市精品课程、101门校级重点、精品课程的优质课程集群。另外，鼓励学生参与网络化"全球课堂"，使用世界著名高校的开放课件，如麻省理工的Open Courseware等。

（二）国际化的师资队伍

学校十分重视教师来源的多元化和本校教师的国际学术背景，到目前为止，我校具有海外学术背景的教师300余人，占师资总数50%以上。学校采取多种措施鼓励教师出国进修学习和深造，增强本校教师的国际学术背景。同时，学校采取措施鼓励教职员工赴驻外机构工作，拓展国际视野。学校有相当数量的教师有驻外工作经历。自1996年至今，学校有70多名教职员工具

有驻外工作经历。学校建立和完善人才引进激励政策，面向海外招聘人才。近三年，在严格控制人才引进质量的前提下，学校先后从美国、日本、加拿大、新加坡、韩国等国家的著名高校引进优秀专业人才，充实了教学与科研队伍，提高了学校师资队伍的国际化水平。学校经常性地聘用教育发达国家的外籍专家与教授进行短期访问和讲学，进一步促进了学校教师队伍的国际化与多元化。

（三）国际化的课堂教学

学校在教学方法、教学手段等方面认真学习、研究教育发达国家的经验和做法，积极推进教学方法和教学手段等教学模式改革。学校是国内较早引进教育发达国家教学方法的高校之一。学校在 20 世纪 80 年代中期就开始在国际企业管理、国际贸易等专业引入案例教学法，在法学专业引入模拟教学法（模拟法庭），在英语及外语教学中试行以培养学生实际应用能力为主的情景教学法和功能交际法。

学校重视双语教学，采用多种激励措施鼓励教师申报双语教学和全外语教学。我校是我国改革开放时代较早在本科教学中开展双语教学的高校之一。20 世纪 80 年代中期，学校在部分专业引进原版教材后就开始了双语教学的探索。学校把开展双语、全外语教学作为增强学校国际化办学特色的重要手段，连续派出教师到国外学习、访问、工作，加强校际国际交流和国际合作，逐步提高了国内教师的双语教学能力。近年来，学校进一步加强了推进双语教学的力度，采用多种激励措施鼓励教师申报双语教学和全外语教学，同时加强管理，通过学院、学校两级考核体系，保证双语教学质量。常年开设双语课程 50 余门，其中 8 门为国家级双语教学示范课程，双语教学课堂教学质量评估优良率达到 89.3%。在教学实践中，积极探索符合国际主流教育教学思想的教学模式。

（四）国际化的专业教材

重视教学内容的更新，积极引进、使用原版教材，打造系列精品教材。学校各学院主要课程普遍采用美国同类院校英文原版教材，并在此基础上结合我国经贸实践，创建了颇具特色、贯通中外的经贸理论与实践的教材体系，其中 45 部教材入选教育部"十一五"规划教材，68 部教

材获北京市"精品教材"称号。

学校在引进教材的同时，还借鉴教育发达国家的先进教学理念、教学内容，开展教材建设，自编了大量有关国际经济、管理方面的教材。这些教材大部分成为国内高校相关课程的奠基之作，影响十分深远。例如，在原对外贸易部全国经贸行业优秀教材的评选活动中，《国际贸易》、《国际金融》、《国际商法》、《进出口业务》等 4 部教材获一等奖；"十五"期间，黎孝先教授主编的《国际贸易实务》等教材获教育部、北京市等省部级多项优秀教材奖。这些教材常用常新，畅销不衰，至今依然是国内高校相关课程使用率最高的教材。值得一提的是，近年来，我校部分教师利用中国经济改革的成功案例着手编写为英文教材，将教材推向国际教材市场，收到较好效果。

（五）国际化的语言环境

在校园氛围、教学环节等方面，学校大力营造国际化的语言环境。我校目前有来华留学生2800 人，来自 120 个国家，在外经贸大学的校园里，每 5 名学生中就有 1 名留学生。学校按照"听说领先"的英语教学原则，实施 Peer Tutor制，组织高年级学生和以英语为母语的来华留学生形成学生助学团队（TA Team）。学校还鼓励、要求部分学院学生用外语写作毕业论文，非英语专业学生用英语写作毕业论文是全国首创。以国际经济贸易学院为例，2009 年有 173 名同学顺利通过了英文毕业论文的写作，2010 年又有 300余名同学申请用英文写作毕业论文。

（六）国际化的实习和短期学习

学校一直鼓励学生参加国际性的海外实践和实习。据统计，目前我校拥有遍布全球的 106 个合作伙伴，每年派出约 400 名学生赴海外学习、实习。经贸外语类专业的学生中近 50% 有过海外学习、实习经历。其中，2010 届朝鲜语专业和日语专业的毕业生出国率分别高达 100% 和87%。派出项目包括：政府奖学金项目、短期校际交换项目、双学位项目以及暑期班、短训班、海外实习、境外参赛或出席会议等短期访问项目。2001 年以来我校 AIESEC 海外实习项目组织了 268 名学生前往德国、俄罗斯、印度、土耳其、波兰等 30 余个国家进行实习，"迪斯尼项目"也连续六期派出 170 多名同学赴美实习。

值得一提的是，学校设立出国实习专项资金（约50万元），专项资金重点资助品学兼优的贫困学生，增加学生的国际化视野和出国学习实践经历，提高就业竞争力，提高我校学生的综合竞争力，进而突出国际化特色。2010年共资助45位同学进行海外实习。

（七）国际化的文化交流

我校学生凭借优异的外语能力和多才多艺的综合素质，积极参与境外文化交流。2009年11月我校学生艺术类社团随国家汉办赴希腊、意大利、德国等欧洲六国进行文艺巡演，较好地展示了中华文明和中国青年的风采，《人民日报》海外版也刊登了题为"汉语风吹过爱琴海"的新闻。2010年春节，我校再次携艺术类社团前往美国访问演出，获得成功。哥本哈根全球气候会议、中日学生会议、中韩大学生交流营、中国青年代表团出境访问等活动中都有我校学生活跃的身影。

（八）国际化的校园活动

学校经常举办各种国际文化节，包括"外语文化节"、"国际美食节"、"异国风情美术作品展览"、"国际电影节"等，充分展示各国文化。学校欢迎留学生加入各类社团组织，通过社团如跨文化交流协会、国际语伴协会、英语协会及TBC北京中国学中心项目等增进留学生和中国学生的双向交流；校园各类文体活动如英语角、元旦晚会、校园十佳歌手大赛、足球联赛、志愿服务、中国传统节日庆祝活动中都活跃着留学生的身影，形成了向留学生展示中国传统文化、中国学生了解外国文化，中外学生沟通融合的文化氛围。

三、强化实习实践，重视能力培养，推进第一、二、三课堂联动

坚持知识、能力和素质协调发展，实现从注重知识传授向更加重视能力和素质培养的转变。我校将学生培养在空间上界定为三类课堂。传统课堂教学为第一课堂，侧重于学生专业技能，特别是基础知识、基本理论和基本技能的培养；校园内的课外学术活动、社团活动、文体活动为第二课堂，侧重于学生综合素质的提高；社会实践和实习为第三课堂，侧重于社会视野和社会适应力的培养。通过培养空间和训练时间的合理配置，推进了第一、第二、第三课堂的联动。

（一）学分制延至二课堂，提高学生综合素质

我校是全国首批将"学分制"引入第二课堂的高校之一。学校自2002年以来，一直坚持实行"第二课堂"学分制，并将其正式列入培养方案，引导学生通过第二课堂提高学生的综合素质。8个学分的第二课堂包括道德养成、学科竞赛、学术论文、科研活动、校园文化活动、社会实践、社会活动、体育竞赛等，有利于学生综合素质提高和身心健康发展的各种活动。

（二）积极参加社会实践，增强知识运用能力

自2004年中央16号文件颁布以来，我校共有138支团队、8000余人（包括奥运志愿服务、国庆志愿服务等）参与了社会实践活动。实践地区涵盖了全国28个省及部分海外国家。实践主题包含灾区重建、金融风险、经贸发展、新农村建设、两岸关系、志愿服务等内容。近五年我校社会实践先进个人和团体获市级以上奖励达78次，在2008年获全国"三下乡"社会实践活动先进单位荣誉称号。

由于外语能力强，综合素质好，我校学生经常应邀参加各种进出口商品交易会、国际博览会、商务交流会等大型国际会议和商务活动，承担翻译和会务工作。2003年以来，我校年均派出近40名学生参加广交会；先后选派志愿者500余人次参加"G20国财长会议"、"APEC未来之声"、"第五届亚洲安全社区"、"第十届亚洲银行家峰会"、"世界水大会"等高端外事志愿服务工作。学生在实践中加深对第一课堂所学知识的理解，发现自己的不足，提高了分析、表达、理解、动手能力和创造能力。

（三）国际赛场屡获殊荣，为中国大学生争得荣誉

学校一直鼓励学生参与各种国际学科竞赛，在实践中提高学生运用外语和经贸知识的能力，增强师生分工协作的团队精神。在校内专业教师的指导下，我校学生蝉联"国际企业管理挑战赛"四届中国赛区冠军和两届世界冠军。本科生参加"欧莱雅全球在线商业策略竞赛"总决赛，与哈佛大学、剑桥大学等世界名校的学生同台竞技，取得了2004年度本科组全球亚军、

2005 年及 2009 年全球总冠军，成为问鼎此项比赛全球总冠军的首支亚洲队伍，为我国的工商管理教育赢得了世界荣誉，为中国大学生争得殊荣。此外，在美国大学生数学建模比赛等学科竞赛中，我校学生也取得了优异成绩。

通过培养空间和训练时间的合理配置，让三个课堂联动起来，使学生在校内接受第一课堂和第二课堂的训练与在校外接受社会实践的锻炼有机结合起来，知识、能力和素质协调发展，实现从注重知识传授向更加重视能力和素质培养的转变，提高学生的就业竞争力。

四、学校"本土国际化"办学取得显著成效

（一）在校学生满意度高

从实际运行情况来看，本土国际化办学在培养具有国际竞争力的经贸人才方面取得了很好的效果，所体现的教育教学思想以及实施的运行机制得到了广大师生的认可。学生对多种培养模式所提供的自由选择空间高度认同。据近几年教学数据统计，70% 以上的学生实现了跨专业选课；50% 左右的学生申请辅修专业或辅修学位；5% 的学生实现了跨院选专业，部分学院实现了院内学生自主选择专业。国际化的办学理念与实践，为培养学校学生跨文化交流能力和国际竞争力创造了良好的氛围和条件。学生普遍认为，富有弹性的国际化人才培养模式有利于学生自主发展，提升了国际竞争力。在国内高校中，我校学生一直以国际视野比较开阔、外语娴熟、思维活跃、跨文化交流能力和创新精神强而著称。

（二）用人单位满意度高

据学校毕业追踪调查，本土国际化的办学特色在就业中得到彰显，毕业生就业率高、就业质量高、就业满意度高。用人单位普遍反映我校本科生具有以下特点：英语能力强，善于跨文化交流；专业知识扎实，思辨能力、分析能力出色，具有务实精神，就业后上手较快，实践能力强。中国人民银行认为"贸大毕业生勤奋、踏实，外语水平高，是复合型人才"；中粮集团称赞"贸大毕业生综合素质好，上手快，组织纪律性强，团结协作精神好"；宝洁公司给予的评价是"贸大毕业生在工作中表现出优秀的沟通、协调

及学习能力，有高度的责任感和对企业文化的高度认同"。如在 2009 届本科毕业生中，从事涉外相关事务毕业生 783 人，占本科毕业生总人数的 45.12%。其中，到涉外政府部门工作的毕业生 30 人，占本科毕业生总人数的 1.73%；就职大型国企从事涉外业务的毕业生 124 人，占本科毕业生总人数的 7.15%；进入跨国公司的毕业生 344 人，占本科毕业生总人数的 19.83%，有 292 人（其中本科生 171 人）供职于全球四大会计师事务所，继续保持在国内大学的领先地位；出国留学 285 人，占本科毕业生总人数的 16.43%。

（三）国际化、复合型本科生人才培养模式得到同类兄弟院校的广泛认可

兄弟院校对于学校的办学特色和人才培养特色给予高度关注和认可，许多学校来校调研、考察，索取资料，学校召开的相关学术交流会议也得到兄弟院校的大力支持配合；同时，不少兄弟院校邀请本校领导、教师前去交流、介绍情况。学校的培养模式产生了较好的示范作用。

（四）国际化、复合型人才培养模式受到主管领导部门肯定

2006 年 10 月教育部对我校进行的"本科教学工作水平评估"中，"国际化"办学特色得到评估专家的高度肯定。在教育部"质量工程"建设项目申报中，我校国际化特色项目得到教育部和北京市教委的肯定，"国际经济与贸易国际化"、"法学国际化"人才培养等 11 个专业被批准为第一、第二类特色专业项目；"国际化工商管理类精英人才培养模式实验区"被确定为国家人才培养实验区，"国际化素质教育基地"被确定为北京市素质教育基地等等。

总之，继承外贸行业办学特色和国际化办学传统，顺应社会经济一体化和高等教育国际化潮流，通过制度创新、机制创新、教学支撑体系创新，走"本土国际化"人才培养之路，探索具有中国特色的国际化人才培养新途径，使绝大多数学生能在国内高校完成他们的国际化培养，具有较强的示范效应和实践价值。

参考文献

[1] 杨伦琪. 对高等学校特色办学的探索与思考 [J]. 辽宁教育研究，2005（4）.

［2］葛继平. 高校特色化发展的影响因素与发展路径［J］. 现代教育管理，2010（1）.

［3］李化树. 论大学办学特色［J］. 清华大学教育研究，2006，27（2）.

［4］靖国平. "国际化"：大学的传统底蕴和本土性格［J］. 湖北大学学报：哲学社会科学版，2004，31（6）.

［5］陈昌贵，等. "研究型大学国际化：机遇与挑战"研讨会综述［J］. 教育研究，2009（12）.

［6］崔军，汪霞. 从创新人才培养的角度谈大学国际化的应对之策［J］. 全球教育展望，2009（10）.

［7］王路江. 大学：走具有特色的国际化发展道路［J］. 中国高教研究，2005（2）.

［8］姜朝晖. 大学校长国际化：中国34所"985工程"高校的调查［J］，江苏高教，2010（5）.

［9］黄福涛. "全球化"时代的高等教育国际化——历史与比较的视角［J］. 北京大学教育评论，2003（2）.

［10］汪旭晖. 高等教育国际化的动因与模式——兼论中国大学国际化的路径选择［J］. 辽宁教育研究，2007（8）.

［11］袁本涛，潘一林. 高等教育国际化与世界一流大学建设：清华大学的案例［J］. 高等教育研究，2009，30（9）.

高等财经教育质量保障的国际比较与借鉴

——基于商学院国际认证的视角

上海对外贸易学院高等教育研究所

（上海对外贸易学院 高等教育研究所，上海 201620）

一、高等教育认证制度的兴起

（一）世界范围内高等教育质量保障体系的建立

随着高等教育规模的扩张，20 世纪 80 年代开始，保证和提高质量成为政府、学校、社会、消费者等各方共同关心的议题。1970 年 6 月，德国联邦政府发表《教育报告 1970》，认为质量的提高应该成为高等教育改革的中心。哈佛大学校长德里克·博克（Derek Bok）在《高等学问》一书中警告说：任何学校，如果每 15～20 年不对本科生教育进行一次全面彻底的大检查，就会冒重大的风险。美国高质量高等教育研究小组则明确提出：高等教育的根本问题是教育质量问题，所有高等院校要全力以赴地提高高等教育质量。美国高等教育质量委员会则在 1983 年和 1984 年相继提出了《国家处于危急中：教育改革势在必行》、《投身学习：发挥美国高等教育的潜力》两个纲领性文献。之后，《提高高等教育教育的 67 条建议》、《进入大学前的学术准备：学生应该掌握什么指示和具备什么能力》、《为高质量而行动：一项改进我们国家学校工作的全面计划》等关于教育改革的一系列报告相继推出。1998 年在巴黎召开的世界高等教育大会，则把高等教育的针对性、质量和国际化作为三个核心理念写入《展望和行动世界宣言》的行动纲领。2001 年第六次世界高等教育质量保障大会的召开，更是把保障和提升质量转化为一种全球性的教育潮流传播到世界各地。

在高等教育质量保障活动步步深入的浪潮中，欧美各国纷纷结合自己的国情和传统，创建了各有特色的质量保障体系。在各具特色的高等教育质量保障体系中，认证制度以其严格的标准、严谨缜密的程序、中间立场、帮助院校改进等特征脱颖而出，经过百多年的发展，最终成为高等教育质量保障体系中颇具特色的重要组成部分。

（二）以美国为代表的高等教育认证制度的发展与成熟

美国的高等教育认证起始于 150 年前，是一种以院校自我评估和同行评估为基础，以满足公众问责和提高质量为目的的管理制度。一般通过教育界和实务界组织的认证机构以及一些私人组织对院校和专业的教育教学质量进行评价，其目的是通过检查和评价，一来保障院校或学术项目的质量，二来帮助院校或学术项目改进和提高。整体看，美国高等教育认证制度有以下三个特点：①认证标准是院校与认证机构共同合作制定的；②认证程度是先有院校的自我评价，然后是认证小组的实地考察评价；③认证活动从性质上来讲是一种自愿的、非政府性的活动，并不介入学校的管理与运作。从认证类型看，分为学校认证和专业认证两种。学校认证是指对学校整体办学条件和水平的认证，一般由地区认证机构认证，认证内容包括学校的课程及教学质量、办学目标、任务、行政管理能力、学生管理及服务、经费、教师力量、教学计划等。专业认证由专业认证机构实施，认证内容与学校认证类似，但比较具体。不过，无论是学校认证还是专业认证，一般都先由学校或学院提出申请，提交自我评价报告，接着专家实地考察，写出考察报告，最后得出认证结论。认证周期循环进行，一般 5 到 10 年一次。虽然是耗时的过程，但是美国院校也都意识到了这更是一个自我认识和提高的过程。所以，尽管存在美国高校的多样型和学生选择的多元性，但美国各州的质量保证和认证工作始终占主要地位，各院校也将质量保证和认证作为自己的一项长期战略规划。学校通过建立自己的协会，进行自我认证，既能促进自身发展，同时又能向政府和公众表明自己的教育质量，以求得到社会各方面的认同，这使得认证制度能在美国保留和延续百余年而不衰。

目前通过美国高等教育鉴定委员会（CHEA）和美国的教育部（USDE）认可的认证机构就有 85 家。其中地区性认证机构 8 家，全国性认证机构 11 家，而专业认证机构就有 66 家，专业认证领域涉及工程、人文、社会科学、商科教育等各方面。其中，就有国际商学院联合会推出的全球最权威、历史最悠久的商学院认证 AACSB。

总的来说，作为世界上高等教育质量最发达的国家之一，美国的认证制度一直起着监控仪、风向标和助推器的作用，对作为高等教育最发达国家之一的美国教育质量充分发挥了保驾护航的作用。

（三）科学有效的财经类教育保障制度的重要性和迫切性

伴随着全球性对高等教育质量的重视，国内教育质量保障体系建设也在行进之中。除各种评估、认证等之外，国家层面的 211、985、质量工程等无一不是为了保障和提高高等教育质量所作的努力。《国家中长期教育改革和发展规划纲要（2010－2020 年）》在总体战略中提出：把提高质量作为教育改革发展的核心任务。制定教育质量国家标准，建立健全教育质量保障体系。第七章高等教育第一条提出：全面提高高等教育质量。第二条提出：提高人才培养质量。全面实施"高等学校本科教学质量与教学改革工程"，健全教学质量保障体系，改进高校教学评估。

作为高等教育重要组成部分的财经教育，在经济全球化背景下，教育质量保障问题显得更为突出。

一方面是规模和数量的扩张，另一方面是人才培养质量的下降。如今，到欧美读商科成为国内高等财经教育中的一种比较普遍的现象。一方面说明欧美商科教育的成熟和发达，另一方面说明我们的财经教育的落后。在经济全球化发展、全球化操作和运营的大环境中，我们培养的财经类人才和全球知名商学院所培养的商科人才被置于同一竞争平台，被置于同样的要求和标准之中。我们所培养的财经人才是否能适合全球标准，关系到我们的人才能否脱颖而出，进而关系到我们财经院校的未来发展。从另一角度讲，作为培养未来商界人才的财经类院校，能否培养出高质量的商科人才，不仅关系到未来社会经济是否和谐有序，关系到人类社会文明秩序的繁荣，也关系到我国在全球化经济中是否拥有优势的人力资源。

面对经济全球化的挑战，面对商界人才对社会秩序的引领，保证我国财经类人才培养质量已经迫在眉睫。而全球范围看，国外特别是欧美的商科教育具有悠久的发展历史，所以，其商科教育质量及其质量保障体系的发展也相对发达与成熟。在高等教育质量保障体系建立的过程中，由于其商科教育发展的先进性和成熟性，专业性的商科教育质量保障体系也逐渐孕育，并逐步发展成为获得国际认可的、全球性的、日臻成熟的商科院校认证体系。其最突出的成就与表现就是三大全球权威商学院认证体系的发展与成熟（美国国际商学院联合会推出的 AACSB 认证体系、欧洲管理发展基金会推出的 EQUIS 认证体系和英国工商管理协会推出的 AMBA 认证）。目前，通过全球权威商学院的认证不仅是各商科院校与全球商科教育接轨，具有国际水准的证明，而且更是世界一流商学院的标志。鉴于此，本文以三大权威商学院认证为研究目标，希望通过这一研究对构建我们自己的科学有效的财经类教育保障体系有一定的借鉴作用，也希望能以权威商学院认证标准为指引，促进自身工作。同时，通过学习、借鉴与引进全球商学院国际认证作为切入点，对深刻理解教育国际化，提升我国财经类高质量人才培养也具有重要意义。

二、全球权威商学院认证制度的发展与成熟

（一）全球三大权威商学院国际认证概况

美国 AACSB 认证：美国国际商学院联合会（Association to Advance Collegiate School of Business，简称 AACSB）成立于 1916 年，是国际三大权威商学院认证组织中历史最悠久、声誉最高的认证机构，最初由哈佛大学、芝加哥大学、西北大学等著名大学管理学院发起，是一个由商学院、社团和其他机构组成的非官方、非营利性的民间团体。AACSB 一直致力于提高和促进工商管理学和会计学领域的教育水平，是工商管理和会计学专业学士、硕士、博士等学位项目的首要认证机构，是全美唯一一所对工商管理及会计专业有鉴定权的权威机构。取得 AACSB 认证代表着全世界商学院的最高成就，获得认证的商学院也被视为教学质量一流的商学院。目前在全球拥有 1200 家会员机构，截至 2011 年 7 月，全球共有 41 个国家 633 所商学院获得了 AACSB 认证，其中包括 17 所中国高等院校（包括香港和台湾地区）。

欧洲 EQUIS 认证：EQUIS（The European Quality Improvement System）是欧洲管理发展基金会（EFMD）于 1996 年创办的一个以认证为主要形式，对高等管理教育机构进行质量评价，推动商科教育进步的国际认证体系。EFMD 是管理发展学界最大的国际组织之一，在全球 70 多个国家有 600 多家机构会员、12 000 多位来自学术界、商界、公共服务以及咨询业等各个不同领域的个人会员，以致力于服务全球管理教育为理念，基本目标是提高全世界的高等管理教育水平。作为一个国际权威机构，EQUIS 是从整体上来评价认证对象，认证过程非常严谨。截至 2011 年 6 月，全球共有 38 个国家的 130 所商学院获得 EQUIS 认证，其中包括 7 家中国大陆商学院。

英国 AMBA 认证：英国工商管理硕士协会推出的 AMBA（Association of MBAs）是一项专门针对 MBA 教育的国际认证。最初是 MBA 项目联盟，目前其成员已扩展到全球，从单一的 MBA 延伸到其他管理硕士课程和管理博士课程。AMBA 认证坚持独立操作、市场驱动和国际化发展三大原则。由国际教育工作者及著名学者组成的咨询董事会监督整个 MBA 教育认证过程。目前在全球共有 72 个国家和地区 180 所院校参加了 AMBA 协会教育认证。AMBA 注重体现商务和管理实践的发展，注重管理理论与商务实践的结合，在认证自评报告审核和现场认证过程中，均强调参加认证的 MBA 项目是否体现了"实践导向"。

（二）全球三大权威商学院国际认证分析与比较

1. 参与认证院校或机构的数目

三大认证体系虽然创办时间不同，但却都迅速发展成为具有全球性质的商学院认证。仅以 2004 年和 2011 年参与三大商学院认证的机构数目为例，我们从中可以看出其迅速发展的态势。

表1

认证机构	2004 年获得认证情况			2011 年获得认证情况（截至 2011 年 7 月）		
	全球参与院校	亚洲参与院校	中国参与院校	全球参与院校	亚洲参与院校	中国参与院校
AACSB	484	12	0	633	36	17
EQUIS	73	8	1（港、台未统计在内）	130	17	12（包括港、台）
AMBA	81	6	0	180	12	6

2. 认证程序

AACSB 认证程序有会员资格申请、预认证、初认证、资格保持认证四大步骤，其中，递交自评报告、AACSB 指派专家和申请认证院校一起制定并督促申请院校和 AACSB 标准逐步接近、看齐是重要的一环。EQUIS 主要分预先调查、正式申请、简短实地考察、资格审查、自我评估、同行专业评审、授予认证资格、认证后持续改进、再次认证几个环节。AMBA 认证程序则分为认证意愿陈述和初步讨论、自我审查、撰写并递交自评报告、评委会实地调查与现场审核、评委会详细评估几个环节。

3. 认证特色

三大认证体系虽然都是权威性全球认证，但是每个认证体系的侧重点又有所不同。

相比较而言，AMBA 主要是针对 MBA 教育项目的认证，而 AACSB 和 EQUIS 则是针对商学院整体而进行的认证。从认证侧重点看，EQUIS 更着重于商科院校的国际化发展、与企业的联系以及对社会实践活动的贡献，着重于课程以及学生毕业后的职业发展；而 AACSB 更着重于学校战略、学术标准、学习保证。

4. 认证标准

全球三大权威商学院认证均有指导手册，手册中对其认证程序和认证标准以及指标体系有详尽的阐释。本文为比较深入地了解和分析三大认证体系，特对其指标体系进行较为全面的展示。

表2　　　　　　　　　　　　　　　　　　AACSB 认证标准

标准分类	标准序号	主要内容
战略管理标准	标准1	使命宣言：有指导决策的使命；使命来自各利益相关者；周期性地修改使命。
	标准2	知识贡献：使命包含对知识贡献质量的关注。
	标准3	人才培养目标：使命对所培养学生的服务领域有明确的陈述。
	标准4	持续提高目标：认证项目能体现出优先原则并持续性地投入和提高。
	标准5	财政战略：具有适当的、可重组的资源以实现其使命和专业的财政战略。
	标准6	招生战略：学院提供的商学学位课程有明确的入学政策，并与学校使命一致。
参与者标准	标准7	学术标准和学生升留：有学生升留的学术标准；升留规定应与使命相一致。
	标准8	教职员：有充足的教职员。
	标准9	专业教师：师资配置应反映学校的使命和课程；学生都有机会获得具有合格资质教师的指导。
	标准10	师资队伍建设：教职员工持续具备专业知识以完成使命，学校有明确的程序评估每个教职员工对使命的贡献；将教师划分为研究型和教学型两种类型。
	标准11	师资队伍建设：学院应具有健全的规章以及沟通程序来管理和支持教师，使教师的职业生涯与学院的使命相一致。
	标准12	教学管理职责：确保所有师生有足够的时间投入学习过程中；确保在学习过程中，师生之间有充分的联系和交流；设定较高的学术成就目标，并为其提供指导；评估教学效果及学生的总体成就；不断改进教学课程；教学创新。
	标准13	教师责任：与学生和同事真诚相处；不断发展、充实自己的知识，掌握所教学科的前沿动态；使学生积极融入到学习过程中；鼓励参与者间的协作与合作；确保对学生的表现做出经常的、及时的反馈。
	标准14	学生责任：与教师和其他学生真诚相处；投入适当的精力和热情，认真学习；勇于接受学习中各种挑战；在学习上帮助其他同学；达到教师设定的标准。
学习保障标准	标准15	课程管理：有健全的规章来管理课程；课程管理应有汲取来自各个方面的意见，包括教师、职工、管理者、学生、其他院系教师、校友以及用人单位等。
	标准16	本科生学习目标：明确的知识和技能目标（基本知识和技能、管理专业/或特定学科的知识和技能）。
	标准17	目标管理：本科学位课程必须有充足的时间、内容覆盖、学生努力以及师生间互动，以确保学习目标的实现。
	标准18	综合管理硕士学位课程（如 MBA）：知识和技能（硕士学位的学习比本科教育更加具有整合性和跨学科性）。
	标准19	专业硕士学位课程：知识和技能。参加硕士学位课程学习意味着不仅已具备本科学位的基本知识和技能，而且要达到一个更高的层次。
	标准20	博士学位：知识和技能；博士课程培养学生在学术领域或实践领域能够从事高度专业化的职业；学生需展示出通过专业领域的原创性研究创造新知识的能力。

表 3 EQUIS 认证标准

序号	标准名称	内容	关键指标
1	背景、管理和战略	有清晰的使命，且全体成员了解并支持这一使命；有明确、可信、具有可持续性的战略，战略规划应该能合理反映学校的市场定位、资源能力和相关的制约因素。	环境；机构地位；管理；宗旨使命、愿景和价值观；战略定位；战略方向和目标；战略计划；质量保障；国际化；企业联接
2	专业	改革专业并与国际接轨；专业设计和内容应当包括广泛的理论知识，要和国内外的现实商业和管理世界紧密相连；教学方法能保证学习效果和学习成果的实际应用。	项目组合；项目设计；项目内容；技能获取；项目教学方法；学生评估；项目评估；国际化；企业合作；社会联系
3	学生	学校应该通过合适的选拔程序、进程管理以及服务保证学生的质量和就业质量；同时还应该努力建立一个平衡的、能够体现学生背景和国籍多样性的学生群体。	课程的准备和进程；支持和咨询服务；个人和职业发展；道德和价值观；职业定位和支持；校友关系；国际化；企业联系
4	教职员工	核心教职人员即中坚力量的存在（最低人数定为 25 人），以确保学校的延续性、传承其传统和价值观。	教职人员规模、资格认证和组成；教职员管理；教职员发展；国际化；企业联系
5	学术研究与发展	出色的研究能提高学校的知名度，提高吸引优质教职人员和优秀生源的能力，提高课程质量，提高吸引资金的能力以及提高为企业客户提供知识和新的管理方法的能力。总的来说，研究成果会帮助学校更好的实现其公共服务的目的并且更好的服务于目标市场。	研究活动；发展和创新；研发的国际特征；研发和企业的联系
6	高层管理人员培训	高层管理培训应当被看做是加强学校与公司和组织联系的核心，应该通过从业经理人审视特色专业知识从而改进商业实践。	学校内部的定位；产品组合；市场营销和销售；参与管理；项目质量和影响；教职人员；研究和发展；国际化
7	社会服务	学校应该清晰地认识到自己在所在地区、国家及国际社会担当"好公民"的角色，应该把提升道德行为和企业责任作为其教育目标的基本价值观。	与社会联系；学生课外活动；服务；企业责任
8	资源及行政管理	应当有独立的财务能力，并能保持财务正常运转，所拥有的硬件设施能够为学习提供良好的环境，并支撑学校各方面的相关活动。	设备及学习环境；财务状况；财务管理系统；信息与文件设施；计算机设备；市场与公共关系；行政服务与管理人员
9	国际化	有明确的国际化发展战略和政策，教师、学生及研究的国际化应该列入学校战略，交换生、研究活动等多种培养方式是培养学生国际参与能力的基础。	国际化战略与政策；国际化使命、管理、战略和当前运作的国际化程度；教师与学生群体的国际化水平；国际化活动；国际学术联系单位；与国际企业的联系；与国际组织的主要联系；研究及发展的国际化程度的简短描述；过去五年中学校在国际化运作中的主要变化
10	校企合作	学校应该有明确的校企发展战略和政策。通过与企业世界的合作与联系，提高师生对商务管理知识的实际理解。	学校的校企战略与政策；学校与企业世界联系核心手段；校企合作的程度与特点；校企合作经费；与企业合作者的主要联系；学校与企业联系的国际特征

表4 AMBA 认证标准

标准	内容
学院	有明确的、表述清晰的并定期调整的战略和使命，有持续改进的政策和措施；学院在其所属的大学中拥有一定的独立性，能保证财务能力和制度的连贯性；学院的教育质量、管理水平应达到较高层次。
师资	应当拥有充足的师资力量以支持学院的活动；从事 MBA 教学的教师必须符合任职条件并值得信任，至少有 75% 的教师应具备相关的研究生学历；希望大多数教师具有博士学位；教师的研究水平应该在所有相关领域具有高质量，并显示出一定的国际性；学院应该制定有充分依据的教师发展政策以确保教师能不断符合高标准。
学生	学院对学生的录取有严格的入学程序和标准；录取的 MBA 学生必须具有至少 3 年以上工作经验，整体工作经验时间平均为 5 年以上；学生在国籍、学科、职能和文化等方面要具有多样性；对于学生的学习，学院应有明确的认可学分和免修政策，使用严格可靠的标准和程序；全日制 MBA 项目不接受学分认可、旁听和免修。
课程	MBA 是硕士层次的学习项目，在性质上是研究生教育；学院的课程设置在本质上要求以培养通才为目标，并能够覆盖商业技能的核心内容；一个 MBA 项目应包含大量的以一个或多个科研项目形式完成的个人工作，以提高学生的整合能力；项目还应有一系列教学和学习方法，以及能反映课程的具体目标和特征的评价方案、评价反馈机制等。
目的和结果	MBA 应该是一种职业发展综合型人才培养学位，面向相关工作经验的人士；学习项目应具有明显的实践和职业导向，注重通过战略性管理培养学生的领导能力；每一单个 MBA 项目应该有清晰陈述的总目标、具体目标和学习结果；在评估 MBA 项目的总体质量时，要考虑项目对工作经验和职业发展的附加价值，寻求合适的校友、雇主和赞助者的观点和经历。
模式和学制	MBA 项目可以是全日制、业余、远程/开放学习或多种模式组合；鼓励在设计和实施上的创新性方法；总的学习时间不得低于 1800 个学时，其中教师面授时间不得少于 500 个学时；全日制 MBA 学制不得低于 1 年，非全日制 MBA 学制不得低于 2 年。

（三）带给我们的启示

（1）从参与三大商学院认证院校或机构数目看，其迅速发展的态势不容忽视。

根据前面 2004 年和 2011 年参与三大认证院校的数据及我们对三大认证的关注看，不管是全球参与院校还是亚洲和国内参与院校，每年都在迅速增加。而据 2004 年英国《金融时报》报道，全球 100 强商学院中有 95% 的"一流商学院"已经通过三大权威认证。可见全球 100 强商学院对三大商学院认证的重视程度。从国内参与院校看，2004 年，在国内还处于刚刚引起关注的起步阶段，短短的六七年间，国内一流的管理学院，比如清华大学的管理学院、北大的光华管理学院、复旦大学管理学院、上海交通大学安泰经济管理学院、西安交通大学经济管理学院、中欧工商管理学院等，均通过了一项或两项甚至三项认证。同欧美商学院相比，虽然参与国际商学院认证的数目还不算太多，但在三大权威商学院认证的巨大影响下，亚洲国家参与认证的趋势日益明显，从国内参与认证情况就能管窥一斑。因此，随着全球化的蓬勃发展，商科教育必然和正在走向国际化，积极参与国际认证或创建自己

的认证体系已经成为一种趋势和国际潮流。

（2）从认证程序看，虽然不尽一致，但是共性却非常明显。

首先，都要求认证院校对自己进行自我评估或审查，而且自评报告的撰写和修改都是重要的环节。其次，通过认证并非一劳永逸，认证结果也并非终身有效。对通过认证的学校进行周期性持续认证，以促进学校可持续发展，而且在认证资格期间，每年都要递交学院相关方面工作情况汇报。再次，认证是动态的、自愿的，被认证方随时可以退出认证程序。给我们的启示有：①自我评估的目的是帮助认证院校对自己的战略地位有一个清晰的认识。通过 SWOT 分析，可以帮助院校识别自身的优势、劣势，所拥有的机会和来自外部的威胁与挑战。只有对照认证标准对自身的战略地位以及优劣势有清楚的分析和认识，才能真正做到以标准为目标，从各方面改进。②循环认证的模式避免了终结性评估的弊端，从而可以营造比较长期性的质量保障体系和质量保障动力。

（3）从认证特色看，个性之中见共性。

三者虽然强调侧重点不同呈现出不同的个

性，但是共性却是根本。首先，三者都重视使命驱动的因素，重视战略规划在学校发展中的作用；其次，三者都强调持续改进、持续发展的因素；再次，都密切结合商科教育特点，强调专业性。因此，和各种商学院排名相比，认证不只是关注结果，更是关注过程，在过程中构建自身持续发展的机制。所以，参与认证院校重要的是在理清自己办学的 SWOT 分析的基础上，在认证标准的指引下，持续改进工作，获得持久的质量保障。

（4）从认证标准看，虽然标准多少有所区别，但是从使命到认证细则涵盖面广，可操作性强，具有极强的科学性和有效性。

首先，覆盖面广泛，从院校的环境、管理、使命、战略地位、战略计划方向目标、学生、教职员工、研究与发展（科研）、对社会的贡献、资源与管理、国际化、与业界联系等各个方面都对院校规定了详细的指标体系。其次，以认证程序的严谨，处处规范认证标准的可操作性。再次，以动态调整和变化应对环境和时代的变化，从而体现出认证标准的科学性和有效性。三大认证体系的标准并不是一成不变的，而是根据外部环境和时代的发展变化而不断做出适当的调整。而且，也正是通过不断修正自身标准，才从地区性、区域性的定位逐渐走向国际性、全球性的定位。比如，1991 年，AACSB 全体成员通过了与其使命相联系的认证标准和评估考察评估程序。2003 年，AACSB 又率先设定了适合全球高等管理学教育认证的标准。以后每年根据全体会员大会意见对认证标准做讨论和局部修订。而 EQUIS 自 1997 年创立以来，也已经逐渐从欧洲的认证体系定位稳步走向世界，真正成为国际性的认证体系。对我们的启示有：科学的认证指标体系是保证质量的前提；与时俱进，不断改进和完善标准，是确保认证时代前沿性、专业性以及准确性的基础。

（四）小结

全球权威商学院认证体系的成熟和权威，在于它缜密、严谨的认证程序，在于它专业水准、科学的指标体系，在于它对商科院校持续改进的驱动力，其科学性和专业性不言而喻。短短的几十年间，三大认证体系从地区性认证标准和体系稳步走向全球，带给我们的不只是以上的启示，

也带给我们更多的思考。我们的财经类院校有没有自己的专业性的评价标准，有没有我们自己的质量保障体系？我们应该以积极的态度参与商学院国际认证，以全球权威商学院认证标准为引导，改进和提升我们财经类院校的人才培养还是固守原本的理念与模式？亦或是重新创立亚洲的、甚至我们自己的财经类院校认证模式？

我们认为，在经济全球化环境下，商科类院校和商科人才的培养所具有的共性和共同的发展规律以及欧美发达的商科教育告诉我们，积极引进优秀的国际教育资源，引进优质的国际评估或认证指标体系，应该成为我们创建卓越财经类教育应有的策略和行动。而以国际标准提升自我管理和人才培养质量，并力争在国际性认证中获得话语权，应该也是我国财经教育的一大任务。同时，加强国际认证标准的研究和学习，也有助于我们对国内现行的高等教育认证（或评估）体系与实践进行反思。《纲要》提出的"积极参与和推动国际组织教育政策、规划、标准的研究和制定"的精神，给我们指明了商科院校质量保障体系发展方向。

三、上海对外贸易学院在参与 国际认证方面的实践和探索

上海对外贸易学院历来重视教育质量的保障与提升。自 2001 年起，学校就建立了全面的本科教学质量保障体系，从教学目标、教学标准、教学过程、教育评估和教学调控等各个方面对教学质量加以管理和控制，并依托学科、专业和课程建设委员会、本科教学指导委员会和教学质量委员会三大组织平台，从目标控制、标准控制、过程控制和组织保障等四个方面对学校本科教学质量实施全方位的监控和保证，形成了一个切实有效的"管理闭环"。在全面、严谨、有序的教学质量保障体系运行之保障下，上海对外贸易学院一直以过硬的本科教学质量而闻名。

随着时代的发展，特别是国际商科教育的蓬勃发展，我们日益感觉只靠传统的校内质量保障体系来保障和提升质量还远远不够，所以，寻求优质国际教育资源，走向全球，以他山之石服务于自身发展成为我们的目标之一。在寻求、探索的过程中，我们看到了全球权威商学院认证体系

的科学性与吸引力。

所以，根据现实需要，我们把争取成为商学院国际认证会员单位并进而通过认证确定为提高我们办学质量的重要途径之一。从 2010 年到现在，学校先后从以下几个方面开展了工作，并取得了一定的成绩：

第一，把商学院国际认证目标写进《上海对外贸易学院教育国际化行动方案》、《上海对外贸易学院"十二五"改革和发展规划》，提出成为国际高等商学院协会（AACSB）和欧洲质量认证体系（EQUIS）会员单位，争取通过 AACSB 和 EQUIS 两项认证中的一项认证，并为英国工商管理硕士协会（AMBA）认证做一定准备。

第二，加强对商学院国际认证体系的学习与研究。学校以高等教育研究所为主要负责部门，完成了对三大认证体系认证程序、标准的学习和研究。翻译了三大认证体系的完整文本资料。编辑出版了《高等教育教学与评估参考·全球商学院三大认证体系》、《高等教育教学与评估参考·EQUIS&AACSB&AMBA》、《上海对外贸易学院国际认证工作通讯》等相关刊物。并于 2010 年 10 月参加了在上海交通大学安泰经济与管理学院举办的"第三届全球商学院院长论坛"，同时与 AACSB 新加坡总部取得联系。

第三，对国内已经通过商学院认证的学校进行实地调研。学校以高等教育研究所人员为主要队伍，对国内通过国际商学院认证的部分学校和会员学校进行了调研，取得了第一手较为详细的资料，完成了《国际商学院认证调研报告》。

第四，经过长期的准备和多次的沟通，2011 年上半年成功申请成为 AACSB 和 EFMD 会员单位。5 月份完成 AACSB 的年度调查报告 BSQ，6 月份约见 AACSB 高级副总裁、亚洲首席执行官 Elieen Peacock，7 月份赴新加坡参加 AACSB 组织的"学习保证"主题的培训会议，完成《会议培训总结》，对下一阶段工作提出明确任务。

总的来说，我们已经走出了以国际认证改进和提升我校质量的第一步，但距离通过认证还比较遥远。不过，通过认证并不是目的，在寻求通过认证的过程中，以全球标准衡量自身的发展，并逐渐达到全球一流商学院标准正是我们的目标。

四、结语

教育虽然不像世界贸易那样能够形成国际规则，但是教育的共性，商科教育的共性和规律是共同的。学校只有具备全球的视野，才能确切地定位自身的位置；学校也只有面向国际，寻求发展的参照物与坐标系，不断地进行革新和完善，才能生存并求得可持续发展，而且只有这样才能缩小因教育差异所造成的社会发展的差异，促进教育及社会的均衡发展。所以，借鉴不同的教育经验和模式，促进文化与教育的交流与碰撞，交融与借鉴，沟通与合作，是十分必要的。

当然，一国的质量保障和评价或认证制度与该国的教育制度具有一种"亲缘"关系，任何撇开这种亲缘关系的质量保障是不存在的。所以，我们在接受国际商科院校或组织发展成果和经验的示范作用时候，要注意结合各自学校的实际情况和战略规划，确保教育质量保障的科学化与有效性。

论中国教育国际化发展战略转移

——兼论财经高等教育国际化发展战略的新选择

吉林财经大学

（吉林财经大学，吉林 长春 130117）

《国家中长期教育改革和发展规划纲要》揭开了中国教育发展的新篇章，在中国教育从教育大国向教育强国迈进的战略选择中，中国的高等教育应当适时地改变教育国际化发展战略，从单纯的引进、接轨向国际化教育产业化的方向转变，让中国的高等教育在竞争的国际舞台上占有相应的席位。

一、中国高等教育国际化战略转移的现实依据

（一）全球化过程开始从一元向多元转变

金融危机爆发以来，世界力量对比发生了历史性的变化，客观事实表明全球化进入到一个新时代。如果说冷战结束后，以民主价值观和自由市场体制为核心的新自由主义美国模式最终主导了全球化的进程，那么金融危机爆发后，新兴国家发展模式的出现打破了美国一元化的全球化模式。世界各国开始认识到，国际自由市场暗含着竞争前提的不平等，而合理的监管和科学的宏观调控是保证市场有序和自由竞争的前提。也就是说，世界的民主与秩序要由多元国家共同构建，兼顾发达国家与发展中国家、西方国家与非西方国家、富裕国家与贫穷国家利益，多元发展模式的共存将成为全球化的新价值取向。当今世界，新兴国家对全球化的影响越来越大，成为推动全球秩序和制度改革的主要动力。

（二）中国在全球经济一体化进程中的国际地位在提升

随着全球化多元的转变，世界政治经济格局的协调从 7 国集团、8 国集团，扩展到 20 国集团，区域性的协调也在发挥着重要作用。金砖四国作为新兴力量的国际地位在提升。中国力量的增长被视为当今世界最为重要的地缘政治经济变化。中国对世界经济增长的贡献率达到 50%。随着世界逐步迈向后金时代，人们的目光开始投向未来国际秩序和地区秩序的构建，尤其是亚太地区作为世界新的权力中心的秩序正在重塑，这种趋向使世界比以往都更进一步关注中国国际地位的变化以及在全球和地区范围内可能扮演的角色。

（三）中国对外关系从开放战略向国际战略升级

随着中国在国际经济体系中地位的变化，中国经济发展与世界经济运行的关系也出现了新的变化。胡锦涛总书记在多伦多 20 国峰会上提出了三点建议，即"加快建设公平、公正、包容、有序的国际金融新秩序，促进建设开放自由的全球贸易体制，提高发展中国家自我发展能力，推动世界经济尽早进入强劲、可持续、平衡增长"。这说明，30 年来综合国力的提升和开放型经济的建立，中国已经是世界经济的一个重要组成部分。如果说在开放的初期，中国只能是国际经济体制、机制与规则的被动接受者，那么，经过 30 年的发展，中国经济争取更有利的国际经

济环境已经成为中国外交发展的首要任务。事实上，为实现经济的可持续发展，中国在调整国内经济结构的同时，突破国际贸易保护，对外经济关系已经开始从被动单向开放战略向主动双向互动国际新战略升级。

（四）中国的海外投资正由改革开放初期的资本引进演变成资本"输出"大国

中国的经济总量已经跃居世界第二的水平，而海外投资也在惊人的扩大。据有关部门统计，在加入WTO不久后的2002年，中国的对外直接投资仅有27亿美元，而2008年这一数字增至556亿美元，6年猛增20倍。截至2009年底，"走出去"的中资企业约有1.4万家，遍布全球上百个国家和地区。

世界全球化的新形势、新变化，将深刻影响中国高等教育国际化的各个层面，包括国际化的教育观念、国际化的培养目标、国际化的课程设置、人员的国际交流、国际学术交流与合作研究、教育资源的国际共享等各个方面。我们认为，后金融危机的全球化多元格局，中国国际地位的提升、对外发展战略的变化以及海外投资的迅猛发展，使中国的高等教育国际化发展面临新的挑战和机遇。我国高等教育国际化，特别是财经高等教育国际化的进程从初级阶段单纯的引进、接轨向国际化教育产业化的方向转化的时代已经来临。在国际教育市场中，中国元素应当与国家实力相称而占有一定的席位。换句话说，全球化多元格局的逐步形成是中国高等教育国际化发展的战略机遇期，中国高等教育国际化的发展理念出现战略性转变是必然的。这个理念就是中国的高等教育要进入国际教育竞争市场，吸引国外留学生来中国学习，把中国的高等教育建成吸引国际人才的平台，逐步实现国际化教育产业化。中国高等教育国际化实行战略转移，是中国高等教育国际化新的战略选择。而中国财经高等教育更应当抓住机遇，适时而动。

二、中国高等教育国际化实现 战略转移的目标

（一）把高等教育作为交流平台，"让中国走向世界，让世界了解中国"

温总理在世博会上提出"让中国走向世界，让世界了解中国"。世博会是一个开放的窗口，而教育的国际化是更深层次的国际交流平台。如果说孔子学院在传播中国的文化传统，那么高等教育国际化有可能作为一个更加宏大的平台，在科学、技术、经济、管理、社会人文等更多的领域开展国际交流。中国经济的腾飞和崛起，包含着"中国模式"的成功经验，很值得中国高校特别是高等财经院校去总结，世界比任何时候都更加需要了解中国。中国高等教育应当地走向世界，这是我国高等教育国际化发展战略第一层次的目标。

（二）在国际教育市场的竞争中，创建一流的中国高等教育

世界一流大学的发展史已充分证明：一所大学的创新力和生命力由其与外界交往的机会与频率、学术文化吸收的强与弱、学术文化所依存的社会活力及活动范围等因素所决定。让中国的更多高校走向世界，在国际教育市场中参与竞争，实际就是在国际间增加与外界的交往，共享国际教育资源，取长补短，培养和汇聚一批具有国际领先水平的的学科带头人，一大批具有创新能力和发展潜力的中青年学术带头人和学术骨干，使一批学科达到国际先进水平，大幅度提升了中国高等学校的综合实力和国际竞争力，进而提高了中国高校的世界影响力和知名度。在国际教育市场的竞争中，创建一流的中国高等教育是教育国际化战略转移的第二层次目标。这其中，也包括创建一流的高等财经教育。

（三）实现教育强国

中华民族的伟大复兴，关键靠人才，基础在教育。高等教育在国家现代化建设中负有重大责任和历史使命。《人民日报》社论指出："我国已进入改革发展的关键期，经济建设、政治建设、文化建设、社会建设以及生态文明建设全面推进，工业化、信息化、城镇化、市场化、国际化深入发展，人口、资源、环境压力日益加大，调整经济结构、转变经济发展方式的要求更加迫切，这些都凸显了提高国民素质、培养创新人才的重要性和紧迫性。因此，在经济社会发展中进一步调整教育战略布局，转变教育发展方式，不断深化教育思想、教学内容、人才培养模式的改革，进一步消除制约教育发展和创新的体制性、机制性障碍，形成充满活力、富有效率、更加开

放、有利于科学发展的教育体制和机制，是十分必要的。"而中国高等教育国际化战略转移，实际就是转变教育发展方式，不断深化教育思想、教学内容、人才培养模式的改革，有利于高校的发展和体制创新，有利于在全球化过程中，培养中国各领域各专业的人才，有利于积蓄我国经济社会可持续健康发展的人力资源。其中，中国高素质的财经国际化管理人才的培养尤为重要。实现教育兴国和教育强国是中国高等教育国际化战略转移的最终目标。

三、中国高等教育国际化实现战略转移的难度

中国高等教育蕴含着巨大的潜能，但中国高等教育要实现国际化战略的任务是繁重而艰巨的。

（一）中国高等教育总体实力不强

高等教育国际化的竞争，实际是高等学校实力的竞争。我国高等教育从计划经济的封闭式教育走向开放，无疑是大大的前进了一步。在此基础上，我国又先后实施了 211 工程和 985 工程，对重点高校的扶持力度在加大。但当前中高等教育国际化的进程不容乐观。美国《新闻周刊》2006 年首次将大学国际化作为评估指标之一，评出了全球 100 强大学，排在前 10 位的除了英国的剑桥和牛津大学以外，其余均为美国大学；进入 100 强的亚洲大学有日本、新加坡和中国香港的 9 所大学，中国大陆无一所大学入榜。又据 2010 年世界大学排名，中国大陆的最高学府北京大学和清华大学分别位于 50 位和 56 位，香港大学位居 26 位。美国耶鲁大学校长理查德·莱文曾乐观预测，有七所中国大学（北大、清华、复旦、南大、浙大、上海大学和西安交通大学）将在不久的将来成为世界名牌大学，但这只是预测而已。就众多的中国高校整体实力而言，与发达国家还有很大的差距。增强中国高等教育的实力是实现高等教育国际化战略转移不得不越逾的难关。按照《国家中长期教育改革和发展规划纲要》2020 年实现人力资源强国的要求，面对经济全球化的新变化，在教育国际化大潮中，创建世界一流高校必须认识到中国高等教育国际化战略转移到的紧迫性。而提升中国多数高校在国际上的知名度和影响力，特别是财经类院校的知名度和影响力，还有很长的路要走。

（二）中国高校国际市场的竞争意识不强，市场开拓不足

"经济全球化背景下，竞争已经成为时代的主题。如果把高等教育国际化作为高等教育产业运作的一种形式，高等教育国际化就是高等教育领域的国际竞争。"近年来，中国高等教育国际化的步伐在加快，国内综合性名牌大学的教育国际化水平有明显的提高，例如清华管理学院，有很高比例的外籍学生在那里读研究生，半数的课程用英语授课。但是目前的中国高等教育总体上是相对滞后的，特别是高等财经院校，国际竞争意识不强，到国外举办招生宣传会，深入到多个国家开展招生活动的只有个别院校。据有关方面统计，美国每年吸收的留学生在 50 万～55 万左右，年均增长率为 6.4%，而中国高校为数众多，每年吸收的海外留学生只有 20 万～30 万人左右。世界著名高校的外国留学生一般占校内学生人数的 15%～19%，而中国的相关高校留学生所占比例不足 5%。其中，还是以本科学历教育为主，教育的层次也不高，具体到财经高校，则比例更低。中国的国际教育市场开拓不足是显而易见的。

（三）教育行政化管理制度滞后

中国高等教育的运作如同行政机构，行政权力支配着教育资源配置和学校定位及发展方向。这种带有官样色彩的大学管理制度，限制了高校的自主发展，有人说中国的高校"千人一面"，实际就是管理体制相对落后的结果，其缺陷制约了创新文化的生成及前沿知识的开发。只有与行政干预保持距离，让学校有更多的自主权，中国的学术才会获得更快发展的空间，办出有特色的中国高等教育，进而增加中国高等教育的国际竞争力和吸引力。据介绍，香港大学在处理"政府出资与学术自由的矛盾"方面，积累了一定的经验，也取得了明显的成效，可资借鉴。《国家中长期教育发展纲要》已经明确提出要进行"去行政化"试点。中国财经高校教育制度的创新尚需探索。

四、推进中国高等教育国际化战略转移的对策

（一）建立高等教育国际化战略转移启动基金

（1）我国高等院校扩招，使中国的高等教育实现了从精英教育向大众化教育的跨越，这是一个历史性的转变。但这一转变也使高校背上了沉重的包袱。作为准公共产品的高等教育，行政性扩招的基本建设资金理应政府投资，但由于政府财政资金不到位，多数高校（特别是经济欠发达地区的高校）目前仍处于负债运行的状况。这在很大程度上制约了中国高等教育国际化的进一步发展。因此，弥补高校多年基本建设欠账，使高校财务周转正常，是高校开展各项教育活动的必要前提，也是高等教育国际化发展的必要前提。

（2）从政府的角度说，为避免和减轻金融危机带来的冲击，我国2010年政府开出了4万亿大单和发放了近10万亿的配套银行贷款，以刺激经济的持续增长。如果我们感受到了中国教育国际化战略转移的紧迫性，政府也应当拨付一笔高等教育国际化战略转移的启动资金，资助高校开展国际化教育。我国有巨额的外汇储备，与其放在国外，等待人民币升值而造成不必要的损失，不如用于科教兴国，加大扶持高等教育国际化发展的力度。

（3）从教育管理的角度说，则要改进投入方式，优化投入结构，并加强投入管理，最大化政府投入资金的使用效率，为我国高等教育国际化发展提供根本性的保障。

在优化投入结构方面，这里需要特别指出的是，中国在融入世界经济发展过程中急需的人才（包括国际贸易、国际金融、国际会计和其他国际经济管理人才），多数出自高等财经院校。而中国的高等财经院校多数属地方院校，财力支撑与教育发展的矛盾比较突出。优化投资结构，应当考虑对地方财经院校国际化发展的需要。

（二）鼓励中国高校走出国门，参与教育国际化竞争

（1）中国外贸依存度之大、国家外汇储备之丰、海外投资规模之巨都是前所未有的。尽管

中国仍然是发展中的经济大国，但作为世界经济的强大增长引擎，影响空前。高等教育，特别是高等财经教育必须以全球的视角，拓展视野，适应国家社会经济发展的需要，培养大批具有国际视野、通晓国际规则、能够参与国际事务和国际竞争的国际化复合型财经人才，支撑国家经济可持续发展。中国的高等教育不仅要走进国际教育市场，还要适时地转变战略，占据与经济实力相称的市场份额，这是中国高等教育扩大国际人力开发，创建一流高校的必由之路，也是中国由教育大国向教育强国转变的必由之路。

（2）全球范围高等教育生源竞争已经达到白热化程度，就连过去顶尖的世界名校也不得不放下身段四处推销自己。特别是金融危机经济不景气的大环境中，西方高等教育正困于经费缩减，不得不消减科研项目，一连串的趋势正在彻底改变全球高等教育的生态。中国的高等教育，特别是培养应用性人才的高等财经教育，必须抓住机遇，改变发展战略，走出国门，在教育国际化的市场中"抢占先机"，为今后中国高校教育，特别是高等财经教育国际化发展迈出实质性的一步。

（三）扩大国际人力资源开发与人才培养

教育资源的核心是师资，中国高等教育国际化实现战略性转变，必须扩大国际人力资源开发与人才培养，加速建设一支适合教育国际化的师资队伍，这是提高中国高等教育国际化核心竞争力的根本途径。中国高校目前的师资结构比较单一，有国际学术背景的的教师比较少。据统计，国际上比较著名的大学有国际化学习背景的教师通常在20%以上，有的甚至超过50%。中国香港大学有国际学习经历的教师达到99%，外籍教师占总数的40%～50%。而中国高校，特别是财经高校的师资基本是本土教师。我们认为国家应当建立国际化战略转移启动基金，资金投入的重点应当在国际化师资的培养方面。培养的途径可以考虑以下几方面：

（1）改变中国高校单一本土教师结构，吸引更多世界一流的专家学者来华从事教学、科研和管理工作，有计划地引进海外高端人才和学术团队。使本土教师与引进专家、学者在教研中，取长补短，提高教育国际化素质与能力。

（2）加强与国外高水平大学合作，建立教

学科研合作平台，联合推进高水平基础研究、高技术研究，使教师在合作办学和共同开发科研项目中得到锻炼与成长。

（3）加强双语教师的培养力度，有计划、有重点地派遣一批师德好、外语好、有潜质的教师出国进修、教学，逐步形成一支有国际教学经验、了解各专业的教育国际化水平的外向型教师队伍。

（四）确立全球视角的人才培养目标

许多创新型国家都是以高等教育国际化作为其提高人才与科技优势的制胜源泉。他们把培养具有国际意识、国际交往能力、国际竞争能力的创新型人才作为人才培养目标，不断推动其高等教育的国际化水平。1992年美国出版的《全球视角的宏观经济学》一书，提出一个重要观点："美国的学生应该不只关心美国的体制和美国的宏观经济理论，在90年代的全球经济中，要充分理解本国经济的发展，就必须对全球宏观经济事件有所了解。"此后不久制定的《美国2000年教育目标法》中更明确提出采用提高学生的全球意识和国际化观念的教学体系，"使每个学生都能达到知识的世界级标准"。前不久，美国还通过立法，计划从2010年开始，每年派出大约100万学生参加海外学习项目。欧洲高等教育国际化改革从1999年《波伦尼亚宣言》开始，目标是在2010年建立欧洲教育区，现有46个欧洲国家通过政府间磋商为建立"欧洲高等教育区"目标而合作。波伦尼亚进程从一开始就与经济的全球化联系在一起，形成了区域性的教育国际化推进力量。日本则早在20世纪80年代就

提出"要培养世界通用的日本人"。韩国专门成立了"21世纪委员会"，将努力提高和增强学生"自主的世界公民意识和对各国社会、文化知识的理解"作为其人才的培养目标。这些国家成功的人才战略充分说明，高等教育国际化是培养具有世界眼光，在素质、知识和能力方面均具有国际竞争力和富有创新精神的优秀人才的必要手段。中国的高等教育从立足国内发展需要和在激烈的国际竞争中赢得主动的战略考虑，也必须确立全球视角的人才培养目标。关于国际化人才的培养目标，可以具体考虑以下几点：

（1）区分专科、本科、硕士（包括MPAcc）、博士不同的学历阶段，树立不同的国际化培养目标。比如，对专科生更侧重实践技能的国际化人才的培养，而博士研究生更注重国际化研究能力，特别是创新能力的培养。

（2）同一层次但不同学校的培养目标也要有所不同。如研究型综合性大学与一般的教学型大学本科学生的国际化培养目标应有所不同。边境地区与沿海地区的高校，国际化人才的培养目标在针对交流方向上也应当有所不同。

（3）同一学校不同专业国际化人才培养目标也应当有所不同。

在世界经济全球化的过程中，以战略的眼光，审时度势，中国高等教育，特别是财经高等教育必须抓住机遇，迎接挑战，不失时机地实现中国的高等教育国际化战略转移。这是中国高校实现教育强国目标的历史责任。当然，这种转移要有个过程，让我们共同努力加快去实现这个历史的跨越吧。

来华留学生专业课程体系建设研究

——基于打造留学武汉品牌国际影响力的视角

万　明①

（中南财经政法大学 新华金融保险学院，湖北　武汉 430071）

摘　要： 为吸引更多的国际学生来华学习，促进中国高等教育国际化，国内高校必须建立科学合理的专业课程体系和教学内容。虽然许多高校在专业设置和专业课程体系建设方面进行了全面改革和调整，但仍然存在许多严重问题，不能满足来华留学生的需要。本文针对存在的问题，从多个方面提出对策，特别是就如何发挥武汉七所部属高校的留学生课程资源，实现资源共享提出自己的看法。

关键词： 留学生；专业课程；国际影响力

据教育部统计，2010 年全年在华外国留学生总人数首次突破 26 万人次，人数、生源国家和地区数、我国接受留学生单位数及中国政府奖学金生人数都出现最高值。为了贯彻《国家中长期教育改革和发展规划纲要》，切实落实《留学中国计划》，使我国成为亚洲最大的国际学生流动目的地国家，需要提高来华留学教育质量。在诸多留学生教学质量的影响因素中，专业课程建设是其中最薄弱也是最重要的一环。

一、武汉部属高校国际化 建设的现状

过去来我国的留学生主要是研究我国的语言和历史。随着我国经济的持续发展及国际地位的不断上升，世界范围内的"汉语热"还在继续升温，留学生教育的层次也在逐步提高，由学习语言扩大到覆盖文、史、哲、经济、管理、法学、教育、理、工、农、医等普通高等教育的全部学科门类，给我国高校发展来华留学生教育带来前所未有的机遇。

据统计，2010 年共有来自 194 个国家的 265 090 名各类来华留学人员，分布在全国 31 个省、自治区、直辖市（不含台湾省、香港特别行政区和澳门特别行政区）的 620 所高等学校、科研院所和其他教学机构中学习。其中，中国政府奖学金生达 22 390 名，同比增长 22.72%。虽然来华留学生规模不断扩大，但面向留学生的课程体系却很不完善且相当陈旧，除了中医、中文等之外，特色课程较少，很多学校是通过了语言关之后便和中国学生一样学习专业，攻读学位，充其量减免政治和外语等课程，这恐怕是今后发展留学生教育最大的瓶颈（柯进，2010）。

以我国来华留学生教育比较成功的医学专业为例，医学专业之所以成为我国除汉语专业外接收留学生最多的学科，其根本原因是对医学留学生采用了英语授课，减少了留学生毕业回国就业语言转换环节，适应了周边国家对培养医生的需求（王剑军，2010）。医学专业的成功也得益于在教学内容与教学方法上的不断创新，如天津医科大学早在 1997 年就成立了国际医学院，建立

---

①　万明，中南财经政法大学新华金融保险学院副教授。

了留学生全程英文授课教育体系，以全程英文教学模式拓展了国际医学教育市场，以完整的教学体系和质量保障机制提高了人才培养质量。

武汉高校云集，特别是武汉的七所部属高校具有较高的影响力，在招收来华留学生上都制定了发展规划，在制定十二五规划及发展战略选择上，武汉七所部属高校在教育国际化上有明显的共性。如武汉大学校长李晓红表示，他希望把武大办成一所"顶天立地"的大学，即"中国特色、世界一流、国际知名高水平大学"，计划到2023年，把武大初步建成国内外知名高水平研究型大学、综合实力跻身亚洲高校30强行列，到2043年，力争进入世界高校200强（荆楚网，2011）。

华中科技大学的远景目标是到2050年左右建设成为"具有世界先进水平的一流大学"。华中科技大学提出世界一流大学不仅是国际科技、教育、文化交流的中心，而且是国际化人才的培养基地。世界一流大学攻读学位的海外留学生的比例较高，其中研究生中留学生的比例一般在20%以上。华中科技大学在2006年外国留学生就达到376人，现在发展速度很快，并正朝着这个目标努力（华中大校规划编写组，2010）。

中南财经政法大学提出的"十二五"发展战略是人才强校战略和教育国际化战略。2006年该校只有6个留学生，2009年达到200多个，发展很快。其中新华金融保险学院2011年硕士、博士层次的来华留学生就达50多人，该院依托海归博士以及具有海外访问学者经历的博士资源，面向来华留学生开设了3门全英文专业课程和5门双语教学专业课程。该院留学生主要来自亚洲、欧洲、美洲和非洲，英语为这些留学生的主要语言，入学时均通过了国家组织的HSK汉语考试。然而，只有极个别学生能够用汉语进行交流和研修用汉语讲授的专业课，绝大多数留学生不能顺利接受汉语讲授的专业课程。

总之，武汉的七所部属高校在编制"十二五"规划时无不将教育国际化作为未来发展的目标之一，只是在留学生教育上起步早晚不同，规模不同。如中南财经政法大学招收来华留学生起步较晚，经验不足，需要借鉴兄弟院校的经验，特别是在专业课程建设上要尽快满足留学生的要求，提升其国际影响力，而作为武汉七所部属高校则应该相互取长补短，实现资源共享，为进一步扩大留学生招收规模，提高留学生教育层次，提升留学生教育质量打好基础。

二、我国留学生专业课程建设面临的问题

目前，虽然许多高校在专业设置和课程内容方面进行了全面改革和调整，但仍然存在许多严重问题。比如针对留学生特点设置的课程不多，留学生可选择的余地不大，培养学生敏锐的思维能力和创新精神的课程不足等，这些都是留学生教育中面临的问题。

（一）专业课程设置与内容不能满足留学生要求问题

与英语作为世界性语言的使用效益不同，许多留学生在中国学成回国后，与本国的毕业生相比，除了汉语水平比较高外，在其他方面并没有表现出特别的专长，以至于一些留学生回国后很难找到比较合适的工作。以医学生为例，在很多国家，要取得从业资格必须通过统一的医生资格水平考试，这就将中国培养的学生与世界各国教育背景下的学生拉在了一条起跑线上。中国教育出来的学生能不能在市场上获得认可，将对中国教育的国际化起着生死攸关的影响。特别是对财经类院校，由于起步较晚，在专业课程设置上普遍经验不足，留学生教育难以适应国际化的需求，需要在实用性与国际化方面进一步完善。

中南财经政法大学新华金融保险学院在与来华留学生座谈中，留学生反映最强烈的问题有：①全英文授课的课程不足。留学生对来华学习抱有很高的期望，希望多了解中国，然而留学生可自由选择的全英文课程并不多，金融学院有50多名来华硕士与博士留学生，而该学院开设的全英文课程仅仅只有3门，而其他学院开设的可供选择的全英文课程也不多。②一些专业课程的教师缺乏留学生教学经验，在授课中缺乏针对性，造成留学生学习中面临许多困难与障碍。缺乏具有国际视野、了解留学生教学的师资是当前较大的矛盾。目前，开设双语课程的教师成为留学生课程讲授的主力军，但由于语言上仍然存在一些问题，在与留学生沟通上仍然存在一些障碍。而且，这些教师仅仅只有短期内出国的经历，很难

在教学方法上与西方发达国家接轨，在授课方式上仍然有待改变与提高。③面向留学生的专业课程结构与内容不太合理。一些专业并没有考虑到自己的优势和条件，因而在专业课程结构与内容设计上不适合留学生的要求，也没有体现特色。其原因在于没有经过科学严密的论证，没有将我们的文化特点和教育优势与留学生的培养模式和教学模式结合起来。经济全球化要求高等教育必然走向国际化，发展留学生教育，国际化的重要性更是不言而喻。只有管理体制、课程设置、培养方式等都与国际接轨，才能吸引更多的人来学习，培养出来的人才也才更具有国际竞争力。

虽然留学生来华留学时都经过了 HSK 考试，但汉语仍然被留学生视为最难学的语言之一。因此英文授课的专业课程是很受留学生欢迎的，而此类课程普遍偏少，不能满足留学生的需求。国内双语课程的现状则主要是英文课件，中文讲授，同样会因为语言障碍而不能满足留学生的需求。

（二）课程设置中民族化与国际化的关系问题

20 世纪 80 年代后期，欧盟和日本等有关院校开始大量开设有关国际理解、异文化比较和海外研修等课程，90 年代后许多国家的高校中不仅国际化课程的数量和比重增加迅速，而且课程国际化成为实施课程内容和结构改革、提高院校教学质量、实现国际型人才培养目标的主要手段。从 1995 年欧盟开始实施的"苏格拉底计划"以及 1999 年发表的《波隆亚宣言》中不难看出，在形成相对统一的欧洲高等教育市场或体制过程中，使用英语教学、开设广泛多样的国际化课程、鼓励学生和教师出国学习和授课以及建立相互认可交换的学分和学位等制度将变得越来越重要。

伴随着全球化、国际化进程的加快，有关高等教育国际化与民族化问题的讨论也同时展开。论及的内容主要围绕面对国际化发展趋势，特别是发展中国家民族高等教育所受到的威胁与冲击，怎样处理国际化与民族化的关系，我国高等教育应采取的立场和对策等方面。

在来华留学生专业课程结构与内容设计上也存在这种争论与矛盾，如金融学课程设计是采用与国内生一样的教学内容还是采用西方发达国家的教学内容与体系？如果采用国内现行的教学体系，会造成留学生缺乏国际通用性的训练，回国后难以胜任相关工作，如果按照欧美发达国家教学体系与内容实施教学，又会让留学生迫切想了解中国的想法落空，缺乏对中国的深入了解，使得其在中国留学生生涯的优势打折扣。

学者们对经济全球化给发展中国家高等教育所带来的负面影响深感忧虑，从不同的角度给予批判性分析。杨锐（2001）引用国内外学者的观点指出，尽管全球化教育能够保证选择的多样性，但却是以牺牲地方要求，包括当地文化以及促进民族社会文化发展之需为代价的。真正意义上的国际教育应包括所有的参与者，应重新审视一切不同的教育哲学以及有关教育方式和课程中所显现的文化视野及其各种观念。然而，在现实中，西方成为唯一的教育输出地，输出者们蛮横自大，极少对其教育内容背后所隐含的文化价值观对于其他社会的适应性做出任何反省。

在论述高等教育国际化与民族化的关系上，蒋凯（2001）主张：应该在国情和已有的高等教育经验的基础上，不断吸收他国长处，以进一步完善我国高等教育体系。美国高等教育的成功经验为许多国家尤其是第三世界国家所羡慕和仿效，但美国的高等教育制度不一定适合其他国家，尤其是中国。我国的社会、文化背景与其相距甚远，只能有选择地借鉴而不能大规模地仿效。

迄今为止，我国已与 34 个国家和地区签订了学历学位互认的协议。但由于我国与西方各国教育体制不同，涉及的因素复杂，目前仍然面临学历、学位等值互认的体制和模式方面缺乏国际理解，专业结构与课程设置等方面缺乏国际通用性等问题。（张彦通，2009）

三、提高武汉部属高校国际 影响力的措施

（一）建立健全各级管理机构和相应的制度

首先，地方政府应该有所作为，特别是在调动地方资源，协调利益冲突等方面，政府具有重要的作用。例如，2011 年浙江省决定实施"留学浙江行动计划"，就是政府在其中所起作用的一个例子。其目的是通过加强教育国际合作与交

流，提高浙江高等教育的国际知名度和影响力，树立浙江良好的对外形象，浙江省教育厅还表示，要设立"浙江省政府来华留学生奖学金"、启动"浙江省高校优秀中青年骨干教师出国研修项目"、安排"全省高校国际化专业和特色课程专项经费"，来大力推动来浙留学工作的发展。据了解，浙江省的各高校将按照"归口管理"的原则设立专门的来华留学生管理机构，建立一支相对稳定、熟悉外事、懂得管理、精通外语、爱岗敬业的留学管理工作人员队伍。

武汉是高校云集之地，特别是七所教育部部属高校具有较大的影响力，如何发挥七所高校的资源优势，打造留学武汉的品牌，提升武汉高校国际影响力，是政府的一项重要工作。

其次，武汉七所部属高校可成立协调机构，在传统的七校联合平台基础上进一步完善选课系统、学分转换系统等，让留学生专业课程资源首先在七所部属高校间实现共享，提升武汉高校国际影响力。

再次，各高校自身也要有相应的留学生管理协调机构，目前，本科层次的留学生以及硕士、博士层次的留学生都由国际（或留学生）教育学院和专业对口学院共同负责。要将来华留学生专业课程建设放在重要的位置，至少要与国内学生课程建设同样重要的程度，经过前几年教学评估建设，许多高校在国内生课程建设上已经取得非常好的效果，应该将其经验借鉴到来华留学生专业课程建设上来。同时，还要有相应的激励措施来鼓励教师开设来华留学生专业课程。在课时计算上给予优惠条件，在课程建设上给予经费资助，在职称评定上也要有相应的优惠政策。只有政策对路是，就能极大调动教师积极性和能动性。

最后，具体到每个学院，也要有相应的管理机构和措施，如中南财经政法大学新华金融保险学院在 2011 年专门成立了留学生导师组，专门负责硕士与博士层次留学生的管理与培养工作。对于本科层次的留学生可考虑实施本科生导师制度，安排专门的教师负责对其学习与生活的帮助，同时可考虑为每个留学生配备外语水平较高的学生作为联络员，负责沟通留学生与导师之间的事宜，并帮助留学生与中国学生的相互了解，帮助留学生对中国文化的理解。

（二）加强留学生专业课程建设

对于许多开设面向来华留学生专业课程遇到困难的高校来说，应该有个统筹的安排。要集中最优秀的师资力量来制定更有针对性的、能满足留学生要求的专业课程体系，并充分发挥海归的优势，将发达国家的先进的教学理念与教学内容、教学方法引进到内地高校，发挥其示范与带动作用。要继续加强引进海归人才工作，进一步改善师资结构，重视海归人才，并给予宽松的环境，让其发挥才能。

目前，海归的人数还不足以满足来华留学生专业课程建设的需要，因此，要充分挖掘其他校内资源。对于学校各单位聘请的海外学者（如长江学者、文澜学者等）、访问学者、客座教授等，要充分发挥其作用与效率。对于其开设的用英语授课的课程，应该对留学生开放，并鼓励留学生与本科生、研究生共同上课，可以加强文化交流与感染。这些措施在一定程度上能够缓解开设专业课程不足的矛盾。

另外，高校也可自己培养一批能胜任开设留学生专业课程的教师队伍，特别是已经开设双语课程的教师，可逐渐过度到开设留学生专业课程，而且这批教师教学经验丰富，有长期的实践经验，充分发挥其作用，可大大缓解来华留学生专业课程不足的问题。

（三）加强师资队伍建设

建立一支稳定的德才兼备的师资队伍是保证留学生教学质量的关键。当然教学质量的好坏、高低有多种因素，其中人的因素最为重要。由于各国的教育制度各异，有些学历留学生的汉语水平较差，留学生相互之间的专业基础存在差距，留学生与中国学生之间也存在较大差距，因而一个班上学生的水平参差不齐，给教师授课带来了不少麻烦。

这就要求教师应该因材施教，留学生来自不同的国家，其教育体制、教育水平不尽相同，因而来我国学习的留学生同中国学生的文化差异很大，再加上语言障碍，使得留学生的教学更具复杂性。为此，要培养合格的人才，就必须建立一套因材施教的科学管理方法，根据留学生的不同特点和水平及其本国的需求，采用不同的方法进行教学，不断改进教学内容。对学习基础差的留学生，要有相应措施进行帮扶（如由中国学生及教师有针对性地进行课后个别辅导），这样，留学生在学习时尽管起点不同，但经过系统的教学方法，最终都能成为合格的毕业生。所以，对于承担留学生专业课程任务的教师应该经过必要的培训，使之在讲授方法上能基本适应来华留学生的教学特点。

（四）实行武汉部属高校留学生课程共享

在发达国家，高校间实现教学资源共享，或者建立战略联盟已甚普遍，如"博洛尼亚进程"就是一个范例。其目标为构建易理解、可比较的学士（硕士）学位体系；引入以欧洲学分转换系统（ECTS）为基础的学分体系；促进师生的流动性；健全质量保证体系；构建可比较的、可兼容的高等学校毕业资格框架；鼓励学生参与博洛尼亚进程；加强高等教育的欧洲维度；增强欧洲高等教育区的吸引力；制订终身学习计划；将博士生教育纳入博洛尼亚进程等。

国内也有类似的情况，如长三角地区名校联盟、安徽高校联盟等，其中，武汉七所部属高校在2001年签订了一份联合办校协议。这七所高校分别是武汉大学、华中科技大学、华中师范大学、武汉理工大学、中国地质大学、华中农业大学和中南财经政法大学。七所高校共同倡导"资源共享，优势互补，平等互利，相互促进"。联合办学的内容主要包括：普通本科生可在校际间互相选修课程，相互承认学分；可跨校攻读辅修专业、第二专业学士学位、双学位；可有组织地利用其他高校实验室、图书馆和教学基地；互相推荐优秀本科毕业生为免试研究生，在需要时优先调剂研究生生源；在优势互补的原则下，相互聘任教师上课。此次联合办校，学生在校期间一般只可攻读一个跨校的辅修专业、第二学士学位、双学位，教学时间从大二下学期开始，至大学四年级下学期结束。

经过几年的运作，武汉七校联合取得了重大成效，在成功实施国内生联合办学的基础上，可以采用某种形式来实现跨校的留学生课程资源共享，将现有的"七校联合办学教务管理系统"网站升级为包含留学生课程信息的新平台。这就将大大提升武汉高校留学生办学的国际影响力。

例如，华中科技大学于2010年启动的"研究生课程国际化建设"，就是一个很好的共享资源。该项目计划在4年内，每年邀请150位国际、国内专家，将国际最前沿的学术成果教授给学生。2010年首批邀请148名国际国内知名专家、学者在2010年10月至12月在该校主讲100门左右的研究生课程。如果将武汉七所部属高校的这些资源整合，无疑将大大提升留学生教学质量与办学水平，既充分发挥了这些资源的效率与效益，也造福了来华留学生。

（五）设立奖学金，提升留学生汉语水平

引入竞争机制是保证留学生教学质量的重要手段。任何事情都是相辅相成的，光有教师的积极性还不够，还必须提高留学生本身的学习积极性。为达到这个目的，有留学生的高校都建立了一整套奖优罚劣的措施：对于学习成绩优良的留学生，学校实行年度表彰奖励，并通报其使馆，优秀本科毕业的留学生还可被推荐免试攻读高一级学位的研究生。而对于学习差、不勤奋的留学生只能给予留级，扣除部分奖学金，直至退学。毕业时如果由于学习不及格只授予结业或肄业证书。这样使每位留学生既有受奖、被推荐免试攻读高一级学位的机会，又同样面临随时被淘汰的可能，由此来调动留学生的学习积极性。1997年我国教育部颁发了外国留学生奖学金年度评审制度，使竞争机制更趋明朗化，这就极大地调动了留学生学习的积极性，学习气氛日渐浓厚。

（六）对高水平教师配备英文助教

并且许多学术上过硬的人才对英语并不擅长，往往无法用英语表达复杂深奥的学术成果，这在一定程度上阻碍了我国学术界和世界先进学术的交流。对于留学生来说，这些造诣很高的学者的知识也是他们渴望的，中南财经政法大学新华金融保险学院就进行过这种尝试，让高水平教师设计讲授内容，在留学生课堂上专门配备英文水平较高的年轻教师担任助教，负责将教师的讲授内容进行翻译讲解，并负责师生之间的沟通与互动。虽然此方法比较费时间，但也受到来华留学生的欢迎。

参考文献

［1］董会庆. 爱尔兰高等教育国际化策略鉴析，世界教育信息，2009（11）.

［2］金之亮，黄桂荣，长江. 中外合作办学的基本现状与对策研究［J］. 中国高等教育，2006（1）.

［3］杨维．我国高等教育的国际化与特色化［N］．光明日报，2005 - 03 - 04．

［4］吴汉东．中外大学校长聚首武汉探讨高等教育国际化［EB/OL］．中新网，2008 - 10 - 27．

［5］张彦通，赵世奎．超越留学——高等教育国际化的新思维［J］．中国高教研究，2009（9）．

［6］徐理勤．博洛尼亚进程中的德国高等教育改革及其启示［J］．德国研究，2008（3）．

［7］高英学．关于来华留学生教育管理对策的思考［J］．中国高教研究，1998（6）．

［8］殷军．外国留学生学历教育过程中的若干问题及对策［J］．高等理科教育，2007（4）．

［9］华中大校规划编写组．华中科技大学建设世界一流大学研究报告［EB/OL］．华中大在线视野网，2010 - 07 - 13．

欧美法律硕士教育范式的比较分析及其对我国的启示

——以市场为导向的应用型法律职业人才培养模式构建为路径

唐清利　　赵振永①

（西南财经大学 法学院，四川 成都 611130）

摘　要： 从1996年我国正式设立法律硕士学位以来，法律硕士教育作为我国法学教育的一个重要组成部分，扮演着为社会经济发展提供应用型法律职业人才的重要角色。然而，社会转型期的需求结构的变化，导致法律硕士教育制度难以有效回应市场需求。事实上，正确理解市场化导向是解决我国法律硕士教育问题的前提条件，也是决定我国法律硕士教育制度发展方向和改革成败的重要因素。

关键词： 法律硕士；市场导向；改革

转型时期，我国社会对应用型法律职业人才的需求急剧增加，但法学教育制度在数量上和质量上均难以有效回应市场需求。这种情况导致我国法学教育模式人才供需出现难以调和的尴尬困境。法学教育界和实务界都呼吁对当前的法律硕士教育制度进行改革。周汉华（2000），贺卫方（2002），何勤华、张传（2002），袁毅超（2004），夏薇、张秀萍（2005）等学者对西方法律硕士教育制度进行了较为全面的介绍和比较分析，为我国法律硕士教育制度的改革提供了理论支持和域外实践经验；王健（1996），胡旭晟（2000），霍宪丹（2002），王健（2005），方流芳（2007），翟月玲（2008）等学者对我国的法律硕士的学位性质、发展方向进行了详尽解读，积极倡导法律硕士教育。这些研究从宏观上勾勒出法律硕士教育制度的发展脉络，注重域外模式的解读、比较和借鉴，回应了社会设置法律硕士学位的制度需求。

随着我国法律硕士教育的发展，学者开始关注其中的弊端。霍宪丹（2004），刘恒（2005），强昌文（2008），陈宗波、周世中（2009），陈学权（2009），刘艳芳（2009）等学者从宏观角度对我国法律硕士教育制度的弊端进行全方位的剖析，并提出相应的制度建议；穆方平（2003），赵万一（2006），陈宗波（2009），周海岭（2009）等学者则侧重于从微观的角度对我国法律硕士的弊端进行详尽细致的分析，并提出具体的改革措施。在域外经验的借鉴方面，学者更趋于理性，注重域外经验的本土化，如李启平、晏小敏（2006）等对域外教学方法本土化的研究，张传、穆治平（2004）关于美国诊所式教育的研究，丁相顺（2008）对复合型法律人才培养制度的研究。

尽管学者对我国法律硕士教育制度改革做出了不懈的努力，但收效甚微。鲜有以转型期的社会背景为依托，从市场的角度对法律硕士教育制度进行分析。不管在宏观上还是微观上，确立改革的基本依据和发展方向是法律硕士教育制度改革必须解决的前置问题。

---

① 唐清利，西南财经大学法学院副教授，博士生导师；赵振永，西南财经大学法学院2010级硕士研究生。

一、欧美法律硕士培养目标的定位与我国的差异

（一）欧美法律硕士培养的目标分析

美国、德国、英国的法学教育被认为是世界上比较成功的模式。我国的法律硕士（J．M）本质上也是学习美国的法律硕士（J．D），其制度改革可适当借鉴美国、英国、德国的经验。

美国的法律硕士（J．D）培养目标非常明确，就是培养律师；英国的法学院系也主要是培养职业性的法律从业者；德国将培养目标确定为培养"具有全方位工作能力的法律人"。上述三者都以培养法律职业人才为目标。这一目标决定了其在课程设置、教学方法、考核评估方面注重法学教育与法律职业的衔接、理论知识与实务技巧的兼顾，其培养的法律职业人才具有较强的专业能力和业务技巧。

美国、英国、德国的以职业人才为导向的法律硕士培养模式都经过长期发展和改革。但其发展过程具有一个共通之处，即法学教育的改革都以市场为导向，法学教育目标是根据社会经济发展需求进行定位。

（二）我国法律硕士培养的目标定位

通过对欧美法律硕士教育制度的考察不难发现，其法律硕士教育模式之所以成功正是因为符合社会发展和市场需求。转型时期的中国，一方面市场经济需要大量法律职业人才，如法官、检察官和律师（广义上还包括公证、仲裁、调解、法律顾问以及法律教师等）；另一方面市场经济还需要大量兼具理论知识和实务技巧的应用型法律人才，如各行业法律实务岗位所需的复合型法律人才。而我国法律硕士毕业生就业去向的多元化恰好证明了这种多层次的市场需求。这种多元化的人才需求是法律硕士教育的本质属性和价值取向的有机结合，也是我国法律硕士的培养目标。

二、我国法律硕士教育范式现状分析

（一）我国法律硕士教育现状

改革开放以来，随着社会主义市场经济体制的建立，社会结构发生深刻变动，社会进入了一个"诉讼爆炸"的时代，非讼业务也急剧增加。法院、检察院需要大量理论知识深厚、实务技巧娴熟的法律职业人才，社会需要大量的专职律师解决诉讼纠纷和从事非诉讼业务。

我国当前的法律硕士教育制度对社会需求无法做出有效回应。首先，目前法学院系毕业生无论从数量上还是从质量上都无法满足社会发展和市场的需要：一方面法律硕士教育制度提供的法律人才滞后于社会需求的增长速度及法律人才更新换代的速度；另一方面法律硕士教育制度所输送的法律人才缺乏理论知识或者实务技巧，无法较快适应岗位需求。其次是两端紧缺和中间过剩：两端紧缺表现在高端法律人才以及农村或经济相对落后地区法律人才的缺乏；中间过剩表现在中国东部，特别是沿海大城市，出现了法学毕业生的相对过剩。

（二）社会转型期我国法律硕士教育制度的困境

1. 直接原因——行政对教育的过分干预

我国法律硕士教育主管机关掌握着强大的政策话语权，高等学校基本上依附于政府主管部门；而且代表行政权力的教育部法学学科教学指导委员会和代表行业权力的中国法学会法律教育研究会发生冲突时，行业权力无法对行政权力做出有效的制约。诚然，教育发展完全脱离行政指导是不现实的。事实上，美国、英国、德国的政府或半官方性质的学术机构也参与了法律硕士教育的指导。但这种指导是建立在市场需求的前提之下的，国家仅在宏观上出具纲领性意见，具体的培养方案则由法学院系根据自身状况和市场需求自主选择。

2. 根本原因——制度供给与市场需求的错位

我国法学教育主管机构的教育政策制定权和话语权，一方面本质上是一种行政过分干预，这使得法律人才供给不是由市场需求决定，而是由教育主管部门决定，其后果就是制度供给与市场需求的错位；另一方面行政权过分干预使得专业设置准入标准的混乱，造成教育产业化。从 1996 年到 2009 年，法律硕士专业学位的培养单位由 8 所增加到 145 所，准入门槛越来越低；教育机构的逐利倾向也进一步加剧了法律硕士教育的失范和无序。无论是行政过分干预还是教育产

业化，本质上都是市场化不足的表现。在以市场为导向进行资源配置的环境下，市场化不足必然会导致制度供给与市场需求的错位。

三、以市场为导向的应用型法律职业人才培养模式

（一）改革的依据——以市场为导向

市场经济运作遵循效益最大化的目标。在法律硕士教育制度改革中，也应当借助经济人原理，以市场为导向实现资源的最优配置，进而突破法律硕士教育制度改革的瓶颈。

我国以市场为导向的法律硕士教育制度改革主要体现在四个方面：①在人才属性上，转型期我国法律人才的市场需求呈现多元化，但一个共同特点便是对兼具理论知识和实务技巧的复合型应用型法律人才的需求；②市场对复合型应用型法律职业人才需求巨大，扩大招生规模也许可以暂缓这种结构性供需矛盾，但这种人才输送规模最终要根据市场需求来检验；③在符合度上，我国当前的法律硕士教育制度在质与量上都难以有效满足市场需求，这就需要根据市场需求进行自我调整；④市场化不足使得我国法律硕士教育制度还有进一步拓展的空间，其未来的发展必然呈现市场化和行政规划相互结合的趋势。

（二）改革的方向——培养应用型法律职业人才

根据《法律硕士专业学位研究生指导性培养方案》（以下简称《方案》）的规定，法律硕士专业学位的培养目标是为法律职业部门培养高层次的复合型、实务型法律人才。因此，我国法律硕士教育制度改革应注重以下几个方面：在培养目标上应以培养应用型法律职业人才为标准，而不是专为法律职业部门培养法律人才；在培养层次上应在注重学科交叉和知识的延展性；在定位导向上应以市场需求为依据。

事实上，上述文件对我国法律硕士教育制度定位准确、目标明晰、导向合理。但这一制度仍无法满足市场需求，究其原因是其在制度设计上缺乏合理的考核评价机制。当前评价法律硕士培养质量的标准主要是毕业生就业去向，这导致了培养单位只重视法律硕士的培养数量和就业情况，而对人才质量缺乏足够的重视。换言之，当

前的法律硕士教育制度虽然符合社会发展和市场需求，但在法律硕士的具体培养环节中往往发生目标偏移。

（三）具体改革措施——市场需求与教育制度的结合

法律硕士的培养在坚持以市场为导向的前提下，如何实现教育制度与市场需求的有机结合是制度改革中贯穿始终的问题。

1. 注重交叉学科知识的学习

法律从来都不是一个自给自足的学科。为了满足社会发展的需要，它必须不断从其他学科中汲取知识，来充实法律学科的发展。而应用型法律职业人才的培养目标要求法律硕士兼具法律、经济、科技、外语和计算机等知识，独立从事法律实务工作。此外，在美国法学院系中，学术性探讨并不占主导地位，许多理论性的研究项目都由其他院系、研究机构来承担，最典型的便是芝加哥大学经济学系是法律经济学的主要"发源地"之一。当前我国的法律硕士培养也可以加强交叉学科知识的学习。比如，财经类院校可加强财经类法律人才的培养；外国语大学可以培养具备多种外语背景的法律人才；理工科高校可侧重商标、专利等知识产权法方向的发展。

2. 注重理论知识与实务技巧的兼顾与融合

法律在本质上通过实用产生效益的，理论知识和实务技巧的兼顾是一名合格的法律人应当具备的基本素质。这也是《方案》中提到的复合型、应用型法律人才的题中之义。美国、英国、德国法律教育的一个共同特点就是兼顾理论知识的学习和实务技巧的训练，二者却从未偏废其一。然而，实际上法律实务技巧在我国法律硕士培养中并未受到足够的重视。学界在这一点上也基本达成了共识，并希冀通过对域外成功的教学方法的借鉴予以弥补，如通过案例教学法、法律诊所教育和模拟法庭等教学方法提高学生的实务技能，实现法律硕士理论知识和实务技巧的平衡。

3. 注重域外经验的本土化

与域外相对侧重实务技巧训练的教学方法不同，我国传统的法律硕士教学方法是讲授制。这种教学方法过于侧重理论知识的传授，相对忽视实务技巧的训练，致使理论知识与实务技巧的脱节。但域外的教学方法是建立在发达的经济基础

和完善的市场体制之上的，同时要求教师具备深厚的理论知识和娴熟的实务技巧。我国不能照搬照抄，而应当在硬件上保障完善的教学设备和充裕的教学资金；在软件上提升对相关教师的评价考核标准和学校资料储备，如图书馆藏书等。此外，还要引导学生关注实际案例和进行专业化操作，比如办理法律援助案件、在法律部门实习等。唯此才能为域外经验的引进奠定基础。

我国法律硕士教育制度改革是一个漫长而艰巨的过程，在这个过程中，坚持以市场为导向是改革的依据，发挥制度的纠偏功能是改革的关键，坚持社会福利的增加是衡量改革成败的重要指标。在具体改革中，针对我国当前法律硕士教育制度培养环节的不足，提出加强多学科背景知识和实践能力培养的改革措施。至于不同层次的法律硕士类别之间的矛盾，可以在保持培养目标统一的前提下，探索分类课程设置的教学方式，进而形成与社会发展相适应的人才培育模式。

参考文献

[1] 霍宪丹. 中国法学教育反思 [M]. 北京：中国人民大学出版社，2007.

[2] 冀祥德. 中国法学教育现状与发展趋势 [M]. 北京：中国社会科学出版社，2008.

[3] 朱立恒. 法治进程中高等法学教育改革 [M]. 北京：法律出版社，2009.

[4] 汤唯. 法学教育模式改革与方法创新 [M]. 北京：中国人民公安大学出版社，2009.

[5] 苏力. 也许正在发生——转型中国的法学 [M]. 北京：法律出版社，2004.

[6] 王健. 中国的 J. D.——评"法律专业硕士学位教育" [J]. 比较法研究，1996 (2).

[7] 邵建东. 德国法学教育制度及其对我们的启示 [J]. 法学论坛，2002 (1).

[8] 张乐平，路景菊. 美国法学教育对中国法学教育改革的启示 [J]. 河北法学，2005(9).

[9] 杨莉，王晓阳. 美国法学教育特征分析 [J]. 清华大学教育研究，2001 (2).

[10] 周世中. 英国法律教育制度及其对我们的启示 [J]. 法学论坛，2002 (5).

[11] 霍宪丹. 法律硕士教育定位的背景和基础 [J]. 华东政法学院学报，2005 (3).

[12] 王保树，王振民. 略论复合型法律人才的培养 [J]. 清华大学教育研究，2000 (1).

[13] 苏力. 当代中国法学教育的挑战与机遇 [J]. 法学，2006 (2).

[14] 曾长秋，王玥. 中美法学教育之比较 [J]. 现代大学教育，2002 (1).

[15] 波斯纳. 法理学问题 [M]. 苏力，译. 北京：中国政法大学出版社，1994.

[16] 蒋悟真，张西道. 财经院校法学本科课程设置及改革研究——以江西财经大学为例 [J]. 山西财经大学学报：高等教育版，2008 (3).

芬兰创业教育初探[①]

张文举[②]

（西南财经大学 团委，四川 成都 611130）

摘　要： 芬兰创业教育于20世纪80年代起步，在90年代经济危机、党派教育权力之争和多次教育体制改革的背景下逐步发展，先后经历了萌芽期、发展期和成熟期，形成了"学习借鉴——以支持创业发展带动创业教育——全国推广实施"的发展脉络。芬兰的创业教育项目更注重提升学生的创新精神，呈现出强烈的"非商业性"（Non-business）。另外，创业教育课程与职业考试相结合，有利于推动创业教育的实施发展。与此同时，芬兰的创业教育也面临着来自国内反对派和创业教育师资的挑战。

关键词： 创业教育；芬兰；教育经济

联合国教科文组织在1989年北京召开的"面向21世纪教育国际研讨会"提出了创业教育的思想，提出要把创业教育提高到学术性教育和职业教育同等的地位。创业能力被视为未来人应掌握的"第三本教育护照"。美国和英国在创业教育的实践中处于领先地位，并且代表了两种不同的教育模式。"在美国，创业教育被称为'Entrepreneurship Education'，它包含的领域非常广阔，有多种模型。在英国，创业教育被称为'Enterprise Education'，它包含了许多由公共和非公共组织支持的项目"。

作为临近英国的芬兰，其经济在20世纪80年代经历了迅猛的发展，但是在1991年起经济开始滑坡，商业成功率、工人失业率逐渐增加，"所有这些因素都使得创业成为经济复苏的有效办法"。随着邻国英国创业教育的兴起和发展，创业教育在芬兰悄然兴起，而今已在全部教育系统中实施了创业教育课程，以"非商业性"或叫"非营利性"（Non-business）的特色，成为国际创业教育发展不可或缺的一支力量。

一、芬兰创业教育的社会背景

（一）经济危机——芬兰创业教育的经济背景

芬兰在1990年起出现了经济危机，"在接下来的3年中，工业产量下降了12%，在当时经合组织国家中创造了下降最严重的记录。同时，就业率下降了18%，失业率在1994年激增至18.4%"。"在1986年和1993年之间，大型公司裁员26%，裁去约10万个工作岗位。但是在这时期内，少于4个职工的新公司仍然提供了7万个工作岗位。根据1996年6月的统计数据显示待业人数仍占劳动总人数的18.4%"。

1996年的《芬兰劳动力市场研究》中将这

---

① 基金项目：本文是北京师范大学教育学部学生科研基金资助项目"首都大学生创业意愿影响因素实证分析"的研究成果之一。

② 张文举，北京师范大学教育学部高等教育研究所博士在读。

次经济危机归因于国内需求过剩。另外，当时世界范围内的经济震动使得芬兰原本萧条的经济逐渐恶化，并得出了这次危机是坏运气、坏银行和坏措施的集合体的结论。其实，大量的失业不仅仅只是由经济萧条所致，而主要在于芬兰社会结构的改变。随着技术的不断发展和提升，某些领域已经不需要太多的工人。另外，一些职业的工作内容也发生了巨大的变化。"这些因素足以成为实施创业教育的理由。"

（二）党派教育权力之争——芬兰创业教育的政治背景

在芬兰，教育有着很高的价值和地位，芬兰议会负责制定国家教育政策、表决教育立法以及审批教育预算。国家内阁（Council of State）、教育部（Ministry of Education）以及其他中央教育部门负责实施。

芬兰教育系统内非常强调政治党派的重要性。以"专业改革"为例，这项改革是由中央和左派政党组成的联盟——"国家先锋政府"（National front government）发起实施的，起初得到右翼"国家政党同盟"（National Coalition Party）的大力反对，经过很长的争论和斗争，这项改革最终得以实施。其实，这两派的观点在本质上并无区别，只是左派趋向于提升教育质量，而右派趋向于提升个人效力。但在这项改革实施过程中，由 80 年代末的"国家政党同盟"主导，再到 90 年代初的"非社会主义政府"主导，显示出了社会和教育价值的转变。"如今，随着教育改革的增加，所有的政治党派开始注重其义务性、个体性和权力分散性。"

（三）教育体制改革——芬兰创业教育的文化背景

芬兰是一个世界闻名的"福利国家"，因此社会公平成为其主导理念，而教育系统的改革则势必成为改革中优先考虑的对象。早期的教育改革都以最求"公平"为导向，在 20 世纪 60 年代，芬兰经历了一个地区教育扩张的时期。在 70 年代和 80 年代中的教育改革仍遵循公平公正的原则，涉及地区平衡、性别平衡、学生年龄段平衡等。

随着教育的逐步发展，教育政策的焦点从增加基础设施建设转变为提升教育质量。地方权力逐步分散使芬兰的教育系统面临着巨大的变化，

学校在其课程和管理上有了更多的话语权，国家教育委员会只规划教育大纲，学校则根据自己的情况来设计自己的课程和计划。"课程的分权意味着学校所学的科目将与地方需要紧密结合，这其中包括了工业、商业等"。1993 年，芬兰国家内阁决定在 90 年代大力发展教育事业，增强教育和科学研究在国家发展的地位。其主要目标为：保持教育高水平发展；推进国家精神文化的发展；鼓励自主创新创业，提升教育科研质量；增强工业基础，强化创新进程；使工作、教育与生活状况的改变协调发展；开发职业技能，提高就业率。

教育管理体制和课程内容发生的变化为芬兰创业教育的实施提供了良好的平台，也为创业教育中的课程设置和管理创新提供了思路和指导。

二、芬兰创业教育的发展历程

芬兰的创业教育始于 20 世纪 80 年代，至今也只有 30 年。相对于英国和美国有着半个世纪的创业教育历史，芬兰创业教育起步较晚，但发展极为迅速，形成了"学习借鉴——以支持创业发展带动创业教育——全国推广实施"的发展脉络，在当前欧洲创业教育中有着极为重要的作用和地位。

（一）萌芽期（20 世纪 80 年代至 1990 年）

这一时期，芬兰的创业教育以学习借鉴英国创业教育的经验为主，为其今后的发展奠定了坚实的基础。

众所周知，芬兰的创业教育模式借鉴了英国的创业教育模式（Enterprise Education），更准确地说是源于"20 世纪 80 年代在英格兰西北部出现了大范围的传统工业的停业倒闭，接连造成大量工人失业，因此而进行的创业培训和教育"。20 世纪 80 年代末期是英国创业教育高速发展的时代，同样也是芬兰经济迅速下滑，遭受经济危机的时代，英国创业教育在化解 70 年代经济萧条的过程中起到了十分重要的作用，这对芬兰有着宝贵的指导作用，芬兰创业教育由此开始实施。1990 年，芬兰 40% 的公司面向教师和学生开展实习活动。工作经验成为所有学校课程的固定的部分，中小学学生规定每年在公司实习 3 天，大学生规定每年实习一周，类似于美国的青

年学徒项目。这被看做是芬兰创业教育的雏形。

（二）发展期（20 世纪 90 年代）

这一时期，芬兰的创业教育主要通过推进创业以此来带动创业教育的实施，启动了大量创业教育项目。创业教育在这一时期内得到了迅猛的发展，为创业教育的发展提供了良好的政策支持和环境保障。

90 年代初，芬兰政府（主要是工业贸易部）出台了大量促进中小型企业发展的政策，推动中小企业和创新创业的发展，以此提升社会就业率。这些政策的主要目的在于以下三方面："提高中小型企业的运营环境；提供中小型企业的工作场地；提升中小型企业的数量和竞争程度"。

大量的创业扶持政策为创业教育的实施提供了良好的机遇，芬兰政府紧接着实施了大量创业教育项目，创业教育在这一时期内得到高速的发展。1993 年，芬兰国家教育委员会（National Board of Education）实施了"创业教育引导工程"（Enterprise Education Pilot Projects），整个包括 7 个子项目，于 1995 年结束。其中在瓦萨（Vaasa）市的项目时包括教育系统内各级各类学校包括了小学、中学和大学，不同学级的创业教育内容和教学方法上有着不同的规定和要求。1995 年，芬兰工业贸易部、劳动部、教育部、国家教育教育委员会以及芬兰工业和劳工联盟共同发起了芬兰历史上推进创新创业和创业环境最大的工程——"创业十年工程"（The Enterprise Decade Project），参与该工程的还有其他 20 多个有影响力的劳工组织。其目标在于以下 6 个方面："引导树立积极的创业态度、实施教育推进创业、推进创业的社会贡献率、培养大量未来创业人才、扎实推进已有创业教育项目、通过创业降低失业率"。

（三）成熟期（2000 年至今）

这一时期芬兰将已有的经验进行推广，在芬兰所有地区实施创业教育，联合国家其他部门机构开展了大量的大型创业教育工程，并逐步形成了自己"非商业性"的特色，也标志着芬兰创业教育逐步走向成熟。

2000 年至今，芬兰开始在地方实行大量的横向和纵向的创业教育项目，其重点在于培养学生积极的创业态度，营造创业氛围。2000 年初，芬兰工业商贸部实施创业工程，这项为期两年的

工程是包含在芬兰国家的战略规划中的。其目的在于通过新增新企业和扶持已有中小型企业，保持经济持续增长、提高就业率。该工程包括 5 个子项目，其中一个称为"创业作为吸引人的职业选择"（Entrepreneurship as an Attractive Career Option），这个项目在于鼓励有创业潜力的人开办自己的企业。这就意味着要在教育系统中大力增加学生创业技能的培训内容以及树立积极的创业态度。为了促进创业教育的深入发展，芬兰国家教育部于 2004 年发布了《创业教育行动方案说明》（The Clarification and the Action Program of Entrepreneurship Education），详细说明了国家创业教育的目标、方案等。最近，一项名为"起步"（ASKEL）的项目在北萨沃岛（芬兰中西部）和北卡列利亚（芬兰西部）地区启动。该项目主要以理工学院和当地企业家进行合作对学生进行创业教育，同时也标志着芬兰创业教育覆盖了全国各个地区。

三、芬兰创业教育的特点

（一）创业教育项目更注重提升学生的创新精神，呈现出强烈的"非商业性"（Non - business）

与奥利地和挪威不同，芬兰的创业教育明显地聚焦在非商业领域，呈现出强烈的"非商业性"，"这表明芬兰有着浓郁的创业文化，而且表明未来可以逐步增强"。创业项目的目标可以归纳为以下 3 方面：①为想创业的学生提供技能培训和信息支持；②对创业以及中小企业有着良好的认识，以此为其创业做知识储备；③帮助学生在社会和文化的变化中更具创新精神。

芬兰的一位学者 Ulla Hytti 通过搜集了最近几年实施的创业教育项目并整理出了项目的目标（见表1）。从表中我们可以看出，芬兰的创业教育项目多集中于高级中学（13～19 岁）和技术教育中。其目标更多地在于帮助学生变得更具创新精神以及提高他们对于创业和中小型企业的认识，并不过分关注学生能否开办自己的企业。"总之，芬兰的创业教育聚焦于非商业化。这表明创业教育有许多提升创业的机会：态度的训练、发掘创业潜能、提升创业教学和知识传递"。

表1

项目名称	年龄阶段						项目目标		
	6岁以下	6~12岁	13~19岁	高等教育	成人教育	技术教育	开办企业	对商业和创业有所认识	帮助学生变得更具创新精神
DILPES					√			√	
创业教育工程	√	√	√			√			√
拉普兰创业规划2000		√	√			√		√	√
约基拉克索基础学校项目		√							√
"发现属于你自己的企业"			√			√		√	√
青年创业计划			√					√	
教师作为变革的中介						√		√	√
团队研究				√			√	√	√
向日葵工程	√	√		√	√	√		√	√
Variska 学校（高级中学）			√				√		√
YEAC 青年创业创新活动	√	√	√			√			√
总计	3	5	6	2	2	6	2	7	9

资料来源：Ulla Hytti.

（二）创业教育课程与职业考试相结合，有利推动创业教育的实施发展

创业教育的课程在义务教育完全学校中是作为特别课程由地方教育部门和学校自行决定开展的，而在高中和大学，其课程则作为一门专属学科或者作为相关领域学科的必备课程。在芬兰所有的学生都应参加职业考试（vocational examination），而所有的职业考试都包含了创业基本能力的测验。职业考试的学习共有20周，包括16周的必修课和4周的选修课，在4周的选修课中包含了创业的的课程。创业的主干课程有商业开发和产品创意、开办企业、顾客服务与销售、公司和产品的财务管理等。

自2001年起，芬兰开始对职业考试的进行改革，规定学生职业指导机构应向学生提供创业课程和创业活动，以此来作为职业训练的目标之一。同时规定各种职业考试的最终目标应为"学生在创业活动中的成长"，要让学生掌握创业的基本能力，并且对自己未来的创业生涯和自己作为一名创业者有积极科学的认识。

四、芬兰创业教育遇到的挑战

（一）来自反对派的挑战

芬兰的创业教育自实施以来就面临着众多反对的意见，他们从社会和个人的角度出发对创业教育的实施提出了尖锐的意见。

有学者认为创业教育的实施影响了社会公平。他指出，作为福利国家的芬兰，其公平公正的价值观于20世纪90年代在经济政策的制定中逐渐消失，取而代之的是新自由主义——在市场中增加竞争性。他抱怨"创业教育政策就是针对一些弱小的商业和劳动力市场机构，在所谓的"自由市场"中增加其个人和企业的竞争"。

也有学者指出了校外企业家们的虚伪。因为教师不熟悉商业运作，企业家不熟悉学校教育，因此创业教育的实施需要学校与企业合作，但是校外企业家们只是想着为其公司培养合格的职员，而不是为学生的职业生涯考虑。她指出"参与学校与企业合作的企业家们应该向学生呈现真实的商业世界，而不仅仅是传递他们的企业信息"。

（二）创业教育师资的挑战

芬兰创业教育也穿插了教师培训，但只是在创业研究领域的教师教育中进行，创业教育师资队伍的数量和质量都有待于进一步提高。1999年12月29日政府通过了《教育和科研发展规划》（The development plan of education and research）。规划中明确提出要增强学校生活和企业的合作关系，以此来提高教育的质量，推进教师创业教育培训的实施。在1999年的早期也有一项规定生效，允许创业者在创业教育系统的框架下在自己的公司中进行自主创业教育。

同时，教师的教学方式有待提高。创业教育非常实践性，强调"做中学"。相比英美国家灵活多样的教学方式而言，目前芬兰创业教育项目的教学方式还是以传统的教学方式为主——即通过课堂教授、考试测验以及论文撰写等方式进行教学，这与芬兰创业教育的"非商业性"密切相关。单一的授课方式势必会阻碍创业教育的实施发展，改革创业教育内容、创新教学方式已经成为芬兰创业教育实施的必然选择。

参考文献

［1］Gibb, A. The enterprise culture and education［J］. International Small Business Journal, 1993, 11（3）.

［2］The Trade Statistics Branch. International trade statistics year – book［M］. Washington：United Nations, 1993.

［3］Finnish Labour Market Institute for Economic Research and ECOTEC. Tabor market studies – Finland［R］. Brussels：European Commission, Directorate – General for Employment, Industrial Relations and Social Affairs, 1996.

［4］Decade of Entrepreneurship, Coordinated National Effort to Advance Entrepreneurship in Finnland［R］. Helsinki：Decade of Entrepreneurship Project Ofiice, 1996.

［5］Koiranen, M., & Peltonen, M. Enterprise education—Thoughts of learning entrepreneurship［M］, Tampere：Konetuumat, 1995.

［6］Herranen, M. Finland：System of education［M］//T. Husen & T. N. Postlethwaite, The international encyclopedia of education. Oxford：Pergamon Press, 1994.

［7］MTI. The SME Policy Programme 1996 Implementation report［R］1999.

［8］National Board of Education. The enterpreise decade project of the National Board of Education［J］. Helsinki：Unpublished working paper, 1996.

［9］MTI. The Enterpreneurship Programme, ［EB/OL］.［2010 – 5 – 02］. http：//www. vn. fi/ktm/eng/1/yhanke/yleiskuv. htm.

［10］Ulla Hytti. Enterprise education in different cultural settings and at different school levels［M］//A. Fayolle & P. Kyrö. The Dynamics between Entrepreneurship, Environment and Education. Cheltenham：Edward Elgar Publishiing Limited, 2008.

［11］Heinonen, J. and E. Akola. Entrepreneurship Training and Entrepreneurial Learning in Europe—Results from the ENTLEARN project［R］. Tampere：TSE Entre, Turku School of Economics, Esa Print Oy, 2007.

［12］Rinne, R., & Kivinen, O. European Union policy and Nordic ideal of educational equality［J］//The 41st Annual Meeting of the Comparative and International Education Society, 1997.

美国名校高等教育国际化的特点及启示

刘 萍

（西南财经大学 外事处，四川 成都 611130）

摘 要：西南财经大学赴美名校游学考察团通过对美国名校高等教育国际化的考察和了解，并结合中国大学的传统和现实，认为美国名校高等教育国际化的理念，如"课程国际化"、"学生国际化"、"教师国际化"、"重视学生海外学习和生活经历"、"联合项目和中外合作办学"等尤其值得我国大学借鉴和学习。

关键词：美国名校；高等教育国际化；特点；启示

作为西南财经大学赴美名校游学考察团带队老师，我于2011年1月和2011年7月分别带了14名学生和20名学生在美国进行了为期半个月的名校高等教育理念考察，感悟名校精神。游学考察期间，我们除了在斯坦福大学、哈佛大学、耶鲁大学与知名教授和学生做了充分的交流和沟通外，还考察了加州大学伯克利分校、普林斯顿大学、麻省理工学院、哥伦比亚大学等名校。这里谈一下美国名校高等教育国际化的特点及其启示。

一、美国名校高等教育国际化的特点

（一）课程国际化

课程国际化是美国名校高等教育国际化的重要模式之一。作为传输知识的一个载体，课程不但可以将国际性知识纳入到教学材料、活动和学生作业中去，而且也是拓展国际和跨国知识的主要阵地。课程国际化是高等教育国际化的基本要素之一，标志着高等教育的国际化已发展到了实质性阶段。

课程国际化不仅能给本国学生提供接受国际化教育的机会，同时也能够提高课程对外国留学生的吸引力。美国知名高等院校都比较重视课程国际化。以哈佛为例，哈佛开设了涉及世界上很多国家的课程，哈佛的学生一般都可以在哈佛对自己所感兴趣的国家有所了解。这里仅以亚洲和中国为例，现在哈佛教授汉语和粤语，而且每年都有将近500名的学生选修这些语言，其中包括中国历史、文学、考古学、经济学及其他学科。对耶鲁大学而言，为这个日益相互依赖的世界培养人才意味着该学校需要把国际元素融入课程设置并要求所有学生具备国际体验，每个耶鲁大学的学生都有一次出国学习的机会并且如果需要即可获得奖学金资助。

（二）学生国际化

学生国际化主要是指招收外国学生或本国学生前往他国就读，包括长期和短期停留，前者多为了取得学位，后者多属于交换或游学性质，主要在于获得文化经验和语言能力。大力开拓留学生市场，已成为欧美国家的共同战略。据统计，世界一流大学的留学生一般占学生总数的13.4%，研究生的比率更高，约占29%。以哈佛为例，哈佛是一所高度国际化的大学，它的大门向世界敞开。哈佛的学生来自世界不同的国家、不同的民族。在全球化的背景下，这一趋势还将继续发展，整个哈佛现在每年有近2800个学位被美国以外的125个国家或地区的学生获得。学生国际化的另一个表现是它的学术范围早已超越了本土。哈佛大学18 000名学生中有3000名在海外100多个国家做不同课题的研究。再以耶鲁大学为例：2000年，耶鲁大学校长里莱文首次提出要把耶鲁大学建设成全球性大学的愿望。2006年9月，在为期一周的"耶鲁明天"活动会上，莱文校长说："最为重要的是，耶鲁需要从全国性大学变成全球性大学。"这样，从19世纪初期开始零星接受来自东方或太平洋岛屿的学生，到21世纪每年从100多个国家招徕3600名学生、学者，耶鲁大学的保守性特质似乎正在逐渐淡化。2006年9月，仅在耶鲁法学院招收的200名新生就来自世界50个国家。

（三）教师国际化

教师的国际流动也是实现高等教育国际化的一条捷径。具有国际知识和经验的教师可以直接推动教学、科研的国际化发展。教师可以到外国进行一些前沿的高深研究，从事某项特定的研究项目或钻研某种专门的学科。这种方式可以有助于充实教师的经历，提高其技能，进而提高教学内容和教学质量。教师的交流在各国都呈现出多样化、多渠道的方式，既有政府自主的计划，也有高校间的交流计划。从具体内容看包括到外国大学从事科研和教学经验交流、共同出版学术著作、参加国家会议、通过电子邮件进行交流、参加国际组织或学术刊物编委会等多种形式。近年来许多国家的高校都采取多种形式增加教师出国访问进修的数量，同时面向世界招聘教师。目前，世界知名大学的教师来自世界各地，大部分专业教师均拥有世界名校的博士学位。另外，许多高校还邀请国际知名学者、专家进行短期访问和讲学，或聘请著名学者为名誉教授或客座教授，这些举措都大大推进了高校教师国际化的进程。以斯坦福大学为例：在副校长特曼教授"学术尖端"的影响下，斯坦福大学非常重视招聘一流教师的多样性和平等性并积极吸收其他顶尖高校的优秀人才。目前斯坦福大学1300多位教授中，有16位诺贝尔奖得主、5位普利策奖得主、142位美国艺术科学院院士、84位国家科

学院院士和14位国家科学奖得主。目前，斯坦福大学有教职工1534人，其中61％的人具有终身教授资格，208人为全国艺术和科学院院士，110人为全国科学院院士，70人为全国工程院院士，20人为全国教育院院士，20人获得过全国科学金质奖。除了这些精明强干的专职教师队伍外，还从国内外企业聘请了一批优秀科研人员为该校的顾问教授，让他们承担一部分教学任务，同时还不定期请创业成功人士、投资家到学校演讲。由此可见斯坦福大学的国际化与其自身有世界一流、多样性的师资力量是分不开的。这些学术界重量级人物在各自的领域做出了卓越的贡献，为斯坦福大学赢得牢固的国际学术地位和世界声誉。

（四）国内学生去海外学习与工作

目前西方发达国家十分强调就业应聘者的海外经历。几乎所有国外大学毕业生在应聘工作时都将自己的海外学习、实习及生活经历写入个人简历，甚至到别国旅游也作为海外经历的资本。哈佛是支持学生出国学习的，校长波克鼓励学生在入学一两年后，就应出国进修。哈佛为出国的学生提供实习期、奖学金和捐款，并且还有很多这样的组织为学生提供中介服务。比如哈佛海外学院教学计划为高年级研究生和男毕业生提供去海外教学的机会。

（五）联合项目和中外合作办学

联合项目是指两个或两个以上的教育机构或组织通过签订合作协议共同提供学习项目的一种跨国教育形式。该项目以学分课程为基础，学生在本地教育机构修完一定学分后可以转移到外国的教育机构，完成规定课程的学习并通过考核后即可获得外国大学的学位。中外合作办学机构提供的教育项目绝大部分也属于这种类型，其学制往往采取"1＋2"、"1＋3"、"2＋2"等模式。耶鲁大学管理学院是美国第一所把出国学习旅行作为学位要求的商学院，自1997年后，几乎每个学院和主要学术单位都增加了国际活动和对外联合项目。耶鲁大学还被国际教育者联合会（NAFSA）誉为拥有"美国最杰出的国际化校园"。

加州大学伯克利分校与超过50个国际性组织搭建的双边交换协议。这些协议包括输送教

师、研究者和研究生进行最长达一年的学习和研究。比如与清华大学的合作，自从1978年起，这项合作包含了访问学者项目和大学间中文学习项目。

目前，斯坦福大学已在世界各地开设多所分校。2004年斯坦福大学在北京大学建立了第九个海外分校，由斯坦福大学教授和北大教授联合授课，开设的课程涉及经济、法律、文史等诸多领域。

二、美国名校高等教育国际化的启示

中国改革开放政策的实施使高等教育的发展顺应了国际化的潮流，获得了面向世界的发展契机，开始了借鉴国外高等教育经验的国际化发展进程。从目前看，中国的高等教育国际化是努力使中国跟上国际发展水平的教育策略，而寻求适合我国战略发展的高等教育国际化的措施和方法，就成为我国高等教育发展的重要课题。哈佛、耶鲁等美国名校是世界知名大学，它的强大与它的开放性和国际性是分不开的。所以我们要建立世界一流大学，就必须向世界一流大学学习。

（一）树立国际化的高校管理理念

观念是行动的先导，体制是行动的保障。高等教育要在新时期的社会环境下适应国际化发展的需要，首先要在办学理念上国际化，坚持开放式的、全方位的、多层次的国际化办学思想，创建国际通用的大学运行机制。

（二）加大高校课程的国际化改革

课程以及教学内容的国际化是高等教育国际化的主要的、直接的表现形式。目前，我国的许多高等院校都意识到国际化课程在实现高等教育国际化中的作用，并纷纷开设与国际化相关的课程。但是很多学校并不能真正将国际化课程的内容和思想传授给学生，国际化只是一种时髦的形式。国际化课程设置在多大程度上融入课堂在很多程度上取决于教师们所起的作用。教师在课堂和学术活动中的角色起到了鼓励或抑制学生参与国际化活动的作用。例如，教师可以在课堂上使用国际化案例和阅读材料，鼓励学生开展国际化研究、出国学习；也可以在教师身上加大"投资"比如支持教师参加国际学术会议，鼓励教师研究项目多元化以此来加强国际化。

（三）提供海外学习和实习机会，重视学生海外学习、生活经历

国际化的一个主要目标是使学生认识到国际化和全球化问题，拥有更开阔的国际视野。这一目标的实现不仅需要通过在课堂中向学生传播国际化或全球化的观念，还需要为学生提供参加各种国际化课外活动以及海外学习、实习的平台，使他们的生活无处不充满着国际化气息。

目前我国还无法较大规模地开拓海外学习、实习领域，但是否可以在某些学校使学生在学习年限的某个阶段作为交换学生或访问学生到国外获取一定的学分，或者是学习最后一年到国外合作院校获得剩余学分，甚至也可以让学生到国外名校访学、考察，感悟国外名校精神。这样不但可以拓宽学生国际化视野，而且也能提高学生跨文化交际能力。

（四）完善联合项目，加大中外合作办学力度

联合项目和中外合作办学是改革开放以来的新生事物，是我国教育领域的重大突破，现在仍然不失为一种能较快促进学校、地区甚至一个国家高等教育国际化的形式。通过联合项目和中外合作办学能较快地了解、吸取并实践国际上通行的办学模式、专业课程设置、师资培训、质量保障措施等方面的经验和教训，既有利于学生开阔视野，又有利于学生建立比较平衡的中外文化观，成本还低于派遣学生出国，国家和个人可以节约大笔经费。因此，不但要完善现有的联合项目，而且鼓励有条件的学校走出国门与外国同行合作办学，这同样有利于推动中国高等教育国际化的进程。

（五）国际化并不是趋同化

高等教育国际化是不可阻挡的潮流，我们在学习美国名校时并不是要完全的吸收过来，而是要有所"取"，有所"弃"，结合本国情况灵活学习，并且有所创造。在这一过程中，既要继承、弘扬本民族大学长期积淀的优良传统和文化遗产，又要借鉴、吸收来自国外的先进经验和文化精粹。我们要开阔视野，加强全球伦理、种族平等、道德责任及多元化理解。只有在开放的环境中不断迎接挑战，吸取经验，才能不断提高高

校发展的生存竞争力，才能使中国高校的国际化有中国特色。

参考文献

［1］Paige，M. R. The American case：The University of Minnesota. Journal of Studies in International Education，2003.

［2］Birgeneau，R. A modern public university. Nature materials，2007.

［3］Edwards，J. Challenges and opportunities for the internationalization of Higher Education in the coming decade；Planned and opportunistic initiatives in American institutions Journal of Studies in International Education，2007.

［4］Schoorinan，D. The pedagogical implications of diverse conceptualizations of internationalization：A U. S. based case study. Journal of Studies in International Education，1999.

高等财经教育人才培养模式改革

卓越金融人才培养模式改革探索[①]

储敏伟[②]

（上海金融学院，上海 201209）

近年来，我国高等财经教育面临着许多新挑战，也面临着许多新机遇。上海金融学院根据地方经济社会发展、尤其是上海大力推进国际金融中心建设的需要，在完善外延建设的同时，着力围绕内涵建设，深化学校与金融行业的深度合作，不断拓展金融人才培养的应用型与国际化内涵，不断创新人才培养模式，积极探索应用型金融人才培养的新途径——卓越金融人才培养模式改革与探索。

一、顺应高等财经教育发展趋势，探索卓越教育

（一）目前我国高等财经教育发展的趋势

1. 由重视外延发展转向重视内涵建设

20 世纪末到 21 世纪初前十年，由于高等教育受市场化、大众化发展的社会需求拉动与传统教育资源配置机制及政府拨款机制的助推，我国高校普遍进行了校园建设扩张和招生规模的扩大以及学校的升格，基本上以外延发展为重点。近年来，随着高等教育供求关系的趋于平衡和高校竞争的加剧，国内高校纷纷由外延发展为重转向内涵建设为重。虽然我校外延发展转向重视内涵建设时间较晚，但目前外延建设已基本完成，也正在加速向内涵建设方面发展。

2. 由重视规模层次转向重视质量水平

注重扩大规模，追求提升办学层次，这也是 20 世纪末 21 世纪初各地大学发展的普遍现象。但现在来看，仅仅注重规模、层次的发展不一定能做大做强，学校发展更应注重质量水平的提高。

3. 由重视理论知识转向重视实践应用

我国以前的本科生教育比较注重完整的理论体系与知识结构，应用能力培养相对薄弱，研究生教育更是如此。与国外相比，我国学术型研究生的数量、规模、比例过重，应用型研究生比重过少。为了加强学生应用能力的培养，除了加强本科生应用实践教育以外，教育部在研究生教育方面进行了重大战略转变，相继设置了 39 种研究生专业学位并成立了 29 个研究生专业学位指导委员会，大力发展专业学位教育。

4. 由重视一般教育转向重视卓越教育

卓越教育是教育部正在推广、众多高校正在积极响应努力探索的一种应用型、创新型人才培养模式。《国家中长期教育改革和发展规划纲要》提出，中国的中长期高等教育改革将实施两个计划：一是基础学科拔尖人才培养计划，也称珠峰计划，目前涵盖数学、物理、化学、生物、计算机科学五大学科；二是应用学科卓越人才培养计划，也称卓越计划，涵盖卓越工程师教

---

① 本文为储敏伟教授在"2011 第二届中国（太原）高等财经教育论坛"上的报告。

② 储敏伟，上海金融学院院长，教授，博士生导师。

育、卓越教师教育、卓越医学人才教育、卓越法学人才教育。

（二）目前我国高等财经教育教学改革的走向

1. 学科专业布局调整与交叉发展的趋势

从全国财经院校来看，近十多年来，经过发展与调整，经济学门类、管理学门类构成了财经院校的基本学科专业布局。在此基础上，一般与应用性的法、文、理、工门类学科专业交叉发展，共同构成了财经院校的学科门类与学科专业布局。

2. 应用能力与素质教育相结合的发展趋势

应用能力与素质教育相结合是适应高校办学发展主要趋势的需要，财经类院校只搞专才教育是行不通的，必须将专才教育和通才教育结合起来才能获得更大的发展。

3. 突出实验实践教学的发展趋势

传统一般认为财经类院校属于文科类院校，不需要实验，只需实习即可，只有理科院校才做实验。可从社会、经济发展现实需要来看，将财经院校简单归到大文科院校不太准确。从社会需求与高校学科专业定位来看，财经院校应该是文理渗透的，尤其是数学、IT的渗透在财经类学科专业中非常明显。传统文理分科的不科学，造成了财经类院校实验教学的相对薄弱。从20世纪90年代后期尤其是20世纪初以来，许多财经类院校在实验教学改革方面已取得了长足进步，这给一些新建财经院校带来了如下启示：实验教学，不是一两门课程而是相当部分的教学内容、教学课程都应含有实验，不是少数而是相当多的教师都要从事实验教学。

4. 突出金融类及相关学科专业建设的发展趋势

随着市场经济发展，尤其是1998年和2008年国际金融危机的爆发，使人们意识到金融在现代经济社会发展中的地位日益突出，财经类高等教育必须更加重视金融学科专业建设，在整个财经教育中都要大力加强金融类及相关学科专业如会计、财务、财政、税收等的发展。这对我们如何调整学科专业与教学内容，彰显金融与财经类院校办学特色，既提供了新机遇，也提出了新要求。

二、我国财经人才培养的新特点及弊端

（一）高等财经教育人才培养的新特点

作为财经本科院校，必须清醒地认识到这些新特点，积极探索适应这些特点的人才培养模式。顺应新的机遇和挑战，处理好应用能力培养与素质培养的关系，处理好职业教育与通识教育的关系，处理好行业特色与诚信教育的关系。

（1）传统的人才培养在应用能力的培养与素质培养之间很难找到平衡，即过分强调应用能力的提高而忽视了学生综合素质的培养或过分强调综合素质的培养而忽视应用能力的提高。这样培养出来的人才很难满足社会经济发展的需要。财经类院校由于与行业具有较为紧密的关系，其培养的人才既要具备过硬的业务能力，又要具备良好的综合素质。因此，其在培养方案的设计、师资队伍的建设、教学内容的安排、教学过程的实施和监控、教学效果的评价等方面都需要处理好应用能力培养与综合素质培养的平衡关系。

（2）财经类院校要处理好职业教育与通识教育的关系。财经类院校所培养的人才，其职业能力要求较高，专业性较强，这就促使学校在培养人才的过程中过分偏重职业教育而轻通识教育。但面对经济社会发展的新要求，通识教育也十分重要。高校应结合社会发展需要和学校人才培养目标定位，努力寻找通识教育与职业教育的平衡点。

（3）财经类院校还要处理好行业特色与诚信教育的关系。诚信教育是整个人才培养中的重要部分。对于财经类院校而言，由于其培养对象将来所从事工作的行业特殊性，诚信教育显得尤为重要。2008年席卷全球的金融危机、经济安全以及当前各类重大经济案件都与诚信有关。因此，财经类院校要在处理好应用能力与综合素质关系、职业教育与通识教育关系的同时，更加注重处理好行业特色与诚信教育的关系。

财经类院校在强调学生能力培养、强调应用型的同时也要对广大学生进行素质教育，要将职业教育和素质教育有机结合起来，将诚信教育与行业特色结合起来。

（二）传统高等财经教育教学人才培养的主要弊端

目前我国高等财经教育弊端主要体现在人才培养中的高校与行业脱节、理论与实际脱节、国内标准与国际标准的脱节等方面。如医学人才和工程人才的应用型人才培养，主要是在理论教学中诞生的，学生的动手能力和实践经验与工作岗位的实际相差甚远，无法满足社会对人才培养的要求。同时由于传统评价标准单一，过分强调理论教学，这就导致我国高等财经教育专业人才培养出现了诸多弊端。一是实验教学普遍比较薄弱，学生实践应用能力不高。大多仅仅是通过几门课程和几个实验项目来开展实验教学，而忽视了在整个人才培养过程中重视学生实践应用能力的培养。二是各专业所培养的人才与行业所需人才不匹配。由于财经类院校各专业在制定人才培养方案和组织教学的过程中，仅仅是通过一般调研和参照标杆院校来开展，而在课程设置、教学安排、教学评价等方面与行业的合作还比较粗浅，这就造成了高校所培养的人才的素质与行业所需的人才素质存在较大差距。三是学科专业的渗透结合不够。财经类高校各专业之间具有很强的联系，如金融学、会计学、财政学、税务、审计学等各专业联系较为紧密，专业之间的渗透就不应是几门课程的交叉，而应在整个人才培养过程中实现各专业的融合与渗透。

因此，卓越人才培养计划也应运而生，探索和改革应用型人才培养模式已是新形势下我国高等财经教育内涵发展的必然趋势。

三、我校卓越金融人才培养模式改革

（一）卓越教育发展的背景与内涵

卓越教育是当前教育领域的流行词汇。全国许多院校尤其是工科院校早已提出卓越教育，教育部也制定了相应的指导性文件。笔者认为，卓越教育是我国在教育发展及教育改革中经过反思传统教育而提出的理念，是针对当前我国大学教育与人才培养中普遍存在"高校与行业相脱节、理论与实际相脱节、国内标准与国际标准相脱节"等突出问题而提出来的。许多高等院校在教学改革中都在积极思考如何解决大学教育的脱

节问题，教育部也大力支持各高校的改革与探索。

卓越教育的主要意义在于：通过卓越人才的培养，提高学生创新能力、行业适应性及实践应用能力。我们认为，卓越教育内涵主要有四个方面：一是卓越教育需要一种联合培养新机制。卓越人才单靠学校闭门造车式的培养是培养不出来的，必须要与行业、企业联合培养，要让学生到行业企业一线实际参加锻炼。二是卓越教育需要一种新的能力培养模式。卓越教育既要强调课堂教育，也要注重第二课堂和实习实践，要创造一种新的衔接专业教学与实践教学的能力培养模式，更好地提高学生的创新能力和应用能力。三是卓越教育需要一种新的教师能力考评模式。卓越教育对教师的要求非常高。卓越教育教师的知识结构和能力结构应区别于过去的标准，因而，推进卓越教育，教师的评价体系、分配机制、激励机制、职称评定机制都要相应改变，以更好地适应卓越教育的需要。四是卓越教育需要新的行业人才评价标准。学生质量是否高，是否符合用人单位要求，仅靠学校自己评定还远远不够，学校人才培养质量标准的制定要邀请企业行业参与制定，如果从开放办学、国际化办学角度来讲，还要借鉴或邀请国外同行、国外大学一起参与制定。

（二）我校卓越金融人才培养内涵及培养模式的改革与探索

1. 卓越金融人才培养解读

我校卓越金融人才培养，主要聚焦于五大类金融紧缺人才（金融高级管理人才、金融研究人才、金融业务人才、专业服务人才和金融监管人才）中的金融业务人才和专业服务人才。这种金融业务人才和专业服务人才，必须是品质优秀、业务精湛。"三型一化"（应用型、复合型、创新型和国际化）现代金融人才是卓越金融人才的基本特征。在卓越金融人才培养中，学校坚持以提升学生的应用能力为导向，努力适应经济转型及国际金融中心建设的特殊需求；坚持以构建学生的综合素养为导向，强化金融与法学、信息技术、数理统计、管理工程知识的交叉融合；坚持以开拓学生的国际视野为导向，努力适应经济金融全球化对金融人才的国际交流能力和素质需求。

2．卓越金融人才培养战略

作为财经类院校，上海金融学院提出的"卓越金融人才培养模式改革"，是贯彻落实《国家中长期教育改革和发展规划纲要》、适应上海加快国际金融中心建设所实施的重大教育教学改革项目，也是促进学校由普通金融人才培养迈向卓越金融人才培养的重大举措。

在学院中长期改革与发展规划纲要中，我们提出了学校的发展目标：到2020年，把学校建设成金融特色鲜明、整体办学水平较高、核心学科专业处于国内先进行列，具体行业性、国际化、信息化、精致化特色的优质本科大学。优质本科教育至少应包括：一是先进的办学理念；二是先进的设施条件；三是科学的管理和高质量的服务；四是鲜明的办学特色；五是人才培养质量高。说到底，优质本科教育需要有一个好的人才培养模式来支撑。上海金融学院所提出的卓越金融人才培养，以"多层次、应用型、国际化卓越金融人才培养模式改革"为核心，同时也体现了学校以人才培养为主的教学理念。多层次，既是建立在现实社会对金融人才需求多层次基础之上的正确判断，也是高校服务经济、满足社会发展对人才多层次需求的功能体现；应用型，是符合我校应用型办学目标定位的体现；国际化，既符合金融学本身的性质、发展趋势和上海国际金融中心建设的国际化，也符合学校重视国际业务与外汇管理能力培养的外向型办学传统。

3．卓越金融人才培养理念

卓越金融人才培养一是要突出大金融学科专业体系，大力发展交叉型学科；二是注重行业合作，提高人才培养质量以符合行业的应用型要求，凸显金融行业特色。

"卓越金融人才培养模式改革"旨在现代教育教学理念指引下，根据金融业发展对人才的需求，制定应用型金融人才的培养目标和人才规格，形成特色鲜明、相对稳定的教学内容、课程体系、管理制度和评价标准。这一模式，将改革传统的金融人才培养方式，深化学校培养与金融行业深度合作，深化金融人才培养的国际化内涵，为国内同类院校全面提高应用型金融人才培养质量发挥示范和引领作用。

卓越人才培养中提出的"多层次"对学校而言，主要是增加了研究生层次的人才培养，虽有一定难度，但要想方设法在未来5年内获得研究生资格。学校要抓住上海市教委向国家教育部申请上海市紧缺、急需人才培养改革试点背景下专业学位研究生可以提前启动的契机，以内涵建设为抓手，夯实办学基础，提高办学水平，为专业学位研究生的培养做好充分准备。

4．卓越金融人才培养举措

（1）应用型、创新型师资队伍建设水平。虽然新建院校在评估指标的引导下，师资数量已基本充足、师资结构基本合理、师资学历整体水平较高，但离卓越金融人才培养目标仍有一定差距。青年教师比重过大，他们的能力和积极性的发挥还有很大的局限。因此，既要加强领军人才的引进，又要注重对现有师资尤其是青年教师的培训，为卓越金融人才的培养提供一支强大的应用型、创新型师资队伍。针对卓越金融教育对师资的要求，学校除了加强行业领军人才的引进和青年教师的培养外，还将加强教师与行业的联系，定期派送专业主讲教师到行业挂职培训，同时尝试聘请行业人员讲授部分课程或部分教学内容。

（2）行业合作的深度与广度。虽然学校具有传统的行业背景和广泛的行业合作基础，但离应用型卓越金融人才目标的实现仍有一定差距，需不断改进，努力开拓，在深度、广度上需大力推进。我校与金融行业有着很深的渊源，产学合作具有一定的基础，各专业几乎都成立了行业指导委员会指导教学，在金融行业建立了较充足的实习基地。但目前的这些合作离卓越金融人才的目标还有相当的差距。学校将着力于与行业实现包括教育教学设计、教育教学内容、教育教学过程、教育教学评价的CO－OP合作模式。将来学校在师资的培训与引进、人才培养方案的制订与实施、教学监控与评价、就业基地的建设等方面要与行业深度合作，努力实现学校人才培养与行业人才需求对接。

（3）实践实验教学建设水平。虽然学校经过几年建设，在实践教学方面投资明显增加，硬件水平有所提高，但整体而言，实践实验教学仍有较大差距，实践教学内涵建设、实验教学内容、实验教学课程、实验教学师资都需要进一步加强。为实现卓越金融人才培养目标，学校将以卓越金融人才实践能力培养标准为导向，以

"大金融综合实验教学系统"和"ProBank 实验教学系统"建设为核心，进一步完善金融业模拟仿真实验教学场景、实验教学系统、实验教学数据库、实验教学资源库、实验教学支撑体系，推进课程实验项目和专业实验课程建设，探索建设认知实验课程、跨专业综合创新实验课程，开展形式多样的开放性实验，构筑多模块、多层次、全方位的实验教学体系。

（4）国际化。在"卓越金融人才培养模式改革"中，我们将坚持以学生的国际视野为导向，努力适应经济金融全球化对应用型人才的国际交流能力和素质需求，强化国际交流能力和跨文化知识素质的培养，注重国际金融规则与行业惯例教育。

西南财经大学着力推进经济管理拔尖创新人才培养

刘 灿 毛洪涛[①]

（西南财经大学，四川 成都 611130）

胡锦涛总书记在清华大学百年校庆大会上的重要讲话中指出"高等教育的根本任务是人才培养"，"要注重培养拔尖创新人才"。贯彻落实胡锦涛总书记重要讲话指示和《国家中长期教育改革和发展规划纲要（2010—2020 年)》，作为教育部直属的国家"211 工程"大学，西南财经大学以经济管理拔尖创新人才培养为神圣使命，坚持创新，锐意改革，不断探索经济管理拔尖创新人才培养途径，本科人才培养质量得以全面提升。

一、西南财经大学拔尖创新人才培养的指导思想和整体设计

创新人才的培养是一项长期复杂的系统工程，涉及大学的人才培养理念、培养目标的重新定位，学科专业的规划设置与优化调整，培养模式的改革与课程结构的优化等各方面的系统改革。按照这一思想，我校根据社会发展对创新型人才的要求，对各专业人才培养的目标、规格和质量标准进行了深入研究，并进行重新设计，将其贯彻于各专业的人才培养方案之中。经过2004 年、2006 年、2009 年三次大的改革与调整，我校切实贯彻培养创新型应用型经济管理和经济建设的骨干和领导者的本科人才培养目标，把学生创新精神与创新能力的培养突出放在修订

和完善教学计划的核心位置，并通过专业设置、课程设计、课程开发与建设、实践环节、质量控制与监督等教学基础性环节，构建起高素质创新型应用型经济管理人才培养体系。

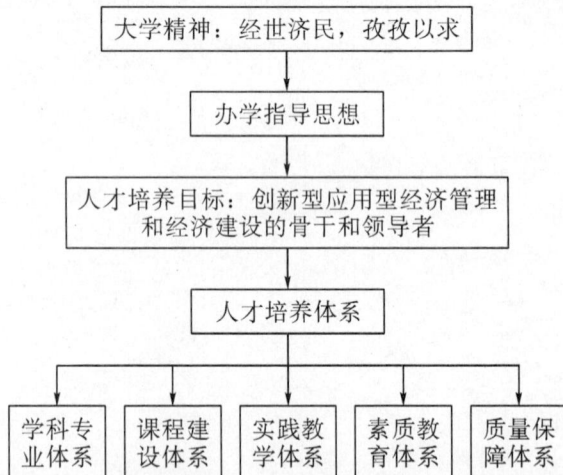

图1 西南财经大学本科创新型应用型人才培养体系

二、西南财经大学经济管理拔尖创新人才培养的实践探索

从培养造就拔尖创新人才和高素质专门人才出发，学校近年来开展西南财经大学"大学生就业与能力培养"调研和专业发展能力调研，引进国内外专家团队系统规划本科教育教学改

① 刘灿，西南财经大学副校长，教授，博士生导师；毛洪涛，西南财经大学教务处处长，教授，博士生导师。

革，在本科教学中构建"通识教育＋宽口径专业教育"平台、"五位一体"的实践教学体系、学生学术研究三大平台，积极推进转变课程教学范式、特殊人才特殊培养、学分制改革与学生跨学科、跨专业学习三大本科教学改革，持续深化专业内涵建设，改进教学评估方法，完善质量保障体系，取得了初步的改革成效。

（一）搭建三个人才培养平台

1. 完善"通识教育＋宽口径专业教育"平台

创新人才的一个成才特点是"厚积薄发"。因此，2006 年学校借鉴国内外一流综合性大学的通识教育模式，对传统的专业教育进行大胆改革，按"授蒙养正，博雅信达，经世济民，大德天下"这一彰显财经特色的通识教育理念，将"求知、做事与做人相统一"作为通识教育的直接目标并贯穿于人才培养全过程。实行前期按大类培养、后期进行宽口径专业教育，先学科基础教育、后专业教育的教学安排秩序；进一步调整课程体系结构，建成了 7 个模块 200 余门课程的通识教育选修课程体系，并重点建设了一批通识教育核心课程；在学生管理体制和管理模式方面不断创新，设立"通识教育学院"，实施"1＋3"学生管理模式，建立起具有浓郁财经特色的"通识教育＋宽口径专业教育"培养体系。

2. 强化实践教学平台

基于经济管理类专业的特殊性质要求必须培养学生解决实际问题的创新意识和动手能力，实践教学在经济管理拔尖创新人才培养中具有重要作用。以"理论与实践、感性认识与理性认识、校内资源与社会资源"三结合的建设思路，学校构建了具有财经特色立体化实践性教学体系，通过实践教学体系、创业教育体系、创新教育体系三大体系打造专业综合能力培养平台，利用现代信息技术实现全校学生社会实践项目学分的互通互认。2009 年学校"构建立体化实践教学体系，着力培养高素质创新型应用型财经人才"项目获得国家级教学成果二等奖。

人才培养方案中实践教学学分从 2007 年实施"质量工程"建设以来实现了经管类各专业不低于 20%。2009 年，将原有整齐划一的"毕业实习＋毕业论文"实践模式，改为专业经典文献研读、本科生科研训练、社会实践与调查、

专业实习、毕业论文"五位一体"的实践教学新模式，进一步丰富了实践教学环节；以国家级实验教学示范中心——经济管理实验教学中心为平台，结合 Oracle、SAP、SAS 等先进应用软件，新开发出一系列实验课程，如金融风险管理、绩效评估、衍生金融工具、Oracle 生产制造、供应链管理、SAP 管理会计、数据挖掘、应用回归分析、可靠性数据统计方法分析等相关课程。同时，通过实验中心软件平台，使用信息化技术改造多门传统课程，其中由我校主持，并有华中科技大学、中国人民大学、上海财经大学等 16 所大学参与的"运作管理"课程获准成为教育部"质量工程"首批立项建设的"使用信息技术工具改造课程"项目之一，取得了较大的推广价值和辐射效应。

充分利用行业特色型大学的学科优势和行业背景，加强与行业的紧密合作关系。积极开展校银、校企合作，开设了最新资本市场与证券业务等一系列的实务课程，建设了一批实践教学基地和一支实践应用型师资队伍，逐步探索"订单式"定制化培养方式，与用人单位在师资、课程设置、办学资源、就业等方面开展深度合作。

开展创业教育，营造全真实践环境。针对学生需要，在以工商管理学院为主体，构建并完善了创业课程体系的基础上，学校开展大量实务讲座、举办创业大赛，鼓励并支持学生创办了广告实验公司、实验超市、西财易购电子商务等学生自主经营的公司，从创业教育、引导、模拟，到全真创业，营造全方位创业环境。

3. 搭建学生学术研究平台

学校不断完善本科生科研训练项目，建立健全本科生参与科研项目制度，鼓励教师吸收本科生参与科研项目，构建包括新生研讨课、本科生科研训练等本科生科研课程体系，提升本科生科研训练能力。开展学术论坛、博学沙龙、学生科学研讨会等学术交流活动。加大对学生参加国内外高水平学术会议资助力度和高水平学术论文、学术成果奖励支持力度，以激发学生的创新精神和创新能力，促进科研成果产业化。

（二）推进四大教学改革

1. 深彻转变课程教学范式

课堂教学是高校人才培养的主要途径和核心环节。温家宝总理曾在会见第五届高等教育国家

级教学成果奖获奖代表时倡议"教授、院士要上课堂，给学生讲基础课"。认真审视当前课程教学中存在的问题，切实提高课程教学的有效性，推动教学范式的深彻转变，必然成为深化教育教学改革、推动创新人才培养必须突破的瓶颈。近年来我校不断推进"精彩一课"、"卓越计划"等课堂教学模式改革项目，在公共管理学院、法学院、马克思主义学院三个学院中推行课堂教学整体改革。

2010年，学校启动实施深彻转变课程教学范式"三年行动计划"，坚持教学学术观、教学民主观、教学协作观等现代主流教学范式的核心理念，组织开展教育教学思想大讨论，举办系列教学改革专题讲座和现场教学观摩，实施64门试点课程改革，开设50余门"新生研讨课"，建立"课程中心"，设置多样化的教学资助项目，完善教学评价体系，努力形成既符合现代教学理念，又体现课程个性化的教学范式，共同营造教书育人、奋发向上、热爱教学的浓郁氛围。

经过两年多的努力，全校各年龄段的教师都已行动起来，饱含激情地参与到课程教学范式转变工作中，课程教学范式改革思想深入人心。各课程组在深入研究的基础上，根据不同年级、不同阶段、不同类型课程的教学目标、教学过程、教学方法、评价要求，逐门课程全新编写课程教学实施方案，更新教学内容，重新设计教学环节，完善教学方法，避免了千篇一律的教学模式。并将课程建设置于学科建设的视野下和框架中，让课程体系建设成为学科发展的重要组成部分，各学院的教授委员会每学期要有一两次活动专门基于学科视野来讨论课程体系建设。各学院在实施课程教学范式改革都形成了自己的亮点与特色，比如经济学院尝试在"经济学原理"课程中加入实验经济学的相关内容；财税学院学生和家长参与，形成10万字改革建议，积极在"税收筹划"课程中创设逼真商业环境；人文学院实现核心通识课程全部挂牌教学，"中国传统文化概论"强调"教"、"学"、"养"三者并重等。2011年年底学校在全面评价每一位老师教学工作业绩的基础上，以超过80%的客观分评选出50名优秀教师，此次优秀教师评选实施全新的评价体系，加大了奖励力度，扩大了奖励覆盖面，极大地调动了全校教师参与教学改革的积极性，起到良好的教学导向作用，本科教学改革取得重大进展。

2. 实施特殊人才特殊培养

为了给学生个性发展和人格养成提供多样化的机会和充分的条件，我校不断探索创新人才培养的新思路、新模式，开设了"国家经济学基础人才培养基地班"、"工商管理"等双语实验班、"数学—金融学"等双学位班、注重经管复合型人才培养的"光华创新人才实验班"、注重国际化人才培养的"经济管理国际化创新人才班"等特殊人才培养班。比如"经济与管理国际化创新人才班"以北美知名大学的经济学与管理学学生培养方案为主要参照模式，设置国际接轨的专业必修与选修课程，大力引进优秀海归博士组建国际化的师资团队采用全英文教学，并依托行业背景，加强与实务界合作，并通过与国外知名大学合作，实施跨学校、国际化的"2+2"、"2+1+1"等交流及联合培养项目，在探索国际化本科人才的培养路径上积累宝贵经验。

3. 深化学分制改革与学生跨学科、跨专业学习

在推进专业"准入"、"准出"标准的基础上，着力推进实行完全学分制的改革，构建学生跨学科、跨专业学习的机制；大力建设各类选修课程，满足学生自主选择的需要；在大学英语、计算机基础、数学等公共基础课程中继续推进分类分层教学，创造条件让学生根据自身学业发展需要按类型、按模块选修；鼓励各专业灵活设置和跨专业设置专业方向，专业方向课向全校其他相关专业学生开放。

（三）实施五项本科教学保障机制体制建设

重点建设了五项本科教学保障机制：一是与创新性、多样化、自主性相适应的学生学业管理制度。进一步优化学生选课和教务信息化管理流程，扩大学生选课的自主性。二是以课程为中心的教学管理制度。不断完善挂牌教学和课程招标机制，鼓励教师发挥个人专长，面向全校学生跨院系开设课程，增加课程供给量。以课程中心建设为依托，推动课程标准化的建设。三是以学生个性发展为中心的学生管理制度和导师制。加强学生的个性化指导，引导学生制订个性化培养方案，在导师指导下自主选择课程，自主安排学习进程，自我管理、主动学习。四是教师高水平教

学激励机制和教学质量评估体制。进一步创新教学评优体系，完善教学激励机制，通过资助教改研究、加强教学奖励等活动，提高教师教学投入积极性。初步构建"学校＋学院＋教师＋学生"的立体化、多层面、动态化的评教组织形式，形成个性化、诊断性的学生评教制度。

三、西南财经大学经济管理拔尖创新人才培养的新思考

胡锦涛总书记在清华大学百年校庆大会上的重要讲话中强调"全面提高高等教育质量，必须大力服务经济社会发展"，我们认为深厚的金融行业背景、独特的金融学科优势、出色的金融行业影响力是我校区别于综合性、理工科大学和其他财经高校的显著标志。美国次贷危机和欧洲主权债务危机以来，全球经济金融格局正在发生重大变化的今天，构建金融学科群与中国金融创新发展"优势学科创新平台"是适应国际金融业发展趋势，促进我国经济社会发展的战略选择。学校确立以金融学科群为核心的发展思路，推进大金融学科群发展，构建金融学科群人才培养大平台，启动实施"金融学学术型创新人才培养计划"、"金融复合型人才培养计划"、"金融国际创新人才培养计划"等三类人才培养计划，着力培养信念执着、品德优良、知识丰富、本领过硬的高素质金融专门人才和拔尖创新人才。

"十二五"期间，学校将以教育部"本科教学工程"为契机，以教育部国家教育体制改革试点项目为着力点，以实施"大金融学科群"三类人才培养计划为抓手，继续深彻推进课程教学范式转变，大力推进重要领域和关键环节的改革，积极探索和实践先进的人才培养模式和途径，使经济管理拔尖创新人才的培养在改革中得到不断完善和成熟，从而促使更多的优秀人才脱颖而出。

研究生创新人才培养的思考与探索

何勇平　靳俊喜　戴林　周莉①

（重庆工商大学，重庆 400067）

重庆工商大学是一所经济学、管理学、文学、工学、法学、理学等学科协调发展的、具有鲜明财经特色的高水平多科性大学。学校现由中央和地方共建，以重庆市政府管理为主，被国家确定为西部"一省一校"重点支持高校。学校自 2004 年开始培养硕士研究生以来，坚持"规范起步、质量至上、创新为魂、育才为本"的研究生教育发展思路，以科学发展观为指导，积极学习、吸取重庆大学、上海财经大学、中南财经政法大学、西南财经大学等兄弟院校研究生人才培养与教育管理的成熟经验，不断健全和完善学校研究生教育管理的规章制度，狠抓研究生培养规范，全面建设学校的研究生培养质量保障体系。在此基础上深化改革、开拓创新，积极探索研究生创新培养的新路子，使我校研究生教育在短时间内实现了跨越式的发展，迈上了一个新的台阶。

一、我校研究生培养的基本情况

我校 2003 年获批为硕士学位授权单位，目前已拥有一级学科硕士学位授权点 7 个，覆盖了经济学、管理学、法学、文学和工学 5 个学科门类，有工商管理硕士（MBA）、工程硕士 2 个专业学位授权点。

表 1　学校硕士学位授权点一览表

学位类型	授权学科	专业名称
学术型硕士学位	应用经济学	区域经济学、产业经济学、金融学、国际贸易、数量经济学等
	工商管理	企业管理、会计学、旅游管理、技术经济及管理等
	管理科学与工程	
	马克思主义理论	马克思主义中国化、马克思主义原理、思想政治教育等
	社会学	社会学
	环境科学与工程	环境科学、环境工程等
	新闻传播学	新闻学、传播学等
	中国古代文学	
专业硕士学位	工商管理硕士	工商管理硕士
	工程硕士	环境工程领域

我校 2004 年招收首届研究生，迄今共招收研究生 7 届 1282 人（其中专业学位 95 人）。尽管这几年全国研究生规模增幅渐缓（平均每年增加 6%），我校的研究生教育规模一直保持高速增长的扩张态势，年增长率始终保持在 26% 以上（见表 2），远远高于全国水平。

---

① 何勇平，重庆工商大学副校长，教授；靳俊喜，重庆工商大学研究生处处长，教授；戴林，重庆工商大学研究生处副处长，副教授；周莉，重庆工商大学研究生处副处长，副教授。

表2　2004—2010 年重庆工商大学研究生招生情况表

年份	招生人数（人）	比上年增长率（%）
2004	29	—
2005	64	120.7
2006	98	53.1
2007	166	69.4
2008	225	35.5
2009	300	33.3
2010	378	26

目前，我校有硕士生导师 154 人，100% 拥有高级职称，其中正高职称达 72.7%，具有博士学位的导师占比为 20%，40 岁以下青年教师占比为 48.7%。

二、我校研究生创新人才培养的特色与主要成绩

学校高度重视研究生教育管理与培养质量。在研究生教育中坚持高标准、严要求，牢固树立质量意识，创新人才培养模式，稳步推进研究生教育与管理工作，有力地保障了研究生培养质量。

（一）思路明晰，研究生培养质量保障体系完善

开展研究生教育工作以来，我校一直坚持"规范起步、质量至上、创新为魂、育才为本"的工作思路，充分吸取兄弟院校的成功经验，制定了规范研究生教育、保障培养质量的规章制度 40 余个，并形成"双手册"制（《导师手册》与《研究生手册》），保证了研究生培养工作的正常有序开展。

目前，学校已形成较为完善的研究生培养质量保障体系。学校实行"研究生教学工作例会制度"、"学位点定期自评制度"等在内的系列制度；成立了由相关专业领域专家组成的研究生培养质量督导小组，加强并不断完善研究生教育督导机制；在硕士学位授予管理中严格答辩程序，实行 100% 的双盲评审和省外专家评阅制度……以上措施为提高研究生培养质量提供了有力的保障。

（二）管理规范，导师队伍整体水平不断提高

学校制定了规范的导师遴选与考核制度。导师试行带项目上岗制、年度考核制以及届满评估制。根据导师的资历不同限定所带研究生名额，有经验的导师每届最多带 5 名、新任导师每届最多带 2 名。

学校推行副导师制。选拔一批优秀的博士、副教授作为副导师协助指导研究生，有效发挥有资历导师的"传、帮、带"作用，提升导师的业务水平和能力。

学校重视导师培训工作。形成了以校本培训为基础、骨干教师培训为主体、导师制培训为龙头的"金字塔"型立体培训模式。近五年，我校邀请校外资深教授培训导师达 500 人次。

（三）积极创新，人才培养质量显著提高

学校重视研究生素质和能力的培养，成立了研究生教育创新领导小组，为推进研究生教育创新工作提供组织保障。具体措施包括：

1. 努力构建研究生优质课程体系

在《重庆工商大学研究生课程建设管理办法》相关措施激励下，已有"社会调查研究方法"、"管理统计"等市级优质课程和"区域经济理论与政策"等五门校级重点课程。

2. 创新人才培养模式

学校不断优化研究生培养方案；切实落实研究生创新计划，根据学生实际，针对性地培养学术型、应用型人才；推行导师组集体指导方式，组织研究生参与国家级、省部级重大课题研究。据统计，我校已毕业的三届研究生人均参与各级课题 2.4 项，其中，省部级及以上课题 229 项；吸纳中国人民大学、重庆大学等重点高校先进经验，从 2008 年起实施专业"主文献"阅读制度。

3. 加强学术交流与合作

2004 年以来邀请诺贝尔奖得主恩格尔教授、长江学者徐寅峰教授、国务院发展研究中心常修泽研究员等 150 余位专家、学者为我校研究生讲学，平均每年举办高层次专题学术讲座、沙龙 20 场以上；鼓励、资助研究生参加国际、全国学术会议，近 5 年研究生参加国际、国内学术会议 700 余人次，提交会议论文 60 余人次；深化与国内外知名高校的交流合作，组织研究生与美

国南加州大学、香港浸会大学、北京大学等高校研究生联合开展实习调研活动，派出研究生赴美国、瑞典、韩国高校交换学习。

4. 积极培育研究生自主科研能力

每年资助 20 余个研究生团队开展创新型科研项目研究，并对高质量研究成果给予奖励和支持。研究生在校期间人均发表学术论文 3.1 篇，其中核心及以上期刊论文 1.4 篇；2005 级研究生焦昭杰参与的科研项目获教育部科技进步二等奖。在 2009 年全国大学生"挑战杯"竞赛中，我校研究生获全国二等奖 1 项，重庆市金奖 1 项、银奖 2 项、铜奖 1 项。

表3 研究生在校期间发表论文、参与科学研究情况表

年级	发表学术论文（篇）			参与科学研究（项）		
	总数	人均	核心及以上	总数	人均	省部级及以上
2004 级	64	2.2	26	53	1.8	18
2005 级	194	2.9	67	80	1.2	38
2006 级	339	3.26	177	105	1	65
2007 级	384	2.37	196	155	0.96	81

5. 充分发挥各种平台的重要作用

我校充分发挥各级重点学科、重点实验室、人文社科重点研究基地在研究生教育创新工作中的平台作用。长江上游经济研究中心、药物化学与化学生物学实验室、教育部废油资源化技术与装备工程研究中心等平台在我校研究生教育中发挥了重要作用，为研究生提供了实验和工作设备、图书资料、研究项目等培养资源。由我校多个经管专业重点学科、重点人文社科研究基地共同组建的经管专业研究生教育创新基地获批成为市级研究生教育创新基地。

6. 研究生创新实践基地建设成绩突出

通过多年的校企、校地合作，与重庆市发展和改革委员会、重庆城口县、重庆港务集团、四川邻水县、广安市、华蓥市、贵州习水县、浙江奉化市等市内外多家单位共建校外创新实践基地；依托我校教育部人文社科重点研究基地、国家级经管实验教学示范中心等高层次平台，积极构建校内研究生创新实践基地。我校研究生在与香港浸会大学研究生联合实习时表现突出，被香港浸会大学称赞为"高素质、高水平的合作伙伴"；在赴浙江奉化市的实习中，有 4 人被奉化市政府评为"优秀实习同学"；尤其是近两年我校研究生赴四川邻水县、广安市、华蓥市、贵州习水县、重庆南川区和城口县等区县挂职锻炼，实职担任局长（镇长）助理的实习实践活动，对于锻炼研究生的综合素质和创新能力，以及服务地方起到了显著成效，受到中国教育报、重庆电视台、新华网等全国 20 余家媒体广泛报道。

（四）机制健全，研究生综合素质显著提升

学校高度重视研究生思想政治教育，积极推进研究生二级管理制度，形成学校党委研究生工作部—学院党总支—辅导员（班主任）齐抓共管的有效机制。研究生中，中共党员（含预备）占比达 85%。研究生毕业就业率为 100%，毕业生遍布全国各地并迅速成长为各单位的技术、业务骨干，一批研究生考取了中国科学院、哈尔滨工业大学、中央财经大学等重点高校、科研院所的博士研究生。

三、我校研究生创新人才培养面临的主要困难和难题

（一）学位点偏少，研究生培养规模难以满足地方经济社会发展的迫切需要

2005 年以来，由于国家政策因素，我校硕士点一直没有得到增加。虽然在市教委的大力支持下，我校研究生培养规模一直保持较高速度的增长，但由于硕士点数量有限，我校研究生招生规模仍无法满足国家高层次人才培养的需要和地方经济社会发展的需求。

（二）研究生创新能力培养的力度需要进一步加强，教育理念需实现转型

近年来，我国正在积极推进研究生培养机制改革，以科学研究为导向的导师负责制和以科研经费为引导的导师资助制将成为未来研究生培养的主流趋势。然而，我校由于研究生培养历史较短，需结合我校实际，进一步加强研究生创新精神与创新能力培养力度，转化研究生教育理念。

（三）研究生管理队伍整体素质还需进一步提高

2008 年以来，我校积极推行研究生二级管理模式，以强化各学院（研究机构）开展研究生教育的责任意识、完善研究生教育质量体系。

然而，各学院（研究机构）研究生教育管理整体素质还有待提高，以有效推行二级管理模式，实现预期目标。

（四）研究生导师队伍结构需要进一步优化

研究生导师队伍建设一直是我校提高研究生培养质量的重要举措之一，我校研究生导师队伍人员充足（各年级平均生师比为1.53∶1），导师年轻化程度、职称水平、学位水平都较高。但由于举办研究生教育的历史较短，导师指导研究生的水平有待提高。此外，学校近年引进的大量优秀博士教师受研究生规模限制，尚未大规模加入研究生导师队伍，研究生导师队伍结构还需进一步优化和完善。

四、未来研究生创新人才培养的几点思考

（一）积极探索研究生招生机制改革

1. 加大研究生招生宣传力度，在市内外相关高校建立本专业优质生源基地，不断提高第一志愿报考率和生源质量。

2. 坚持科学的选拔标准，适当加大复试成绩在选拔录取中的比重，更加突出对考生科学素养、综合素质和创新潜能的考核。建立更能体现硕士点和导师的自主录取意志的招生选拔机制。

（二）重点深化研究生培养模式创新

1. 结合当前国家和地方经济发展需要，适应经济社会发展对学术型、应用型、复合型等不同类型高层次人才培养的多样化要求，科学确定并细化本专业研究生培养目标，适时修订研究生培养方案，严格按照社会需要和人才培养规律调整课程设置，有条件的试点单位可实行差别化培养，积极实施因材施教。

2. 加大研究生课程建设力度，重点加强学位基础课程建设，不断深化教学内容改革，追踪本学科理论发展前沿，大力建设优秀教学团队，培育具备双语教学能力的和双师型的优秀研究生师资，将更多的课程建设成为校级研究生重点建设课程和市级研究生优质课程。

3. 加快研究生教学范式改革与创新步伐，积极实行专题讲座式、研究讨论式、启发式、案例法等真正体现研究生教学特点的教学方式与方法，促进学生研究性学习和自主性学习，实现教学相长。

4. 着力提升研究生英语水平与能力，积极试行研究生英语教学改革，将公共英语教学减为一学期，在第一学年的下期开设英语听、说、写能力训练课程，重点加强研究生英语语言运用能力（包括研究工作中的英语运用能力和实际工作中的英语运用能力）的训练。在课程的设置、教师聘请与考核等方面可由试点单位与外语学院协调确定，鼓励聘请外籍教师担任一定的教学任务。

5. 积极推进研究生导师团队合作培养研究生，充分发挥导师不同的条件优势和学术特长，促进理论和实践的紧密的结合，实现导师资源共享，使研究生有更多的机会参与项目研究、社会实践，丰富研究生对学术、实践等不同领域的体验。

6. 开展形式多样的研究生科技创新活动。加大平台建设力度，搭建符合本单位学科、专业特色的研究生创新平台，改善研究生科技创新条件，并推动本单位实践、实验平台在全校范围内的共享。定期组织本单位博士，面向全校研究生开展学术论坛活动；定期举办研究生论坛活动，为本单位研究生探讨学术问题、展现研究成果提供条件。

（三）加强研究生创新实践平台建设

1. 加强与党政机关、科研单位、相关行业与企事业在课程教学、科学研究、导师互聘、资源共享等方面的密切合作和优势互补，加速推进研究生创新实践基地建设。其中工科专业试点单位可探索在企业和社会研究机构设立硕士研究生工作站；人文社科类专业试点单位可探索在党政机关、企事业单位等建设挂职实践基地；专业学位试点单位可与企事业单位等建立实质性合作的实践基地。

2. 大力推动产学研联合培养研究生，全面组织本专业及相关专业研究生前往基地开展创新性的实习实践活动，加强对研究生实习实践活动的指导、管理与考核。

3. 积极建设具有本校特色的研究生创新实践平台，充分利用我校博士后科研工作站、博士后流动站分站、部省级重点人文社科基地和重点实验室、重点研发中心、经管实验教学中心等各类优质平台条件，全面组织开展研究生助研、助

教和助管科研活动，探索我校研究生教育创新平台建设的新路子。

（四）全面实施研究生教育的开放办学

1. 积极探索研究生教育的对外交流与合作，借鉴、引进国内外先进高校的研究生培养模式与经验，定期或不定期地派遣研究生国内外优秀大学进修访学，开展与国内外高校研究生的交流与互换，支持研究生参加相关全国性和国际学术会议，聘请或邀请国内外知名院校的专家学者参与指导研究生，努力使研究生通过多种途径具有接受国外优质教育的经历。

2. 积极利用校外资源培育、发展我校研究生师资队伍，加强与国内外高校的师资互换与流动，派遣研究生教师赴国内外高校接受培训，邀请国内外高校优秀研究生教师来我校交流研究生教育经验并观摩学习。

3. 推进兼职导师和兼职特聘专家联合培养研究生工作，充分利用校外优质资源培养研究生，主动寻求与国内外高校的合作，大力推荐本单位优秀导师担任兄弟院校的兼职博导或副博导，积累更高层次人才培养经验。

（五）切实推动研究生教育管理创新

1. 建立以研究生导师和辅导员为主体的研究生思想政治教育工作队伍。采取有效措施，充分发挥导师在研究生思想政治教育中首要责任人的作用，制定导师教书育人工作的考核奖惩办法，定期进行考核检查。

2. 积极探索符合学科、专业特色的研究生党团建设与思想政治教育新途径。尝试在学科、实验室、课题组等建立党（团）组织，使党员教育与研究生的实际需求相结合，与研究生的学术科研相结合，与研究生的成长成才相结合，提升研究生党员教育的有效性。

3. 联系社会经济发展实际，结合学科、专业特色，积极探索并采取有效措施提升研究生综合素质和创新能力的路径，塑造研究生教育特色与品牌。

4. 加强研究生学术文化建设。在研究生学术活动中融入思想政治教育内容，引导研究生将学术研究与经济社会发展需求相结合，采取有效措施，将研究生学术道德教育纳入研究生教育培养体系。

5. 加强研究生就业指导和推进力度，充分利用社会资源广泛建立研究生优质就业基地，建立健全研究生就业管理体系，建立能有效促进研究生优质就业的激励机制。

（六）深入开展研究生教育创新和改革发展研究

1. 密切关注国内外研究生教育强校的发展动向，就研究生教育中的一些带有普遍规律性的问题进行深入研究，吸收、借鉴国内外先进的经验和做法，推动本专业研究生教育观念的更新和研究生教育水平的提升，探索研究生教育体制和机制的创新。

2. 根据学校的学科发展理念和发展战略，对本专业研究生教育的发展战略、改革方向等重大问题进行研讨、设计和规划，深入思考本专业研究生教育的定位、优势与特色，建立本专业研究生教育的特色品牌。

3. 针对本学科点乃至学校研究生教育改革和发展中亟待解决重大实际问题开展研究，提出解决的对策和措施并在试点过程中积极探索尝试。

参考文献

［1］于立. 研究生教育若干问题探索［M］. 大连：东北财经大学出版社，2005.

［2］埃斯特尔·菲利普斯，德里克皮尤. 怎样获得研究生学位——研究生及导师指南［M］. 3 版. 余飞，译. 北京：中国人民大学出版社，2005.

进一步解放思想，不断创新人才培养模式 培养和造就大批高素质应用型经济与管理人才

——关于"经管类应用型人才培养模式"的思考

张奋勤[①]

（湖北经济学院　湖北　武汉　430205）

人才培养模式即人才培养的标准形式（样式）或使人可以照着做的人才培养标准样式。它包括以下几层含义：①人才培养模式是在某种教育理念的指导下，遵循一定教育规律和人才成长规律的基础之上进行的，它从根本上规定了人才的特征并集中体现了某种教育思想和教育观念；②人才培养模式不仅仅强调实质上的人才培养规律，更加强调形式上的人才培养规律，具有很强的现实性和操作性，在大致相同的条件下，可以进行人才培养模式的模仿和复制，即具有"可移植性"；③人才培养模式具有多样性。教育思想与教育理念不同，学科专业不同会产生不同的人才培养模式，并且不同时期、不同类型的学校，人才培养模式也有所不同。

一、充分认识经管类应用型人才 培养的重要性

应用型本科教育作为一种教育概念，在我国提出的时间不长，它是我国社会经济、科技发展及教育自身发展的产物，它的出现不仅有利于优化我国的高等教育结构，而且可以为社会输送更多的应用型人才。在新的形势下，研究经管类应用型人才培养模式问题具有十分重要的现实意义。具体表现在以下几方面：

（一）社会经济发展的需要

随着我国经济的快速发展，产业结构的不断变化，社会对人才的需求呈现出多样化的趋势。为了更好地适应社会对人才多样化的需求，高等院校不仅需要培养一批善于从事基础研究、理论创新、科学发明与创新的研究性、学术性人才，而且要培养一大批满足社会现实需要、能够解决日常生产、经营与管理问题的各级各类应用型人才。从我国企业的生产、经营和管理的现状观察，目前在我国各类人才群当中，需求最大的是综合素质高、理论转化能力和技术实现能力比较强、又甘愿脚踏实地在第一线工作的应用型人才。然而，受传统教育观念和现行教育体制等多种因素的影响，长期以来，我国高校尤其是本科院校，过多地把人才培养定位于理论性、学术性，导致应用型人才的短缺，从而使其成为制约我国国民经济快速发展的一个"瓶颈"因素。

（二）大众化教育发展的需要

改革开放以来，我国高等教育的毛入学率逐步提高，到2005年，我国高等教育的毛入学率已达到21%，2007年则提高到23%。按照国际标准，我国高等教育已经从精英教育转向大众教育。而大众教育的一个明显特征就是人才需求具有多样性。从大类来分，我们可以将这些人才的类型分为研究型、应用型和技能型。大众教育时代的来临使应用型人才的培养成为必然，并将长

---

①　张奋勤，湖北经济学院副院长，教授，硕士生导师。

期存在。

（三）解决大学生结构性失业的需要

近年来，我国高等教育的规模越来越大，但由于高等院校办学定位与市场的脱节以及区域经济的不均衡发展，高校毕业生的就业矛盾也显得越来越突出。据北京大学经济学院对 2005 年全国大学生毕业生的问卷调查显示，2005 年全国高校毕业生毕业时真正签约率仅有 33.7%。这种情况的出现虽然与社会就业机会不多有一定的关系，但很大程度上是由于劳动力供需出现了错位而造成的。一方面，我国工业化进程的加快，产业结构的调整，对技术应用型人才的需求大量增加；另一方面，不少高校普遍把研究型、学术型人才作为培养目标，导致学生不能适应劳动力市场对应用型人才的大量需求，于是便出现了"有事没人干，有人没事干"的尴尬局面。

（四）提升高等院校核心竞争力的需要

到 2007 年，全国普通本科院校共 740 所，其中地方本科院校 611 所，这其中又有很大一部分是新建的本科院校。和研究型大学相比，新建的本科院校无论在办学的硬件还是软件方面都存在不少的差距，和他们争夺人才市场是没有出路的，必须实行错位发展。教育部吴启迪副部长在 2005 年召开的全国新建本科院校教学工作会上明确指出，新建本科院校要牢牢把握区域经济发展对人才培养、科学研究和社会服务等方面的实际需求，发挥各自的优势和特色，以培养高级应用型人才为主，实现人才培养规格和模式的多样化。

（五）实施"质量工程"的需要

高等学校本科教学质量与教学改革工程（简称质量工程）的实施，为我国高校发展提供了新机遇，深化教学改革，积极探索应用型人才培养模式的新途径、新方法，是促进高等院校快速发展的催化剂。

二、经管类应用型人才的基本特征

应用型人才是相对于研究型或学术型人才而言的，由高等本科院校培养的经济管理类应用型人才称为经管类应用型人才，即能够将科学原理应用到企业经营与管理实践并为企业创造经济利益和物质财富的人才。作为本科人才的一种，与其他类型本科层次的人才相比，经管类应用型人才除了具备国家教育行政主管部门规定的本科人才的基本规格外，还应具有其自身的特点。就共性而言，经管类应用型人才应当具备宽厚且结构合理的基础知识，具有运用所学知识和能力综合解决有关实际问题的能力，有较高的素质，具有创新精神和创新意识。就特殊性而言，经管类应用型人才应该突出"应用性"的特点，应该具有从事经济管理工作的专门知识、能力及素质，具有良好的可持续发展基础。具体讲，应该具有以下三方面的特征：

（一）知识结构

经管类应用型人才一方面要有一定的知识广度，要具有扎实的专业基础知识，过硬的应用型知识，宽泛的科学人文知识和相关的科技、财务、管理和人际方面的知识；另一方面要有一定的知识深度，要从高职教育的以"够用"和"实用"为限的要求逐步向"基础扎实、增强后劲"转变，从面向岗位掌握职业岗位技能和技术的操作性要求的知识逐步向面向行业掌握完整、系统和科学性的专业知识体系方面转变。

（二）能力结构

经管类应用型人才不仅要有从事某一活动或工作所必需的操作实践能力，而且还要有较强的创新能力，包括科学研究的能力和知识创新的能力。要求在实际教学过程中，除了以成熟的技术和规范为基础，培养学生掌握某一职业岗位的职业技能、技术和运用能力外，还必须通过创新教育教学活动，使学生拥有较为丰富的理论知识和较强的技术应用能力，为学生今后应用知识进行科学研究、创新活动及可持续发展奠定坚实的基础。

（三）素质结构

经管类应用型人才不仅要有较高的专业素质，具体包括思想素质、业务素质、能力素质等，还要有一定的非专业素养。毫无疑问，一名高级经管类应用型人才，在进行技术开发、生产管理及销售活动的过程中，专业知识的运用、技能的发挥往往与个人的责任心、道德感、心理素质、意志品质、身体健康等非专业方面的素养关系密切，这些非专业素养直接影响专业工作完成的效果和质量。

三、经管类应用型人才培养模式设计的基本原则

经管类应用型人才培养模式涵盖多方面的内容，涉及课程体系的调整、教学方法的改变、师资队伍的优化、教学资源的建设及运行机制的建立，是一项复杂的系统工程。高等院校在设计经管类应用型人才培养模式的过程中应遵循以下基本原则：

（一）需求导向原则

按照一定的人才培养模式培育出来的学生是否符合社会需要、是否为用人单位所接受，是检验该人才培养模式成功与否的唯一标准。因此，社会需求就成为人才培养模式选择的"指针"。只有正确地把握社会需求及其变化方向，才不至于在人才培养模式的选择上迷失方向。

（二）因地制宜原则

人才培养模式受办学条件及经济社会发展等因素的影响，在设计人才培养模式时应遵循因地制宜的原则，将"扬长避短"与"扬长补短"有机结合起来。"扬长"是指发挥自身的优势。例如，在经济管理类专业人才培养上，理工科院校可以开设更多的工程技术课程，也可以充分利用工科实习基地加强实践环节的教学，强化学生的实践动手能力。"补短"是指通过切实可行的措施来弥补和完善目前还不完全具备但又是人才培养所必需的一些办学条件。"避短"就是要避开通过自身努力也难以克服的劣势。例如，在经济管理类专业人才培养上，一些综合性大学由于生源好、办学历史悠久、师资力量雄厚，往往更加突出对学生理论研究能力的培养，而地方本科院校则更应突出学生实际操作能力的培养。总之，在人才培养模式的选择上，既要发挥自身已有的长处，也要看到自身无法克服的劣势，更要明确努力的方向，创造内生比较优势。

（三）继承与创新原则

科学发展史表明：积累、继承和借鉴前人的研究成果是科学发展的重要前提。英国科学家牛顿说过："假如我比别人看得远一点，那时因为我站在巨人的肩膀上。"资料表明，"九五"期间，作为全国教育科学"九五"规划国家教委重点课题，学者们围绕"国际高等商科教育比较研究：21世纪高等商科人才培养的研究"对高等商科教育的培养目标、商科人才的素质、商科人才培养的途径和方法等进行了深入而系统的探讨；"十五"期间，作为全国教育科学"十五"规划重点课题，学者们又围绕"21世纪中国高等学校应用型人才培养体系的创新与实践"对经管类应用型人才的培养定位，对经管类应用型人才的知识、能力、素质要求以及实现人才培养目标的课程体系、途径与方法和经管类应用型人才培养模式的评价体系等进行了专门研究，提出了一些新的思想及观念。但任何研究都不是尽善尽美的，随着经济与社会的发展，教育环境的变化，又有不少新的问题与新的情况摆在我们面前，这就需要我们去进一步的研究。因此，在经管类应用型人才培养模式的研究过程中，我们必须深入了解和学习已有的研究成果，在此基础上进行理论和实践上的创新，只有这样才能不断推出新的人才培养模式。

（四）动态性原则

人才培养模式不是一成不变的，需要根据内外环境的变化而不断地调整和优化。当教育思想与观念发生变化时，人才培养模式要变；当社会经济发展对人才的要求发生变化的时候，人才培养模式要变；当一所大学的学生数达到一定规模后，人才培养模式要变；当大学生的价值取向发生变化时，人才培养模式要变；当大学生就业的压力越来越大的时候，人才培养模式要变。因此，在教育教学改革过程中，需要根据不同情况对人才培养模式进行不断的变革与优化。

四、经管类应用型人才培养模式构建的路径选择

（一）转变教育观念

构建经管类应用型人才培养模式必须转变观念，提高认识，从思想上高度重视经管类应用型人才的培养。当前教育界仍然存在着一些不利于经管类应用型本科人才培养的思想认识障碍。主要表现在：认为我国要搞现代化建设，要建设创新型国家，因此大量需要的是研究型人才、学术型人才；受学而优则仕的影响，重理论学习轻社会实践，对实际动手解决问题或做出东西斥之为雕虫小技，认为学习的目的就是为了当官，即使

当不了官，也要当不从事体力劳动的知识分子；对发达国家教育的片面了解，把美国等少数西方发达国家的研究型大学作为最高的追求目标。他们没有看到，即使在美国，研究型大学也只是占很小的比重，而绝大多数高校是培养应用型人才的。

（二）明确人才培养目标

培养目标是各类教育人才培养工作的出发点，没有科学、合理的培养目标，人才培养工作就会失去发展方向。根据经管类应用型人才的特点，我们可以将经管类应用型人才培养目标归结为："基础扎实、口径适中、素质全面、应用为主。""基础扎实"即应用型人才要有扎实的学科基础，但在理论深度上不必追求学术型人才要求的那么深厚，因为应用型人才的重点在于知识的运用；"口径适中"是指应用型人才专业口径的宽窄应该与行业发展相适应，而不是一味的求大求宽；"素质全面"是指要加强学生人文素质和科学素质教育，提高其文化品位和素养，使学生的思想道德素质、文化素质、业务素质、身心素质和科学素质得到全面发展；"应用为主"即应用型人才是否合格的最终评价标准应该体现在应用能力上。因此，经管类应用型人才的培养目标应定位在：以社会需求为导向，面向市场、面向行业，培养生产、建设、管理、服务第一线的具有"基础扎实、口径适中、素质全面、应用为主"的高级专业人才。

（三）创新课程体系和教学内容

创新课程体系和教学内容是培养经管类应用型人才的重要保证，它决定着经管类应用型人才的智能结构。应根据经管类各岗位群专业人才应具备的知识、能力与基本素质进行分解，按所需的知识、能力、素质结构设计教学体系，并按实干、实践、实用的原则，构建"平台＋模块"式的课程体系。平台是保证经济管理类应用型本科人才的基本规格和全面发展的共性要求，体现了厚基础；模块，主要是实现经济管理类不同专业方向人才的分流培养，体现个性。"平台＋模块"的课程体系由公共基础课程平台、经管类公共基础课程平台、经管类专业基础课程平台、专业方向模块、专业选修模块构成。同时，要加强对教学内容的研究，在教学过程中注意做到"三个结合"：①理论与实践结合，强调知识的

应用；②传承与创新结合，强调知识的创新；③共性培养与个性发展相结合，强调个性的培养。在要求学生掌握必备的专业基础理论知识的同时，着重培养学生的分析问题、解决问题的能力。

（四）改革教学方法与手段

在经管类应用型本科人才的培养过程中，课程体系与教学内容一旦确定，如何通过有效的教学方法与教学手段来保证教学的顺利进行就成为关键。为此应做到：①转变教学观念。传统的教育观念中，教师总以为教给学生知识越多越好，考试评价也主要以学生掌握知识的多少来衡量。要知道知识是在人类的历史发展过程中不断增加的，是无限的，而人的精力和时间却是有限的，即使教师把四年的时间全部用来传授知识，学生所学到的知识相对于人类的整个知识来说也只是极少的。所以，教师要把时间还给学生，注重学习能力的培养，使他们养成终身学习的习惯，而不是一味的灌输知识。②采用现代化教学手段。充分利用现代信息技术手段，以校园网建设为依托，以计算机为载体，开发和引进各种优秀教学软件，鼓励教师广泛使用现代化的教学手段。③推广多样化的教学方法。教学中要强调学生的主体地位，更多地使用课堂讨论、案例分析、实务演示和角色扮演、项目驱动法、网上答疑法、渗透教学法等多种教学方法来激发学生的学习兴趣，提高学生学习的积极性和主动性，培养他们的探索意识、研究意识，使学生真正成为学习的主人。

（五）强化实践教学

强化实践教学，提高实践教学质量是经管类应用型人才培养模式的重要内容之一。①要根据经济管理类专业的特点，加大实验室和实习基地的建设力度，营造良好的实践环境，将理论与实践结合、分散实习与集中实习结合、校内实习与校外实习结合起来，充分利用各种资源，为培养经管类应用型本科人才提供坚实的保障。②完善毕业（论文）设计的选题来源，鼓励学生根据实习单位的实际需要，也可以根据自己在实习中遇到的问题自拟题目。③加强与用人单位的合作，走产、学、研联合培养应用型人才的路子。可以设立专门的产、学、研合作教育机构，建立行之有效的运行机制，在专业设置、课程改革、

教学方法、实验室建设、实践教学等各方面听取用人单位的意见，积极开展应用型项目的科研合作，为经管类应用型本科人才培养服务。

（六）加强"双师"型教师队伍建设

高水平的"双师"型教师队伍，是培养经管类应用型人才的重要保障。所谓"双师"是指教师既要有深厚、扎实的理论知识功底，又具有很强的动手操作能力和解决生产实际问题的能力。学校应建立年龄、学历和职称结构合理的师资队伍。①在完善师资结构上，采取积极引进和鼓励进修相结合的措施。在学校招聘的新教师中，有实际工作经历的教师应占一定的比例，鼓励教师攻读硕士、博士学位，提高学历水平。②在提高师资能力上，要求教学和科研相结合，以科研促进教学，特别是鼓励教师参加教学科研项目和为地方经济建设服务的项目。③在增强师资素质上，提倡教学和实践相结合，定期派送教师到企业挂职锻炼，增强教师的实践能力。在努力培养更多的"双师型"专任教师的同时，还可以利用联合办学的机制，依托企业，聘请生产、管理、服务第一线有丰富实践经验且具有教学研究能力的管理人员到学校做兼职教师，充实现有的专业教师队伍。

（七）完善教学监控体系

要从经济社会发展及用人单位对经管类应用型人才要求的实际出发，以学生成人成才和个性的全面发展为目标，以实现学校人才培养的总体目标为依据，根据经管类应用型本科教育教学的运行规律和特点，建立和完善涵盖教师管理、课堂教学、实验教学、社会实践、毕业实习及就业指导等全过程的教学监控体系，以实现经管类应用型本科人才培养的根本目的。

总而言之，随着产业结构的调整、高等教育结构的优化以及社会经济的发展，经管类应用型人才的社会需求越来越大。教学思想与教育理念不同，学科专业不同，就会产生不同的人才培养模式，并且不同时期、不同类型的学校，人才培养模式也有所不同。应用型人才是相对于研究型或学术型人才而言的，即能够将科学原理应用到企业经营与管理实践并为企业创造经济利益和物质财富的人才。经管类应用型人才应该突出"应用性"的特点，应该具有从事经济管理工作的专门知识、能力及素质，具有良好的可持续发展基础。经管类应用型人才培养模式构建应突出转变教育观念、明确人才培养目标、创新课程体系和教学内容、改革教学方法与手段、强化实践教学、加强"双师"型教师队伍建设及完善教学保障体系等方面的设计，才能实现经管类应用型人才培养的根本目的。

参考文献

［1］潘维真. 地方性大学人才培养模式多样化改革探讨［J］. 中国大学教学，2005（10）.

［2］魏所康. 培养模式论［M］. 南京：东南大学出版社，2004.

［3］周泽民. 论应用型本科人才及其培养［J］. 常州工学院学报，2005（5）.

［4］林玲. 高等院校"人才培养模式"研究述论［J］. 新华文摘，2008（22）.

［5］季诚钧. 应用型人才及其分类培养的探讨［J］. 中国大学教学，2006（6）.

［6］陈向军. 论经管类应用型本科人才的培养［J］. 中国大学教学，2008（12）.

市场营销专业人才培养模式创新与实践

蔡继荣　靳俊喜　陈秋梅[①]

（重庆工商大学，重庆 400067）

重庆工商大学市场营销专业自 1992 年设置以来已经有 20 年的建设和发展历史，目前该专业已成为教育部高等学校特色专业、重庆市品牌专业、校级品牌专业，市场营销教学团队也被评为优秀教学团队，累计培养市场营销专业人才 15 届共 2900 多名本科毕业生，学生就业率位居全校前茅，赢得了社会的认可和赞许。我校的市场营销专业十分重视专业基本建设与人才培养模式的改革和创新。特别是进入 21 世纪以来，为了适应国内外专业发展的新趋势、新特点，为了适应西南地区社会经济快速发展对人才知识结构和能力结构的要求，在人才培养理念、人才培养模式与培养方案、教学计划与课程体系、实践教学、实验教学、教学内容、方法与手段、师资队伍建设管理、教学质量管理、第二课堂等方面进行了一系列的改革和创新，推进了学分制改革，取得了突出的成效，形成了理念新颖、模式创新、方案科学、落实有力、效果显著的人才培养模式教学成果。

一、坚持需求导向，科学定位培养目标，推进专业建设和培养模式创新

市场营销专业一直是我国需求量最大、就业形势最好的专业之一，当然也是我国高校中设置最多的专业。面对这样的人才需求和培养竞争的环境，作为地方性本科院校，我校的市场营销专业遵循高等教育的规律，适应社会经济对人才的需求，强调突出特色的人才培养目标定位，积极推进人才培养模式的创新和改革。①密切关注人才需求结构的变化和发展趋势，不断调整人才培养重点。顺应我国对外开放和重庆市的涉外经济发展，我们在市场营销专业下设置了国际市场营销方向。近年来，随着我国对国际商务人才需求的大幅增加，该方向在培养中高级国际商务人才的定位下取得了良好的发展，目前每届 150 人左右的市场营销专业毕业生供不应求；1994 年在市场营销专业下开设商务策划方向，以满足社会经济中对于商务策划人才的需求，该方向已于 2006 年成为我国第一个目录外商务策划专业面向全国招生；随着电子商务和网络营销对于传统商业模式的影响，以及商贸物流业作为重要的价值增长环节和应对竞争的手段，我们在市场营销专业发展的基础上，先后增设了电子商务专业和物流管理专业。目前，紧紧围绕市场营销专业，我们已经建设和发展了与其相关的商务策划、电子商务和物流管理三个新专业，并于 2002 年成立了商务策划学院，专业建设取得重大成就。②在专业发展的基础上，我们了实行"中期分流，模块课群，弹性培养"的培养模式，即市

---

① 蔡继荣，重庆工商大学商务策划学院市场营销系主任，副教授；靳俊喜，重庆工商大学研究生处处长，教授；陈秋梅，重庆工商大学商务策划学院副院长，副教授。

场营销专业招生时，实行大类招生，在大二或大三时进行中期分流，该专业一、二年级培养方案由"公共基础课模块"和"专业基础课模块"两大模块构成，三年级开始导入"弹性培养模块"，包括"专业共同选修课群模块"、"专业方向群模块"、"柔性化教学模块"、"实践实验模块"、"创新能力模块"、"跨专业选修模块"、"弹性评价模块"和"预就业调适模块"等，实行弹性培养。同时，在各模块课程设置方面进行了积极的改革探索，较好地把握了公共基础课、学科基础课、专业课、通识课、集中实践教学环节、第二课堂之间的比例关系、配合关系和内在结构的合理性。结合学分制改革和实施，上述培养模式，突出了人才的个性化发展，使学生的专业知识面得到拓展。

二、不断加强师资队伍建设，优化师资队伍结构

市场营销专业的师资队伍建设始终坚持外引内培相结合，在大力引进教授、优秀博士，特别是学科带头人、学术带头人等高水平人才的同时，对在职教师制订了明确的培养目标和计划，通过每年推出 4~5 名青年教师出国交流、进修和报考博士研究生，加强与校外实习基地、科研院所、企业合作，建立了老教师对中青年教师"一对一"传帮带制度，逐步实施青年教师企业实践计划，遴选青年学术后备带头人并重点培养，实施"名师工程"，积极培养本专业的教学能手和教学名师，建立教师竞争与淘汰机制等多种途径，提高教师的学位层次、知识水平和应用能力。

同时，积极开展校际、校企师资交流与合作，开放式培养师资队伍。借助学校的客座教授制度，市场营销专业聘请了 5 位国内外著名营销专家为客座教授；建立了企业与社会专家兼职授课制度，聘请了 16 位企业营销总裁定期或不定期进行课堂讲授。同时，不断加强同国内外院校、科研院所的学术交流，与国内外名牌大学、科研院所等学术机构建立广泛的学术联系，并派老师进修或赴国外学习访问，提高了科研素质。

目前该专业已拥有了一支适应专业教学、科研、策划咨询服务和人才培养目标要求的师资队伍，师资数量达到 22 人，其中教授 8 人、副教授 6 人、博士和在读博士 8 人，其毕业院校包括南开大学、西南交通大学、重庆大学、四川大学、华中科技大学等国内知名院校，团队规模适宜，学缘结构合理、政治业务素质良好、学历结构、职称结构及年龄结构优化、学术水平较高、发展潜力和后劲大。本专业教师中 75% 以上也具有运作大型企业营销管理和策划的实践经验。

三、坚持"能力与素质一体化"思想，开放化设计人才培养方案

①坚持了"能力与素质一体化"培养思想。坚持了"能力与素质捆绑式教育"的基本思想，"通过知识学习打好基础"、"通过能力教育与学习掌握基本能力、方法论和创新思维"等。②强调教师能力建设和学生能力培养的统一。教师在理论、实践、实验与实训教学中，通过方法、手段、内容、经验传授，达到与学生能力提高的高度统一。③开放化地设计了培养方案。认真学习和借鉴了兄弟院校的经验，加强了相关产业、领域发展趋势和人才需求研究，邀请产业、行业和用人部门的领导或人力资源管理部门负责人到校共同研究课程教学计划，制定人才培养方案和课程体系。

四、培养过程全程导入实践教学理念，形成科学的实践教学体系

全程导入实践教学理念，不断创新实践教学环节：①设计了科学的实践教学体系，实施了覆盖培养全过程的实践、实验教学模式。理论教学与实践教学均衡发展，培养方案全程导入实践教学理念，探索实践教学全程化的创新精神与能力培养模式。适应应用型人才培养要求，设计了科学的四年不断线的实践教学体系；开展了实验实训课程体系创新与教材建设；培养了一支实习、实验与实训师资队伍。②设计和实施了科学、系统的实验实训教学体系。改变了过去按理论教学主线设置实验课程及实验项目的状况，坚持理论联系实际，以知识结构及能力体系为主线设置实验课程，按照分阶段、分层次、模块化的思路，构建有利于培养学生实践能力和创新能力的实验教学体系，实现了"教学体系科学化、教学内

容综合化、实验形式多样化、硬件平台通用化、应用软件个性化、运行环境仿真化、教学资源共享化"的建设目标。根据学生在不同学习阶段的知识结构和能力结构要求,建立了由学科基础实验、专业基础实验、专业综合实验、学科综合实验和创新与创业模拟构成的实验教学体系。③创新了实践教学基地建设的内容与管理模式。把学生实习、教师实践、企业人才培训、教师实践能力培训、企业项目合作、联合申报纵向课题、双师型教师选拔与培养、专业性学术性讲座互通、联合创新、实验室建设、学生就业等纳入基地建设的内容体系,实行了"师生实践基地+企业培训中心+项目合作研究"的"实践教学多赢模式",实行互惠互利的管理方式。

五、推行"理论教学+实践教学"二合一模式,教学方法多元化

切实按照教学规律,创新教学方法:①课堂教学推行"理论教学+实践教学(实验教学)"方法模式。教学方法活性化,实施三个"1+1"实践实验教学模式,即推行"理论+项目实战推演教学"、"本校教师+企业专家联合教学"、"实践基地现场教学+经济管理类综合实验平台能力教学"工程,开展案例教学、课堂讨论式教学、项目推演教学、现场模拟教学、情景再现问题决策教学、学者型实践专家教学、实验课教学、综合实验能力培养教学等行之有效的创新方法。②课余时间倡导"理论讲座+专业实践活动"结合模式。专业教师积极采用"理论讲座开路,指导实践活动跟进"的指导方法模式开展课余指导。③注重运用现代教育技术与网络信息技术手段支持能力培养与素质教育。比如,建立网络辅助教学平台、远程中心,向师生开放视频教学资源等。④积极开展优秀教学标兵、青年讲课大赛等竞赛活动。

六、第二课堂专业化与文化、科技活动密切结合,突出培养学生理论应用能力和创新精神

教学与管理团队在学生活动目标、内容、形式创新等方面做了诸多尝试:①学生活动专业化。强调学生活动的专业性、专业特色、专业训练,形成传统优势。比如,开展的营销征文、市场调研、商务策划、创业计划书、物流挑战、电子商务系统设计"六大赛事",以及开展的模拟招聘、演讲赛、专业辩论赛、专业论坛和创办的专业模拟公司。②拓展创新教育思路,构建创新教育载体。鼓励"创新团队"建设,形成了一大批具有创新能力、创新与创业教育感染力大的创新型教师。定期举办创业论坛与青年创业大赛,鼓励学生自主创业。本专业学生还创建了"创锐学生模拟公司",探索人才培养中理论与实践结合的新路子。③文化科技活动多元化。本专业组织开展了诸如"大学生素质拓展工程"、"家长学生两地书"、社会实践"三下乡"、知识与能力竞赛、文化与科技活动等为载体的,以"节"、"赛"、"讲座"等为主要形式的文化、科技活动,产生了良好的效应。④建立了以学生学习为中心的"市场营销与商务策划论坛",占领了网络教育前沿阵地。⑤实验室开放化。组织进行了网络营销、物流管理、SPSS、POS销售管理系统、客户关系管理等软件的实验项目开放;组织了对学生"挑战杯"、"电子商务大赛"、"运输软件"等创新项目的开放。

七、产、学、研紧密结合,构建提升能力与创新教育平台

在构建产、学、研紧密结合,提高教师、学生实践能力与服务社会能力方面做了大量工作:①"基地建设、教师实践、学生实践与专业服务"紧密结合,使教学产生了实实在在的效益和质量,形成了明显的特色。比如本专业建立的诗仙太白、深发展重庆分行等基地,就采用了承担实习基地任务,教师到基地实践,校企双方交流师资开展互相介入和渗透式教学与讲座的模式。②"合作办学与师生、企业间优势资源共享"紧密结合,既解决办学资金短缺、实践基地建设、教师学生实践锻炼问题,也实现了教师与学生的教学过程整合,还可以向企业输出智力资源,在人才培训、项目合作、人才选拔等方面,实现共赢。③合作研究与学生参与紧密结合,依托市级企业管理研究中心、市级工程中

心、长江上游经济研究中心（教育部人文社科研究基地），开放科研平台，实现了校企联合、师生协作。

参考文献

［1］顾金兰，邬德林. 应用型本科市场营销专业人才培养模式研究综述［J］. 商业经济，2011（10）.

［2］纪宝成. 我国高等商科教育人才培养模式探讨［J］. 中国高教研究，2006（10）.

［3］王杜春. 新世纪全球化和信息化背景下市场营销专业人才培养模式的探讨［J］. 东北农业大学学报：社会科学版，2006（2）.

［4］郭国庆，何秀超，孟捷. 中国市场营销课程的发展与研究生市场营销课程现状分析［J］. 学位与研究生教育，2007（7）.

［5］杨剑平. 现代美国市场营销教学与研究［J］. 中国电力教育，2008（11）.

［6］常永胜. 市场营销专业实践教学体系探索［J］. 山西财经大学学报：高等教育版，2006（2）.

［7］徐燕. 地方高校市场营销专业实践教学模式的思考［J］. 湖北经济学院学报：人文社会科学版，2010（7）.

从学科到学科群——
基于财经院校研究生教育的视角[①]

许德昌　　陈益刚[②]

（西南财经大学 发展规划处，四川 成都 611130）

2011 年是我国学位与研究生教育实施 30 周年。30 年来，我国学位与研究生教育取得重大成就，累计培养 33.5 万博士、273.2 万硕士和 1830 万学士，为建设创新型国家和人力资源强国、提升国家综合实力提供了有力的支撑。同时也是我国进入 21 世纪的第 2 个黄金十年，研究生教育站在一个更高更新的起点上，既拥有难得的发展机遇，也面临着一系列发展难题。

一是研究生教育面临着新形势新要求，"十二五"及今后较长一个时期，我国经济社会发展面临着加快转变经济发展方式、调整优化结构、大力推动经济进入创新驱动与内生增长、建设和谐社会的重任，这对创新型人才、高层次复合型人才提出了更高的要求。二是研究生教育面临着改革发展新任务，《国家中长期教育改革和发展规划纲要（2010—2020 年）》把人才培养模式改革提到非常重要的地位，2007 年 14 所高校制定、启动培养机制改革，2008 年 36 所建有研究生院（除军队院校外）的高校启动培养机制改革，2009 年教育部决定将改革试点范围扩大至所有中央部（委）属培养研究生的高校。三是学科目录的重新修订和颁布，研究生教育的规模、结构发生重大变化，从以学术型人才培养为主向学术型与应用型人才培养并重转变、以学术

型为主向以应用型为主转变。四是社会公众对研究生培养的关注度更高、期望值更大，据新华网、中国教育报、麦可思等媒体、专业调查机构报道，由于就业竞争压力增大、专业学位扩招等因素，2010 年全国硕士研究生招生报考人数达到 140 万人，较 2009 年增加 13%，考研依然是应届本科毕业生的主要选择。

一、样本选择与主要指标

（一）样本选择

据"中国研究生招生信息网·院校信息"，2011 年全国共 34 所财经院校招收研究生。通过与《中国学位授予单位名册》（2006 年版）、2008 年批准立项博士与硕士建设单位名单、2011 年批准一级学科博士与硕士单位等数据相比较，两者相差 2 所（三个资料统计结果为 36 所）。经进一步核实，湖南商学院、南京审计学院、山东工商大学在"院校信息"中没有招生信息；山东财政学院、山东经济学院（拟合并为山东财经大学）依然是分别招生。因此，2011 年研究生招生单位数量与获得学位授予权的培养单位数量相吻合，为 34 所。

比较样本的选择要考虑样本的先进性、典型

---

①　本研究为教育部人文社会科学研究项目"高水平行业特色型大学学科群发展战略研究——基于典型案例的实证"[11XJA880002] 的阶段性成果之一。

②　许德昌，西南财经大学发展规划处处长，教授；陈益刚，西南财经大学发展规划处副研究馆员。

性、可借鉴性和数据可获取性等多种因素。从先进性看，一级学科排名（2007—2009）是教育部学位中心进行的官方活动，具有客观、公正和权威性，在理论经济学（参评高校 36 所）、应用经济学（参评高校 68 所）、工商管理（参评高校 59 所）和法学（参评高校 47 所）几大一级学科排名中，财经院校的排名各不相同，但上海财经大学、西南财经大学、中南财经政法大学、中央财经大学、对外经济贸易大学、东北财经大学等院校排位相对靠前；在中国管理科学研究院"中国大学评价"、中国校友网和武汉大学中国科学评价研究中心"2011 年中国大学及学科专业排行榜"等各类排行榜中，这几所财经院校排名相对靠前。从典型性来看，上海财经大学、西南财经大学、中南财经政法大学、中央财经大学、对外经济贸易大学是教育部直属的"211 工程"重点建设大学，东北财经大学是辽宁省重点建设大学，是财经院校的第一方阵。同时，都是以经济学与管理学为主体、具有鲜明特色的财经大学，相互之间了解较多，数据容易获取，具有可比性和可借鉴性。

（二）主要指标

质量是研究生教育的生命线，也是社会各界关注的焦点。从不同的研究视角出发，得出的比较结果会有所不同。在审核批准学位培养单位、学科与专业点定期评估、国家重点学科评估以及优秀博士论文评选过程中，国家和主管部门都从不同层面、不同角度构建起多种评估体系。本研究由财经院校的学科授权点演进、学科门类、学科结构、国家与省部级重点学科、科学研究、导师队伍等指标构成。

（三）数据来源与甄别

本研究报告中的数据非特别注明外，主要来源于权威机构的出版资料、主管部门的官方网站、各高校与研究生培养单位网站，如《中国学位授予单位名册》、教育部官方网站、中国学位与研究生教育信息网及各高校校园网。如数据出现不一致，则反复比对，以保证数据资料的准确性、可靠性和研究报告的客观性、可参考性。

二、从学科到学科群——学科发展的历史追溯

学位与研究生教育实行学位授权审核制度。我国先后于 1981 年、1984 年、1986 年、1990 年、1993 年、1996 年、1998 年、2000 年、2003 年、2006 年进行 10 次博士、硕士学位授权审核，共有博士学位授予单位 344 个、授权一级学科点 1378 个、授权二级学科点 1737 个；硕士学位授予单位 697 个、授权一级学科点 3459 个、授权二级学科授权点 10 006 个。2008 年，国务院学位委员会采取由省（自治区、直辖市）统筹规划和立项建设、国务院学位委员会进行验收和批准授权的办法，批准立项 53 个建设博士单位、30 个立项建设硕士单位。2011 年 3 月，国务院学位委员会新增批准一级学科博士点 1004 个、一级学科硕士点 3806 个。至此，历经 12 次的审核、批准，形成了我国学位与研究生教育的总体发展格局（参见表 1）。

（一）财经院校学科建设发展历程

1. 财经院校学位授权的发展脉络

历经 12 次审核批准或立项建设，截至 2011 年 3 月，全国共有 36 所财经院校获得硕士、博士学位授予权。其中，13 所财经院校具有博士一级学科授权资格、13 所财经院校具有博士二级学科授权资格、36 所财经院校具有硕士一级学科授权资格、32 所财经院校具有硕士二级学科授权资格，形成了层次分明、体系完备的财经类院校学位与研究生教育的发展格局（参见表 2）。

表 1   研究生培养单位、学科授权点概况

10 次博士、硕士学位审核授权（1981—2006 年）						2008 年		2011 年	
博士学位授权			硕士学位授权			立项建设单位		新增学科授权点	
培养单位（家）	一级学科点（个）	二级学科点（个）	培养单位（家）	一级学科点（个）	二级学科点（个）	博士	硕士	博士一级学科点（个）	硕士一级学科点（个）
344	1378	1737	697	3459	10 006	53	30	1004	3806

表 2 财经院校获得博士、硕士授予权表

授权时间	批次	博士一级授权		博士二级授权		硕士一级授权		硕士二级授权	
		学校	学位点	学校	学位点	学校	学位点	学校	学位点
1981 年	1	—	—	—	—	—	—	—	—
1984 年	2	—	—	1	1	—	—	2	2
1986 年	3	—	—	1	1	—	—	5	8
1990 年	4	—	—	—	—	—	—	3	4
1993 年	5	—	—	—	—	—	—	4	4
1996 年	6	—	—	—	—	2	2	6	7
1998 年	7	4	4	2	2	6	7	12	17
2000 年	8	3	4	—	—	4	6	17	26
2003 年	9	5	6	7	10	5	6	30	82
2006 年	10	8	9	9	15	26	66	29	219
2008 年		—	—	2	2	3	3	—	—
2011 年	11	23		—	—	35	163	—	—
累计		31	46	22	31	81	253	108	369
合计		13	8	13	18	37	32	32	98

注：①累计数据是将同一批次获得多个学科授权点的学校简化为1个、不同批次获得授权数相加，合计数据是将学校、学科去重后统计；②2008年立项建设单位未列出学科级别、名称，分别归入博士二级、硕士一级培养单位，授权学科各计为1个、学科名称无法统计，故博士二级、硕士一级统计数据有所差异；③更名院校计入新校名中，如天津商学院更名为天津商业大学，河南财经学院更名为河南财经政法大学，山东经济学院、山东财政学院合并为山东财经大学，云南财贸学院更名为云南财经大学。

从学位授权的层次来看，11 所财经院校拥有博士一级、博士二级、硕士一级和硕士二级 4 个层次授权，3 所财经院校拥有博士二级、硕士一级、硕士二级 3 个层次授权，1 所财经院校拥有博士一级、硕士一级 2 个层次授权，18 所财经院校拥有硕士一级、硕士二级 2 个层次授权，3 所财经院校只拥有硕士二级一个层次授权（参见图 1）。

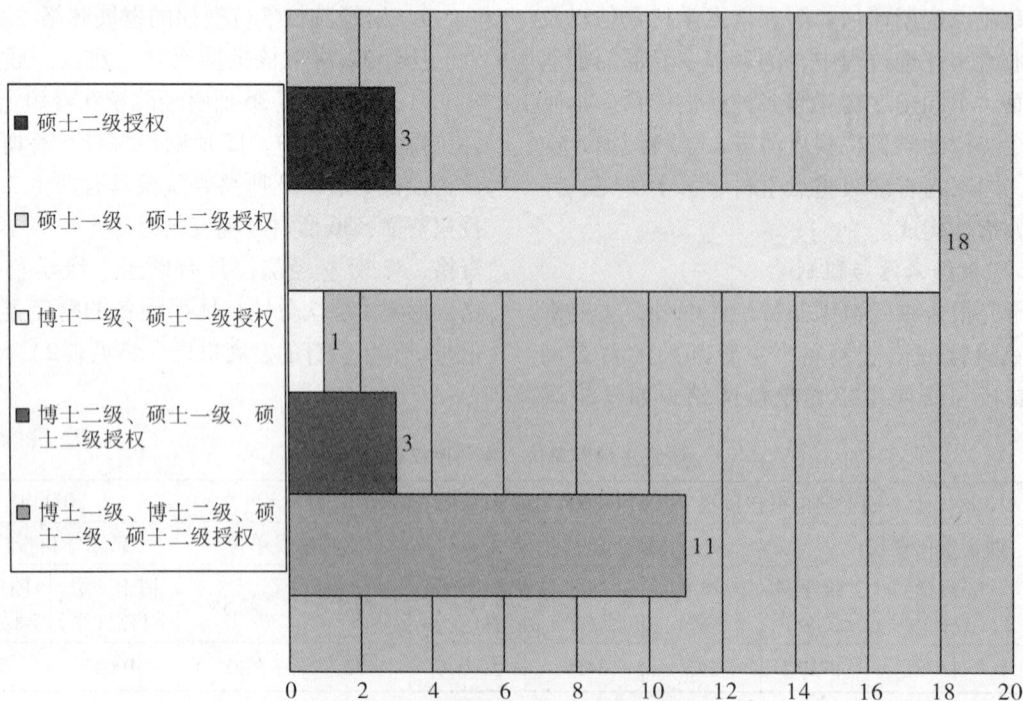

图 1 财经院校学位授予权分布

2．授权学科点的递进变化

授权学科点既是高校研究生培养的依据，又是高校核心竞争力和学科特色的重要载体，居于高校工作的核心地位。国务院学位办先后于1983 年、1990 年、1997 年、2011 年颁发了学科目录，用以指导研究生培养。2011 年学科目录只设置有一级学科，因此，主要依据1997 年版的学科目录来考察财经院校授权学科的递进变化情况。

从授权的时间与批次来看，财经院校是在1984 年第 2 批次中开始取得硕士二级学科、博士二级学科授权，数量较少且在自身优势学科上，如硕士二级授权首都经济贸易大学（劳动卫生与环境卫生学）、西南财经大学（人口学），博士二级授权对外经济贸易大学（国际法学）；劳动经济学、人口学、国际法学均是这几所学校的优势学科。第 3、4、5 批次授权时（1986 年、1990 年、1993 年），硕士二级学科点数量增长较快，8 所财经院校取得 16 个授权学科点，而博士二级学科增长很慢，只有西南财经大学（人口学）获得授权。第 6 批次（1996 年）进行硕士一级学科授权，第 7 批次（1998 年）进行博士一级学科授权。截至 2011 年，财经院校获得授权累计有 46 个博士一级学科点、31 个博士二级学科点、253 个硕士一级学科点、369 个硕士二级学科点（参见图 2）。

财经院校研究生培养从试办、探索到获得正

式授权；从硕士二级学科点授权到硕士一级学科点授权、再到博士二级学科点授权及博士一级学科点授权；授权学科点从经济学、管理学门类拓展到经济学、管理学、法学、哲学、文学、工学、理学、医学等学科门类，反映出财经院校授权学科点的建设与发展是一个渐进的增长过程（参见图 3）。

研究生培养单位取得学位授权之后，便拥有了相应学科的招生、培养和授位资格。因此，授权学科点总数是某一批次新增数与上一次的数量之和，若无新增授权点则总数保持不变。

从授权学科点分布来看①，博士一级学科分布在管理学（20 个）、经济学（19 个）、法学（3 个）、文学（1 个）、医学（1 个）5 个学科门类中；博士二级学科分布在经济学（12 个）、管理学（8 个）、法学（7 个）、工学（2 个）4 个学科门类中；硕士一级学科分布在管理学（82 个）、经济学（58 个）、法学（47 个）、工学（33 个）、文学（23 个）、理学（3 个）、医学（2 个）、哲学（2 个）8 个学科门类中；硕士二级学科在学科目录的 11 个学科门类中（不含军事学）都有广泛的分布，主要集中在法学、管理学、经济学、工学、文学 5 个学科门类，反映出财经院校以经济学、管理学、法学、工学、文学为主体、多学科交融的学科生态结构（参见图 4）。

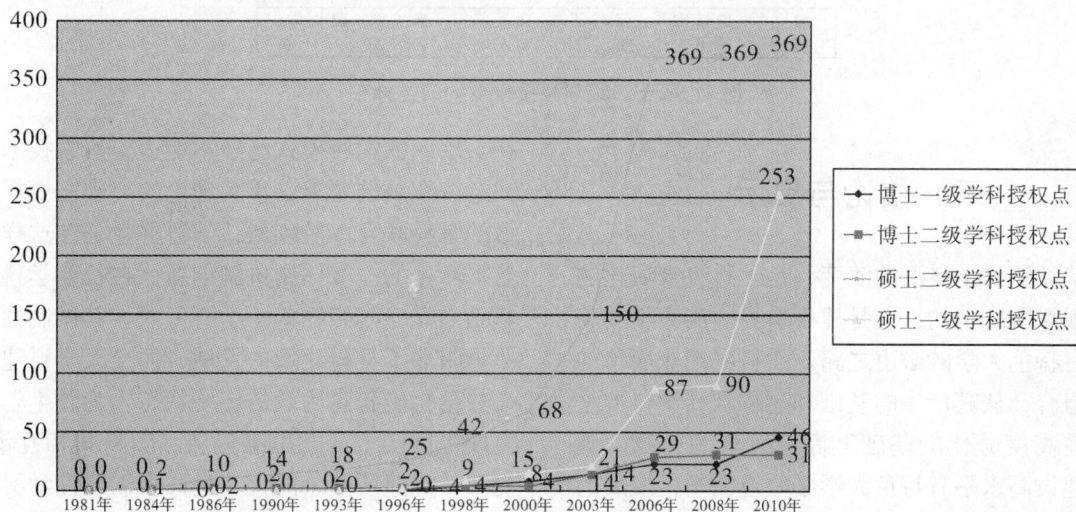

图 2　财经院校授权学科点增长态势

---

① 注：由于 2008 年批准名单中，没有具体学科名称，故硕士一级学科数之和为 250 个，少 3 个。

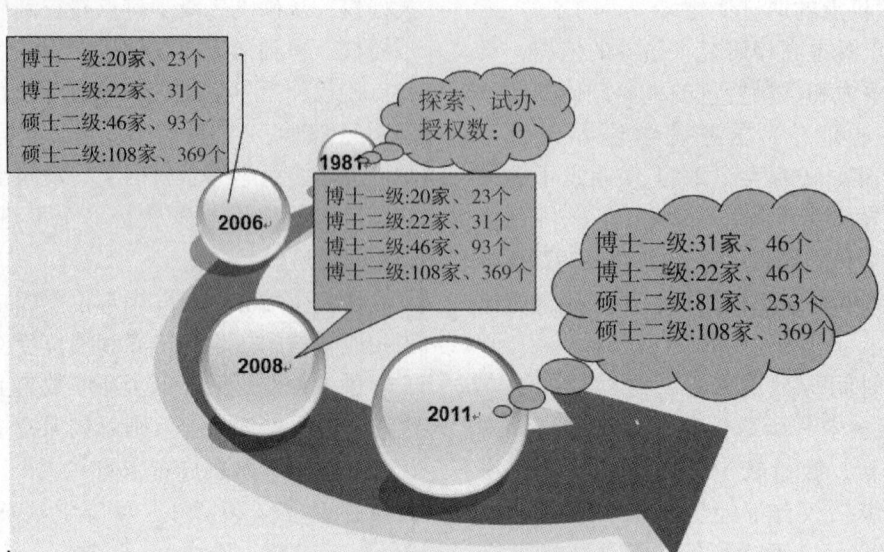

图 3　财经院校学科递进变化（累计数）

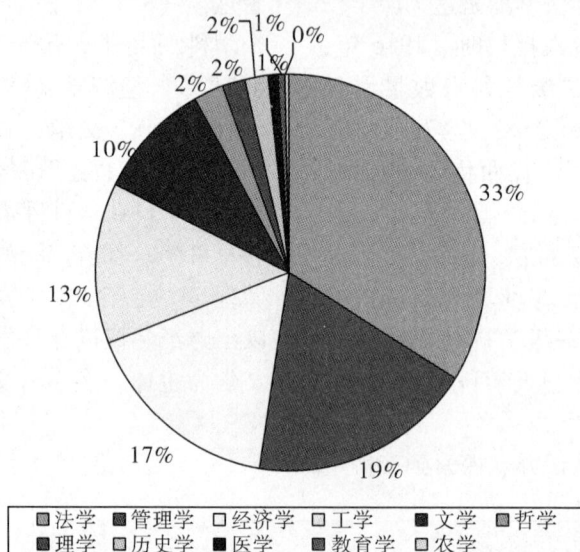

图 4　硕士二级学科授权点的门类分布

三、结论与启示

从学科到学科群的演变，是学科自身演化的必然规律所决定的，也是建设世界一流大学和高水平有特色大学的必由之路。学科群绝非简单的学科组合，从其产生的基础和过程看，学科群是学科在高度分化的基础上高度综合的产物。因此，建设高水平有特色大学必须遵循学科发展的内在要求和客观规律，给我们带来了几点重要启示。

（1）强调学科群建设的创新性。①理念创新。单一的学科模式已经不能适应科学技术、知识经济发展的要求，重大理论的突破需要靠强有力的学科联合以及创新，学科群就是在这样的背景下产生的。②体制机制创新。在长期学科分化基础上建立起来的单一学科模式，其体制性障碍严重阻滞了学科建设的发展，而交叉学科建设则必然会打破各自为政的传统状态，为新生学科的发展提供沃土。③思维创新。学科间相互渗透、交叉、碰撞所产生的火花是许多创新性学科论点与方法产生的源泉，是科学发展的驱动力之一。

（2）注重学科群的综合性特征。综合性是当前世界基础教育课程改革的基本发展趋势。学科群的一个突出特点就是综合性，主要是因为学科群囊括多门学科以及专业，并通过博采各学科之所长，聚集各学科理论之精华，走综合创新之路。因此，其科研成果往往是各学科精华的综合。在综合性的学习中，通过交流与协作可加深学生对不同学术领域以及多元文化的了解，这些都将极大地扩大学生的知识面，促进学生综合素质的提高，培养学生综合运用知识解决实际问题的能力。此外，发挥学科群中多学科综合效应，凝聚各学科的科研、资源和力量，就可以形成综合实力，组织联合攻关，进一步提高整体水平。

（3）强调学科群的协同共生性。学科群作为一个整体，具有高度的协同共生性。①每个学科的参与者既是主体也是客体，在学科群中他们有共同的目标，有共同合作的强烈意识；②学科群内各个学科之间的相互链接形成了一个学科环，一个学科的发展可以为另一个学科的发展提供动力和营养；③学科群间各学科之间不仅存在链状关系，而且还呈现多学科、跨学科交叉的网状关系，增强学科的共生效应。

（4）强化优势特色学科群建设。学科群的优势性体现在其将众多的学科分支整合在一起，使各个学科的人力资源、物力资源、专业资源能够产生强大的合力，释放出巨大的能量。这是单一学科无法比拟的优越性所在。学科群中学科之间的相互交叉、渗透和融合，能发挥优势和效能。另外，学科群是通过挖掘各相关学科的优势、特点而整合成的一个群体。

基于打造内陆开放经济高地的开放式
会计人才培养模式探索

章新蓉①

（重庆工商大学 会计学院，重庆 400067）

打造内陆经济开放高地，是中央对重庆的殷切期望，也是重庆的发展目标。为此，需要各种社会资源的密切配合。其中，会计高等教育也要适应这一目标的要求，创新会计人才培养模式，为社会和企业培养高素质的开放型会计人才。

一、创新开放式会计人才培养
　　模式的客观要求

正如重庆市政府副秘书长、市国资委主任崔坚指出的，必须"加大力度培训一批熟悉国际市场规则和惯例，具有较高外语水平的外贸、金融、法律营销、管理、财务等方面人才"。这种大的区域经济发展背景促成了国际化会计人才培养模式的探索和创新。

（一）会计界专家对会计人才培养模式的理论与实践探索

许家林等（2003）认为，经济全球化趋势对会计业务处理程序国际化的期待与呼唤是会计教育国际化观念形成的环境，做到会计教育的基本理念与国际接轨的前提下，在会计专门人才的培养模式、培养目标、培养要求、培养方式、培养形式和培养过程等诸多方面加快与国际会计教育发展相协调的进程，实行会计教育教学模式的改革与会计教育观念的全面创新；沈英（2006）

提出，高层次复合型国际化会计人才的培养需要加快会计教育体制改革，正确定位会计教育目标，合理设置会计课程体系，改革会计教学方法，加强师资队伍建设，改变教育观念，培养学生创造性思维，提高学生的综合素质；秦少卿、罗文洁（2007）提出了以中国—东盟经济发展的市场需求作为会计人才的培养原则，以充分利用国内、国外两个教育市场和两种教育资源为培养方式，以应用型、复合型、创新型、国际型为培养目标，通过市场配置资源，有效优化和配置国内外教育、企业和人才资源等，探索形成"不求整体教育水平一流，但求办学特色"的适应中国—东盟经济贸易发展的会计人才开放式培养模式；李家瑗（2009）从会计政策的制定及选择、资产及产权价值真实性影响及会计准则的国际趋同与等效等方面看到会计是具有宏观属性且为经济发展服务，认为会计的宏观属性及其基本职能内涵构成了会计为区域经济服务的理论依据，并在目标创新、规格创新和体制创新方面描述了区域性会计人才培养模式的改革框架。

笔者认为，会计人才教育模式在全国范围内基本一致的基础上应该体现区域特性，不同地区会计人才培养模式应有所差异，这对于打造内陆开放经济高地的开放式会计人才培养模式的探索具有重要的现实意义。

---

① 章新蓉，重庆工商大学会计学院院长，教授。

（二）创新会计人才培养模式是打造内陆开放经济高地的内在要求

重庆本土高校是一支扩大开放的重要支撑力量。在打造内陆开放经济高地的大背景下，富士康、英业达等国际化企业先后落户山城，建设、嘉陵、长安等在渝企业也相继踏出国门拓展海外市场。随着重庆打造内陆开放经济高地进程的推进，一方面诸如 CIMA 等国外著名会计教育培训机构进驻重庆，以重庆为前沿，深化与当地企业和高等院校的合作，为更新重庆本土会计人才培养理念，推进开放式会计人才培养模式的探索构建提供了优势资源。另一方面市内外企业特别是会计师事务所抢滩重庆，他们在重庆的会计实践、业务竞争与拓展为会计人才培养提出了新的要求。然而，长期以来，重庆本土高校会计人才培养模式的开放性不够是影响和制约其人才培养质量最为明显的"短板"，因此，在打造内陆开放经济高地的过程中，重庆本土高校会计院系只有站在开放的前沿，有效地吸引、汇聚并整合更多的校内外优势会计教育教学资源，才能进一步增强会计人才培养的竞争意识，激发会计人才培养的内在活力，才能在国内和国际更为开放的领域里、更加广阔的舞台上、更高水平的平台上参与竞争，以此形成"以开放促发展"人才培养长效机制，不断提升重庆本土高校会计人才培养的综合实力和竞争水平，使其更加适应当前或今后日益开放的国际经济大环境、重庆经济小环境。

（三）是突破封闭式会计人才培养模式的创新之举

长期以来，我国高校特别是内陆高校会计院系在会计人才培养模式的构建上往往停留在比较封闭的状态。具体表现在以下六个方面：一是学科知识结构的封闭。由于学科专业结构的单一性，导致培养的会计人才口径过窄，知识面不够宽。二是实践实习体系欠开放。理论讲授和实践实习还存在脱节的方面，以致培养的会计人才业务功底不够扎实。三是人才培养模式单一化。缺乏多元化的个性化培养，以致培养的会计人才综合能力和特色还不够强。四是师资培养的封闭性。由于授课教师缺乏企业会计实务经验和开放性知识结构，导致会计人才的培养质量难以提高。五是学生国际培训交流渠道不够通畅，导致

学生执业观念比较保守，开放意识尚不足。六是专业技能教育和职业道德教育渗透性差，导致会计人才职业道德素养还有缺失。因此，探索构建开放式会计人才培养模式有助于转变会计人才培养观念，突破原有封闭式的会计人才培养模式。

二、我院打造内陆地区高校开放式会计人才培养模式的条件

重庆工商大学会计学专业设立于 1982 年，是学校设立最早的本科专业之一；1998 年被评为校级重点专业；2003 年被评为校级重点学科；2006 年获得硕士学位授予权；2007 年被评为重庆市特色专业；2009 年被评为国家级特色专业；2010 年会计专业教学团队被评为重庆市高等学校市级优秀教学团队。2003—2009 年本专业会计学原理、中级财务会计学、财务管理学 3 门专业课程被评为市级精品课程。目前，本专业发展势头好，已成为优秀学子争相报考的热门专业，是学校历年来录取分数最高、学生就业率最高的专业之一，受到社会各界的广泛认同。经过 28 年的建设和发展，本专业在师资队伍、人才培养、课程建设、实验教学、科学研究、教学研究、开放式办学模式等方面都取得了显著的成就，为地方经济建设培养了一大批高素质专业人才，显示出巨大的发展潜力和旺盛的生命力，为探索实践开放式会计人才培养模式奠定了坚实的学科基础，提供了强有力的专业支撑，初步形成了开放式会计人才培养模式的国内、国际平台。

（一）与校外单位结合的实践探索为创新人才培养模式提供了国内的合作平台

学院长期致力于本地经济社会的发展，与重庆市财政局、重庆市注册会计师协会、重庆市国税局以及多家企事业单位签订了长期框架合作协议，开展人才培训、继续教育、编写培训教材、管理咨询、师资培训、学生实习、横向课题研究等合作，学院作为"重庆市注册会计师全国统一考试"报名、培训、考试指定单位、"重庆市高级会计师培训单位"、"重庆市会计行业继续教育培训单位"、"重庆市会计从业资格证培训单位"等，积极参与地方财会专业人才的培养、培训、继续教育和资格认证工作，为地方经济建设培养了大量的优秀财会人才，受到社会各界的

好评。这些实践和探索都为创新会计人才培养模式的实践提供了广阔的舞台。在此基础上，我院将立足于重庆打造内陆开放经济高地对具有开放视野的，高素质、复合型会计人才的现实需要，充分利用开放性的会计教育教学资源，在系统总结学院开放办学实践经验的基础上，深入研究在重庆打造内陆开放经济高地的背景下构建开放式会计人才培养模式的方法路径，形成一套有内陆地区特色的开放式会计人才培养模式，实现打造内陆高校会计专业特色的总体目标，更好地将会计人才培养模式融入地方经济社会发展的整体格局，从而更加与时俱进地为地方经济社会的发展服好务。

（二）与国外机构和大学的前期交流合作为创新人才模式搭建了国际化平台

王军副部长在2009年4月24号会见来访的英国特许管理会计师公会（CIMA）全球会长罗斯先生（Glynn Lowth）时指出，为了应对当前复杂多变的国际环境，特别是经济全球化的不断深入，中国会计行业迫切需要培养拥有国际视野的高素质会计人才。希望今后中国会计行业能与其他国家的会计职业组织积极探索更多的合作方式，共同培养国际化人才，促进行业的不断发展。

学院于2009年在重庆首开ACCA成建制班，与ACCA、KAPLAN（凯博财经教育）等国际机构建立了长期稳定的合作关系。2009年，ACCA项目成功推进了学院在教学理念、师资队伍、课程体系等方面进一步向国际化发展，将为重庆打造内陆开放经济高地输送国际化的高级会计人才。此外，学院还积极尝试双语教学，依托学校国际化开放办学优势，选派教师和学生参加与外国高校的培训与交流，为进一步开展国际化会计人才的培养奠定了一定的基础。

三、开放式会计人才培养模式的目标、结构及配套机制探索

（一）开放式会计人才培养模式的理念及目标定位

本着服务地方经济建设的宗旨和开拓创新的精神，充分借鉴和利用国内外教育机构的先进教育理念、国内外企事业单位丰富的会计实践经验

等，形成以"国际教育与国内教育相结合、国内学历教育与国内外执业资格教育相结合、国内本科教育与国内外研究生教育相结合、挖掘地方教育教学资源和服务地方经济建设相结合"为基本内涵的"四结合"开放式会计人才培养新理念。

在学院形成的立体交互式会计创新教学模式的基础上，进一步扩大开放，变立体交互为全方位开放，实现校内会计教育教学资源与校外会计教育教学资源的充分融合，明确开放式会计人才培养目标和培养规格，进一步优化课程体系，突出开放性、厚基础、宽知识、强素质和能力的培养特色，调整教学内容和教学方法，深化改革教学管理，进而形成协同发展、全面互利的良好运行机制。

打造内陆开放经济高地的开放式会计人才培养模式，对重庆本土高校会计院系的人才培养提出了新的更高要求：一是要有宽厚的知识、全新的会计理论和实务技能；二是业务精湛，德能兼备，善于进行职业判断；三是思想开放，开拓创新，善于实施高效的综合管理控制；四是知识结构多元，能够成为企业经营理财的行家。培养一支打造内陆经济高地建设的具有开放视野，高素质、复合型的会计人才。

（二）探索形成"双翼齐飞"、"一体两翼"的专业发展格局

顺应重庆打造内陆开放经济高地急需高层次专业实战型会计人才的需要，积极申报会计专业硕士（MPAcc）学位点，与现有研究型硕士点形成"两翼齐飞"的良好发展势头。同时，依托会计学专业为国家级特色专业的坚实基础，在会计学专业主体基础上，面向市场、面向国际，着力打造ACCA和CIMA两个国际化专业发展方向，构建以会计学专业为主体，以ACCA和CIMA专业方向为"两翼"的"一体两翼"专业发展格局，以开放式的会计人才培养模式，开创培养具有开放视野的，高素质、复合性的应用型会计专业人才。

（三）实施"五个一"教师团队建设工程

开放的、优秀的教师团队建设是打造开放式会计人才培养模式的前提。学院可以通过"引进来教"和"走出去学"的途径，有效地吸引、汇聚并整合更多的校内外优秀教师，以此形成

"以开放促发展"的培养教师的长效机制：

（1）实施"青年教师博士化工程"，设立博士学位获得奖，报考前积极向导师推荐，在读期间给予政策倾斜，毕业后给予学位奖励。在招聘新教师方面，招聘具有博士学位以上的人员，加大对重点学科院校会计专业博士的引进力度。

（2）实施"中青年学术骨干培养工程"，积极鼓励青年教师有计划地分期分批到国内外访问进修，不断更新知识、提高学术和教学水平，为他们提供财力和物力上的积极支持。

（3）实施"'双师型'教师培养工程"。会计工作是一项应用性很强的工作，对会计专业来说，"双师型"教师的培养尤为重要。针对这种情况，一方面采取"送出去"的方式；另一方面采取"请进来"的方式，使教师以快捷的方式掌握会计发展动态，以最现实的实践教育学生，使其学以致用。

（4）实施"提高教学能力的'传帮带'工程"，采取新教师助课制、中青年教师讲课比赛、公开课、示范课等方式，树立高标准教学规范，更重要的是培养青年教师对教育事业的热爱、良好的师德。

（5）实施"国家级教学团队建设工程"，为本专业申报国家级教学团队奠定基础。我们需要加强团队精神和团队文化的凝练，进一步整合团队资源、实现团队成员优势互补、协同发展，最大限度地提升本专业教学团队的整体实力和整体效应。

（四）构建学生会计实践能力培养的资源共享系统

充分利用校外资源，积极开展与会计师事务所、企业、税务、银行等单位相互之间的联系与合作，积极探索"两江新区会计实验班"、"注册会计师实验班"、"银行会计实验班"、"税务会计实验班"等结合社会资源和行业特征的合作办学模式，逐渐形成会计专业实践能力培养资源共享系统。努力推进会计人才培养模式嵌入重庆打造内陆开放经济高地的整体格局中，初步形成会计教育教学资源的有效途径，全方位地将会计人才培养的主要活动、资源等的边界延伸到内陆开放的社会大系统之中，使会计人才培养活动源于内陆开放经济、服务于内陆开放经济。

参考文献

［1］W. 史蒂夫. 阿尔伯切特. 会计教育发展的对策［J］. 会计研究，1998（9）.

［2］Thomas J. Frecka, William D. Nichols. Characteristics of Master's in Accounting Degree Programs Issues in Accounting Education. Sarasota, 2004.

［3］杨有红. 21 世纪的会计和会计教育［J］. 会计研究，2000（8）.

［4］汤湘希，夏成才. 谈会计教学组织与教学方法的改革［J］. 财会月刊，2002（8）.

［5］许家林，高文进，孙贤林. 论适应世纪经济环境的会计教育国际化［J］. 理工高教研究，2003（6）.

［6］吴水澎. 对会计教育改革与发展几个问题的再认识［J］. 财会通讯，2005（2）.

［7］沈英. 国际化会计人才培养模式研究［J］. 财会通讯，2006（4）.

［8］秦少卿，罗文洁. 中国—东盟经贸会计人才培养模式研究［J］. 会计之友，2007(7 上).

［9］李锋，柴庆孚. 会计人才能力现实需求与潜在需求调查研究［J］. 财会通讯，2008（7）.

［10］王琴. 会计国际化视角下的人才培养模式选择［J］. 财会通讯，2008（3）.

基于系统论视角的税务硕士专业学位研究生培养模式初探

刘 蓉① 郝晓薇

（西南财经大学 财政税务学院，四川 成都 611130）

摘 要： 税务硕士专业学位具有高层次、应用型和职业导向性三个基本特征。将系统论视角引入税务专业学位培养模式研究，应考虑四类关键要素：目标系统、管理系统、培养系统和支撑系统。为了促进税务硕士专业学位培养模式的建设与发展，必须要加大政策支持力度、转变社会观念并合理配置授权单位的教学资源。

关键词： 系统论；税务硕士专业学位研究生；培养模式

2010年1月，国务院学位委员会第27次会议决定新增开设包括税务硕士在内的19种硕士专业学位；而1990—2010年约20年时间内，我国开设的专业学位一共才19类。由此表明，我国研究生教育开始将专业学位教育纳入重点发展视域。在这样的背景下，以学科专业为切入点，立足于学科特点系统深入研究不同学科的专业学位研究生培养模式，已成为高等教育领域的当务之急。

税务硕士作为此次新开设的专业学位之一，是对现实经济社会发展在涉税领域的人才需求做出的积极呼应。税务硕士专业学位（全日制）开始招生至今不到一年，在培养目标、课程设置、教学方式、管理机制等各个方面的设想都尚有待探索，科学的培养模式一直在讨论和成长过程中。

一、税务硕士专业学位的教育学属性解析

根据国务院学位办相关文件，税务硕士专业学位培养目标是："面向税务机关、企业、中介机构及司法部门等相关职业，培养具备良好的政治思想素质和职业道德素养，系统掌握税收理论与政策、税收制度、税务管理以及相关领域的知识和技能，充分了解税务稽查、税务筹划以及税务代理等高级税收实务并熟练掌握其分析方法与操作技能，具有解决实际涉税问题能力的高层次、应用型专门人才。"

税务硕士专业学位培养模式问题首先是一个教育学问题，依据教育学原理解析这一目标，可以归纳出以下要点：①税务硕士专业学位培养的人才是应用型专门人才而非单纯的学术型、研究型人才，强调培养对象解决实际税务问题的实践能力而非理论方面的学术研究能力；②税务硕士专业学位涉及的职业领域主要包括税务机关、企业、中介机构、海关及司法部门，此五类部门虽在专业基础方面对于税务硕士的要求基本相同，但又分别有所侧重，税务机关强调税务管理、企业追求税务筹划、中介机构重视税务代理、海关

① 刘蓉，西南财经大学财政税务学院院长，教授，博士生导师。

和司法部门则以税收法律制度为基本依据；③税务硕士专业学位培养的税务人才毕竟是硕士层面的人才，在学历序列中处于较高的位置，因此对于实务与理论两个方面都有一定要求，要求重视税务硕士有侧重（侧重实务）、全方位（包括理论）发展，鼓励应用型的学术研究。

根据税务硕士专业学位的培养目标，可以总结出以下三个基本特点：①应用性。这是税务硕士专业学位最基本的特点，体现了学科与实践的统一，强调税务硕士的实务能力和对于社会相关领域的应用性。②税务职业导向性。这是税务硕士在职业领域的自然延伸，反映了学科的职业指向，并概括了税务硕士未来从职的具体部门。③高层次。硕士在学历序列中的位置以及培养目标明确提出的高层次人才要求，对于税务硕士的理论修养和学术能力也提出了兼顾发展的期许。

总而言之，基于对税务硕士专业学位培养目标的教育学属性解读，在税务硕士的培养过程中涉及培养模式问题时，必须要以应用性、职业导向性与高层次的三个基本特点为出发点。

二、基于系统论的税务硕士专业学位研究生培养模式关键要素分析

一般系统论概念由奥地利生物学家路德维格·冯·贝塔朗菲（Ludwig von Bertalanffy）于1937年提出，美国学者 Burton R. Clark（伯顿·克拉克）首开将系统论思想纳入高等教育研究视野的先河，并取得了突出的研究成果。根据系统论，"系统是由两个以上有机联系、相互作用的要素所组成，具有特定功能、结构和环境的整体"。将系统论视角嫁接于人才培养模式上，可以认为专业学位研究生培养属于高等教育系统中一个相对具体的子系统，而税务硕士专业学位研究生的培养又属于后者的子系统。有鉴于此，对税务硕士培养模式的研究必须在普遍意义上服从系统论思想的指导。

就培养模式的内涵而言，时任教育部副部长周远清在1998年教育部"第一次全国普通高校教学工作会议"上做出过解释："所谓人才培养模式，实际上就是人才培养目标、培养规格和基本培养方式，它集中地体现了高等教育的教育思想和教育观念，规定着所培养人才的根本特

征。"这是官方对于培养模式概念的首次明确界定，后来不同学科的学者根据各自的研究需求从不同角度对这一概念进行了诠释。归纳而言，学界对培养模式内涵的演绎具体涉及的视角包括培养目标、培养方向、培养特点、培养方式、培养主体等，但不管是从哪一个研究角度出发的演绎解析，都毫无例外的自容纳于人才培养模式系统之内；而多种专注于某种单一角度的诠释，不仅无损于该系统的整体性，而且还有利于深入挖掘系统内部不同要素的丰富内涵，从而使整个系统的生命力更加旺盛。

综合考虑，根据前文所提及的既定培养目标，并参考对专业学位的相关研究文献，税务硕士专业学位研究生培养模式系统应该包括四类关键要素，这四类关键要素，都可以看成是前者的子系统，具体包括：目标系统、管理系统、培养系统和支撑系统。

（一）税务硕士专业学位培养模式的目标系统

税务硕士专业学位的目标系统非常明确，对于执行层面而言，一方面，明确的目标系统是鲜明的旗帜，有利于执行机构有的放矢的去努力；另一方面，执行机构在既定的目标系统下对其缺乏支配和左右的力量，但需要注意的是前者的实践对于目标系统也有一定的反馈作用。因此，目标系统是税务硕士专业学位培养模式系统中最为核心的子系统，其他子系统都是在这一既定目标系统的限定下进行协调运作。

参考华南理工大学廖文婕（2010）对专业学位培养模式的系统研究，目标系统应包含两个逻辑层面：一是预期。对于税务硕士而言，培养预期即"高层次、应用型的税务专门人才"，相关政策文件明确规定了这一点。二是标准。对于税务硕士而言，培养标准在相关政策中并未明确规定。因此，在税务硕士专业学位培养模式的目标子系统中，对于具体达到何种标准方能够满足相应预期，是学界可以探讨并有所作为的研究主题。科学设计税务硕士在相关素质各个方面须达到的具体标准，是税务硕士专业学位培养模式首当其冲的关键要点。根据税务硕士专业学位的特点及其培养预期，可以从技能水平与理论素养两大方面来设计税务硕士须达到的标准。考虑到专业学位与学术学位的区别，两方面的权重也应有

所不同。

（二）税务硕士专业学位培养模式的管理系统

税务硕士专业学位培养模式的管理系统，是指在税务硕士的培养过程中对所涉及的资源进行整合与调配的过程。一般而言，管理系指在一定目标下对人、财、物及信息的调配，税务硕士专业学位培养模式的管理系统也是如此。为了区别于下文培养系统中的师资，此处对人力资源的调配仅限于外围管理人员。

基于管理学基本原理，对于授权单位而言，税务硕士专业学位培养模式的管理系统具体包括四个相互联系的部分：管理主体、管理客体、管理行为与管理制度。①就管理主体而言，以高校为例，在高校内部涉及研究生部（院）与学院在业务上有一定的领导与被领导关系的两个部门，其中相关学院作为税务硕士专业学位建设的具体操作单元，在管理系统中处于重要地位。②就管理客体而言，税务硕士专业学位指向的管理对象也不外乎人、财、物和信息。其中，"人"包括主管人员、教辅人员、生源；"财"是指税务硕士培养所涉及的教育经费，包括国家财政拨款与学生自筹学费或其他配套资金，如何合理高效管理和利用这部分资源，对税务硕士专业学位的建设具有重要基础作用；"物"是指税务硕士培养所需的教学场地、教学用具等相关物质资源；"信息"则包括了税务硕士培养过程中所有人、财、物的静态状况、相互之间匹配的动态情报及其他所有相关数据等。此外，管理的客体还必须包括税务硕士培养质量管理，如研究生论文工作管理、授位管理等。③就管理行为而言，根据管理学原理，税务硕士专业学位培养模式涉及以下管理行为：税务硕士专业学位建设计划（包括招生计划、培养计划、管理计划等等）；税务硕士专业学位建设组织（包括组织机构和组织行为）；税务硕士专业学位建设领导（包括领导艺术与领导行为）；税务硕士专业学位建设控制（包括过程控制与结果控制）。④就管理制度而言，税务硕士专业学位涉及政策层面与操作层面两类制度，政策高度的管理制度以法律法规与文件的形式呈现，操作层面的管理制度则在形式上表现为各方面的操作规程及行为规范。

需要特别指出的是，相应评价体系的建设对税务硕士专业学位建设的控制子系统具有非常重要的意义。不管是过程控制还是结果控制，都需要科学、全面的评价体系。针对税务硕士专业学位而言，评价体系需要包括两大方面：一方面是针对学生的评价体系，主要是课程和论文方面学习标准的制定；另一方面是针对教师的评价体系，由于专业学位在国内的发展远远不够成熟，既有的相关教师评价标准比较缺乏针对性，鉴于教师在教学活动中的重要性，必须要结合专业学位教育的目标和特点制定针对性的评价体系。

在税务硕士专业学位培养模式的管理系统中，研究生部（院）与学院作为管理主体，根据相关政策、文件等管理制度，通过计划、组织、领导、控制等管理行为，实现对税务硕士专业学位建设所涉及各种资源等管理对象的统筹搭配，从而为税务硕士专业学位培养模式的发展起到推动和促进作用。

（三）税务硕士专业学位培养模式的培养系统

税务硕士专业学位培养模式的培养系统涉及师资、课程与教学三个部分，这是培养流程中最为重要的部分。税务硕士的培养是通过教学过程来实现的。在教学过程中，教师、教学与课程设置是最为核心的要素，也是探讨专业学位诸多文献的关注焦点。

教师是教学过程的主体之一，师资力量一向是教学水平的关键要素。税务硕士的培养对教师的质量、数量、结构和发展提出了针对性要求：①就教师质量而言，税务硕士专业学位不仅要求相应的师资具备坚实的理论素养，同时也对教师在税务、财政、财务会计、管理等相应学科内的实践领域也必须具备熟练的技能，这方面高职领域的"双师型"教师应作为税务硕士专业学位教师素质提升路径的经验借鉴。②就教师数量而言，由于传统的高等教育一般倾向于学术型师资，在税务硕士专业学位教师数量的充实上，需要大力补充来自税务、财政、财务等实践领域的师资，进一步加强重视"双导师"制的建设和发展，扩大技能型教师的规模和数量。③就师资结构而言，税务硕士专业学位要求教师队伍的年龄结构、专业结构以及学历结构的合理搭配，其中尤其是专业结构和学历结构，税务硕士的培养一方面强调专业性，另一方面又强调层次性，因此在税务、财政与财务会计等相关专业的师资配比上，应以税务为主、财政与财务会计为辅；在学历方面，税务硕士的培养要求师资具有较高的学历，除非在实践领域方面比较突出的教师，否则学历的基本要求应在硕士以上。④就师资发展而言，教师素质、教师数量和教师学历都存在一个发展的问题，依托既有的教师队伍，通过针对性强、形式多样、长期持续的培训来提升师资力量是一个现实的选择。总之，税务硕士专业学位作为新开办的专业学位，可以依赖现有学术性税务专业的师资队伍，通过对其实践技能的提升形成税务专业"双师型"教师队伍来满足税务硕士专业学位的师资需求。另外，还需要积极开拓多种合作渠道，与税务机关、财政部门、税务代理部门甚至相应司法部门进行合作。一方面为这些实践部门提供教育学培训，增强税务硕士校外导师的教学指导能力；另一方面还可以为学术型教师提供挂职锻炼的机会。

课程体系是税务硕士汲取知识和锻炼能力的载体，科学、合理的课程设置是税务硕士培养质量的重要影响因素之一。国务院学位委员会2010年通过的《税务硕士专业学位设置方案》规定："税务硕士的课程设置要充分反映税务实践领域对专门人才的知识与素质要求，注重分析能力和创造性解决实际问题能力的培养。"立足于这一规定，回顾课程论思想，可以参考后现代主义课程论进行税务硕士的课程设置。吸纳后现代主义课程论的智慧，税务硕士专业学位的课程设置应以开放性的姿态出现，允许研究生尤其是在职研究生以一定方式加入到课程设置主体中去，师生共同根据现实需求设计新课程，并重点发展综合实践课程。在具体课程设置思路上，①由于税务硕士专业学位是特定学科领域的专业学位，课程内容必须要反映税务专业的基本要求，因此必须要首先设置有关税务专业的基础课程和专业课程；②考虑到专业学位对实践性和应用性的特别重视，税务硕士专业学位的课程设置也必须高度重视实践课程的设置；③根据模块式课程设计模式，将税务专业学位的课程划分为必修课（包括公共课、基础课、专业课）、选修课和实践课三个模块，每个课程模块遵循相对稳定性和绝对发展性的原则，在不影响学科连续发展的前提下，可以根据税务行业现实需求机动、灵活的调整具体课程设置；④大力进行教材建设，组织力量编写针对性的教材，税务硕士专业学位是新生事物，现有教材体系不能够满足教学需求，有必要组织业内专家、学者甚至实务界人士编写既具突出实践性又具有一定理论性的系列教材。

教学是税务硕士专业学位建设和发展的过程介质，灵活机动、科学合理的教学模式是高质量教学水平的重要保证。根据教学论，教学模式"是指在一定的教育思想、教学理论和学习理论指导下，在一定的环境中教与学活动各要素之间的稳定关系和活动进程的结构形式。"回顾相关文献，有关教学模式的研究成果不胜枚举，考虑到专业学位的特殊性，团队探究模式尤为值得借鉴。团队探究模式将团队组织形式和探究式学习框架有机组合在一起，将学生分为不同的小组并进行任务下达与角色分工，以文献案例为主要载体，针对相应任务共同分析探索情景问题的解决之道。这种方式不仅可以锻炼学生自主学习探索、分析与解决实际问题的能力，而且还能增强学生的团队合作意识和沟通技巧。因此，在税务硕士专业学位的课堂教学中，可以尝试引入这种团队探究式教学模式，进而在实践中对其进行完善和创新。需要特别强调的是，税务硕士专业学位必须要对专业实践的要求高度重视，这是全日制专业学位研究生教育质量的重要保证。各授权单位必须加强实践环节的力度，高校可以依托税务教学资源与相关社会机构的天然学科联系，大力发展与税务机关、税务代理机构乃至涉税司法部门的密切合作，为税务硕士搭建宽广的实训平台，还可以邀请实务界人士指导学生开展各种税务实务技能竞赛，进一步推进高校教育与社会机构的合作深度，并不断创新合作方式与丰富合作机制。

（四）税务硕士专业学位培养模式的支撑系统

按照系统论的观点，支撑系统是总体系统健康良性运行的重要保证。税务硕士专业学位培养模式的支撑系统首先来自于主要以经费形式出现的经济资源，其次包括教学所需的场地、设备、图书等硬件资源，最后是政策支持、价值观念、社会文化等软件资源。

一般而言，专业学位的培养经费主要来源于财政拨款、社会捐赠与学生自筹三个途径。教育经费的财政投入不足问题是一个历史问题，专业学位建设除了有效利用国家既有经费支持、合理确定学生学费负担之外，可以将更多精力投入到吸收社会捐赠的机制创新上去。在硬件方面，税务硕士的培养不仅要求具备相应的教学场地，更加需要坚实的实践平台，有条件建设税务实验平台的单位有必要进行专业实验室的组建和发展。在软件方面，国家政策的支持已经形成一定力度，需要改善和强化的是社会观念的认同。支撑系统对于不同的专业学位而言并没有特别明显的差异。需要进一步说明的是，支撑系统在外延上可以溶解到环境中去，或者说支撑系统的各个要素的来源都与系统外在环境密切相关不可切割，并成为系统运行的重要促进条件（为行文层次明晰起见，对该问题的思考在文末第三部分展开）。

综上所述，税务硕士专业学位培养模式整体系统包括目标系统、管理系统、培养系统和支持系统四个子系统，各个子系统之间相互联系相互作用，可以达到整体大于局部之和的效能（其内在逻辑如图1所示）。其中，目标系统决定了管理系统和培养系统，而后两者又能够在一定程度上影响目标系统的具体标准；目标系统决定了需要什么样的支撑系统，但是支撑系统的力量在很大程度上制约着目标系统的实现；支撑系统对于管理系统与培养系统也有重要的支持作用，后两者如果能够形成超强实力或美好声誉，也会反过来对前者达到一定的吸纳作用。四个子系统以

目标系统为核心，构成了税务硕士专业学位培养模式的整体系统，但是这个系统并不是相对于环境封闭的系统，而是不断地在受到环境的影响，同时也在不断向外界环境输出成果和影响，而这一点则印证了税务硕士专业学位的设置背景与设置目标之间的关系。

三、税务硕士专业学位培养模式的促进条件思考

从现实来看，针对我国税务硕士专业学位培养模式的思考刚刚起步，科学合理、灵活丰富的培养模式有待进一步探索。根据系统论的观点，外界环境对于系统发展具有不可忽视的影响，税务硕士专业学位培养模式的构建也不例外。从外界环境思考某一系统的运行条件，有利于该系统尤其是新生系统的发展壮大。如前文所言，税务硕士专业学位发展模式的支撑系统与边界促进条件在某种程度上与支撑系统有所重合。

我国专业学位的发展虽然已经运行20年时间，但是由于政策支持力度的缺位、社会观念的偏见、执行层面的懈怠等多方面原因，在发展成果上并不理想。而税务硕士专业学位作为2010年刚刚新增的专业学位，结合专业学科的培养模式研究更是空白。为了改善这种状况，可以采取举措：①加大政策对专业学位发展的支持力度，尤其是财政支持力度，加大对专业学位的财政投入，通过政策引导鼓励和支持各相关主体创设专

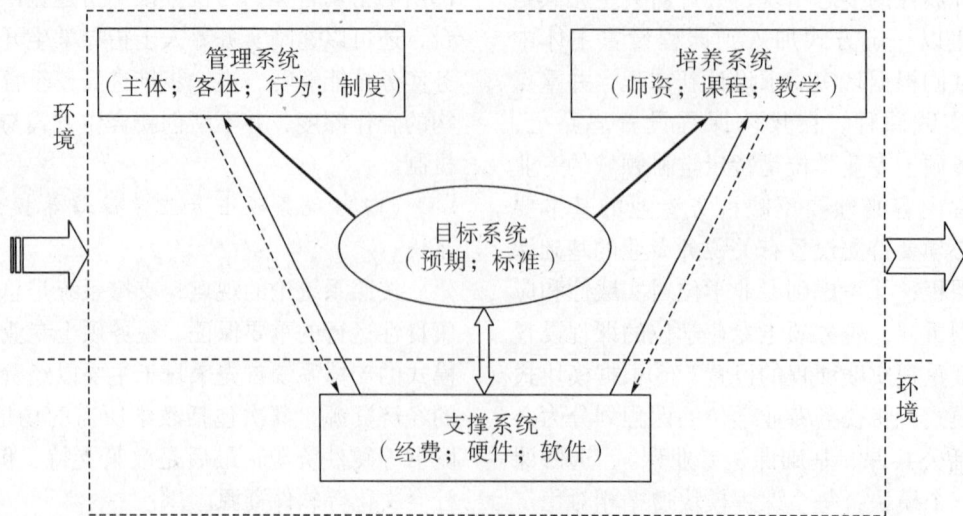

图1　税务硕士专业学位培养模式系统结构图

业学位与职业领域规范的直接衔接机制，在就业前景方面拓展专业学位的魅力。②引导社会观念积极接受专业学位，这需要国家、学校与学生的共同努力，国家有必要加强对专业学位正面的舆论宣传；学校可以组织专业学位研究生定期免费为社会提供相应专业服务；最重要的是专业学位培养出来的人才能够在业务技能、职业素养、道德水平等各方面出色表现，都得到社会的认可。③授权单位积极主动投入专业学位建设，将精力和资源在学术型学位与专业学位间进行合理配置，两者属于同一层级的不同类型，对于社会的发展都不可或缺，在建设力度上不可有所偏废。授权单位的行动在专业学位的建设和发展中具有举足轻重的作用，国家政策的落实与专业学位研究生素质的培养都是通过授权单位来实施的，授权单位自己必须要首先转变观念，正确认识专业学位对社会经济发展的意义。

事实上，虽然专业学位建设的必要性在我国已经达成共识，但是采用何种培养模式更好地建设和发展专业学位的问题仍旧没有落到实处，这值得学界进一步系统深入探讨。

参考文献

[1] 中华人民共和国教育部学位管理与研究生教育司（国务院学位委员会办公室）. 关于印发金融硕士等 19 种专业学位设置方案的通知 [EB/OL]. [2011 - 07 - 24] http://www. moe. edu. cn/publicfiles/business/htmlfiles/moe/moe _ 823/201007/92739. html.

[2] 中华人民共和国教育部学位管理与研究生教育司（国务院学位委员会办公室）. 税务硕士专业学位设置方案 [EB/OL]. [2011 - 07 - 24] http://www. moe. edu. cn/publicfiles/business/htmlfiles/moe/moe _ 823/201007/92739. html .

[3] Clark，Burton R.，The Higher Education System：Academic Organization in Cross - National Perspective [M]. University of California Press，1983.

[4] 汪应洛. 系统工程 [M]. 北京：机械工业出版社，2003.

[5] 胡玲琳. 我国高校研究生培养模式研究——从单一走向双元模式 [D]. 上海：华东师范大学，2004.

[6] 廖文婕. 我国专业学位研究生培养模式的系统结构研究 [D]. 华南理工大学，2010.

[7] Doll，R. C. Curriculum improvement：Decision making and process（9th ed）. Boston：Allyn & Bacon，1996.

[8] 余红. 教学模式与教学策略的设计 [EB/OL]. [2011 - 07 - 28] http://course. szu. edu. cn/shifankecheng/jxsjylyff/jxsjylyff/skja/index. htm.

[9] 刘延章，郑祺. 专业学位研究生课程教学的团队探究方法研究 [J]. 学位与研究生教育，2011（1）.

关于经济新闻专业人才培养的思考

方 琦①

（西南财经大学 人文学院，四川 成都 610074）

摘 要： 经济新闻专业人才培养具有特殊性，目前国内高校对如何培养经济新闻专业人才并没有取得统一认识。本文针对经济新闻专业人才培养的目标定位、培养模式、课程设置、专业核心教材建设以及实践能力培养提出了自己的看法。

关键词： 经济新闻；专业人才；培养

经济新闻专业人才，是指专业从事经济新闻采写编辑工作的记者、编辑、栏目主持人、版面负责人等。近几年，为了满足国内主流新闻媒体对经济新闻专业人才的渴求，我国许多高校开办了经济新闻专业，以期培养更多的经济新闻专业人才。但是，对于如何培养经济新闻专业人才，各个高校措施不一，理念也不一，在目标定位、培养模式、课程设置、核心教材建设以及如何进行实践能力培养等多方面都存在着不同的认识。李良荣教授曾明确指出："一名称职的财经记者，既要懂新闻，又要懂财经，而且要把两门学问有机整合在一起。懂新闻不易，懂财经不易，把两者结合起来更不易。"这充分说明了经济新闻专业人才的特殊性。为了更好地研究这一问题，笔者以下就经济新闻专业的目标定位、培养模式、课程设置、核心教材建设、实践能力培养等问题谈谈自己的思考，以期抛砖引玉。

一、关于经济新闻专业的目标定位问题

经济新闻专业应当如何确定有自身特色的培养目标，这是所有已开办经济新闻专业的高校必须明晰的，只有确定了有自身特色的培养目标，才能在其他具体培养措施方面做出相应的努力。经济新闻专业的培养目标应当如何来定位呢？笔者认为，应当从以下三个方面来考虑确定其定位。

（一）应依据我国新闻传媒行业的现实需求来确定自身的目标定位

近几年，随着我国国民经济的快速发展，经济新闻报道异军突起，无论是综合类新闻媒体的财经专版，还是专业类财经媒体，都急需大量有财经专业背景和知识结构的新闻从业人员。而国内现在的报刊、电视的从业人员，基本上只具有社会新闻、政治报道的知识背景，即使是新分配的大学生，也多是新闻、中文、历史、法律专业的学生，短时间内难以适应专业财经传媒人才的需求。为此，国内有专家预测，财经记者将成为未来中国十大紧缺人才。

经济新闻专业的培养目标应当依据我国新闻传媒行业的现实需求来确定，这一点是不言而喻的。因为我国高校培养的人才只有适应了我国经

---

① 方 琦，西南财经大学人文学院教授。

济发展的现实需求，才能在实践中获得发展。如果我国高校培养的人才脱离了我国经济发展的现实需求，这只会造成高等教育资源的浪费。对我国新闻传媒而言，现实紧缺的是经济新闻专业记者、专业编辑和专业策划人员，这就为我国高等院校经济新闻专业确定了培养方向——适合从事经济新闻专业记者、专业编辑和专业策划的应用型人才。

什么样的人才能成为适合从事经济新闻专业记者、专业编辑和专业策划的应用型人才呢？一方面，他们应当具有宽广的文化与科学基础知识；另一方面，他们应当具有系统的新闻学理论与技能，熟悉我国新闻、宣传政策法规，具有独立的新闻采访写作能力和编辑能力；再一方面，他们还应当掌握比较系统的经济学和管理学知识，能够对各种经济现象、经济事件进行科学分析，独立完成经济新闻采访写作和编辑策划工作。只有这样的人才，才能适应我国新闻传媒行业的现实需求。

（二）应依据各高等院校自身的条件来确定自身的目标定位

经济新闻专业的培养目标应当适应我国新闻传媒行业的现实需求，这是必然的要求。然而，由于各个高等院校的办学条件、学术基础均不相同，其所面对的需求市场也不尽相同，因此，我们在围绕我国新闻传媒行业的现实需求确定我们的总体培养目标的基础上，还应当根据各个高校不同的条件、不同的情况确定适合自身特点的目标定位，实施差别培养。只有这样，才能适应我国新闻传媒行业各个不同媒体的具体需求。

对于我国老牌新闻学院而言，由于其办学历史悠久，学术基础力量雄厚，学术根底扎实，办学层次完备，因此，其更适合确定高层次经济新闻专业人才的培养目标。也就是说，其更适合培养经济新闻专业的研究型人才，而不是应用型人才。这些院校，应当把目标定位于培养经济新闻专业的硕士研究生和博士研究生，尤其是高层次博士研究生，而不是一般本科生。他们将主要从事经济新闻的专业学术研究工作、专业管理工作、教学工作和教材建设工作，而不是一般新闻媒体的经济新闻采写编辑工作。这些高层次人才，将极大地缓解我国各个高校极度缺乏经济新闻专业教师的现实矛盾，为我国经济新闻专业的发展奠定扎实的基础。

对于我国各个财经院校的经济新闻专业而言，由于其办学历史通常较短，专业建设、学术基础通常也不够扎实，因此，其应该立足于学校的区位影响力和行业影响力，培养目标更适合定位于培养本科层次或硕士研究生层次的经济新闻专业应用型人才，既主要适合从事经济新闻采写编辑工作的媒体记者和栏目、版面编辑、专题策划人等，主要满足各地区区域性新闻传播媒体的现实需求。在此期间，各个高等院校还应当根据自身的条件确定更具体、要明晰化的培养目标，如经济新闻专业的电视传媒人才、网络媒体的传播人才等。只有这样，才能最大限度地发挥各个高等院校的自身优势，为我国新闻传媒提供更具发展潜力的专业人才。

（三）应依据本专业人才发展的方向来确定自身的目标定位

经济新闻专业虽然专业口径较窄，但其专业技能要求较高，专业特色鲜明，非此专业人才，难以胜任此项专门工作。

经济新闻专业应依据本专业人才发展的方向来确定自身的目标定位。在现代市场经济条件下，经济新闻专业并不是一成不变的，而是随着新闻业态的不断变化发展而随之发展。英国新闻教育学会会长、英国城市大学新闻系主任罗德·艾伦（Rod·Allen）在中国人民大学新闻学院访问时说道："我们必须有超前意识。今年进校的学生要几年后才进入市场接受检验，我们应当考虑到他们毕业时市场需要什么。我们一方面要倾听传媒业界的意见，同时要自己做判断，根据业界对现状的分析预测他们在未来几年的具体需求。"就经济新闻的专业教学内容而言，过去，期货、股指期货、理财、金融衍生产品等业务在我国并不发达，基本处于幼稚发育期，因此，从新闻传媒的报道内容来看，这一类新闻涉及普遍较浅。就经济新闻的专业业态而言，由于我国经济发展近几年才刚跨入人均收入3000美元的门槛，正处于由温饱型经济向小康型经济过渡的关口，因此，对经济专业信息的需求，还处于知识普及型阶段。大多数普通市民，对许多经济常识还缺乏了解，新闻传媒，还不得不在传播经济新闻的同时，承担着普及经济学基础知识的任务。随着我国经济的快速发展，随着人民收入的逐步提高，小康生活将逐步进入普通家庭，人们的经济常识将逐步提升，人们对经济信息的关注度将极大地提高，经济新闻将越来越深入普通市民的日常生活，经济新闻的专业业态将得到极大的改变。高等院校培养经济新闻专业人才，应紧跟现代新闻内容发展变化以及新闻媒介传播技术发展的方向来确定自己的目标定位，跟上时代需求，超前培养人才。只有这样，才能适应新闻传媒业发展的现实需求。

二、关于经济新闻专业培养模式问题

经济新闻专业是一个跨学科专业，是一个必须兼具经济调查、经济分析和新闻采编多方面能力的具有较高培养难度的专业。目前由于国内新闻媒介之间的竞争和人才之间的竞争均日趋白热化，均对本专业毕业的学生提出了很高的要求。如果本专业毕业的学生，不具备经济新闻采访写作的基本能力，不能够独立胜任媒体的新闻采访写作工作，将很难跨进新闻媒介的门槛。对于这样的需求，过去传统的培养方式和培养机制是难以实现的。

经济新闻专业不能仅仅延续过去的传统培养模式，而应当根据自身的条件在学制设置、培养模式、培养机制等方面进行新的探索，寻求新的突破。笔者认为，至少可以从以下几个方面进行探索。

（1）对于本专业全日制本科学生，各高等院校可以尝试五年制经济学（或管理学）和新闻学双学位培养模式，并且应当与新闻媒体合作进行联合培养，使学生能够在学校期间打下比较扎实的经济学、管理学基础，同时能够获得充足的实践锻炼的机会。比如，第一、二、三学年以及第四学年上半年，可以安排学生主要学习公共课程、专业基础课程以及专业主干课程，同时辅修各种选修课程，起到打牢基础、拓宽知识面的作用。从第四学年下半年至第五学年上半年，如条件许可，学校应当和当地新闻媒体一道，共同对学生进行实践培养，让他们进入各新闻媒体进行随岗和顶岗实践，迅速增长实践才干。

（2）对各个高等财经院校，也可以尝试一、二年级不设专业，按大类培养的模式。三年级开始划分专业，由学生自由报名加成绩筛选确定。

第四学年强化学生的实践教学，由学校和当地新闻媒体一道，共同对学生进行实践培养。这种培养模式充分尊重了学生的自主选择权，学生学习的目的明确，学习积极性也会大大提高，可以更有针对性地进行培养。

（3）各个高等财经院校还可以尝试六年制本硕连读加新闻媒体定向委托培养模式。即学生一、二年级不设专业，按大类培养，三年级开始可以选报本专业，由学生自由报名加成绩筛选确定，并同时取得本硕连读和新闻媒体定向培养资格。这类学生在五年级期间可以直接进入新闻媒体实践，其毕业成果既可以是学术论文，也可以是在新闻媒体发表的重要新闻报道。

（4）对于新闻媒体在岗人员，可以尝试一年制或一年半制不脱产经济新闻硕士课程进修班的培养模式。主要进修经济类、管理类基础课程和经济新闻采访写作技巧课程，为他们奠定经济学和管理学基础，提高他们对经济现象、经济事件进行分析的能力，发挥他们新闻采写实践特长，使他们很快就能够胜任经济新闻采访写作工作。而对于将来准备从事经济新闻专业教学和研究的高级人才，则应当着重从媒体资深从业人员中选拔，发挥他们的实践特长，提高他们研究能力。

总之，在培养模式方面，笔者认为完全应该大胆探索，寻求各种新的培养模式，逐渐总结出适合本专业的最佳培养模式。

三、关于经济新闻专业课程设置的问题

经济新闻专业课程设置，通常包括公共课程基础、学科基础课、专业主干课和专业核心课四大模块。其目的是要把本专业的学生塑造成厚基础、宽口径、高素质、广适应、具有创新精神与一定创业能力的经济新闻专业人才。公共课程基础和学科基础课各高等院校的设置大同小异，主要由外语、计算机、哲学、逻辑学、历史、文学、人文社科研究方法等课程组成。其中文学和写作类课程占有较大比重。设置这些课程的目的是为学生铺垫较厚的知识基础。这是符合教育规律的。专业主干课国内通行的是采取"经济学、管理学专业课程＋新闻专业课"的课程设置模

式。即专业主干课程由两部分构成：一部分是新闻学专业的传统课程；另一部分是经济学和管理学专业的传统课程。这两部分课程分别由新闻专业的教师和经济学、管理学专业的教师教授，学生通过学习这两方面的课程，分别掌握两种专业知识。对于这样的课程设置，有一些学者表达了不同的意见。如南京财经大学新闻学系主任李程骅博士等认为：这种方式是一种"拉郎配"方式，只"简单拼凑经济学专业和新闻学专业的课程，并没有形成系统的专业建设体系。"

笔者认为，上面这种安排从一般情况而言，是符合经济新闻这个专业的特征的。对这种课程安排，我们不能全盘否定。经济新闻专业人才培养，既离不开新闻学专业知识的学习，也离不开经济学、管理学基础知识的学习。而要系统地掌握这些知识，最好的方式仍然是课堂教学。因此，传统新闻学专业的主干课程和经济学、管理学的基础课程，都应当成为本专业的必修课。因为这是他们将来从事专业工作的知识基础。不过，这样的课程安排形式最重要的是应当精心选择本专业应修的课程，而不是这两门课程的随意拼凑。传统新闻学专业的主干课程，应该把重心放在基本新闻理论与新闻实践课程上，突出实践能力的培养。如新闻学概论、传播学概论、中外新闻史、新闻采访与写作、新闻编辑、新闻评论、电视新闻实务（采访、摄像、编辑、节目制作）、新闻管理与法规等课程，应当进入必修课。经济学和管理学专业的一些主要传统课程，如宏观经济学、微观经济学、市场营销学、货币银行学、经济法、国际金融、会计学基础、统计学等，也应当进入必修课。同时应当多开一些经济学、管理学方面的专业选修课，如投资银行学、证券投资分析、财务管理学、会计报表分析、国际贸易、财政学等。这些课程，能够显著提高学生对各种经济现象、经济事件的分析能力，同时能够为学生铺垫扎实的企业财务分析、国际金融分析和国际贸易分析的能力，使学生奠定深厚的深度经济新闻报道基础。

对上述专业课程设置，有很多学者担心由于目前各高校不论是教授新闻学专业课程的教师还是教授经济学、管理学课程的教师，基本上都只精通本专业的知识，而不能在讲课中把两方面知识融会贯通起来，懂新闻的不懂经济，懂经济的不懂新闻。这就使学生对知识的掌握也形成了类似的状况。有人形象地把这种状况称为"两张皮"。意指学生一方面披了一张新闻学专业的皮，另一方面披了一张经济学、管理学的皮，但实质并没有把这两方面的知识融会贯通。

上述情况的确在许多高等院校存在，并且已经成为部分高校经济新闻专业面临的紧迫问题。对于这一问题，笔者认为，妥善的解决方法是在高年级开设专业核心课。包括经济新闻实务、经济文献检索利用与经济调查方法、传媒经济学等课程。尤其要开好经济新闻实务这门课程，为同学们提供实务操作方法训练。这些课程的核心任务就是让同学们要把这两方面的知识融会贯通起来，它要解决的关键问题是如何查询和收集经济数据和经济文献、如何进行经济新闻采访写作的问题。对于经济新闻专业而言，这些课程既是他们的核心课，又是他们的实务操作课。开不开设这些课程，效果大不相同。

四、关于经济新闻专业核心课程教材建设问题

经济新闻专业核心课程的教材，包括经济新闻实务、经济文献检索利用与经济调查方法以及传媒经济学等核心课程的教材。经济文献检索利用经济调查方法是各个高等财经院校开设的一门成熟课程，有许多成熟的好教材。传媒经济学是一门新兴课程，已初步构成了较完整的课程内容。对以上两门课程，笔者不想涉及，在此主要谈谈经济新闻实务这门专业核心课程教材建设的问题。

经济新闻实务（也可以名为经济新闻采访与写作）这门核心课程的教材，西方发达国家已有一些版本，但这些教材总体来看，并不适合直接用于国内教学。近几年，国内已有一些学者尝试性编写出版了几本经济新闻实务教材，但从目前已出版的几本教材来看，笔者认为存在着以下几个明显的误区。

误区一：重点介绍财经专业知识

有一些经济新闻实务教材，在内容编写上除少部分涉及介绍经济新闻写作的方法、技巧外，其主要内容是介绍从事经济新闻采访写作所必须掌握的各种财经专业知识，把资本市场分类、股

票、公司、财报、并购、期货市场等内容如数搬入书中。这些内容，均是财经专业的常识性知识，涉及投资银行学、会计学、货币金融学、经济法学、公司治理等财经专业课程。这是一位合格的经济新闻专业记者必须掌握的知识，但不应是经济新闻实务教育的内容。这些知识的教学应由财经专业课程完成。

误区二：把新闻学基础知识套上"经济"这张皮

有一些经济新闻实务教材，其基本内容就是理论新闻学、新闻实务学相关基础知识，只是套上了"经济"这张皮，并没有真正做到经济和新闻的融合。如有的教材，在讲经济消息写作时，仍然在讲经济消息标题、经济消息头、经济消息导语、经济消息躯干、经济消息结尾等内容。这些内容，是新闻采访与写作课程早已讲授过的内容，而不是经济新闻实务教育的内容。

误区三：重点进行经济新闻理论研究

有一些经济新闻实务教材的编写者，把相当一部分重点内容放在进行经济新闻理论研究或经济新闻史研究上。全书有一部分内容是在讲我国经济新闻的特征及经济新闻报道策划的方法、经济新闻的采写技巧等内容，但绝大部分内容，均是在讨论经济新闻的渊源与发展、经济新闻的功能、大众媒体与经济心理等内容。

误区四：重点分析经济特征并不十分鲜明突出的经济新闻

有的教材，在分析经济新闻的特征时，或者在讲解经济新闻的写作方法时，分析的主要案例并不是经济特征十分突出的经济新闻案例，而是既像经济新闻又像一般社会新闻、时事新闻的案例。这样的分析，必然会陷入误区。因为这些经济新闻与一般的社会新闻、时事新闻的特点、规律、方法、技巧等基本相同，我们以这样的案例为基础进行分析，实质上就是在分析所有新闻共有的特点、规律、方法、技巧等。这样讲述的内容，仍然会回到原有的老套路上。

经济新闻实务这门课程的教学内容究竟应当如何来规划呢？笔者认为，应当从以下四个方面来规划。

（1）将经济新闻与其他新闻类别区别开来进行研究。经济新闻是新闻中的一个类别，它与时事新闻、社会新闻、体育新闻、法制新闻、娱乐新闻、国际新闻等一样，同是新闻这个大家族的一部分，都必须共同遵守新闻报道的基本规律。然而，经济新闻又是新闻大家族中一个具有相对独立性的类别，因此我们应当把它与其他新闻类别区别开来进行研究。

（2）重点应研究经济新闻独有的特点。我们研究经济新闻的特点，不应把所有新闻共有的特点作为经济新闻的特点加以研究，而应研究经济新闻独有的特点。我们不能把所有新闻报道共同要遵守的规律作为经济新闻报道的规律加以研究，我们也不能把所有新闻共有的体裁形式作为经济新闻的体裁形式加以研究，我们应当研究经济新闻区别于其他各类新闻独有的特点、规律、方法、技巧、原则、手段、要点、注意事项、写作要求等。只有这样，经济新闻才能真正成其为经济新闻。如果我们把所有新闻共有的特点作为经济新闻的特点，这不是在研究经济新闻。

（3）经济新闻实务教育是经济新闻独有特点、方法、技巧、手段等的教育。经济新闻实务教育不是要重复前期课程已完成的教育，而是要进行经济新闻独有特点、方法、技巧、手段等的教育。要达到这一目的，①应当将经济新闻与其他新闻类别区别开来，讲清楚经济新闻与其他新闻不同的特点；②应当把教材内容规划放在经济新闻独有的特点、方法、技巧、手段、写作要求上，重点讲清楚经济新闻与其他各类新闻的区别；③应安排多种经济新闻采写独有的方法、技巧训练，以培养学生的实务操作能力。教师在课堂上所讲授的知识应当是如何运用在前期课程已经学到的经济学、管理学知识和新闻学知识，利用各种可利用的现有工具和技术手段收集资料，并根据现实情况采取合理的采访行动，以便及时完成经济新闻报道所必须掌握的知识，包括其原则、步骤、方法、技巧、手段、要点、注意事项等。并借此进行操作技能训练。

（4）经济新闻实务教学重点是经济特征鲜明突出的经济新闻的教学。经济新闻实务教学内容重点应针对那些经济特征鲜明突出的经济新闻。而一般的经济新闻，尤其是那些既像经济新闻又像一般社会新闻的新闻，由于其特点、写作方法、技巧、手段等与一般的社会新闻并无多大区别，并不应列入规划重点。只有针对那些经济特征鲜明突出的经济新闻，尤其是那些经济专业性格外明显的新闻，如宏观经济新闻、产业经济新闻、证券新闻、公司新闻、金融新闻等，突出其独有的特点、写作方法、技巧、手段等的教学，才能真正帮助学生把经济学、管理学和新闻学这两方面的知识融会贯通起来，解决如何进行经济新闻采访写作的问题，提升他们的经济新闻实务操作技能。

五、关于经济新闻专业人才实践能力培养问题

高等院校培养经济新闻专业人才，必须注重实践能力的培养，没有较强实践动手能力的学生，是不会受到新闻媒体的欢迎的。

培养学生经济新闻采写的实践动手能力，有许多有效的方法。方法之一，增强新闻实践课程的比重，与新闻机构联手合作让学生进入媒体进行新闻实践。例如，加拿大卡尔顿大学新闻与传播学院与新闻机构联手合作开设了针对三、四年级学生进行的 1~3 周的新闻实践项目，让学生进入 CTV 新闻、TSN、CANWEST 新闻、探索频道、加拿大地理杂志等媒体进行实习。方法之二，邀请财经新闻业界的资深人士进入课堂示范指导。如上海几所重点大学新闻传播学院的讲台上近期陆续出现了解放日报报业集团记者、编辑的身影，一批从事新闻采编或经营管理工作的一线人员走进课堂给学生讲实践课程。方法之三，开办准记者训练营，让学生直接进入社会实践。如南方报业传媒集团与暨南大学新闻与传播学院近期就联合举办了一期"暨大准记者训练营"活动。方法之四，利用寒假和暑假时间，要求学生直接进入新闻媒体参与实践。

以上这些方法，都是十分有效方法。然而，这些方法也会受到很多条件的制约，存在一定的局限性。比如，学校实习经费的限制，新闻媒体的合作意愿的限制，资深编辑、记者个人的讲课能力的限制，新闻媒体对学生的接纳程度的限制等。这些因素都会对学生实践能力的培养造成阻碍。目前我国许多高等院校，都没有足够的实习经费带领学生外出进行数周的采访实践活动，许多新闻媒体，也不太愿意接纳大批的学生参与新闻实践。这些情况都对学生实践能力的培养产生了直接的影响。

鉴于以上情况，笔者认为，我们应当在合理利用以上方法的基础上，更好地利用经济新闻实务的课堂让学生进行新闻实践。

如何让学生在课堂上进行经济新闻实践呢？经济新闻与其他社会新闻、时事新闻不同，记者采写这些新闻，必须深入现场亲自采访当事人，才能写出新闻。有许多经济新闻，记者是完全可以不用到事发现场，仅利用网络，就可以完成资料收集和新闻写作的。如证券新闻、宏观经济新闻等。教师指导学生写作证券新闻，完全可以在课堂上直接利用网络，登录各证券公司网站，查看当天的证券行情，收集查询相关上市公司的公开资料，现场分析其财务数据，指导学生当堂完成当天的证券新闻写作。教师还可以提前布置练习题目，让学生利用网络自行查询收集相关资料、数据，写出新闻稿，到课堂上讲解，教师和学生当堂点评。这种实践方法效率高，效果好，学生收获直接，非常便于开展。当然，这种方法不是万能的，它必须和外出进行实地采访实践等方法结合起来，才能很好地培养学生的实践动手能力。

参考文献

[1] 贺宛男，佟林，唐俊. 财经专业报道概论 [M]. 上海：复旦大学出版社，2006.

[2] 李程骅，李平. 论经济新闻人才培养的路径创新 [J]. 南京财经大学学报，2006(4).

[3] 王凯锋. 财经新闻人才培养模式探究 [J]. 新闻知识，2009 (4).

研究生奖学金竞争的演化博弈分析①

吴 江 张 辉 何调波②

（西南财经大学 统计学院，四川 成都 611130）

摘 要：从演化博弈论的角度分析了研究生群体面对奖学金评比可能采取的不同策略。研究结果表明，在某些专业学生人数足够多、信息不对称的条件下，该专业研究生最终都会采取竞争策略；在某些专业学生人数较少、信息对称的条件下，该专业研究生之间有可能达成奖学金平均分配的合谋协定，其中达成合谋的人数，取决于该系统的初始值。奖学金管理者在对研究生奖学金评审的过程中，应防范研究生对奖学金分配的逆向道德选择行为，更好地发挥研究生教育"全面收费"制度改革后新研究生奖学金制度的激励作用。

关键词：研究生奖学金；竞争；演化博弈

一、引言

2006 年以前，我国研究生教育一直实行的是双轨制的收费制度，即对全日制计划内非定向研究生免收学费并给予普通奖学金（生活补贴），而向委培生、定向生、自筹经费研究生收取学费，即所谓的公费自费并行模式。但随着高等教育的大众化，研究生规模的急剧扩张给原本就不足的教育经费带来了巨大的压力，研究生教育的质量如何随之提升，也成为一个热点问题。2006 年，哈尔滨工业大学、华中科技大学、西安交通大学这 3 所高校开始推行研究生培养机制改革。改革的内容包括研究生学费、奖学金和助学机制。2007 年，北京大学、清华大学、复旦大学等 17 所教育部重点高校开始对新入学的研究生实行全面收费，不再区分公费、自费，而是统一缴纳学费。与此对应的是，过去"一考定终身"的研究生奖学金制度被打破，学校根据研究生入学成绩评定第一学年的奖学金，对以后每学年的研究生奖学金依据研究生该学年的综合测评得分进行动态调整。2008 年，试点高校增至 53 所，到 2009 年所有中央直属高校都已参与其中。为了提高我国研究生教育的质量和水平，以奖学金为主的研究生资助制度的改革，引起了广大学者、研究生以及管理者等的普遍关注。

二、文献综述

现有文献普遍关注的问题主要集中在是否应对研究生教育进行全面收费、如何科学地评定研究生奖学金、研究生奖学金制度改革的利弊以及奖学金评比过程中出现的问题等方面。

---

① 基金项目：2011 年西南财经大学研究生教育研究基金资助项目。

② 吴江，西南财经大学统计学院副教授；张辉，西南财经大学统计学院硕士研究生；何调波，西南财经大学统计学院硕士研究生。

（一）研究生教育是否应实行全面收费

持赞同的观点主要有：徐伟红、张钱江认为研究生教育是一种边际成本较高的准公共物品，应采取"受益者付费"的原则；研究生教育收费对研究生经济承受能力的估计要计入隐性成本，将显性成本和隐性成本通盘考虑。刘文、王建荣从人力资本投资理论角度出发，认为学生接受研究生教育实际上是一种个人投资，本着"谁受益、谁付费"的原则，学生应当向研究生教育缴纳学费；研究生教育的收费不仅可以缓解教育经费短缺的压力，而且还有利于增强研究生的竞争意识，提高研究生的培养质量。彭少春、王爱云从成本—收益的净现值、内部收益率等几个指标出发，发现投资研究生教育，个人收益率高于社会平均投资收益率，对接受研究生教育的个人实行成本补偿是合理的。

持不赞同的观点主要有：李琳认为当下对研究生教育实行的部分收费乃至全面收费，对在校研究生的科研热情会带来消极的影响，应建立多样化的研究生资助体系解决研究生教育成本的合理分担问题。蒋意春、李春茂从"三圈理论"的视角研究发现，当前研究生教育收费制度的政策目标价值取向与政策手段相左，政府现在有能力负担研究生的培养经费而不作为，政策制定者忽视利益相关者的诉求，得不到广大民众的支持。

（二）研究生奖学金制度的设计

向亚雯以厦门大学为例，研究了推行研究生奖学金制度的目的与实际效果。结果表明，新奖学金制度在鼓励学生专注学习和科研方面收效甚微，给学生造成较大的学习压力，使学习更加功利化，不利于引导学生对学术的追求。赵琳琳分析了新的研究生奖学金制度的优点以及存在的问题，建议奖学金覆盖面设置应兼顾专业差别、制定更加科学且具有可操作性的奖学金评价体系、完善研究生资助体系。杨寅庆通过研究三峡大学研究生奖学金评定方法发现，该校存在研究生奖学金品种来源单一、评审尺度不一、评审尺度缺乏公平等现象，建议扩大研究生奖学金的品种及来源，完善奖学金评审程序。刘毳以××大学为例分析了新研究生奖学金制度的利弊，提出了奖学金之间的差额应合理化，科研能力评比应改以数量为导向为以质量为导向、扩大奖学金覆盖面

的建议。

（三）研究生奖学金的评价体系

吴文娟、刘洪伸系统地分析了影响研究生综合测评的因素后，建立了多层次综合评价体系，并对指标进行合理量化得出学生综合测评的总分。张冬玲、姜玉春利用期刊影响因子评价方法解决了在不同核心期刊上发表相同或不同数量文章难以准确评价的问题。俞一统建立了量化评选考评表，分别从学术论文、科研立项、地方服务、社会工作、学习成绩、学术活动、思想品德等方面来对每位研究生的综合素质进行量化打分。

虽然新的研究生奖学金制度改革在促进我国广大研究生努力学习方面确实起到了一定的作用，但仍有一大部分研究生对奖学金制度改革抱有一种消极的态度。原因在于新制度是假设研究生都是"经济人"，但事实上并非所有研究生都是如此。本文利用演化博弈论的方法分别分析了信息对称和信息不对称的情况下，研究生奖学金竞争过程中显现的研究生群体决策行为，有助于奖学金管理者制定更加合理的研究生奖学金评比政策，充分发挥研究生奖学金的激励作用。

三、研究生奖学金制度的基本内容

（一）研究生奖学金的种类

新研究生奖学金体系主要包括：研究生学业奖学金、普通奖学金、优秀研究生单项奖学金以及各种专项奖学金。以某大学为例，硕士"研究生学业奖学金"可分为三个等级，一等奖10 000元，占专业总人数的30%；二等奖5000元，占专业总人数的40%；三等奖2000元，占专业总人数的30%。试行学校不同，各奖学金等级和金额也各不相同。普通奖学金是研究生的基本生活补贴，是国家为支持研究生努力学习，保证研究生基本生活而设立的，每月200元，所有在校研究生均可享受。优秀研究生单项奖学金主要用于奖励在科研、文体艺、社会实践等方面表现突出的研究生。专项奖学金是社会单位或个人以设奖单位或个人名称命名的，由设奖单位或个人自由设定申请范围、条件、标准的奖学金项目。

（二）研究生奖学金的资金来源

实行研究生教育收费制度，根据布鲁斯·约翰斯的"谁受益，谁付款"教育成本分摊理论，国家、受教育者个人、家庭和雇主是高等教育的受益者，高等教育的成本应该由政府、学生、学生家长、慈善机构以及企业等共同分担。因此，研究生奖学金的资金来源主要由政府财政拨款、学校筹措办学资金、导师配套经费、社会捐助和研究生个人支付的学费等构成。

（三）研究生学业奖学金的评定

根据该大学研究生奖学金评定办法，研究生新生的学业奖学金评定在录取时进行，由各学院（中心）根据学生的初试及复试表现等情况综合评定后确定名单和等级。免推的硕士研究生和提前攻读博士的学生原则上获得第一学年一等学业奖学金；硕博连读学生在进入硕博连读阶段的开始两年均获得一等学业奖学金（第一年获得硕士研究生一等学业奖学金，第二年获得博士研究生一等学业奖学金）；提前攻博学生，进入博士阶段的第一年获得一等学业奖学金。研究生学业奖学金实行动态管理，除第一年根据研究生入学考试的综合成绩确定外，其他学年根据研究生的该学年的学业情况分别评定。从目前各高校奖学金评定的标准来看，研究生综合素质测评主要包括学习成绩、科研能力、课外活动、思想品德四个方面。

本文中的"研究生奖学金"是指研究生奖学金改革背景下具有学费抵偿作用，进行动态评定和管理的"研究生学业奖学金"。鉴于博士研究生与硕士研究生奖学金评定情况有较大的区别，本文的研究生专指全日制计划内非定向科学硕士研究生。

四、演化博弈概述

相对于传统的博弈论而言，演化博弈论要求博弈参与方具有一种能够根据情况和新信息调整判断与改进策略行为的非完全理性，这种理性在一定程度上对博弈方的预见力和判断其他博弈方的情况的要求要低一些，并且可以犯错误，这种理性被称为"序贯理性"。

演化博弈论研究的对象是一个"种群"（Population），它注重分析种群结构的变迁，而不是单个行为个体的效应分析。演化博弈论的核心概念是"演化稳定策略"（Evolutionary Stable Strategy，ESS）和"复制者动态"（Replicator Dynamics）。ESS 表示一个种群抵抗变异策略侵入的一种稳定状态。其定义为：

若策略 $x \in \Delta$ 是演化稳定的，当且仅当它满足如下的一阶与二阶最优反应条件：

（1）$u(y,x) \leqslant u(x,x)$，$\forall y$ ①

（2）$u(y,x) = u(x,x) \Rightarrow u(y,y) < u(x,y)$，$\forall y \neq x$ ②

其中，Δ 为混合策略集，$x \in \Delta$ 表示总体中的一小群变异者采取的相同的原有策略，$y \in \Delta$ 则是所有的变异者采取的另外的变异策略，针对策略 $y \in \Delta$ 的策略 $x \in \Delta$ 的收益为 $u(x,y)$。

复制者动态是描述某一特定策略在一个种群中被采用的频数或频度的动态微分方程。根据演化原理，一种策略的适应度或支付（Payoff）比种群的平均适应度高，这种策略就会在种群中发展，即适者生存体现在这种策略的增长率 $\frac{1}{x_i}\frac{dx_i}{dt} > 0$，有

$$\frac{1}{x_i}\frac{dx_i}{dt} = \left[u(e^i,x) - u(x,x) \right] \quad i=1,\cdots,k \quad ③$$

其中 x_i 为一个种群中采用策略 i 的比例，$u(e^i,x)$ 表示变异者采用策略 i 时的适应度，$u(x,x)$ 表示总体的平均适应度，k 代表不同的策略。

五、信息不对称条件下研究生奖学金竞争的演化博弈模型

（一）基本假设

（1）某一专业研究生的总人数为 M（M 足够大），该专业内部研究生群体之间的相互作用是随机的且满足有限理性；

（2）由于 M 足够大，个体之间信息是不对称的，即在奖学金评定结果公示之前，该专业研究生个体之间都不知道面对奖学金评比时，其他人将采取什么样的竞争策略；

（3）该专业内部每个研究生的学习能力是相同的，即付出相同的努力得到的奖学金是相同的，研究生获得奖学金的多少与个体的努力程度

成正比；

（4）面对奖学金竞争个体采取的策略主要有两种：一种是竞争策略 s^1，为获得奖学金而努力学习；另一种是不竞争策略 s^2，采取消极无所谓的态度；

（5）当个体都选择竞争策略或都选择不竞争策略时，双方获得的收益相等。

设在某一专业内部，奖学金的总额为 V，群体中选择竞争策略的群体 A 的比率为 p，选择不竞争策略的群体 B 的比率为 q（p + q = 1）。面对奖学金评比，考虑某一专业内部研究生群体之间的 2×2 非合作重复博弈，其支付矩阵如表 1 所示。

表1　信息不对称条件下研究生奖学金评比
的支付矩阵

群体A ＼ 群体B	竞争策略（s^1）	不竞争策略（s^2）
竞争策略（s^1）	$\dfrac{V}{2}$, $\dfrac{V}{2}$	V, 0
不竞争策略（s^2）	0, V	$\dfrac{V}{2}$, $\dfrac{V}{2}$

若双方都选择竞争策略，由于个体之间的学习能力是相同的，所以双方获得的奖学金总额都是 $\dfrac{V}{2}$；若双方都选择不竞争策略，由于双方的学习能力相同，奖学金也会在两个群体之间平均分配，这样双方仍然各获得 $\dfrac{V}{2}$ 的奖学金；若一方选择竞争策略，另一方则选择不竞争策略，则选择竞争策略的一方获得所有奖学金 V，选择不竞争策略的一方没有奖学金。

（二）演化稳定策略的均衡分析

根据复制者动态方程，即策略的增长率等于它的相对适应度，只要采取这个策略的个体适应度比群体的平均适应度高，那么采取这个策略的群体就会增长。

由演化博弈理论可知，选择竞争策略 s^1 的个体的适应度为：

$$f(s^1;s) = p\frac{V}{2} + qV \qquad ④$$

选择不竞争策略 s^2 的个体适应度为：

$$f(s^2;s) = q\frac{V}{2} \qquad ⑤$$

总体的平均适应度为：

$$f(p;s) = pf(s^1;s) + qf(s^2;s) \qquad ⑥$$

选择竞争策略 s^1 的群体的复制者动态方程为：

$$\frac{dp}{dt} = p[f(s^1;s) - f(p;s)] = p(1-p)\frac{V}{2} \qquad ⑦$$

选择不竞争策略 s^2 的群体的复制者动态方程为：

$$\frac{dq}{dt} = q[f(s^2;s) - f(q;s)] = -q(1-q)\frac{V}{2} \qquad ⑧$$

式⑦和式⑧组成的系统的雅克比矩阵为：

$$J = \begin{pmatrix} \dfrac{V}{2}(1-2p) & 0 \\ 0 & -\dfrac{V}{2}(1-2q) \end{pmatrix} \qquad ⑨$$

由式⑦、式⑧组成的系统总共有四个均衡点 (0, 0)、(0, 1)、(1, 0)、(1, 1)。一个由微分方程描述的群体动态，其均衡点的稳定性由该系统得到的雅克比矩阵的局部稳定性分析得到。对四个均衡点进行雅克比矩阵稳定性分析，结果如表 2 所示。

表2　均衡点的局部稳定性分析结果

均衡点	J 的行列式	符号	J 的迹	符号	结果
(0,0)	$-\dfrac{V^2}{4}$	−	0		鞍点
(0,1)	$\dfrac{V^2}{4}$	+	V	+	不稳定点
(1,0)	$\dfrac{V^2}{4}$	+	−V	−	ESS
(1,1)	$-\dfrac{V^2}{4}$	−	0		鞍点

由此可见，式⑦、式⑧组成的系统只有一个局部均衡点 (1, 0)，它所对应的演化稳定策略为：在一个专业内部，为了获得更多的奖学金，所有的人最终都会选择竞争策略。

命题 1　当某一专业内部人数足够多，研究生个体之间信息不对称的条件下，面对奖学金的竞争，这个专业内部采取竞争策略的群体的比率最终会朝着 p = 1 演化。也就是说，在整个专业内部，为了获得更高额的奖学金，所有人最终都会采取竞争策略。在这种情况下，研究生奖学金制度能够发挥在激励研究生学习方面所起到的作用。

六、信息对称条件下研究生奖学金竞争的演化博弈模型

（一）基本假设

（1）某一专业研究生的总人数为 M（M 比较小），该专业内部研究生群体之间的相互作用是随机的且满足有限理性。

（2）由于 M 比较小，个体之间的信息是对称的，以至于在奖学金评定之前，为了获得更多的闲暇，这个专业的个体之间可以就奖学金的平均分配达成合谋协议。这样在不用很努力的情况下，专业内部每人都可以获得等额的奖学金。

（3）达成合谋协议后，遵守合谋协议的个体（即采取 s^2 策略的个体）可以获得一份闲暇，其效用以 u_1 表示，不遵守合谋协议的个体（即采取 s^1 策略的个体）将会受到群体中其他人的排斥，从而造成一定的心理损失，其效用以 u_2 表示。

在信息对称、研究生可以就奖学金的平均分配达成协议的条件下，博弈双方的支付矩阵如表 3 所示。

表 3　合谋条件下研究生奖学金评比的支付矩阵

群体A ＼ 群体B	竞争策略（s^1）	不竞争策略（s^2）
竞争策略（s^1）	$\frac{V}{2} - u_2$, $\frac{V}{2} - u_2$	$V - u_2$, u_1
不竞争策略（s^2）	u_1, $V - u_2$	$\frac{V}{2} + u_1$, $\frac{V}{2} + u_1$

在达成合谋协议的条件下，选择竞争策略 s^1 的群体 A 的比率为 p；选择不竞争策略 s^2 的群体 B 的比率为 q。有：

（1）选择竞争策略的个体在原有收益的基础上，将会遭受一个心理损失效用 u_2；

（2）选择不竞争策略（即遵守合谋协议）的个体在原有收益的基础上将会获得一份额外的闲暇效用 u_1。

（二）演化稳定策略的均衡分析

由演化博弈可知，选择竞争策略 s^1 的个体的适应度为：

$$f(s^1; s) = p\left(\frac{V}{2} - u_2\right) + q(V - u_2) \quad ⑩$$

选择不竞争策略 s^2 的个体适应度为：

$$f(s^2; s) = pu_1 + q\left(\frac{V}{2} + u_1\right) \quad ⑪$$

总体的平均适应度为：

$$f(p; s) = pf(s^1; s) + qf(s^2; s) \quad ⑫$$

选择竞争策略 s^1 的群体的复制者动态方程为：

$$\frac{dp}{dt} = p\left[f(s^1; s) - f(p; s)\right]$$
$$= p(1 - p)\left(\frac{V}{2} - u_1 - u_2\right) \quad ⑬$$

选择不竞争策略 s^2 的群体的复制者动态方程为：

$$\frac{dq}{dt} = q\left[f(s^2; s) - f(q; s)\right]$$
$$= q(1 - q)\left(u_1 + u_2 - \frac{V}{2}\right) \quad ⑭$$

由式⑬、式⑭可知，该系统总共有四个均衡点 $(0,0)$、$(0,1)$、$(1,0)$、$(1,1)$。其雅克比矩阵为：

$$J = \begin{pmatrix} (1-2p)\left(\frac{V}{2} - u_1 - u_2\right) & 0 \\ 0 & (1-2q)\left(u_1 + u_2 - \frac{V}{2}\right) \end{pmatrix}$$
$$⑮$$

对四个均衡点进行雅克比矩阵的局部稳定性分析，结果如表 4 所示。

表 4　均衡点的局部稳定性分析结果

均衡点	J 的行列式	符号 $u_1 + u_2 < \frac{V}{2}$	符号 $u_1 + u_2 > \frac{V}{2}$	J 的迹	结果 $u_1 + u_2 < \frac{V}{2}$	结果 $u_1 + u_2 > \frac{V}{2}$
$(0,0)$	$\left(\frac{V}{2} - u_1 - u_2\right)\left(u_1 + u_2 - \frac{V}{2}\right)$	－	－	0	鞍点	鞍点

均衡点	J的行列式	符号		J的迹	符号		结果	
		$u_1+u_2<\frac{V}{2}$	$u_1+u_2>\frac{V}{2}$		$u_1+u_2<\frac{V}{2}$	$u_1+u_2>\frac{V}{2}$	$u_1+u_2<\frac{V}{2}$	$u_1+u_2>\frac{V}{2}$
(0,1)	$-\left(\frac{V}{2}-u_1-u_2\right)\left(u_1+u_2-\frac{V}{2}\right)$	+	+	$V-2(u_1+u_2)$	+	-	不稳定点	ESS
(1,0)	$-\left(\frac{V}{2}-u_1-u_2\right)\left(u_1+u_2-\frac{V}{2}\right)$	+	+	$2(u_1+u_2)-V$	-	+	ESS	不稳定点
(1,1)	$\left(\frac{V}{2}-u_1-u_2\right)\left(u_1+u_2-\frac{V}{2}\right)$	-	-	0			鞍点	鞍点

由此可见，由式⑬、式⑭组成的系统有两个局部渐进稳定点（1，0）、（0，1）它们所对应的演化稳定策略为：当 $u_1+u_2<\frac{V}{2}$ 时，所有的个体最终都会选择竞争策略；当 $u_1+u_2>\frac{V}{2}$ 时，所有的个体最终都会选择不竞争策略。

命题2 当某一专业内部人数比较少，选择合谋的收益不大或选择竞争策略个体的心理损失很小的情况下，最终所有的个体都会选择竞争策略；又当这个专业的大部分人都赞成合谋协议时，如果有人不合作，显然就会遭到群体的排斥，对不合作的个体造成极大的心理损失，即 u_2 的值足够大，这时即使想选择竞争策略的个体，迫于群体内部舆论的压力最终会选择不竞争的策略，或选择不竞争策略所获得的闲暇收益 u_1 足够大时，所有的个体最终都会选择不竞争策略。

七、仿真分析

（一）信息不对称条件下研究生奖学金竞争的仿真分析

本部分描述在一个专业内部人数足够多，信息不对称条件下一个专业内部研究生面对奖学金竞争所采取策略的演化轨迹。假设奖学金总金额 $V=100$，一个专业内部采取竞争策略的个体的比率 $p=0.6$，采取不竞争策略的个体的比率为 $q=0.4$，时间段为 $[0,5]$，用横轴表示时间 t，纵轴表示 p 和 q。从图1可以看出，在一个专业内部人数足够多，个体之间信息不对称条件下，面对奖学金的竞争，经过一段时间的博弈之后，采取竞争策略的个体的比率最终会向 $p=1$ 演化，采取不竞争策略的个体的比率最终会向 $q=0$ 演化。

（二）信息对称条件下研究生奖学金竞争的仿真分析

本部分描述在一个专业内部人数比较少、信息对称的条件下，专业内部研究生面对奖学金竞争所采取策略的演化轨迹。

（1）假设奖学金总金额 $V=100$，$u_1=20$，$u_2=10$，这个专业内部采取竞争策略的个体的比率为 $p=0.2$，采取不竞争策略的个体的比率为 $q=0.8$，时间段为 $[0,5]$。从图2可以看出，在一个专业内部人数比较少，个体之间信息对称的条件下，面对奖学金的竞争，经过一段时间的博弈后，采取竞争策略的个体的比率最终会向 $p=1$ 演化，采取不竞争策略的个体的比率最终会向 $q=0$ 演化。

（2）假设奖学金的总金额 $V=100$，$u_1=20$，$u_2=50$，一个专业内部采取竞争策略的个体的比率为 $p=0.2$，采取不竞争策略的个体的比率为 $q=0.8$，时间段为 $[0,5]$。从图3可以看出，在一个专业内部人数比较少，个体之间信息对称的条件下，面对奖学金的竞争，经过一段时间的博弈后，采取竞争策略的个体的比率最终会向 $p=0$ 演化，采取不竞争策略的个体的比率最终会向 $q=1$ 演化。

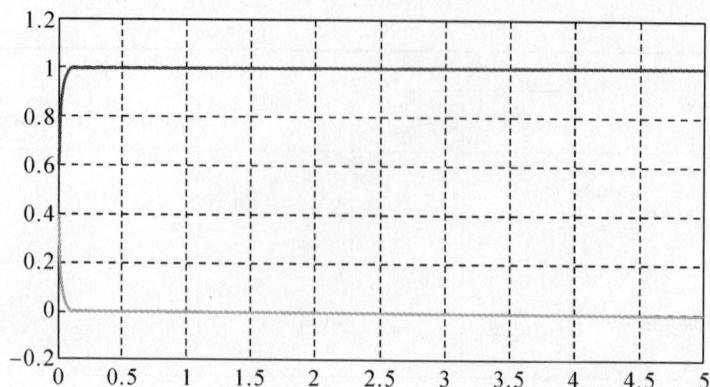

图1　信息不对称条件下研究生奖学金竞争的仿真分析

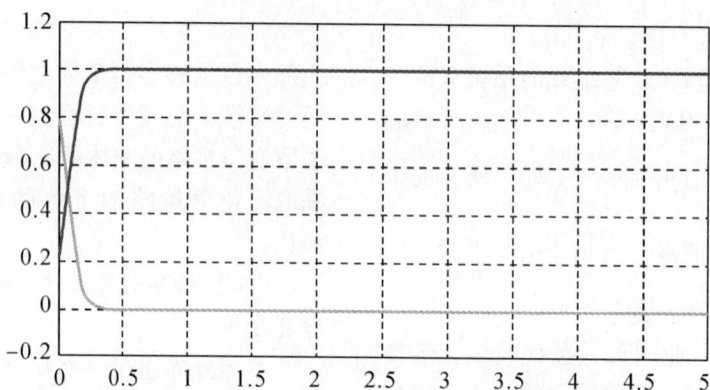

图2　信息对称条件下研究生奖学金竞争的仿真分析（1）

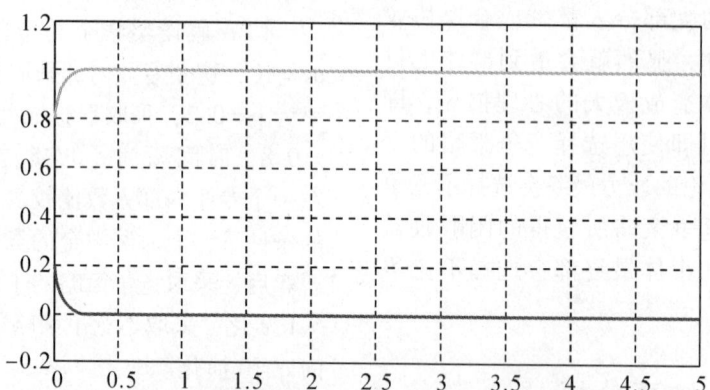

图3　信息对称条件下研究生奖学金竞争的仿真分析（2）

以上仿真分析的结果与命题 1 和命题 2 的结论完全相符，很好地证明了不同情况下研究生面对奖学金评比会采取不同的竞争策略。

八、结论及建议

在对奖学金进行竞争的过程中，研究生可看做是博弈的主体，具有一定的认知能力和学习能力。一般地，可假设参与博弈的研究生群体不具有完全理性，这个群体达到均衡状态不是瞬间可以完成的，必须通过大量反复的试错去修正和改进个体策略，从而最终达到一种演化稳定均衡的策略。但群体中总体数量的大小以及个体之间相互信息对称与否，会直接影响个体策略的选择行为。也就是说，研究生个体是否选择竞争策略受本专业总人数的影响，在人数不同，专业内部信息对称和信息不对称的情况下，该专业的研究生面对奖学金竞争会采取不同策略。

在奖学金制度实施的过程中，为了充分发挥奖学金激励学生努力学习的作用，可考虑以下措施：

第一，科学合理地设立奖学金之间的分配等级，适度拉大各奖学金等级之间的金额差距，否则就难以达到激励的效果；

第二，加强奖学金评比过程的管理，严格做到公开、公平、公正；

第三，在奖学金评审的过程中，应建立相应的监督举报机制，特别注意对那些人数较少专业的监督；

第四，扩大奖学金来源的渠道，以学业奖学金为主，积极探索其他类型奖学金的设立；

第五，加强研究生诚实信用教育。

参考文献

[1] 钟小川. 研究生教育收费双轨制与教育公平 [D]. 华中师范大学，2005.

[2] 廖志丹. 对研究生奖学金改革利弊分析及措施探索 [A] //2008 年福建高校思政教育年会优秀论文，2008（3）.

[3] 刘真珍. 研究生奖学金制度改革所引发的负面蝴蝶效应 [J]. 中国电力教育，2009，（11）.

[4] 徐伟红，张钱江. 论研究生教育收费的合理性 [J]. 中国高教研究，2002（4）.

[5] 刘文，王建荣. 评析研究生教育收费制度改革 [J]. 东北农业大学学报，2005（2）.

[6] 彭少春，王爱云，昝雪. 浅谈研究生教育收益及对研究生教育收费产生的影响 [J]. 山东师范大学学报，2006（3）.

[7] 李琳. 科研贡献视角下的研究生教育收费问题与对策 [J]. 北京科技大学学报，2005（6）.

[8] 蒋意春，李春茂. 试论研究生教育收费制度之不合理因素 [J]. 产业与科技论坛，2007（2）.

[9] 向亚雯. 推行研究生奖学金制度的目的与实际效果 [J]. 学园，2010（4）.

[10] 赵琳琳. 我国研究生奖学金制度探析 [J]. 理工高教研究，2010（3）.

[11] 杨寅庆. 地方高校研究生奖学金评定的问题与对策 [J]. 长春理工大学学报，2010（1）.

[12] 刘麁. 现行研究生奖学金制度的利弊分析 [J]. 长春大学学报，2010（6）.

[13] 吴文娟，刘洪伸. 多层次评估模型在提高奖学金评定公平性、灵活度中的应用 [J]. 商品与质量，2010（9）.

[14] 张冬玲，姜春林. 关于期刊影响因子在研究生奖学金评选中的应用问题 [J]. 科技管理研究，2005（4）.

[15] 俞一统. 研究生奖学金评选标准量化方案实践 [J]. 才智，2009（4）.

[16] 廖志丹. 对研究生教育制度改革的思考 [J]. 教育探索，2009（7）.

[17] 王效仿. 研究生教育收费的必要性及收费可能产生的现实问题 [J]. 清华大学教育研究，2002（4）.

[18] Teeee D, Pisaon J, Shuen G. Dynamic Capabilities and Strategic Management [J]. Strategic Management Journal, 1997 (18).

[19] Weibull J W. Evolutionary game theory [M]. Boston：MIT Press, 1998.

[20] Friedman D. Evolutionary games in economics [J]. Econometrica, 1991, 59 (3).

保险专业教学与人才培养探析

李　虹①

（西南财经大学 保险学院，四川 成都 611130）

摘　要： 启发式教学方法强调学生在教学中的主体地位，要求教师采取与之相适应的教学组织形式和方法，启发、引导学生独立思考，培养适应时代要求的人才。笔者结合保险专业课程的特点，对启发式教学方法和保险双语教学在保险课程教学中的运用谈谈自己的体会。

关键词： 启发式教学；课堂讨论；案例分析；双语教学

一、启发式教学方法在保险专业教学中的运用

长期以来，中国教育在处理教与学的关系上，习惯于将教师作为教学活动的主体，习惯于让学生接受教师开出的"菜单"，忽视学生学习的主动性和积极性的发挥。中国加入世贸组织，保险业面临着空前的发展机遇。如何提高保险人才的培养质量，是教育工作者需要解决的课题。我国财经专业学生培养与西方发达国家相比，存在的不足在于：重理论教育而轻应用教育；重纯知识的灌输而轻能力、素质培养。为了提高学生的综合素质，在课程设置、教学方式、教学管理方面需要进行一些改革和突破。

笔者这里想重点谈谈高等院校保险课程教学方法的改革。传统的教学方法以教师传授知识、技能为宗旨。老师根据教材来讲授知识，学生只是被动地接受知识，师生之间的交流表现为单向的知识传递过程。这种教学方法不利于发挥学生的学习主动性和参与性。特别是随着知识经济时代的到来，学生在学校学习和掌握的知识是有限的，终身学习和终身教育成为必需，传统的教学方法已经不能适应现代社会发展对专业人才的需要。因此，必须转变教育观念并对教学方法进行改革，树立以教师为主导、学生为主体的理念，提倡启发式教学方法的运用，加强对学生创新能力的培养。

启发式教学思想是基于对人的主体性的充分认识基础之上的新型教学方法。主体性是作为主体的人在思维和实践中的能动性、自主性和创造性。启发式教学方法就是强调学生在教学中的主体地位，要求教师采取与之相适应的教学组织形式和方法，培养学生的学习热情，启发、引导学生独立思考，发挥学生学习的自主性和探索精神，鼓励学生提出问题、发表不同看法、阐述自己的见解，从而营造积极的教学气氛，以达到培养适应时代要求的保险专门人才的目的。下面笔者结合保险专业课程的基本特点，对启发式教学方法在保险课程教学中的运用谈谈自己的体会。

（一）引导学生对教科书上的现成标准答案进行深入分析，加深对保险理论的理解

通过对新《保险法》中保险利益表述的修

---

① 李虹，西南财经大学保险学院副教授。

改，要求同学对保险利益有更深入的认识。2009年新修订的《保险法》第十二条第二款明确规定：财产保险的被保险人在保险事故发生时，对保险标的应当具有保险利益。我在涉及这部分内容时，引导学生进一步分析以下内容：①在财产保险中，投保人和被保险人什么情况下发生分离？②保险利益和补偿原则的关系。在财产保险中仅在投保时存在保险利益是不够的。如甲所有的两幢房屋投保火灾保险，在保险期内出售一幢给乙。两幢房屋发生火灾，甲已经出售的房屋遭遇火灾对甲不构成经济损失。按照补偿原则，保险只对被保险人的实际损失进行补偿。所以，投保时甲对保险标的（两幢房屋）具有保险利益，保险期内保险利益关系发生了变化，甲对已经出售的房屋丧失了保险利益，因而保险公司对甲的补偿只限于未出售的房屋损失。可见，财产保险中要求发生事故时被保险人对保险标的存在保险利益与补偿原则的要求是吻合的。

（二）加强课堂讨论环节，形成互动式教学环境

讨论式教学法要求学生对老师布置的讨论题目先查找资料、分析后提出自己的见解，在课堂上把自己对问题的看法表述出来。笔者在美国宾夕法尼亚州印第安纳大学商学院进修时曾参加过这种讨论课，受益非浅。这种方法使学生的自学能力、思维能力、表达能力得到锻炼，提高了学生学习的积极性和参与性，有利于学生实现由掌握知识向发展能力的转化。如在讲授机动车辆保险时可组织课堂讨论：从某公司酒后驾车险的利与弊分析保险公司设计产品时应考虑的因素。同学们通过查找资料，在课堂上踊跃发言、补充看法，并有不同观点的碰撞。大家就保险公司的社会责任、险种开发中经济利益与社会利益的关系、交强险推出的背景和意义、我国交强险与其他国家交强险的比较、我国交强险有待完善之处、我国交强险与机动车辆第三者责任险的配合等问题进行探讨，多种观点的交锋后得出的结论强于老师给出的现成答案。

（三）采取灵活多样的教学方式，提高学生合作能力

美国一位资深教育专家曾说过：学生进入哈佛大学，不光因为哈佛大学拥有一流的师资，还因为这里汇聚着一流的人才、学习伙伴、交流对手。在大学阶段，学习不仅是从教师那里吸取有益知识和研究方法，也是同学之间学习、交流、思想碰撞的过程。在布置难度较大的阶段作业时，可先分小组，由小组同学经过讨论后协同完成作业，在课堂上由小组推荐人先进行主发言，其他成员可补充，同时每位同学均需提交书面作业。这种方式大大增强了同学们的合作意识，对学生毕业后更快地适应工作环境、融入社会、提升人际交往能力非常有益。我们知道，保险从业人员的社会交往能力、表达能力在实际工作中是非常重要的。通过教学方式的改革，促进了学生合作能力的提高，增强了学生的自信心。

笔者认为应尽快改变过去单纯把期中考试作为平时成绩的考核方法，把平时作业、期中考试、课堂讨论表现、演讲技巧综合起来进行平时成绩的评定，并加大平时成绩占综合成绩的比重，使学生对平时的教学安排更为重视，对课堂参与机会更加珍惜，避免以前那种考试临时抱佛脚的情况。

（四）运用案例分析组织教学，增强学生解决实际问题的能力

案例教学中，教师在传授知识的同时，把来自于保险实务中并经科学整理的实例介绍给学生，让学生依据所学理论知识做出分析，在案例的讨论分析中掌握保险实际业务中的种种经验教训。案例教学注重实践、注重具体问题具体分析。我们知道，美国知名大学商学院在教学中，大量运用案例实施教学，取得了很好成效，提高了学生的适应能力和解决实际问题的能力。我们在长期保险经营实践中，积累了大量案例。保险专业课教学适当地运用这些案例，可以使一些繁琐、枯燥的保险条款内容变成一个个生动具体的案例。通过学生的分析和老师的讲解，在愉快的教学气氛中，使学生的思维能力、分析能力、判断能力以及灵活运用所学知识处理现实社会中错综复杂问题的能力都得到锻炼。

在启发式教学中，教师的任务不仅在于向学生传授知识，而且在于如何使学生把所学知识转化为能力。教师应引导学生掌握科学的学习方法、正确的思维模式和研究方法，引导学生形成探索未知、创造新知的意识。这对教师的综合素质提出了更高要求：教师不仅应有渊博的专业知识，还应掌握和专业相关的前沿科研信息；不仅

要有扎实的理论知识，还应精通实务；不仅要有一般的教学组织能力，还应具有综合运用各种教学方法，灵活组织、巧妙安排课堂教学形式的能力。这就需要我们不断探索、努力钻研，以取得更好的教学效果，培养出适应现代社会要求的高素质专业人才。

二、根据专业课程双语教学的特殊性，处理好双语教学在保险专业教学中的运用

双语教学是国际化保险人才培养的重要方式。随着我国财经教育国际化人才的培养，我们在保险专业本科开设双语班。根据学校对双语教学的规定，双语班的主要专业课程应采用国外原版教材。保险是"舶来品"，其基本原理和理论源自国外保险业发达国家。但是，由于经济、文化、法律诸方面的差异，我们在保险实务上和国外是有差异的。在双语教学中如何处理这方面的问题，笔者谈谈自己的看法。

（一）注意课程讲授的重点，提醒同学不要捡了芝麻却丢了西瓜

美国 CPCU 教育学院和美国保险教育学院（两者已经合并，英文简称 AICPCU）是美国非寿险行业最受尊重的非营利性保险教育机构之一，它提供普通保险教程（INS）、注册财产与意外险承保师及许多其他保险教育计划。其中，普通保险教程（INS）非常适合刚开始在保险业工作的人员的需要，许多美国保险公司的高级经理们都是从这套教材中开始他们的职业生涯。该教材共有三门考试，分别介绍产险及责任险的原理、个人及商业保险的主要品种及经营运作。在美国，只要通过这三门考试就可以获得一份 INS 证书。INS 证书通常标志着持有人已经掌握了在财产与意外险公司工作的基本知识。很多保险公司鼓励新员工学习这套教材。

美国财产与责任保险的险种设计、承保范围、保险标的与我国产业业的情况有不少差异。这在教学中如何解决呢？如相比我国，美国的运输保险的定义更广泛，美国的运输保险分为两个部分——内陆运输保险和海洋运输保险。美国的内陆运输保险标的包括国内运输过程中的货物、

受托者（货物的保管人如洗衣店、电视机修理店等）保管的货物、可移动的设备（如计算机设备、展览品、照相机）。对于珠宝商店内部或运输中的商品等都可提供保障。对于交通和通信设备即交通运输中所使用的财产，如桥梁、隧道、管道都可以在内陆运输保险下得到保障。内陆运输保险也可保障通信设备如电视塔和运输设备等。可见，美国的内陆运输保险的内容比我国宽泛得多。笔者以为，对于险种保险标的的划分，更多是各国保险业的习惯做法，我国内陆运输保险有自己特定的保险标的，也未必要向美国靠拢。所以，这部分内容简单介绍即可。但对于具有共性的内容、美国保险业的先进做法、值得我们借鉴的做法，就应做比较详细的讲解和对照。如在我国财产与责任保险承保和理赔实践中，对于团体火灾保险采用不定值保险的承保方式。被保险人按重置价值投保才能在发生部分损失时获得充分的赔偿。在美国，保险公司有更人性化的设计。有实际现金价值（标的的重置价值扣除折旧）和重置价值保险的不同方式，满足不同投保人对保险标的的保障的不同要求。这是值得我国保险业借鉴的，这部分内容就应详细讲解和分析。

另外，在美国财产保险实务中，共保条款得到广泛运用。而在我国，还未得到采用。但随着我国保险业国际化进程的加快，这一深受投保方欢迎的条款必定会得到运用。因而可以较为详细地介绍共保条款的含义和作用。在美国，共保条款要求被保险人购买的保险金额必须达到被保险财产实际现金价值的一定百分比（通常情况下是 80%），即算被保险人足额投保。保险公司在扣除合同中规定的免赔额后将赔付被保险人的全部损失。如果保险金额小于要求的百分比，那么保险公司的损失赔付也将按比例减少。当然，如果投保方要求保险人签发重置价值保单，共保条款要求被保险人购买的保险金额须达到被保险财产重置价值的一定百分比。

（二）适当进行两国保险业的对比，以使学生在学习国外教材的同时了解中国保险业的情况

在双语教学中，也会遇到不少困难。首先是学生定位的问题。双语班学生毕业有一部分出国留学，有一部分考国内的研究生，还有相当一部分同学在国内就业。所以，也应让同学们了解国

内保险业的运作情况。

双语课程采用国外教材，根据教材内容确定讲授内容，在一些双语课程中是可以的，如西方经济学。但有些双语课程由于国内外实务的差异，完全采用这种方式效果不太好。如中国与美国在法律制度上差异，在责任保险方面必然存在差异。就机动车辆保险而言，中美两国在产品设计、险种设计、保障内容方面就有很大差异。如果完全只讲美国情况，学生对中国的车险业务完全不了解，这对于毕业后进入国内保险行业的同学是不利的。所以，双语课程在重点介绍国外实务中的做法时，也应适当介绍中国实务中的做法。

在美国，车祸受害人寻求补偿最常用的方法是依赖建立在过错基础上的侵权法体系。如果某人驾驶汽车时有过失行为，并导致了对他人的财产损坏或人身伤害，那么他就应该为受害人损失承担法定赔偿责任。在美国的法律体系下，由于车主或驾车人的过失而受到人身伤害或遭受财产损失的个人可以得到补偿金和损害赔偿。州政府和保险公司都设计了多种方法对车祸受害人进行补偿，如很多州实行经济责任法或强制保险法以保证过错方在车祸发生后能够承担最低限度的赔偿。但是，总有少部分人想办法逃避州的要求。如果过失方未购买汽车责任保险，车祸发生后没有经济能力赔偿受害人损失，通过一些州的未偿付判决基金可使受害人得到一定限额的补偿。另外，车主还可通过购买未投保驾驶者保险和投保不足驾驶者保险来保障自身的权益。未投保驾驶者保险在事故的肇事方是未投保驾驶者或肇事逃逸者、或肇事方保险人丧失偿付能力的情况下，为受伤的车祸受害人提供人身伤害赔偿。未投保驾驶者保险作为补偿车祸受害人的一种方法，在保护受害人遭遇未投保驾驶者时其合法权益得到保护方面效果较好。在美国还有投保不足驾驶者保险，它适用于肇事驾驶者在事故发生时拥有责任保险、但是保单限额低于伤者所拥有的投保不足驾驶者保单限额的情况。

除此之外，美国一些州制定了无过失法。与无过失法相对应的汽车保险制度是无过失汽车保险。在这种保险下，车祸各方当事人从自己的保险人处获得损害赔偿，而无需考虑谁是过失方。真正意义上的无过失法律会限制向肇事驾驶者提起诉讼的权利。在这些州，受伤程度没有达到规定水平的伤者必须从自己的保险人那里获得赔偿，而不能向肇事方索赔。无过失法试图限制证明过失存在的必要性以减少法庭成本并保证给付可以尽快进行，同时还会规定受害人可以从过失方获得额外补偿的条件。

中美两国在车险业务方面的差异是多方面的。可引导学生查阅资料，对国内车险市场存在问题进行收集、整理和分析。如我国车险市场长期存在公司之间不规范竞争、费率过低、保险公司经营亏损的问题。在美国，车险费率的确定因素非常细化，可引导同学对比分析。如在美国年满16周岁就可考取驾照，因此学生开车的情况很普遍，费率厘定的基本因素中有优秀学生折扣，对好学生进行保费减免。另外，费率与汽车用途有密切关系。美国汽车的用途分为农用、娱乐用、上下班交通用、商业用途。如约翰住在美国加州，每天开2小时去硅谷上班；鲍勃住在纽约，乘地铁上班，车只是周末全家度假用。如果其他条件（年龄、驾龄、车况等）相同，则鲍勃的车险费率低于约翰。这充分反映了不同用途车辆发生事故的统计特征。而在我国，车辆用途分为营业用和非营业用、家庭用车。可否根据家庭汽车的使用频率（年行驶数）来调整车险费率，同学们可进行探讨。

保险课程教学是保险人才培养的重要环节。培养创新型的保险人才，应注重保险课程教学的科学性，灵活运用启发式教学方法；在双语教学中注意不同经济、文化、法律背景下保险的不同特点，借鉴国外成熟市场保险业的发展经验，根据中国保险市场的实际情况，合理安排教学内容，使同学们成为既知晓国外情况、也了解国情，理论和实务融合的创新型保险人才。

参考文献

［1］刘灿，马骁. 高等财经教育研究［M］. 成都：西南财经大学出版社，2001.

［2］庞皓，马骁. 高等财经教育改革探索［M］. 成都：西南财经大学出版社，2001.

创新全日制会计硕士专业学位人才培养方式

——以西南财经大学采取的"联系学长制"为例

吴颖洁

（西南财经大学 会计学院，四川 成都 611130）

摘　要：探索全日制会计硕士专业学位人才培养模式是目前各 MPAcc 人才培养单位重点关注的问题，本文从西南财经大学针对这一问题所采取的"联系学长制"出发，分析了这个项目的建设背景、建设情况、取得的成效以及未来展望等，以期为全国全日制 MPAcc 人才培养模式的探索，以至于为所有设置了全日制类别的专业学位的人才培养探索提供相关建议。

关键词：会计硕士专业学位；全日制专业学位硕士教育；人才培养模式

按照教育部和国务院学位办的部署，自 2009 年起，除少数专业学位外，包括会计硕士在内的绝大部分专业学位项目都开始面向应届本科毕业生招生，这是我国新时期、新阶段进一步完善和发展研究生教育的需要，是进一步优化研究生教育结构的重要举措，也是我国研究生招生制度改革的重要内容。2009 年，我国一次性从应届本科毕业生中增招了数万名专业硕士，此后，此项举措将持续长期推行。

全日制会计硕士专业学位（MPAcc）硕士研究生就是在我国研究生教育实质性转型这一新的社会背景下产生的。2009 年 9 月，首届全日制 MPAcc 学生进入了全国 25 所 MPAcc 人才培养单位，其中有 150 名同学走进了西南财经大学。目前，这批学生已即将毕业；目前第二届全日制 MPAcc 学生也已在各培养单位度过了近一年的学习生活；从第三届开始，全国已经有 103 家 MPAcc 人才培养单位。以西南财经大学为例，

第二届全日制 MPAcc 学生录取了 250 余名，这届学生的人数已经超过了该校同届会计学科的学术型硕士研究生的录取人数（210 名），全国其他很多 MPAcc 培养单位的情况也是如此，即两种类型研究生的人数数量已经开始实现"倒挂"。这一情况完全符合国家教育行政主管部门提出的"增加符合我国产业结构特点的专业学位研究生教育比重"、"逐渐将硕士研究生教育从以培养学术型人才为主向以培养应用型人才为主转变"的历史性转型和战略性调整。可以预期，在未来几年甚至几十年，会计硕士专业学位在校研究生的人数将不断增加，大大超过会计学术型硕士在校研究生的培养数量。

然而，相对于学术型硕士研究生教育体系已经发展得比较成熟和完善而言，专业学位教育由于起步较晚，其教育体系还在搭建、探索的过程中，特别是全日制专业学位的教育更是还在最初步、最基本的探索阶段中。西南财经大学对此开展了大量的探索，其中颇有成效的一项创新工作即为"联系学长制"。

一、"联系学长制"的建设背景及情况

（一）全日制 MPAcc 学生的特点

1. 对自己的专业没有信心，在思想上普遍存在着各种困惑、迷茫和对未来的担心

由于全日制 MPAcc 没有可以借鉴的先例，同时加上对 MPAcc 这个项目不够了解，对全日

制专业学位未来的发展完全不明确，很多学生在入学以后都存在着各种困惑、迷茫和对未来的担心，并普遍存有"专业学位硕士比不上学术型硕士"的"自我贬低"的认识。这种迷茫和认识很大程度地影响到了学生对学习方向的把握、对学业和自我实现的自信心，仅仅依靠专任教师和辅导员的引导，不能够迅速、全面、彻底地解决这种"心理不安"。

2. 大部分学生属于专业调剂生，对会计的基础知识都还了解不深

例如，西南财大首届全日制 MPAcc 的 150 名同学，财会类专业仅占 21%，经管类专业（金融、保险、工商、经贸等）占 61%，其他（如数学、土木工程、计算机、医学、英语等）占 18%，非财会类专业的学生占到了近 80%；第二届全日制 MPAcc 的 247 名同学，财会类专业占 28%，经管类专业占 43%，其他占 29%，非财会类专业学生超过了 70%。由于整个社会对全日制专业学位的认识还不到位，直接报考人数始终会较少，因此调剂现象还会持续较长时间；即使直接报考生源增多，生源素质也不够高（相对于科学学位硕士而言），生源的专业也仍然会比较杂乱。因此必须采取办法，通过多种途径、多种形式，尽快地让他们掌握专业基础知识。

3. 几乎没有任何工作经历，缺乏实务、实践经验

MPAcc 教育彰显的是"高层次"、"职业性"和"应用性"的特色，培养的是面向会计职业的应用型、高层次会计人才。对于在职学员而言，他们均有一定的工作经验，因此这个培养目标比较容易实现，但是这批全日制学生完全没有任何工作经验，对专业知识的领悟仅仅限于书本。由于为全日制招生，就长远而言，绝大部分生源始终会是本科应届毕业生，没有工作经历，如果培养单位仅仅只依靠书本上的知识传授和局限于校园内部的资源，远不能实现 MPAcc 的培养目标。

（二）建设构思

出于上述学生特点，需要一个"角色"出现，来帮助校方对学生进行有效的思想引导，帮助他们多角度地学习专业基础知识，帮助他们间接地了解实务理念和接触相关的实践经验。而专

业学位"得天独厚"的条件就是，拥有另一个类别的学生——在职学员。"联系学长制"的构思正是源于让 MPAcc 在职的、有工作经验的学员帮助、辅导全日制的、没有工作经验的同学。

西南财经大学作为全国首批 MPAcc 人才培养试点单位，于 2005 年 3 月招收了首届在职 MPAcc 研究生，截至 2011 年 7 月，已有五届毕业，两届在读。七届在职学员的总人数达到了 600 余名，其中 70% 以上在成都及成都周边地区工作、生活，符合便于联络、便于聚集的条件；同时，基于对校方的培养以及 MPAcc "同源而出"的情感因素，让联系学长的来源有了充足保障，从而使得这个项目具有可行性。

（三）建设情况

在此构思上，西南财经大学 MPAcc 教育中心向历届在职 MPAcc 学员（包括已毕业和在读）发送了联系学长招募书，收到了积极的回复。

报名后，MPAcc 教育中心筛选在会计与财务管理实务界有丰富工作经验的在职 MPAcc 学员，其行业分布遍及国有大型企业、具有良好效益的私营企业、会计师事务所、银行及相关金融机构、房地产公司等，多数学员均拥有高级会计师、注册会计师、注册税务师等专业资格。他们与全日制同学组成了"一对多"的联系小组，按照具体情况，每位联系学长负责指导相应的全日制同学（除个别学长有指导人数要求而外，工作经验在 6 年以上的学长指导人数为 6~8 人、工作经验在 3~5 年的学长指导人数为 3~4 人，并在划分时充分结合了双方的专业背景、兴趣爱好、特长等因素，以使该项目的作用发挥得更充分）。对首届全日制 MPAcc 学生，学校安排了 30 位联系学长，第二届进一步充实、发展，安排了 50 余位联系学长。

二、关于"联系学长制"的开展情况及发挥的作用分析

（一）"联系学长"的职责

联系学长的职责包括以下内容：

（1）通过多种渠道（如面谈、电话、电子邮件、网络交流等）与全日制同学定期或不定期地进行交流，帮助其解决在学习、生活、思想中面临的困惑；

（2）组织适宜活动（如座谈、项目实践、户外活动、联谊等），与全日制同学分享人生阅历和工作经验，并对其职业规划和发展提供适当指导；

（3）提供相关的资源、信息和搭建平台，帮助全日制同学参与社会实践和专业实习等。

（二）项目的作用分析

1. 让全日制同学产生了"心理安全感"

针对"联系学长制"，全日制的同学们纷纷表示："财务会计，是一门实用性非常强的学科，在职的学长们，无一不是在会计界摸爬滚打多年的优秀人才，而有许多同学之前从未受过会计理论的系统训练，更别提实践经验，学长们宝贵的经验正是我们急切需要的，对财务会计的理解和体会更是我们所苦苦追寻的。同时，学长们是我们的前辈，他们以前走过的路是我们未来将要走上的，他们曾经遇到的选择与困惑也是我们将要面对的，无论是学业、工作还是情感，我们都需要一个能在人生道路上给予指导和帮助的长者，需要能给我们提供一些建议和意见的朋友。学长们的到来和帮助将让我们能更好地规划自己的未来和职业生涯。"

这些认识在一定程度上，让全日制同学面临的迷惑和不安得到了有效的、彻底的缓解，让他们更进一步认识到了 MPAcc 品牌和资源的价值，对自己所学专业充满了信心。

2. 开展富有实效的活动，提供充分的帮助

除了解答全日制同学日常的思想困惑、构筑"心理安全防线"而外，学长们还开展了诸多富有实效性的活动。

（1）提供给予全日制同学专业实践、实习的机会。部分学长带领学弟学妹们参观自己的工作单位，接触实际工作中的财务环节；部分学长提供机会让全日制同学做实际的账务、构建部门的财务制度、清查公司在财务管理方面的漏洞等，并辅以细致的指导；部分学长在自己商谈工作、洽谈业务的时候，带着全日制同学旁听，观摩实际工作如何开展……这些都是全日制在校生从书本上无法获得的知识。

（2）为全日制学生将来的就业打下伏笔。针对全日制同学的困惑，一些学长通过自己的经验总结等，让全日制同学填写职业规划表、做职业规划分析等，帮助同学们更好地了解自己；一些学长向同学们介绍社会上各类用人单位的情况，帮助同学们了解、认识各种行业、各类部门的基本情况；一些学长通过自己的关系邀请成功人士为全日制同学开设职业规划系列讲座；在就业阶段，一些学长为全日制学生提供就业、招聘的信息……诸如此类的活动，在无形中，为这批全日制学生将来的就业提前打下了一定的基础。

3. 联系学长们也从此项目中发现了价值

（1）收获自我价值。在指导过程中，由于真正帮助了他人，联系学长得到了全日制学生的极大尊敬，他们因而产生了类似于做了公益事业的自我价值体现的满足感，并结交了很多真诚的年轻朋友，这种友谊会长久的保持下去，在以后各自的人生发展中互惠共赢。

（2）发现人才储备。在职学员中，有很多已是单位财务部门的负责人，在指导全日制学生过程中，他们也为自己的工作单位物色和培养了合适的备用人才。有的学长明确表示，愿意接收自己所带的优秀学弟学妹毕业后到自己单位工作。

（3）搭建起研究团队。很多在职学员在自己的工作单位中，往往会面临一些需要开展研究后形成报告的情况，甚至会直接面临一些研究课题。这时，他与自己所带的全日制学生就可以形成一个互相学习、社会实践、学术研究的团队小组，包括在职学员的同事也可以一起参与到这个团队。全日制学生可以帮助查阅、整理大量的资料，大家共同探讨、研究实务问题。这样，一方面，为在职学员提供了帮助；另一方面，全日制学生在针对实践问题的探索中，也极大地提高了自身的能力。

（4）扩大校友资源的多向交流。"联系学长制"可间接促成各届学长们彼此之间的沟通和联系，由于绝大多数在职学员都是培养单位所在地的会计等，这有利于他们加强交流、探讨实务问题，创造合作机会。

三、对"联系学长制"项目的设想及未来展望

（一）开展的设想

1. 将这个项目持续性地开展下去

今后，每届新的全日制学生入学后，都持续

性地开展这个项目。并且可以展望，全日制同学在毕业几年后，出于对这个项目的感情，也会积极变成以后学弟学妹们的联系学长，并且也会将这项工作开展得更好。

2. 项目要越办越好，越来越精

待项目的价值切实体现出来后，相信越来越多的在职学员会加入到联系学长的行列中。届时，要加强在报名阶段对联系学长的筛选，同时在其担任联系学长的过程中，评选"优秀学长"，并对不合格的联系学长适当予以淘汰，以提高联系学长团队的整体指导水平。

3. 弱化联系学长的单人作用，扩大联系学长团队的整体作用

目前，联系学长制作用的发挥比较分散，联系学长个人的能力和热情决定了某个小组受益的多寡。今后，需要考虑搭建一个机制，让每位联系学长的资源、指导作用和指导面能尽量辐射得更广，弱化联系学长的单人作用，扩大联系学长团队的整体作用，这样就使得每位全日制学生的联系学长不局限为某一位学长，也使得每位学长的指导工作意义更广。

4. 与 MPAcc 联合会的工作切实结合起来

西南财经大学是全国最早成立 MPAcc 联合会的学校之一，联合会成立一年多来，开展了系列活动，取得了一定的成绩。"联系学长制"的运行，可以全权交由联合会负责开展，一方面可以减少培养单位的教学工作环节，另一方面又可以成为联合会工作的一个重点工作，加强校友们对联合会和对 MPAcc 培养单位的情感投入。

（二）未来展望

西南财经大学 MPAcc 教育中心希望通过对"联系学长制"这个平台持续、长期的建设，实现以下功能：

（1）切实加强全日制学生的人才培养工作，加强实践、实训的环节，为全日制学生的实习、就业工作的开展奠定良好的基础，形成专业学位硕士不同于学术型硕士人才培养的一个"品牌项目"；

（2）整合校友资源，加强 MPAcc 在职学生和全日制学生之间的横向联系，打通两者的交流、沟通渠道；并通过"联系学长"间的交流，加强历届校友的纵向交流，进一步拓展人际网络，创造合作机会；

（3）充实 MPAcc 联合会的活动内容与活动实效，以个体的"联系学长"们为联系纽带，将联合会的活动扩展、辐射到各个年级，特别是已毕业离校的年级，扩大联合会在全体学员中的影响力，建立起"一呼百应"的 MPAcc 校友机制；

（4）以创新形式加强校内外联系，比如与联系学长所在工作单位开展课题合作或者共建实习基地等，加强教学理论和实务实践的结合，并以此构筑 MPAcc 人才培养单位与校外各种资源合作的基石，帮助在职学员所在工作单位物色并培养合适的实习对象，更进一步发掘未来优秀备用人才。

综上所述，"联系学长制"这一项目，可以考虑推行到所有既录取了在职学员又录取了全日制学生的各个专业学位。截至 2011 年 3 月，我国设置了 39 种专业学位硕士，除工商管理硕士（MBA）、公共管理硕士（MPA）、工程硕士的项目管理方向、公共卫生硕士、体育硕士的竞赛组织方向、艺术硕士等管理类专业和少数目前不适宜应届毕业生就读的专业学位外，其他专业学位均面向应届毕业生招收专业学位研究生，实行全日制培养。截至 2008 年上半年，我国专业学位教育已累计招生 86.5 万人，其中在职攻读招生 61.9 万人，占专业学位总体招生数的 71.6%，这使得"联系学长制"完全有条件得以推行。

"联系学长制"能打通在职学员和全日制学生之间的交流渠道，搭建两者联系、互助的平台，既可加强对全日制学生的培养，特别是发挥在实践、实训方面的作用，又对在职学员有一定的积极意义；同时，还能较好地使得全日制专业学位硕士的人才培养、在职学员的"溢价培养"、校友凝聚与校友回馈、人才培养单位的竞争力进入一种良性循环，从而为打造专业学位的卓越品牌、扩大专业学位的社会影响力发挥一定的积极作用。

参考文献

[1] 国务院学位委员会办公室. 我国设立会计硕士专业学位开展应用型高层次会计人才培养[J]. 学位与研究生教育，2004（4）.

[2] 教育部. 加大力度，调整硕士研究生教育结构——国务院学位办主任、中科院院士杨玉

良答记者问［OL］. 中华人民共和国教育部门户网站 Http：//www. moe. edu. cn/edoas/website18/79/info1235997476410879. htm，2009 - 03 - 02.

［3］李红霞. 我国设置会计专业硕士学位教育的探讨［J］. 财会研究，2003（11）.

［4］刘玉廷. 办好会计硕士专业学位教育开创我国高级会计人才培养新局面［J］. 财务与会计，2005（5）.

［5］罗飞. 关于在我国开展会计硕士专业学位硕士教育的探讨［J］. 学位与研究生教育，2003（5）.

［6］曲晓辉. 面向职业化要求：我国会计教育改革新取向——MPAcc 教育的定位、过程管理与质量控制［J］. 财务与会计，2005（1）.

［7］王海民，郑佩荣. 对我国会计硕士专业学位教育几个问题的思考［J］. 会计研究，2005（7）.

全面职业教育思想对本科会计教育的启示

蒋　冲[①]

（西南财经大学 会计学院，四川 成都611130）

摘　要： 普通本科会计教育在其发展过程中面临种种困境，本文借鉴职业教育的某些成功经验，对本科会计教育改革进行了一些试探性的思考，并在培养目标、课程设置、终身学习能力培养、职业道德教育、师资队伍建设和校企合作方面提出了一些见解。

关键词： 本科会计教育；全面职业教育；终身学习能力；启示

一、引言

我国本科会计教育作为高等教育的一个组成部分，与其他专业类别教育发展相似，都随着国家经济的不断发展而演进。在这个过程中人们逐渐形成了这样一个共识：经济越发展会计越重要，因此，大部分本科会计教育研究是基于这样的一个共识背景展开的。

对本科会计教育，其研究角度概括起来有两个：宏观角度和微观角度。宏观研究角度试图构建一个与我国具体国情相适应的本科会计教育模式，主要从本科会计教育目标出发，构建合理的本科会计教育课程体系，针对本科会计教育的特点改革教学方法，完善本科会计教育的评价机制（陈玉荣，2007；张玉红，2008）。在本科会计教育模式的研究上，也有学者借鉴国外本科教育的成功经验，从本科会计教育理念、本科会计教育人才培养机制和诚信教育等方面对我国本科会计教育模式进行探索（应淑仪、吴涛，2005）。微观角度则是从本科会计教育的某一方面入手展开研究，主要有对本科会计教育目标的研究（李心合，1998；刘永泽等，2004），有对本科会计专业课程体系改革的研究（孟焰，2007；邵军，2008），有对本科会计教育中所需注重的知识、技能及教学方法的研究（林志军等，2004），也有对会计专业学生职业道德教育情况的研究（陈祺等，2005）等。这些成果丰富了本科会计教育的研究，但大多数研究仅局限于本科层次，而很少有对不同层次会计教育进行交叉研究，特别是将职业教育的某些成功经验引入到本科会计教育。本文主要针对全面职业教育在实践中取得一些成功经验和做法，将其引入到本科会计教育，对本科会计教育改革进行了相关的探索。

二、本科会计学教育面临的困境

随着我国经济长期快速的发展，社会对会计人员的需求也经历了一个高速增长的过程，各类型学校先后都增设了会计学专业。在全国1000多全日制公立大学中，就有将近900所的学校设置了会计专业，截至2007年，我国共有普通本科院校711所，其中开设会计学专业的就有401所，但是本科会计教育在快速发展的背后，也隐

---

① 蒋冲，西南财经大学会计学院2010级博士生。

藏了诸多问题，人们批评之声不绝于耳。

（一）培养目标定位浮夸

培养目标是指导学校制订和实施培养计划的导向，是一个战略层面上的概念。我国对本科阶段会计教育的目标，曾有过激烈的争议，20 世纪 80 年代初，财政部推行会计教育改革时，大部分院校会计教育目标为：培养德、智、体全面发展的会计学高级专门人才，能够适应我国社会主义现代化建设的需要，胜任会计、会计教学和会计科研工作。但随着会计教育层次的多元化，对于会计本科层次的培养目标出现了"通才"和"专才"之争。李心合教授（1998）主张会计本科教育应为通才教育，阎达五等三位教授（1998）则认为会计教育目标应定位于为实际工作单位（企事业单位）培养从事会计工作的专门人才。各高校在教育目标的定位上众说纷纭，可谓仁者见仁、智者见智。

对于大部分因市场需求而匆忙设立本科会计学专业的高校而言，在培养目标的定位上是比较被动的，为了能使新设专业通过教育管理部门的审批，必须要拔高会计学专业对社会经济发展的贡献作用。朱小平、姚颐、况熙和杨效红等人所做的"关于我国会计教学情况的调研报告"显示："51% 的人认为会计培养目标应是综合型人才"；孟焰、李玲所做的"基于我国高校的实践调查证据"显示：56.38% 的人认为会计培养的目标是"通才 + 专才"的组合。这样的培养目标，对于大多数普通高校有限的教学资源和短暂的教研积累来说是难以实现的，导致了培养目标定位的浮夸。

（二）课程设置随意

课程设置是培养目标执行过程的具体化，由于培养目标定位的浮夸，使得大部分学校在会计专业课程设置上带有很大的随意性。从课程体系设置上来看，各本科院校存在着较大差异，差异度在 20% ~ 30% 之间。目前普遍存在的现象是，不同学校在同一个方向模块里所设置的课程内容不一样，专业课程设置层次性和结构性不甚合理，专业课之间的跨度太大，缺乏系统性。

课程设置随意的一个表现就是课程名称名不符实，课程之间界限划分不清。虽以初级、中级和高级为依据来界分各门课程，从形式上看好象挺规范，似乎很完美，但却"中看不中用"，在实际的课程内容和教材编写上难于把握。如中级财务管理和高级财务管理这两门课程，很多学校授课内容基本上一样，或者是增加一些资本市场的基本常识，而很少涉及系统、前沿的财务理论和相关的数量分析内容。

（三）职业道德教育弱化

在就业导向的压力下，各个学校将会计从业资格证考试、初级会计师考试、中级会计师考试、注册会计师考试、计算机等级考试、外语等级考试等考试通过率作为衡量教育质量的重要标准，而忽视对学生进行会计人员职业道德教育。黄珺、蒋颖歌、潘美霞等人对湖南大学、中南大学、长沙理工大学、湖南商学院、湖南师范大学五所高校会计专业本科生进行的有关会计职业道德问题问卷调查的结果显示，85% 左右的学生所在院校未开展会计职业道德教育，其中没有任何一所院校"系统开展该项教育"。

目前我国高校往往偏重于对学生进行专业教育，而忽视了对会计职业道德和法制的教育，从某种程度上说，这是导致会计核算失实、会计造假以及审计舞弊等案件层出不穷的重要根源之一。

（四）教师队伍建设成为"瓶颈"

师资力量是学校生存和发展的基础，是体现学校学科实力和学术地位的综合指标。经过多年的扩张式发展，各个高校师资力量出现了明显的短缺现象，这不仅仅体现在数量上，更体现在质量上。宁波大学会计系设计的《高校会计教学现状及改革方向的调查问卷》，对 6 所综合类大学、6 所财经类大学和 2 所部属院校的会计学专业大三、大四的学生进行调查，在对教师素质满意度的调查项目上，12.46% 选择的是很好、38.38% 选择的是较好、32.25% 选择的是一般、13.35% 选择的是较差、3.56% 选择的是很差；在对师资需要加强的方向上，41.20% 选择的是教学方式呆板、16.47% 选择的是实务能力差、15.74% 选择的是责任心不强、13.46% 选择的是科研能力弱、13.11% 选择的是专业知识不足。

教师队伍建设遇到的"瓶颈"问题还体现在想引进的高素质人才不愿来，自己培养的人才又留不住。很多高校特别是非财经类高校，通过"短、平、快"方式发展起来的会计学专业，既没有一定的专业积累，也不具备学校重点投资建设的优势,师资队伍结构的不合理是困扰专业建设的一个重要原因。

三、全面职业教育的特征分析

职业教育是终身学习的重要组成部分,是全民教育的主要承担者,是以培养符合职业或劳动环境所需要的技能型人才为目标的一种教育类型。职业教育不是人们所理解的相对于高等教育而言的低水平教育,它只是教育的一种类型,而且其中的一些理念尤其值得本科高等教育借鉴。下面主要对全面职业教育思想的特征进行分析,寻求与本科教育的一种互通性。

（一）强调专业内容的学习能力

专业内容方面的学习,它所对应的是认知能力和行动技能,通过这方面的学习,力求培养学生的专业能力。专业能力是指具备从事职业活动所需要的专门知识和专业技能。要注重掌握技能,掌握知识,以获得合理的知识结构。这里的专业能力主要包括获取技术知识、生态知识、经济知识、结构知识等能力。

作为以培养技能型人才的职业教育,除了教授学生特殊领域的已有专业技术以外,更重要的是培养学生不断改革和创新现有技术的一种信念,这些信念来自于对生活、对大自然和美好人生的一种热爱。因此,在专业能力的培养上,以现有技术为基础,拓展学生的视野,激发学生自主改良和创新的欲望,强调内生性的专业能力培养。

（二）注重解决问题的方法能力

解决问题的能力主要是对基本学习和工作技巧的掌握和应用,力求培养学生解决问题的过程能力。方法能力强调从事职业活动所需要的工作方法及学习方法。要注重学会学习,学会工作,以养成科学的思维习惯,包括独自获取信息、有效加工信息,制订工作计划的步骤,解决实际问题的思路,独立学习新技术的方法,评估工作结果的方式等。

方法能力训练关注的是学生独立的思维习惯和面对新问题的反应能力。作为一种终身教育,职业教育在于通过对学生进行具体、直观的技能方面的训练,最终使学生能够形成独立面对问题和解决问题的能力,而不仅仅是让学生学会某一

方面已有的技巧,这是职业教育的精髓所在。

（三）培养交流沟通能力

交流沟通方面的学习,主要是掌握基本的合作和沟通技巧,力求培养学生的社会能力。社会能力是指从事职业活动所需要的行为规范及价值观念。要注重学会共处,学会做人,以确立积极的人生态度,包括人际交往、公共关系和在小组工作中的合作能力等。

（四）发展情感道德素质

情感道德方面的学习,主要是培养学生自己的兴趣领域,并对自己的未来职业和生活做合理的计划和构建。侧重于培养学生对自己和社会的责任意识,力求培养学生的个人能力,包括职业道德、环境意识、学会尊重、乐观积极的处事态度等。情感道德是人们在社会实践活动中,将自己的感性经验和情感不断内化、深化和提升而形成的,是行为人所特有的情感形式。良好的情感道德素质是个人职业生涯的基础,是持续创新和可持续发展的保证。

全面职业教育思想这四个方面特征的内容,与我们今天提倡的素质教育思想是吻合的,是一种基于行为导向的教育。在学习活动中强调"头—心—手"多器官功能的协调开发,促进人性的全面发展,不仅能够协调培养学生的行动能力和智力结构,为学生将来接受相关专业领域的继续教育奠定基础,而且能更加切合企业职业实践的现实需要,方便学生在完成职业教育后进入职业生涯。

四、全面职业教育思想对本科会计教育的启示

本科教育与职业教育在本质上都是一样的,都为社会培养有用人才,只是两者在培养的方式和侧重点上有所区别。相对于职业教育而言,本科教育更侧重于学生的基础理论和能力的培养,希望学生具有扎实的理论基础,广阔的知识面,富有创新能力和适应变化的能力;职业教育则侧重于对具体知识和技术的应用。换言之,可以把本科教育比喻成是在"实验室"的教育,而职业教育是将"实验结果"推广的教育,也有人将职业教育的发展归结于科技进步的结果。

我国很大一部分高校本科会计学专业是属于

"大跃进"式发展起来的，虽说是本科教育，但与职业教育有很多共同的特点。因此，对这类学校的本科会计专业可以融入全面职业教育的某些成功做法。

（一）培养目标定位恰当、课程体系设置合理

人才培养目标是教育实践活动过程中具有先决性的核心概念，是学校教育教学活动的出发点和依据，也是学校教育教学活动的最终归宿。大学人才培养目标的定位是学校类型定位、层次定位、学科专业定位、服务面向定位的综合反映。简言之，培养目标实际上就是把受教育者培养成为什么样的人。对于本科会计教育，可以借鉴职业教育在其发展过程中的成功经验，将其培养目标定位为以满足社会需求为导向，培养面向市场经济中企业或组织需求的具有一定开拓精神和创新意识、良好的职业道德和相关专业知识，并具备较强学习技能的应用型会计人才。

这样的目标定位比较符合这类学校的实际，充分体现"拿来主义"的精神，以实用为主。在人才的培养过程中，特别注意学生应用能力的培养和训练，加强基础课程教学内容的应用性部分，把应用型环节渗透到教学的全过程，强化动手能力和应用能力的培养和锻炼，同时也要注重和加强基础理论的教学，拓宽学生的知识面，为学生打下宽厚的理论知识基础，突出理论教学与实践应用的相互渗透和融合，逐步建立科学合理的本科应用型人才培养的课程体系和人才培养机制。

通过对代表不同层次的 4 所高校进行的调查结果显示，本科会计学教育培养模式中，两类基础课共占总学分的 59.79%，几乎是专业课学分（30.27%）的两倍，实践环节仅占 11.54% 的学分（而且毕业论文又差不多占了其中一半）。因此，根据我国高校本科会计专业课程体系设置的普遍框架，公共基础课和学科基础课模块应该大大降低比例，专业必修课和专业选修课模块适当增加比重，而实践教学模块则是重点改革的对象，尤其是如何将实践教学融合到基础理论和专业课程当中去。

（二）终身学习能力培养、情感道德教育同行

学校教育说到底还是一种模拟状态下的适应性训练，由于受传统观念的影响，人们对于大学本科教育寄予较高的期望，而随着大学精英教育向大众教育的转变，大学本科教育在培养方式和培养体制上要有所变化。

教育要适应社会的发展，学校应从以传授知识为主的教育转向以培养学生终身学习能力为主的教育，让学生学会学习。联合国教科文组织前助理干事纳伊曼指出："学会学习的概念意味着受过教育的人将会知道从哪儿能很快和准确地找到他不知道的东西。在高等教育阶段，如果现在的人们估计用 80% 的时间用来传授知识，用 20% 的时间来获得学习的方法和研究方法的话，这种比例将来一定要根本改变。"对于终身学习能力的培养，除了要着重提高学生的人文素质、团队合作精神和社会责任感外，还要特别注重培养学生的创新精神、培养学生主动获取和应用知识信息的能力、独立思维和创新能力，要将培养学生的独立思维能力置于教学活动的中心，突出学生思维能力训练，增强学习的自主性与创造性，培养学生独立的人格，将情感道德教育融入到整个的学习能力的培养过程中。

在对会计专业学生进行培养的过程中，如何实现学习能力培养与情感道德教育同行呢？笔者以为，可以从以下两个方面进行尝试：

第一，引入项目教学法。项目教学法是一种教和学互动的教学模式，是师生通过共同实施一个完整的项目而进行的教学活动，是行为引导型教学方法中的一种。以"出纳工作"项目为例。首先，以生活中常见的例子，引导学生明确出纳主要的工作任务，并设置子项目；其次，根据项目任务的需要让学生进行分组，讨论各子项目的具体任务，制订计划；最后，师生共同探究、合作，实施完成项目任务。在整个过程中，教师始终处于引导者的这么一个角色，既参与其中，又要善于沟通与激励。学生在项目实践过程中，理解和把握课程要求的知识和技能，体验过程的艰辛与乐趣，培养分析问题和解决问题的能力及团队合作精神等。

第二，形式多样化的职业道德教育。虽然会计职业道德问题最后暴露出来的是会计舞弊或审计失败等案例，但会计职业道德教育不能仅仅理解为"不做假账"，实际上会计职业道德教育是以培养个人完整人格为前提的一种基于维护会计职业声誉的全面教育。根据笔者的教学实践，会计职业道德教育可以采取以下几种形式：

（1）案例教学法。通过典型案例，在对学生分组的前提下，让各组学生课前收集与该案例相关的材料，整理分析案例的关键点，在课堂上集体讨论，通过讨论深化学生对会计职业道德的理解。

（2）现场感受法。通过组织学生现场旁听法庭对民事案件或刑事案件的审判，让学生现场感受法律的威慑力。

（3）视频教学法。这种方法主要是通过观赏一些经典影视作品，在娱乐中潜移默化的接受教育，并能在日常生活中给学生介绍一些能体现真、善、美的有教育意义的影视作品。影视作品的题材不一定局限于财经题材，如《华尔街》，也可以是一些能启发人思想的题材，如《当幸福来敲门》，甚至可以是情感题材的电影，如《樱桃》。

（三）建设层次合理的教师队伍

清华大学前校长梅贻琦先生有一个非常著名的说法："大学之大，非谓有大楼之谓也，乃谓有大师之谓也。"教师是一所学校的灵魂和魅力所在，建设一支能实现专业培养目标、层次合理的教师队伍，是各类型院校立校之本，也是学生期望之所在。但这一问题也是最难解决的，它既有历史原因，也涉及一个体制的问题，"钱学森三问"把这些问题都浓缩其中了。对于教师队伍的建设，虽说不能从宏观的体制角度进行根本性改革，但从教学实践的角度可以对其进行一些改良。笔者以为：

第一，加强教师素质建设。一方面，要提高会计学教师的师范技能，提高教与学之间的信息传递效率，因为会计专业的教师在工作前大多没经过系统正规的师范技能训练；另一方面，要提高教学和研究能力。老师自身的专业素养和人格魅力，会在潜移默化中影响着学生的学习兴趣和学习热情。

第二，完善评价激励机制。以绩效工资改革为契机，改变原有机械的激励分配制度，评价体系应以学校自身定位和特点作为出发点，在教师职称的评聘上不能"一刀切"，唯"科研成果"是论，也要看其教学理念、水平和效果及与用人单位合作指导学生实习或实训的能力等，从多方面激发教师的工作热情。

第三，外部引进与内部培养相结合。在人才配备上内外结合，这本身就是一种激励机制，针对会计专业实践性强的特点，学校可以多渠道灵活地引进具有丰富实践经验的执业会计师来补充教师队伍，同时也可以鼓励在岗教师挂职锻炼。

第四，促进教师的团队合作。以精品课程的建设作为一个平台，促进专业建设，加强教师间的团队合作，发挥团队配合的溢出效应。根据我国教育部的界定，精品课程是具有一流教师队伍、一流教学内容、一流教学方法、一流教材、一流教学管理等特点的示范性课程，按照这样的标准唯有团队合作不能实现。

（四）建立校企长期的合作关系

提到校企的长期合作关系，人们首先想到的是德国职业教育的"双元制"教育模式。所谓"双元制"模式其实就是将企业与学校、理论知识与实践技能结合起来，使培养的学生既具有较强操作技能又具有专业所需理论知识和人文知识的一种教育思想。近年，迫于就业的压力，在德国这一模式越来越受到综合性大学的欢迎。

实施"双元制"的教育模式，一方面，学校将企业的实际问题引入校内的实验或实训课堂，丰富了教学方法、完善了教学体系，既推动了学校基础性研究，也缓解了学生就业压力；另一方面，企业支持"双元制"教育模式，既可以得到政府的补助、降低劳动力成本，也可以在培训期间发现适合本企业发展的人才。因此，这一模式在西方发达国家广为推崇。比较我们国家的制度、政策和法律环境，结合会计专业的特点，在建立校企长期合作方面可作如下尝试：

（1）选择合作企业时，应以人员流动性较强的中介企业为主，如各类型事务所或咨询公司。因为，这类型企业一方面人员需求量较大；另一方面业务涉及面较广，比较适合开展实践教学。

（2）要对学生质量进行适当筛选，以提高合作企业长期合作的积极性。这一筛选过程本身，对学生的学习是一种促进，同时也能降低合作企业进行职业培训的磨合成本，以便于长期合作。

（3）与合作企业开展经常性的人员交流。人员的频繁交流既可以促进相关信息和资源的共享，同时也可以增加校企双方合作的深度和广度。

长期以来，由于社会传统和政策缺失，使得我国企业缺乏参与职业教育的积极性，校企之间没有形成一种合作的长效机制，但随着我国经济的结构性调整，企业对高技能型人才需求的增加，财政对教育投入的加大，校企之间的双赢合作最终将会形成。

五、结束语

普通院校的本科会计教育在其发展过程中处于一种非常尴尬的境地。由于社会对会计人员的需求量相对较大，在招生上会计专业成为一个相对热门专业，但在培养过程中，却面临着诸多困难。培养目标定位浮夸、课程设置随意、师资力量缺乏、职业道德教育弱化，这些都制约了这类学校会计学专业的发展。通过比较职业教育灵活多变的培养模式，将全面职业教育的一些先进理念引入本科会计教育，并借鉴德国"双元制"职业教育模式在综合性大学取得成功的经验，寻求普通本科会计专业发展的新思路，走出困境。

参考文献

［1］吴水澎. 对会计教育改革与发展几个问题的再认识［J］. 财会通讯，2005（2）.

［2］朱小平，姚颐，况熙，杨效红. 中国会计教学改革走向何处——关于我国会计教学情况的调研报告［J］. 会计研究，1995（9）.

［3］孟焰，李玲. 市场定位下的会计学专业本科课程体系改革——基于我国高校的实践调查证据［J］. 会计研究，2007（3）.

［4］张玉红. 会计学本科专业人才培养模式改革探析——来自德州学院的实践［J］. 财会通讯，2008（9）.

［5］荆新，孙茂竹，张玉周. 财务会计学课程设计的一种新方案［J］. 会计研究，2002（6）.

［6］黄珺，蒋颖歌，潘美霞. 高校会计专业学生职业道德教育现状思考［J］. 中国乡镇企业会计，2009（9）.

［7］和震. 论现代职业教育的内涵与特征［J］. 中国高教研究，2008（10）.

［8］王嵩. 德国全面职业教育研究［D］. 天津：天津大学，2009.

［9］翟海魂. 世界职业教育发展规律初探——一个历史的视角［J］. 河北师范大学学报：教育科学版，2006（2）.

［10］陈玉荣. 应用型会计本科人才培养目标与模式研究［J］. 财会通讯，2007（6）.

［11］李锋. 关于我国会计专业课程体系设置的研究——基于国内各层次高校本科会计学专业的调查分析［J］. 中国管理信息化，2008(8).

［12］德拉高尔朱布·纳伊曼. 世界高等教育的探讨［M］. 北京：教育科学出版社，1982.

［13］史惠芬. 项目教学法在财会专业课程中的应用［J］. 职业技术教育：教学版，2006(26).

［14］蔡跃. 德国综合性大学的"双元制"教育模式研究［J］. 外国教育研究，2010（7）.

高校"双高人才"入党对策初探

王新安　张强①

（西安财经学院 商学院，陕西 西安 710100）

摘　要："高学历高职称"人员是我国高等学校办学的主力和骨干，做好高校"双高人才"群体的党员发展工作，是贯彻党的高等教育方针，提高党在高校的影响力、凝聚力和战斗力的重要任务，也是高校迈向更高水平的重要条件。本文阐述了目前高校在"双高人才"群体中发展党员存在着："双高人才"群体的价值观念发生改变、基层党组织对高知识群体培养不力等五方面的主要问题，最后针对存在的问题，从加强领导重视、创新培养模式等方面提出了加强在高校"双高人才"群体中发展党员的对策建议。

关键词：高校；"高学历高职称"；发展党员；建议

党的十六大报告明确提出在高知识群体中发展党员的问题，这无疑是 21 世纪新阶段党建工作的一项崭新课题。党的十七大报告又提出要"优先发展教育，建设人力资源强国"，强调要提高高等教育质量。《中国共产党普通高等学校基层组织工作条例》第二十一条提出"按照坚持标准，保证质量，改善结构，慎重发展的方针和有关规定，加强对入党积极分子的教育、培养和考察，加强在优秀青年教师、优秀学生中发展党员工作"。高等学校作为人才培养的摇篮、科研成果的主要产出地，"高学历高职称"教师们承担着这一重要任务；他们是我国高等教育事业

发展的中坚力量，作为培养社会主义事业的建设者和接班人的主导力量，"高学历高职称"教师入党对高校的良性发展和高等教育质量的提高具有重大的现实意义。他们的"先进性"直接影响着我们教育事业的成败，影响着社会主义接班人的质量，乃至国家未来的兴衰。所以，积极发展"高学历高职称"（以下简称"双高人才"）人员入党，是时代赋予我们执政党的任务，也是激发党员队伍活力、优化党员队伍结构，增强党的创造力、凝聚力和战斗力的重要举措。

一、当前高校高知识群体发展党员工作面临的问题

（一）高知识群体的价值发生改变

随着社会主义市场经济体制的逐步建立和完善，我国的经济成分、利益主体、社会组织、社会生活方式日益多样化，一些知识分子在政治观、价值观上趋利务实主义的倾向逐渐突出，功利主义思想日趋严重；同时，随着近年来高校管理体制和人事制度改革的逐步深入，人才竞争日趋激烈，高校教师尤其是青年教师的压力越来越大，受此影响，高知识群体中的教师考虑较多的是如何提高自己的业务水平，增强自己的竞争力，加上他们平时业务繁忙、教学和科研任务重，这些现实问题造成他们在政治要求上放松自

---

① 王新安，西安财经学院商学院党总支书记，教授；张强，西安财经学院商学院辅导员。

己，认为是否入党关系不大。加之现在高校的青年教师中很大一部分是从国外学成回国或者有访学的经历，长期的国外生活使他们形成了一些共同的特点，比如普遍对"政治"较为隔膜，缺乏对马克思主义的系统学习，缺乏对国情、对社会主义历史和党的历史的深刻了解等。从而使新时期高知识群体的思想政治工作面临新的问题和挑战。

（二）基层党组织对高知识群体培养不力

一些基层党组织没有树立开拓创新、与时俱进的意识，依旧采用老办法、老思路开展工作，意识与方法落后于形势的发展；对青年教师入党工作有所忽视，精力投入少，工作力度小。一些同志对要求入党的青年教师总觉得不成熟、不放心，在发展他们入党的问题上存在过分挑剔、求全责备的情况，甚至妒贤嫉能，害怕"培养了苗子、失去了位子"，"师傅教会了徒弟，自己失去了市场"，故意压制人才。此外，在做"双高人才"思想教育工作方面，工作开展不主动、不扎实，流于形式的东西多，开展活动内容单调枯燥，缺乏活力、说服力和吸引力。正是这些问题导致了部分青年"双高人才"认为入党形式太繁复，程序操作过于复杂，担心加入党组织会对自己产生束缚，会感觉"不自由"等，从而对我们党发展党员有抵触情绪。

（三）民主党派的特殊性对高知识群体进行了分流

2005 年，中共中央颁布了《关于进一步加强中国共产党领导的多党合作和政治协商制度建设的意见》明确规定："县以上地方政府要选配民主党派成员或无党派人士担任领导职务……符合条件的可以担任正职。"随着民主党派参政议政、民主监督作用的加强，加之党的统战工作力度不断扩大，在政策上大力支持民主党派在高知识群体中发展成员，并积极推荐民主党派成员作为党外后备干部，导致高知识群体中的民主党派成员在各级行政岗位上升迁的机会及幅度、比例不断上升，而且民主党派成员由于身份特殊会经常参加一些大型活动，容易扩大社会影响，增加在科研等其他方面的优秀资源的获取机会。在这种客观现实的引导下，一些高级知识分子认为，在新形势下加入民主党派对自己未来的发展空间会更大。从而对"双高人才"队伍在本来数量

就不多的情况下又进行了一定的分流。

（四）组织生活对高知识群体的吸引力降低

一些基层党组织在举行党内活动时，不注重教育手段的创新，存在着为教育而教育，为活动而活动的现象。很多组织生活形式多、内容少，基本只是走走过程，仅简单地念念文件，放放录像，内容空洞乏味，活动的针对性不强，与优秀人才的实际需求脱节，从而导致部分"双高人才"对党组织的认识上存在片面性。再加上入党后各种会议较多、约束也多，要付出更多的时间和精力，影响自己的教学和科研业务；同时，"双高人才"的年龄普遍较大，认为年轻时没有入党，现在年龄偏大了再申请入党，面子上不好看。从而导致部分"双高人才"对入党产生了畏难情绪。

（五）高知识群体工作压力大

"双高人才"基本都是各高校教学科研骨干力量，随着各高校考核机制的改变，"双高人才"的工作压力逐渐加大，尤其是以科研考核为主的"双高人才"的压力特别大。我们各高校都鼓励"双高"人员多出成果，为学校的发展建设多做贡献，给他们肩上压担子，但往往忽视了"双高人才"的利益诉求，很少主动过问他们的工作和生活，对他们遇到的困难没有及时给予帮助和解决，党的关怀没有得到充分的体现，这种"重索取，轻给予"的工作机制，直接打击了"双高人才"入党的积极性。

二、加强在高知识群体中发展党员工作的建议

针对前文中高校在"双高人才"群体中发展党员工作中存在的诸多问题，结合高校当前实际情况，本文希望从以下六方面提出初步的解决办法。

（一）加强领导重视

当前"双高人才"普遍得到了社会和高校的高度重视，有关部门也采取了各种措施充分调动他们的工作积极性和创造性。但是客观地说，"双高人才"的入党培养工作的重要性还没有在各级领导中达成共识。因此，对"双高人才"的入党培训工作必须从强化意识入手，各级党委书记要亲自抓"双高人才"的入党培训工作，

让各级领导、各个部门、基础党组织、全体教师都能充分认识该项工作的重要性、紧迫性，共同承担起高层次人才入党培养的重任。各高校要加大在各种资源、资金、立项、培训等方面对"双高人才"的支持力度，形成强大合力，真正把该项工作变成推动人才队伍建设和党建事业的有力抓手。

（二）创新培养模式

在广大教职员工中开展先进性教育，让群众看得见党的先进性，以提高党的吸引力。努力使发展"双高人才"入党与加强党员教育管理有机结合，不断创新党组织活动的形式和内容。我们可以在一些如"七一"、"国庆"等特殊日子选择一些具有党的历史纪念意义的地方，举行"双高人员"入党宣誓仪式和教工党员重温入党誓词等活动，并注意吸收党外"双高人才"参与，使他们亲身感受到党组织的温暖和活力。同时，在教育培养方式上，应根据"双高人才"的特点，多采用"交互式"，避免"填鸭式"；此外，还应充分利用网络的优势，减少不必要的会议，节约"双高人才"的时间。在培养、考察的时间和入党材料及各种会议的把握上，也应该充分考虑"双高人才"的思想和工作实际，灵活处理。通过增加主动性和灵活性，提高党的吸引力，从而确保高层次人才的党性培养工作取得实效。

（三）建立培养机制

做好发展"双高人才"入党工作，要坚持改革创新的精神，根据"双高人才"的特点，努力创新和完善工作机制，形成制度，实行定人培养、定期谈话、定期考察。学院党委为"双高"人员建立专门档案，建立合理、有效地在"双高"人员中发展党员工作的评价制度，各基层党组织要结合"双高人才"的具体特点制定具体的实施办法，强化激励和约束机制，通过对各党总支年度党员发展计划落实情况的检查，加强对基层党组织在"双高人才"中发展党员工作的监督和管理。将"双高人才"入党培训工作作为考核基层党组织工作的一个基本指标，作为评先评优工作的一个重要指标。

（四）提高服务意识

"双高人才"自我意识普遍较强，有的还显得有些清高。党员、干部，尤其是党委的领导要

创造机会，加强与"双高人才"的交流，帮助他们解决思想上的模糊认识，引导他们积极向党组织靠拢。基层党组织要积极转变思想观念，转变工作作风，消除求全责备心理和妒忌心理，针对高知识群体的个性特点和职业特征，主动关心他们的工作、生活和学习。通过组织渠道及时反映他们的意见、建议和要求，并积极帮助他们解决职称评聘、住房、学习深造、子女入托入学等方面的实际困难，提供周到的服务，增强党组织的吸引力。对那些政治素质较高、能力较强的业务骨干，及时纳入考察培养范围，安排他们参加一定的党内活动，分配有一定分量的社会工作，使他们在实践中提高对党的认识。

（五）分类指导培养

抓紧抓好"双高人才"入党工作，决不能理解为单纯追求数量，一定要认真慎重，严格按照党章办事，确保党员质量。基层党组织对"双高人才"培养要看主流、看本质、看发展，全面地衡量他们是不是符合党员标准，能不能在岗位上为党和人民的事业奋斗终生，不能因为一些非原则性的缺点把他们排斥于党的大门之外。学校各级党组织要紧密结合高校实际，在思想观念上不断改革和创新，充分考虑青年教师的职业特点，坚持具体情况具体分析，把是否承认党的纲领和章程、自觉为党的路线和纲领而奋斗作为吸收"双高人才"入党的主要标准。在具体工作中，主动征询青年教师对基层党组织工作的意见，不过分拘泥于考察期的长短和书面汇报材料的多少。对中青年教授、博导、学科带头人、留学归国人员、青年骨干教师，由于对象不同，情况不尽一致，在工作中要加强分类指导，有针对性地开展深入细致的工作。

（六）发挥典型示范作用

大力宣传新时期涌现出来的优秀共产党员先进典型事迹，尤其是"双高人才"党员的先进典范事迹，以鲜活的时代典型促进"双高人才"在思想上与党组织进一步靠拢。使党的教育走进生活、贴近生活，拉近理想教育与现实的距离，充分发挥榜样的示范作用，让"双高人才"真正认识到党组织的先进性和优越性。同时在高校的硕士研究生和博士研究生中开展党员发展工作，从优秀学生中培养党的发展对象，从源头上做好党员的培养及发展工作，以减少优秀人才流

失到民主党派中去。

参考文献

[1] 张捷. 重视党组织在"双高"群体人士中凝聚力问题研究 [N]. 光明日报, 2010 - 02 - 09.

[2] 李源潮. 以改革创新精神推进高校党的建设 [J]. 求是, 2008 (4).

[3] 刘霆. 加强和改进在高校"高学历高职称"群体人士中发展党员工作 [J]. 中国西部科技, 2010 (4).

[4] 李幸, 陈利群. 浅谈新形势下, 在高校"双高"人员中发展党员工作 [J]. 汕头医学院学报, 2007 (6).

[5] 张成龙, 陈贵英, 李军朝. 新时期做好高校"双高"人员党员发展工作的方法探究 [J]. 潍坊教育学院学报, 2010 (1).

[6] 顾慕娴. 新时期在高校"双高"人员中发展党员工作的方法和途径 [J]. 广西大学学报, 2008, 30 (1).

[7] 刘荣军. 做好在高知识群体中发展党员的工作 [J]. 中国社会科学院院报, 2006 (4).

[8] 梁迪, 刘月娥. 简析高校"双高"人员的党性培养——以广西高校"双培"工作为例 [J]. 广西大学学报, 2010 (4).

[9] 龚彩云. 和谐校园视野下高校院系党政运行机制初探 [J]. 怀化学院报, 2010 (1).

[10] 郭刚奇. 高校党建工作改革创新初探 [J]. 高等农业教育, 2009 (5).

浅议新时期高等财经人才培养模式创新

——以现代人力资本理论为视角

李欣玲

（西南财经大学 发展规划处，四川 成都 611130）

摘　要： 新时期高等财经教育面临着诸多问题与挑战。根据现代人力资本理论，教育的生产力功能可以归结为对教育者的四大效应上。本文由此理论出发，试图探索新时期创新高等财经教育人才培养模式的思路与举措。

关键词： 高等财经教育；人力资本

一、新时期高等财经教育的现状及存在的问题

当前世界处于大发展大变革大调整的时代。一是经济全球化深入发展，国家间经济关联性和依存度大大提高；二是进入知识经济时代以来，科技进步日新月异，信息技术瞬息万变，科学发展呈现高度分化与高度综合并存的现象，人才竞争日趋激烈；三是国际金融危机影响持续深化，全球经济结构面临重大调整，我国也提出加快转变经济发展方式、加速产业结构调整的发展思路。上述形势对新时期高等财经教育提出了新的更高要求，也凸显了提高财经人才培养质量、创新财经人才培养模式的重要性和紧迫性。

跨入 21 世纪，伴随着高等教育大众化时代的到来，高等财经教育也迎来了一个快速发展的黄金时期。2000 年，高等财经院校仅 68 所，占全国 1041 所普通高校的 6.5%。而 2010 年，高等财经院校为 242 所，在全国 2305 所普通高校的占比超过 10%。普通本科在校生数也由 2004 年的 488 383 人增加至 2009 年的 977 155 人，五年间增长超过一倍。[①] 在规模快速扩大的同时，高等财经教育也面临众多问题与争议。一是专业设置不合理。一方面，在计划经济时代，经济学发展长期受到抑制，发展相对缓慢。而改革开放以来，社会主义市场经济的发展迫切需要经济管理类学科提供更多智力与人力支持，经济学日益成为显学，而在学科设置上则呈现过度细分及专业趋同的现象。另一方面，经济管理类专业，相对理工、农林，办学投入比较低，各高校出于办学成本和吸引生源的目的，纷纷设立经济管理类专业，导致"无校不财经"。二是师资队伍培养横向比较相对滞后。高校扩招后，相较于学生规模的增长速度而言，财经类专任教师数量相对不足。以经济学类教师为例，从 2004 年的 50 975 人到 2009 年的 77 724 人，增长仅为 52.5%。而同时期在校生规模增长超过一倍。在农林、理工、师范、政法、综合六类院校中，财经类院校的师生比仅低于师范类。三是人才培养观念有待转变。过去财经教育往往过分专注于专业知识而忽略综合素质，偏重于理论灌输而忽视应用能力的培养，加之扩招后生源和师资因素的限制，导致财经类人才与普通高职高专学生相比实践技能和务实意愿不强，与综合类院校学生相比综合素

---

① 参见教育部网站公布的年度教育统计数据。

质和创新能力不足，在就业市场上特色不鲜明、优势不突出。上述问题都在相当程度上制约了高等财经教育人才培养质量的提高和人力资本价值的实现。

二、现代人力资本理论视角下的高等财经人才培养价值观

现代人力资本理论认为，学校是一种专门生产和造就具有一定知识和技能的社会劳动力的人才工厂。学校教育具有两方面的基本功能：①生产力功能。包括：传授知识与技能；促进人的认知能力与判断能力；启发创造性思维；道德驯化与人格完善。可以归结为对教育者的四大效应上，即提高工作效率的人工效应，提高选择能力的配置效应，提高创新能力的创新效应，及完善人格的道德效应。②能力识别与筛选功能。即通过发现、鉴别不同受教育者的内在素质与能力差别，将之施以不同层次和类别的教育，并颁发体现不同人力资本含量的文凭。其中，教育的生产力功能是最典型和最有价值的。进入知识经济时代或信息时代后，具有高等教育背景的人才将日益成为推动经济社会发展的主力军。如何充分发挥高等财经教育的四项生产力功能，切实提高并实现人力资本含量，就必须转变人才培养观念。

全面树立以人才培养为核心的大学教育观。人才培养是教育最基本和最核心的功能，要回归教育的本质，将人才培养作为高校工作的出发点和落脚点。在人才培养上，高等教育要回应社会的需求与变化，但不能简单等同于企业经营，以市场需求为指挥棒。一窝蜂上马的财经热、法学热就充分印证了高等教育应当保持一定的超前性与独立性，克服当前社会上一些急功近利、实用主义及过度市场化倾向，必须遵循自身的办学规律，既要体现社会发展要求，又要承担起引领时代进步的责任。

与教育提升人力资本含量的四大效应相对应的，是受教育者的专业能力、综合素质、创新能力及道德人格。要实现人的全面自由发展，就应当树立"四位一体"的高等财经人才培养价值观。

——以专业教育为基础，转变重理论轻实践的倾向，培养能动手的高素质财经人才。高等财经教育是经世致用的教育，毋庸置疑偏重应用型。同时高等财经教育国际化程度较高，要在经济全球化中掌握主动权，就必须培养一大批具有广阔国际视野、通晓国际规则、能够参与国际事务和国际竞争，适应现代经济社会发展要求的高层次应用型人才。

——以素质教育为根本，转变重专业轻素质的倾向，培养有文化的高素质财经人才。原先过分强化专业教育的人才培养模式和以学科逻辑为特色的过于窄、深、专的课程体系，已经很难适应现代社会的实际需要。我国著名教育家潘懋元教授认为，现代人才培养应该以通才教育与专才教育相结合为佳，既"通"又"专"，在通的基础上有所专，掌握专门知识而又能融会贯通。因此，必须建立复合型的人才培养模式，坚持强化素质教育观念，注重知识、能力、素质的统一，实行全方位的多元化发展。

——以创新能力教育为关键，转变重知识轻能力的倾向，培养会思考的高素质财经人才。《中华人民共和国高等教育法》规定：高等教育的任务是培养具有创新精神和实践能力的高级专门人才，发展科学技术文化，促进社会主义现代化建设。这是高等教育与普通高职高专教育在人才培养定位上的重要差别，也是我国高等教育与世界先进国家高等教育的关键差距。创新是经济增长和社会发展的基本动力，是保持和提高国家长期竞争力的关键因素。近年来我国一直着力提升自主创新能力，加快创新型国家建设，作为承担高素质人才培养职责的高校，有能力也有义务做出回应。

——以职业道德教育和人格教育为灵魂，培养有操守、有情商的高素质财经人才。一个抛弃了职业戒律的财经"精英"，给社会造成的损失远甚于一个普通财经从业者。从安然事件、巴林银行丑闻，再到麦道夫骗局等现象，在暴露出金融监管体系漏洞的同时，其背后根源无一不剑指从业者职业操守的沦丧，因此财经职业道德教育必须加强。同时，人是社会的动物，无时无刻不与周围环境发生联系，要维持和谐的环境，就必须学会正确处理其与自然、他人及自身的关系。大学时期正是一个人人生观、世界观成型的关键时期，培养具备健全人格的高素质人才，是高等教育义不容辞的责任。

三、新时期创新高等财经人才培养模式的思路与探索

（1）在专业能力培养上，要完善以经济管理类学科为主干，法、工、文、理等学科相互支撑，协调发展的学科布局，形成多学科交叉融合、集成共生、竞相发展的学科群，打造宽口径的专业基础大平台。及时更新教学内容，丰富教学手段，与实务界合作，联合开设更多实务类课程和实习基地。根据财经界发展的理论前沿和实践需求即时调整课程设置。聘请业界的学术型精英和实践型专家担任研究生导师和兼职教授，举办学术讲座，开设实务课程。鼓励教师通过项目合作、挂职顶岗锻炼等形式加强与实务界的联系，保持理论研究与实践前沿的一致性。

（2）在素质培养上，全面推进课程体系、教学管理的改革与创新，推行学分制基础上的自由选课制度，扩大选修课比例。强化基础，改善结构，为学生构建科学、合理的知识体系，设置反映学科之间联系和渗透的综合课程，以及促进人文精神与科学精神相互交融的通识课程，拓展学生跨学科的视野，提高他们对学科、社会中综合问题的认知和分析能力，培养复合型人才。在校园文化建设上，要营造浓郁的人文教育氛围，引导学生积极参与。

（3）在创新能力培养上，改革教学方式，通过启发式、讨论式、案例式、辩论式等形式，打破"以知识传递为重点、以教材为中心、以教师为主体、以课堂为阵地"的教学范式，加强学生的互动参与。鼓励教师通过社会调研、课题研究等形式培养学生独立地发现和提出问题、研究和解决问题的能力。改革课程考核方式，允许学生以社会调查报告、毕业设计等形式完成课程甚至毕业论文。

（4）在职业道德和人格教育上，关注学生心理健康成长，提前开展学生职业生涯规划和就业指导，注重培养意志、信念、品德等精神力量，塑造正确的世界观、人生观、价值观，培育具有事业进取心和社会责任感、富有职业道德和团队精神、身心全面发展的人才。

参考文献

［1］刘灿. 高等财经教育创新型人才培养模式的探索［J］. 中国大学教学，2007（4）.

［2］顾志良，于丽娟. 基于人力资本构成价值的经管类人才培养定位研究［J］. 改革与战略，2007（11）.

［3］王强. 谈财经人才培养的人文介入［N］. 光明日报，2011 - 12 - 26.

［4］张进. 用现代教育思想指导高等财经教育教学改革［N］. 南京审计学院学报，2006(11).

［5］张凤林. 人力资本理论及其应用研究［M］. 北京：商务印书馆，2006.

［6］裴银伟. 21世纪高等财经教育内涵探析［J］. 湖北经济学院学报，2010（7）.

高等财经教育课程建设与教学方式创新

财经院校通识教育资源"协同创新"配置的思考[①]

杨继瑞[1]　赵峰[2]

（2 重庆工商大学长江上游经济研究中心 重庆 400067）

（1 2 西南财经大学成渝经济区发展研究院 四川成都 610074）

摘　要： 财经院校通识教育是专业教育的基础，主要是一些内容广泛的、非专业性的、但又有财经特色的基础知识、技能、科学与人文综合素质等方面的相关教育。财经院校在进行通识教育时，应该秉承"协同创新"理念，构建资源共享的制度安排，实现通识教育资源的有效配置。本文就财经通识教育资源"协同创新"的配置机理进行了探讨，提出了财经通识教育资源"协同创新"背景下的师资共享、实验室共享、图书资源共享、国内外访学、跨校选课、组建"区域高校联盟"等可行的实践路径。

关键词： 协同创新；财经院校；通识教育；资源配置

我国财经院校的课程大体上可以分为通识教育课程和专业教育课程。通识教育，也就是普通教育，它是财经院校教育的重要组成部分，是所有财经院校大学生必须接受的基础性教育。财经院校通识教育是专业教育的基础，主要是一些内容广泛的、非专业性的、非功利性的基础知识、技能和态度方面的相关教育。通过通识教育，使我们的大学生确立社会责任感、爱国主义情怀，具备宽口径、厚基础的科学精神、人文精神、具有财经特色的基础理论，养成开拓性的思维方式，保障身体与心理健康，为其财经专业学习中的厚积薄发、创新教育与创业教育奠定坚实的基础。

一、财经院校通识教育必须实施"协同创新"的资源配置

2011 年 4 月 24 日，胡锦涛总书记在清华大学庆祝建校 100 周年大会上的讲话中明确提出，我国要全面提高高等教育质量，大力提升人才培养水平、增强科学研究能力、服务经济社会发展、推进文化传承创新，着重强调高校在"积极提升原始创新、集成创新和引进消化吸收再创新能力"的同时"积极推动协同创新"。这一重要论述不仅对我国深入实施科教兴国战略、建设创新型国家，具有重要的指导意义；而且为财经院校通识教育资源的有效配置指明了方向。

毋庸讳言，目前不少财经院校依靠自身的力量开展通识教育，面临着资源配置不协调的问题。其主要表现是，财经通识教育与教学的资源相对匮乏、一些财经院校又存在通识教育与教学资源的结构性浪费等。财经通识教育资源的相对匮乏在财经类院校是普遍存在的，这主要有两个方面的体现：一方面是教学资源的缺乏，包括教学设备、教学软件等，由于通识教育的涉及面较广，为了培养高等财经类大学生的社会实践技能，需要很多相关的设备和条件，这往往是单独一个财经院校无法做到的、也没有必要面面俱

---

① 本文为杨继瑞教授在"2011 第二届中国（太原）高等财经教育论坛"上的报告。

到；另一方面是财经通识教育师资的缺乏。进入21 世纪以来的高校扩招，财经院校师资力量已经捉襟见肘；再加上重视专业精英人才的引进而对通识教育师资的引进与培养不够，导致财经通识教育师资在数量与质量上都不足，其课程往往是超级大班上课，实际效果欠佳。与此同时，一些财经院校小而全的通识教学设备投入模式又使得其教学资源造成了严重浪费。一些高校投入了大量的财力、物力、人力购置的某些大型的教学研究实验室不能充分利用的同时，而其他高校却因为没有经费投入而不能使用，也存在着结构性资源浪费。此外，某些财经院校通识教育的要求与其具体实施措施之间的错位；学校管理机制的缺位，如科层等级的管理效率问题；学校的部分领导观念陈旧，如官僚思想对通识教育的效率也存在严重影响等。因此，财经院校应秉承"协同创新"理念，卓有成效地进行通识教育资源的协作配置、共享配置与创新配置。

财经院校通识教育资源的"协同创新"配置，意味着财经院校要与兄弟高校以及其他社会团体、社会机构、社会组织、企业及个体相互协作，形成一个通识教育资源的"协同创新"配置系统，通过各自的相对比较优势发挥，构建全方位、全过程和分工协作的通识教育资源系统。协同是指一个开放式的系统中多个子系统间通过相互合作而产生的集体效应。创新是社会进步和发展的动力，当今经济的竞争实质就是创新的竞争。然而，随着竞争压力的不断加剧，依靠单个财经院校自身的力量来实现财经通识教育资源的创新配置，往往显得步履维艰，难以为继。于是，寻求财经通识教育资源的"协同创新"配置路径显得十分必要。

根据刘炜、徐升华（2009）等人的总结，协同创新可以理解为一个组织系统内部各成员间通过综合运用各自的资源开展的一系列活动，最终实现效应的最大化。在企业中，通过协同创新可以降低研发成本，分担独立创新的风险，并提升企业的核心竞争力。同理，在财经院校通识教育资源"协同创新"配置过程中，通过对各个学科进行分类整理、重组、边缘、交叉、融合、渗透，可以进一步提高协同效率和创新能力；通过财经院校与校内外、区内外、国内外多元化、多层次的通识教育资源共享和协同合作，可以为财经院校通识教育整体系统带来新的知识和资源，从而使得财经通识教育资源的数量增大、财经通识教育的质量与水平提升。就像马克思所描述的那样：协作所引起的生产力的变化，"不仅是通过协作提高了个人生产力，而且是创造了一种生产力，这种生产力本身必然是集体力。"从协作使劳动性质发生变化的角度看，"即使劳动方式不变，同时使用较多的工人，也会在劳动过程的物质条件上引起革命。"在分工协作过程中，"劳动工具的专门化，局部工人的形成以及局部工人在总机构中的分组和结合，造成了社会生产过程的质的划分和量的比例，从而创立了社会劳动的一定组织，这样就同时发展了新的、社会的劳动生产力。"分工与协作不仅推动了劳动生产力的发展，而且推动了企业组织形式的发展。

财经院校通识教育资源的"协同创新"配置，就是要以解放思想，开放办学、合作办学和国际化办学思路，通过在校内外、国内外的多元化、系统化的协作与创新，通过互惠互利、合作共赢、资源共享、优势互补等，使得财经院校通识教育资源得到最大化、最优化的配置，从而突破现有的资源分布瓶颈，创新财经院校通识教学教育体制机制，从而既克服财经院校通识教育资源的结构性失衡，又减少了社会通识教育资源的闲置、浪费，进而有效弥补了一些财经院校通识教育资源的不足。财经院校通识教育资源的"协同创新"配置的基础是合作。这既包括财经院校内部的合作，也包括财经院校与兄弟高校之间的合作，财经院校与社会机构的合作，还包括了财经院校与海内外科研院所、财经院校与个体等层面的多元化合作。

吴玫（2010）针对京津冀地区的高等教育现状，提出从教学资源共享、科研资源共享、高校毕业生就业信息互通等，以促进包括通识教育资源在内的区域教育资源共享。总之，通过财经通识教育资源的"协同创新"配置，财经通识教育资源可以克服其分布不均衡的问题，也可以解决目前高校之间存在的人才不良竞争，相互之间挖墙脚等恶性与不规范竞争。

二、财经院校通识教育的"共同核心课程"需要其资源的"协同创新"配置

目前，一些财经院校无论从课程设置、专业建设及人才培养模式上，都曾或多或少地进入了一个误区，片面注重知识灌输，相对忽视了对学生的德育教育和素质的全面提高，从而在一定程度上偏离了教育的内在本质和价值取向。在我国确立了以科学发展观指导经济与社会发展的战略思想后，建设全面小康社会、构建和谐社会的战略目标对财经学科的建设与发展提出了新的要求。科学的发展是一个全面、系统、科学的概念，是在经济增长的同时，促进社会秩序的公平和谐、生态环境的持续发展、个人素质的协调与全面提高。一方面，包括财经通识在内的财经学科研究的重点必须更加关注与公平、公正有关的理论问题，为经济与社会的可持续协调发展提供新的理论支持；另一方面，财经院校在人才培养上不仅要教育引导学生追求知识的广度与深度，更要建立与社会主义荣辱观相契合的崇高精神境界。因此，我们必须在新形势下创新宽口径、厚基础的财经人才培养机制，探索和形成有中国特色的财经人才培养模式，为全面建设小康社会培养出创新型、创业型的财经人才。

为了适应经济社会发展需要，深化教育教学改革，探索多种协同培养创新人才的方式，加快建立以"协同创新"为基本素质和能力培养为主的人才培养新模式，完善具有财经特色的"通识教育＋宽口径专业教育＋联合专业教育"培养体系，优化通识课程与专业课程模块学时、学分的配置结构，完善财经通识教育"共同核心课程"体系，改革教学管理模式，构建开放协同培养的教学资源配置机制。高等财经通识教育的"共同核心课程"应该根据我国的现实国情，结合国内外财经理论与实践来进行顶层设计。财经通识教育的目标，就是要打破现有的单纯学科的界限，促进学生全面、均衡发展；同时善于筛选信息，汲取精华，进行富有批判性和独立性的思考；培养学生健全的人格，成为一个真正有知识、有教养的人。通识教育不同于专业教育，不需要各个高校搞特色化，不能出现一个事物在高校甲称为 A，而在高校乙称为 B；也不能

出现高校甲的学生来到高校乙上课的话，同一门课程的教学就听不懂了，为了防止出现这样的怪象，就必须实现资源共享。"书同文，车同轨"。只有这样，各个高校培养的人才在走出校门后，才能更好地交流合作。

在日趋紧张的竞争压力下，财经院校通识教育必须找准自己的位置，进一步明确自己的发展思路，以创新举措寻找新的发展潜力与成长空间，励精图治，通过"协同创新"的通识教育资源配置机制，扬长避短，协作攻关，合作共赢，通过通识教育科研性成果向教学型成果的转化，共同打造与构建财经通识教育"共同核心课程"体系，实现财经通识教育学科建设与发展的新跨越。

一是大力促进世界范围的财经通识教育的一般成果向有中国特色的财经通识教育成果转化。在财经通识学科的研究工作中，我们要解决好东西方财经文化、科学精神的碰撞与磨合问题。我们要按照"古为今用、洋为中用"，"去其精华、去其糟粕"的指导思想，立足中国、面向世界，总结过去、着眼未来，以我为主、为我所用，善于把世界范围的一般成果转化为有中国风格、有中国气派、有中国特色的成果，并在这种转化中不断创造新的财经通识教育的基础理论与方法。

二是大力促进财经通识教育的理论型成果向应用型成果转化。经济全球化、中国加入 WTO、科技的迅猛发展，给我们财经通识教育带来了许多值得深入研究的课题。因此，我们必须要大力促进财经通识教育的理论型成果向应用型成果的转化，为促进改革开放和现代化建设的实践服务，为党和政府的科学决策服务。在此过程中，进一步拓宽"泛财经科学"、各种与财经相关的通识学科研究工作的生长点。

三是大力促进财经通识教育的科研型成果向教学型成果转化。作为财经院校教师，还肩负着培养社会主义建设者和接班人的重任。在财经通识教育学科的建设与发展过程中，高校不仅要出高水平的研究成果，而且要出高质量的人才，提供高质量的社会服务，传承与创新通识科学与文化。因此，我们要通过"协同创新"的资源配置机制，分工合作，协作集成，大力促进财经通识教育的科研型成果向教学型成果转化，使之进课堂、进书本、进网络、进头脑。高校财经学科

的教师在出高水平研究成果的同时，还应遵循教育教学规律，用反映时代特色的语言和青年学生易于接受的形式，把有中国风格、有中国气派、有中国特色的财经通识理论与方法讲透，讲得深入头脑、使人口服心服。

三、财经院校通识教育资源"协同创新"配置的具体路径

财经院校要与国内外兄弟高校以及其他社会团体、社会机构、社会组织、企业及个体相互协作，形成一个通识教育资源的"协同创新"配置系统，扬长避短，协作攻关，合作共赢，降低财经通识教育资源配置的交易费用，提高财经通识教育绩效，实现财经通识教育资源的优化配置。

（一）财经通识教育师资资源的"协同创新"配置路径

财经通识教育师资是财经院校通识教育最重要的资源，也是其"瓶颈"所在。在开展财经通识教育过程中，财经院校要充分发挥各级各类名师的作用，挖掘其名师潜力，产生通识教育的名师效应。比如，名师精品课程共享、名师培训、名家讲座等。对国家级的专家、学者要使他们在全国范围内发挥作用，省级专家最少需要在全省范围内发挥作用。对一些财经通识师资匮乏的院校，可以对某些专题的财经通识知识，设立名家讲座、名家讲坛，针对当前我国的社会经济形势等进行一定的剖析，对当前发生的社会热点、财经热点为同学们释疑解惑。对于名家、名师的讲座，要通过一定的形式固化，如开发专门的名家财经通识讲座系列网站，将名家财经通识讲座课件上网，让更多的学生共享。财经院校还要抓住一些国际国内学术会议在本校召开的良机，提前同与会专家联系，请他们为同学们开财经通识讲座；通过一些中介机构请名家名师到校讲座；建立财经通识教育名师名家库，建立财经通识教育师资的联系网络。

财经名家通识精品课程是针对某一领域的财经基础课程，有一定教学经验的名家根据自己的总结制作而成，通过财经通识精品课程的分享，其他高校的学生也同样可以体验名家的智慧与心得，既能提高财经院校通识教育的整体质量，也

可以对那些财经师资实力较弱的高等学校产生财经通识教育的"协同创新"效应。名师培训是由财经通识名师对师资薄弱的学校教师进行培训，然后再将学习心得与学生分享，这是当前增强财经院校通识教育的普及度的另一可行机制。财经院校还可以派出师资到国内外综合大学做访问学者，聘请兄弟院校教师作为本校通识教育的兼职或客座教授。

走财经通识教育师资的"协同创新"配置路径，除了整合兄弟高校的财经通识教育师资、请一些兄弟高校的退休教师、在读博士为本科生开设一些财经通识课程外，还要把财经通识教育师资共享的目光从教育领域拓展到整个社会。我国的地方社科院、党校、行政学院、政府研究机构等聚集了大批的各类专家，我国的一些财经部门专家或领导，如有一线工作经验的金融行业经理或研究员，他们对当前的财经发展及热点既有切身的经历，又有独到的理解。特别是，他们可以把中国特色社会主义实践中的经验、体会通过贴近社会生活的语言，让学生潜移默化地受教育、长才干。另外，还要鼓励学生走出校门，下基层，进工厂，到农村，开展多种形式与内容的社会实践，在实践中增强大学生的通识能力。

（二）财经通识教育硬件资源的"协同创新"配置路径

尽管我国高校教育硬件资源总体不足，但结构性矛盾也十分突出：既存在着某些硬件资源的短缺，更存在着硬件资源的浪费。因此，以"协同创新"为思路，构建财经通识教育有关的实验室、体育馆、运动场、图书资源、心理健康中心等硬件设施的共享机制无疑是十分必要的。

各个高校的实验室，可以通过既对本校师生开放，也对社会开放，对一些大型的实验仪器及实验室等，可以由城市作为有关硬件设施的投入单位，建立城市开放实验室，对所有的教学与科研单位开放。这样，可以大大降低财经院校通识教育的硬件设施投入、减少其维护费用与运行费用。图书资源的共享既可以防止图书的重复购买，造成浪费，也可以更大的发挥图书资源的作用。所以，实现图书资源的地区性共享，使各个高校在保证自身需求的前提下，向社会开放自己的图书馆。除此以外，一些高校的实验基地及实习基地也可以实行资源共享，一些高校的培养重

点不在财经方面，财经设施较差，缺乏实习基地，实习基地的共享既可以减少实习基地闲置的浪费，也增高了整体效应，是当前财经通识教育资源共享机制的另一实现机制。比如，天津市根据滨海新区高等院校较为集中的特点，郭建校、高雅荣、李金玲（2008）建议高校之间可以联手建设大学科技园和科研机构，建立共享的图书馆、实验室以及运动场，以避免硬件资源的重置。这样，优化了滨海新区的高校资源配置，推进了滨海新区高校通识教育的发展，推动了区域教育资源的共享。

（三）"区域高校联盟"是财经院校通识教育资源配置的"协同创新"平台

财经通识教育资源的"协同创新"配置，可以通过组建"区域高校联盟"平台的形式来实现，以有效地促进联盟高校的学生跨校选课，跨校共享实验室、图书馆、体育馆、艺术馆、演播厅、健身房、游泳池、运动场等各种学习生活设施，通识学分互认。

我国的一些优秀学子为了追求知识，留洋海外；欠发达国家与地区为提高自己的人才培养质量，也选择优秀学生到发达国家学习。由此，笔者以为，为了提高我国的财经通识教育质量，以"协同创新"来有效配置各种教育资源，可以探索"国内留学"。财经院校可以同其他高校协作，互派学生到对方院校短期访学、游学，甚至是国内高校之间的"1+3"、"2+2"、"3+1"的长期留学。

联合办学，组建跨区域"区域高校联盟"，实施"跨校选课、互认学分"制度，有助于探索财经院校与其他高校、行业、企业联合培养人才的新机制。整合各类实践教学资源，构建课内外一体化的实践、实习、实训教学体系，建立学生实践项目互通和学分互认机制，有助于探索与创新"知识、能力、素质"三位一体的人才培养模式。将联盟高校各自的办学优势与办学特色进行集成，形成不同特色的通识教育核心课程模块与人才培养规格，既可以使学生能够学到在本校无法学到的课程，也可以使各高校的师资在更大范围内发挥作用。另外，"区域高校联盟"还可以通过实施"小学期"的制度安排，鼓励"区域高校联盟"内的学生大规模地跨校选课，互认选课学分；甚至组建国际项目班，将海外名师请进来，把我们的学生送到海外进行"小学期"访学留学，以拓宽学生的国际视野，增强他们的国际交往能力。

参考文献

[1] 马克思恩格斯全集：第23卷 [M]. 北京：人民出版社，1975.

[2] 洪银兴，等.《资本论》的现代解析 [M]. 北京：经济科学出版社，2005.

[3] 刘秀琼，刘世民. 论学校教育资源的隐性浪费 [J]. 教育探索，2005（9）.

[4] 刘炜，徐升华. 协同知识创新研究综述 [J]. 情报杂志，2009（9）.

[5] 张会兰. 区域高等教育资源共享的层次及实现途径 [J]. 保定学院学报，2008（7）.

[6] 吴玫. 构建京津冀高等教育资源共享机制初探 [J]. 天津经济，2010（11）.

[7] 陈永跃. 关于普通高校构建和实施通识教育课程体系的思考 [J]. 重庆教育学院学报，2008（7）.

[8] 郭建校，高雅荣，李金玲. 天津市高等教育资源共享模式的研究 [J]. 中国西部科技，2008（3）.

[9] 解晓东. 试论我国高等教育资源共享的必要性与可能模式 [J]. 黑龙江高教研究，2003（6）.

深化教育教学改革
创新高等财经教育人才培养模式

纪良纲　刘金霞　李文霞　王重润①

（河北经贸大学，河北 石家庄，050061）

摘　要： 人才培养模式改革是当前我国高等教育发展面临的重大课题。本文在分析高等财经院校提高教育质量面临着一些新情况、新挑战的基础上，详细介绍了近几年河北经贸大学对本科人才培养模式的探索与实践，包括明确人才培养目标、完善人才培养方案、加强实践教学、完善学分制管理等。

关键词： 高等财经教育；人才培养模式；河北经贸大学

河北经贸大学是河北省重点建设的10所骨干大学之一，是一所以经济学、管理学、法学为主，兼有文学、理学和工学的多学科性财经类大学。2004年接受教育部本科教学工作水平评估获得优秀。学校实行二级管理，设有15个本科学院、5个教学部（中心）、研究生学院、继续教育学院和经济管理学院（独立学院）。现有54个本科专业、8个硕士学位授权一级学科、47个硕士学位授权点、10个专业硕士学位授权点、7个省级重点学科、2个省级重点建设学科。学校面向23个省（市、自治区）招生，现有全日制本科生、研究生30 000多名，专任教师近1100人，其中具有高级职称的教师有680余人，教师中有享受国务院政府特殊津贴专家、教育部"新世纪优秀人才支持计划"入选者、省管优秀专家、省有突出贡献的中青年专家、省社科优秀青年专家、省教学名师等百余人。

学校坚持以育人为本，以教学为中心，全面推进素质教育，不断深化教学改革。2001年启动学分制改革，从制度设计、资源准备、技术支持和质量监控等方面建立了学分制管理运行机制，实行按学科大类招生与培养，建立了"通识教育＋专业培养"的分阶段培养教学模式。挂牌上课、本科生导师制、学生自主选课、按学分收费、专业流转等制度为学生创造了自主学习、自我发展的良好环境，充分体现了以人为本、因材施教的管理思想，实现了人才培养模式的变革。

一、高等财经教育提高质量面临的新挑战

教育质量是高等财经教育的生命线，提高教育质量是各财经类高校的永恒主题。随着时代的发展，社会需求的变化，高等财经院校提高教育质量面临着一些新情况、新挑战。

（一）科学技术进步提出的新挑战

现代科学技术的飞速发展至少从两个方面会影响到高等财经教育的人才培养：一方面，现代科技带动社会飞速发展，新工具、新产品、新服

① 纪良纲，河北经贸大学校长，教授，博士生导师；刘金霞，河北经贸大学教务处处长，教授；王重润，河北经贸大学教务处副处长，教授；李文霞，河北经贸大学教务处高教研究室讲师。

务层出不穷，这就要求我们高等财经院校培养的人才要适应这些变化。比如，快速发展的交通通信条件，要求学生必须具备全球化的视野，因此，计算机网络、英语就成为现代人的必需。在经济全球化、文化国际化的时代，人们需要建立新的伦理观念。因此，加强文化素质教育，实施通识教育也成为财经类高校课程设置的趋势。另一方面，科学技术的飞速发展带来学科分支细化，新学科不断成长，原有学科的内涵也今非昔比。一些原来认为高深的专业的学问，成为学生需要掌握的普通常识，比如基尼系数、知识产权、可持续发展、GDP、DNA 等名词，本来是十分专业的，现在成为基础知识了。这就对我们高校基础课的设置提出了新要求。构成一门学科基础的内容，是那些具有本源性，能衍生、导出本学科其他内容的最基本的概念、事实、原理和方法。把科技发展的前沿融合到基础课中去，以最新的科学研究成果去更新和充实基础内容，让学生接触科技前沿，就成为财经类高校制定人才培养方案时必须要考虑的内容。

（二）社会经济发展带来的新挑战

从高等财经教育发展的内外环境来分析，社会经济发展主要从两个方面影响高等财经教育质量的提高：一方面是市场经济带来的价值观变化给高校带来的冲击。前段时间，云南大学工商管理学院尹晓冰副教授的一句雷人话语"全身心投入教学是一种毁灭"引来无数的争议，也在某种程度上反映了现实。在市场经济时代，社会价值观念多样化，什么手段能够最便捷地获得名利，人们就倾向于使用什么手段，而将自己的责任和使命置于从属地位。有些教师在教学上投入不足，对教学基本功和课程内容不钻研，对所教学生也很陌生。要想真正提高教学质量，就必须解决教师教学投入不足的问题。另一方面，高等教育大众化也给高等财经教育提出了新挑战。当前我国高等教育已经进入了大众化发展阶段。根据《国家中长期教育改革和发展规划纲要（2010—2020）》，到 2020 年，高等教育大众化水平进一步提高，毛入学率达到 40%。在校生总规模达到 3300 万人，高等财经教育在迎来发展机遇的同时，也正面临着巨大挑战。随着生源数量增长趋缓以及严峻的就业形势，高校之间的竞争日趋激烈，未来必将有一批不适应社会发展

的高校被无情淘汰。在精英高等教育时代，多数学生具有旺盛的求知欲和坚强的成才愿望，学习主动性、积极性很强。但是高等教育进入大众化之后，随着高考生源数量的持续下降和高考录取率的提高，相当一部分学生是被裹胁进大学的，他们自己缺乏学习的愿望，只是想混文凭或者满足家长的愿望。因此，如何在课堂上启发学生学习的兴趣，唤起学生的好奇心，使学生由被动学习转向主动学习，乐于学习，善于学习，就成为大众化高等教育阶段提高教学质量的一个重要挑战。

（三）个体成长提出的新要求

随着科技的进步，人类自身也在进化，今天人们所掌握处理的信息量，所拥有的理解力、分析力和判断力是孔子时代的人们所无法比拟的，人们的学习和思维方式的变化也给我们的高等财经教育提出了新的挑战。比如，我们一直提倡学习要循序渐进，没有学懂前一部分内容，就不能去学后一部分。可是在知识爆炸的今天，让学生在浩瀚的知识海洋中学会选择，学会摘取，能为我所用，成就事业，开拓创新，是一个新的挑战。这就要求我们要学习、吸收和运用认知科学的新概念、新成果。教学方法要有助于学生养成既严谨缜密，又机智灵活的创新的学习和思维方式。我们既不能抛弃过去坚持的严格的逻辑推理、理性思维的要求，循序渐进的原则，也不能因循守旧。允许跳跃式的学习，允许尝试性的理解，对学生要因材施教和正确引导。

二、河北经贸大学创新人才培养模式的探索与实践

在对以上形势进行充分考虑的基础上，河北经贸大学结合财经学科发展趋势与经济社会发展需要，进一步创新人才培养模式，提高教育教学质量。

（一）明确学校本科专业的人才培养目标

河北经贸大学定位于教学研究型大学。本科教学是学校的中心工作，本科人才培养是学校的根本任务。本科人才培养质量的高低是衡量办学水平的重要标准。提高本科人才培养质量的前提是明确人才培养目标。包括河北经贸大学在内的教学研究型大学，大多属于地方院校，与研究型

大学相比，生源质量不高，学科实力较弱，毕业生主要在基层工作。这意味着，教学研究型大学应以服务地方经济社会发展的高素质应用型人才为培养目标。这包含两个层面：一是培养应用型人才；二是培养高素质专门人才。应用型目标要求教学研究型大学的本科专业人才培养必须以市场需求为导向，在学生专业技能和实践动手能力的培养上下工夫，形成对研究型大学的比较优势，提高毕业生的就业竞争力。另一方面，教学研究型大学的本科专业人才培养又必须区别于以职业技术学院为代表、主要培养在第一线工作的高级技术人才的职业技术型大学的人才培养规格，不放松理论素质的培养，体现对职业技术型大学的比较优势。所以，教学研究型大学的本科专业应着重培养具有较好理论基础、较强实践能力的应用型人才。河北经贸大学的办学定位决定了本科专业人才培养目标是高素质应用型人才，努力构建符合国情、省情、校情和特色鲜明的应用型人才培养体系。

（二）完善人才培养方案，探索全新的人才培养模式

人才培养方案是学校实现人才培养目标的总体规划和路径设计，反映着学校人才培养理念和教育教学改革思想。为培养适应经济社会发展需要的高素质应用型人才，河北经贸大学实行大类招生与培养，涵盖经济学、管理学、理学、文学、工学 5 个学科门类、8 个学科类别、23 个本科专业。遵循"宽口径、厚基础、强能力"原则，以"贯彻落实科学发展观，着力提高学生社会责任感、创新精神和实践能力，促进学生全面发展，培养德、智、体、美全面发展的高素质应用型人才"为指导思想，按照通识教育和专业特色培养相结合的思路，建立了分层培养模式和"全校通修课程＋学科通修课程＋专业发展课程＋开放选修课程"模块化课程体系。灵活设置第二课堂素质学分，通过大学生读书活动、科技竞赛、社会实践、科研训练、创新实验、学术报告、社团活动、志愿者活动等第二课堂培养和提高学生的素质与能力。优化双学位与辅修专业培养方案，强化人才复合型培养。加强学科（专业）导论教育，启动专业教育开放日活动，为学生提供学科（专业）信息，调整双学位与辅修专业修读要求，重点扶持，加强管理，鼓励

学有余力的学生充分利用学校多学科的教育资源，攻读辅修与双学位专业，完备自身的知识体系，提高综合素质，成为复合型人才。人才培养方案的不断完善，体现了"自主学习、因材施教"的教育原则，注重学生个性发展，为学生自主学习、自主设计职业生涯规划提供了更多的选择空间与发展途径，为学生禀赋和潜能的充分开发创造了更加宽松的环境，加速了知识的综合、交叉与渗透，有助于学生科学重组知识结构，加强素质能力培养，提高综合竞争力。

以经济管理实验中心为依托组建管理类教学实验班，探索全新的人才培养模式、课程体系和管理机制，凸显实践特色，使其成为人才培养创新基地、教学改革示范基地和社会影响辐射基地。完善开放选修课制度设计，推进人文素质教育，加强"文理交融"为重点的文化素质教育课程体系建设，避免开放性选修课过于专业化的趋势。鼓励和支持教师为全校本科生开设文史哲类、艺术类、交叉学科类、导论类、创新性综合实验实践类、创业教育类等开放选修课，完善学生的能力素质结构，为学生禀赋和潜能的充分开发创造更加宽松的环境。

（三）加强实践教学，突出实践能力与创新精神培养

实践教学对提高学生的综合素质、培养学生的实践能力与创新精神发挥着重要作用。我校不断强化实践教学环节，提高实践教学学分比例，人文社会科学类专业一般不少于总学分的 15%，理工类专业一般不少于总学分的 25%。目前已经构建起由实验、课程设计、实习、实训、毕业设计（论文）及社会实践活动组成的课内与课外、必修与选修相结合的实践教学体系。

鼓励教师深化实践教学内容与方法改革。加强实验教学，在经管类实验室整合基础上，组建了经济管理实验中心，并建设为国家级实验教学示范中心。积极开发实验课程（或课程内实验项目），建立和完善基础实验、综合实验、创新实验等层次化的仿真模拟实验教学体系。全面推进实验室开放，使学生实验时间、实验内容和实验方法等更加自主、灵活。着力建立实践教学、科研活动和社会服务良性互动的机制，加强实践教学基地建设。建立起认识实习—专业实习—岗位实习—就业实践四年不断线实习制度。开展多

种形式的校企合作项目和校内实训项目，以赛促练，参加各类有影响的技能竞赛。2010 年我校在 CCTV 杯全国英语演讲大赛、全国大学生英语竞赛、ERP、数学建模、电子信息工程等技能大赛中，共获得国家级奖项 14 项、省级奖项 60 项。通过实验室开放、科研立项、参与教师课题等途径，鼓励学生开展科学研究，培养学生的科研素养和解决问题的动手能力，促进学生全面发展。

加强毕业论文（设计）环节的改革。严把毕业论文（设计）指导教师关，提高毕业论文选题质量，加强对毕业论文（设计）指导的全过程管理。鼓励探索多样化的毕业论文（设计）形式，加强对毕业论文质量评价，切实提高毕业论文质量。如人文学院从过去单一论文考核，改变为论文、作品、调研报告并重的考核方式，学生可根据自己的实际情况来选择其中一种方式，增强了学习主动性，有利于培养学生综合素质能力。

（四）建立了学分预警机制，深化教学管理体制改革

学分预警制度立足于"育人为本"的教育原则，根据每个学生的实际情况对其学业进行监控。每学期结束后，组织学生填写河北经贸大学学生学分预警报告单，对在一定时间内未获得相应比例学分的学生发出预警通知，帮助学生及时了解自己的学习进程，制订科学的学习计划，顺利完成学业。学分预警机制的实施对于提高教学质量，营造良好的学习风气有着重要意义。

参考文献

［1］刘全顺. 财经院校高质量有特色可持续发展探析——以山东工商学院为例［J］. 湖南商学院学报，2009（11）.

［2］陈国良，董业军，王秀军. 我国高等教育布局结构面临的挑战及对策建议［J］. 复旦教育论坛，2011.

基于应用能力培养的财经类专业实验教学体系构建①

王学军②

（兰州商学院 甘肃 兰州 730020）

摘　要：本文针对当前财经类专业实验教学体系存在的教学目标单一、理论教学与实验教学脱节、教学方法与手段陈旧、教学平台体系不健全等问题，提出财经类专业应按照系统性、模块化、开放性的原则，进一步明确实验教学目标定位、深化实验教学改革、强化实验教学队伍建设、规范实验教学管理，以此构建财经类应用型人才培养的实验教学新体系。

关键词：财经类专业；应用型人才；实验教学体系

当前，在全球化经济一体化和中国高等教育大众化的时代背景下，实验教学已成为财经类本科专业人才培养体系中的重要环节，在培养学生的创新精神和实践能力、提高学生的综合素质方面具有不可替代的特殊作用。《国家中长期教育改革和发展规划纲要（2010—2020年)》明确指出："人才培养要坚持能力为重，不断丰富社会实践，着力提高学生的学习能力、实践能力、创新能力，促进学生主动适应社会。"因此，大力加强实验教学建设，优化实验教学方案，完善实验教学体系是财经类专业应用型人才培养的有效措施和必要保证。

一、财经类专业实验教学体系的现状分析

21世纪以来，实验教学日益成为财经类院校专业建设的重要内容，加之国家政策的积极引导和扶持，有效地推动了财经类专业实验教学的快速发展。近年来，财经类院校都建立了以计算机、网络和通信技术为硬件平台，以应用系统、决策支持与分析系统等为软件平台，以计算机仿真、模拟等为主要手段的实验室或中心，来开展会计信息系统、企业管理、市场营销、人力资源、物流管理等管理类课程，以及贸易实务、银行业务系统、证券投资模拟、统计分析、财政预算等经济类课程的实验教学。但是，财经类专业实验教学在取得快速发展的同时，其在实验教学的培养目标、教学方法和手段、教学体系等方面仍然存在着诸多亟待解决的问题。

（一）实验教学目标单一

当前，大多数财经类院校通常按照学校或学科的总体培养目标，把学校定位成一个特定类型，如研究型大学、教学型大学等。但如果把这样一个总体定位，机械地落实到财经类专业的实

---

① 基金项目：全国教育科学"十一五"规划教育部重点课题"西部地区财经类应用型人才培养模式研究"、2009年度教育部"国家级经济管理实验教学示范中心"建设项目和2009年度新世纪教学研究所课题"财经类院校名师教学方法的分析与实践推广研究"的最终研究成果。
② 王学军，兰州商学院副校长，教授，硕士生导师。

验教学中去，对所有的课程、所有学生都采取同样的要求，就违背了教育对象的层次性、差异性要求和因材施教的原则，就不能进一步挖掘学生的潜能，更不能真正实现学校、学科、专业所定位的培养目标。当前，许多财经类院校都简单地把本科专业的实验教学目标定位为培养学生的创新精神和实践能力，而不是针对不同的财经类专业做差别化处理。这也是财经类专业实验教学中，验证性实验的比例远远超过综合性实验、设计性实验、创新性实验比例的深层次原因。

（二）实验课程与理论课程存在脱节现象

财经类专业的实验教学因为起步较晚，许多专业的实验课程都是逐步加入到专业培养方案中去的，使得实验课程的开设无论是在时间安排上，还是在教学内容的前后衔接上，都不能与该专业的理论课程有机地融为一体。尤其是独立设置的实验课程，经常在时间上与理论课程前后顺序颠倒，在教学内容上又各自为政，严重影响了学生对专业知识的认知和理解，实验教学和理论教学的教学效果都不尽理想。

（三）实验教学方法简单，教学手段陈旧

由于财经类专业实验课程的教师很多都是从事专业理论课程教学的教师，他们习惯于讲授法、问答法、讨论法等传统的理论课教学方法，有的教师即使考虑到了实验课程的特点，也不过是应用演示法、参观法等常规性的实验方法，而很少去应用沙盘推演、实战演练等先进的、灵活的教学方法和现代化的教学手段。导致财经类专业的实验教学不能完全摆脱单向灌输式的理论教学模式，仅满足教会学生模仿和记忆，不能激发学生的学习热情，不利于培养学生的创新能力和创新思维，从而背离了财经类专业实验教学的目标。

（四）实验教学平台体系不健全

一个完善的实验教学平台体系应包括硬件平台、软件平台和辅助平台三个支撑平台。硬件平台主要包括与实验相关的设备、仪器、器材和实验场所等；软件平台主要包括实验课程体系、实验项目、实验指导手册、实验教学大纲等；辅助平台则包括实验师资队伍、实验室运行机制、实验室管理制度等。随着高等教育教学改革的不断深入，财经类院校都深切地认识到，以理论教学为主，基本上不涉及实验教学的传统财经类专业教育已经远远不能适应社会发展的要求。为了提高财经类应用型人才的培养质量，学校必须加大实验教学投入，深化实验教学改革，建立健全实验教学体系。但是，许多财经类院校只是耗费了大量资源，建立了先进的实验设备和仪器等硬件平台，对实验软件平台的关注与研发特别少，导致缺乏完善的实验课程体系，尤其忽视对辅助平台的建设，实验制度体系严重缺乏，实验师资队伍建设十分落后，极大地制约了实验教学体系的完善。

二、财经类专业实验教学体系构建的基本原则和思路

（一）财经类专业实验教学体系构建的基本原则

1. 系统性原则

财经类专业实验教学体系的构建是一项较为复杂的系统工程。要构建完整、合理的实验教学体系，必须遵循系统论的观点，特别是整体性、相互联系的观点，以及动态演化的观点。除了将实验教学内在的各知识点进行有序地规划和整合，更要将实验教学与实训实践教学相结合，将实验教学与理论教学相结合，将实验教学与教师的科学研究相结合，将实验教学与学校的学科专业优势相结合，将实验教学与地方经济的发展相结合。

2. 模块化原则

财经类专业实验教学体系应支撑经济学、管理学等主体学科及相应专业的实验教学，根据各学科及专业在学科内容上的客观差异，应打破以往以课程设置实验的传统方式，按学科大类统一规划专业实验课程，以形成体系完整、科学合理的实验教学模块，供不同学科、不同专业的学生自主选择学习。同时，要注意模块的划分应遵循模块内内容高度聚合、模块间内容低度耦合的原则，以充分体现经济、管理学科间的差异与联系。

3. 开放性原则

开放型实验教学是实验教学改革最重要的组成部分，是强化课程的综合性和实践性，培养学生创新能力和实际操作能力的重要途径。一方面，财经类专业应加强实验室的开放，使不同层次的学生在自己设计和独立操作的平台上，把智慧转化为思维、视野、探索精神和创新能力，并构建大学生创新实验平台，为学生自主实验、个性化学习创造条件；另一方面，财经类专业的实

验课程体系要根据学科发展和科研成果不断更新实验内容，并注重学科的发展方向、前沿性。尤其将科研的最新成果引进到实验教学中，以研发促进实验，教研结合，建立具有财经类学科特色、反映学科最新成果的实验课程新体系。

（二）财经类专业实验教学体系构建的思路

实验教学体系构建的目的是培养学生获取知识的能力、实践创新能力、综合分析能力和解决实际问题的能力，从而形成一个实践教学链，并在实践教学链中突出专业特色。为了达到上述目的，依据实验教学体系的构建原则，财经类专业实验教学体系构建的思路主要包括以下几个方面：

1. 实验资源是基础

财经类院校一方面要在现有实验室资源的基础上，通过不断地整合、深化和建设，进一步改善实验教学软件和硬件条件，为实验教学提供更为先进的实验教学环境；另一方面要持续地深化实验教学改革，通过设立实验教学改革研究项目，以项目带动的方式，不断优化实验教学体系，深化实验课程建设，将科研成果转化为实验教学内容，不断丰富现有的实验教学资源。

2. 能力培养是根本

实验教学体系建设要紧紧以学生应用能力培养为目标，以学生为本，以各种方式提高学生的自主学习和终身学习能力，最终达到学生具有经营管理、创新创业和科学研究等能力。财经类专业的实验教学改革工作要始终围绕这一目标，以应用能力培养为主线，以大学生创新性实验项目为载体，建立实践训练平台和多维学习环境；以问题为导向，采用专题研究，充分利用各类实验资源和工具，开展创新性实验教学，全面提高学生的综合应用能力。

3. 师资队伍是保障

一支稳定的实验教学和实验技术队伍是实验教学体系构建的有力保障。财经类院校要进一步加强实验教学师资队伍建设，通过引进和自主培养等多种方式，不断提高实验师资队伍的整体水平。同时，要进一步改进和提高实验师资队伍的待遇，在科研立项、教学考核、评优评奖等方面向实验教师队伍适当倾斜，做到以优厚的待遇吸引人才，以优质的服务凝聚人才，以科学的机制激励人才，形成科研与教学相互促进、团队凝聚力不断加强、实验师资水平持续提高的良好局

面，为财经类专业实验教学体系的构建奠定坚实的基础。

三、财经类专业实验教学体系构建的对策

（一）明确实验教学目标定位

实验教学目标定位是实验教学体系构建的关键。实验教学的基本目标是加深学生对基本理论的认识和理解，加强学生的实验操作基本技能，培养学生求真务实的科学态度、严谨细致的科学作风，锻炼学生分析和解决实际问题的能力，提高学生的实践能力和创新精神。在这一总目标的指导下，应针对财经类专业人才培养的新特点，进一步明确财经类专业实验教学的目标定位，即：培养应用能力强，富有创新精神和创新思维能力，具有分析和解决实际问题能力，能全面适应市场经济建设和社会发展需要的财经类应用型、创新型人才。

（二）深化实验教学改革

1. 精选实验项目，更新实验教学内容

应在经济与管理学科大类平台的基础上，着力构建内容完整、结构合理、层次分明、循序渐进的实验教学内容体系。具体而言，应依据财经类专业特色、知识体系、教学目标和教学任务，构建一套涵盖课程单项性实验、课程综合性实验、专业综合性实验、跨专业综合性实验和创新创业实验五个层面，并与理论教学紧密衔接的实验教学内容体系，以加强经济、管理类课程之间的整体性和系统性。

2. 优化实验课程体系，搭建仿真模拟的实验教学平台

财经类专业涉及面广，不同专业有不同的特点，因而实验教学课程体系的规划应该有所区别和侧重。应在充分考虑各专业课程特点及课程之间关系的基础上合理安排、统筹规划实验项目顺序和实验教学内容，保证实验教学课程之间和实验内容的连贯性和系统性，构建包括基础实验、综合设计实验和研究创新实验等不同层次的实验教学课程体系，使实验课程教学与理论课程教学既相对独立又有机结合，以促进财经类专业实验教学资源的优化配置，力求把知识、能力、素质的培养融为一体。

3. 改革实验技术，创新实验方法和手段

在实验技术的改革中，一方面要继续保留部分传统的手工操作实验技术，如会计手工模拟实验、银行模拟实验和商品学实验；另一方面，要注重引进现代信息技术，如网络和电子信息技术，使先进的信息技术与传统的手工操作相结合，确保实验教学方法和手段适应实验教学需要。在实验教学方法的改革中，逐步以教授知识为主转变为以指导学生的模拟体验式学习为主，建立以学生为中心的实验教学新模式，形成自主式、合作式为主的学习方式。在实验教学手段的改革中，通过以计算机网络为基础，搭建仿真化的实验教学环境，利用现代教育信息技术，实现实验教学手段的多元化和现代化。

（三）强化实验教学队伍建设

实验教学队伍是财经类专业实验教学建设的根本。应根据培养与引进相结合，制度激励与约束相统一的建设思路，不断加强实验教学队伍建设。一是要有计划地分期派遣实验教师到企业兼职，让其全面、真实地了解企业经营管理的实际情况，积累实践经验；二是要聘请具有丰富经验的实际工作者为兼职实验教师，定期与经济管理专业教师进行业务交流，亲临实验现场解答学生提出的疑难问题；三是要制定优惠政策，吸引社会上那些既有深厚的理论基础，又有丰富的实践工作经验的人士来高校担任专职实验教师。从根本上讲，要建设高素质的财经类专业实验教师队伍，就必须充分调动专业教师从事实验教学的积极性，应在课题立项、教学考核、评优评奖等方面向实验教学倾斜；应进一步提高实验课程特别是综合性、设计性实验的课时报酬；设立专职实验教师岗位，实行竞聘上岗，择优选用优秀的教师担任专职实验教师，以全面提升实验教师队伍的整体水平和质量。

（四）规范实验教学管理

1. 创新实验教学管理机制

随着以"教"为中心的教学模式向以"学"为中心的教学模式的转换，财经类专业实验教学的管理方式也应做相应调整，即从以教师管理为主转向以学生自我管理为主。尤其是在创新与创业类实验中，实验内容的策划、组织与实施应由学生来完成，而实验过程中的协调、监督、控制与评估等工作则由教师配合学生来实现，从而有

效调动学生参与实验的积极性和主动性，满足财经类应用型、创新型人才培养的需求。

2. 优化实验教学运行机制

为保证实验教学的正常运行，根据财经类专业实验教学的特点，应逐步确立"共建、共管、共享、开放"的运行机制，从内容上、时间上、空间上面向全校和社会实行开放运行，并从实验室管理、实验教学设备、实验室安全等方面建立相应的管理制度，不断调整管理模式，优化运行机制，有效提高实验教学资源的利用率。

3. 加强实验教学质量监控

一是要制定明确具体、具有指导性和可操作性的财经类专业实验教学质量标准。通过制定实验教学规范性文件和实验教学各环节的质量指标，为实验教学检查和评估提供依据。二是要加强财经类专业实验教学质量监控和评价。定期组织专家依据实验教学质量标准及相关管理规定，对实验教学质量进行检查或评估，并建立完善的评估检查反馈机制和整改机制，从而确保实验教学质量的不断提升。

参考文献

［1］钱方明. 地方高校经济管理实验教学示范中心建设的若干问题探讨［J］. 实验室研究与探索，2008（12）.

［2］李远东. 大力推进经济管理类专业实验教学体系构建［J］. 河南财政税务高等专科学校学报，2010（4）.

［3］曾小彬. 深化实验实践教学改革，提升应用型人才培养质量［J］. 实验室研究与探索，2010（2）.

［4］杨丽萍，毛金波. 高等院校经济管理实验教学内容整合问题探讨［J］. 武汉大学学报：哲学社会科学版，2007（5）.

［5］潘光辉. 对经济管理类专业实验教学体系构建的研究［J］. 实验室研究与探索，2008（3）.

［6］陶雷，等. 高校经济管理本科实验教学体系构建的研究与实践［J］. 实验技术与管理，2009（3）.

［7］彭洋. 基于ISO9000的财经类实验教学质量保证体系构建［J］. 现代教育技术，2010（10）.

天津财经大学实施教学动态考评的探索与实践

张 云 刘红梅 曹莉艳①

（天津财经大学 教务处，天津 300222）

摘 要： 本文客观分析了新形势下天津财经大学实施教学动态考评的必要性，简要介绍了实施教学动态考评的行之有效的做法和实践经验，对今后继续完善教学动态考评工作提出了有针对性的措施，希冀对具有天津财经大学特色的教学动态考评的介绍能够对高等财经院校建立一套适合校情、保证教学质量的自我监控、良性循环的教学质量保障体系有所裨益。

关键词： 教学动态考评；教学质量保障体系

在新的历史时期和新的发展背景下，教学质量保障体系能够促使高校更加重视教学工作，切实把主要精力放在教学和提高人才培养质量上，使全校教职工积极投入到学校的建设、改革和发展中去，促进教学质量的提高。建立教学质量保障体系的最终目的是通过对教学质量的科学评价，实事求是地找出影响教育质量的因素，提出改进措施，并辅以必要的条件保障，进而不断促进教学质量的提高。高等学校教学质量保障体系实际上是针对教育教学工作进行的全方位、全过程、全员性质量管理的一套操作系统和条件保障系统，是保障高等学校教育教学质量不断提高的有效机制。近年来，天津财经大学结合教育部本科教学水平评估，经过实践探索，建立了一套适合本校校情、保证教学质量稳步提高的自我监控、良性循环的教学质量保障体系——教学动态考评，通过教学实践，初见成效。

一、实施教学动态考评的必要性分析

（一）巩固评估成果的需要

2003年，天津财经大学顺利通过教育部本科教学工作水平评估，并取得了优秀的好成绩，这是学校长期以来在"四个坚持的"办学思想指导下，以教学工作为中心，狠抓教学质量、深化教学改革的结果；是坚持转变教育思想、更新教育观念，以人为本，制度创新的结果；是学校对评估工作高度重视、认真对待、精心组织的结果；是我校凝心聚智、群策群力，把迎评过程作为实实在在促进学校教学质量上水平的过程的结果。然而，经过本科教学评估后，我们发现，有些同志在思想上存在着盲目自满的情绪，在教学工作方面出现松动的现象。当前，面对各高校间日趋激烈的教育竞争态势，巩固评估成果，坚持已有的好的做法，把本科教学评估成果转化为日常教学工作规范，用心用力，在一个更高的起点上脚踏实地地提升教学质量，是我们面临的一项长期的、艰巨的、至关重要的任务。因此，建立长效的质量保障与监控机制，使评建工作长期

① 张云，天津财经大学教务处处长，教授，硕士生导师；刘红梅，天津财经大学教务处副处长，副研究员；曹莉艳，天津财经大学教务处教学研究科科长，助理研究员。

化、制度化和规范化，才能不断巩固评估成果，并在原有的基础上有新的提升。

（二）不断提升教学质量的需要

近几年，随着我国高等教育向大众化的转型，高校不断扩大招生规模，以适应日益增长的经济社会发展需要。但是从目前来看，我国高等教育的数量和质量还不能够很好地适应经济社会发展的需要，尤其是质量问题更为突出，当前更重要的发展是提高教学质量。教育质量的高低直接决定了人才培养质量的高低，因此，不断提高教学质量是对每一所高校的内在要求。

就我校而言，实施教学院系动态考评，是依据教育部组织的外部评估，建立适合学校自身发展需要的教学质量监控体系的重要手段。我校教学动态考评体系是以教育部评估指标体系为依据，经过广泛调研，结合我校评估后的实际情况，是经过多次修订而建立的，并且随着形势的变化和教学工作的新要求而不断动态地进行完善。做好这项工作，有利于进一步提升我校教学改革理念，开阔教学改革思路，完善教学改革措施，加强教学条件和师资队伍建设，优化教学环节，从而最终达到提升教学质量的目的。只有教学质量提高了，学校的知名度才会不断提升，才能在激烈的竞争中抢占先机，才能得到社会更广泛的认可，彰显天津财经大学的品牌与实力。

（三）学校新的发展对教学工作提出新要求的需要

随着高等财经教育的迅速发展，在招生规模、生源质量、教育资源配置、毕业生就业等方面竞争日趋激烈，各高校纷纷采取措施提高教学质量，以保证在竞争中处于优势地位。我校作为天津市唯一一所重点财经大学，肩负着为地区培养输送高层次经济管理人才的重任，如何紧密结合滨海发展，培养适应滨海新区开发开放需要的、兼具职业性和专业性的个性化人才是我们当前要探索和实践的首要问题。这就需要我们在深化学校教育教学改革，进一步完善教学质量监控体系，提升学校教育教学质量、办出水平特色方面做出新文章做出大文章。

（四）深入贯彻落实《国家中长期教育改革和发展规划纲要》的需要

《国家中长期教育改革和发展规划纲要》的实施，开启了我国由教育大国向教育强国迈进的征程，为我国未来10年教育改革发展作了战略谋划和前瞻性部署，为高等教育的发展确立了新目标，提出了新要求。《国家中长期教育改革和发展规划纲要》指出，改革教育质量评价和人才评价制度。改进教育教学评价。根据培养目标和人才理念，建立科学、多样的评价标准。这就要求我们领会《国家中长期教育改革和发展规划纲要》精神，把握高等教育发展的阶段性特征，以制度体制改革为重点，更新观念，创新人才培养模式，不断健全教学质量保障体系，加强对教学质量的监控，改进教学评估，不断提升教育教学质量，提供更加优质的教育。

二、教学动态考评的实施

为了将教学评估取得的阶段性成果转化为常态工作，巩固和发展教学评估中取得的成果，继续坚持以评促建，以评促改，真正建立一套保证和提高教学质量的机制，使我校教学工作在一个更高的起点上，取得更大的成绩，学校实施了教学动态考评。实施教学动态考评既是我校实现教学质量稳步提高的保障体系与长效机制，也是我校强化教学管理、深化教学改革而采取的一项创新举措。教学动态考评机制的建立，旨在通过过程考核和目标考核、静态考核与动态考核的结合，了解状态，及时发现问题，最终及时解决问题，发挥教学评估的诊断与助推功能，进一步提高教学质量。

（一）教学动态考评方案的制定

2006年年初，根据学校实施院系教学动态考评的工作安排，学校组织了调研。调研工作先后在上海财经大学、复旦大学、南京大学、东南大学、中南财经政法大学、江西财经大学、南京财经学院等国内大学进行，获得了大量可供借鉴的第一手资料。依照教育部本科教学评估指标体系，经过认真的梳理、筛选、总结，结合我校的实际情况，2006年6月底建立了教学动态考评指标体系（草稿）。指标体系主要由课程建设与专业建设、师资队伍建设、教学研究与教材建设、实践教学、教学管理、人才培养质量、整改与特色工作等方面组成。校外教学督导专家经过几次开会论证，对教学动态考评指标体系（草稿）提出了具体的改进意见和建议。学校对该指标体系又进行了专项研讨，对指标体系进一步作了修改，2006 年 9 月底，形成了教学院系动态考评方案（初稿）。在广泛征求各学院教学院系意见的基础上，2006 年 11 月出台了教学院系动态考评方案（草案）。

根据《天津财经大学教学单位教学工作考核实施方案》（草案），我们在 2006 年进行了试考评，一是检测考评指标体系的科学性和可操作性；二是及时总结、梳理评估后我校的教学工作。经过考评，达到了预期的目标。在总结 2006 年考评工作、充分听取校外专家督导组和各教学单位的意见和建议的基础上，2007 年 5 月我校又进一步修订完善、出台了《天津财经大学教学单位教学工作考核实施方案》。该考评方案在设计上体现了过程考核与目标考核相结合的特点，可操作性强。在指标层面，既有定量指标，又有定性指标，定量与定性相结合。2008 年 12 月，以学习落实科学发展观活动为契机，通过问卷调查和召开座谈会的形式，对教学动态考评工作进行了调研，对考评指标体系和工作方案进行了完善，特别强调了对上年度考评后整改工作情况的考核，以充分发挥考评工作以评促改、以评促建的作用；同时突出了对院系特色教学工作的考评，以进一步调动教学单位工作的主动性和积极性。2011 年 4 月，学校召开了教学工作会议，根据新形势和学校教学改革工作的重点，又对动态考评方案作了进一步的完善，进一步丰富、明确了指标内涵，增强了动态考评的有效性，激励教学单位创造性地开展教学工作，提高教学质量。

（二）教学动态考评工作的开展

教学动态考评工作采取平时考核、阶段考核、集中考核结合的办法。比如，专家督导组听课、教学管理工作的质量与效率属于平时考核指标，随时打分，随时公布结果；毕业论文（设计）抽查属于阶段性考核指标，在每年 5 月中旬，考核后打分，公布结果。年底集中考评工作分四个阶段进行：第一阶段，各教学单位上报数据表和自评报告；第二阶段，校外教学督导专家审阅自评报告；第三阶段，校外教学督导专家根据考核指标，结合自评报告，下系检查并打分；第四阶段，教务处工作人员根据数据表和专家打分情况汇总、计算各教学单位最终得分。

经过 2006—2010 年连续五年的考评工作，我们看到：评估结束后，各教学单位积极进行整改工作，加强教学建设，经过努力，各教学院系在专业建设、课程建设、教材建设、中青年教师培养、人才培养模式改革和教学管理规范等方面都有了显著的提升，取得了较好的工作成绩，实现了"以评促建、以评促改"。学校对各教学单位的考评结果进行了排名。考虑到教学单位的建立基础和发展历史，排名分为两大类，分别是综合排名和单项排名。综合排名是对评价指标体系中各项指标得分的求和，是对各教学单位教学工作较为全面的评价。单项排名是比较评价指标体系中某项指标，重点是对各教学单位某项教学工作的评价，比如毕业论文工作、试卷工作等。为了保护各教学单位的积极性，增强竞争意识，推动各教学单位进一步改进教学工作，我们的综合排名只公布前六名，单项排名公布前三名，并对综合排名前六名、单项排名第三名的教学单位予以奖励。这种排名方式无论对于新建教学单位还是发展历史悠久的教学单位都能够实现在同一起点的公平竞争，体现了客观、公平、公开的原则。学校根据教学改革发展的重点工作，不断增加奖励力度，完善奖励方式，既为教学单位提供专业教学条件的奖励，如投影仪、打印机等各类教学硬件设备，也为教学单位提供建设经费的奖励。以实物奖励的目的是让各教学单位将这些奖品用于教学建设，进一步保证教学投入的有效使用，达到进一步推动教学工作的目的。

教学动态考评工作的实施，有效调动了各教学单位的工作积极性，进一步引导、激励了教学单位动态地、有重点、有步骤地实施教学改革的研究、探讨与实践，推动了各教学单位教学工作的深入开展，提升了教学质量和水平。

三、实施教学动态考评取得的成效

通过实施教学动态考评，学校教学工作的整体水平有了较大的提升，人才培养质量显著提高，彰显了天津财经大学的育人品牌。

（一）专业建设方面

在学校政策的引导和支持下，各教学单位不断加强专业建设，不断提升传统专业和新建专业的建设水平，并根据社会经济发展需要，积极增设新兴专业。一方面，各传统专业注重分析未来国际经济全球化对人才需求的趋势，有步骤地调整现有课程结构，进一步发挥了老专业的专业优势。学校从人才引进、资源配置等方面大力加强传统专业的提升建设工作，使一些传统优势专业的特色更加鲜明。2010 年，我校 12 个本科专业被批准为天津市品牌专业，获得了 452 万元的财政经费资助。另一方面，各新增专业积极开展调研与校际交流，有步骤地优化课程设置，进一步提升了新专业的建设水平。在天津市教育委员会组织的新专业检查中，所有被查专业全部顺利通过。其中，财务管理专业被评为优秀，金融工程、英语专业、工程管理、旅游管理被评为良好。同时，为满足滨海新区建设和天津市新兴产业急需人才需要，有计划地增设新专业，近五年来，增设了信用管理、酒店管理、软件工程、汉语言文学、网络工程、商务英语 6 个新专业，目前学校的专业总数增至 39 个。

（二）课程建设与教材建设方面

学校高度重视课程建设和教材建设工作，各教学单位在课程建设中做到了课程建设有计划、有重点，分步骤、分层次建设。精品课程建设成果显著，目前已形成国家级、市级、校级三级精品课程体系，拥有国家精品课程 3 门、市级精品课程 20 门、校级精品课程 70 门。"会计发展史"等 17 本教材获国家"十一五"规划教材立项，立项教材数量在天津市属高校中名列第一。"统计学导论"和"旅行社运行与管理"两种教材被评为高等教育精品教材。同时，大力加强实验教材建设，近五年来，建设了 25 本实验教材，满足了实验教学的需要，提高了实验课的教学质量。

（三）实践教学方面

各教学单位着力构建实践教学体系，积极推进实践教学改革，学生的实践创新能力普遍提高。各教学单位建立了相对稳定的实践教学基地，目前共建立了 100 余个实践教学基地，为学生开展实践活动开辟了较为广阔的空间。同时，学校以天津市"十一五"综合投资和地方与财政共建实验室项目为契机，加强实验室建设，投入 10 505 万元建设资金，新建、改建、扩建 34 个实验室，进一步满足了实验教学的需要。会计实验室被评为天津市高校优秀教学实验室。

（四）师资队伍建设方面

教学经验丰富、学术造诣高的教授、副教授在教学改革中的主力军作用日益突出。由教学水平高、学术造诣深的教授领衔，由教授、副教授、讲师、助教及教学辅助人员组成教学团队，通过建立团队合作机制，促进了教学研讨和教学经验交流，改革教学内容和方法，推进教学工作的传、帮、带和老中青相结合，提高了教师的教学水平。截至目前，我校有 1 名教师被评为国家级教学名师，有 9 名教师被评为天津市级教学名师；有 1 个教学团队被评为国家级教学团队，4 个教学团队被评为天津市级教学团队。

（五）多样化人才培养体系完善方面

坚持以人为本，因材施教，积极开展人才培养模式方面的改革与创新，建立并不断完善多样化的人才培养体系，使不同能力、不同基础、不同兴趣、不同志向的学生都能找到适合自己发展的学习平台，较好地满足了学生不断增长的多样化的教育需求。①根据学生不同的学习基础，将本科生分为实验班、普通班、基础强化班，实施不同的教学安排；②根据学生考研、就业、创业的不同需求，在专业选修课中设置不同模块课程供学生选择，自主设计个人发展方向；③根据学生不同的兴趣爱好，通过辅修、双学位、主辅修互换、奖励学分等制度，促进学生多元发展；④根据学生和企业的共同需求，开展产学研结合、订单式培养人才的探索，创办了"民生银行班"、"滨海银行班"、"华夏银行班"和"大公信用管理学院"，实现了学校、学生、企业三赢和良性循环；⑤积极开展境外合作，借鉴国外的教育方式，嫁接适合我们的更加科学适用的教育方式。2005 年以来，学校先后与英国格拉斯哥大学、英国朴次茅斯大学、瑞典达拉娜大学、加拿大西三一大学等在内的 12 个国家近 30 所大学，采取"3＋1"、"2＋2"、"2＋2＋2"等形式的合作，提高了我校本科教育协作的国际化水平。

（六）人才培养质量方面

学生的综合素质和就业竞争力进一步增强，品学兼优的学生大批涌现。本科生考研率不断攀升，每年都有一大批优秀本科毕业生考取北京大学、清华大学、复旦大学等教育部直属重点大学的硕士研究生。本科生一次就业率在天津市名列前茅，毕业生在工作岗位上的出色表现得到了用人单位的高度赞许。近五年来，在全国大学生数学建模竞赛中，我校学生获全国一等奖 1 项、二等奖 2 项，天津市一等奖 9 项、二等奖 11 项；在全国大学生英语竞赛中，获得天津赛区特等奖 4 项、一等奖 20 项、二等奖 59 项、三等奖 119 项；在 "CCTV 杯" 全国英语演讲大赛中，获天津赛区一等奖 3 项、二等奖 3 项、三等奖 1 项；在 21 世纪杯全国英语演讲比赛中，获天津赛区总冠军、北部地区决赛季军、天津赛区一等奖 1 项；在 2010 年 "外研社杯" 全国英语演讲大赛中，我校获天津市赛区总冠军；在天津市普通高校大学数学竞赛中，获得一等奖 23 项、二等奖 66 项、三等奖 85 项；在天津市大学生计算机应用能力竞赛中，获得一等奖 11 项、二等奖 17 项、三等奖 13 项，尤其是在 2010 年的竞赛中，获得全部 11 项一等奖中的 3 项，占一等奖总数的 27%，一等奖数量在全部参赛学校中位列第一。

（七）教学管理方面

不断修订、完善各项教学管理工作规范，教学管理制度健全。学校以 2005 年、2007 年、2011 年召开教学工作会议为契机，对我校已有的教学工作规范进行了系统地梳理和修订。其中，为实现校、院、系教学管理的科学化、规范化，明确院、系（部）教学管理工作职责，出台了《天津财经大学院、系（部）教学管理职责规定》。为进一步调动各教学单位教学工作的主动性、积极性和创造性，进一步修订了《天津财经大学教学单位教学工作考核实施方案》。为确保多样化人才培养立交桥的畅通，2009 年教务处制定了《辅修、双学位、主辅修专业互换管理办法》，修订了《教改实验班管理办法》，修订了《英语实验班管理办法》等。各教学单位也以学校的教学管理制度为依据，不断修订、完善本部门的教学管理制度，进一步规范了本部门的教学管理工作。目前，学校和各教学单位建立了一整套符合我校实际、操作性较强的教学管理规章制度，并在教学管理中严格执行，收到了良好的效果。

（八）"质量工程"项目建设与教学研究方面

在教学动态考评工作的促动下，各教学单位着力开展教学工作，在教学工作质量和水平方面有了很大的提升，尤其是 2007 年教育部实施 "质量工程" 以来，取得了突破性的建设成绩。截至目前，我校有国家级特色专业建设点 5 个，国家级精品课程 3 门，国家级精品教材 2 本，国家级人才培养模式创新实验区 1 个，国家级教学团队 1 个，国家级教学名师 1 名。天津市级精品课程 20 门，天津市级教学团队 4 个，天津市级教学名师 9 名。累计获得建设资金 300 余万元。通过建设，进一步夯实了学校教育事业的发展基础，有效推进了学校教育教学改革。

教学研究方面，在第六届高等教育教学成果将评选中，我校与厦门大学、西南财经大学合作完成的 1 项成果被评为国家级教学成果一等奖，1 项成果被评为天津市级教学成果一等奖，4 项教学成果被评为天津市级教学成果二等奖。我校 8 个项目被确立为 "天津市高等学校本科教学改革与质量建设研究计划项目"，1 个项目被确立为 "天津市高等学校加快培养急需人才重大研究立项计划项目"。通过教学研究成果的培育，进一步推动了学校教育教学改革向纵深发展。

四、完善教学动态考评工作的设想

教学动态考评工作是一个涵盖人才培养全过程、涉及学校方方面面教学工作的庞大系统。在动态考评工作的组织与实施的过程中，我们发现：一方面，在评估后有个别单位出现了 "忽视建设、忽视评估后工作的" 倾向。个别单位对动态考评的目的还不是很明确，在准备考评工作材料的过程中还存在机械性的倾向，对于整改工作还缺乏明确的思路和切实有力的措施。对于某些教学工作，缺乏实质性的工作成效。另一方面，考核的办法还有待于进一步改进，考核指标体系要进一步优化和完善，考评结果的动态分析、动态地向考评单位反馈以及问题的解决与督促方面还要进一步加强。因此，我们的考评制度还有进一步细化和完善的必要。

（一）不断完善和细化动态考评制度

要进一步根据动态考评指标体系的内涵要求，根据近年考评工作的实际情况，结合我校的实际，在实施考评的过程中，将各关键环节进一步分解为若干执行项目，以进一步增强可操作性。要进一步健全考评的规章制度,加强规章制度建设。制度是行为规范,同时也是进行监督的依据。规章制度是工作运行的"法规性"文件,只有严格执行规章制度,才能保证工作的质量。因此,在制定规章制度时,要围绕学校教学的总体目标,以达到质量标准为管理目标,制定能够体现现代教育思想,保证实现学校教学目标的规章制度。

(二)进一步制定动态考评指标体系的质量标准

质量标准是开展工作所要达到的目标,也是对工作进行检测的准绳。因此,今后将根据学校教学管理、教学改革的重点工作,动态调整考评的指标内容、测算标准,完善教学各环节的质量标准。在完善质量标准的过程中,要以教育部教学评估指标等级标准为指导,以充分满足人才培养质量要求为原则,制定切实可行的质量标准,保证质量监控与考评有章可循、有的放矢。

(三)进一步建立动态考评工作良性运行体系

围绕考评工作的开展步骤,制定工作流程。工作流程的确定要规定具体责任人和监督人在目标实现过程中必须履行的工作规程,明确考评结果的反馈途径,保证动态考评的执行过程形成一个循环流程,从而能够持续、正常地运行。同时工作流程还要明确动态考评工作各执行机构、监督机构间的联系和协调关系,保证体系运行的可操作性。要实现被考评教学单位与监督机构间及时有效的沟通,建立畅通的信息反馈渠道,使考评结果获得动态的分析、动态的反馈,增强考评结果分析与反馈的有效性。要不断加强信息交流和整改工作的检查与监督,从而有针对性地指导教学单位开展整改工作,不断提高考评的质量和实效性,达到以评促建、以评促改的目的,促使学校教学工作健康、稳定、持续发展。

(四)进一步加强整改工作

整改是各教学单位完善和超越自我的过程,是多维度的、动态的、持续的。在这个循环发展、不断变化、不断创新的过程中可体现出学校自身可持续的成长和发展的能力。整改过程是一个不断规范办学规章制度、不断发展教育理念、不断完善教学条件的过程。教学动态考评结束后,根据专家组的考察意见和评估结果,各教学单位从本部门的实际情况出发,研究整改方案,制定整改措施,学校要加强对整改工作的检查与监督,确保整改效果。要将整改工作变成一种教学常态,通过整改进一步明确是否实现既定的目标,并测评这些目标的实现程度,从而将被动化为主动,进一步提高工作效率,不断提高教学质量。

(五)进一步完善激励竞争机制

在考评工作中,学校运用激励竞争机制,对于成绩突出的教学单位予以奖励,极大地调动了教学单位的积极性,推动了教学工作。但是我们也看到,由于各教学单位历史发展不同、基础不同,单纯的排名奖励还存在一定局限性。今后我们还要针对各教学单位的实际情况,区别水平,动态地调整年度考核重点,制定不同的奖励目标,增强教学动态考评的时效性,以鼓励各教学单位向更高的教学工作目标迈进。学校将进一步加大动态考评奖励力度,在奖项设立、名额确定等方面做出新的调整,通过激励竞争机制去促进各教学单位创造性地开展工作,促进教学工作的持续快速发展,进一步提高本科教学质量和水平。

总之,实施教学动态考评不仅是一项建设工程、教学改革促进工程、质量提高工程,也是一项团结凝聚学校人心,提升学校整体办学水平的工程。天津财经大学实施教学动态考评,就是要通过外部的本科教学工作水平评估来促进内部质量保障机制的建立和完善,形成一个符合实际、执行有力、保障有效的具有天津财经大学特色的质量保障体系。要通过经常性的自我评估,不断发现问题、查找差距、实施整改,促使各级领导经常性地研究教学工作。要定期开展教学调研,了解学校教学工作状况,倾听各方面的意见,及时解决工作中出现的问题,确保教学投入,进一步落实教学的中心地位。在今后的工作中,我校将在已有工作经验的基础上,进一步深入、扎实、有效地开展教学动态考评工作,使教学工作更加规范、质量更高、更富活力、更具竞争力,促进学校整体教学工作迈上新台阶。

参考文献

[1] 王汉澜. 教育评价学 [M]. 郑州:河南大学出版社,1995.

［2］宋烈侠，唐德玲. 高校教学工作自我监控和评估的思路和机制［J］. 河北大学学报：哲学社会科学版，2000（8）.

［3］唐德玲，宋烈侠，等. 完善教学质量保障系统 促进教学质量不断提高［J］. 清华大学教育研究，2001（4）.

［4］刘凡丰. 高等教育质量的概念和评价质疑［J］. 中国高等教育评估，2002（2）.

［5］张燕妮. 中英高等教育评估体系的比较［J］. 现代教育科学，2002（7）.

［6］李勇. 简论高等院校的质量认证［J］. 煤炭高等教育，2002（5）.

［7］蒋林. 构建高校教学质量保障体系的思考及对策［J］. 当代教育论坛，2005（4）.

［8］朱崇实. 把握"二十字"方针 形成教学评估长效机制［J］. 中国高等教育，2006（9）.

［9］房喻. 建立健全高校内部教学评估机制的实践与思考［J］. 中国高等教育，2006（9）.

［10］韩廷斌. 合力构建开放的高等教育质量保障体系——全国高等教育质量保障与评估机构协作会成立暨学术研讨会综述［J］. 中国高等教育，2010（3）.

财经类院校公共心理课程体系的建构探析

徐 慊 黄 珣①

（西南财经大学 心理健康教育中心，四川 成都 611130）

摘 要： 心理健康教育是高校人才培养的重要组成部分，而课程教学是开展心理健康教育的主渠道。本文分析了目前全国高校公共心理课程体系建设上存在的问题，并结合财经类院校的人才培养目标和办学特点，提出了构建财经类公共心理课程体系的理论架构，并以西南财经大学"两群两基两拓展"特色课程体系为例，论证了该理论架构的可行性。

关键词： 财经院校；公共心理课程；体系建构

高等教育阶段是大学生身心发展的重要时期，也是提升个体整体素质的关键时期。而心理课堂因为能最为广泛地满足全体学生对于提高心理素质的需求，所以向来被称为是大学生心理健康教育的主阵地。2002 年教育部在印发的《普通高等学校大学生心理健康教育工作实施纲要（试行）》中也明确规定："心理健康教育以课堂教学和课外活动指导为主要渠道和基本环节……在思想道德修养课中，科学安排有关心理健康教育的内容……各高等学校应创造条件，为大学生开设心理健康教育的课程或专题讲座、报告等。"

总之，目前有条件的高校普遍开设了"大学生心理健康教育"类课程，有的作为必修课，有的作为选修课程；它对于大学生心理健康的预防和干预起到了重要作用，对培养大学生良好的心理品质提供了重要保障。

一、目前全国高校公共心理 课程体系建构的状况

课程体系在某种程度上决定了教育理想能否成为教育现实。如何有目的、有步骤地将教育理念转化为课程形态，通过建构合理优化的课程体系来达成教育目标，是一项复杂的由理论到实践的系统工程。因此，要真正发挥好心理课程的主渠道作用，提升高校的公共心理课程质量，首先就需要对公共心理课程体系建构这一基本问题进行科学、深入的探索与思考。

经过长期的理论和实践探索，目前我国高校的公共心理课程普遍以心理健康为主要内容，形成了以"大学生心理健康教育"课程为核心、包括系列延伸课程和系列专题讲座在内的课程群。具有代表性的课程体系结构如图 1 所示。

---

① 徐慊，西南财经大学心理健康教育中心讲师；黄珣，西南财经大学心理健康教育中心主任，教授。

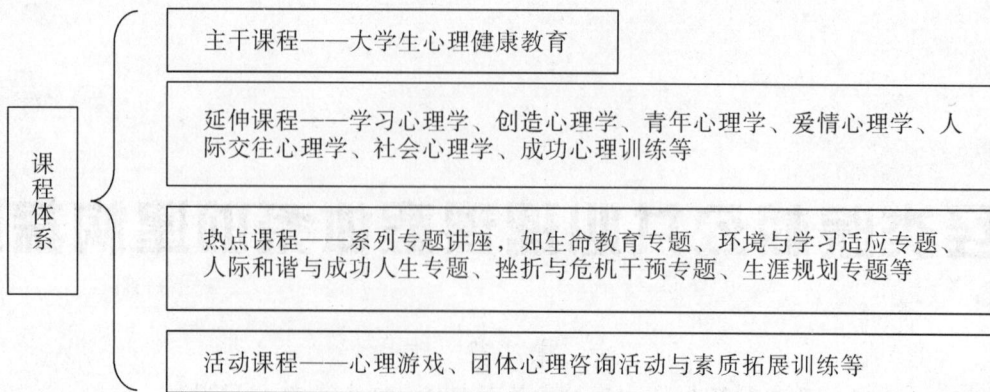

图1

如北京师范大学的心理健康课程体系类似于上述结构，分为三层：第一层为心理健康必修课程，对应于上述课程体系的"主干课程"；第二层为公共专题选修课程，作为必修课知识的补充，以满足部分学生深入学习心理健康知识与技能的愿望，对应于上述课程体系的"延伸课程"；第三层是心理素质训练及专题讲座，由各级学生社团选择，作为系统课程的补充。对应于上述课程体系的"热点课程"和"活动课程"。另外，笔者所在的西南财经大学也于2007年形成了以一门"心理学导论"通识核心课程为主体；四大板块（"理论课程"、"个性心理"、"社会心理"和"心理素质与训练"）30余门选修课程为延伸；系列"心谐"讲座为补充的相对完善的公共心理课程体系。

上述结构是目前较为有代表性的高校公共心理课程体系，但不同的学校会根据各自的人才培养目标和现有课程资源的状况，进行重新建构或总体调整。因此，综观目前国内高校的公共心理课程体系设置，主要呈现出以下几大特点：

（1）各高校之间公共心理课程体系设置的状况参差不齐，且易受到学校对心理健康教育历来重视程度的主观影响。在一些重点高校和有条件的高校，心理课程建设已形成了较为完善的体系，涌现出了一大批国家级、省级、市级和校级精品课程；但在更多的一般性大学，由于重视程度不够和教学资源不足等原因，心理课程的设置却较为随意、未成体系，存在因人设课等现象。

（2）目前的公共心理课程多等同于心理健康教育课程，内容集中在与心理健康维护和心理问题预防等密切相关的传统心理健康教育范畴内，更多关注于心理疾病、修复病损，课程内容的时代性、开放性和发展性不够。

（3）目前我国高校的公共心理课程体系设置更多的是在心理健康课程自身的框架体系下来考虑，较少关注学校主要专业与心理学交叉的学科，未能充分突出不同类型学校的人才培养特色，针对性还有待进一步的提高。

总之，虽然我国目前在公共心理课程体系的设置上已取得了明显的成效，但仍然存在课程体系的系统性、整合性、开放性和实效性不够等问题，需要相关的专家和实践工作者不断探索并完善。

二、财经类院校公共心理课程体系建构的必要性和重要性

（1）财经类大学生数量急剧增多，人才培养和课程模式的改革，为公共心理课程探索出自己的体系和模式提供了契机。

随着我国经济持续稳定的发展，高等财经教育出现急剧膨胀的状况。中国统计年鉴显示，全国财经类本科生在校生已由1998年的31万余人，跃升到2006年的近204万人。如何将这些财经学子培养成为适应经济全球化进程和我国经济发展新阶段的"高素质创新性应用型财经管理人才"，是摆在所有财经类院校面前的一个重要主题。

近年来，很多高校管理者和专家、学者都就高等财经教育的人才培养模式和课程改革模式进行了有益的探索与论证。如刘灿认为，"为保证经济、管理专业教育的基本规格和教学质量，课

程设置需要进一步加强多学科的综合性，课程体系设置应逐步与国际接轨。一是如何增强学生的数理分析能力……二是要思考如何加强人文素养的训练……"。陈厚义等也指出，要"创建交叉型专业。科学技术的发展越来越呈现出综合—分化—再综合的特征，科学技术的高速发展要求高等院校为产业部门培养更多具有综合知识、综合能力与综合素质的复合型、交叉型人才。"此外，刘本全还提到，"财经类院校选修课程比例偏少与社会要求财经人才具有全球化视野之间存在着矛盾"。

以上提到的人文素养、交叉型专业、选修课比例等问题，均为高等财经类院校公共心理课程的建设与发展提供了前所未有的机遇；再加上财经类院校同样存在前述国内高校公共心理课程体系设置中的问题。因此，在财经院校大改革的背景下，进一步结合财经学校人才培养目标，针对性地探讨如何建构科学、合理、有效的财经类院校公共心理课程体系是非常有必要的。

（2）心理学对财经学科的影响日益突出，公共心理课程可在财经类院中发挥特色优势与作用。

20世纪以来，在一批"具有良好心理学素养的经济学家"和"具有良好经济学头脑的心理学家"的倡议和积极参与下，诞生了跨越经济学和心理学之间的新兴学科——经济心理学。经济心理学家Katona曾一针见血地指出："没有心理学的经济学不能成功的解释重要的经济过程，而没有经济学的心理学就没有机会解释最一般的人类行为。"现代经济现象本质上已成为一种人文现象，经济分析所要做的也应该是发现人在经济活动中心理和行为的特点和规律。事实已证明很多心理学研究成果具有足够的可信度和潜在的经济意义。

当前，心理学已被公认为是经济管理行为中至关重要的软科学，并被广泛应用在现代经济管理实践中的各个环节和领域。在欧美各大商学院，众多经济学家和管理学家都曾接受过心理学的专业训练，今天的世界一流商学院也是心理学研究和应用最活跃的地方。我国目前也越来越重视心理学和经济学的融合，2010年10月24日在清华大学经管学院召开的首届"心理学走进中国商学院"论坛就是一个很好的证明。它构建了跨交流对话的学术平台，整合了心理学、经济学和管理学等各个专业领域与交叉领域的资源，共同探讨学科发展的前景和社会关心的热点话题，从而更好地为国家服务，让人民受惠。

因此，心理学实际上可在财经特色的专业背景下大展身手。如何促进心理学转化为财经管理人才的知识和能力结构的重要组成部分，如何发挥心理学作为经济管理行为中至关重要的软科学的潜在经济效益，如何通过心理课程使财经类学生学会运用心理学相关知识来理解经济学相关学科及人类的经济行为，并能真正培养和增强他们在今后的经济管理中的能力，打造出具有财经特色的公共心理学课程体系，是今后相当长的一段时间内需要思考和探索的问题。

三、财经类院校公共心理课程体系建设的理念探索

（一）财经类院校公共心理课程体系建设应把握好"两大坚持"

笔者认为，财经类院校公共心理课程体系的探索和建构应把握好"两大坚持"：一是坚持"以积极心理学为导向，促进全体学生的成功和幸福"；二是坚持"以学校人才培养为根本，增进财经人才的心理知识和技能"。

（二）财经类院校公共心理课程体系建设应努力实现"两大突破"

这"两大突破"分别为：一是突破了传统心理健康教育课程更多关注于疾病预防和解决问题的局限，代之以积极心理学的视角，从关注学生自身的力量的角度出发，致力于帮助他们构筑生命的美好，从而更好地实现人生价值；二是突破了传统公共心理课程体系局限于心理健康教育的现实，代之以结合财经类院校人才培养目标和专业特色，促进将心理科学转化为财经学子职业生涯的重要元素。

这一新理念的确立，重新定位了传统的公共心理课程，不仅拓展了心理健康教育工作的内容，更使这项工作更有针对性和实效性，更能与学校的人才培养目标结合起来，从而为社会输送高素质的创新型应用型经济管理人才。

四、财经类院校公共心理课程体系建设的实践探索

（一）学校的人才培养目标是课程体系建设的重要指引

笔者所在的西南财经大学为国家"211"重点院校，在2010年新的《"十二五"发展规划纲要》中，学校提出的人才培养目标为"坚持走精英教育之路，努力培养具有国际视野的、创新性应用型经济管理与经济建设的骨干和领导者"。此外，学校于2009年制订了《关于推进教学范式转变，提升人才培养质量的三年行动计划》，将课程建设、教学范式改革提高了一个非常重要的高度。

在此背景下，西南财经大学的公共心理课程建设也在新理念的指导下开始了新一轮的探索和改革。学校从2010年开始，由心理健康教育中心牵头，通过整合校内外资源，着力打造"两群两基两拓展"的特色心理课程体系。

（二）"两群两基两拓展"的特色心理课程体系的主要内容

"两全两基两拓展"课程体系的主要内容为：

（1）整个课程体系分为两大群："心理素质培养与全面发展"课程群与"财经管理人才心理知能"课程群。

前者基于人的全面发展所需具备的心理知识与心理素质而设置，旨在通过充实和丰富当代"T"型人才的基本知识结构，帮助他们培养良好的心理素质、塑造健全的人格、指导他们在价值体系、生活态度、社会角色、心理适应等方面走向成熟，最终促进"全面、自由而且和谐的发展"，即"全面发展"。

后者则专门针对现代化财经管理类专业人才的知识、能力储备而设置，是今后创新发展的方向和途径，有助于立足于财经背景的心理课程体系的完整性和充实性。

这两大课程群有机结合在一起，相辅相成，相互促进，充分体现了当今的人才培养既重视心理素质、又重视专业能力的特点。

（2）两大课程群都设有各自的基础课程，由学校牵头重点打造。

基础课程是各自课程群的核心与支撑。"两基课程"由学校牵头重点打造，统一管理、致力于提升心理课程的品质和覆盖面，并逐渐成为精品心理课程。（见图2）

在第一课程群中，"大学生心理健康与人生发展"注重心理学经典理论和最新研究的整合，注重应用性和实践性。不仅在于保持心理健康，更强调如何获得积极的发展，使学生成为更全面、更突出、更具有核心竞争力的人才。"大学生心理训练与潜能开发"则重在技能训练和素质提升，主要针对全校学生心理骨干。在协助他们提升自身心理素质的同时，致力于提高同辈互助能力，为建设更友爱、积极进取的班集体和和谐校园做出贡献。

在第二课程群中的"经济心理学"和"管理心理学"计划通过引进国际国内专家、教师开设学期课程或短期课程，或从学校现有的相关专业教师中培养等方式进行师资队伍建设，并根据建设状况逐年开设更多的班次，供财经管理类学生在大二、大三选修。

（3）两大课程群中的拓展课程是基础课程的深化和延伸。

拓展课程的内容板块和授课形式灵活生动，对基础课程的重要专题作了更为全面、详尽和仔细的阐释，又对其没有涵盖的重要知识领域起到了补充作用，不仅能充分发挥心理老师在不同专业方向上的优势，也能多方面满足学生对具体心理领域知识深入学习的需求。

对于第一课程群中的拓展课程，目前我校心理教师已开设多门，需要的是汇集和整合，使之逐渐成为体系健全、内容全面的课程群；第二课程群中的拓展课程则计划根据我校教师的专业方向和兴趣，以及校外可获得的资源，创造条件逐步增加课程门类，扩大课程的影响力和覆盖面。

此类课程可为文化素质课或全校选修课性质，有两种组织形式：一是每位老师根据自己研究方向和专业兴趣，单独开设、独立授课；二是多名有相似专业兴趣的老师小范围地共同建设一门课程，独立授课或2人合上。

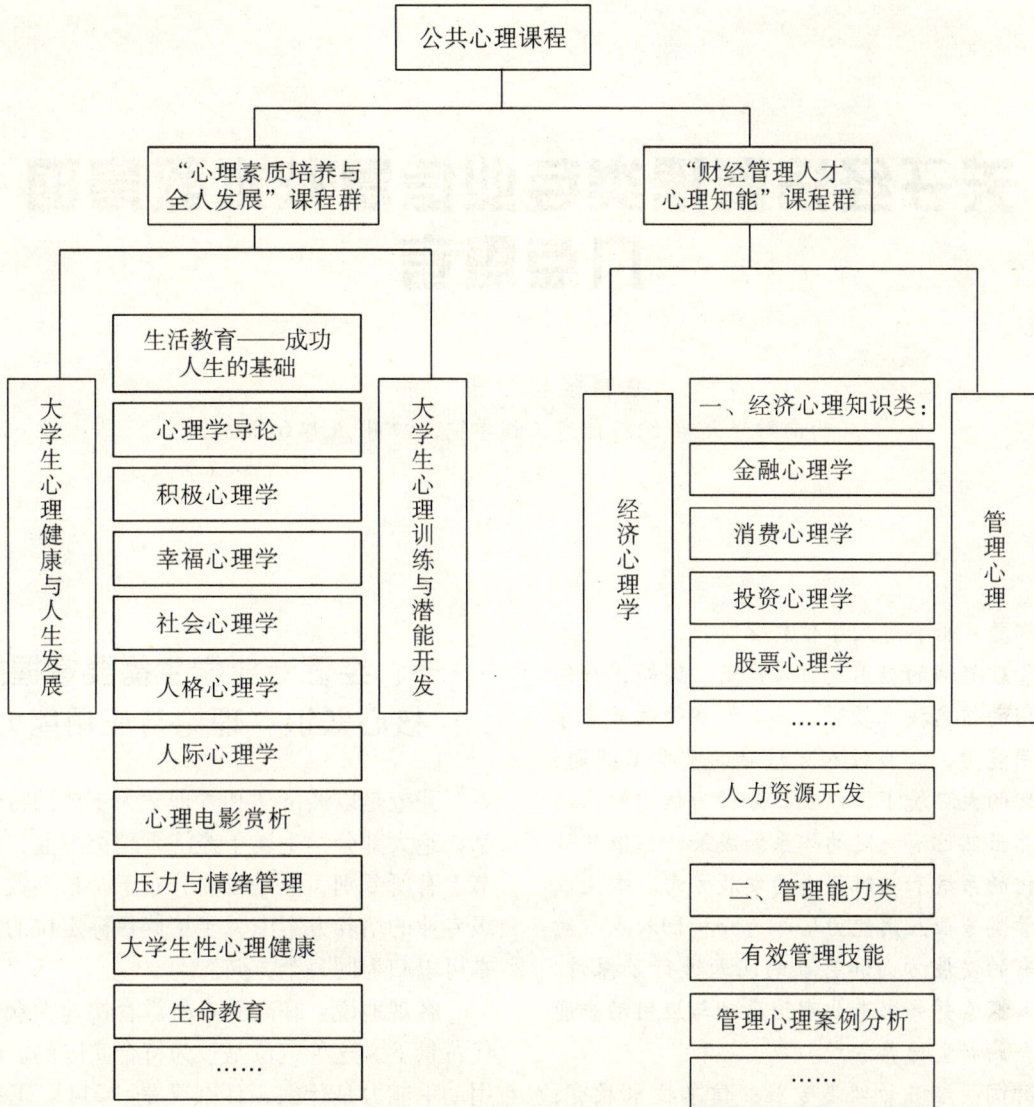

图2

五、结语

　　财经类院校在建构公共心理课程体系时，应紧密结合学校的人才培养目标，不仅注重传统心理健康课程体系的完善与发展，还要致力于促进经济管理专业学生心理知能的提高。这样既能使公共心理课程在财经类院校中获得更多的资源、支持，找到发展的出路，又能反过来推进公共心理课程体系自身的不断整合、完善与更新。

参考文献

　　[1] 郭开宇. 大学生心理健康教育课程建设初探 [J]. 教育与职业，2010（11）.

　　[2] 潘柳燕，刘慧珍. 大学生心理健康教育课程体系与教学模式初探 [J]. 高教论坛，2007（5）.

　　[3] 刘本全. 财经类院校课程管理：选修课的视角 [J]. 黑龙江教育，2008（6）.

　　[4] 刘灿. 高等财经教育创新型人才培养模式的探索 [J]. 中国大学教育，2007（4）.

　　[5] 陈厚义，胡航. 论我国西部地区财经院校人才培养模式改革思路 [J]. 经济问题探索，2008（10）.

　　[6] 鲁直，王锋. 经济心理学：超越与创新 [J]. 心理科学，2004，27（6）.

　　[7] 荣晓华. 心理学对经济学的现实贡献 [J]. 财经问题研究，2004（10）.

关于经济管理类专业信息技术教育的几点思考

聂富强[①]　　王宇

（西南财经大学 经济信息工程学院，四川 成都 610074）

摘　要：世界进入了信息化时代，信息技术在经济管理领域的应用也日益广泛。因而，如何通过致用的信息技术教育，培养经济管理专业学生的应用能力，是我校人才培养的重要新问题。在信息化的大环境下，以数据分析为核心的应用能力培养虽然已有一定的体系和成果，但依然缺乏规范化的系统和与时俱进的发展方向。本文以我校经管类专业应用能力培养为分析切入点，对目前既有的发展方向和存在的问题进行了探讨，旨在深入探索并寻求专业理论基础与应用动手能力相结合的新型培养方式。

关键词：经济管理类专业；信息技术教育；数据分析能力

21 世纪是信息化的时代，信息技术教育已经广受关注，而"高等财经院校经管类专业本科人才培养"也面临着信息技术教育具体培养方式的新问题。如何培养学生基于信息技术的基本数据处理能力，我校经济信息工程学院秉承"理工固本，财经铸魂"的办学理念，不断对经管类专业信息技术教育的发展模式进行深入的探索，寻求更好的学校人才培养之路与学院的科学发展定位点。

一、经管专业学生需要掌握的核心知识：理论与应用能力

我校是以经济学和管理学为主体的特色型大学，绝大部分学生属于经济管理类专业，虽然细节上有所差别，但是目前分布于全校多数相关二级专业的培养方案中关于培养目标定位的表述基本可以归为同一个方向。

客观地说，在高等本科教育快速大众化的时代背景下，这种定位是较为符合实际的。但是应用动手能力是什么，什么又是"211"工程大学学生的应用动手能力，这些问题依然需要进一步探讨。

较为抽象地说，应用能力可以理解为发现、分析、解决并表达问题的能力。就本科的实际"三年"教育的现实"尴尬局面"而言，四个能力应该是有侧重的。基于逻辑和现实的考虑，分析问题能力的培养是重点。而对于经管类学生而言，无论从经济管理理论创新需要询证的证伪主义现代科学范式要求，还是从多数学生就业后的主要工作内容来看，"搜集相关数据与处理相关数据的能力"应该是分析问题能力所包含的主要内涵。也就是说，基本的数据分析能力是现代高水平财经大学学生应该具备的应用能力的核心所在。

[①] 聂富强，西南财经大学经济信息工程学院院长，教授，博士生导师。

二、基本数据分析能力培养的主要路径：致用的信息技术教育

（一）主要途径

从方法来看，搜集数据和处理数据有社会学和统计学等学科的"传统"知识部分，这部分的教育在既有培养体系中虽然并不是主流，但是依然是存在的。而从我们正处在的信息化时代而言，一方面因为计算机的全面普及使得这些传统的方法实现必须使用现代信息技术来更为高效的处理相关数据；另一方面则由于网络时代的深入，使得我们可能甚至必须借助现代信息技术手段进行包括数据搜集和处理在内的更为高效和智能的行动。这样看来，无论现实还是趋势，均要求以"培养学生运用信息技术搜集和处理数据，进而掌握基本数据分析能力"为经管类专业人才培养的基本目标之一。

（二）具体培养方式

从经管专业本身的人才培养定位出发，信息技术是手段，能够应用于经管现象分析才是最终的目标。

对经管专业学生进行方法性课程教育的关键是要"重思想，重应用"。"重应用"即淡化计算机基本理论和原理的详细传递，紧紧围绕典型经管数据，着力培养学生熟练运用信息技术手段搜集并处理数据的能力。而"重思想"就显得较为复杂，因为全国所有的高等财经院校迄今为止对该问题的认知也还处于探索之中。而现实中所出现的诸如：大学计算机基础属于素质类课程还是大基础课程、程序设计到底该选用什么语言为主、计算机等级考试与高水平大学计算机教育是什么关系、不同类型的应用类软件的选择标准和教学标准是什么、哪些应用技术过时哪些又正在兴起，以及教学主体的多元化和博弈等，这些问题均带有相当的普遍性，也从另外一个角度说明了迄今为止我们对高等财经院校人才培养的要求，还存在诸多认识盲区和很不适应的问题。

三、困境中的唯一选择：多样化的努力

关于经管类学生是否需要和如何培养其基于

信息技术的基本数据处理能力，首先需要形成某种全校意识。演进中的既有做法起到了一定的作用，但是存在的问题依然很多。在目前关于提高我国高等教育质量的特定时代背景下看，我们的人才培养质量问题是长期存在的。认识有过程，学生在毕业，达成共识的紧迫感要求我们必须有所作为。西南财经大学本来就是我国高等财经教育主体的排头兵，在该问题的基本判断上当然没有理由等待甚至懈怠。

"学生是天、教师是地"以及高校要以教师和学生为本，促进科学发展。但是进一步的问题是，当学生与教师两个主体的利益有冲突的时候，应该如何进行权衡。如果选择相互妥协的机制，则要么学生质量受影响，要么付出的维护和培养成本很高。因此，理想的方案应该是加快师资队伍的适应性建设步伐，尽力减小两个主体的利益冲突力度。简而言之，学生与教师的利益完全一致的状态才是我们的人才培养质量最基本的保证。

对于"新认识"下的全校经管专业信息技术类课程设置，如何适应全校人才培养的新需求，需要财经和计算机两类教师共同商讨，就可初步厘定（诸如程序设计、数据结构、数据库、数据仓库与数据挖掘等）。真正残酷而严肃的问题是：我们的师资队伍是否准备好了应对这种新形势下的人才培养选择。

仅从我院的情况来看，由于种种原因，不存在数量问题，但面临着严峻的结构问题——40岁以上有经验的教师承担课程较"杂"且科研能力总体较弱，再学习能力和效率受到年龄因素的影响。40岁以下教师则有年薪与非年薪之分，前者科研能力较好，但教学经验不足，嵌入全校本科人才培养力度不够；后者则由于诸多原因，处于工作和学习的双重压力下，迷茫现象比较明显。同样，由于种种原因，我院的系所架构虽然建立，但发挥效率非常有限，尤其是本科人才培养的基础依托——课程组——建设，问题较多，大面积的团队合作习惯尚未形成等。

四、结语

综上所述，在信息化时代，学校人才培养再次面临新的机遇与挑战。在经管人才培养的时代

"新认识"下，学院在学校人才培养中的整体地位将可能提升一步，这是传统软科学"硬化"的时代必然。但是在这种前所未有的机遇面前，我们的每一个教职员工必须有所准备，有所行动，发展教育新模式，方能抓住机遇有所作为。上述分析同时表明，对经管类专业学生基本数据分析能力这个"新命题"和"新定位"而言，学校、学院、系所、课程组以及每一个教师和行政管理人员可能都会暂时处于认识与行动交织的"新困境"中。面临困境并没有真正的最佳解决方法，需要我们多样化的能力和齐心协力的多方努力。

参考文献

［1］邓克文，乔兴旺. 高校经济管理类本科生"数据挖掘"教学研究［J］. 科教文汇，2011（3）.

［2］范宏业，刘大海. 高等院校计算机教育与改革浅析［J］. 信息与电脑：理论版，2011（3）.

［3］梁昌勇，顾东晓，李兴国，杨善林. 信息管理类专业本科教育教学改革探索与实践［J］. 高等教育研究学报，2008（1）.

［4］唐振龙. 基于应用型人才培养的地方本科经管专业实践教学质量保证体系的创建［J］. 当代教育论坛：学科教育研究，2007（9）.

［5］李丹，招宗劲. 论数字环境下我国高校信息管理人才培养模式［J］. 情报探索，2010（12）.

［6］武刚. 经济管理类专业《管理信息系统》教学模式探讨［J］. 科技信息，2010（8）.

高等学校思想政治理论课课程设置研究

曾　获①

（西南财经大学 马克思主义学院，四川 成都 610074）

摘　要：高校思想政治理论课是对大学生进行思想政治教育的重要途径。1956 年国家高等教育部提出第一个规范的思想政治理论课课程方案，从那以后到现在的 50 多年里，国家颁布了七个比较成型的思想政治理论课课程设置方案。研究表明，高校思想政治理论课课程设置在几经改革，取得可喜成绩的同时，从新的历史时期大学生思想政治理论教育面临的新使命和新任务来看，在课程设置与课程教学目标、课程性质的一致性上，课程容量的有限性上，课程发展的学科支撑性上，都存在着进一步优化的必要。为此，本文针对上述问题，提出两种优化现行高等学校思想政治理论课课程设置的方式：第一种方式，保留目前思想政治理论课的课程设置框架不变，通过课程内容的调整来达到课程设置的优化目标；第二种方式，根据思想政治理论课的课程性质和教学目标，对现行思想政治理论课设置框架中的课程进行分解和重组，形成新的思想政治理论课课程设置体系。

关键词：思想政治教育；高校思想政治理论课；课程设置

一、高校思想政治理论课课程设置的基本情况

1949 年 12 月 23 日中华人民共和国教育部第一任部长、高等教育部部长马叙伦在第一次全国教育工作会议上提出：新中国的新教育是新民主主义的，即民族的、科学的、大众的教育。肃清封建的、买办的法西斯主义的思想，发展为人民服务的思想为我们的主要任务。1952 年 10 月 7 日教育部发出关于全国高等学校马克思列宁主义、毛泽东思想、"新民主主义论"课程设置的指示，并对不同类别学校、不同年级学生做出了不同规定。1953 年 2 月 7 日中央人民政府高等教育部发出关于确定"马列主义基础"自 1953 年度起为各类型高等学校及专修科（二年制以上）二年级必修课的通知，要求有条件的高等学校在二年级开设"马列主义基础课"。1953 年 6 月 17 日中央人民政府高等教育部发出通知，将"新民主主义论"课名改为"中国革命史"。

这些讲话、指示、规定、通知表明新中国建立以来，党和政府就高度重视大学生的思想政治理论教育，也反映出高校思想政治理论教育内容的丰富性和教育教学任务的复杂性。1956 年高等教育部提出第一个规范的思想政治理论课程方

---

① 曾获，西南财经大学马克思主义学院党总支书记，教授，博士生导师。

案（试行方案）。从那以后到现在的50多年里，国家颁布了七个比较成型的思想政治理论课课程设置方案。通过研究这些课程设置方案，能大致了解我国高校思想政治理论教育的概貌。

（一）"56方案"

1956年9月9日中华人民共和国高等教育部颁布《关于高等学校政治理论课程的规定（试行方案）》，该试行方案根据高等学校校院长和教务长座谈会精神做出决定，高等学校为大学生开出以下课程：①马列主义基础；②中国革命史；③政治经济学；④辩证唯物主义与历史唯物主义。

（二）"61方案"

1961年4月8日中华人民共和国教育部颁布《改进高等学校共同政治理论课程的意见》，该意见规定：文科各专业一般设四门：①中共党史；②马克思列宁主义基础（主要学习毛泽东同志的政治学说）；③政治经济学；④哲学。理、工、农、医和艺术、体育院校一般设二门：①中共党史；②马克思列宁主义概论（包括马克思主义三个组成部分）。专科学校一般设一门：马克思列宁主义概论。

（三）文化大革命阶段

中共中央在关于北京大学、清华大学招生（试点）的请示报告的批示中规定：北京大学、清华大学设置：以毛主席著作为基本教材的政治课；实行教学、科研、生产三结合的业务课；以备战为内容的军事体育课。

（四）"80方案"

1980年7月7日中华人民共和国教育部颁布《改进和加强高等学校马列主义课的试行办法》。这是"文化大革命"后的方案，也是在课程设置方案中第一次正式提出"马列主义课"这个概念，并用"马列主义课"这个概念来指称高校思想政治理论课。按照该试行办法，"马列主义课"包括：①中共党史；②政治经济学；③哲学。文科专业加开"国际共产主义运动史"，也可以试开"科学社会主义"。1982年教育部关于在高等学校逐步开设共产主义品德课程的通知。至此，一个"马列主义课"、一个"共产主义品德课"（简称"两课"），"两课"的思想政治理论课的格局形成。

（五）"86方案"

1986年3月20日国家教育委员会下发《关于在高等学校进一步贯彻〈中共中央关于改革学校思想品德和政治理论课程教学的通知〉的意见》，设想从1986年起，用3~5年时间，在高等学校逐步开设：①中国革命史；②马克思主义原理；③中国社会主义建设；④世界政治经济与国际关系。这是第一次开出"马克思主义原理"课程。

1986年3月20日国家教育委员会发出《关于在高等学校开设"法律基础课"的通知》。1987年10月20日国家教育委员会发出《关于在高等学校思想教育课程建设的意见》，设置"形势与政策"和"法律基础"两门必修课，以及"大学生思想修养"、"人生哲理"和"职业道德"三门选修课。

（六）"98方案"

1995年10月24日国家教育委员会印发《关于高校马克思主义理论课和思想品德课教学改革的若干意见》，1998年6月10日中共中央宣传部、教育部颁布《关于普通高等学校"两课"课程设置的规定及其实施工作的意见》，正式提出了"两课"的概念，并用"两课"这个概念来指称高校思想政治理论课。该意见提出了"本科5+2+1的课程方案，即5门马克思主义理论课加2门思想品德课再加1门形势与政策。5门马克思主义理论课："马克思主义哲学原理"、"马克思主义政治经济学原理"、"毛泽东思想概论"、"邓小平理论概论"、"当代世界经济与政治"。2门思想品德课："思想道德修养"、"法律基础"。1门"形势与政策"。

（七）"05方案"

2005年3月9日中共中央宣传部、教育部颁布《中共中央宣传部、教育部关于进一步加强和改进高等学校思想政治理论课的意见实施方案》，第一次正式提出"思想政治理论课"（简称"思政课"）概念。"05"方案具体内容如下：所有本科院校各专业开设："马克思主义基本原理概论"；"毛泽东思想、邓小平理论和'三个代表'重要思想概论"（党的十七大后改为"毛泽东思想与中国特色社会主义理论体系概论"）；"中国近现代史纲要"；"思想道德修养与法律基础"。另外，开设"当代世界经济与政治"等选修课。所有专科院校各专业开设："毛泽东思想、邓小平理论和"三个代表"重要思想概论"（党的十七大后改为"毛泽东思想与中国特色社会主义理论体系概论"）；"思想道德修养与法律基础"。所有本专科院校各专业开设"形势与政策"。

以上是从高校思想政治理论课"56方案"到"05方案"的一个快速浏览。通过这个粗线条的研究，特别是从改革开放以来高校思想政治理论课程体系演化的整体过程来看，总体说来，高校思想政治理论课程体系日臻完善，更深刻地反映了高校思想政治教育的内在规律，更全面地落实了高等教育育人为本、德育为先的育人理念，更切实有效地推动了对当代大学生的思想政治教育。

二、高校思想政治理论课的基本性质

自新中国建立之初，我国高等教育就非常重视对大学生的思想政治教育，但是"思想政治理论课"这个概念是在2004年8月26日中共中央、国务院《关于进一步加强和改进大学生思想政治教育的意见》中第一次正式提出的。在这之前，高等学校关于"思想政治教育"的课程有过多种称谓，如"政治课"（1950年）、"马列主义基础课"（1953年）、"政治理论课"（1956年）、"思想品德和政治理论课程"（1986年）、"马克思主义理论课和思想品德课"（1995年）、"两课"（1998年）。

"思想政治理论课"这个概念相对于它过去的这些称谓，至少表达了两层新意：①"思想政治理论课"实现了大学生思想教育和政治教育的整合；②"思想政治理论课"是大学生思想政治教育中的理论教育。"思想政治理论课"概念的提出，表明在新的历史条件下，大学生思想政治教育面临着新的使命，高校"思想政治理论课"肩负着新的课程任务。这个新的使命，这个新的课程任务也就决定了"思想政治理论课"的基本性质。反过来，完整、准确理解把握"思想政治理论课"的基本性质，也是科学设置"思想政治理论课"课程体系，从而切实承担大学生思想政治教育新的教学使命，有效完成

"思想政治理论课"新的课程任务的前提。那么，应该怎么来理解把握"思想政治理论课"的基本性质呢？其实，"思想政治理论课"这个称谓本身已经简洁而准确地表达了"思想政治理论课"的基本性质。把"思想政治理论课"这个合成词拆分开来，可以得到高校"思想政治理论课"的三个基本性质。

（一）思想性

"思想性"是高校思想政治理论课的第一个性质。"思想性"表达了思想政治理论课所包含的一个方向的教育内容，以及通过这个方面内容的教育而具有的课程价值。从课程教育内容看，思想政治理论课最基础的教育就是思想教育，这个教育旨在帮助大学生从总体上、整体上科学认识世界、社会和人自身，帮助大学生形成关于世界、社会、人生的基本思想和根本方法。这个基本思想和根本方法就是哲学世界观和方法论，就是道德伦理观和方法论。从课程教育价值看，思想政治理论课的"思想性"就在于通过课程教学弘扬人类正确的哲学世界观和高尚的道德价值观，传授人类科学的哲学方法论和善恶评价标准。"思想性"是思想政治理论课的基础性质，因为思想是行动的前导。

（二）政治性

"政治性"是高校思想政治理论课的第二个性质。"政治性"表达了思想政治理论课所包含的另一方面的教学内容以及通过这方面教育而具有的课程价值。从课程教育内容看，思想政治理论课最核心的教育就是"政治教育"，这个教育旨在帮助大学生科学认识人类的政治现象，形成关于人类政治生活的基本认识和政治素养，培养大学生当下和今后进入社会生活的政治生活能力。从课程教育价值的角度，思想政治理论课的"政治性"就在于这类课程本身要体现出一定社会主流的政治价值，要营造有利于政治发展的政治文明氛围，要牵引政治社会生活中人们科学的政治行为。"政治性"是思想政治理论课的核心性质。因为政治活动是具有社会性的人类最重要的活动之一。"政治"就其本意来看，就是人们协调社会性生活的艺术。思想政治理论课的核心价值就在于通过教育，让一定政治共同体的成员形成共同的政治价值、达成共同的政治信念，建立共同的政治秩序，协调共同的政治行为，过上

共同的政治生活。因此，"政治性"是思想政治理论课的核心性质。

（三）理论性

"理论性"是高校思想政治理论课的第三个性质。"理论性"表达了思想政治理论课自身对外部世界的认识水平和表达水平，是思想政治理论课的关键性质。这一性质至少有以下三层涵义：①从课程教学内容看，思想政治理论课的"理论性"表明本课程侧重的是思想政治教育中的"理论教育"，即人类思维活动、人类思想成果、人类政治生活的共性教育，一般规律教育。在这一点上，思想政治理论课把自己同思想政治教育中针对当下的政治现实（特别是时事政治）而进行的政治教育、政治宣传区别开来，也与针对大学生当下的思想政治状况而进行的日常思想政治教育区别开来。②从教育形式看，思想政治理论课的"理论性"要求本课程强调受教育者的理论思考，它要让受教育者知道"是什么"，更要培养受教育者去思考"为什么"，即要知其然，更要知其所以然。它不像直接的政治教育或政治宣传那样，让受众知道是什么，并令行禁止就可以了。思想政治理论课的"理论性"要求课程教学双方在教育过程中要深入思考、积极互动。③从教育价值看，思想政治理论课的"理论性"旨在培养大学生的较高的思想政治素养和较强的思想政治理论思维能力。思想政治理论课以课程的学术性、民主性、协作性等理性品质来培养大学生的这些素养，来提升这种能力，为大学生树立正确的世界观、人生观、价值观奠下坚实的理性基础。大学生也只有具备了较高的思想政治素养和较强的思想政治理论思维能力，才可能真正掌握和自觉树立正确的世界观、人生观和价值观。正是在这个意义上，"理论性"是思想政治理论课的关键性质，因为正是这一性质，才使得思想政治理论课的新的课程目标得以实现，才使得思想政治理论课与政治课、政治宣传和日常思想政治教育区别开来，从而切实肩负起思想政治理论课的新的历史使命。所以，切实承担大学生思想政治教育新的教学使命，有效完成"思想政治理论课"新的课程任务，提升"思想政治理论课"教育教学质量的关键在于提升"思想政治理论课"的"理论性"。

通过前面的分析我们看到，具有"思想性"、"政治性"和"理论性"的"思想政治理论课"是不同于过去的"政治课"或"两课"的新的"思想政治理论课"，那么，"思想政治理论课"到底应设置哪些课程，应讲授哪些理论内容，才能使"思想政治理论课"具有"思想性"、"政治性"和"理论性"？才能使"思想政治理论课"切实肩负起思想政治理论课的新的历史使命，有效完成"思想政治理论课"新的课程任务？换句话说，新的"思想政治理论课"是否在呼唤着新的"思想政治理论课"课程设置体系？

三、关于思想政治理论课课程设置的反思

"思想政治理论课"的基本性质，特别是其"理论性"决定着"思想政治理论课"新的课程目标的实现，决定着"思想政治理论课"的教育教学质量的高低。然而，思想政治理论课本身的设置是否科学，又反过来影响着思想政治理论课自身的基本性质、特别是其"理论性"的具备。因此，反思"思想政治理论课"的现行设置体系是有必要的。

（一）课程设置的制约因素

根据"课程学"的基本理论，课程的设置应考虑以下三个基本因素：

（1）课程设置与课程教学目标（即人才培养目标）、课程性质的一致性。也就是说，开设什么样的课程，是受课程教学目标制约的，是要体现课程性质的。一般说来，课程教育目标有直接目标与间接目标、终极目标与阶段性目标之分。例如，高校思想政治理论课是大学生的必修课，它的终极目标就是培养"有理想、有道德、有文化、有纪律"的社会主义事业接班人，这一终极目标体现了社会主义大学的本质要求；它的直接目标和阶段性目标就是培养大学生的思想政治素养、提高大学生的思想政治理论思维能力，帮助大学生树立正确的世界观、人生观、价值观。相应地，思想政治理论课的"思想性"、"政治性"和"理论性"等基本性质，就要求思想政治理论课一定要具备富于"思想性"、"政治性"的教学内容，一定要具备理论课的教学认知深度和学术发展高度。

（2）课程容量的有限性。课程是要通过教与学的活动来实施的，因此，课程的设置要考虑教与学的可能性。这种可能性，相对教师而言，课程要具有可讲授性，即大部分教师有条件具备讲授这门课的课程知识，能够驾驭这门课的教学内容；相对学生而言，课程要具有可接受性，即大部分学生能在特定的时空条件（一般来讲一门课应在一个学期内，即 36～54 学时）有能力学习这门课程。如果一门课程开出后，大部分教师都不能一个人单独讲授下来，而需要几个老师合上，那么学生要在一个学期里来学习这门课也是非常困难的。这样的课程的容量就太大了。

（3）课程发展的学科支撑性。课程与学科是相互联系、相互作用的。一般说来，课程教学是建立在关于课程内容的经验认识和科学研究的基础之上的，课程本身亦会随实践的展开和科学研究的深入而发展。如果把实践经验作为课程发展的前提，那么影响课程发展程度的因素就是课程与学科的联系性、学科对课程的支撑性。尤其是"理论性"课程，它的发展对学科发展的依赖性更大。

（二）对思想政治理论课课程设置的反思

根据上述分析，按照与时俱进的思想原则，反思现行的高校思想政治理论课课程设置方案，对进一步完善高校思想政治理论课的科学设置是有帮助的。

（1）从课程设置与教学目标、课程性质的一致性来看，如前所述，高校思想政治理论课的设置的直接目标和阶段性目标是提高大学生的思想政治理论修养和思想政治理论思维能力的，但现有的课程设置却直接指向了高校思想政治理论课的终极目标，忽略掉了达到终极目标的一些必要的中间教育环节（这个环节就是关于思想和政治的理论教育），这是必然损伤高校思想政治理论课的"理论性"，或者说制约了该课程可能达到的理论高度，使得自己与当下的政治教育、政治宣传、日常的思想政治教育等同起来了。正是这一点使得思想政治理论课丧失了它独特的存在价值，思想政治理论课也被学生视为早已知道其教学内容，从而不再感兴趣的课程。为什么？因为现在的"思想政治理论课"不是思想政治理论课。

（2）从课程容量的有限性来看，"马克思主义基本原理概论"、"毛泽东思想与中国特色社会主义理论体系概论"、"思想道德修养与法律基础"等课程的课程容量都过于庞大，课程涉及的学科性质十分复杂。从实际的教学情况来看，在不少的学校里，这些课程中的每门课程都由两位及其以上的教师承担，即使由一位教师承担，教师也往往主要讲授自己能够熟练驾驭的那部分课程内容。例如，在"马克思主义基本原理概论"的讲授中，往往由具有哲学学科知识背景和政治经济学学科知识背景的两位老师共同承担这门课，一人讲一部分；相应地，如果由一位教师来承担这门课程，具有哲学学科知识背景的教师更多讲授的是马克思主义哲学，具有政治经济学学科知识背景的教师则更多讲授马克思主义政治经济学。像这样课程容量庞大、学科属性复杂的课程，对教师来讲，教学难度是很大的，虽然教育行政主管部门可以要求教师不断提升自己，但是"术业有专攻"，在有限的时间内，能达到百科全书式的大师水平的教师毕竟是少数，而面对所有学生开出的必修课，我们需要大量的思想政治理论课教师；像这样课程容量庞大、学科属性复杂的课程，对学生来讲，学习难度也是很大的，学生很难在一个学期中，通过一门课的学习来掌握这么繁重的教学内容。因而，学生对这些课程的学习往往只能停留在中学已经达到的学习层面上，这种状况反过来又强化了学生的误解——"这些东西我在中学就学过了"。

（3）从课程发展的学科支撑来看，大部分课程由于课程范围过于宽泛，课程内容过于复杂，这些课程就很难找到与之相当的对应学科领域。如果硬要去找，它们对应的学科有的是跨一级学科的，有的甚至是跨学科门类的。这样一来，这些课程与学科的密切关系也就难以建立起来，这就影响了这些课程自身的学术发展，课程也因缺少紧密的、直接的学科支撑而更进一步降低了自己的应该具有的"理论性"。如果教师或者在庞大复杂的学术殿堂面前惶然不知所措，或者在繁重的教学任务面前疲于奔命自顾不暇，他们是不可能去深入钻研思想政治理论的科学理论的。在这样的状况下，"思想政治理论课"也就很难成为真正的思想政治理论课了。

四、对优化思想政治理论课
课程设置的思考

鉴于这些分析，思想政治理论课课程设置是应该优化的，这种优化可以采取以下两种方式来达到：

第一种方式：保留"05 方案"的课程设置框架不变，通过课程内容的调整来达到课程设置的优化目标。关于这种方式，已有论者提出深入思考，并对进一步完善"05 方案"课程体系提出了一些亟待解决的具体问题，"在'马克思主义基本原理概论'中如何把握哲学、政治经济学、科学社会主义基本原理内在的关系；在'毛泽东思想和中国特色社会主义理论体系概论'中如何把握毛泽东思想与中国特色社会主义理论体系及中国特色社会主义理论体系内部各组成部分之间的关系；在'中国近现代史纲要'中如何处理与'毛泽东思想和中国特色社会主义理论体系概论'内容交叉重复的问题"，认为这些问题"都是需要下工夫解决的"。根据"05方案"实施以来的实践，笔者认为可以这样来解决上述问题：在"马克思主义基本原理概论"中重点讲授马克思主义的基本立场、观点和方法，即重点讲授马克思主义哲学或者说突出马克思主义哲学教育，突出"马克思主义基本原理概论"的哲学学科特性。在"毛泽东思想和中国特色社会主义理论体系概论"中重点讲授"中国特色社会主义理论体系"，又特别注重其中的中国共产党的政治创新理论的讲授，包括邓小平关于社会主义的理论，"两个先锋队"、"三个代表"重要思想，科学发展观，社会主义和谐社会理论等，突出它的政治学的学科特性。在"中国近现代史纲要"中则重点讲授毛泽东思想的理论内容和历史意义。有论者指出："将毛泽东思想与中国近现代史有关内容有机整合，将半殖民地、半封建社会中华民族受侵略，与反侵略、反压迫斗争历史作为中国近代革命与毛泽东思想产生的社会历史条件列入毛泽东思想概论内容。发挥以史为衬、以论为主线全面展现中国革命内涵与建设探索历程，从而抓住主线，突出核心。"该论者还进一步提出："中国近现代史课大学设置回归史学。连续性、独立发挥历史在思

想政治教育上的重要作用最好的方法之一就是'中国近现代史'课程回归史学"。也就是说，"中国近现代史论纲"课程应突出它的历史学的学科特性。通过这样的处理，来精简教学内容，明确课程的学科属性，以提升"思想政治理论课"课程的理论性，以服务于"思想政治理论课"培养大学生的思想政治素养、提高大学生的思想政治理论思维能力的课程目的。这是第一种方式。

第二种方式：即针对目前思想政治理论课设置中存在的问题，根据思想政治理论课的教学目标和课程性质，对现行思想政治理论课设置中的课程进行分解和重组，形成新的思想政治理论课课程体系。这个课程体系由以下两大板块5门课程构成：

第一板块为思想理论课，包括："哲学"或"马克思主义哲学"；"伦理学"或"马克思主义伦理学"。通过"哲学"或"马克思主义哲学"的学习，掌握马克思主义活的灵魂，掌握马克思主义这一于人类解放、社会进步的普遍真理，帮助大学生从总体上、整体上科学认识世界、社会和人自身，帮助大学生形成关于世界、社会、人生的基本思想和根本方法，即形成科学的哲学世界观和方法论。通过"伦理学"或"马克思主义伦理学"的学习，掌握马克思主义关于个人与社会关系的科学理论，来确立道德修养的基本准则，来确立社会行为的基本规范，来确立善恶评价的基本标准，即形成科学的道德伦理观和方法论。通过这两门课的教学与学习，来彰显思想政治理论课的"思想性"性质，来彰显思想政治理论课的"思想性"课程教育价值，即通过课程教学来弘扬人类正确的哲学世界观和高尚的道德价值观，来传授人类科学的哲学方法论和善恶评价标准。

第二板块为政治理论课，包括："政治学"或"马克思主义政治学"；"法理学"或"马克思主义法学"；"中国近现代史论纲"。通过"政治学"或"马克思主义政治学"的学习，掌握马克思主义政治学的基本原理，认清马克思主义的人们大众的政治立场、共产主义的政治理想，以帮助大学生科学认识人类的政治现象，形成关于人类政治生活的基本认识和政治素养，培养大学生当下和今后进入社会生活的政治生活能力。

通过"法理学"或"马克思主义法学"的学习，掌握"马克思主义法学"的基本原理，以帮助大学生科学认识民主政治的法治要求、人类治理的法治必然性，树立牢固的法治理念，养成知法守法的法治素养。通过"中国近现代史论纲"的学习，掌握马克思主义史学的基本理论和基本方法，认清近现代以来中国社会变化发展的客观规律，帮助学生全面了解国史、国情，深刻领会历史和人民怎样选择了马克思主义、怎样选择了中国共产党，怎样选择了社会主义道路，并从中领悟出人类社会发展的客观规律，培养历史思维的广阔视野，掌握历史分析的基本方法。通过这三门课的教学与学习，来彰显思想政治理论课的"政治性"性质，来彰显思想政治理论课的"政治性"课程教育价值，即通过课程教学，来倡导社会主义主流的政治价值，来营造有利于中国社会主义政治发展的政治文明氛围，来牵引大学生科学的政治行为。

这个课程方案最基本的设计理念是：①将思想政治理论课的"思想性"与"政治性"适度展开，分开开设两类课程，避免开出课程对象过于复杂，课程容量过大的课程（像"05 方案"中的"马克思主义基本原理概论"、"毛泽东思想与中国特色社会主义体系概论"等课程）。②为真正赋予思想政治理论课的"理论性"创造条件。可以看出，新的课程体系是以哲学社会科学的基础学科为依托来开设的。它避免了"05 方案中"一些课程跨学科，甚至跨门类的状况，使课程的学科属性较为明晰，这也就为夯实课程的学理基础，实现课程的学术发展，从而为有效提升思想政治理论课课程的"理论性"提供了条件。

参考文献

［1］顾海良. 改革开放以来高校思想政治理论课程建设论略［J］，思想理论教育导刊，2008（9）.

［2］田克勤. 改革开放以来党的理论创新与高校思想政治理论课程体系建构［J］. 思想教育研究，2009（1）.

［3］李超. 思政课 05 方案《中国近现代史纲要》设置科学性辨析［J］. 佳木斯大学社会科学学报，2009（10）.

国际商务实务模拟课程的创新研究与探索[①]

吴 凡 潘 峰[②]

（西南财经大学 国际商学院，四川 成都 610074）

摘 要： 如何适应社会需求、培养出兼顾理论与实务、动手能力强的国际商务人才是当前国际商科教育领域中必须面对的一个现实问题。本文在总结当前国际商科实务课程主要教学方法的基础上，结合笔者在教学实践中的创新举措，提出基于 4Cs 模式的模拟教学法，即综合采用案例教学、电脑辅助模拟、实务咨询指导、对抗演练等方法，营造一个师生之间、生生之间、人机之间的国际商务实务仿真动态模拟系统，让学生在实际动手参与中不断提高学习兴趣与教学效果。

关键词： 国际商务实务；4Cs 模式；模拟教学法；创新实践

一、引言

国际商务实务模拟（International Business Practical Simulation）是一门以运用企业真实素材在课堂上构建国际商务交际情景，模拟真实商务活动与工作流程的商务类实训课。该课程旨在建立系统化的准现实商务环境，使学习者在模拟商务背景下的不同部门和不同岗位，针对相关业务进行具体操作，整合并巩固前导课程中各类相关商务知识，培养学习者的综合业务操作技能，为将来的实际商务工作提供真实、有效的操作平台。

与传统的教学法比较，模拟实验教学法无疑具有许多明显的优势：有利于加强学生理论联系实际能力的培养，巩固和加深对理论知识的理解；有利于弥补学生校外实习的不足；有利于提高学生的动手能力；有利于学生系统全面地学习和掌握国际商务实务知识与技能。该门课程具有极强的实践性和模拟性，但由于高校体制和课程设计等方面的原因，使得本课程的教学开展和效果评估方面存在一定的缺陷，本文拟通过介绍国内高校普遍采用的教学方法并结合我校实际情况，提出适合经济类院校师生的国际商务实务模拟课程的教学内容和方法：基于 4Cs 模式的模拟教学法，以供参考。

二、当前商科实务课程的主要教学方法

根据我们对当前国内一流大学商务类课程教学方法与相关文献资料的收集、整理与分析，得出：国内目前比较流行的商科实务类课程的教学方法主要有以下几种：

（1）"模拟公司"情景教学法（林渊，

① 本文是教育部双语教学示范课程和四川省省级精品课程"国际商务（双语）"的教学研究成果之一，本文同时受西南财经大学第二批实验课程建设项目经费资助。

② 吴凡，西南财经大学国际商学院国际投资与管理研究所所长，副教授；潘峰，西南财经大学国际商学院硕士研究生。

2008）。该方法主要以小组为单位（Team Workshop），与小组内同学合作或者在小组之间进行合作与竞争，运用现代化的教学工具，设置诸如商务活动的准备、业务建立、招商会、总结会等不同课程板块，让学生在轻松愉快的情景教学中，提高学生英语水平和交流能力，培养其动手动脑能力和学生自我学习、自我创新意识。

（2）PAP（Peer teaching；Analog simulation；Process evaluation）尝试教学模式（彭茵，2010）。该种教学方法主要包括三个模块：模块一："同伴教学尝试"（Peer Teaching Attempt）是通过与自身平等和匹配的同伴之间积极合作和帮助来实现知识的获取和技能的提升。同伴教学尝试包括同伴指导（Peer Tutoring）、同伴示范（Peer Modeling）、同伴教育（Peer Education）、同伴咨询（Peer Counseling）、同伴监督（Peer Monitoring）与同伴评价（Peer Assessment）。模块二：结合职位要求和实训特色进行教学模式的创新，对国际商务专业课重新进行教学设计，在实训室进行"仿真模拟尝试"（Analog Simulation Attempt），并不断分析修正影响因素，不断提高实训效能。模块三：以"重结果，更重过程"的教学理念，进行教学考核的"过程评价尝试"（Process Evaluation Attempt），通过对学生的学习过程控制，进行完成国际商务各项实训工作任务的评价，起到对提高实训效能互相弥补互相支撑的作用，从而提高学生的自学能力和职业技能。

（3）ECRA（Experiencing；Cognizing；Reflecting；Appling）教学模式（史昭阳，2009）。该模式分为四个阶段，即"体验"（Experiencing）、"认知"（cognizing）、"反思"（Reflecting）、"应用"（Applying）。体验（Experiencing）是实践教学的初始阶段，倡导学生通过活动体验技能的价值。认知（Cognizing）即在感知活动的同时融入相关理论指导，引导学生"在参与中学习"，由转变认知模式到转变工作态度，直至改善学习和工作行为。反思（Reflecting）是通过学生发现并解决问题的过程来发挥学生在任务操作中的主体作用。应用（Applying）阶段即通过前三个阶段之后，培养学生"在工作中学习"，体现合作与沟通的团队精神，全方位实施工学结合方案。

以上几种模式均是针对不同学校和不同层次

学生提出的，且多集中于课堂中的模拟实验，缺乏课堂外的真实参与度；其适用性和可操作性均受到实际条件和学生水平以及学校培养目标的约束，广泛推广使用的价值略显不足。为根据我校学生教学实际，提高学生真实模拟商务实际的能力，增强分析问题、解决问题以及实际动手的能力，有必要对现有的商科实务类课程进行改进与创新。

三、国际商务实务模拟课程创新：4Cs 模式体系设计

国际商务实务模拟实验教学系统的设计科学与否，直接关系到模拟实验教学质量。国际商务实务模拟实验教学应有坚实的师资力量和明确的实验目标。我校国际商务课程教学队伍具有合理的学历职称结构、年龄结构和丰富的教学经验，学校配备有国际商务模拟交易软件"TMT"、"ITS"等可供操作的实验平台，学生专业基础良好，实际操作能力强。国际商务实验课程的目标是：以突出培养国际商务专业学生的专业技能和实际动手能力为根本着眼点，培养学生的创新精神和实践能力，锻造学生"学术性与职业性、理论性与实践应用性相结合"的人才品质，培养符合21世纪初经济全球化时代国际商务领域要求的现代涉外经济贸易和经营管理人才。这均为本课程模拟教学方法提供了可靠的保证和支撑。

基于以上优势并结合先进的教学模式，我们提出适合财经类院校师生使用的国际商务实务模拟设计课程的模式——4Cs 模式即 Case study，Computer support，Counseling instructing，Cooperation & Competition。

（1）Case study 即为案例教学法。该方法通过国际商务中所面临的实际问题为例，把各种理论、概念和规律运用到具体的实践之中，以学生实践性的探究来学习知识。我们可通过多方渠道收集不同方面的实际案例，以设立国际商务经典案例库。

（2）Computer support 即为电脑辅助教学，既包括平时的多媒体教学，也包括国际商务模拟实务平台的应用。我校建有经济管理实验教学中心国际贸易与国际商务实验室，学科实验主要包

括利用国际贸易模拟实习平台、外贸单证实习平台、外贸模拟练习系统、"外贸实务教学系统"、"进出口实务操作题库"等专业模拟操作软件平台，以培养学生的专业操作技能。

（3）Consultative instructing 即为咨询性指导。我校与多家企业之间签有合作协议并拥有众多企业实习基地，为配合国际商务实务模拟教学的需要，在教学中采取了"校内任课教师＋校外实务导师"的双导师指导方式，邀请不同类型企业的管理者来到课堂进行现场报告和咨询，也可以到校方合作企业进行参观调研或动手操作等，更加具体、真实地理解国际商务实际运行中的问题和解决方法。

（4）Cooperation ＆ Competition 即为合作与竞争。该方法旨在通过团体协作或者个体对抗式的互动，以模拟国际商务中所需面临的环节，通过辩论赛、商业计划书、小组陈述与多媒体演示、小组互评等方式，实现开放、动态的师生互动、生生互动和人机互动，从而激发学生的学习兴趣与参与积极性，充分发挥实践性、互动性教学在人才培养中的重要作用，增强学生的专业技能和实际动手能力，提高教学效果。

4Cs 模式是一个有机的综合体，四个方面是循序渐进、相互包涵的有机统一体。既有理论在实践上的指导，也有实践对理论的验证，统一与模拟课程的教与学之中；既包括老师与学生间的互动，也包括学生与学生间、学生与机器间、学生与实业家之间的互动，形成良好的学习氛围。所有的内容均着重考虑学生的参与度和操作性，体现以学生为中心的原则，使合作与竞争贯穿整个课程之中。该模式的实施会使学生在国际商务课程的学习中收获颇丰。

四、4Cs 模式的建设重点

由于 4Cs 模式十分强调学生的参与，故在课程的建设方面应重点加强对实务的感知和真实操作，通过各种途径使 4Cs 模式能最大限度地发挥学生的主体地位。鉴于此，对于本课程的构建，我们建议着眼于以下几点：

（1）国际商务案例库的构建和教学运用。收集和编辑合理的案例，是实施案例教学的基础，且关系到案例教学的质量和水平。因此，案例选取应按照以体现课程基本理论、密切联系实际、以学生为主体等原则，以启发性强、覆盖面广、内容经典等为标准，通过网络、报纸、文献等不同的方式选取案例。可以参考世界著名的商业咨询公司，诸如麦肯锡、波士顿、罗兰·贝格、埃森哲等公司在世界范围内的商业咨询案例，更加贴近实战的案例也定会吸引学生的注意力和兴趣。

在以教师为主构造案例库的同时，也可发挥学生的学习自主性，鼓励学生以小组或个体的形式自行收集、整理与分析相关案例，并进行课堂展示。教学过程中通过案例呈现、分析讨论、案例拓展等形式，培养学生学习的积极性，提升信息收集和分析能力，缩减理论与实践的差距，以促进学生综合能力的提高。

（2）实务软件操作和多媒体的应用。现代化的教学手段是实现教学改革和提高教学质量的保证和重要途径。我校历来重视现代化教学工具在课堂上的运用，多媒体教室和经济管理实验教学中心已建立多年，且实验操作软件不断增加和升级。针对国际商务实务课程，我校现已配备了 TMT 和 ITS 两套教学软件，可对进出口贸易的全过程和现代电子商务的新特征进行模拟训练。同时应逐步实现将国际商务相配套的辅助软件，如外贸单证实习平台、外贸模拟练习系统、电子商务模拟实验平台等以及利用 Dreamweaver、Fireworks、Flash、SQL server 等软件进行商务网页设计与制作、商务网站建设与维护等课程的实验纳入到学生实验操作中来。同时加强学生之间的合作与竞争，通过实验比赛和角色扮演加强沟通交流，努力培养学生的实际操作和应用能力，设计和创新能力。

（3）实训基地和企业家导师制的建设。通过让学生在校外实习有利于加强理论与实践的相结合，培养学生独立分析和解决问题的能力，发现和弥补课堂教学的不足，使教学与实际的工作需要向统一。目前我校已与大批省内外企业建立了合作关系，为我校学生的校外实习提供很好的保证。但由于学生人数众多，还不能完全满足需要，仅以国际商务实务课程来讲，可供实习的公司企业数量更为有限。为此，应大力加强与本课程相关的企业之间的合作，充分利用校友资源，重视与校外资源的联系，协调管理基地的实习教学活动，开展科研与培训。

企业家导师制更能体现高校教育与实践的结合（齐小萍，2009）。企业家导师通过与学生的密切沟通和交流，全过程全方位地对学生加以指导，包括思想品德、知识学习、技能培养、职业定位及其就业推荐等，从而建立起合作、融洽的新型师生关系。企业家导师制的建立应着重考虑导师的选聘、考核和实际的责任等方面，使这种导师制真正能为学生的发展就业作出贡献。

以上三点针对国际商务实务模拟课程建设方面的建议，最终以学生在各个方面的合作和与竞争的形式展开，这既调动了学生学习的积极性和兴趣，也为学生在以后的实际工作中所需要的团队协作意识和竞争能力提供了锻炼机会。具体的形式包括案例收集和分析、分角色模拟商务活动、商业诊断咨询、商务计划书设计等方法，尽可能地创造以学生为主体、模拟实际、强调动手能力塑造的国际商务环境，全面提高学生的学习兴趣与能力。

五、总结

我们课程组从 2007 年下半年开始将该 4Cs 模式运用到实际课程教学中，先后给国际商务、国际经济与管理等专业的硕士和本科学生开设国际商务实务模拟课程，教学效果良好，学生评价好。绝大多数学生在课后意见反馈中明确表示：这种参与型的实务课程极大地改变了原有的单纯"教师课堂讲、学生记笔记"的枯燥模式，让学生真实地融入到实际商务环境中，在参与中增加了兴趣、增强了实际动手能力，希望这种课程能够越办越好。

基于该课程较优异的教学构建与实施效果，该课程建设内容已成为了我校重点打造的专业主干课程国际商务（双语）的重要组成部分，并成功获得教育部全国双语教学示范课程（2008）和四川省省级精品课程（2008），现正根据课程建设要求做进一步的修改与完善。

总的来看，该课程内容丰富，质量优良，为学生的课程学习提供全面保障。根据 4Cs 模式的设计，国际商务实务模拟课程的内容将更为丰富

翔实，且内容的创新也为教师教学提供了更多的选择，使学生能更加全面地学习商务实务，真正地将理论与实际结合起来。同时，充分发挥了校院各级资源优势，有利于显著提高教学层次和深化教学改革创新。4Cs 模式注重可用教学资源的充分挖掘，优势资源的可持续性和新资源的开发；全力为课程的开展和学生能力培养提供优质的服务；全面提升课程实际可操作性，坚持学生的主体地位，贯彻竞争与合作的教学理念，为学生后续发展提供坚实的专业支持。

当然，该实务课程的创新与实践在实际运用中也存在种种问题。如课程实验大纲仍需进一步完善；经典案例数量偏少，同质类案例较多；实践工作建立在对理论知识有效掌握的基础上，现总课时偏少，相应压缩了课堂讲授时间，部分学生基础较薄弱，上机操作压力较大；该 4Cs 模式是根据我校的实际情况和教学需求提出的，其普遍适用意义暂时还不明确，综合评价体系尚需进一步完善等。这些都是需要我们在今后的工作中继续完善与加强。

参考文献

[1] 林渊. 浅谈"模拟公司"情景教学法在国际商务英语课程中的应用 [J]. 科教文汇，2008（15）.

[2] 彭茵. 国际商务实训中"PAP 尝试教学模式"的构建 [J]. 上海商学院学报，2010，11（6）.

[3] 史咫阳. 关于国际商务模拟教学模式的探索 [J]. 科教文汇，2009（2）.

[4] 赵东. 案例与情景教学法在商务谈判课程中的实践 [J]. 华东交通大学学报，2006，23（z1）.

[5] 张卿. 国际商务模拟实习系统的设计与实现 [J]. 电脑知识与技术（学术交流），2007（4）.

[6] 杨洋，韦小英，等. 校外实习基地的建设与实习模式探索 [J]. 广西大学学报：自然科学版. 2008（3）.

[7] 齐小萍. 企业家导师制：高职院校高质量就业的途径 [J]. 黑龙江高教研究，2009（8）.

基于《中国研究生教育及学科专业的评价报告》的分析报告

陈益刚[①]

（西南财经大学 发展规划处，四川 成都 611130）

自 2004 年起，武汉大学中国科学评价研究中心开始按年度连续发布《中国研究生教育学科专业评价报告》。近日，由中国科教评价网和中国科学评价研究中心共同发布了 2011 年中国研究生教育排行榜，其中包括中国研究生教育按 31 个省、市、自治区（未含港澳台地区），按 56 个研究生院，按 476 所高校（含分省、分类型），按 11 个学科门类分高校，按 81 个一级学科和 373 个专业等 8 个方面的 508 个排行榜。

《中国研究生教育及学科专业的评价报告》（2011—2012）由武汉大学中国科学评价研究中心、中国科教评价网等单位研发和编著。评价指标体系包括 3 个一级指标、11 个二级指标、22 个三级指标。一级指标分别是办学资源、教学与科研产出、质量与学术影响。评价报告共有四部分内容：一是中国研究生教育及学科专业排行榜；二是中国研究生培养单位概况、各类排名结果、优势学科专业、招生信息、联系方式；三是研究生执教问答；四是附录。整个评价报告内容全面丰富、结果新颖，富有启发性，具有较高的参考价值。本文基于上述一、二部分排行榜，选择 6 所财经大学、省内 5 所"211 工程"大学的信息进行分析，以供领导和相关部门决策参考。

一、排行榜概况

"中国研究生教育及学科专业排行榜"由中国研究生教育地区排行榜、中国研究生院排行榜、中国高校研究生教育竞争力排行榜（含分省、分类型排名）、中国研究生教育分学科门类排行榜、中国研究生教育分一级学科排行榜、中国研究生教育分专业排行榜 6 个单榜构成。

——在中国研究生教育地区排行榜（31 个省市区）排行榜中，四川省总分为 80.16 分、排名第 10 位。

——在中国研究生院（56 所）排行榜中，四川大学总分为 75.43 分、排名第 13 位，西南交通大学总分为 55.38 分、排名第 46 位，电子科技大学总分为 55.26 分、排名第 48 位。

——在中国高校研究生教育竞争力排行榜（含分省、分类型排名）对国内 476 家研究生培养单位进行了评分、分省排名、分类型排名，财经类院校和省内高校的基本情况（参见表 1）。

① 陈益刚，西南财经大学发展规划处副研究馆员。

表1　　　　研究生教育竞争力排名

排名	学校名称	总分	省内序		类型序	
63	中南财经政法大学	58.61	湖北	7	文法	2
92	上海财经大学	53.70	上海	9	文法	3
96	西南财经大学	53.38	四川	4	文法	4
98	东北财经大学	52.72	辽宁	4	文法	5
115	中央财经大学	50.04	北京	18	文法	7
133	对外经济贸易大学	47.81	北京	20	文法	9
12	四川大学	81.95	四川	1	综合	8
54	西南交通大学	60.17	四川	2	理工	26
56	电子科技大学	60.03	四川	3	理工	28
96	西南财经大学	53.38	四川	4	文法	4
140	四川农业大学	46.75	四川	6	农林	12

二、学科门类、一级学科、专业排行的比较

（一）学科门类（11个）

在11个学科中，6所财经大学集中在经济学、管理学、法学、哲学四个门类中。其中，中南财经政法大学的星级总量为18、分布在4个学科门类；西南财经大学、中央财经大学的星级总量为13，对外经济贸易大学的星级总量为12，分布在经济学、管理学、法学3个学科门类中；上海财经大学、东北财经大学的星级总量为10，

分布在经济学、管理学2个学科门类中（参见图1）。

（二）一级学科排行（81个）

就一级学科的培养单位而言，本排行榜涵盖8242个（次）培养单位，且囊括了所有一级学科的研究生培养单位，并将每个一级学科单独成表，形成了81个一级学科排行榜。

1. 一级学科星级评价的总量、数量

中国研究生教育分一级学科排行榜对学科目录中的81个一级学科进行了学校排名、星级评价。星级评价分为5★、4★、3★、2★四级。在此，对各个学校一级学科的星级数量相加，得到各学校的一级学科的星级评价总量，并从一个侧面反映出各个高校研究生教育的总体状态（参见图2）。

如图2，从一级学科星级评价总量和数量来看，在6所财经大学中，中南财经政法大学星级总量为46、得到星级评价的一级学科14个，整体优势最为明显；上海财经大学、东北财经大学、西南财经大学数量接近，而中央财经大学、对外经济贸易大学整体显得稍弱一些。而在省内5所大学中，四川大学的综合性优势特别明显，且西南交通大学、电子科技大学的学科优势也相对突出。

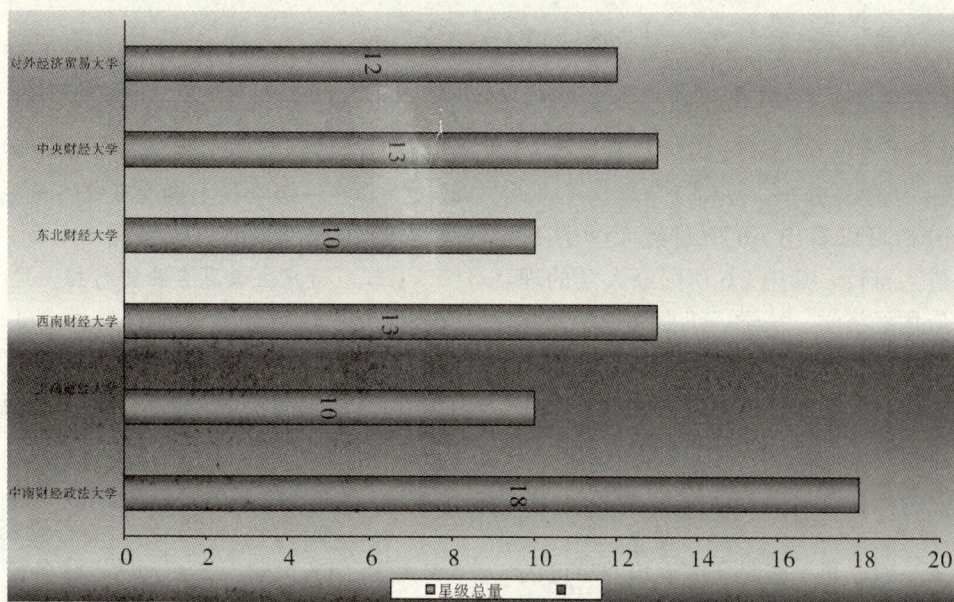

图1　学科门类星级总量

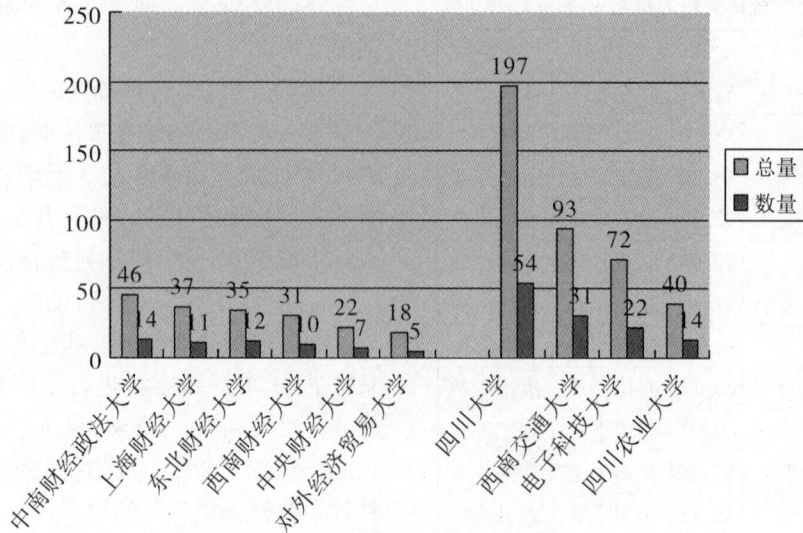

图2 一级学科星级评价的总量、数量

注：星级评价总量为各学校的星级数之和

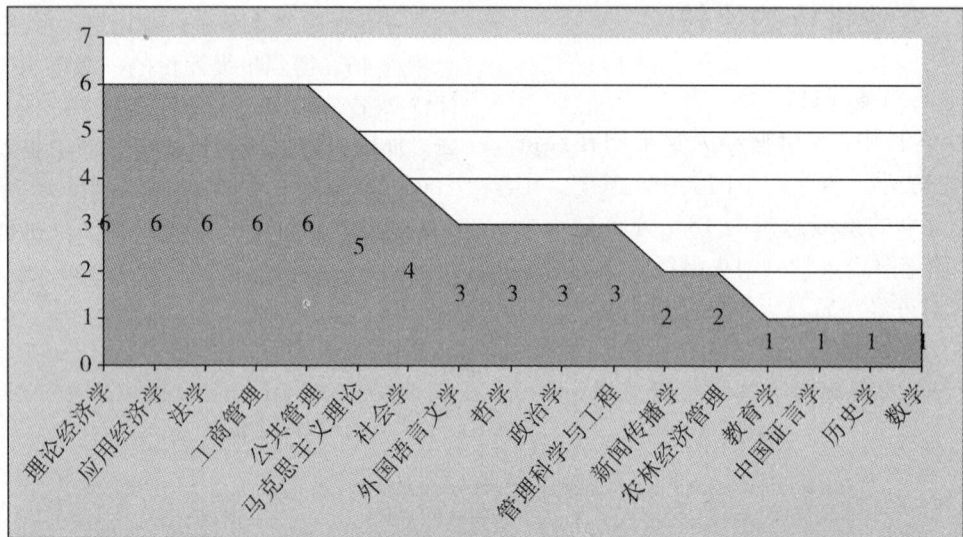

图3 财经大学星级一级学科分布

2. 星级一级学科分布

进一步分析可以看出，6 所财经大学的 17 个一级学科进入排行。其中，6 所财经大学的理论经济学、应用经济学、法学、工商管理、公共管理 5 个一级学科都进入了排行榜，反映出这 6 所以经济学、管理学为主体的财经大学具有较强的学科竞争优势，而其他一级学科的分布并不均衡，显示出各自的差异性（参见图 3）。

3. 5★、4★一级学科

5★、4★一级学科一般是研究生培养单位的优势、特色学科，并且在排行榜中占据前列位次，具有较强的竞争优势和示范效应。中南财经

政法大学在一级学科上拥有 3 个 5★、3 个 4★，具有较强的竞争优势（参见图 4）。

（三）研究生教育专业排行榜

研究生教育分专业排行榜由 373 个单榜构成，包括 3 个一级指标（办学资源、教学与科研产出、质量与学术影响）、11 个二级指标、22 个三级指标。

1. 研究生专业星级总量

在分专业排行榜中，列出了各研究生专业的 5★大学、4★大学及 3★大学。将各研究生专业的星级数量相加，得出各财经大学研究生专业的总体状态。在 6 所财经大学中，中南财经政法大

学星级总量为180，远远高于其他5所；东北财经大学（106）、上海财经大学（99）的位置居中，西南财经大学（89）、对外经济贸易大学（85）的排名靠近，中央财经大学（73）的排名偏后。在省内的5所"211工程"大学中，四川大学星级总量为631，遥遥领先于其他4所；西南交通大学（189）、电子科技大学（161）的位置居中，西南财经大学、四川农业大学（78）偏后（参见图5）。

2. 优势专业的比较

5★、4★评价一般都是各高校的优势专业，在专业排行榜中位列前茅。6所财经大学有21个专业得到5★评价。其中，中央财经大学10个、数量最多，特别是金融学（1/112）、数量经济学（1/86）、国防经济（1/18）三个专业排名第一。此外，排名第一的专业还有上海财经大学的会计学（1/153）、东北财经大学的产业经济学（1/159）、对外经济贸易大学的国际贸易学（1/113）。6所财经大学有77个专业得到4★评价。其中，中南财经政法大学26个、数量最多（参见图6）。

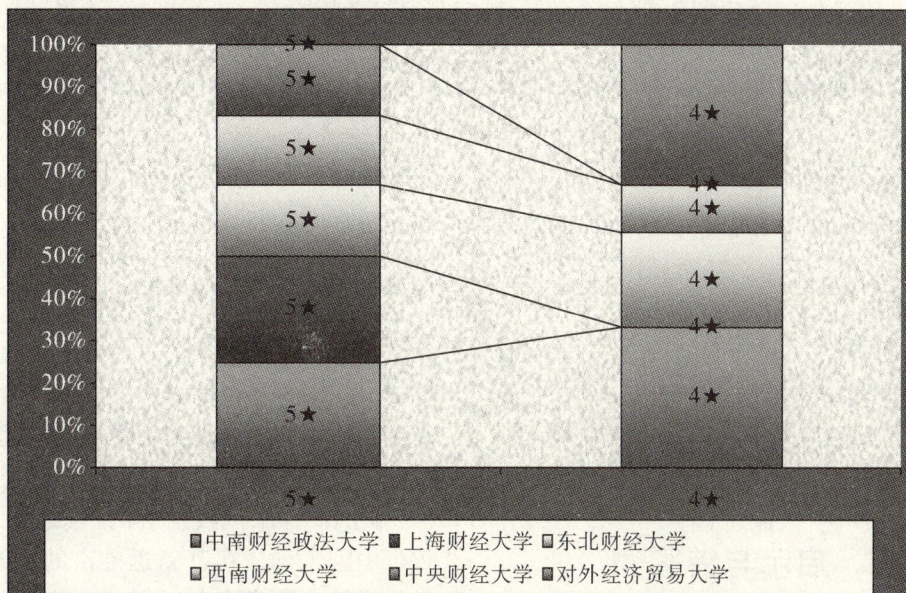

图4 财经大学5★、4★一级学科分布

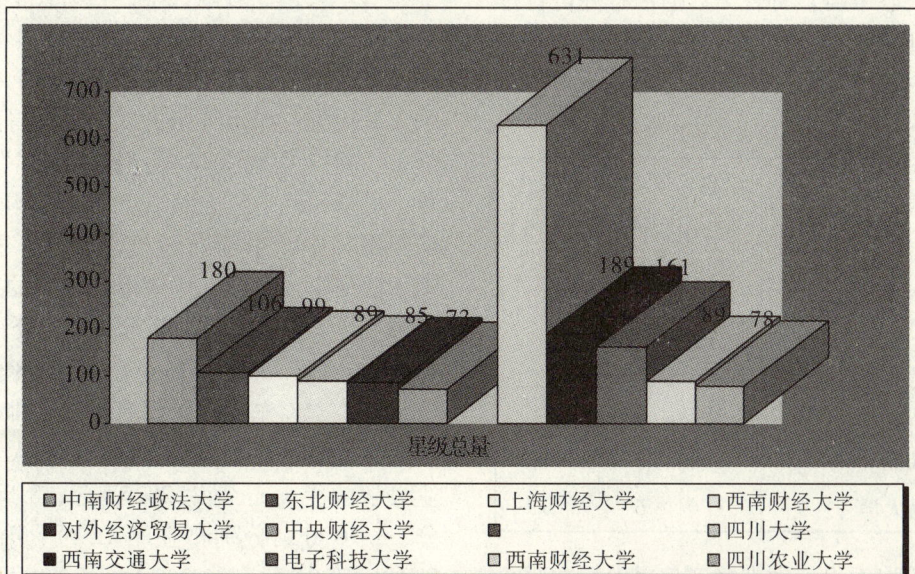

图5 研究生专业的星级总量

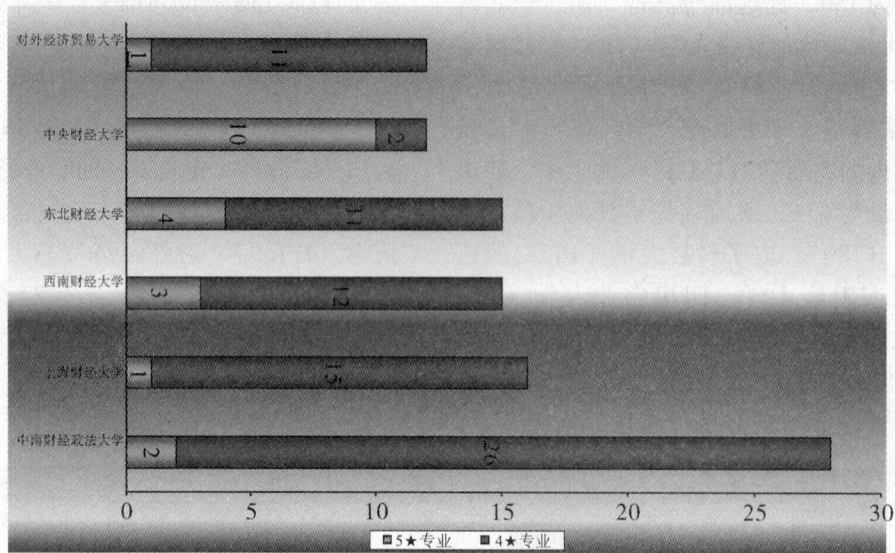

图 6　财经大学优势学科分布

在省内 5 所"211 工程"大学中，四川大学以 21 个 5★专业、75 个 4★专业的综合优势领先其他院校。其中，历史文献学（1/56）、皮革化学与工程（1/8）、口腔基础医学（1/23）、口腔临床医学（1/46）、营养与食品卫生学（1/42）5 个专业在全国排名第一。此外，西南交通大学的桥梁与隧道工程（1/61）、电子科技大学的信号与信息处理（1/142）也排名第一。

三、启示与借鉴

前面从概况、学科门类、一级学科、专业等方面进行了比较分析，将各个数据汇总并进行排序，可以看出彼此之间具有一定的相关性（参见表 2）。

表 2　研究生教育的星级评价排序

学校名称	竞争力	学科门类	一级学科	研究生专业
中南财经政法大学	1	1	1	1
上海财经大学	2	4	2	3
西南财经大学	3	2	4	4
东北财经大学	4	4	3	2
中央财经大学	5	2	5	5
对外经济贸易大学	6	3	6	6

从上表可以看出，中南财经政法大学在研究生教育的竞争力、学科门类、一级学科、专业排

名等方面都居于第一位置，上海财经大学、西南财经大学、东北财经大学居于中间位置，而中央财经大学、对外经济贸易大学位置靠后。

在省内几所"211 工程"大学中，四川大学以其综合性优势高居第一，西南交通大学、电子科技大学居中，西南财经大学、四川农业大学排在后面。而在综合性大学中，四川大学的研究生教育竞争力排名仅为 13。

此外，"中国校友会网"以 8～1 星级等级评价中国大学，在其新近推出的"2011 中国大学星级排名"中发布了得到 6～3 星级评价的大学。在八星级、七星级没有的情况下，北京大学、清华大学、香港大学、台湾大学得到了六星级的较高评价。在财经类院校中，上海财经大学得到了四星级评价，中央财经大学、中南财经政法大学得到三星级评价。四川大学得到五星级评价。"2011 中国大学排行榜 100 强"由人才培养、科学研究、综合声誉三项指标构成。在人才培养得分中，中南财经政法大学、上海财经大学、西南财经大学、中央财经大学的得分分别为 6.66 分、5.04 分、4.99 分、2.9 分，分别排在第 65 位、第 78 位、第 79 位、第 98 位；对外经济贸易大学、东北大学没有进入到排行榜中。四川大学、西南交通大学、电子科技大学、四川农业大学的得分分别为 28.57 分、8.86 分、7.78 分、3.16 分，分别排在第 12 位、第 45 位、第 51 位、第 96 位。

武书连"2011 中国大学综合实力 100 强"

的评价指标主要由人才培养、科学研究两项构成，人才培养又分为研究生培养、本科生培养两项。在研究生培养项的得分中，上海财经大学、中南财经政法大学得分分别为 5.5 分、4.24 分，分别排列在第 73 位、第 94 位；而其他 4 所财经大学还没有进入到排行榜中。四川大学、电子科技大学、西南交通大学得分分别为 31.23 分、11.36 分、7.73 分，分别排列在第 9 位、第 37

位、第 55 位。

由此可见，在各类排行榜中，我校研究生教育已经取得了较大的成绩，具备一定的竞争优势。但与综合性大学研究生教育相比较，与同类型大学和省内兄弟院校相比较，我校研究生教育还有较大的提升、发展空间，仍需在学科建设、研究生教育专业建设方面不断加大投入力度、加大教育教学改革的步伐。

选 A 班，还是 B 班，是一个有趣的问题

——基于西南财经大学"中级微观经济学"课程分类教学的问卷调查分析[①]

刘金石　　饶煜东[②]

（西南财经大学 经济学院，四川 成都 611130）

摘　要：硕士研究生面临基础课程分类教学即理论研究型（A班）和应用研究型（B班）的选择。本文基于西南财经大学中级微观经济学课程分类教学的问卷调查分析发现，学生的专业、经济学基础和数学基础、就业去向意愿、课程难易程度等因素影响较大，而性别、学生是否为本校毕业等因素影响很小。这一发现对完善研究生分类培养、改进基础课程建设有重要意义。

关键词：基础课程；分类教学；中级微观

为了提高培养质量，一些高校对硕士研究生实行分类培养，在课程建设上，同一门课程针对不同类别的学生进行有区别的教学。例如，西南财经大学从2009年秋季开始将公共基础课程如中级微观经济学、中级宏观经济学、中级计量经济学等分为学术研究型课程（即A类）和应用研究型课程（即B类），除部分专业外，学生可以根据自己从事研究的需要进行选择。

自分类教学改革以来，西南财经大学一批富有教学经验和教学激情的中青年教师队伍在研究生部（院）的统一领导下，A类和B类课程分别采取同一教材、同一提纲、同一授课时间、统一的习题范围、同一考试时间、同一考试试卷的方式展开课程教学。近三年来，教学效果明显提高，一方面是教师的教学态度积极、严谨，教学水平和教学难度逐年提高；另一方面是学生学习积极性高涨，无论是出勤率还是成绩都逐年显著提高。

作为财经类专业的公共基础课程，中级微观经济学是硕士研究生进一步从事专业学习和研究的基础。不过，中级微观经济学作为一门理论性强、抽象程度高的课程，如何进行分类教学，特别是依据什么划分为理论研究型课程和应用研究型课程，这是课程改革的一个难点。为了有效破解这个难题，从学生的需要层面上来寻找答案，可能是一种有效的方法。学生为什么选理论研究型（A班）或是应用研究型（B班）？影响他们进行选择的因素有哪些？弄清楚学生为什么选择A班或者B班，才能做到因材施教，这对于教学内容体系的安排具有重要的意义。

西南财经大学研究生部（院）除了对英语课程制定了统一的《西南财经大学非英语专业研究生英语教学改革意见》之外，对其他公共必修课还没有指定类似的纲领性指导文件。从2009级硕士研究生培养方案的文本来看，经济思想史、西方经济学（应用研究型）、人资环、消费经济、公共经济制度与政策专业的同学只能选择A类课程，体育经济与管理、社会经济学、媒体经营管理、商务智能专业的同学只能选择B类课程，法学、马克思主义理论、外国语言、计

---

① 本文为2011年西南财经大学研究生教育教学研究课题"中级微观经济学教学方式创新研究"的研究成果。

② 刘金石，西南财经大学经济学院副教授；饶煜东，西南财经大学经济学院研究生。

算机专业的同学可以不选修中级微观经济学课程，除此之外，其余同学可以根据自己的研究需要自行选择 A 班或 B 班课程，那么影响这部分学生选择 A 班或者 B 班的主要原因有哪些呢？

为了回答这个问题，我们在 2011 年秋季学期的第一次课和最后一次课，先后分别同在两个 B 班和一个 A 班发放了两次问卷。在第一次课，B 班 1、B 班 2 和 A 班分别发放和回收了 106 份、106 份和 114 份问卷；在最后一次课，分别发放和回收了 53 份、86 份和 69 份问卷（需要说明的是，问卷中的大部分问题都是多选题，因而，各项比例加总后不一定等于 100%）。以下是基于调查问卷的具体分析。

（1）从性别比例来看，无论是 A 班还是 B 班，女生的比例都明显高于男生的比例，平均高出 14 个百分点，悬殊最大的高出 26.4%，悬殊最小的也有 5.2%。不过，A 班男女生比例相对均衡；与 A 班相比，B 班的性别比例悬殊更大，女生明显比男生多。见表 1。

表 1　　　　学生性别比例

性别比例	男生占比	女生占比
B 班 1	44.3%	55.7%
B 班 2	36.8%	63.2%
A 班	47.4%	52.6%

因此，仅从某个班的性别比例来看，只能发现财经类高校硕士研究生女生比男生更多的现实。不过，一般认为，女生的理性思维比男生差，或许这也是 40 多年来女性诺贝尔经济学奖得主只有一位的原因。如果这个命题成立的话，从女生占比的差别可以看出，学生对于 A 班和 B 班分类的态度，可能是大多数学生认为 A 班课程要比 B 班课程难度更大，数理推导更多。这可能是有更多女生选择 B 班的一个原因。

（2）从学生生源来看。我们可以假设毕业于本校的学生对分类教学的特点认识更加清楚，可能会在选择上体现出来。但是无论是 A 班和 B 班，来自本校毕业的学生占比没有明显的区别，都在 25% 左右，因此，生源来自的学校与 A 班和 B 班的选择没有必然联系。见表 2。

表 2　　　学生本科毕业学校是否为本校

本科毕业学校	本校	其他院校
B 班 1	23.6%	76.4%
B 班 2	27.4%	72.6%
A 班	24.5%	75.5%

（3）从专业比例来看，无论是 A 班还是 B 班，金融专业的同学占比最多，约占 25% ~ 30%，这反映西南财经大学以金融学科为优势学科、以大金融学科群建设为重点、金融学专业研究生招生比重最高的事实。不过，在 A 班中，理论性较强专业如金融专业、政治经济学专业、产业经济学专业的学生占比要明显要高于 B 班。见表 3。

表 3　　学生专业比例居前三位的专业占比

	金融	会计	财管
B 班 1	24.5%	9.4%	9.4%
B 班 2	29.2%	26.4%	17.0%
	金融	政经	产经
A 班	30.7%	14.9%	10.5%

进一步，从学生本科所学的专业比例来看，A 班中本科学习金融、经济学和统计学等理论性或技术性较强的学生比例排在前三位，而 B 班中本科学习理论经济学专业的学生很少。见表 4。

表 4　　　学生本科阶段的专业比例

	金融	会计	财管
B 班 1	11.3%	11.3%	10.1%
B 班 2	14.2%	15.1%	13.2%
	金融	经济	统计
A 班	16.7%	10.5%	7.0%

结合研究生专业及其本科所学专业两项指标，一定程度上表明学生本科的经济学基础和研究生期间专业需要是选择 A 班或 B 班的重要原因，理论性较强的专业的学生选择 A 的可能性较大。

（4）从本科阶段的经济学基础和数学基础来看，无论是 A 班还是 B 班，90% 以上的学生在课堂上学过或者自学过经济学原理，学生的经济学基础比较好。不过 A 班学过或者自学过经济学原理的学生比例明显比 B 班要高，平均高出 6%；没有学过的学生比例仅为 1.8%，明显比少于 B 班的 6.4% 和 8.5%。见表 5。

表 5　本科阶段学习经济学原理的情况

	两个学期	一个学期	自学过	没有
B 班 1	37.6%	39.4%	16.5%	6.5%
B 班 2	39.6%	34.9%	17.0%	8.5%
A 班	44.7%	46.3%	7.2%	1.8%

同时，A 班学生学过或者自学过中级微观经济学的比例明显高于 B 班，平均高出 10%，见表 6。从学习经济学原理或中级微观经济学的情况看出，A 班学生的经济学基础普遍要比 B 班好。

表 6　本科阶段学习中级微观经济的情况

	学过	自学过	没有学过
B 班 1	10%	3.7%	86.3%
B 班 2	10.4%	4.7%	85.9%
A 班	13.2%	12.3%	74.5%

而且，从问卷中发现，目前研究生的数学基础总体上比较好，90% 以上的学生学过高等数学中的微积分、线性代数、概率论与数理统计等课程，见表 7。这为开展中级微观经济学的教学提供了基础，也是能够逐年提高讲授难度的前提。不过可以明显发现，A 班中学习过三门经济数学的学生比例要高于 B 班，说明总体上 A 班学生的数学基础要普遍比 B 班好。A 班中仅有 1 位同学没有学过高等数学，他选择 A 班的原因是其专业只能选择 A 班课程。因此，经济学基础和数学基础是一个影响学生选择的重要原因。

表 7　本科阶段学习高等数学的情况

	微积分	线性代数	概率与统计	没有学过
B 班 1	95%	94%	90%	1.8%
B 班 2	90%	89%	90%	2.8%
A 班	97.4%	98.2%	98.2%	0.9%

（5）从毕业去向意愿看，无论 A 班还是 B 班，有超过一半的学生的就业意愿是选择去公司任职。有两个指标可以说明学生选择的区别：2

个 B 班的学生毕业后选择继续攻读博士学位的比例平均仅占 1.4%，毕业后选择从事教学或科研的学生比例平均仅为 3.1%；而 A 班的学生毕业后选择攻读博士学位和从事教学或科研工作的比例分别为 19.3% 和 10.5%，见表 8。这一数据显示，是否读博士和是否从事科研教学是影响学生选择 A 班和 B 班的一个特别重要的原因。

表 8　学生毕业去向意愿的情况

	读博士	公务员	公司	科研教学	其他
B 班 1	2.7%	17.7%	54.9%	4.4%	20.3%
B 班 2	0	16.9%	68%	1.8%	13.3%
A 班	19.3%	7.9%	53.5%	10.5%	8.8%

（6）从学生对 A 班或 B 班的直接认知情况看。在第一次问卷中，有一个直接涉及为什么选择 A 班或者 B 班的原因的问题是"你为什么选 B 班、而不是 A 班？（多选）"B 班有 54.9% ~ 59.3% 的学生认为学习难度更小而选择 B 班，有将近 10% 和 5% 的学生认为 B 班的学习内容更少以及考试会更简单，见表 9。

表 9　开学时 B 班学生对于 A 班和 B 班的认知情况

	难度更小	内容更少	考试好过	其他
B 班 1	54.9%	8.7%	4.5%	37.9%
B 班 2	59.3%	9.4%	4.8%	35.5%

在开学之初的第一次问卷中，面对类似的问题，A 班的有 67.5% 学生认为会比 B 班学习更多的内容，只有 18.4% 的学生认为比 B 班的难度"更富挑战性"，见表 10。由此看来，在没有开始学习之前，可能是由于学习基础相对较弱，学习难度是影响 B 班学生选择的一个重要因素，而选择 A 班的学生的学习基础普遍较好，他们主要希望学习更多的内容。

表 10　开学时 A 班学生对于 A 班或 B 班的认知情况

	更具有挑战性	内容更多	老师水平更高	其他
A 班	18.4%	67.5%	15.3%	8.8%

在学期结束的第二次问卷中，面对相同的问题，A 班认为可以学习更多内容的学生比例下降到 40.6%，减少了 27%，而认为学习难度更大的学生比例增加到 50.7%，上升了 32.3%，见

表11。这说明，即便是对于学习基础较好的同学，中级微观经济学课程并没有学生开始想象的那么轻松。

表 11   学期结束时A班学生对于A班或B班的认知情况

	难度更大	内容更多	考试难度更大	老师水平更高	没有区别
A 班	50.7%	40.6%	31.9%	13%	8.7%

很奇怪的是，在开学第一次问卷中发现，B 班中仅有不到 5% 的同学认为 B 班的试题会比 A 班的试题更加简单，而在学期结束的问卷中，A 班有 31.9% 的学生认为考试比 B 班要难（事实上，有位 A 班老师在监考 B 班的期末考试时说 B 班出的考题比 A 班还要难）。因此，试图考试好过并非是学生选择 B 班的主要原因。

（7）从对中级微观经济学课程认知情况来看。开学第一次问卷中有一个问题是"如果不是必修，你会选修中级微观经济学吗?"总体上约有 7% ~9.3% 的学生不愿意选修，其中 B 班有 4.4% ~7.5% 的学生想选 A 班没有选上，A 班有 8.8% 的学生想选 B 班没有选上，见表12。

表 12   开学时学生对中级微观经济学课程的认知情况

	选 A 班	选 B 班	不愿意
B 班 1	7.5%	83.2%	9.3%
B 班 2	4.4%	87%	8.6%
A 班	84.2%	8.8%	7.0%

对于同一个问题，期末时第二次问卷问"学完中级微观后，如果不是必修，你还会选修中级微观经济学吗?"有意思的是，不愿意选修中级微观经济学课程的学生增加了约20% ~30%！见表 13。A 班中愿意选择 B 班的学生比例也增加了4%左右，B 班中愿意选择 A 班的学生比例增加了4%左右，这与 B 班认为讲课内容太简单的比例差不多（参见表18），因此，似乎可以进一步确定的是，难易程度是学生选择 A 班或 B 班的一个重要原因。

表 13   结束时学生对中级微观经济学课程的认知情况

	选 A 班	选 B 班	不愿意
B 班 1	11.3%	49.1%	39.6%
B 班 2	7.0%	66.3%	26.7%
A 班	52.2%	13.5%	34.3%

如果不是必修，尽管有 26.7% ~39.6% 的学生不愿意选修中级微观经济学课程，从问卷中无法得知这部分同学为什么不愿意选修，但有意思的是，只有不到 5% 的学生不愿意推荐他们明年入学的师弟师妹选修该课程！见表14。

表 14   是否愿意推荐师弟师妹选修中级微观经济学

	愿意	不愿意
B 班 1	94.3	3.8
B 班 2	91.9	4.6

学期结束比开学时不愿意选修中级微观课程的学生比例增加的原因，我们不得而知。除了我们刚才猜测的课程难度是一个重要原因之外，还有一个指标在一定程度上解释这个问题。开学时，将近95%的学生认为中级微观经济学课程对于其专业学习和研究重要或者很重要，只有极少数（A 班有 5.3%）的人认为不重要或者可以不学。但是在学期结束学完该课程时，有 11.6% ~16.3% 的学生认为不重要或者可以不学。这说明专业学习和研究需要是学生选择 A 班或者 B 班、选择或者不选的重要原因。

表 15   开学时学生关于中级微观经济学对专业学习和研究的作用的认识

	很重要	重要	不重要	可以不学
B 班 1	49.1%	50%	0.9%	0%
B 班 2	46.1%	52.9%	1.0%	0%
A 班	50.0%	44.7%	3.5%	1.8%

表 16   学期结束时学生关于中级微观经济学对专业学习和研究的作用的认识

	很重要	重要	不重要	可以不学
B 班 1	13.2%	71.7%	11.3%	3.8%
B 班 2	9.3%	74.4%	11.6%	4.7%
A 班	17.4%	71.0%	5.8%	5.8%

（8）从学生对听（讲）课的效果反映来看，以上 7 个因素在一定程度上反映了影响学生做出选择的原因，我们还可以从两类学生对听（讲）课效果的反映来进一步印证上述关于 A 班和 B 班学生选择的判断。

首先，从对教学进度和内容安排的反映来看。B 班认为讲课太快和太难的学生比例明显要比 A 班高；相反，B 班认为讲课太慢和太简单的学生比例明显要比 A 班低。这在一定程度上是上述 A 班学生经济学基础普遍比 B 班学生好的反映。此外，在两个 B 班中，认为太难的学生比例都约为 17%，见表 17 和表 18，这与上述表 5 中本科没有学过经济学的学生比例较吻合，认为讲课内容太难、讲课速度太快的学生，基本上都是本科没有学过经济学原理的学生。

表 17　学生对于教学进度的反映情况

进度安排	合理	太快	太慢	其他
B 班 1	73.6%	17%	5.6%	3.8%
B 班 2	57%	40.7%	2.3%	—
A 班	85.4%	10.8%	5.8%	—

表 18　学生对教学内容安排的反映情况

内容安排	合理	太难	太简单	其他
B 班 1	76.6%	16.4%	3.5%	3.5%
B 班 2	73.6%	17%	5.7%	3.7%
A 班	76.8%	12.2%	8.7%	2.3%

其次，从学生听课的效果来看。无论是 A 班还是 B 班，总体上认为不清楚的学生比例都不到 5%（见表 19），A 班学生听课的效果明显要比 B 班好。两个抽样 B 班认为听课不清楚的学生比例与上述表 5 反映的本科没有学过经济学的学生比例相一致。

表 19　学生对听课效果的反映情况

	清楚	一般	不清楚
B 班 1	53.9%	41.7%	4.4%
B 班 2	53.3%	41.9%	4.8%
A 班	69.6%	26.1%	1.4%

综合上述学生对课程进步快慢、内容难度、听课效果的分析可以进一步发现，A 班学生的经济学基础总体上要比 B 班学生好。

从以上问卷调查分析，可以发现"专业"、"经济学基础"、"数学基础"、"是否读博士"、"学习难易程度"等是影响学生选择 A 班或者 B 班的重要原因，而"性别"、"生源学校"、"考试难度"等因素不是主要原因。这一发现告诉我们，分类教学除了在目前课程难度加以区别外，还需进一步深化教学改革，以提高理论研究型和应用研究型分类培养的效果。

参考文献

[1] 刘金石. 教学方式创新：运用经济学的三种语言 [J]. 中国大学教学，2011（9）.

[2] 肯·贝恩（美）. 如何成为卓越的大学教师 [M]. 北京：北京大学出版社，2007.

对深化教学范式改革中增强案例教学的思考

霍伟东① 何 娟 罗 虹

（西南财经大学 国际商学院，四川 成都 611130）

摘 要： 研究发现，国内高校在单科课程教学上，财经类院校实践教学的课时数大多在30%以下，与国外著名商学院相比，国内高校在案例教学上所占的比例还是很小，远不能满足专业人才培养的需求。以哈佛商学院为例，除两门课程以外，其他课程都采用了案例教学，其教学时间中所占比重高达90%；教育部启动的"第三轮学科评估指标体系"中，已将入选"全国百篇优秀管理案例"及"哈佛"、"毅伟"商学院案例数列入正式评估标准（C5 项），充分说明了教育部本身对案例教学的重视；加强案例教学在相关课程中的比重是进一步深化教学范式改革的题中应有之义。本文探讨了案例教学的方法、案例教学中应该注意的问题，并从更基本的方面对如何建立和完善案例库提出了一些建议。

关键词： 教学范式改革；案例教学；案例库建设

案例教学是教学范式改革中的一项重要内容，得到越来越多的重视。随着教学案例的引入，老师可以结合自己所从事的学科专业和所教授的课程，从知识、能力和素质三者的关系出发，加深对课堂教学的理解。教师在寻找案例的过程中必须对教学内容进行深入的了解和分析，更透彻的理解教学内容，形成合理的教学计划与进度。通过教学案例的引入，可以方便教师以点带面，抓住亮点，从教学内容的取舍、教学手段的创新、考评方式的变革等方面进行全盘考虑，找到教学改革的突破口。而让以前的纯粹由教师授课的方式变为师生互动方式，课堂上引入案例是最便捷有效的方法。通过案例分析，让学生各自发表意见和看法，老师在最后做出总结和点评，不仅能使课堂气氛活跃起来，同学们对知识的掌握也能更牢靠。在我校有关课程的教学中，老师们不仅在课堂上引入案例分析，课后作业也多以案例分析为主，使教学内容具有灵活性。

同时，教育部启动的"第三轮学科评估指标体系"中，将入选"全国百篇优秀管理案例"及"哈佛"、"毅伟"商学院案例数列入正式评估标准（C5 项），充分说明了教育部本身对案例、案例教学的重视。

一、案例教学的方法

（一）选择合适的案例

案例教学的第一步，就是要撰写合适的案例，也就是选择一个教学事件进行描述。首先要明确案例的性质，是关于教学策略、学生行为还是教学效果方面；要明确案例的目的，是为了增进理解，还是为了职业发展。其次要明确这个案例对自己教学有什么帮助，案例本身与教学知识点的联系在哪里，案例当中哪些地方要用到教学

---

① 霍伟东，西南财经大学国际商学院副院长，教授，博士生导师。

知识点。选择好案例后，就要对事件背景进行描述。在描述事件的背景时要考虑：这种情况以前是否出现过，它怎样引起人们的注意，事件是怎样开始的，事件发生的情境等。最后，要将所选案例与教学内容联系起来，使它们形成一个从理论到实践再到理论的联系过程。

一个好的教学案例，必须包含一个典型的问题或问题情境，要把注意力集中在一个中心论题上，要突出一个主题。并且，案例最好描述的要是现实生活场景，应该以关注今天所面临的疑难问题为着眼点，展示的整个事实材料应该与整个时代及教学背景相照应，这样的案例学生更愿意接触。

在案例当中，要能把事件发生的时间、地点、人物等等按照一定的结构展示出来，同时要对事件进行叙述和评点。要将案例用于课堂教学，让学生围绕某一个讨论的中心问题表达他们不同见解。

案例也不能只是提出问题，它必须提出解决问题的主要思路、具体措施，并包含着解决问题的详细过程，最好是有多种解决办法，这样才能为课堂讨论提供背景，协助教师将理论用于实践进行教学。

（二）借助案例撰写教学大纲

为了帮助教学更清晰、明了的进行，突出教学重点，教学大纲的撰写十分重要。包含案例的教学大纲主要包括：案例梗概，要达到的教学目的，准备向学生提的问题，教师本人对案例的理解，与案例有关的文献目录等内容。案例教学大纲的主要目的是使教师明确采用什么方式教学、教学的步骤和对教学内容进行分门别类。在准备教学大纲的过程中，教师要设身处地地考虑，学生读了案例以后会有什么反响，学生能对案例的理解程度有多少，对案例当中拟提出的问题，是让学生单个回答，还是小组讨论回答。

目前的案例教学多采用先让学生阅读案例，然后采用讨论的形式，再由学生单独或者以小组形式将自己的观点进行分享，最后由老师作出总结。对于课堂讨论的时间、进度以及方式，教师需要通过拟订教学大纲进行设定。

（三）教学案例的分析讨论

教师可以安排学生提前一天对案例进行阅读，并对有关知识和材料进行搜集，也可以在课堂上向学生们展示案例，鼓励学生读后提出问题，并告诉学生案例是没有唯一答案的，每人都要自己寻求答案。还要告诉他们应扮演何种角色和采取什么样的行动，鼓励他们每个人都在课堂上参加对话和交流。教师可以让学生们以个人形式或者小组形式进行发言，将同学们各自的看法彼此进行分享，以提问和回答的形式进行讨论，最后由老师总结得出结论。

二、案例教学中应该注意的问题

案例教学已成为现阶段教学范式改革的重要举措之一，案例在教学中的应用不仅丰富了课堂内容，同时也让学生在生动、轻松的学习气氛中深刻理解知识点，融会贯通。与"填鸭式"、"满堂灌"等教学模式相比，案例在课堂的运用，从学生的反馈来看凸显出了非常可观的效果。然而，我们不得不承认案例教学的规范模式尚未成熟，在案例教学的过程中，以下一系列问题不容忽视。

（一）案例内容适用性问题

由于国内现阶段案例库的建设相对滞后，案例库中现存的案例一般都是很早以前或者是根据国外的情况总结出来的。一方面，受时间年限、社会制度变迁、文化背景差异等影响，这些可被视为淘汰或国外的管理模式很难被国内学生深入理解。另一方面，由于国内各大高校财经管理类专业取向的差异，在教学过程中，对案例选择的侧重也大不相同，没有标准的案例教学模式。加之国内经济体制改革深化和转轨经济的特殊性，典型标准案例的选择就显得更为有限。因此，这就要求教师在教学案例的选择上多下工夫，结合当下时情和学生特点，尽量挖掘时效性强并具有典型性特点的案例。

在案例的选择上，确实存在一些误区，老师们大多偏向于选择涉及大企业或者是知名企业的案例，然而大的主体一般涉及的因素都错综复杂，学生在分析中也云里雾里，等老师讲授之后也一知半解。从这个角度来说，小案例就具备简单易懂、因果关系分明等优点。因此，在案例的选择上，要多结合学科特点和学生水平，做到精选难度与学生能力相适应的案例进行教学。

（二）案例在教学中所占比例的问题

当前，我国各大高校在教学案例的运用比例上存在较大差异，理工科院校对实践教学的重视程度远远高于财经类院校。庞博慧（2011）研究发现，国内高校在单科课程教学上，财经类院校实践教学的课时数大多在30%以下，与国外著名商学院相比，国内高校在案例教学上所占的比例还是很小，远不能满足专业人才培养的需求。以哈佛商学院为例，除两门课程以外，其他课程都采用了案例教学。案例教学在教学时间中所占比重高达90%，也就是说对于一个30个学时的课程，一般只有2~3个学时在讲授理论，其余27~28个学时均用于案例教学。

当然，这并不是说案例的运用越多越好，理论学习是实践的基础，尤其是对于本科生而言，打好理论基础对于以后更高层次的学习尤为重要。老师应当根据教授学科的性质来衡量案例的使用比例。

另外，在推进教学范式改革的过程中，也应当避免踏入一些误区。比如，课堂形式改革方面，财经管理类专业的课堂大多加大了学生自主学习、课堂学生展示等环节。然而，从学生的反馈来看，他们普遍认为过多的课堂展示成了形式化、走流程，并没有真正学到知识，反而让他们厌倦了某些科目，进而丧失了学习热情和兴趣。因此，老师应当根据学科性质和学生的反馈，及时调整案例实践在教学时间中的比例，重点是要充分调动学生的参与热情和学习主动性。

（三）课堂组织及案例评价的问题

学生是课堂的主体，即使准备了极好的案例，在教学活动中若没有学生积极和主动地配合，教学效果也将大打折扣。学生的参与程度直接决得了学生从中收获的大小，学生的参与是案例教学能否取得预期效果的关键（卢小丽、武丽慧，2009）。在实践中我们发现，在课堂上积极参与的大多是固定的学生，而其他学生大多存在"搭便车"的现象。从案例的分析到陈述，经常是由某几个固定的学生来完成。要减少这一现象的发生，要求学生在分组时3~5人一组比较合适。这样既能较少学生组内分歧，也能提高每个学生的参与度，减少"搭便车"的行为。

另外，对案例的总结和评价也不容忽视，在整个案例讨论学习之后，总结学生代表的观点，并在此基础上讨论其中的不足，引导学生进一步思考，或者在现有讨论的基础上，挖掘新的讨论议题，引发学生更深入的思考。

三、案例教学中案例库建设的思考

案例教学是我们财经类高等院校培养专业人才的有效途径之一，其中案例库建设的好坏将直接影响案例的可用性，因此案例库建设是保证有效实施案例教学的重要保障。然而，由于我国开展案例教学的实践经验还不够成熟，在案例库的建设方面也存在一些不足，尤其是在案例采集、编写和使用上还缺乏经验。因此，有必要分析现阶段案例库建设的现状并探讨案例库建设的有效途径。

（一）案例库建设现状

以中国企业管理案例库建设为例，该案例库建设起源于20世纪80年代，如1987年大连理工大学管理学院开始建设案例库，收录了英文案例300多篇，翻译成中文的国外案例大约100篇，此外还出版了一系列的案例书籍来推广案例教学方法。与西方案例库建设相比，我国案例库的建设相对滞后，哈佛案例库迄今已有近90年历史，形成了以哈佛案例库为核心，以欧洲案例交流中心和毅伟案例库等为补充的案例库体系。到目前为止，我国案例库的建设逐渐受到各大高校的重视，国内较有影响力的商学院案例库主要有大连理工大学中国管理案例研究中心、北京大学与清华大学管理案例研究中心等。

但是，案例库的建设还远远跟不上需求，存在的困难主要表现在以下几方面：一是案例库建设受重视的程度不足，某些院校对案例教学的重要性还没有足够重视；二是经费问题，案例的采集、整理和编写是一项耗时耗力耗钱的工作，因此经费成了案例库建设的一大难题；三是对教师激励和专业培训不足，目前还缺少系统的案例开发方法和对教师专业的训练；四是我国法律环境对知识产权的保护还不够健全，案例的产出很难得到市场相应的回报。五是案例数据的采集难度大，因为缺少对企业响应的补偿，数据采集也面临很大的挑战。

（二）加强案例库建设的建议

针对以上案例库的建设存在诸多难题，提出

相应的解决措施已迫在眉睫，现结合案例库建设的现状提出以下几点建议：

一是加大案例库建设的宣传工作。鉴于某些国内院校还没有充分认识到案例教学的重要性，在各大高校加大对案例教学和案例库建设工作的宣传具有重要意义。对案例教学的高度重视是建设好案例库的基础。我校也需要加强这项工作，在深化教学范式改革进程中更加重视这项工作。

二是加大案例库建设的资金投入。案例库建设很大程度上受制于资金的投入，若是资金不足则将增加数据采集的难度，并影响到案例搜集的真实性以及案例产出的质量。我校一方面不缺资金，但由于评价机制的问题，我们缺乏对案例教学与研究的相应重视。在教育部已经把案例教学等列入了学科发展评价指标体系的背景下，我们应该高度重视这方面的工作。

三是加快相关保护知识产权的立法进程。我国现阶段在案例开发上对知识产权人保护的相关立法还不完善，案例发开人得不到相应的保护，这将会影响开发案例的积极性。学校方面可以增加考核评价机制对案例开发写作的支持。

四是加快案例库建设系统化、标准化、模块化等原则的建立。目前，案例库建设还缺乏相应的标准，对教师的专业培训也不足，因此需要有相关标准以规范案例库建设有序进行。

参考文献

[1] 柴小青. 关于工商管理教学案例库建设的思考 [J]. 学术论丛，2009（5）.

[2] 何志毅. 对中国企业管理案例库建设的思考 [J]. 当代财经，2003（1）.

[3] 胡芬，王淑娟. 中国商学院管理案例库建设的现状及对策 [J]. 学位与研究生教育，2008（9）.

[4] 卢小丽，武丽慧. MBA 学生参与案例教学的影响因素研究 [J]. 管理案例研究与评论，2009（2）.

[5] 庞博慧. 案例教学在管理类课程中的应用 [J]. 经济研究导刊，2011（5）.

[6] 王英. 提高 MBA 案例教学效果的几点思考——以《管理经济学》课程为例 [J]. 当代教育论坛，2011（1）.

"中国传统文化概论"教学范式改革探索

辜堪生①

（西南财经大学 马克思主义学院，四川 成都 611130）

摘　要：为了适应社会对多层次复合型创新人才培养的需要，深化教学模式的改革和创新，"中国传统文化概论"由过去的"讲授式"变为"讲授—讨论"的二元结构模式，在教学范式上实现了课堂形式、课程结构、课堂时间分配、课程结构以及考试方法五个方面的创新和"三个突破"。较大地调动了学生学习的积极性和主动性。

关键词：中国传统文化概论；教学范式改革

2010 年年初以来，为了适应社会对多层次复合型创新人才培养的需要，深化教学模式的改革和创新，西南财经大学通识教育学院积极开展通识核心课程教学范式改革的探索。通识核心课"中国传统文化概论"从 2010 年春季学期开始，已全面实施"教师挂牌教学"、"大班教学＋小班讨论"、"名家课堂"等教学范式改革。在教务处指导下，本门课程教学范式改革改革达到预期目的。

进一步改变传统的课堂的组织形式，"中国传统文化概论"由过去的"讲授式"变为"讲授—讨论"的二元结构模式。一改过去完全以教师讲授的课堂结构。这对于学生的积极性和主动的发挥，有着很大推动作用。

一、本课程教学范式改革的"五个创新"

（一）课堂形式的创新

为了适应社会对多层次复合型创新人才培养的需要，深化教学范式改革和创新，课程组鼓励进行课程教学组织方式改革，鼓励进行课堂教学内容和方式方法的创新，鼓励不断加强和完善实践性教学环节，使用多样化的教学手段提高教学质量。

（1）"中国传统文化概论"于 2010 年全面推行教师挂牌教学改革。实行挂牌教学后，由于教师有了教学中潜在的优胜劣汰的观念，教师对于教学的参与度与责任感与不挂牌之前大大提高。对于学生而言，由于对于不同教师教学的风格的适应和认可不一致，学生可以在多位教师中选择适合自己认可的教学风格的教师，从而缩短学生对于自己喜欢的教学风格教师的适应期。此外，挂牌教学对于学生而言，可以调动他们的参与积极性。在挂牌教学以前，学生都是被动接受课程的安排，而挂牌教学以后，学生完全可以根据自己和教师的情况，从而做出自己的抉择。

（2）"大班教学＋小班讨论"。"中国传统文化概论"课程组推行"大班教学＋小班讨论"的组织方式。所谓"大班教学"，就是在较大容量的教室内，让数量在 100 人以上，甚至 200 人

---

① 辜堪生，西南财经大学马克思主义学院教授，博士生导师。

以上的学生聚集在一起统一听从教师的讲授。大班教学的好处是更好地节约成本，因为一位教师的讲授能够让更多的学生成为受众，这对于师资较为缺乏的一些课程确实不失为一种较为有效而又值得推广的课堂组织模式。此外，大班教学对于学生来说，可以使他们接触到更多专业的同学，在这个过程中可以互相交流，取长补短。在与不同专业的同学的沟通交流中，从而增长自己的见识，丰富自己的知识。所谓"小班讨论"，就是以较容量的教室，使40人左右的学生在一起上课。小班教学的好处，就是进行讨论。如果说大班教学主要是讲授型课堂，那么小班教学则是讨论型课堂。由于人数比较少，同学均可发言，从而使课堂气氛变得活跃。小班教学的另一个好处是，由于人数比较少，所以教师可以观察到每一个学生的状况。再根据学生的反映从而灵活地安排课堂。小班教学的讨论形式灵活多样，如教师可以提出一个命题，让同学们各抒己见。也可以让同学们根据自己的感受谈出自己的看法，其他的同学可以补充和反驳。教师在这个教学中的角色是评判者和引领者。学生的发言有偏激者则予以纠偏，有正确者则予以表扬。小班教学的讨论方式可以将学生由被动的受众转为主动的发言者。因此，这对于学生学习主动性的发挥，锻炼学生的表达能力和逻辑思维能力，都有很重要的意义。

（3）"名家课堂"。"中国传统文化概论"课程组多次邀请海内外的专家、学者到学生的课堂亲自授课。如邀请到了波士顿大学的王忠欣教授，亲自到课堂授课。又如邀请到了四川大学知名教授陈廷湘、舒大纲等人。"名家课堂"的好处是让学生足不出校就能聆听名家的声音，感受名家课堂特有的魅力。借助名家们讲解，从而了解学术前沿，为学生们的学习起到启发作用。

（二）课程结构的创新

"中国传统文化概论"课程由过去的"讲授式"变为"讲授—讨论"的二元结构模式。为了配合学校的"深彻转变教学范式改革"的要求，"中国传统文化概论"课程组对课程结构组织专任教师进行了多次的研讨。最后确定以"讲授—讨论"的二元结构模式为主。所谓"讲授—讨论"结构模式，就是教师在课堂的角色中，一方面是知识的传递者，同时也是课堂组织者。学生在这种课堂结构中，一方面是知识的接受者，同时也是问题的提出者。

"讲授—讨论"的二元结构模式，一改过去完全以教师讲授的课堂结构。这对于学生的积极性和主动的发挥，有着很大推动作用。事实上，"中国传统文化概论"课程组的教师运用这种课程结构，大大激发了学生的灵感，课堂气氛非常活跃，达到意想不到的理想的教学效果。

（三）课堂时间分配的创新

为了配合"深彻转变教学范式"的要求，"中国传统文化概论"课程组的教师们认真讨论课堂组织模式，在实际操作的过程中，有一个很大的创新就是课堂时间的分配上。教师讲一门课的时间减少，另一半时间为学生讨论、发言，以及与教师共同研究和探讨问题所占用，时间的多少由学生人数确定，每位学生的发言一般不能低于5分钟。从学期开始到学期结束，同始同终。

课堂时间分配的创新，与课程结构的转变密切相关。通过缩短教师的教授的时间，增加学生发言和讨论的时间，从而大大激发学生的自主精神和参与精神。

（四）教学方法的创新

从教学方法上看，"中国传统文化概论"课程对于刚进入大学的大学生来说具有方法论意义。因为在通识学院一年的学习，可能会影响到大学后三年的学习。因此，通识学院要求教师指导学生研究的方法，要能够指导学生学会学习、学会研究。比如，教师要编排本学科非常重要的阅读文献，指导学生阅读；要对前沿性的有研究价值的题目进行思考，提出参考性的选题；要指导学生拟定发言题目、提纲；要组织学生讨论，对发言的内容进行分析和评价。通过这样的教学方法的实践，可以看到学生们逐渐学会了如何学习，如何探索，而不是被动接受型的学习。

（五）考试方法的创新

在考试方法上，"中国传统文化概论"考试方法和分数的评定结构发生分化。首先，在考试形式上，我们要求期末考试统一为课堂开卷考试，重在分析、理解，改变过去那种"今天背，明天考，后天忘"的现象；其次，根据每个教师的授课特点，平时成绩一般占本门课程的50%～70%，期末笔试占30%～50%左右。

这样的考试方法和分数的评定结构，鼓励学

生重视平时的课堂学习，消化理解，而不是临时抱佛脚的背诵记忆以"毕其功于一役"。传统的考试都是期中或期末的笔试，而学生所重视的也就是这两次考试。而通过考试方式的改革后，学生们对于平时的学时给予了更多的重视，从而大大提高了平时课堂教学的效果。

二、本课程教学范式改革的"三个突破"

中国传统文化内容丰富，理当精彩。本课程组教师在讲授这门课程时实现了三个突破：

一是突破了只叙述文化知识而不探求文化本质的知识性授课。在授课时注重挖掘文化的深层内涵，从哲学和思想的高度来认识和诠释中国传统文化。首先，中国传统文化内容丰富，文学、艺术、哲学、宗教，蔚为大观。在教学的过程中，教师必须抓住中国传统文化的主线。所谓主线，当然就是对中国文化影响至深的儒学发展演变过程。抓住了这条主线，才能正确评价各个时期的文化现象，关乎文学艺术、哲学宗教中的问题便可迎刃而解。其次，我们在讲授中国传统文化时，必须透过文化现象的表层看到文化的本质。学生在高中阶段重点在于知识的积累，进入大学后，理当从理论的高度来认识文化现象。如果做不到这一点，我们的课堂就仅流于知识性的传授，而非文化现象背后深层意义的发掘。如我们在讲宋明理学时，如果仅道出理学家的观点，而看不到这种文化现象实际上是儒家应对佛道的挑战，实现自我更新的一种新儒学，那么对宋明理学这种文化现象认识就失之浅薄。

二是突破了只重对学生知识灌输而忽视对学生行为习惯的引导。文化并非纯知识的东西，它还表现在人的行为习惯上。中国传统文化是中国人塑造人格、树立理想重要的资源。在教学中，注重对学生道德情操的培育。众所周知，中国传统文化是偏重伦理型的文化，是注重"知"、"行"合一的文化。因此，从事中国传统文化的教学，一方面是让学生认识中国传统文化，同时还要在教学中培养学生的道德情操，这实际上也是时代赋予我们每个老师的责任。例如，中国传统文化十分强调"尊师重教"，我们在上课时就要求学生起立向老师问好，老师还礼后同学们才坐下开始上课。"起立问好"的行为不仅可以使课前的喧噪宁静下来，集中同学们的注意力，更是"尊师重教"传统礼仪的具体化。所以应贯彻到每一门课程。又例如，中国传统文化十分注重"孝道"，注重对亲人的挂牵。"儿行千里母担忧"的谚语，"烽火连三月，家书抵万金"的诗句，无不表现出"修家书"这一传统礼仪的重要意义。所以，我们要求每个同学向父母亲亲笔写一封感恩父母的家书，并作为一次平时作业记成绩。开始部分同学嫌麻烦，认为不如发封电子邮件省事。但在他（她）们的父母亲回信后，也认识到了亲笔信的意义。不少父母亲在回信中都表示第一次收到儿女的亲笔信，听到儿女温馨的问候、感恩，都十分激动，反复阅看，并非常感谢老师布置了这道作业题。

三是突破了就中国而中国的封闭式授课。在讲授中国文化的同时，要与西方、伊斯兰等文化进行比较，让学生能有一个认识中国文化的广阔视野。在从事中国传统文化教学中，教师必须要有广阔的视野，知其一，便是一无所知。不仅对中国传统文化有深入的认识，同时对西方等异域文化形态也需要有一定的知识储备。当我们在诠释中国文化时，可以以西方文化为参照系。如当我们讲魏晋玄学时，可以与西方近代的浪漫主义进行比较，在讲佛教时，我们可以与基督教进行比较等，这样教学可以使学生对中国传统文化的理解更为深入。

通过以上对"中国传统文化概论"课程教学范式的改革，使该门课程深受学生欢迎。一个有趣的现象耐人寻味："中国传统文化概论"期末考试后，学生把教材全都带走了，这与某些课程在考试完后教材大都被学生丢弃在教室里形成鲜明对照。不少学生感叹中国文化博大精深，表示还要继续学习。该课程也得到学校督导组和一些校外专家的充分肯定。当然，本课程也还存在许多值得进一步改进的地方，特别是课程组年轻老师较多，所学专业显得狭窄了一些，要讲好博大精深、面面俱到的中国传统文化，还需要进一步充实、提高自己的知识文化修养。

对马克思主义理论教学理念的思考

查少刚

（西南财经大学 马克思主义学院，四川 成都 611130）

摘　要： 以现代教育思想及教育理论为指导，推进马克思主义理论教学改革，深彻转变马克思主义理论教学范式，对提高马克思主义理论教学效果具有重要意义。观念是行动的先导，转变马克思主义理论教学范式，首要的是确立马克思主义理论教学的新理念。马克思主义理论教学有着和其他专业和课程不同的性质，由此决定，马克思主义理论教学应确立教学政治观、教学平等观、教学协作观、教学学术观和教学发展观。

关键词： 马克思主义理论教学；教学理念

马克思主义理论教学是对大学生进行马克思主义理论教育的基本方式，是大学生学习和掌握马克思主义基本原理以及中国化马克思主义的主要渠道，是帮助大学生树立马克思主义的世界观、人生观和价值观的重要途径，对培养中国特色社会主义事业的可靠接班人和合格建设者具有重要意义。当前，国际国内的形势发生了深刻变化，尤其是大量西方文化思潮和价值观念对大学生产生了较大的冲击，西方某些腐朽没落的生活方式对大学生产生了一定的消极影响。不断涌现的新形势、新情况，对马克思主义理论教学提出了新的更高的要求。在这一背景下，紧密围绕马克思主义理论教育的目标，紧密联系中国特色社会主义建设事业和学生的客观实际，不断推进马克思主义理论教学的改革，就具有重要的理论和现实意义。

推进马克思主义理论教学的改革是一项复杂的系统性工作，涉及教师、学生、教材、教学方式、考试方式等诸多方面。切实推进马克思主义理论教学改革，应该首先从观念上入手，确立符合现代教育思想和学生实际的新的教学理念。

一、教学政治观

马克思主义理论教学就是要在课堂上向学生传播马克思主义，用马克思主义理论武装学生的头脑。马克思主义是关于无产阶级解放的学说，是无产阶级的意识形态。在阶级社会中，意识形态具有阶级性，集中体现一定阶级的利益和要求，马克思主义实现了意识形态性和科学性的高度统一，"是我国意识形态的核心价值，也是中国特色社会主义的理论基础，其存在地位、话语权、创新与发展直接关系到国家意识形态解释模式的安全和政策实施的理论化、系统化。"这就决定了马克思主义理论教学绝不是一个"价值中立"或"价值无涉"的过程，而是有着鲜明的政治理想、政治立场和意识形态评价标准的过程。换句话说，马克思主义理论教学必须确立和坚持正确的政治观，这是由其内容的政治性所决定的。

在新形势下，确立马克思主义理论教学政治观，核心是在马克思主义理论教学中，要坚持马克思主义立场，坚定社会主义共同理想和共产主义信念。具体说来，马克思主义理论教学政治观主要体现在以下三个方面：

（一）马克思主义理论教学必须坚持中国化马克思主义理论的指导

马克思主义理论教学绝不是仅仅向学生传播讲授"学术性的马克思主义"，从本质上讲，它是要引导学生掌握马克思主义最根本的世界观和方法论、最鲜明的政治立场、最重要的理论品质、最崇高的社会理想，并将之付诸于社会生活实践之中去，不断推进中国特色社会主义事业的发展，引导学生用实际行动，为实现共产主义社会崇高理想而奋斗。这就要求马克思主义理论教学既要以马克思主义理论为基本内容，又要以马克思主义理论为指导。马克思主义是关于自然、社会和思维发展的普遍规律的学说，其理论生命力和现实实践力都来源于它与各国的具体实际相结合。马克思主义基本原理同中国革命、建设和改革发展实际相结合，形成了中国化马克思主义理论体系，是被实践反复证明是正确的思想理论体系。中国化马克思主义理论与马克思主义是一脉相承的，是马克思主义在中国的发展，是具有中国特色、中国风格的马克思主义。马克思主义理论教学坚持中国化马克思主义理论的指导，实质上就是坚持马克思主义理论的指导，这是马克思主义理论教学政治观的最核心的要求，也是推进马克思主义理论教学改革必须坚持的最基本的政治立场。

（二）马克思主义理论教学坚持为马克思主义中国化服务

中国化马克思主义理论是马克思主义中国化的理论成果，马克思主义理论教学必须坚持为马克思主义中国化服务，这是马克思主义理论教学最基本的政治价值取向。马克思主义理论教学坚持为马克思主义中国化服务，主要体现在两个维度：①马克思主义理论教学要为马克思主义中国化的具体实践服务。马克思主义理论教学虽是在课堂上进行的，但它绝不限于课堂之内。从教学目的上讲，马克思主义理论教学是为培养社会主义事业合格建设者和可靠接班人服务的，这就决定了马克思主义理论教学必须紧密联系中国的现实实际，着眼于培养学生运用马克思主义立场、观点和方法的能力，最终服务于中国特色社会主义建设实践。②马克思主义理论教学要为马克思主义中国化理论发展服务。高校马克思主义理论教学也不仅仅是一个教与学的过程，在一定程度

上，它还是一个教师与学生思想碰撞的过程，现实生活中的各种具体问题总会以各种方式在课堂上呈现出来，如何分析评价这些问题，是马克思主义理论教学教师经常面对的问题。教师在这个过程中，需要不断学习，不断探究，可以说，课堂不仅是教学的场所，还是一个做科学研究的场所。马克思主义理论教学不仅仅是一个讲授的过程。还是一个理论创新的过程，这种理论创新，不是要对马克思主义理论作随意的阐发，而是要对马克思主义中国化实践经验进行总结和理论升华，为丰富和发展中国化马克思主义理论体系服务。

（三）抵制各种非马克思主义和反马克思主义思潮的影响

坚持中国化马克思主义理论对马克思主义理论教学的指导，为马克思主义中国化服务，就必然要求在教学中要自觉抵制各种非马克思主义和反马克思主义思潮的影响，这是马克思主义理论教学政治观的基本要求。在思想文化多元化的背景下，借助日益发达的现代通信技术，各种非马克思主义和反马克思主义的思潮（比如民主社会主义、新自由主义以及西方推行的所谓"普世价值"等观念）得以泛滥。这些思潮往往经过乔装改扮，无视中国现实国情，对各种现实社会问题进行非马克思主义甚至反马克思主义的解析，具有较大的迷惑性和煽动性。大学校园是大学教师和大学生的精神家园，其中必然杂草丛生，如果不进行及时的抵制和清除，必然会对大学师生产生较大影响。马克思主义理论教学重在引导学生确立马克思主义的世界观、人生观和价值观，必须旗帜鲜明的弘扬主旋律，自觉抵制各种非马克思主义和反马克思主义思潮的影响。

二、教学平等观

一直以来，马克思主义理论教学大多采用教师讲授—学生接受的模式，这种模式在特定历史条件下曾经发挥了巨大的作用。但从本质上看，在这种模式下，教师处于主体和主导的地位，学生处于被动地位，不利于发挥学生的主观能动性，体现着师生之间在教学上的不平等关系，这种不平等关系必然会对马克思主义理论教学的效果产生消极的影响。在新形势下，推进马克思主

义理论教学改革，必须重新审视教学中师生之间的关系，确立教学平等观。

确立马克思主义理论教学平等观，就要对教学活动参与者的角色认知进行转换和重新定位。现代教育理论认为，教师并不只是知识的传授者、教学活动的施动者和主导者，学生也不是被动的知识接受者、教学活动的受动者。教师与学生都是教学活动的不可缺少的参与者，他们之间不只是传授与接受的关系，而应该是平等的伙伴关系。首先，教师与学生在教学目的上是平等的。尽管双方在知识掌握层面上所处的地位不同，但马克思主义理论教学的最终目的都是要提高学生的思想政治素养，不论是老师还是学生，在教学活动中都必须着眼于这一教学目的。其次，教师与学生在教学活动的参与度上是平等的。教学活动从来都不是教师或学生单方面可以完成的活动，没有教师的参与或者没有学生的参与，教学活动就无从谈起。最后，教师与学生在对教学效果的影响力上是平等的。教学活动不仅仅是师生之间互动的过程，更是一个联动的过程。教师对教学效果的影响固然很大，但学生对教学效果同样具有巨大的影响，不难设想没有学生主动参与的课堂教学会有什么教学效果。值得注意的是，确立教学平等观并不只是针对教师而言的，对学生也具有同等重要的意义。教师应与学生充分沟通，让他们了解教学的实质性特征，重视自己在教学活动的重要地位和作用，充分表达对教学的态度与看法，只有师生双方共同确立起教学平等观，才可能真正实现教学平等。

由马克思主义的科学性和意识形态性相统一的特征所决定，马克思主义理论教学要确立起教学平等观，尤其要注意处理好主导性与主体性的关系。一方面，马克思主义理论教学中坚持主导性，就是要高唱主旋律，旗帜鲜明地坚持和巩固马克思列宁主义、毛泽东思想和中国特色社会主义理论体系的指导地位，坚持不懈地用马克思主义中国化最新成果教育学生，用中国特色社会主义共同理想凝聚力量，用以爱国主义为核心的民族精神和以改革创新为核心的时代精神鼓舞斗志，用社会主义荣辱观引领风尚。另一方面，马克思主义理论教学的核心乃是"人"的问题，人是现实生活世界的主体，主体性是人作为活动主体的质的规定性，是在与客体相互作用中得到

发展的人的自觉、自主、能动和创造的特性。正确处理主导性与主体性的关系，是确立马克思主义理论教学平等观的重要条件。在马克思主义理论教学中，主导性体现着教学的目标和方向，解决的是价值标准问题，体现的是社会发展的需要。马克思主义理论教学的主体性从教师与学生两个方面得以展现，主体性提供动力，解决价值实现问题，体现现实的人自身发展的需要。在马克思主义理论教学中，主导性居于主导地位，它是发挥主体性的前提条件，决定着主体性的性质和程度。从这个意义上说，主导性体现的是马克思主义理论教学的政治观，马克思主义理论教学平等观反映的是在教学政治观主导下的教学主体平等。

三、教学协作观

既然马克思主义理论教学中师生之间是平等的伙伴关系，教师与学生都是教学活动最重要的参与者，那么马克思主义理论教学就必须由师生共同协作才能完成，这就是马克思主义理论教学的协作观。

作为教学理念层面上的教学协作观，首先要求要树立教学是一种团队活动的观念。从现代管理学的角度看，团队活动的特点就在于在共同目标指引下，团队成员之间既有分工又有合作。在马克思主义理论教学中，教师和学生都是团队的成员，他们为达成教学目的扮演着不同的角色，发挥着不同的作用，但是，他们各自的角色和作用并不是孤立实现的，而是要依赖甚至取决于团队的其他成员。事实上，教学协作观要求的教学团队性，至少包括教师、学生以及师生之间三个方面，这每一个方面都是一个相对独立的团队；同时，各个团队之间又相互依存、相互促进，共同决定着马克思主义理论教学的实际效果。①教师与教师之间的协作。从总体上看，马克思主义理论教学不是一个教师的事情，各个教师之间的信息共享、经验交流和取长补短是更好地实现教学目的所不可缺少的。②教师与学生之间的协作。马克思主义理论教学不应是"独奏"，而应是交响乐式的"合奏"，指挥者与各个乐手和各种乐器只有密切配合，协调一致，才能发出美妙的和声。教师与学生之间不应是"演奏者"与

"听众"的关系，而应是合作者的关系。应构建师生之间信息双向流通的畅通渠道，搭建师生充分表达的平台。在马克思主义理论教学中，不论是教师还是学生，都要深入了解对方的思想和思路，教师与学生要共同参与到备课、上课以及作业批改、考核的全过程中来，彼此之间要明确分工，并确定合作的环节或关节点。③学生之间的协作。要在考虑学生之间在知识储备、学习能力等方面个体差异的前提下，引导学生之间加强交流，促进协作，组建学习团队，实现优势互补，依靠团队的力量共同学习、共同进步。

教学协作观应成为马克思主义理论教学方式设计和选择的方法论原则。马克思主义理论教学应在协作观的指导下，教学过程要实现信息单向流动向双向交流转换、教师话语独占向多边互动转换、枯燥化宣传向人性化说服转换，从单一的"授—受"模式向构建学习共同体转换；在教学方式上，应实现授课方式由"教师独奏"向"师生合唱"转换、教学语言由"晦涩艰深"向"通俗易懂"转换、教学气氛由"呆板沉闷"向"生动活泼"转换、教学内容由"抽象空洞"向"切合实际"转换。

四、教学学术观

曾经有不少人把马克思主义理论教学当做是政策宣讲，或纯粹的政治说教，这种观点片面强调了马克思主义理论教学的政治性，忽略了它的科学性、学术性，显然是不对的。这种观点势必会对马克思主义理论教学效果产生消极的影响。推进马克思主义理论教学改革，必须确立教学学术观，也就是要把学术的态度和方法贯穿于马克思主义理论教学的各方面和全过程。

（1）要体现教学内容的学术性。马克思主义理论教学是以马克思主义基本原理和中国化马克思主义理论为主要内容的。马克思主义是严密而科学的理论，给人们提供了科学认识世界和改造世界的强大思想武器。恩格斯指出："我们党有个很大的优点，就是有一个新的科学的观点作为理论的基础。"列宁也强调："这一理论对世界各国社会主义者所具有的不可遏止的吸引力，就在于它把严格的和高度的科学性（它是社会科学的最新成就）同革命性结合起来……把二者内在地和不可分割地结合在这个理论本身中。"邓小平也指出："世界上赞成马克思主义的人会多起来的，因为马克思主义是科学。"中国化马克思主义理论是马克思主义在当代中国的发展，是中国共产党带领全国人民在马克思主义指导下探索解决中国实际问题的理论结晶，是被实践反复证明是正确的理论。马克思主义和中国化马克思主义理论有着坚实的学科基础和完整的学科体系，不仅是一个思想体系，还是一个知识体系。马克思主义理论教学要有效地呈现这一知识体系，就要求教师加强马克思主义理论的学习和研究，突出教学内容的理论性、系统性和严谨性。只有具有高度学术性的教学内容，才能培养学生的学术水平。

（2）以学术的态度对待教学。马克思主义理论教学事关学生自身的成长与发展，也关系着为中国特色社会主义建设事业培养建设者和接班人的大局，是一项非常严肃的工作。从这个意义上看，从事马克思主义理论教学工作，就不仅仅是一个"饭碗"的问题。那种认为反正马克思主义理论是学生的必修课，上好上坏无所谓，因而马克思主义理论教学可以随意应付的观点是不负责任的。教师要以学术的态度对待马克思主义理论教学，一是要有敬畏感，即对科学、对真理的敬畏。马克思主义理论是科学，马克思主义理论教学同样是一门科学，有其自身的内在规律，任何忽视或悖离其规律的教学行为都会使教学效果大打折扣，教师要充分重视教学的各个环节以及整个过程的各种要素，做到一丝不苟，胸有成竹。二是要有创新意识。马克思主义理论教学不是一成不变的，它面临着很多不确定性因素。这就要求教师善于以学术的眼光发现教学中的问题，敢于质疑，勇于创新，不断进行教学改革探索。三是要有探究精神。探究精神和创新意识是紧密相关的，创新意识在于打破常规思维善于发现问题，探究精神指的是对教学中发现的问题要敢于刨根问底，追本溯源。

（3）以学术的方法研究教学。马克思主义理论教学是一门科学，有其自身的内在规律，探索和把握这些规律是上好马克思主义理论课的前提条件。在笔者看来，高校马克思主义理论教学中比较普遍的存在一种情况，即教师比较注重对马克思主义理论的学术研究，相对比较忽略对教育教学的研究，这就造成了不少教师虽然学术功底深厚，但教学效果平平的尴尬结果。教师仅仅以学术的态度对待马克思主义理论教学是不够的，还必须以学术的方法加强对马克思主义理论教学的研究，这是确立马克思主义理论教学学术观的重要方面。教师应广泛借鉴社会科学研究的各种方法，深入学习和研究现代教育教学理论，采用严谨规范的研究程序，加强对马克思主义理论教学的研究。

五、教学发展观

确立马克思主义理论教学发展观，是坚持科学发展观对马克思主义理论教学的指导的具体表现。马克思主义认为，一切事物都处在运动变化和发展的过程之中。对学生而言，马克思主义理论教学虽然只是特定时间段的经历，但其影响极为深远。大学生是中国特色社会主义事业的后备军和未来的生力军，这就要求马克思主义理论教学不能局限于当前，而应放眼未来。

确立马克思主义理论教学发展观，首先要以发展的眼光看待马克思主义理论教学的功能，坚持以学生为本，实现马克思主义理论教学功能从单纯的知识传授向培养能力和树立马克思主义信仰转变。马克思主义理论教学重在提高学生的思想政治素质，引导学生形成马克思主义的世界观和方法论，因而，教学应着眼于学生的长远发展，紧密联系实际，着重培养学生运用马克思主义的立场、观点和方法分析问题、解决问题的能力，实现对马克思主义的真学、真懂、真信，从而树立牢固的马克思主义信仰。为此，必须大力加强马克思主义理论教学的实践环节，实现从单一的理论教学向理论教学与实践教学并重转化。

从"教"的角度看，教师应根据教学目的和学生的实际，运用各种教学设备和教学手段，采取多样化的教学形式和方法如问题教学法，引导学生自学、组织学生讨论等；从"学"的角度看，一切使学生积极参与的教学活动，比如研究性学习、参加讨论辩论、进行社会调查等，都属于实践教学的范畴。同时，应以有利于促进学生发展为目的，不断创新考试考核方式，切实扭转"背多分"的现象。在方式上，要以激励性考评为主，将结果性考评和过程性考评相结合、教师考评与学生自评和互评相结合；在内容上，既要注重对理论知识的考核，又要注重对基本原理在实践中的运用进行考评。

确立马克思主义理论教学发展观，还要以发展的眼光看待马克思主义理论教学改革工作。马克思主义理论教学是一项非常复杂的精神生产劳动，多种因素对其施加影响，现实生活实际和学生的实际情况千变万化，这就要求要不断地对马克思主义理论教学进行改革。教师应持续学习和研究现代教育教学理论发展的最新成果，应持续了解和研究学生实际情况的变化，应持续关注改革开放中出现的各种新情况、新问题，应前瞻性地把握未来社会发展对马克思主义理论教学的期望与要求，在不断加强自身思想政治素养和学术修养发展的同时，持续推进马克思主义理论教学的改革。

参考文献

[1] 王志红. 适度的政治期待与合理的学术推进——中国现代性视野下的意识形态与马克思主义 [J]. 中国人民大学学报，2008（2）.

[2] 马克思，恩格斯. 马克思恩格斯选集：2 卷 [M]. 北京：人民出版社，1995.

理论法学教学范式改革刍议

赵 勇

（西南财经大学 法学院，四川 成都 611130）

一、理论法学教学范式改革的必要性

法学教育的目标模式主要有两个层次：一种是法学"通才"教育，又称博雅教育、素质教育；另一种是法学"专才"教育，亦称大学后的职业教育与继续教育。基本的理论法学教育应当在大学"通才"教育阶段进行，而且是中外大学法学教育的核心。因为法学教育的特殊规律决定了大学法学教育必须适应"宽口径、厚基础"的要求，专业划分过早过细会严重影响法律人才成长的质量。在法学"通才"教育中，理论法学课程主要包括法理学、法史学和宪法学等学科。

大学法学教育应当是素质教育，其目标是培养基础扎实、专业面宽、心理素质高和适应能力强的通用法律人才。从法治发达国家的经验看，大学法学教育可以说是法学的基础教育，而理论法学课程无疑是基础，一个不具有宽厚的人文和理论法学基础的人，是很难确立法律工作者应有的职业良知和素质的，更谈不上成为一名具有法律思维并熟练、准确地运用法律规范调整社会冲突的法律人才。我国理论法学教学目前的现状与它在整个法学教育过程中应发挥的作用极不相称，存在着教学目标不明确；师资力量相对薄弱；教学内容陈旧；教学方法单调，说教式、灌输式的教学方法仍然是主导的方法等方面的缺陷。理论法学课程的各个环节包括教学目标、师资素质、教材体系与内容以及教学方法等方面的改革势在必行。

二、理论法学教学应当确立什么样的目标

法学教育的总目标是培养高素质的法律人才，这类人才具有五个方面的特征：①进步性。这是法律人才必须具备的思想品质素质，包括追求真理、维护正义的崇高理想，崇尚法律、法律至上的坚定信念，具备法律职业伦理、恪守法律职业道德的精神品质。②专业性。即系统掌握法律的理论知识和操作技能。③创造性。具体表现为具有创造意识和创造能力，并在法律工作中具体进行创造性劳动。④个性化。它是创造性产生的前提。即要求法律人才在个人志趣、独立思考、批判思维、丰富的想像力、创造态度和智慧品质等方面得到充分发展。⑤社会性。法律本身是一种人文现象，法律人才必须具备在一定社会关系和人群中与其他社会成员相互配合的能力。理论法学课程必须围绕上述五个方面的要求确立教学目标。理论法学教学不是法学基础教育的全部，或者说它不是法科基本知识的简单堆积或法学基本知识概述，其使命和根本任务是夯实法律人才形成的人格品质、思维方式、法律传统、创造精神及其他非智力因素方面的基础。然而遗憾的是，我国理论法学教学多年来忽视了这一点，

而在单纯的知识传授教学中与其他学科苦争地盘。法学在人文学科中教育成本最高，因为对法律人才素质的培养基本是从无到有再到丰富，且不能有任何的闪失。理论法学课程是构筑法律人才大厦的基础，其每一个教学环节的设计都应以处理好下列方面的关系为出发点：①做人与做事的关系。理论法学教育首先是"育人"，教师应当有意识地在教学过程中溶入正确处理人与自然、社会和他人的关系以及人与自身的理性、情感和意志等关系的问题，以利于学生正确的人生观、法律观的形成。所以，从一定意义上说，理论法学教育的首要任务是价值层面的教育。②知识与能力的关系。掌握法律知识和形成法律能力是法学教学过程中同步发展的两个方面，在具体的法学教学过程中特别是理论教学中，除需传授法律知识外，更应特别注重帮助学生领会掌握蕴涵在法律知识中的法律精神和法律思维方法，使之与孕育在生理活动基础上的人格和心理发展相一致，内化为学习者的素质。心理的塑造和能力的培养比简单的知识传授要困难得多。以往的理论法学课教学只注重学生基本知识的积累，而无视学生心理的发展和法律能力的培养，可以说这是一种不负责任的表现。③继承与创新的关系。法律知识是人类自然和社会生活智慧的结晶，理论法学课程的知识体系就是这种智慧的一种集合形式，它是创新的前提和保障。创新能力具体表现在学生在学习中或今后工作中的法律思维、法律表达和对法律事实的探索等能力的发挥上，而无论是法律思维能力还是法律表达能力或者对法律事实的探索能力都首先是准确把握法律术语、法律命题和法律标准的能力的反映。但理论法学教育不只是把前人的智慧简单地传授给学生，而应当是与现实的法律实践挂钩，演绎式的传授不如归纳式的引导，目的在于能够使学生今后通过自己能动的职业活动去实现和完善法律所构建的秩序，并进而为法律智慧的进一步丰富做出贡献。④社会化与个性化的关系。多年以来，我国传统的法学教育一直是一种模式化的教育，在理论法学教学中尤其如此，压抑和挫伤了学生的创造精神和创造能力，尊重学生个性及其发展会使理论法学更具活力。

三、理论法学教学范式改革的方向

（一）改革教学内容

教学内容改革是法学教育改革中最为重要的环节之一，理论法学课程的教学内容要在强调人文、尊重科学的原则下体现深刻和广博，并具有鲜明的时代感和前瞻性。强调人文、尊重科学是理论法学课程的生命。因此，在其教学内容中应当敢于对中外法律制度和法学思想做出理性的分析与反思。所谓深刻、广博是指理论法学课程的内容设计应本着"拓宽专业口径、夯实理论基础"的指导思想，加强相关知识的深度和广度，如法理学课程中应适当以素材的形式增加不同的学术观点，在教学过程中要讲两点论、重点论，不能搞一言堂、一点论；要使理论法学课程的教学内容丰富多彩、富有新意和活力。理论法学课程应具有时代感和前瞻性，是指其内容应跟上社会发展的需求，不断吸收法学前沿的研究成果，与时俱进。

（二）改革教学方法

1. 教学方法改革的目标

法学教学过程是实现法学教育思想和目的、职能和价值的基本途径。而法学教学方法则是法学教学过程的基本要素之一，它是指法学教育主体为了实现法学教育目的而使用的、用来反映法学教学内容的客观存在的一切中间媒介体。以素质教育为出发点，理论法学教学方法改革必须贯彻体现思想性、知识性和实践性的指导思想。所谓思想性，是指教学方法应当能够有效地促进学生科学的世界观、人生观和法律观的形成。实践证明，通过简单的政治说教以求达到树立学生正确的世界观、人生观和法律观的方法是失败的教学方法。教学方法改革的目标是要求教师通过一定的教学手段的运用，潜移默化地引导学生树立起法律工作者应当具备的追求真理、维护公平的人生观，崇尚和捍卫法律的法律职业观。必须改变那种把教学方法仅仅看做是传授法律知识的手段的错误观念，注重教学方法中所包含的思想内容，真正把对学生思想的培养融入到教学过程中去，实现教学方法服务于教学目的的宗旨。所谓知识性，是指教学方法能够有效地促进学生全面深刻地掌握法律和有关法律的知识体系。教学方法的改革不是要全盘否定原有法学教育中系统教育的传统，而是要改变实现系统教育的方法，其实质是变教师系统讲授的方法为教师引导学生系统学习的方法。所谓实践性，是指教学方法应当能够有效地帮助学生提高实践能力，传授知识和培养能力必须有机结合，前者为后者服务，通过理论课教学，学生应当能够初步掌握运用法律命题解决实践中有关问题的基本思维方法和技巧。

2. 课堂教学方法的改革

理论法学课程的内容决定了课堂教学是其教学方法的基本构成要素。改革教学方法的主要任务是促进灌输式课程讲授式方法向启发式课程讨论式教学方法转变。灌输式教学方法以教师为教学活动中心，学生被动地接受知识；启发式教学方法则是以学生为教学活动中心，教师围绕调动学生学习的积极性展示教学，学生主动地学习知识。完成这一转变必须做到：其一，在课程设计上逐步增加课堂讨论时间，减少单纯教师讲授的时间。课堂讨论大体可以分为两种类型：一是就教学内容中的某一个重要问题进行讨论；二是就教师给出的案例进行讨论。理论法学课程更侧重使用训练理论思辨能力的第一种讨论模式。其二，选用以素材为主适合于课堂讨论的教材。其三，课堂讲授中不应简单地将结论性的知识告诉学生，或是先告诉结论再举例说明，而应从各种教学素材出发，引导学生自己思考得出结论，即归纳式讲授而非演绎式讲授。其四，为学生指定必要的课外阅读资料，甚至可以要求学生写出阅读笔记，从而保证课堂上能够启而有发。此外，对基本原理的讲授应当与对该原理产生的社会和历史背景的概括性介绍相结合，使学生知其然又知其所以然，为其今后的法律学习奠定坚实的基础。

3. 运用案例教学法

案例教学法在英美法系国家的法学教育中十分流行。近年来，我国法学教育已普遍接受这一概念并在实际教学中不同程度地采用。但是，教育界对这一教学方法的理论研究尚处初级阶段，有关技术环节上还未形成科学且成熟的经验。理论法学教学中是否有必要且有可能引入案例教学方法，更是存在各种不同的意见和看法。我们认为，案例教学方法的引入有利于理论法学教学目标的实现，因为它对培养学生自主发现和归纳规律性原理的能力具有不可替代的优势，问题在于如何运用案例教学法为理论课教学服务。理论课程与案例教学法的结合难度最大，但并非不可能，如宪法学中结合我国入世进程看我国经济体制改革的背景和今后发展的趋势，法理学中结合自然科学成果如克隆技术使用对法律和人类伦理提出的挑战，法史学科中关于我国法律传统对当前公民道德建设的影响等，都可以设计出很好的案例教学方案。另外，我国目前案例教学中普遍存在着用案例解释法律以及案例运用随意性大的问题，前者的解决思路是从教师事先给定某个法律原理或法律规范（结论）并以案例说明，转向由学生从教师给出的案例中自己研究并讨论出结论，最后由教师点评和总结。后者的解决方案就是两句话：端正教学态度，增强责任心。

理论法学教学范式改革向来是法学教学改革的核心，同时改革也是其自我发展的唯一出路，我们期待理论法学教学改革能不断与时俱进，能受到广大学生的喜爱，能担当起其肩负的使命！

企业化思维和团队参与式学习

——谈"管理学通论"课程教学建设[①]

徐宏玲　郭志刚[②]

（西南财经大学 工商管理学院，四川 成都610074）

摘　要： 管理学通论课程主要是财经专业院校针对非经济和管理类学生开设的通识课程。课程开设多年来，受到了学生的欢迎和认可，也总结出一些课程建设中的经验。本文在教学实践过程中，结合团队参与理论和企业管理基本原理，提出了本课程教学建设的企业化思维和团队参与学习的教学模式，以其能够进一步提高非管理类大一学生的学习兴趣和学习效率。

关键词： 企业化；团队参与学习；课程建设；管理学通论

管理学通论是财经院校非经济管理类专业大学一年级学生的专业基础课，具有微观性、实用性、全面性的特点。课程内容主要包括管理原理和专业（部门）管理两大模块，其中还涉及当前创新与创业管理热点知识，其理论体系枝节繁杂、内容博广、概念抽象，对大学一年级的非经济与管理类学生而言，由于学生对企业运作知识知之甚少，社会经验几乎空白、学习情趣缺乏，若采用教师讲、学生记的传统教学方法，很容易造成学生厌学倾向。反过来，这门课程对任课教师知识的深度和广度也带来了巨大考验，对教学内容安排和过程设计也提出了很高的要求。很多教学经验提出将企业管理的基本理论与案例相结合以解决这一难题，这也成为管理学通论课程在当前教学中最重要的教学模式之一。借助企业管理实践中的案例，将学生置身于特定的管理情景之中，给予恰当的引导，为学生提供一个广阔的思维空间和与"实战"极其相近的实习氛围，培养学生独立思考、独立分析和解决问题的能力，以及培养学生团队的工作方式，成为这门课程的主要教学手段之一。本文系统总结了企业化思维和团队参与方式在该课程教学中的应用，以期能够更高水平地提升该课程教学质量和学生学习能力。

一、将企业化管理思维引入教学各环节中，使学生转换为"企业人"

实际上，承担管理学通论课程教学任务的教师基本上是有企业实战经验或管理咨询体验的，而传授知识以及与学生的互动过程也正是一个企业化管理的实现过程。因此，教师将管理学原理中的基本理念如以人为本、系统观念、权变观点、责任原理、团队精神、理性竞争等身体力行，引入企业化思维或理念，将各种专业化管理手段、思维应用于具体问题的解析和应对上，树立学生的企业员工角色，在课程整个学习过程中体验管理技巧或手段，体会管理思维的真谛。经过几年企业化管理思维的探讨和应用，使学生和

---

①　本研究是西南财经大学工商管理学院课程建设阶段性成果之一。

②　徐宏玲，西南财经大学工商管理学院副教授；郭志刚，西南财经大学工商管理学院副教授。

教师初步体现出了企业人意识。

（1）在教学中体现以人为本的现代科学观，教师与学生之间建立一种互相尊重、人格平等的关系，逐步培养学生的质疑和探索研究精神。

（2）在教学中体现系统思考的现代企业整体观，强调掌握知识的整体框架，强调课堂教学和课下指导的有机统一，校内学习和校外实践的相互结合，使管理学通论的知识传授和教学与组织或社会的管理实践结合起来。

（3）在教学中引入职业目标导向，使学生改变传统的"为了考试而学习"转变为"为了发展而学习"，进一步和学生职业方向结合起来，不断进行职业化素质和能力教育，灌输现代企业经营中的责任观念、竞争与合作的观念、诚信观念等，真正使非经济和管理类本科学生树立起商业意识和思维习惯。

（4）在教学中引入权变经营思想，使学生逐步摆脱僵化的单一的寻求唯一解的固化思维，强调学习中既要掌握基本的规律，又要通过背景研究和多维度思考问题灵活地去运用规律。如通过对历年 MBA 考试题的分析和解答，要求学生在寻求最优答案的基础上，进一步思考其他可能答案，提高学生情境处理能力。

二、将团队精神应用于全体学生参与式学习中，培养学生团队能力

按照"掌握知识、提高能力、不断创新"的教学目的和以能力为本的教育理念，通过先期任课教师不断总结经验，优化课程设计，基本上实现了学生团队参与式的互动学习模式。

（一）团队参与式教学方案设计

为在有限的时间内，使课堂成为一个共享的空间、讨论的平台，通过激发学生对不同形态的企业以及现实问题的关注兴趣，采用学习小组形式，筛选、指定题目，进行社会调研，从社会实践中搜索、组织材料，编写相关案例或设定专题并作分析。教师根据学生提出的问题及解决方案给予点评，并进一步引导学生之间进行讨论。课后，进一步安排知识转化的各种设计，如完成个人或集体的案例撰写或专题的文字报告，以培养、锻炼和提高学生的协作精神和表达能力。

（二）团队参与式组织和指导

学生课堂上知识的吸收、课下知识的转化是提高课程教学质量和效果的最直接目的。如何最大限度地调动学生的积极性和创造性，使其产生创造性思维的共振和连锁反应，通过摸索和总结，最直接有效的方式则是学生之间的头脑风暴方法。通过采用多元化的课堂组织形式，包括事例教学法、启发式教学法、生活情景教学法、模拟教学法、案例讨论、辩论等形式，激发学生的参与意识。围绕知识要点，按"最临近发展区"将学生引入一定的问题情境，用一连串的问题引导学生不断思考，鼓励学生大胆质疑，提出问题，找出对策方案，从而将相对抽象的管理理论形象化或更加贴近生活实际，这对没有管理实践经验的在校大学生更加重要。一方面深化了学生对理论知识的理解和掌握；另一方面培养了学生大胆质疑、不断创新的精神。在对案例素材的讨论中需要教师引导分析思路，给出逻辑框架，要求学生客观地阐述观点，做到有理有据。同时，考虑到案例的特定情境性，教师充分引导学生大胆假设，多视角分析问题。在教师的案例总结阶段，教师根据学生的分析做出画龙点睛式的总结，包括学生课堂表现、表达方式、提出的观点、分析的思路及需要进一步思考的问题等，必要时，教师进行板书，强化学生的学习思路和知识点的运用能力。

（三）团队参与式全方位考评

采用 360 评分方法，考查学生全面能力。其中，同学自评和互评的内容主要包括团队合作程度、出勤率、课堂听课态度、课堂发言、课下参阅资料、平时做作业情况，使教师了解学生的学习意愿，使学生对自我有一个客观地评价，并为后续教学提供依据。教师考评包括知识和能力的考核，知识考核侧重于学生基本知识的掌握和理解，能力测试侧重于知识的运用和创新，以此来客观地评价学生的学习效果。

（四）团队参与式课程内容适时开发

任课教师将亲身参与的社会实践引入到教学中，不仅大大丰富了课堂教学效果的情境性，而且学生参与的积极性也随之得到提高。特别是结合学生的学校特色，引进学生的专业元素，及时追踪社会、行业和企业管理的热点问题，通过学生创造性的思维和风暴式的辩论，在教师启发和

引领下，问题的解决方案不断地得到优化。同时，将企业管理者请进课堂，一同探讨问题解决方案的可行性，这种做法不但大大节约了学生搜集二手资料或走出课堂参与社会实践的时间，也提高了学生与企业管理者近距离接触的体验。课堂上共同开发的案例，经指定学生小组的记录、整理、撰写后，最终形成主题案例或综合案例，使教学内容得到不断更新。

三、管理学通论课程建设的注意事项

尽管全国普通高校特别是财经院校非管理类专业学生开设了管理学通论课程，旨在使学生了解一些经济或管理知识，培养学生经济思维和意识以及企业管理技巧，也得到了学生的普遍欢迎和认可，但由于开设的学生人数较少，并且目前在全国范围内也只是较少学校开设了此门课程，致使教材、课程等建设体系未得到应有重视。基于这种情况，我们任课教师还是应注意一些问题，不断总结经验，以使该课程的教学效率和质量得到巩固和提高。

（一）不断转换教师和学生角色，并进行企业人角色定位

学习理论认为，知识始于发问或质疑，团队参与式教学是按照学习的目的与规律探索教与学的安排，其本身也是一个管理创新的过程。在团队参与式教学下，教育的重心由关注"教"转向关注"学"，由关注"学习什么"和"记住多少"转向"学会如何学习和思考"，学生由消极被动的倾听者转向积极主动的探索者，教师由单一的知识传授者转向学习的管理者，甚至是企业的管理者，这种管理者角色是对学生的学习、体验进行计划、组织和控制并不断进行创新的管理过程。因此，从这个角度看，团队参与式教学中，教师不仅是管理者，而且也是知识创新者。教师与教师之间，学生与学生之间，学生与教师之间的团队参与式管理教学中，各自都在扮演着学习管理者和知识创新者角色，这对教师会有很

高的技能技巧的要求。首先，教师应具有深厚的管理知识和经验背景，这是团队参与式教学的基础和关键。其次，教师要有良好的沟通技能。教师是学习的管理者、企业的管理者，而学习的主体是学生，学生学习的深入程度除了与其本身的学习能力相关之外，还取决于教师的沟通能力，包括驾驭语言的能力，选取的沟通渠道、方式，以及深入浅出提出问题、分析问题的能力。最后，学生在教师指导下，其角色定位也不断地从在校大学生转换成企业员工，这就要求学生树立下属、上司权责意识，培养管理思维，真正将自身的学生身份转换成在位的企业人。

（二）充分培养团队合作目标，提高个人学习效率

在授课时间有限、学习内容非常庞大的情况下，如何利用团队进行知识分享、减少个人"搭便车"的机会，是该课程教学设计和组织中的一个主要问题。首先，个人目标与团队目标的一致，是团队学习的基本要件。实际运作中个人目标是无法否定和抹杀的，但个人目标如果最大限度与团队目标一致，则会大大提高团队学习效率。另外，只有通过知识共享，才能互通有无，共同提高。其次，团队参与可以促进个人成长。团队参与可以有效发挥队员个人的比较优势。同时，通过团队参与能使团队智慧融入个人化理念中。在学生大一阶段，这种课程训练是一些基础课程所无法实现的。通过专业课程的团队参与学习，学生不仅可以很快实现从高中学生到大学学生思考问题方式的转变，也可以帮助学生尽快对专业知识的学习进行定位，合理规划从大一阶段到大二和大三阶段的专业课程选修，提高学习效率。

参考文献

［1］克里斯·阿吉里斯. 组织学习［M］. 北京：中国人民大学出版社，2004.

［2］威廉·J. 罗思韦尔. 掌握教学设计流程［M］. 北京：北京大学出版社，2007.

财政学专业"税收理论与实务"课程改革析论

李建军　　苏明翠[①]

（西南财经大学 财政税务学院，四川 成都 611130）

摘　要： 当前，财政学专业税收理论与实务内容教学的"税收学"模式、"国家税收"模式和"中国税制"模式，不能满足财政学专业学科要求、不能适应经济社会对财税人才的需求、教材建设也难以跟上变化的实践。因此，应构建"税收理论＋税法"课程模式。

关键词： 税收理论；税收实务；财政学专业；税收课程改革

一、财政学专业税收理论与实务课程现状

在财政学知识体系中，税收理论和实务是其重要组成部分，因此，税收理论和税收实务在财政学本科专业培养方案的课程设置中一直是不可或缺的内容。在国内不同学校的财政学本科生培养中，税收理论和实务专业知识的具体课程设置和教学安排存在很大的差异。其课程安排大致包括三种模式（见表1）：

（1）税收学课程模式。在上海财经大学、武汉大学等高校财政学本科生教学中，通过开设税收学一门课来培养学生的税收理论基础和税收制度知识。与此相对应，国内已出版的各种版本税收学教科书，其内容也包括两大部分，前面约三四成的内容为税收理论，后面约六七成的内容为现行税收法律制度的介绍。

（2）国家税收课程模式。在国内主要有厦门大学、西南财经大学等高校财政学本科生培养中，通过开设国家税收课程来实现财政学专业学生税收理论知识和实务技能的培养。教学采用的教材为国家税收，当前编撰多种版本的教材内容体例和税收学教材类似，前面少半部分为税收理论介绍，后面多半部分为现行税收法律制度。与税收学相比，国家税收设置的税收理论内容相对于税收学要少一些，同时，所选择的税收理论内容也有所不同。

（3）中国税制课程模式。该模式是国内高校财政学专业税收理论和实务知识教育中最主要的课程模式，如中国人民大学、中央财经大学等。与此配套的教材中国税制的内容主要是中国现行税收法律制度的介绍，基本没有有关税收理论的专门章节，税收理论介绍只在各税种介绍中有所体现。

[①] 李建军，西南财经大学财政税务学院讲师；苏明翠，西南财经大学财政税务学院副教授。

表1   当前财政学专业税收理论与实务课程结构

课程模式	课程内容	开设学校
"税收学"模式	理论＋实务	上海财经大学、武汉大学、中山大学、西安交通大学、吉林大学等
"国家税收"模式	理论＋实务	厦门大学、西南财经大学、广西财经学院、新疆财经大学、天津财经大学等
"中国税制"模式	实务为主体，理论为次	中国人民大学、中南财经政法大学、东北财经大学、中央财经大学、浙江财经学院、首都经济贸易大学、南京财经大学、河南财经政法大学、华中科技大学、山东财政学院、暨南大学、贵州财经学院、南开大学、云南财经大学、内蒙古财经学院等

资料来源：作者根据各学校最近的财政学专业本科生培养方案及教材建设情况相关资料整理而得。

二、财政学专业现行税收理论与实务课程模式问题分析

（一）不能满足财政学专业学科要求

在财政学整个学科体系中，税收具有重要地位，税收不仅是最早的财政现象，在当今财政学或公共经济学学科范畴中税收仍是一大支柱，并显示出持续的活力。因此，比较系统地学习税收基本理论、熟悉现行税收法律制度，具备运用税收理论分析税收问题的能力和税收实际业务能力是财政学专业本科生学科自身的内在要求。税收学课程模式和国家税收课程模式，虽然就课程内容看，兼顾了理论和实务，但是由于课程和课时限制，两者都不能实现税收基础理论的系统学习和税收法律制度知识的有效训练。其结果是：在此模式下，要么使得财政学专业学生税收理论和实务薄弱，要么是为满足学科专业培养要求，进一步开设税收经济、税法等课程，造成课程内容重复。中国税制模式，课程基本是税收法律制度内容的教学，而税收基本理论知识的培养严重不足，会造成培养的财政学专业学生专业基础理论的不足。

（二）不能适应经济社会对财税人才的需求

我国市场经济的不断发展和完善，经济和社会对财政专业人才的需求不是减少而是增加，同时，对财政专业人才提出新的更高的要求。新时期经济社会需要的财政专业人才是懂经济、通财政、精税收、晓财务的高素质复合人才，而不是传统的财政计划和管理人才。为适应财政、税务等公共部门以及各种企业和组织对财政人才的新要求，提升财政学专业学生的税收理论和税收实务专业知识显得非常重要。在这种情况下，无论

"税收学"模式、"国家税收"模式，还是"中国税制"模式，两者都不能满足财政学人才培养的需要。

（三）教材建设难以跟上变化的实践

我国虽然经历了三十多年的改革发展，但经济社会的转型仍还未完成，且改革业已成为经济社会永恒的主题，税制改革和税法修改、补充和完善趋于经常化。税收制度每年都有一定程度不同的变动，这就要求税收法律制度或税收实务课程教学也因之而变，税收学、国家税收、中国税制三种课程模式所对应的教材，每年都应更新修订，然而这显然是不可行的，若每年各高校花费大量的人力和物力去更新相应的教材是资源的巨大浪费，从现实看也是不可能的。这三种课程模式下的教材建设，都难以适应教学的需要。

三、财政学专业现行税收理论与实务课程模式改革构想

（一）构建税收理论＋税法课程模式

基于新时期经济社会对财政学专业人才的新需要、财政学专业学科体系的要求和教材更新变化的及时需要，我们认为应改变现行的税收学、国家税收和中国税制三种课程模式，将财政学专业的税收理论与实务课程区分为税收理论和税法两门必修课程，使财政学专业税收基础理论培养和税收实务学习训练都有充分的课程支持，提高财政学专业学生的税收理论知识水平和税收法律制度及税收实务技能水平。财政学专业的税收理论与实务课程分立由税收理论和税法两门完成，必然会增加所需课时量，原来无论是税收学和国家税收，还是中国税制，各个高校基本都是每周3～4节课时，分立后可考虑税收理论每周三节

课时，税法每周安排4节课时。在专业课总课时有限的情况下，可以考虑将一些理论性和现实性相对不是很强的课程，如国有资产管理、政府采购、公债经济学等课程减少课时，或进行课程合并等。

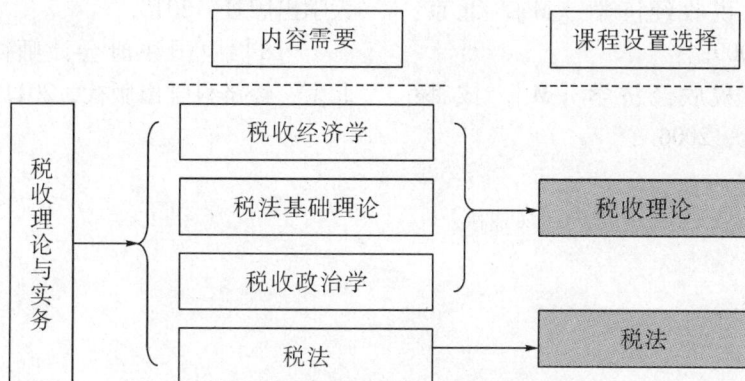

图1　财政学专业税收理论与实务课程设置选择思路

（二）税收理论课程内容的构建

税收理论是以税收基本概念、税收运行规律、税种及税制设计原理等理论问题为主要内容的。从税收理论和实践来看，税收运行和税收制度设计不仅是个经济学问题，还是法律、政治和社会问题。税收经济学和税收法学理论，乃至税收政治学理论在税收理论和实践中都非常重要，因此税收理论课程内容应该包括税收经济学、税法基础理论、税收政治学等专业内容，尤其是税收经济学和税法基础理论。在财政学专业税收理论课程内容安排中，不能简单地看成是原来税收学和国家税收课程理论部分的扩充，或者说简单地增开税收经济学课程，而应是以税收经济学、税法基础理论和税收政治学的融合，其中，以税收经济学为主体、税法基础理论为次、税收政治学为补充，可以考虑在税收理论课程中将三者的内容比例初步设为：7∶2∶1，适应经济社会对复合型财政学专业人才的需要。

（三）税法课程的构建

税收实务知识，也即税法内容的教学，考虑到税法内容的丰富庞杂及税收法律制度调整变化的经常性，为满足税收实务课程学生培养目标，应采用内容完善、更新及时的注册会计师税法教材，并以注册会计师税法掌握程度的类似要求，来确定课程教学目标，提高财政学专业学生的税收法律制度知识水平。实际上，在国内税收学和国家税收实务部分以及中国税制的教学中，多数老师都将注册会计师税法教材作为最主要的参考书，有的老师在税收实务教学还直接以注册会计师税法为教材。在此语境下，财政学专业税法实务教学中，是该明确以注册会计师税法为教材，并以其内容的熟练掌握为财政学专业本科生培养的教学目标的时候了。

参考文献

［1］黄桦. 税收学［M］. 北京：中国人民大学出版社，2011.

［2］李俊生，邰霖. 税收学［M］. 北京：首都经济贸易大学出版社，2008.

［3］林江，温海滢. 税收学［M］. 大连：东北财经大学出版社，2009.

［4］胡怡建. 税收学［M］. 上海：上海财经大学出版社，2004.

［5］王国清，等. 国家税收［M］. 成都：西南财经大学出版社，2008.

［6］许善达. 国家税收［M］. 北京：中国税务出版社，2007.

［7］蒙丽珍，安仲文. 国家税收［M］. 大连：东北财经大学出版社，2011.

［8］马海涛. 中国税制［M］. 北京：中国人民大学出版社，2009.

［9］岳树民. 中国税制［M］. 北京：北京大学出版社，2010.

［10］刘剑文，熊伟. 税法基础理论［M］. 北京：北京大学出版社，2004.

［11］刘剑文. 税法学［M］. 北京：北京大学出版社，2010.

［12］杨志勇. 税收经济学［M］. 大连：

东北财经大学出版社，2011.

［13］郝春虹. 税收经济学［M］. 天津：南开大学出版社，2007.

［14］胡怡建. 税收经济学［M］. 北京：经济科学出版社，2009.

［15］王国清. 税收经济学［M］. 成都：西南财经大学出版社，2006.

［16］王玮. 税收学原理［M］. 北京：清华大学出版社，2010.

［17］蔡昌. 税收原理［M］. 北京：清华大学出版社，2010.

［18］中国注册会计师协会. 税法［M］. 北京：经济科学出版社，2011.

论我国法科硕士研究生教育教学范式改革

——回应法律职业的现实诉求

王　方

（西南财经大学 法学院，四川 成都 611130）

摘　要：置于研究生教育结构优化调整和研究生人才培养体制改革的时代背景下，法科硕士研究生教育教学范式改革有其内生动力及外部诉求，建立在检视我国法科硕士研究生教育传统教学范式的基础上，研究何为适应时宜的现代教学范式，遵循解放教学创造力，进行教与学、学与思、教学与实践相结合的"渐进式"范式改革是法科硕士研究生教学范式改革的目标与方向。

关键词：范式改革；内生动力；外部诉求

美国科学哲学家托马斯·库恩提出的"范式"（paradigm）概念代表科学界的世界观，它指导和决定问题、数据和理论的选择———直到另一个范式将其取代。库恩的范式理论是现代科学中整体性观点和整体性方法在哲学上的反映，库恩认为科学理论新旧范式之间存在着一种两者不可沟通、交流的断裂，在一定意义上说范式的实质是科学活动中的整合与升华，范式的转变实质就是提出一套全新的发现问题和解决问题的方法，是对连续积累的旧科学进步观的一种彻底否定。教学范式是指人们对教学这一特殊的社会现象和复杂的实践活动

最基本的理解或基本看法，教学范式影响教学思想和教学观念并指导教学实践。在国内高等教育以在凯洛夫教育学说为指导，形成教师为中心、以课堂为中心、以课本为中心、强调"教"的形式为"三中心"的教学范式影响下，法科

硕士研究生（包括法学硕士研究生和法律硕士研究生两种）教育教学概莫能外，其教学范式改革关涉研究生人才培养体制实质内容的革命性变化，是法学专业研究生层次教育人才培养体制改革的重要环节，而人才培养体制是《国家中长期教育改革和发展规划纲要》（2010—2020年）（公开征求意见稿）的核心内容，"大力推进研究生培养机制改革"、"创新研究生培养方法"更是被提到了高等教育发展任务的高度；同时，面对"规模失控"的高校法学研究生和呈"燎原之势"的法学（法律）硕士，教育部提出对研究生教育结构进行从以培养学术型人才为主向以培养应用型人才为主转变的调整。可见，就法科硕士研究生教育教学范式改革命题的研究极具现实意义。

对法学专业硕士研究生教育教学范式改革的研究首先需要明确传统法学专业硕士研究生教育教学范式是什么？其次需要从源头上找寻法学专业研究生教育教学范式改革的内生动力及外部诉求分别是什么，以解决对传统教学范式改革的必要性问题。最后，教育教学范式不是一个孤立的存在，教学范式的改革必然会产生一系列开放性问题，应如何应对其对师资提出的新挑战就是对法学专业研究生教育教学范式改革研究无法回避的关联问题。

一、检视我国法科硕士研究生教育传统教学范式

（一）厘清法学教育结构多元化下的法科硕士研究生教育目标

法学教育是个多层次概念，每个层次的法学教育都有自己欲实现的特定培养目标。根据法学教育的实施阶段和环节，法学教育由本科教育、研究生教育、继续教育三个层次相衔接，研究生的培养层次又包括法学硕士研究生、法律硕士研究生、博士研究生教育，在法律硕士研究生中又包括在职培养和完全脱产培养的形式。无论是法学专科教育，本科教育，抑或是更高层次的法学硕士、法律硕士、法学博士的教育无疑都是法学教育种概念之下的属概念，在法学教育总体目标之下，各个阶段的法学教育虽然都有自己既定的目标，但都服从并服务于法学教育宏观目标："训练为社会服务为国家谋利益的法律人才，这种人才，一定要有法律学问，才可以认识并改善法律，一定要有社会常识，才可以合于时宜的运用法律，一定要有法律的道德，才有资格来执行法律。"

另根据《中华人民共和国学位条例》规定，授予硕士学位必须满足以下条件：首先在本门学科上掌握坚实的基础理论和系统的专门知识；其次，具有从事科学研究工作或独立担负专门技术工作的能力。结合法学这一学科，并综合前述法学教育宏观目标，法学教育中内在的、与生俱来的二重性——法学教育的职业技能性和学术研究性在法学本科教育越来越沦为通识教育的今天，更贴近于对法学硕士教育层次的概况，即"从法学在大学教育的地位来看，它表现为职业教育和人文学科的理论教育的二重性；从其培养目的性上看，它表现为实践型人才的训练的培养和学者型人才的二重性；从其教学内容上看，它表现为法律职业的特定技巧、道德和思维与法学知识体系和人文理论培养的二重性"，那么在法科领域取得硕士学位更应当是完成了理论知识体系、具备了实务工作能力、形成了职业道德观念的综合体。虽然法学硕士的定位主要是研究型人才而法律硕士定位于应用型人才培养的法律职业教育，但二者统一于法科研究生教育层次，故本文

就教学范式问题进行研究时将二者同时作为研究对象而不作区分，也不追究二者在学制、课程设置等方面的细节问题。

（二）我国法科硕士研究生教育传统教学范式的特征与问题

法科研究生教学一直以来尝试在对实体法的知识性传授和对法条背后深层的语义背景、历史渊源和民族精神的学术性传授之间达到一种动态平衡，形成了由"理论讲授"为主的教学模式、以"课堂教学"为主的教学组织形式和以"教材"为主要课程资源的教学范式。其主要特征也反映出面对"适应"现实社会与"超越"当下需求之间无法获得平衡，不能适应创新人才培养要求的问题所在。

（1）教学模式以"理论讲授"为主。建构主义认为，知识不是通过教师传授得到，而是学习者在一定的情境，即社会文化背景下，借助其他人（包括教师和学习伙伴）的帮助，利用必要的学习资料，通过意义建构的方式而获得。目前我国法科硕士研究生教学上基本是以教师讲解为主，偏重于系统讲授基本原理，有利于讲授对象形成较为完整的知识体系，但偏重于对象化的教学活动，忽视了学生的教学主体性，缺少师生之间的互动。这种教学模式不利于学生学习的积极性和个性化培养，进而严重阻碍了学生创新能力培养、创新精神塑造，在培养法律思维、法律推理和实践能力等方面难以收到理想效果。

（2）教学组织形式以"课堂教学"为主。课堂教学是法科人才培养的主要途径和核心环节，课堂教学大多局限于知识传递层面，教学方法手段比较单一。然而法律的生命从来在于"经验"而非"逻辑"，知识的传授需要与社会实践相结合。

（3）课程资源以"教材"为主。其局限性在于：首先，标准教科书不是讨论现实生活中的法律状态而往往讨论的是应然的、超越现实、理想化的架构方式；其次，法律问题一开始就明显不仅是法律问题，而同时也是政治问题、社会问题、历史问题和文化问题。因此，要了解和解决中国的法律问题，必先了解和解决诸多法律以"外"的其他问题，所以仅仅是就对法学教材既定内容的传授只是被动的实施了既定的内容，既阻碍了教师的创造性，也阻断了学生的创造性，

而"每一个实践者都是课程创造者和开发者，而不仅仅是实施者"。

二、法科硕士教育教学范式改革的内生动力与外部诉求

（一）法科硕士研究生教育教学范式改革的内生动力

我国法学教育体制中，法学硕士研究生的培养定位为，以理论研究为主、宽口径、并能适应司法实际工作的复合型高级人才。对法律硕士的培养是在提高其理论水平的前提下，注重工作实践和实现应用能力的提高，即运用法学基本理论研究解决现实生活中出现的新的法律问题，而非偏重基本理论和学术研究。具体要求其具有扎实系统的法学基础理论素养，牢固掌握宽广的法律实务知识；具有较强的法律实务方面的研究能力和创新能力，具有解决重大疑难法律问题的能力；具有综合运用法律、经济、管理、科技、外语和计算机等方面的专业知识和技能，从事法律实务、经济管理和社会管理工作的能力；符合全面胜任立法、司法、执法、政权建设、行政管理和社会管理等方面中级以上专业职务的要求。

教育部一系列文件明确提出要积极调整硕士研究生教育定位，优化研究生教育结构，推进和完善硕士研究生培养模式，积极、稳妥地实现我国硕士研究生教育从以培养学术型人才为主向以培养应用型人才为主的战略性转变。力争到2015年，使学术型研究生与专业学位研究生各占一半，切实将硕士研究生教育转到以培养高层次应用型人才为主。应当说，人才培养方向性的调整和思路的调整，是对人才培养结构和培养模式的重大突破，研究生教育进入到了一个新的历史阶段。在硕士研究生教育从以培养学术型人才为主向以培养应用型人才为主的战略性转变的大背景下，当市场对法学硕士的需求回归理性的过程中，法科硕士研究生教育应当顺应市场的需求，加大对法科硕士研究生实务性素养的培养。

（二）法科硕士研究生教育教学范式改革的外部诉求——法律职业的导向

法律职业由研究人员及实务工作者两类群体构成，而后者占绝大多数，主要由法官、检察官律师、公证、仲裁、调解、法律顾问及其他法律职业部门或社会其他行业中法律实务岗位构成。据教育部和有关统计，目前我国有115个法律硕士点，2008年招收法学硕士生13 192人，法律硕士（含全日制和在职）8705人，两者合计在校生规模近6万人。但是根据最高人民法院的统计数据显示，全国法院系统31万人，具有硕士以上学历的有2万人，仅占6.5%。同时，根据官方公布数据，截至2008年，我国共有律师156 700人，而实际截至2009年上半年，数据已经更新为166 000人，在这一群体中能满足目前高端法律实务对复合型知识结构要求，精通外语、法律、经济、技术的复合型人才仅2000多人。法律人才"缺乏"与"过剩"的悖论同时客观存在，貌似繁荣的规模效应下，隐藏的却是法学教育的低水平现实，提高人才培养质量的重点环节是以社会需求为导向。法律职业共同体对人才素养及能力的多层次需求要求对高层次法学人才的培养模式转变，法学教育只有与法律职业密切结合，才能走向专业化、规范化，实现法律秩序的高效率。

三、法科硕士研究生教育教学范式改革方向

从内外因素的考察都显示法科硕士研究生教育教学范式改革"箭在弦上，不得不发"，那么如何在"适应"现实社会与"超越"当下需求之间获得动态的平衡，何为适应时宜的现代教学范式？基于上述研究，本文认为法科硕士研究生教育教学范式改革方向应当是"一解放与三结合"，即在解放教学创造力的旗帜下，进行教与学、学与思、教学与实践相结合。

（一）教与学结合

"教学乃是教师与学生在'思考'这面超验的旗帜下进行'聚会'的活动，这'思考'拒绝以某个在先的目的（anterior purpose）的名义而结束人与人之间的相互作用。"教与学结合强调在教学范式改革中厘清"教"与"学"的关系但并不是要抛弃教师的作用，而是要重新构建在教学中的师生关系，以受教育者为本位，以教师为主导，充分发挥学生的主动性，变被动式学习为自主式学习、变接受性学习为研究性和创新性学习。

（二）学与思结合

法律思维是法律职业者安身立命的根本所在，正是由法律思维（以及其派生的话语体系等）才使得法律人能够在法治进程中发挥其他群体所无法发挥的作用。倡导启发式、探究式、讨论式、参与式教学，营造独立思考、自由探索的良好环境，批判性和创新性的法律思维尤为重要，"因为法律条文可以随社会的发展而变动，法律院系培养的毕业生不可能在学习期间穷尽所有法律条文，但是只要他们具备了一种综合分析法律和事实、运用法律推理进行思维的能力，他们就能够有能力应付各种复杂和新鲜的问题，成为合格的法律职业者。"学与思结合要求对传统讲授式的教学方法进行改革，而其中案例教学法中的"学与思"的结合模式值得我们借鉴，当然"学与思"结合的教学方法并不局限于案例教学法。

案例教学法（case method）源于判例教学法是最为常见的法律教学方法，它于19世纪末期由美国哈佛大学法学院院长克里斯托弗·哥伦比亚·兰得尔（Christopher Columbus Langdell）所创立，其基本思想是要求学生仔细研读美国法律年鉴中上诉法庭的报告，从过去的判例体系中分析与了解作为判例基础的法律规则与法律原则。案例分析课程不仅可以帮助学生了解和熟悉法律知识，更重要的是，可以让学生在学习法律时重现法官与律师的职业思维活动，从而潜移默化地学会如何熟练地运用各种法律技术，培养法律家的范式思维能力。

其实质是通过研究法院的判决来掌握法律的基本原则与法律推理，在教学方法上以真实案例讨论代替传统的课堂讲授，强调逻辑分析和推理，注重师生间的互动与交流。在法学教育过程中，大量采用课堂案例分析、案例专题讨论、现场案例教学、司法实践等多种方式，通过问答式，引导学生研究和分析案例，生动形象地解释法律的内容，深刻揭示其法理内涵，目的是启发学生思考。

（三）教学与实践相结合

教学与实际相结合本身是我国教育理论和教育实践的一个重要原则，法学的学科特征就是极强的实践性，它往往来源于实践，需要解决实践问题，将教学与实践相结合就是引导学生去探索社会当中的真问题，并主动的寻求解决问题的途径，这种解决问题的能力当然不完全是课堂训练能养成的。

伯尔曼言，新的时代将是一个"综合的时代"，在这个时代里面，"非此即彼"让位于"亦此亦彼"，法科硕士研究生教育教学范式改革虽然有内生动力及外部压力，但是无论从制度形成的过程来看，还是正视传统的教学范式的"惯性"，得出的结论都应该是一致的：即法科硕士研究生教育教学范式改革只是一个循序渐进的"渐进式"的范式改革，而非"革命式"的范式转型。

四、教学范式改革对法学教育师资配置提出的挑战：一个开放性问题

人才培养是一个以学科为平台，以专业与课程为核心，以师资为保障，以形成人才培养的某种特色和质量为目标的系统工程，法学人才培养也不例外。教学范式改革对承担法科硕士研究教学工作的教师也提出了新要求：娴熟于学理，且通晓实务。具体而言，要求教师提高自身的专业素养、教学能力、科研能力、实践能力；持续更新既有的教育教学内容，将新的教学理念、教学方式有机的融入自身的教学实践中。教学范式的改革需要反思对"传道、授业、解惑"这种垂直的师生关系，也需要重新审视师者的素养，而这些问题都是基于教学范式改革带来的值得探讨的开放性问题。

参考文献

[1] 胡光志，靳文辉. 关于法学研究生教育的几点思考 [J]. 经济法论坛，405.

[2] 孙晓楼. 法律教育 [M]. 北京：中国政法大学出版社，1997.

[3] 王晨光. 法学教育的宗旨——兼论案例教学模式和实践性法律教学模式在法学教育中的地位、作用和关系 [M] //载甄贞. 方兴未艾的中国诊所法律教育. 北京：法律出版社，2005.

[4] 冯象. 漫谈法学教育——在熊中为熊，在鸟中为鸟 [J]. 法制资讯，2009（12）.

[5] 梁治平. 法律的文化解释 [M]. 上

海：三联书店，1995.

[6]【美】小威廉姆·E. 多尔. 后现代课程观［M］. 王红宇，译. 北京：教育科学出版社，2000.

[7] 曾宪义，张文显. 21 世纪中国法学专业教育教学改革与发展战略研究［M］. 北京：高等教育出版社，2002.

[8]【加】大卫·杰弗里·史密斯. 全球化与后现代教育学［M］. 郭洋生，译. 北京：教育科学出版社，2000.

[9] 王晨光. 法学教育的宗旨——兼论案例教学模式和实践性法律教学模式在法学教育中的地位、作用和关系［J］. 法制与社会发展，2002（6）.

[10] 李龙，周刚志. 论法律家与法学家的思维范式［J］. 法制与社会发展，2002（6）.

《中国文化概论》教材中的考古资料问题

夏　微　于孟洲①

（西南财经大学 人文学院，四川 成都 611130；四川大学 历史文化学院，四川 成都 610064）

摘　要：《中国文化概论》是在国家教育委员会指导下由诸多名家集体编写的高等学校公用教材，被全国多所高校作为指定教材或重要参考书，在教师和学生中产生了重大影响。但笔者发现该书引用的与考古学相关的资料或存在错误，或未注意到较新的研究进展，本文对此进行了分析。

关键词：中国文化概论；考古资料；商榷

现在越来越多的高校都在开设中国文化概论和中国传统文化概论一类的课程，旨在加强青年学生对于祖国历史文化的了解，提高人文素养。目前已陆续出版了多部相关教材，其中由张岱年和方克立两位先生主编的《中国文化概论》（下文简称《概论》）一书是在国家教育委员地指导下集体编写的高等学校公用教材。该教材在1994 年出版后曾多次印刷，并作为普通高等教育"十五"国家级规划教材，是教育部高教司的推荐教材。由于这本教材是在国家教育委员会指导下编写的，并且由全国多所高校中众多在国内外享有较高声誉的学者编写而成，所以目前开设这门课程的高校或将其作为教材，或将其作为重要参考书，在教师和学生中被广泛使用，产生了重大影响。不过，在使用这本教材的过程中，笔者发现教材中引用的与考古学相关的资料或存在错误，或未注意到较新的研究进展，现拣重要

者提出来，希望对使用这本教材的教师和学生有所帮助。本文所用的教材版本为 2004 年 1 月第2 版，2009 年 7 月第 16 次印刷。

（1）第 57 页，"考古学者从云南元谋上那蚌村发现了距今约 170 万年的猿人化石，定名为元谋猿人，这是中国境内最早的人类活动的历史确证。"

学界对于元谋人的时代有两种意见：其一，以一部分第四纪地质学者为代表，认为人类化石与石制品出自上那蚌组，而上那蚌组的时代不超过距今 70 多万年，人类化石的时代应该在距今60 万 ~50 万之间；其二，根据古地磁年代测定数据认为元谋人的地质时代为早更新世，绝对年龄在距今 170 万年左右。除此之外，还发现一些年代相当或更早的古人类化石和石制品。1998年，安徽繁昌人字洞采集到一定数量的石制品、骨制品和大量脊椎动物化石。发掘者认为动物群中有不少种类具有较为原始的特点，其时代可能为早更新世早期，大约为距今 200 万 ~240 万年。重庆巫山龙骨坡发现有古人类化石和石制品，年代测定结果距今约 190 万年。山西芮城西侯度发现了一批石制品、有切割痕迹的鹿角、烧骨和大量动物化石。根据古地磁法的测定，西侯度组的年代约为距今 180 万年。不过，也有学者对上述三处遗址所出的石制品或人类化石等遗存提出过不同意见。

---

① 夏微，西南财经大学人文学院讲师；于孟洲，四川大学历史文化学院副教授。

另外，近二十年来在泥河湾盆地发现了一系列的早更新世的旧石器遗址。2006 年，在阳原县大田洼乡的黑土沟东侧西马梁发现一处更新统旧石器时代遗址。根据地层对比，遗址所在层位的年龄距今 177 万～195 万年前。如果研究加以证实，这个遗址是泥河湾盆地目前发现较早的下更新统旧石器时代考古遗址。侯亚梅先生根据石器制作技术推测在泥河湾盆地可望找到 200 万年前或更早的人类活动遗迹。只有不断关注这些旧石器早期的考古学发现和研究进展，才能更多了解中国境内早期人类的历史面貌。

（2）第 58 页，"从距今 7000 年开始，中华先民进入了新石器时代，磨制的较为精致的石器取代了打制的粗糙的石器。"

在我国，从旧石器时代晚期向新石器时代过渡的完成时间是一个有待于继续研究的重大课题。因为这不仅涉及是否存在"中石器时代"，还涉及这种转变的过程及不同地区的差异等诸多问题。目前，一般学者都认为新石器时代从一万多年前或公元前一万年左右开始。

虽有许多学者将磨制石器作为新石器时代开始的一个标志，但在新石器时代早期还大量存在打制石器，磨制石器很少，并且多仅局部磨光，通体磨光的石器尚未出现。至新石器时代中、晚期，磨制石器所占比例逐渐增大，而且通体磨光的石器增多。在许多新石器时代中晚期，遗址已经是磨制石器居主体。但是，我国各地的文化发展不平衡，有的地区整个新石器时代都在广泛使用打制石器，甚至沿用至商周时期。

（3）第 26 页，"早在四五千年前，兴起于黄河中游地域的新石器文化——仰韶文化和龙山文化……"

仰韶文化以河南渑池仰韶村遗址命名，该文化的碳十四测定年代多在距今 7000～5000 年之间。学界对于仰韶文化的类型划分及文化分布范围等问题还存在诸多争议。龙山文化因首次发现于山东省历城县龙山镇城子崖遗址而得名。20 世纪 80 年代以前，龙山文化的外延曾被不断扩大，出现了多个以省份命名的龙山文化。现在学界所说的龙山文化基本上是指以城子崖遗址为代表的分布于黄河下游的海岱地区的一支考古学文化。该文化的年代上限大体在公元前 2600 年或 2500 年左右，其下限在公元前 2000 年左右。

（4）第 27 页，"中国的农耕文明虽然同时发祥于黄河、长江流域，……农业生产首先在黄河中下游达到较高水平，……中国的农耕区域，逐渐向土肥水美的长江流域扩展……"

《概论》中多次提及有关农业方面的问题。近些年我国的农业考古研究有很大进展，故有些认识需要更新。作为农业起源中心区之一，中国农业起源又可进一步细分为两条独立的源流：一是以黄河中下游地区为核心的、以种植谷子和糜子两种小米为代表的北方旱作农业起源；二是以长江中下游地区为核心的、以种植水稻为代表的稻作农业起源。最近的研究揭示，在中国可能存在第三条农业起源的源流，即岭南地区的热带原始农业起源，以种植块根茎类农作物为特点。稻作农业的起源是一个漫长的渐变过程。根据新的考古资料，大约在距今一万年前后，人类为了增加自然生长的野生稻的数量，在采集的同时开始维护乃至种植野生稻，栽培稻从野生稻中逐渐分化出来。大约在距今公元前 9000～7000 年间，稻作农业开始形成，但这是一个非常缓慢的量变过程。长江下游和中游地区分别在至迟距今公元前 5200～4300 年间的良渚文化和距今公元前 6300～5300 年间的大溪文化时期，稻作农业已经取代采集狩猎成为当地经济的主体。据研究，内蒙古敖汉旗的兴隆沟遗址发现了公元前 5500～5700 年间的栽培作物黍和粟，其中炭化黍总计近 1500 粒，炭化粟仅发现了数十余粒，这是目前在我国乃至世界上所发现的在年代和种属鉴定上都确定无误的最早的小米遗存。不过，此时兴隆沟遗址的主体经济依然是采集狩猎。有学者提出了稻作和旱作在距今 7000～9000 年间均存在"似农非农"社会经济发展阶段。另外，通过对黄河中下游地区一系列龙山时代和夏商周时期考古遗址进行系列浮选所获的大量炭化植物遗存分析，在华夏文明形成过程中，中原地区的农业经济发生了三个显著的变化：一是开始普遍种植稻谷；二是小麦已经传入；三是由以种植粟和黍的单一种植结构转变为包括了稻、麦、大豆等在内的多品种农作物种植结构。不难看出，旱作农业的中原地区在农业发展过程中受到了来自长江流域稻作农业的严重影响。从目前的考古发现来看，《概论》中的上述表述似乎并不妥当。

（5）第 59～60 页，"在距今 4000 年的河南密县池北岗、新郑裴李岗新石器时代文化遗址中，发现了陶塑猪头，这是最早的陶塑艺术品。"

这里所说的"密县池北岗"可能是"密县莪沟北岗"之误。裴李岗遗址已经过多次发掘，在试掘简报中发掘者就提到，经中国社会科学院考古研究所实验室对T1H1和T2H2出土的木炭标本（ZK434）进行放射性碳素测定年代，为距今7885±480年，公元前5935±480年（半衰期值为5730年）。1984年出版的《新中国的考古发现与研究》根据裴李岗已测定的六个年代数据推定裴李岗的年代上溯至公元前6000年前，莪沟北岗的年代测定数据与裴李岗大致同时。现学界多认为裴李岗文化的年代在距今七八千年。所以《概论》中所说的裴李岗文化的年代是错误的。

（6）第60页，"依据考古发掘和零碎的文献资料，夏文化大致具有如下特征：工具形态由石器、陶器过渡到青铜器……"

考古学上的哪类（或哪几类）遗存对应于夏文化，这还是学界一直在争论的重大学术课题。目前学术界探索夏文化的主要对象是二里头文化和河南龙山文化晚期。现在中国的多数学者认为二里头文化属于夏文化。而争论的焦点在夏文化的上限是何时以及从哪类遗存开始。从较多学者所认为的属于夏文化中晚期阶段的二里头文化发现的生产工具看，主要是石器、骨器和蚌器，还有陶器、角器和玉器等，铜器的数量很少。并且铜质生产工具均为小件器物，如锛、凿、刀、锥、锯、鱼钩和纺轮等。其实，就像张光直先生所说"在整个的中国青铜时代，金属始终不是制造生产工具的主要原料；这时代的生产工具仍旧是由石、木、角、骨等原料制造。"

（7）第61页，"1977年，夏鼐发表《碳十四测定年代和中国考古学》，将中国古代文明划分为七大区域。苏秉琦则将起源期的中国文化划分为六大区系：陕、豫、晋邻境地区；山东及邻省一部分地区；湖北和邻省地区；长江下游地区；以鄱阳湖—珠江三角洲为中轴的南方地区；以长江地带为重心的北方地区。"

夏鼐先生发表的论文名应为《碳－14测定年代和中国史前考古学》，文中讨论的问题有以下七个：①旧石器晚期文化问题；②最早的新石

器文化问题；③中原地区的新石器文化的排列顺序和绝对年代；④黄河上游甘青地区新石器文化的排列顺序和绝对年代；⑤黄河下游地区的新石器文化；⑥长江中下游地区的新石器文化的排列顺序和绝对年代；⑦其他地区的新石器和早期青铜文化。可见该文并未涉及中国古代文明的区域划分问题。

1981年，苏秉琦和殷玮璋两位先生发表了《关于考古学文化的区系类型问题》，将全国的新石器文化（包括部分青铜文化）划分为六个大区：①陕豫晋邻境地区；②山东及邻省一部分地区；③湖北和邻近地区；④长江下游地区；⑤以鄱阳湖—珠江三角洲为中轴的南方地区；⑥以长城地带为重心的北方地区。可以看出"概论"中引用该文时，第三个和第六个区域名称各有一字之误。在《中国文物起源新探》一书中，苏秉琦先生将全国范围内"现今人口分布密集地区的考古学文化分为六大区系"，分别为：①以燕山南北长城地带为重心的北方；②以山东为中心的东方；③以关中（陕西）、晋南、豫西为中心的中原；④以环太湖为中心的东南部；⑤以环洞庭湖与四川盆地为中心的西南部；⑥以鄱阳湖—珠江三角洲一线为中轴的南方。不难看出，苏秉琦先生在区系划分和区系类型问题的认识上又有了进一步的深化。

以上笔者对《概论》中引用的七处考古学资料进行了探讨，希望能对使用这本教材的人有所帮助，也希望《概论》教材能在吸收使用者的修改意见后不断充实完善。

参考文献

[1] 张岱年，方克立. 中国文化概论：修订版 [M]. 北京：北京师范大学出版社，2009.

[2] 刘东生，等. 关于元谋人化石地质时代的讨论 [J]. 人类学学报，1983（1）.

[3] 钱方. 关于元谋人的地质时代问题 [J]. 人类学学报，1985（4）.

[4] 金昌柱，等. 安徽繁昌早更新世人字洞古人类活动遗址及其哺乳动物群 [J]. 人类学学报，2000（3）.

[5] 张森水，等. 繁昌人字洞旧石器遗址1998年发现的人工制品 [J]. 人类学学报，2000（3）.

［6］黄万波，方其仁．巫山猿人遗址［M］．北京：海洋出版社，1991．

［7］贾兰坡，等．西侯度——山西更新世早期古文化遗址［M］．北京：文物出版社，1978．

［8］卫奇．泥河湾盆地发现 177 万年前的旧石器［J］．人类学学报，2008（1）．

［9］侯亚梅．在泥河湾盆地可望找到二百万年前的人类遗迹［J］．第四纪研究，1999（1）．

［10］严文明．中国史前研究的现状与课题［M］//严文明．走向 21 世纪的考古学．西安：三秦出版社，1997．

［11］任式楠，吴耀利．中国新石器时代考古学五十年［J］．考古，1999（9）．

［12］张宏彦．中国史前考古学导论［M］．北京：高等教育出版社，2003．

［13］张之恒．中国新石器时代考古［M］．南京：南京大学出版社，2004．

［14］重庆市文物局，重庆市移民局．重庆库区考古报告集·1997 卷［M］．北京：科学出版社，2001．

［15］栾丰实．海岱龙山文化的分期和类型［M］//海岱地区考古研究．济南：山东大学出版社，1997．

［16］赵辉．龙山文化的分期和地方类型［M］//苏秉琦．考古学文化论集（3）．北京：文物出版社，1993．

［17］赵志军．栽培稻与稻作农业起源研究的新资料和新进展［J］．南方文物，2009（3）．

［18］赵志军．小米起源的研究——植物考古学新资料和生态学分析［J］．赤峰学院学报：汉文哲学社会科学版，2008（S1）．

［19］赵志军．植物考古学及其新进展［J］．考古，2005（7）．

［20］河南省博物馆，密县文化馆．河南密县莪沟北岗新石器时代遗址发掘简报［J］．文物，1979（5）．

［21］开封地区文管会，新郑县文管会．河南新郑裴李岗新石器时代遗址［J］．考古，1978（2）．

［22］中国社会科学院考古研究所．新中国的考古发现和研究［J］．北京：文物出版社，1984．

［23］张江凯，魏峻．新石器时代考古［M］．北京：文物出版社，2004．

［24］靳松安．试论裴李岗文化的分期与年代［J］．中原文物，2007（6）．

［25］张光直．中国青铜时代［M］//张光直．中国青铜时代［J］．北京：生活·读书·新知三联书店，1999．

［26］夏鼐．碳－14 测定年代和中国史前考古学［J］．考古，1977（4）．

［27］苏秉琦，殷玮璋．关于考古学文化的区系类型问题［J］．文物，1981（5）．

［28］苏秉琦．中国文明起源新探［M］．北京：生活·读书·新知三联书店，1999．

提高财经类院校学生课程认知及学习积极性的路径探析

——以"国际税收"课程教学为例

张伦伦

（西南财经大学 财政税务学院，四川 成都 611130）

摘　要：进入 21 世纪以来，世界各国间的人才竞争日益加剧。但归根结底，这种竞争与其说是人才流动的竞争，不如说是人才培养模式的竞争。高等院校财经教育是我国培养创新型财经人才的大平台，为实现我国经济现代化发挥着极其重要的作用。课程教育是高等院校培养创新型财经人才的重要内容，学生课程认知及学习积极性的提高是课程教育的起点和根本。本文以国际税收课程为案例分析了提高学生课程认知及学习积极性的具体路径，为教学范式改革和课程改革提供借鉴。

关键词：创新型财经人才培养；课程认知；学习积极性

一、高等院校财经教育的内涵

21 世纪是经济竞争的世纪，更是人才竞争的世纪。如何培养创新型人才是我国高等教育长期面临的战略任务。随着我国经济开放度的日益增强、与国际经济交流的日益深化，培养具有创新精神的财经精英人才是我国在与其他国家经济交往中熟悉及消化吸收国际经济惯例、维护我国经济权益的必要前提。高等财经教育作为以经济与管理类学科为主体的高等教育，是我国高等教育的重要组成部分，在高等财经创新人才的培养过程中发挥着极其重要的作用。正确把握高等财经教育的内涵，对于培养高等财经创新人才有着

重要的指导意义。

（1）高等财经教育是以培养高层次创新型财经人才为主要目的。《中华人民共和国高等教育法》规定：高等教育的任务是培养具有创新精神和实践能力的高级专门人才，发展科学技术文化，促进社会主义现代化建设。高等财经教育也不例外，其主要目的就是培养高层次创新型财经人才，为社会主义现代化建设服务。更具体地讲，就是为各行业的经济管理、深化国际交往、维护中国经济权益服务。

（2）高等财经教育是以社会财经人才需求为导向的就业教育。高等财经教育应以社会对财经专业需求的特点为出发点，有针对性、层次性地培养社会需求的财经人才。近年来，各高等院校对毕业生的就业状况的关注度和重视度越来越强，相对于过去只埋头教育、不关注实践的封闭式培养模式，这是值得肯定的一种进步。但应该指出，满足社会需求的人才培养模式，并不是单一的以就业率为唯一指标的单层次培养，而应是一种将近期需求与远期需求相结合、学术性教育与实务性教育相协调的多层次、复合式教育模式。

（3）高等财经教育是以强化财经专业知识为基础的复合型素质教育。相对于传统的应试教育，素质教育更强调基础知识和工具知识的掌握。在此基础上，运用所学的财经原理与方法去解决在现实生活中将遇到的各种经济及管理问题。具体业务流程式的死记硬背的知识点教育不

应是新时代高等财经教育的主要内容。但在由应试教育向素质教育转型的进程中，完全否定应试教育而采取放羊式的所谓素质教育也是不可取的。在高等财经教育转型的历史进程中，应防止由一个极端走向另一个极端。

二、学生课程认知及学习积极性的提高是高等院校财经教育转型的重要前提

在高等财经教育以创新型精英人才培养为主要目标的转型过程中，学生是参与这一转型的最主要主体。在传统的高等财经应试教育中，教师是教学活动的主体，"满堂灌"是其主要特点。但在培养创新型精英人才的素质教育中，学生的主动学习是其主要特色。学生的主动学习必须是一种自发的、基于兴趣驱动的、有了问题而急于去解决的探究式学习。学生对课程的认知程度及学习积极性是这种探究式学习的基础和前提。

在这种探究式学习的素质教育活动中，教师并不是无事可做，而是要发挥极其重要的引导作用。俗话说："教师要给学生一碗水，自己必须拥有一桶水"。厚积薄发的道理在素质教育中同样适用。概括起来，高层次的素质教育模式对教师的要求主要体现在以下几个方面：

（1）探究式学习要求教师对本学科及所任教的课程必须具有国际视野，能够分别从国内与国外、理论和实践的角度向学生充分说明本门课程的重要性，从而调动学生主动学习的积极性。从另一方面考察，教师只有具有国际视野，也才能够基于自身的深刻认识向学生推荐国外和国内的优秀教材或参考书，避免在千篇一律的传统教材上花费太多时间，从而提高学习效率。

（2）教师对本学科或课程专业知识的掌握应做到"烂熟于心"及融会贯通。对专业知识掌握的精炼是教师引导作用发挥的基本前提。教师在长期从事本学科和课程的教学科研中对重点、难点、易出错点已了然于心，在相应的课堂教学中，就应该及时提醒或引导学生的学习活动，以达到事半功倍的效果。

（3）教师应尽量建立比较多的社会资源，以配合学生的探究式学习。特别在高等财经教育

中，学生有强烈的将所学知识与实践相结合的好奇心，对这一好奇心应加倍爱护和培养，主要的途径就是和实务部门建立有效的"引进来、走出去"的合作机制，为学生学习实务知识、认识实务部门、扩大专业视野提供有效平台。

概括来讲，在以培养创新型财经人才为主要目标的高等财经素质教育模式中，学生对课程的认知程度及学习积极性的提高是根本，教师充分发挥引导作用是保障。学生是教学活动中的主体，但对教师的要求相对于传统的应试教育却更高。

三、在国际税收课程教学中提高学生课程认知和学习积极性的具体路径

西南财经大学是我国高等财经教育的重要前沿阵地，在我国培养创新型、高素质财经专业人才方面发挥着重要作用。近年来，在学校领导的鼓励和指导下，学校掀起了转变教学范式的改革浪潮，教学范式改革的春风吹到了所有二级教学单位。学校的教学范式改革正是适应国家培养创新型财经人才的战略目标而提出的。应该指出的是，因每门课的学科性质不同，决定了教学范式改革不可能千篇一律，所有课程也不可能适用同一种教学方法。笔者在财政税务学院从事教学科研工作，结合自身所讲授的国际税收课程谈一些培养创新型财经人才和教学范式改革的心得体会。考虑到提高学生对课程的认知程度和学习积极性是培养创新型财经人才的前提和基础，这里主要阐述如何提高学生对国际税收课程的认知程度和学习积极性。

（一）从宏观经济背景出发，向学生说明学好国际税收的重要性

结合我国目前的宏观经济背景，让学生认识到掌握国际税收知识是专业学习深入的客观要求。我国实行改革开放以来，FDI和国内企业境外投资日益增多。随着对外开放的不断深入，特别是加入WTO后我国经济与世界经济正逐步融为一体。在这种情况下，与国际经济密切相关的国际税收问题也越来越被人们所重视：政府部门面临着加强涉外税务管理及制定开放经济条件下税收政策的紧迫任务，众多向国际市场进军的国内企业也亟待了解跨国经营的国际税收环境和国

际税务筹划方法。掌握国际税收知识正是适应这一全球化浪潮的客观需要，优秀的国际税务人才将会有广阔的发展空间和用武之地。

（二）将国际税收课程学习与学生人生规划相联系，激发学生的学习动力

结合本院税务专业学生的毕业去向，将国际税收课程的学习与学生自身的人生规划相联系，从而激发学生学习该门课程的兴趣。我院税务专业学生的毕业去向主要有：一是考取硕士研究生进一步深造，从事学术研究活动；二是考取公务员，加入税务征管大军，为我国的税收征管事业做贡献；三是进入内资企业、事务所或跨国公司从事涉税财务工作，在诚实缴税的基础上，为企业领导提供相关的节税方案。

若从事学术研究活动，跨国公司的税负问题研究一直是我国税收学术研究的空白，国外很多有关跨国公司税负及避税的学术论文发表在世界一流经济学杂志，我国该方面的学术研究还亟待开创和拓展；若从事税务征管工作，基于我国外资企业避税问题非常严重，我国税务征管机关对精通国际税收知识的反避税人才也是非常渴求；若从事跨国公司涉税业务，考虑到外资企业走进来和内资企业走出去的步伐日益加快，大量涉税业务的涌现也为学生就业提供了丰富的机会。

（三）"一张一弛，一厚一薄"，将教学内容既高度概括又深度延伸，消除学生畏难情绪

客观地讲，国际税收知识是税法课程中所得税章节的深化和细化，其对学生的专业要求更高。基于这一点，一些学生对学好国际税收课程具有畏难情绪。教师应"一张一弛，一厚一薄"，尽量消除学生的畏难情绪。"一张"是指教师应高度概括国际税收知识，"把课本做薄"，向学生说明该课程只是解决两个问题：国际重复征税的消除及对跨国避税行为的调整，课程体系并不复杂，在一定程度上消除学生的畏难情绪；"一弛"则是指通过高度概括引导学生依据课程框架逐步深入，"把课本学厚"，在循序渐进的自主性学习中牢固掌握国际税收知识。

（四）为学生提供多种资料获取渠道，充分发挥"立体式自主学习"对学生的激励作用

国际税收课程的学习应该是一种"立体式自主学习"。所谓的"立体式自主学习"就是学生的资料获取渠道应该是多样化和立体式的，获

取资料去分析现实问题的动力是自主形成的，这种状态下的学习才可能是有效率的。在教师课堂讲授之后，学生仍存疑问是正常现象。当学生面对课程体系中相关难点而冥思苦想时，内心特别希望能在现实中找到资料去解释和佐证。囿于学生的年轻及阅历，在他们面对这种迷茫时，教师应基于自身的学术视野向学生提供获取参考资料的各种渠道，包括权威教材、专著、政府部门网站、专业学术网站等，鼓励学生查找相关资料寻求权威和正确的解释。当学生消化资料进行思考后还不能解惑时，教师应给予及时而彻底的解答。

（五）以上市公司案例为载体，提高学生运用所学知识分析实际问题的能力

国际税收课程是一门实践性很强的专业课，脱离案例的教材讲授会使得课堂教学较为枯燥，很可能会在一定程度上引发学生的抵触情绪。案例教学是国际税收课堂教学的重要方式。但必须指出的是，案例的选择必须要有针对性，能激发学生学习相关知识点的好奇心和兴趣，案例选择的"人为痕迹"应降到最低。考虑到我国大量上市公司具有相关的涉外税收业务，而且上市公司是"活生生"的现实案例，不仅可以清除"人为编造痕迹"，而且其数据从公开渠道非常容易获得，因此在"国际税收"的课堂教学中选择上市公司作为案例进行分析具有非常强的现实性和适用性。如在讲到关联方关系确认的知识点时，可以将国内上市公司与国外大股东的具体关联形式的考察作为作业，让学生课后自行查找相关资料进行判断，在随后的课件展示后教师再做点评。这样，不仅锻炼了学生查找资料的能力，也提高了学生自行分析和解决问题的能力。

四、结语

总之，培养创新型财经人才是实现我国经济现代化和在国际经济交往中维护我国经济权益的战略任务。教学范式改革应适应这一战略任务的客观要求。课程教育是高等院校培养创新型财经人才的重要内容，学生课程认知及学习积极性的提高是课程教育的起点和根本。高等院校从事财经教育的教师应满腔热情地投身到这场改革大潮，通过科学方法，充分调动和提高学生的课程

认知及学习积极性，为我国高等院校财经教育的转型和创新型财经人才的培养贡献自己的力量。

参考文献

［1］裴银伟. 21 世纪高等财经教育内涵探析［J］. 湖北经济学院学报，2010（7）.

［2］李宇，易松芝. 财经类院校课程考试改革探究［J］. 当代教育论坛，2011（3）.

［3］王春明. 对培养财经类创新型人才若干问题的探讨［J］. 高教论坛，2009（1）.

［4］朱传华. 基于产学合作教育机制的财经类专业实践教学体系研究［J］. 教育与职业，2011（3）.

［5］吴清华，赖国勋，陈秋琦. 加强财经专业学生职业素质培养的方法和途径探析［J］. 兰州教育学院学报，2011（6）.

［6］洪建玲. 经管类专业课程考试改革的实践与思考［J］. 新课程，2007（5）.

［7］刘红宇，王春明. 谈高校经管类应用型人才实践能力培养：基于广西高校的实践教学调查［J］. 财会月刊，2011（2）.

［8］朱青. 国际税收［M］. 5 版. 北京：中国人民大学出版社，2011.

法科学生智能技能培养模式探析

——基于案例的角色模拟教学法研究

汪 蕾

（西南财经大学 法学院，四川 成都 611130）

"法学怎么了？"这或许是当下所有关心法学的人最想问的问题。包括知名大学法学院的法科学生在内，都面临着严峻的就业形势。[①]究其原因，人们普遍认为是法学教育粗放式的规模扩张所导致的供大于求，把大量的"法学遗民"堵在了就业的高速路上。但同时，现行法学教育模式与实践应用型人才需求的脱节也是我们不可忽视的重要因素。许多课程偏重知识传递，抛弃职业思维训练和能力培养，缺乏启发性、互动性和实验性。在这种情势下，中国法学教育的走向不得不有所变化，朝有利于满足社会法律实务人才的需要方面倾斜。中国法学教育的职业化走向迫切要求法学教育进行一定程度的改革，使整个教学过程都能应对这一走向。

法学院应该承担起培养职业性法律人才的任务，法学教育应克服单调刻板的理论框架和学院式教学法的弊端，以应对日益丰富多彩的实践和实用性人才的需求。但这并非意味着法学院应该模仿律师事务所，强调学生实务技能的培养，从而导致大学专业教育功能的贬低甚至否定。历史上，美国法学教育曾经像英国一样是以学徒方式进行，法科学生追随执业律师，所受的教育是低端的模仿式教育。独立后，学徒式教育逐步让位给设立在学院或大学中的正式的法学教育，法学院以市场的力量吸引到学生，而法学院所提供的，学徒式教育不能提供的，就是法律理论、思考的教育。实践的最佳指导是理论。执业内容愈复杂，法律理论愈重要。因此，法学院应该着重智能的培育，只需生产毛坯，它的任务只是"保证当学生离开母校时，他对法律的主要范畴的结构有扎实的基础，他有能力在这个基础上按照他执业的要求继续发展"。法律实务业界应该承担进一步加工的任务，使这些毕业生成为称职的律师。

在学校大力提倡进行法学教学范式改革的背景下，本文通过对"智能技能"这一概念的解析，指出职业化法学教育的核心应是知识与智能技能的并重，并从案例教学法和角色模拟法的角度对法科学生这一技能的培养提出了一些自己的看法。

一、智能技能的含义

如前所述，法学院的教育离不开法律理论的传授，这说明在强调学生技能培育的同时，知识的讲授也是必不可少的。布卢母分类学将学习的认知过程分为六个组成部分：知识、理解、适

---

① 2009 年 6 月份，由社会科学文献出版社出版的国内首个全国大学生就业年度报告——《就业蓝皮书：2009 年中国大学生就业报告》就明确指出，2008 届法学类本科毕业生就业率为 79%，在 11 个专业大类中排名倒数第二。2009 年 10 月 27 日，由就业专业调查公司麦可思编著的《2009 年北京市大学生就业报告》推出了"专业红黄绿榜"，法学被明确列为"红牌专业"，即"连续两年位于全国应届毕业生失业率前 10 名或失业量前 10 名的专业"。

用、分析、归纳、评价。除知识外，其他五项都属于技能。我国属于成文法国家，客观上要求法学教育仍应以解释成文法规则法律理论及其运用等问题为主，从而使我们的学生系统地掌握法学理论，形成全面的法律观念和知识结构。因而，我国的法学教学仍应以理论传授为主，以讲课的方法使学生在最少的时间内得到最大量的知识。

在抽象地讲解理论知识的同时，对学生进行理解、适用、分析、归纳、评价能力的培养则不能依托于传统的授课模式。实务业界普遍对法学毕业生"高分低能"的批评就是最好的说明。但要注意的是，这里的能力包括智能技能（intellectual skills）与实务技能（practical skills）。根据英国律师公会于1988年发表的改革报告，智能技能涉及：对实体法的足够知识；认定法律问题和就法律问题构建有效的论证的能力；明智地运用一切资料进行研究的能力；明白任何法律的基础政策以及社会环境的能力；分析和阐明抽象概念的能力；识别简单的逻辑上和统计上的错误的能力；书写和讲述清楚简明的汉语的能力；积极学习的能力；认定和核实任何与法律问题相关的事实的能力；分析事实和就被争议的事实构建或批评某论证的能力；对法律实务和程序的足够知识；有效率地适用法律的能力，即解决问题的能力。如果知识是知道符号，智能技能则是指知道如何使用符号的能力。而实务技能的核心是处理业务中的人际关系，包括：草拟法律文件的能力；在不同场合与客户进行有效沟通的能力；与客户对手或其代表进行有效谈判的能力；与牵涉在同一案件或领域的其他专业人士合作的能力；对有效组织及管理技能的足够知识，包括现代技术的使用等12项技能。这些能力的提高主要依赖于在实践中所累积的经验和阅历。处理人际关系的能力只能在生活中学习，最好的教师不是大学的教授们而是在实务界的法律职业人。所以，法学教育承担的应是理论知识传授和智能技能培养的双重任务，两者并重。

二、案例教学法下智能技能的培养

课堂讲授方式可以系统地、完整地把法律知识传授给学生，使学生从总体上掌握成文法的原理、规则，把握法的精神实质。因此，理论讲授

应是法学教学的主要途径。但我国过去的法学教育将理论传授误认为是纯理论的研究，经院式的讲解，结果较少鼓励学生对法律知识提出挑战和怀疑，常常使得学生成为一个被动接受知识和记忆知识的机器，忽略学生实际运用能力的培养。如著名教育家迈耶（Mayer）先生说，"我们应该教授学生如何思考，（而不是）教授他们思考什么。"为了克服这个不足，我们应当积极转变思维，改变"灌输式"的教学方法，立足于智能技能的提高，引入案例教学法，培养学生理解、适用、分析、归纳、评价理论知识的能力。

案例教学法的基本特点是以实际案例的分析作为教学内容，以学生充分参与讨论作为手段，以案例分析作为考试的题型。学生学习法律和法律原则，不是通过死记硬背具体的法律条文，而是通过学习、研究大量的案例来掌握法律的精神和基本原则。例如，在每年的杰赛普国际法模拟法庭比赛准备期间，我们会对在全校范围内招募的40～50名学生进行前期国际法基础知识的培训。在培训之前，学生必须认真钻研我们发给他们的案例汇编，查阅相关的资料。在培训过程中，基本的方式是问答式、对话式或讨论式。教师不断提问，与学生一起就案例进行讨论，在讨论中引导学生总结出法律的原则、规则以及各种法律之间的关系。学生不再只是一个"听众"，而是一个积极的参与者、合作者和研究者。实践证明，案例教学法能够启迪学生的积极思维，调动学生的主观能动性，培养学生的理解能力、思考能力和判断能力，而这些正是智能技能提高的基本表现。

三、角色模拟法下智能技能的培养

案例教学法能有效地改变了传统的僵化的教条的以教师为主导教学模式，案例分析可以使学生观察到法律概念如何适用于具体的案件，从而激发学生思考。但同时案例教学法在实际运用中还存在着一些问题。由于课程时间的限制，教师在案例教学中较关注对案例结果的分析，忽视辨认法律事实、法律事件与探索规则运用的过程。另外，教师往往是为了解释某个知识点才使用案例，这就导致了案例教学中只能够帮助学生理解或者是了解某个知识点。而现实生活中的案例都

是很复杂的，涉及面非常广，如果只注重课堂知识点的考察，则会忽略学生知识面的扩充与巩固。案例教学有利于学生分析问题能力的培养，但解决问题的技能却得不到训练。因此，案例教学还需进一步结合角色模拟的方式进行。

在角色模拟的训练过程中，学生必须像律师那样接手模拟案件。他们作为当事人的律师、检察官或法官，成为案件的当事人或参与人，因而必须考虑所处的角色的利益、设身处地地分析案件，全力以赴地争取最佳结果。他们的角色已经不是学生，而是律师或其他法律工作者，因此也就必须像律师那样工作。这不仅仅是一个角色的转换问题，而且是学生的地位和视角的转换。它对学生产生的潜在而深远的影响远远超出传统经院式法学教育模式的作用。例如，当一个人作为乘客坐车时，他不一定会记住行车的路线。但是，当他坐在司机的位置上时，他就必须认路、记路和分析路线。角色模拟在一定程度上把学生置于司机的位置，成为学习的主体。因此，学生必须主动地去学，从而在学习效果上也就会有根本不同。例如，我们在国际法的教学中引入了模拟海牙国际法院的诉讼形式，要求学生模拟成为诉求国和应诉国的代理律师，根据设定的案例，为自己国家的利益主张和辩护。这就意味着学生在准备期间要完全以律师的身份来处理案子，查找、阅读并取舍相关资料，认真钻研，并做好笔记；主动了解国际法院诉讼程序，分别以正方和反方的立场写出旁征博引的法律文书（诉状或者答辩状）并提交；在论证时充分运用事实材料，引用数据和事实，让事实本身说话；在模拟庭审中，由指导老师扮演的法官向扮演律师的学生不停地提出各种尖锐的问题，考验他们独立思考、分析、推理、表达、应变等能力。这些都有助于培养学生的独立思考、分析、推理、表达及解决问题的能力，克服案例教学法所带来的不足，同时有助于学生生动活泼的思考，并掌握职业律师的论辩技巧。

另外，老师需要在整个过程中提供一定的指导，因为学生在自我练习过程中容易产生错误理解，需要老师实时指出。但老师的作用应是辅助性的，即挑选或编写适当的案例材料、提供一般性指导、评价学生的表现等。老师应当切忌成为正确答案的提供者，切忌用自己的思维模式禁锢学生的思维，而是应当成为引导学生自行思考、从而由学生解决法律争议的路标或评论人。

参考文献

［1］Lawrence M. Friedman, American Law In The 20th Century, Yale University Press, 2002.

［2］Frank R. Strong. The Pedagogic Training of a Law Faculty. 25 J. Legal Educ, 1973：238.

［3］Lucy Isaki. From Sink or Swim to the Apprenticeship：Choices For Lawyer Training. 69 Wash. L. Rev, 1994：589.

［4］Benjamin S. Bloom (ed.), Taxonomy Of Educational Objectives：The Classification Of Educational Goals, London, 1956.

［5］Committee On The Future Of The Legal Profession, A Time For Change：Reprot, London：Law Society, 1988.

［6］何美欢. 理想的专业法学教育［J］. 清华法学，2006（9）.

［7］Richard Mayer. The Elusive Search for Teachable Aspects of Problem Solving. in John A. Glover & Royce R. Ronning, (eds.), Historical Foundations Of Educational Psychology, Plenum Press, 1987.

深化实践教学改革 提升学生创新能力

——哈尔滨商业大学经管综合实践中心的建设与成效

哈尔滨商业大学

（哈尔滨商业大学，黑龙江哈尔滨 150028）

哈尔滨商业大学是新中国第一所商业大学。学校一贯重视实践教学在学生综合素质提高与能力培养方面的作用。为了适应社会经济发展的客观要求，学校在总结多年实践教学经验的基础上，整合经管专业分散的实验室资源，筹建了经管综合实践中心（以下简称中心）。中心自建立以来，以学生实践、创业与创新能力培养为目标，在经管专业开展实践教学改革方面取得了显著的成效。

一、经管综合实践中心的教学定位

依据实践教学理念，经多方面研究论证，学校确立了经管类专业实践教学改革的基本思路，即遵循"企业成长周期"与"产品生命周期"两条技术路线，对分散的经管类实验教学资源进行全面整合，建设经管综合实践中心，构筑基础实验、专业综合技能训练、创业模拟与创业孵化、咨询与科研服务四大实践平台，提升学生的实践、创业与创新能力，服务于学校高素质应用型专门人才的培养目标。为此，学校将经管综合实践中心定位为：①课程实验中心。通过基础实验平台开展经济学、管理学学科相关的基础实验，使学生熟练掌握所学专业的基本理论和基本技能。②校内生产实习中心。通过专业综合训练平台开展综合实验，提高学生专业知识的融合能力，提升知识转换、知识综合运用能力。③学生创业中心。通过创业模拟与创业孵化平台开展创

业模拟，培养学生的适应能力、创业能力与经营决策能力。④教学成果孵化中心。教师通过咨询与科研服务平台开展教学改革研究，提高教师的科研能力，提升师资队伍整体水平。⑤社会咨询服务中心。教师和学生通过咨询与科研服务平台为社会开展咨询服务，提升应用理论研究和为企业、社会服务的能力。

二、经管综合实践中心的基本框架

经管综合实践中心设置企业资源计划厅、企业管理厅、国际商务厅、商业银行厅、办税服务厅、证券期货厅、多功能厅、创业智力孵化室和沙盘模拟实训室九个功能厅室。各厅室的功能如下：

（1）多功能厅用于经管专业学生开展各种培训、讲座、演讲、实习动员大会等活动和会计手工模拟实验及财税手工模拟实验。

（2）企业资源计划厅为基础会计学等多门课程提供实践场所，并满足会计学、财务管理专业学生教学实习的需要。

（3）国际商务厅为电子商务系统模拟操作、电子商务系统规划与设计、国际贸易业务模拟操作等多门课程提供实践教学场所，并满足经济学、电子商务、国际经济与贸易、统计学等专业学生教学实习的需要。

（4）企业管理厅为企业管理实践、企业经营与竞争训练等课程提供实践教学场所，并满足

企业管理、市场营销、人力资源等专业学生的实习需要。

（5）商业银行厅为金融学、金融工程等专业的学生学习货币银行学、商业银行业务、银行会计学等课程提供实践教学场所，开展商业银行模拟实务操作，满足教师与学生教学、科研的需求。

（6）办税服务厅面向经济管理类专业学生，尤其是财政学专业学生，主要完成企业办税事项的模拟。

（7）证券期货厅为证券投资学、期货市场、国际金融等多门课程提供实践教学场所，并在一定范围内满足金融学、金融工程等专业学生的实习需要。

（8）创业智力孵化室和沙盘模拟实训室为学生提供一个研究性场所，为在企业创立和企业经营等方面有设想和创意的学生提供研究场所，还可开展对抗赛，通过模拟实践，强化竞争意识，培养创业能力和创新精神。

中心利用现代网络技术，各厅（室）网络互连，软件资源实现全面共享。

三、构建经管类专业实践教学体系与内容

（一）构建经管类专业实践教学体系

中心遵循"企业成长周期"与"产品生命周期"两条技术路线，构建了基础实验、专业综合技能训练、创业模拟与创业孵化实验、咨询与科研服务四个实践平台，构建了具有鲜明商科特色的实践教学内容体系。体系涵盖了企业运行的基本过程，学生由浅入深，循序渐进，通过不同层次、类型的实验，在模拟的社会经济系统中开展经济活动，参与社会经济生活，掌握所学专业的基本理论和基本技能，提高专业知识的融合能力，提升知识转换、知识综合运用能力，培养创业能力与经营决策能力。

1. 基础实验平台

基础实验平台是经管专业基础课程的实验平台。学生通过课程实验，熟练掌握所学专业的基本理论和基本技能，为专业综合技能训练夯实基础。专业基础类实验是在专业、学科的背景下设计的专业基础课程实验，如统计学实验、计量经济学实验、基础会计学实验、管理学实验等，目的是使学生熟练地掌握专业基本理论，为专业学习打下较扎实的基础。如会计学专业，学生通过基础会计学实验掌握企业财务管理过程中的专业基本技能，如原始凭证填制、记账凭证填制、账簿登记、会计报告编制等。

2. 专业综合技能训练平台

专业综合技能训练平台使学生在基础实验基础上，开展专业综合技能训练，提高学生专业知识的融合能力，提升知识转换、知识综合运用能力。如国际经济与贸易专业的国际贸易业务模拟实验，使学生熟知进出口贸易的各个环节，全面了解进出口业务的全过程，系统、规范地掌握从事进出口贸易的主要操作技能，为从事外经贸工作打下坚实的基础；金融学、金融工程专业开展银行实务模拟、证券投资模拟等实训；会计学、财务管理专业开展会计实务模拟，税务模拟、会计电算化模拟；财政专业开展财税电算化模拟等。

3. 创业模拟与创业孵化平台

创业模拟与创业孵化平台是对专业综合技能训练的提升，学生将模拟实验进一步向实践推进，直至创建企业实体。学校开设了创业创新教育实践教育模块等课程，将公司创建与运营实习等企业经济管理类专题课程引入教学中，强化了创业培训，通过创业模拟提升学生的适应能力、创业能力，提高了学生的就业率。

创业模拟平台完全按照公司的实景布置，设有办公区、洽谈区、接待区，配有现代化的办公设备，设置了从总经理到职员各个模拟职位，学生可以通过网络模拟各种公司的实景操作，使创业人员在没有创业之前已在相应的环境中得到实践。在创业模拟平台上，学生可选择各类公司，进行从办理营业执照开始到经营洽商、营销结束、财务报表等各种岗位模拟实践。

在创业孵化平台下，师生可协助企业办理工商注册，税务登记，银行开户，企业代码等手续，办理企业入驻；为企业提供科技情报检索，咨询服务；为企业提供咨询服务，协助企业召集各方面专家对项目或产品进行诊断；举办各类专业技术及管理培训班，为企业培养各类人才。

4. 咨询与科研服务平台

咨询与科研服务平台是学生和教师进行教学

改革研究，开展应用理论研究以及为企业、社会服务的平台。在科研与咨询服务平台下，教师和学生利用先进的实验室设备和实验条件，用专业或跨专业知识承担创业项目和科研项目，开展相关领域的研究，教师提升应用理论研究和为企业、社会服务的能力，学生提高对市场经济的适应能力与竞争能力。教师及时将最新研究成果应用于课堂教学及教学改革中，教师开发的国家科技攻关项目——商业信息化系统软件分解成多个课题，作为学生课程设计题目，从而提高了学生解决实际问题的能力与编程能力，受到学生欢迎。建设 ERP 信息二次开发系统，开展广泛的社会服务，加强校、企之间科学研究与技术开发的全面合作，锻炼师资队伍，提高学生的就业率与就业层次。科研与咨询服务平台将单一的教学型实验室转变为集教学、科研、社会服务功能为一体的实践中心。

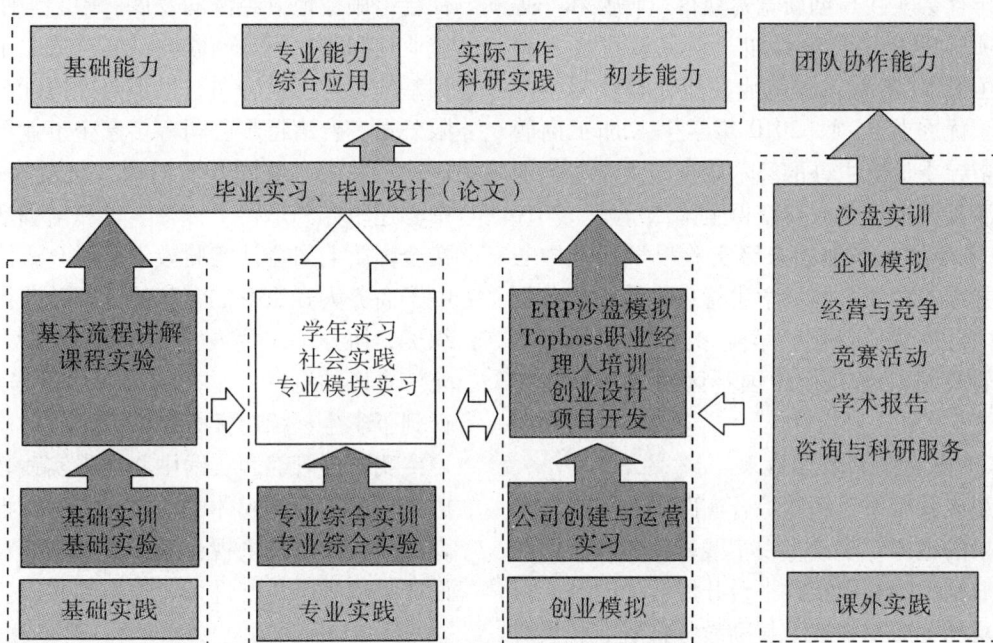

图 1　经管类专业实践教学体系图

（二）实践教学总体情况

2006 年以来，经管综合实践中心完成了会计学院、管理学院、经济学院、财政与公共管理学院、法学院、金融学院等 32 个本科专业 58 门实验课程，246 个实验项目的教学组织和服务工作；完成经管类本科专业 12 000 名学生的学年实习工作，特别是在金融学院开展证券实务操作实训、期货实务操作实训、外汇实务操作实训、现代商业银行实务操作实训，在会计学院开展会计手工模拟实训、电算化会计实训等技能训练，切实提高学生的技能水平，受到学生的欢迎和用人单位的认可。

经管综合实践中心以《公司创建与运营》实习教学为先导，完善现有实验教学内容体系。截至 2011 年 7 月，中心共完成 2006 级至 2008 级经管学院所有本科专业的《公司创建与运营》综合实习的教学工作，取得了良好的教学效果。

四、经管综合实践中心建设的主要成效

（一）学生学习效果

智慧点燃梦想，经管综合实践中心已成为学生放飞理想的地方。中心通过合理设计实践教学内容体系并不断完善，促进了学生较早参加教师科研或各种校内外创新活动，提升了学生实践能力、创业与创新能力。

由经管综合实践中心承担的学生课外实践活动和各种竞赛活动在国际、国内屡获殊荣，学生先后获得近百项国家级和省（部）级科技竞赛奖励。如学生参加"挑战杯"全国大学生科技竞赛和创业大赛获得国家级银奖 6 项，铜奖 7

项，省级一等奖19项，二等奖16项；中心组队参加Top-boss第二届海峡两岸企业管理模拟友谊对抗赛，参赛选手分别获得了第三名和第四名，我校是大陆参赛高校中唯一进入决赛的院校；2008年参加"世华财讯杯"第三届全国大学生金融投资模拟交易大赛获全国团体第十一名，东北赛区第二名，其中期货组全国第一名、股票组全国第三名、外汇组全国第四名；2009年学生参加教育部高等教育司主办的全国大学生节能减排社会实践与创新竞赛获得三等奖和一等奖各1项；2009年学生参加"正保教育杯"第四届全国ITAT教育工程就业技能大赛获得三等奖1项、优秀奖4项；2010年学生参加工商管理教学指导委员会主办的第六届全国大学生创业设计暨沙盘模拟经营大赛获得全国二等奖，2010年和2011年学生参加国家级实验教学示范中心联席会主办的两届全国大学生管理决策大赛分别获得全国总决赛二等奖；学生参加2010年度国际企业管理挑战赛获得中国赛区新秀奖、三等奖等。

（二）教师实践教学成果

智慧成就希望，经管综合实践中心成为教师收获成果的地方。学校重视实践教师与教学团队建设，鼓励教师利用实践平台开展教学改革、科学研究与社会应用实践，鼓励教师将研究成果应用于实践教学中，丰富实践教学的内容，支持和孵化了一批专业教学科研成果，形成了良好的实验室文化氛围。近几年，中心获得国家级教学成果奖1项，省级优秀教学成果奖18项；创建省级实践教学团队1个，建设省级人才培养模式创新实验区1个；获得省级精品课12门；出版实验教材15部；有5人获得省级教学名师称号，9人获得校级教学名师称号。

（三）示范辐射作用

创新走向成功。我校首倡的遵循"企业成长周期"与"产品生命周期"两条技术路线开展经管专业实践教学改革在国内同类院校中引起较大反响，在国内的经管专业实践教学中具有领先性和示范性。先后有140余所兄弟院校来中心参观学习，俄罗斯、韩国等国的大学同行给予了高度评价。经管专业实践教学改革及所取得的成果在2006年本科教学水平评估中以及全国财经院校教学校长与教务处长研讨会上受到同行专家

一致赞许。财政部副部长张少春、教育部高等教育教学评估中心主任刘凤泰、哈尔滨市委书记杜宇新、黑龙江省教育厅副厅长赵敏、辛宝忠等领导都曾亲临我校经管综合实践中心检查指导工作。通过学术会议、工作会议交流、技术咨询、接受兄弟院校师资进修培训等方式，推广我校在经管专业实践教学改革中的成功经验。

经管综合实践中心在满足学校的教学、实践活动的同时，利用咨询与科研服务平台积极服务社会，服务地方经济的发展。中心与哈尔滨中小企业局和哈尔滨工商联合会联合成立了经理人培训基地，与用友公司、世华财讯国际金融信息有限公司、台湾特步公司等多家企事业单位建立合作伙伴关系，共同开展培训、研发等合作项目。中心还举办和承接了各种学术和培训活动，如承接全国第七届会计实验教学研讨会，协办了全国电子商务大赛黑龙江赛区的竞赛并获得了优秀组织奖，协办了"用友杯"全国ERP沙盘大赛黑龙江赛区的竞赛，举办的第一届世华财讯论坛，得到了学生、招商银行和部分企业的欢迎。

我校经管综合实践中心加强实践教学建设的成果引起了新闻媒体的关注，光明日报、中国教育网络、哈尔滨电视台等多家媒体都对中心的建设成果从多个角度进行了报道与推广。

五、关键做法、存在问题及发展方向

（一）关键做法

（1）在机构建设方面，学校专门成立了实践教学管理中心，由中心主任直接负责经管综合实践中心的教学和改革工作。并将经管综合实践中心作为直属教学单位，统筹管理。

（2）将经管综合实践中心确定为校内实习基地，利用中心的模拟仿真实验环境和实习模块在全校开展公司创建与运营实习工作。

（3）在实验教师队伍建设方面，学校增加中心教师编制，不仅配备合理的实验教学管理和实验室维护人员，还积极引进实践经验丰富、学历层次较高的中青年教师。对实验教学队伍在职称评聘、科研立项等方面给予大力倾斜。

（4）实践教学管理中心制定相关的制度保证中心实验教学的正常运作。

（5）在新修订的人才培养方案中，经管类专业实践教学体系得到不断地完善。中心独立开设的综合性实习、实践课程与各专业实验、实训课程紧密结合，已编入各专业人才培养方案。

（二）存在的问题及发展方向

1. 存在的问题

尽管中心在校领导和各职能部门的重视下取得了诸多成果，但仍存在一些问题，这些问题处理不好会影响实践教学的改革，影响到中心的进一步发展。主要表现在以下几个方面：

（1）实验教学队伍建设。①专职实验教师数量少。我校经管综合实践中心是在整合全校经管专业的实验资源而建立的由学校职能部门统一管理的教学单位，教师编制主要来自于各个经管学院的专业教师，由于教师编制在学院，所以教师不能把全部精力投入到中心上，在一定程度上影响了教学效果。②高素质实验教师缺乏，特别是有实际从业经验的实验（实习）教师数量少。经管专业实验（实习）教学的开展主要通过教学软件进行，如会计专业需要用友公司的"ERP"教学软件，金融学专业需要"证券期货交易"教学软件等，要求教师有相关的实际从业经验，但由于高校绝大多数教师没有在企业或基层锻炼的工作经历，所以在教学过程中讲授的深度和体会不够，一定程度上影响到教学质量的提高。③实验教师未能和理论教师具有同样的学术、科研地位。长期以来，重理论轻实践的思想观念没能从根本上转变，严重影响了教师参与实验（实习）教学的积极性，实验（实习）教师的学术、科研地位有待提高。

（2）建设资金不足。国家对实验教学示范中心投入专项建设经费，但远远不能满足中心发展建设的需求。软件公司提供给高校的教学软件少则十几万元，多则几十万元，甚至上百万元，作为普通的地方院校，昂贵的教学软件费用难以承受。

（3）资源整合与共享不够。

2. 进一步努力的方向

（1）加强实验教师队伍建设。培养一批理论基础好，实践能力强，职业操守良好的实验教师，在学校的政策支持下，建立更多优秀的实验（践）教学团队。

（2）多方面拓宽渠道，筹集建设资金。

（3）进一步加大资源整合力度，使中心可持续发展。

地方财经类院校经济学专业课程体系改革研究

——以重庆工商大学经济学专业为例

重庆工商大学经济贸易学院

（重庆工商大学 经济贸易学院，重庆 400067）

与综合性大学比较偏重于经济学理论教育的培养模式不同，地方财经类院校经济学本科专业偏重于应用经济学的教育。随着我国市场经的快速发展，除了需要一定数量的高端理论经济学人外，更需要大批具有创新意识，基础理论较为扎实，能够直接解决实际问题的高素质应用型人。而目前我国地方财经类院校经济学本科专业教育普遍存在理论与实践脱节、人才培养与社会需求脱节、专业特色不鲜明等问题。许多高校在人才的培养方面闭门造车，缺乏对社会的了解，导致许多高校培养出来的大学生无法满足社会经济发展的要求，这一方面浪费了国家稀缺的教育资源，另一方面也给广大考生带来了严重的损失。同时，许多高校在专业人才的培养方面存在着严重的"千校一面"的现象，大学与大学之间的同类专业缺乏区分性特征，特色不明显。地方财经类院校经济学本科专业培养模式正面临着严峻挑战。随着社会主义市场经济体制改革的深入和经济学科自身的不断发展，经济学专业本科教学方案和课程体系的改革已势在必行。本文在对地方财经类高校经济学专业实行改革的必要性与意义进行分析的基础上，以重庆工商大学经济学专业为例，对经济学教学方案及课程体系改革的指导思想、课程体系建设的基本框架、教学方案和课程体系改革的措施进行了探讨。

一、经济学专业本科教学方案和课程体系改革的必要性

地方财经类院校经济学专业培养方案的论证和修订一直是各高校专业建设的核心和重点，经过多年的努力建设，在培养方案、教学模式、教学改革研究、课程建设、教学团队建设等方面已经取得了一些成就。但是仍然存在不少问题，制约着经济学专业社会功能的发挥。

（一）原有经济学本科培养方案和课程体系中存在的问题

与社会需求和经济学自身发展相比，我国高校经济学专业本科培养方案和课程体系建设的相对落后。主要表现在如下几个方面：一是原有的人才培养目标和人才培养规格不适应社会需求。例如，把经济学专业本科层次的人才培养规格定位在理论研究和教学人员，显得过于单一和狭窄。面对着市场经济改革和对外开放的大环境，理论型人才不仅要具有深厚的理论基础，而且要有广泛的知识面和灵活的适用性。而这些要求在人才培养目标上，并没有得到充分的体现。二是原有的教学方法、教学手段和课程的设置并没有把培养学生的综合素质和基本能力作为首要的任务和目标，造成了不少学生"高分低能"的现象。三是原有的课程设置过于老化，带有浓厚的计划经济色彩的课程仍然占有相当的比例，而紧密联系实际和反映学科最新进展的课程还不很

多。四是课程设置缺乏系统性，各门课程自成体系，忽视课程之间的相互联系与衔接，造成课程分割和内容重复。五是掌握现代经济学所必需的先进分析方法和工具类课程没得到应有的重视和加强，比如数量经济学、经济数学、计算机应用和外语等。六是课程时数安排太多，学生既无法很好地消化课堂上讲授的内容，也没有足够的时间阅读课外书籍，不利于提高学生的独立思考和解决问题的能力。七是对理论经济学最新学术前沿问题介绍不够。

（二）理论与实践脱节，实践性环节的效果不够理想

目前，我国地方财经类院校经济学专业课程设置上理论严重脱离实际，课程的实用性不强。主要表现在课程的空对空教育和填鸭式教育，空头理论讲得多，实际应用能力教得少；死记硬背、强迫灌输的东西多，启发性、培养能力的课程少。在经济学专业培养方案中设置的课程中，只有计量经济学课程配有少量的课内实践，其他课程无一例外地缺乏应有的实践性环节支撑，对学生实践能力的培养支撑不足。在这样的培养方式下组织教学，既不利于学生所学专业的理论知识的感性认识，也不利于学生在毕业实习和工作实践中对专业知识进行验证和运用，以及分析问题、解决问题的实际工作能力的培养。目前的培养方案中对毕业实习等实践环节的安排，虽然要求学生到政府部门和企事业单位实习，但缺乏明晰的实习内容和实习目标的具体要求，理论和实践难以有效对接。

造成这种现象的原因如下：一是对经济学专业的社会需求分析不够，定位不准，由此造成认识上的偏差。中国经济社会发展，不仅要求学生对基本经济学理论有较为深刻的认识，更为重要的是能够运用经济学相关理论，对国家和区域经济社会发展战略有深刻的认识和了解，对区域经济社会发展的具体问题能够进行准确判断和科学分析，以指导具体的工作实践。而目前的地方财经类院校经济学专业毕业生缺乏应有的经济学理论素养，又缺乏实践能力，不能满足社会对经济学专业人才的需求。二是人才培养的定位目标不符合实际，造成人才培养指导思想上的错误。在过去较长的时期内，我国经济学科高等教育的培养目标不论哪个层次都被定位为培养相关高级专门人才。因而，在此指导思想下的经济学专业教育自然强调经济学专业教育的理论高度和深度，这样的目标或许在高等教育极不发达的年代是合理的，但在高等教育大众化和普及化的今天就显得不现实，变得高调且空洞。三是课时安排上不合理。纵观国内地方财经类院校经济学本科专业课程设置，除了非常具有中国特色的公共基础课能够保证课时外，专业基础课程和专业核心课程的课时被严重压缩。

（三）教学内容与地方经济实际结合不够，特色不明显

随着企业改革的深化和宏观经济体制改革的完善，我国经济社会发展实践发生了重大变化，而经济学专业教学却明显落后，除课程体系设置存在明显的缺陷外，课程建设滞后，教材和教学内容问题相当突出。虽然现在大多采用的是面向21世纪的优秀教材和国家高等教育"十一五"规划教材，但理论性过强、实践性较弱，对中国特殊制度背景和特定经济发展阶段的经济社会问题缺乏足够的关注，与区域经济发展实践脱节，一些与区域和社会经济学发展急难问题、重大战略如城乡统筹发展战略、西部大开发战略、中部崛起、老工业基地重振等实践在教学内容安排上体现不够，从而难以突出各自的专业特色。

（四）实践教学手段落后

在教学手段方面，不少老师已经改变了"黑板＋粉笔"的教学手段，大部分已经运用多媒体手段和案例教学法进行教学，但在教学内容和教学方式上，仍然属于课堂注入式的传统教学模式。模拟实验室与实际还有一段距离，需要进行深入的研究和改善。

二、专业培养方案和课程体系改革的原则

经济学专业本科培养方案和课程体系的设计，体现了学校在人才培养目标和模式上的基本要求。由于时代的发展、社会的进步以及环境的变化，经济学专业本科教学方案和课程体系必然要有一个不断修订和完善的过程。因此，改革传统的教学方案，设置面向21世纪的经济学专业课程体系，应该既具有批判性和继承性，又具有开拓性和前瞻性，以使经济学基础人才的培养在质量上

能适应新世纪的需要。为达到这一目标，必须在教学方案和课程体系改革中遵循以下基本原则：

（一）要找准经济学专业本科人才培养目标的战略定位

经济学专业本科教育的发展战略和目标定位，必须和我国高等教育的基本战略和目标定位相适应。面向21世纪，经济学专业本科教育应当为社会培养大批基础扎实、知识面宽、能力强、素质高、富于开拓和创新的复合型人才。具备扎实的理论基础、创新能力和充实的文化底蕴，应当成为这种新型人才的基本特征。具体而言，要培养具备比较扎实的马克思主义经济学理论基础，熟悉现代西方经济学理论，比较熟练地掌握现代经济分析方法，知识面较宽，具有经济学相关领域扩展渗透能力，能在教学和科研单位、综合经济管理部门、政策研究部门、金融机构和企业从事教学研究、经济分析、预测、规划和经济管理工作的高级专门人才。

（二）要注重学生基本素质、综合能力和思想道德的培养

为了达到上述的人才培养目标，要求在学科专业上树立整体化的知识教育观念，拓宽基础知识，做到"厚基础、宽口径"；同时，还要注重培养学生的自学能力、实践能力、知识综合运用能力、创新开拓能力，构建完善的知识、能力和素质结构，也就是要做到"高素质、强能力"。为此，要在人才培养的教育目标上实现两个发展，即知识、能力、素质的协调发展和做学问、做事和做人的协调发展。经济学专业本科教育，要求学生系统掌握经济学基本理论和相关的基础专业知识，了解市场经济的运行机制，熟悉党和国家的经济方针、政策和法规，了解中外经济发展的历史和现状，了解经济学的学术动态，具有运用数量分析方法和现代技术手段进行社会经济调查、经济分析和实际操作能力，能熟练掌握一门外语和运用计算机辅助手段。同时，通过学校教育和学生的自身努力，使学生会学习、会选择、会合作、会关心，不仅具有扎实的科学基础，还要具有较好的人文素质、较强的社会责任心和较高的道德水平。

（三）改革经济学专业本科课程体系要处理好的几种关系

一是要处理好经济学专业与其他专业之间的

关系。在课程体系的设置上，要进一步拓宽专业口径，以适应新专业目录的变化和要求。教育部新颁布的专业目录已经将经济学科从原来的19个本科专业压缩成4个，即经济学、财政学、金融学和国际经济与贸易专业。新的经济学专业，包含了过去的经济学、国民经济管理、农业经济、工业经济、贸易经济、运输经济、劳动经济等专业的内容。因此，经济学专业本科课程体系的设置必须适应这一变化，拓宽专业口径和内容，增强专业的适应性。二是要处理好课程体系和课程内容之间的关系。现代科技发展的显著特征是在高度分化基础上的高度综合，任何大的工程、科研任务、社会问题，其解决都会涉及许多不同门类、不同学科知识的交叉、综合或集成。在这种历史背景下，高等教育正逐步由单一学科教育，发到交叉学科、综合知识教育阶段。相应地，高校要从培养专家型人才，转向培养具有较高综合素质、掌握自然科学、技术科学和人文社会科学的集合型人才。如何以有限的时间去掌握和运用不断增长的相互联系、相互交叉的学科知识，如何使课程综合化，是经济学专业本科课程体系设置时所要体现的一个重要特征。三是要处理好知识教育和素质教育的关系。提高学生的基本素质是高等教育本科阶段的一个根本目标，应当把素质教育的思想落实到新的课程体系中，贯彻到每一个教学环节和每一门课程的教学之中。在设置面向21世纪的经济学专业本科课程体系时，必须充分考虑到素质教育的要求，精心设计，合理调整。除了学校统一开设的素质教育系列课程，还应设置一些专业课程，以便学生进一步了解国家的经济体制和经济发展，熟悉经济政策和法规，增强经济研究和实际工作能力。四是要处理好基础理论和应用知识的关系。在课程设置中，既要保留培养基础理论研究人才方面的传统课程，又要增加一些面向国家经济建设主战场的培养应用型人才的课程，使学生既具有扎实的理论基础，又具有从事经济调查、分析、规划和经济管理工作的实际应用能力，以有利于人才的分流培养。五是要处理好马克思主义经济理论和西方经济理论之间的关系。要通过课程的合理设计，使学生既具备扎实的马克思主义经济学理论基础，又熟悉现代西方经济理论，了解中外经济学学术动态，比较熟练地掌握现代经济分析方法，具备向经济学相关领域扩展和渗透的能力。

三、经济学专业本科课程体系 改革与创新的思路

在人才培养模式改革中，由于课程体系既是教育思想和高校人才培养目标的综合反映，又是高校为学生构建的知识、能力、素质结构的具体体现，因此，课程体系的构建应成为人才培养方案的核心内容。为适应市场经济发展的需要，地方财经类院校经济学人才必须具备复合型、应用型、创新型的特征。因此，地方财经类院校经济学专业课程体系必须进行改革和创新。根据前述原则，经济学专业本科教学内容应由课堂教学和实践性教学两大部分构成。课堂教学的课程体系应包含共同基础课、专业基础课、专业必修课、专业选修课四个板块。实践性教学的内容应包括社会实习、社会调查、学年论文、毕业设计或毕业论文等几个部分。

课程体系的第一个板块是共同基础课。在课堂教学的课程体系中，共同基础课（或称通识基础课或全校基础课）是指高等学校各专业学生都应选择学习的必修课程。设置这类课程的目的，是根据素质教育的基本要求，着重培养学生的基本素质、基本能力和基本的知识面，以处理好人的发展与才的培养之间的关系，既为国家建设培养专业人才，又使学生能有一个全面的发展，让学生不仅可以学到专业知识，而且能够在思想道德、审美情操等方面得到全面的发展。在这一方面，国家教育部已有具体的规定和要求，各高校可以选择的空间不大。

课程体系的第二个板块是专业基础课。所谓专业基础课，也即高等学校各专业所特有的基础课程。设置这类课程的目的，是在共同基础课的基础上，进一步加强学生的专业基础，它既是共同基础课程在专业方向上的一个延伸和拓展，也是学生在学习专业课程之前的一个铺垫和准备。对于经济学科来说，也就是指经济学科各专业学生都应选择的必修课程。

课程体系的第三个板块是专业必修课。所谓专业必修课是指高等学校各专业所特有的、在自己特定领域和学科向纵深发展的专门化课程。设置这类课程的目的，是加强学生在特定学科领域

的理论基础和知识深度，进一步提高学生分析问题和解决问题的能力，构建学生的专业特色，使其成为既具有宽厚的理论和业务基础，又有专业特长的复合型人才。

课程体系的第四个板块是专业选修课。所谓专业选修课，是指学生在自己专业课程的范围内，在保证一定的选择数量的前提下，可以根据自身的条件和兴趣自由选择的课程。设置这类课程的目的，是使学生在学完专业必修课的基础上，根据自己的特点在专业上继续拓展和延伸，特别是在新学科、新领域、新知识、新动态等方面向学科前沿靠近，为毕业论文和毕业后所学知识在实践中的应用做最后的准备。

四、重庆工商大学经济学专业 本科课程体系改革思路

（一）培养方案设计思路

强化培养方案设计的科学性、系统性和现实性，并形成有效机制。邀请企业与社会专家、名校专家参加人才培养方案和培养模式制定，构建出一个整体优化的人才培养方案与培养模式，并形成有效机制。一是成立专业建设指导委员会。由校内专家3人、校外专家2人、企业和政府部门人员2人组成的经济学专业建设指导委员会，统一规划并具体指导专业建设与改革工作。二是建立本专业人才需求的调研机制。学校成立经济学专业人才需求情况调研小组，每年6月份由调查小组成员就统筹城乡发展急需人才形成调研报告，成为修改专业培养方案的基础。三是建立培养方案的外部论证机制。培养方案首先由主要用人单位、共同培养单位和学校共同制订；其次由本专业建设指导委员会对方案进行论证，提出修改意见，并进一步完善。四是建立联合培养模式，同行业的代表性企事业单位和政府部门联合，共同设计并有效实施培养方案，输送符合需要的合格人才。五是建立人才培养质量保障机制。为了确保人才培养质量，建立经济学专业人才培养质量保障机制。

（二）课程体系改革思路

我校经济学专业课程体系建设中，始终坚持突出培养特色，围绕统筹城乡发展需要的经济学人才培养目标，构建特色课程体系的原则。通过

课程体系改革，拓宽专业知识面，突出专业知识的时代性、针对性、科学性和学术性，提高学生的专业素养和研究创新能力；强化实践技能，进一步提高学生对社会需求的适应性。

实施"大学一、二年级打通大类培养，大学三、四年级分流专业培养"的开放式培养模式，建立公共基础课、学科基础课、专业主干课与专业选修课、实验课四大课程模块，突破各专业学科之间的壁垒，夯实学生的学科基础知识，形成动态的特色课程体系。具体内容如图 1所示。

公共基础课模块（学分比例为 40%）主要

由英语、数学、计算机等课程构成；

学科基础课模块（学分比例为 22%）主要由政治经济学、西方经济学、国际经济学、金融学、管理学、农村金融、经济法等课程构成。

专业课模块（学分比例为 32%）包括专业课和专业选修课，围绕统筹城乡协调发展、内陆开放经济建设等主题，建设由统筹城乡发展统领的开放式的"统筹城乡"等课程群。

实验课模块（学分比例为 6%）包括学科基础实验、专业基础实验、专业综合实验、学科综合实验和创新与创业模拟，由此构成分层递进的专业全程实验教学体系。具体内容如图 2 所示。

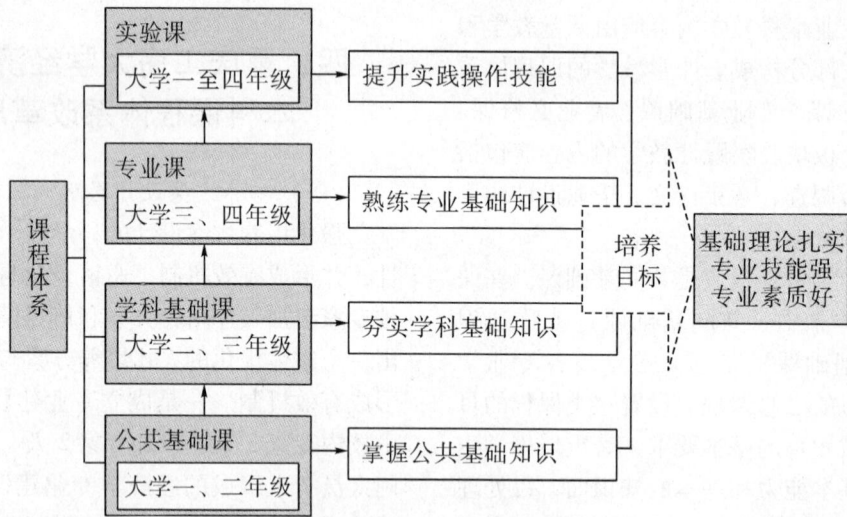

图 1　经济学专业课程体系设置框架

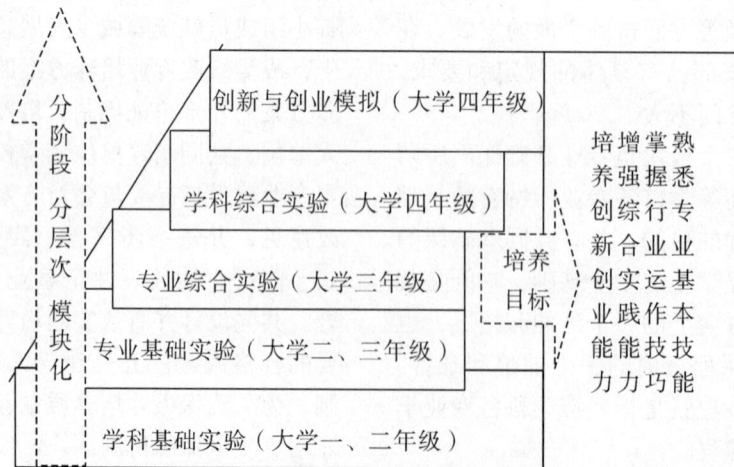

图 2　经济学专业试验课程体系

（三）课程教学内容改革思路

根据社会经济发展和用人单位需求变化，深化教学内容改革，进一步突出专业课程特色，强化学生创新能力的培养。课程内容充分反映相关产业和领域的新发展、新要求；加强国外优秀教材的引进和使用，大力提升双语教学的质量。

（1）行业需求和用人单位需求调研。根据社会经济发展的变化、用人单位具体岗位需求的变化、毕业生的反馈意见，在专业建设指导委员会的指导下，淘汰陈旧内容，对教学内容进行动态优化调整。

（2）建设"统筹城乡"课程群。以统筹城乡的理念统领专业基础课的改革，用统筹城乡理论与实践的理论发展、实践成果丰富专业基础课教学内容。集成国内外统筹城乡发展的理论与实践的最新成果，建设统筹城乡发展理论与实践、城乡流通经济学、农村可持续发展、农村人力资源开发、城乡土地经营与管理、城乡公共经济学概论、农业经营与管理、库区经济学等课程。辅之以"城乡民间投资、城乡资源要素流动、城乡经济体制改革、城乡产业协调发展、城乡居民收入增长"等热点问题专题讲座。

（四）改革实践教学改革思路

按照我校经济学本科专业培养方案的定位，在课程体系建设中强化了实践教学模块。

（1）完善实践教学实施体系。逐步形成由教学环节、教学环境、教学队伍和教学管理四部分构成的实践教学体系。具体内容如图3所示。

（2）完善实践教学有效运行机制。通过强化校地、校企合作，强化实践基地建设，建立学生到工厂、企业、农村和社会进行课程实习、综合实践的有效机制，为面向统筹城乡发展的经济学专业培养目标提供实践保障。具体内容如图4所示。

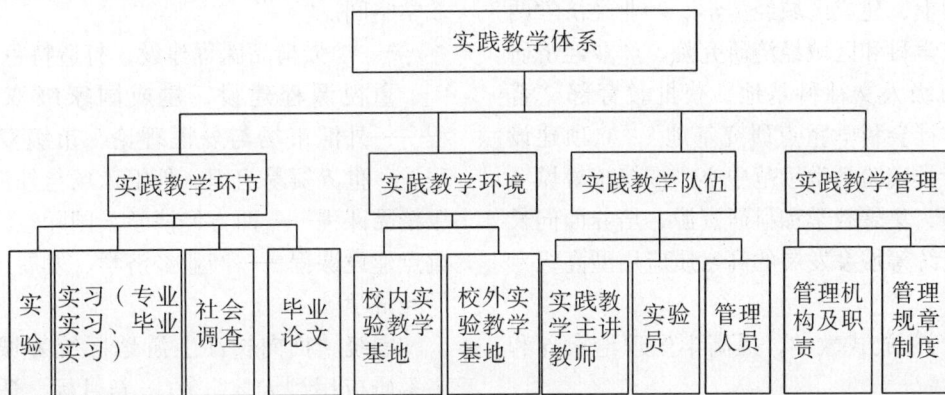

图3 经济学专业实践教学体系

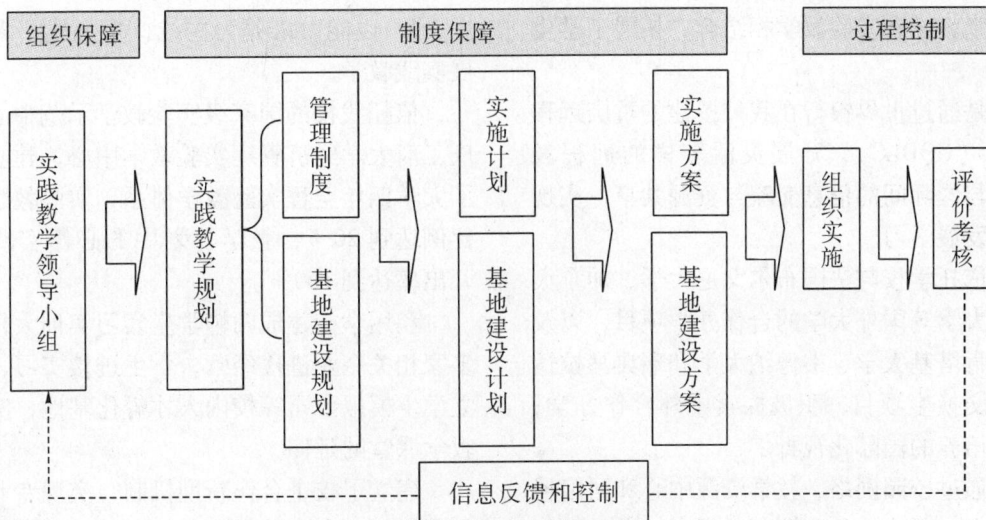

图4 经济学专业实践教学运行机制

（3）完善实践教学考核评价机制。构建由学校、用人单位和行业部门共同参与的学生和教师考核评价机制。

五、重庆工商大学经济学专业本科课程体系实践及成效

重庆工商大学经济学专业的建设和发展充分体现了学校办学定位和特色，在学校的各期发展规划中，均将经济学专业作为学校重点专业进行规划和建设，该专业成为首批校级品牌专业。

（一）重庆工商大学经济学专业本科课程体系实践

1. 以专业建设为基础，建立国家级教学科研平台

为适应长江上游地区统筹城乡发展的需要，应不断优化提升经济学专业人才培养方案。在专业建设基础上，建成区域经济学、产业经济学两个市级重点学科和区域经济研究院、产业经济研究院两个市级人文社科基地，获批教育部"普通高校人文社会科学重点研究基地"，立项建设国家级经管类实验教学示范中心。围绕统筹城乡发展的主题，集聚教学和科研资源，培养面向长江上游地区统筹城乡发展的高素质应用型高级专门人才。

2. 推行开放式教学，提高学生理论素养和专业视野

强化开放式教学，体现第一课堂和第二课堂相结合、校内校外教师相结合、国内国外名师相结合、课堂教学和实验教学相结合，拓展了学生视野。

一是是通过世界银行在我校援建的重庆远程学习中心（CQDLC），开展灵活多样的远程教育，促进与国际间的信息交流与资源共享，实现全球性的发展学习。

二是依托学校与法国布尔戈尼大学、加拿大西安大略大学等国外大学的合作办学项目，以及与美国西肯塔基大学、韦德纳大学和瑞典马拉达恩大学的交换生项目，积极探索中外合作办学，拓展专业培养的国际化视野。

三是通过校园网络、教学资源中心和网络辅助教学平台，共享中外文期刊数据库、世界银行学院课程资源、MIT 开放课程、中经信息网、中经网视频教学资源、英语在线，极大增加了课堂教学的信息量，将课堂向网络延伸。

四是将外聘教师的教学活动纳入人才培养方案和教学计划，聘请和引进社会知名人士、专家、学者为本专业学生授课、举办专题讲座，向社会开放讲坛，拓展学生专业知识面。

五是依托"36182"文化素质拓展工程、创新学分制度及学生科技创新基金项目等多种载体丰富第二课堂的内容，实现了课堂教学向课外教学、专业教育向素质教育的拓展。"36182"文化素质拓展工程引起人民日报、光明日报、中央电视台等媒体的广泛关注。

六是聘请诺贝尔经济学奖获得者恩格尔、赫克曼以及谷书堂、李京文院士等国内外知名学者，邀请政府经济主管部门的专家、国内外知名企业高管为本专业学生举办专题讲座，加强校地、校企以及与国内研究机构合作，拓展开放式教学空间。

3. 加强精品课程建设，打造特色课程群

重视课程建设，建成国家级双语示范课程——外汇市场与外汇理论，市级双语示范课程——世界贸易组织、外汇市场与外汇理论，市级精品课程——西方经济学、国际经济学，校级重点建设课程——产业经济学、发展经济学和计量经济学。

围绕"面向长江上游地区统筹城乡发展的高素质应用型人才"的培养目标，适应社会经济发展需要，设置了"统筹城乡"特色课程群，形成了开放和动态的教学内容。

4. 以能力培养为主线，多形式、多途径开展实践教学

依托我校的国家级实验教学示范中心——重庆工商大学经济管理实验教学中心，建立并实施了大学四年全程实验教学体系，实验教学课时的比例达到 20%，教学计划中的必修实践实训课开出率达到 100%。

利用学校建成两幢学生实习实训大楼，引进多家相关企业进楼经营，学生进楼实习，同时设立学生模拟公司等校内人才孵化基地，实现实验教学课堂的延伸。

建立了校企合作新型机制，实现专业与社会双赢。与重庆商社集团等知名企业共建学生实习实训基地，培养双师型师资，并利用企业平台获

取丰富的教学资源和教改信息。

（二）重庆工商大学经济学专业本科课程体系实践及成效

1. 质量工程建设成效

经济学专业经过长期积累和建设，成效显著，2010 年，我校经济学专业被确定为国家级特色专业，其专业课程区域经济学被确定为国家级精品课程。

2. 积极开展教学研究，取得一批教改成果

自 2006 年设立市级教改项目以来，获市级教改项目 8 项、国家级教改项目 1 项。"西部地区财经院校经管类专业高层次应用型人才培养模式的创新与实践"获国家级教学成果二等奖；"突出开放教育与全程实验教学的经济管理类人才培养模式创新实践"、"国际化人才培养模式的探索与实践"获重庆市教学成果一等奖；"探索培养高素质经贸人才的有效途径"、"打造中法高校合作精品项目"获重庆市教学成果二等奖；"探索学分制改革，创新人才培养模式——重庆工商大学学分制改革研究与实践"、"以科研促教学，全面提升本科教学水平"获重庆市教学成果三等奖。

3. 以统筹城乡发展为主线，形成一批高水平科研成果

近 6 年，本专业教师共主持纵向科研项目 60 项，其中国家社科基金项目 9 项，科技部软科学等项目 3 项，教育部项目 7 项，国务院西部办 1 项，重庆市级科研项目 40 项；承担横向课题 119 项，研究经费 1541 万元。发表学术论文 278 篇。其中：CSSCI 来源期刊 152 篇，在《经济研究》、《经济学季刊》、《管理世界》等重要期刊发表论文 27 篇；出版专著 19 部；获重庆市科技进步奖 7 项、市社科优秀奖 14 项。

本专业教师承担的重大决策咨询课题，如《三峡库区可持续发展科技规划》、《川渝黔经济合作研究》、《新兴直辖市在全国发展大格局中的战略地位和作用》项目成果直接被科技部及地方政府相关部门采纳。

专业教师将自己的科研成果与课堂教学相结合，为本专业的教学提供了强有力的支持。近 3 年来，以各种方式参与课题研究的经济学专业学生达 200 余人次，约 70% 的本科毕业论文的选题来源于专业教学团队教师科研项目。

（4）学生就业率高，社会声誉佳

近三年来，共培养经济学专业毕业生 256 名，平均就业率达到 92.3%，就职于重庆、四川、西藏、云南、贵州等地区的学生占毕业生总人数的 80%。其中，通过选调生、考公务员等途径进入政府党政机关工作的学生近 20%；就职于美国壳牌公司、美国利宝互助保险公司、中国建设银行等世界 500 强企业的学生达 10% 以上；国有企事业单位的学生 40% 以上。自经济学系及经济学专业成立以来，已有数十位毕业生凭借其扎实的理论功底，优秀的综合素质，在各自的岗位上取得了骄人的成绩。

现代大学制度建设与大学治理研究

发展社会主义民主政治，
促进高等教育治理的社会参与[①]

范文曜[②]

摘　要： 发展社会主义民主政治，推进国家政治体制改革，动员和组织人民依法管理国家和社会事务，是中国建设社会主义现代化强国的重要政治基础，也是高等教育治理改革的政治基础。扩大高等教育治理的社会参与，对于经济社会发展和国际竞争力提升具有重要基础作用，对于国家行政管理体制改革和扩大基层民主具有重要示范作用。随着高等教育在经济社会发展中地位的提升，社会参与高等教育治理的广度和深度都随之发生正向变化，呈现出规律性的特征。促进高等教育治理的社会广泛参与，实现高等教育良治，需要政府、社会和高等教育机构共同做出努力。

关键词： 社会主义民主；高等教育治理；政治体制改革；行政体制改革

2010 年国家召开了改革开放以来第四次全国教育工作会议，发布了《国家中长期教育改革和发展规划纲要（2010—2020 年）》（以下简称《纲要》），为今后一个时期的高等教育改革发展指明了方向。根据中国国情和高等教育发展规律，在《纲要》中提出一系列新的教育发展理念，特别是关于建设现代大学制度的思想和改革举措。之前国家有关高等教育体制改革方面的思路，基本上是遵循办学体制改革、管理体制改革、校内体制改革的思路分别设计，集合成为高等教育体制改革。而提出建设现代大学制度命题，是基于国家社会主义民主政治发展角度，在政府、学校、社会三个方面关系上，选择最核心地位和主动性作用的方面，在新的综合概念体系基础上总体考虑高等教育体制的改革。《纲要》所提出的建设现代大学制度，不应该是有些人理解的校内体制改革、管理体制改革以及校内体制改革基础上的综合改革试验，而应是高等教育改革发展的深化和提升。其中特别具有新意的是关于社会参与高等教育治理问题的提出，以及若干重要政策导向的出台。

胡锦涛同志在党的十七大政治报告中提出，要坚持党总揽全局、协调各方的领导核心作用，提高党科学执政、民主执政、依法执政水平，保证党领导人民有效治理国家；坚持国家一切权利属于人民，从各个层次、各个领域扩大公民有序政治参与，最广泛地动员和组织人民依法管理国家事务和社会事务、管理经济和文化事业；坚持依法治国基本方略，树立社会主义法治理念，实现国家各项工作法治化，保障公民合法权益；坚持社会主义政治制度的特点和优势，推进社会主义民主政治制度化、规范化、程序化，为党和国家长治久安提供政治和法律制度保障。党的十七大政治报告提出了要坚持党的领导核心作用，坚

[①] 本文为范文曜秘书长在"2011 第二届中国（太原）高等财经教育论坛"上的报告。

[②] 范文曜，中国高等教育学会秘书长、国家教育发展研究中心副主任，研究员。

持国家一切权力属于人民，要求在各个领域最广泛地动员和组织人民依法管理国家和社会事务。这是我们讨论社会参与高等教育治理问题的政治基础，而高等教育自身发展的规律性要求则是我们讨论社会参与高等教育治理问题的现实需要。

高等教育发展不仅仅是政府和大学的事情，其重要基础是经济社会发展的需求，高等教育治理的责任主体应当包括密切相关的政府、学校、社会三个方面。按照不同角色分工，高等教育治理的内涵主要应当包括：为促进高等教育和高等教育机构健康发展，政府发展教育、提供服务的机制，利益相关者表达诉求、监督效能的机制，高等教育体系和高等教育机构履行使命、开放管理的机制。上述各方面均涵盖了从低端到高端不同的实现方式和制度选择，各个国家在不同时期根据自己的国情采取了不同的组合，从而构成了各种不同表现形态的高等教育治理模式。也就是说，不同国家有着不同的高等教育治理模式，不同国家高等教育发展存在着一定的借鉴和传承关系，但是没有一模一样的、普遍适用的高等教育治理模式。从发展趋势上看，随着高等教育在经济社会发展中地位的提升，社会参与高等教育治理的广度和深度都随之发生正向变化，呈现规律性的特征。

一、社会参与高等教育治理的发展脉络

社会参与高等教育治理不是今天才提出的命题。在经济社会发展的不同历史时期，社会参与高等教育治理呈现不同的发展形态。在不同政治、文化背景的国家和区域，社会参与高等教育治理也呈现不同的发展特征。

（一）社会参与高等教育治理的国际发展解读

在中世纪的欧洲，大学从诞生的那一天开始，就面对着自成体系的"象牙塔"与外部介入的冲突。无论博洛尼亚大学、巴黎大学、牛津大学还是剑桥大学，这些欧洲最古老的大学，都曾经发生过与神权的冲突，与王权的冲突，从而给大学的发展带来了不可磨灭的痕迹。由于文化传统和国情发展不同，不同国家自治与控制之间的平衡点不同，形成了各个国家高等教育治理不

同模式的滥觞。就政治制度层面而言，欧洲大陆一直处于各个国家纷争局面，从来没有实现过统一的局面。各个国家集权或者联邦的不同政治社会制度，也不可避免地会影响各自高等教育体制。有观点认为大学在诞生时是无外力干预的纯粹自治组织，实际上只是一种并不存在的理想化的思考。

随着近代社会的进步和高等教育发展，大学教学、科研、服务三重使命逐步清晰化，外部介入的要求更加强烈。成批培养工业化需要的人才，研发科学技术促进产业发展，面向社会需要提供直接服务，是这个历史时期大学的显著特征。经济社会发展推动了社会参与的扩大，大学不再置身于社会发展之外，纯学术的、理想的"象牙塔"被打破，大学"被迫"接受更加广泛的社会参与，借此占有更多社会资源，满足自身发展需要。这个时期的社会参与高等教育治理，比较多的反映了本国产业结构变化和社会发展的直接需求，要求高等教育和高等教育机构充分发挥其实用主义功能，批量化的生产和统一的质量标准是这一时期高等教育人才培养的重要特征。

今天的社会发展进入了知识社会时代，新兴产业发展、新的社会分工和创新型人才培养不能不依赖于高等教育和科学研究，大学承载了知识社会发展的核心功能。知识社会时代要求的是满足人自身发展需要的高等教育，是能够充分发掘人自身潜能的高等教育，是适合人个性发展的高等教育。知识社会发展阶段的社会参与高等教育治理，是社会已经离不开高等教育和高等教育机构的表现。

（二）社会参与高等教育治理的中国发展基础

改革开放之前，由于历史的原因，中国的高等教育机构是政府的附属机关，高等教育治理完全由政府一力承担。校长选拔、教师任命、教材编写、学校建设全部是政府责任，学生上大学就进入国家干部序列，包生活、包分配、包当干部。在当时较低物质水平条件下，这种行政命令的高等教育治理方式，简单而有效地支撑了国家的基本发展要求。但是也造就了学校发展目标单一，缺乏创新和活力，以及习惯于行政化管理的后果。

改革开放以来，中国高等教育和高等教育机

构发生了深刻变革，大学从政府附属机关向独立社会机构演变，社会开始参与高等教育治理。教师从政府工作人员演变为社会的人和学校雇员，学生不再具有国家干部身份。政府不再是高等教育和高等教育机构发展的唯一责任人，学校承担了更多的责任，社会开始介入高等教育发展。在保证国家核心利益和根本需要的同时，国家放弃了也不可能做到全能型政府的治理模式，社会参与高等教育治理出现了前所未有的积极态势。

改革开放以来，国家发展和高等教育改革取得的巨大成绩，是中国老百姓亲身体验到的，也是国际社会有目共睹的。在时代的改革大潮中，我们的思想理念、政策方针、行为习惯还有许多不适应的方面，旧体制的痕迹随处可见，新机制的形成还要付出巨大努力。中国从 1905 年废除实行了 1300 年的科举制度、推进新学制体系建设至今不过 100 余年，从 1949 年新中国成立至今不过 60 余年，从 1978 年改革开放至今不过 30 余年，但现代大学制度的建设以及社会参与高等教育治理的发展，却走过了世界高等教育和高等教育机构 800 多年的历程。

（三）社会参与高等教育治理的中国制度约束

我们提出扩大或者发展高等教育治理的社会参与，并不是无原则的随意参与，而是在中国特色社会主义理论体系指导下的有序参与。吴邦国同志在 2011 年全国人大常委会工作报告中，总结形成中国特色社会主义法律体系的重大意义和基本经验时明确提出，把马克思主义基本原理同中国具体实际相结合，走自己的路，建设中国特色社会主义，是我们党总结历史经验得出的基本结论，也是我们国家发展进步的唯一正确道路。坚持中国特色社会主义道路，最重要的是坚持正确的政治方向，在涉及国家根本制度等重大原则问题上不动摇。从中国国情出发，郑重表明我们不搞多党轮流执政，不搞指导思想多元化，不搞"三权鼎立"和两院制，不搞联邦制，不搞私有化。我们要充分认识到，社会参与高等教育治理是我国基本政治制度的发展和完善，是我国基本教育制度的发展和完善，是教育发展规律与中国国情相结合的发展要求，其根本目的是促进中国特色高等教育的健康和可持续发展。

从目前情况来看，社会参与高等教育治理还没有成为社会有关方面的自觉行为。一方面的原因是政府还没有完全实现职能转变，没有留出相应的发展空间，或者说没有完全意识到社会参与治理是历史发展的必然趋势。特别是金融危机以来，政府作用有片面放大和固化的趋势，社会参与作用有所弱化。另外一方面是大学还不习惯让其他"局外人"来"指手画脚"，政府如果没有一定要求，只靠大学的自觉行为是很难实现社会广泛参与的。再有是有关社会组织还没有意识到自己的责任，或者是忙于应付基本生存问题，没有能力顾及到应该承担的义务。还有一个重要原因，就是几千年来中国长期处于大一统的中央集权制度下，与欧洲国家诸侯城邦联合体的政治制度历史传统有显著差异。目前教育部主管的社会组织有 165 个，主要面临三个方面的问题：一是服务功能和自律诚信不足；二是对其作用估计不足、重视不够；三是管理不善、政策不配套、可持续能力弱。也就是说，政府、学校、社会几方面都还没有做好充分准备，虽然有了一些局部进展但是总体没有形成气候。对此，我们应当有足够的紧迫感和责任感，积极创造条件，推进高等教育治理的社会参与进程。这不仅是中国特色社会主义民主政治的要求，是创建一流大学和学科、建设高等教育强国的时代要求，也是我们国家实现现代化宏伟目标、实现中华民族伟大复兴的重要基础。

二、社会参与高等教育治理的客观要求

社会参与高等教育治理的实现方式和参与程度，首先是国家政治体制的一种制度安排，是与行政管理体制改革和政治民主化的发展程度紧密相连的。但是不仅仅如此，与经济社会发展紧密相连的高等教育自身的发展和变革，也提出了社会参与的必然要求。

（一）深化行政管理体制改革要求社会参与和监督

在世纪之交之时，国际社会曾经进行过有关国家治理方式的广泛讨论。最有代表性的是世界银行的一份报告：《1997 年世界发展报告——变革世界中的政府》。该报告认为，无论是在发展中国家还是在发达国家，政府治理的有效性问题

都是非常重要的问题。转型国家放弃原有体制向市场经济进行转变，发达国家的福利社会存在难以为继的危机，一些发展中国家的发展战略面临失败危险。通过对世界各国政府施政和政府改革成功及不成功的经验分析，世界银行建议不同起点的国家都要考虑实行包括两个方面的同一战略：首先，应当使政府的行为与其能力相适应。许多政府往往不顾资源和能力承担了太多的责任，应当将政府行为集中于对发展起关键作用的核心公共活动。其次，注意建设适当的公共机构提高政府的活力。适当的公共机构将传递更全面的信息，促进政府有所作为，抑制垄断和腐败发生，协调社会利益促进和谐相处。这一战略的基本出发点就是，恢复政府治理本来的意义，将政府从划船手的位置重新调整为成为掌舵人，实现良好的公共治理。

从中国的发展来看，改变高度计划体制下政府包办一切的治理方式，已经成为党和国家的政治主张，成为社会有关方面的共识和政府治理改革的方向。特别是党的十七届二中全会发布了《关于深化行政管理体制改革的意见》，其中明确指出，深化行政管理体制改革要以政府职能转变为核心。加快推进政企分开、政策分开、政事分开、政府和市场中介组织分开，把不该由政府管理的事项转移出去，把该由政府管理的事切实管好，从制度上更好地发挥市场在资源配置中的基础性作用，更好地发挥公民和社会组织在社会公共事务管理中的作用，更加有效地提供公共产品。我们可以看到，中国政府治理方式改革的发展，与国际发展趋势是基本一致的同一方向。

《纲要》提出，坚持教育公益性原则，健全政府主导、社会参与、办学主体多元、办学形式多样、充满生机活力的办学体制，形成以政府办学为主体、全社会积极参与、公办教育和民办教育共同发展的格局。调动全社会参与的积极性，进一步激发教育活力，满足人民群众多层次、多样化的教育需求。《纲要》还指出，适应中国国情和时代要求，建设依法办学、自主管理、民主监督、社会参与的现代学校制度，构建政府、学校、社会之间的新型关系。完善社会中介组织的准入、资助、监管和行业自律制度。积极发挥行业协会、专业学会、基金会等各类社会组织在教育公共治理中的作用。

（二）高等教育需求多样化要求社会参与和监督

社会主义市场经济体制的建立和逐步完善，极大地促进了中国生产力的发展和社会转型。转变经济发展方式，推进产业结构和社会分工的调整，社会对人才及其知识技能水平要求的提高和多样性的需求，对高等教育提出了向大众化和多样性发展的迫切要求。

随着大众化高等教育发展和向普及化的迅速迈进，高等教育从极少数人才能享有的精英教育发展为民众普遍可以接受的平民教育，成为全体社会成员发展进步的基础。这个阶段的高等教育逐步发展为"买方市场"，适应不同民众对高等教育需求的多样性，成为高等教育发展的重要基础。我们的高等教育是否适应了这一变化要求，社会各方面是否基本满意，需要社会参与和监督。

同时，中国的经济社会发展有着很强的地域特征，由于历史的、文化的以及资源等方面的原因，区域发展对高等教育也呈现出多样性的需求。从目前的发展来看，不同区域经济社会发展的差距有进一步扩大的趋势，高等教育发展的区域差距也有进一步扩大的可能。区域发展需求能否得到满足，区域发展差距扩大的趋势能否得到有效遏制，高等教育的区域差距能否逐步缩小，需要社会各方有效的参与和监督。

在许多情况下，教育领域的变革往往滞后于经济社会变革，呈现出相当的惰性。如何适应经济社会发展多样化需求，实现高等教育多样性发展，在多样性发展中确保公正公平和可持续，仅仅依靠高等教育和高等教育机构的自觉是远远不够的，需要适当的外力推进变革。这就是要求政府部门政策引导，要求市场力量积极促进，同时也要求利益相关者广泛参与和监督。

（三）高等教育走向社会中心要求社会参与和监督

高等教育从社会边缘走向社会中心，成为经济发展社会进步的源泉，是知识社会发展的必然结果。保证高等教育的健康和可持续发展，不再单纯是政府机关的责任和高等教育机构的任务，而成为全社会的基本要求和共同责任。

现代社会国际竞争力的核心是人才资源的竞争，实际上是优质高等教育的竞争。发达国家由于占有丰富的优质资源，实际控制了优秀人才的流动，从而保持了强大的竞争优势，而发展中国家则因此长期处于不利地位。高等教育的发展不再是教育界和少数人自己的事情，而成为国家利益和全民族利益的集中体现。

随着中国全面提高九年义务教育质量和高中阶段教育的逐步普及，高等教育成为每个人成功改变命运的基础。高等教育机会的平等，教育资源的均衡配置，教育质量和水平的基本保证，不再是高等教育内部的自我完善，而成为社会全体成员的基本要求和关注焦点。

由于高等教育对于社会每个成员的发展，对于新经济体系发展和社会进步，对于保持民族国家的根本利益和国际竞争力，都具有极为重要的作用，已经不是哪个党派或者政治集团可以随意调整改变的对象。高等教育的发展和变革，需要在全社会形成高度的共识，并且离不开社会参与和监督。

（四）高等教育经费来源多渠道要求社会参与和监督

公共财政投入一直是中国高等教育经费来源的主要渠道。高等教育经费由政府全部负担的状况一直延续到 20 世纪 90 年代中期，此后情况有了较大变化，政府财政投入在高等教育总经费中的比例逐年下降，近期略有回升。

学生和家庭投入成为政府之外高等教育经费的主要渠道。从 20 世纪 90 年代中期以后，学生和家庭开始分担高等教育成本。2004 年之后学费标准基本保持稳定，经费总量大体为高等教育总经费的 30% 以上。

社会和企业投入是高等教育经费的重要渠道。这方面的经费已经超过高等教育总经费的20%，但其中纯粹慈善性质、没有特定用途、高等学校可以自由支配的经费比较少。

国际流动开始成为高等教育经费的补充渠道。改革开放以来，中国开始大规模接受外国留学生，2010 年各类来华留学人员超过 25 万人。目前中国有 7 所高等学校接收留学生规模在2000 人以上，人数最多的达到 8800 余人，有些高等学校留学生已经超过在校生的 10%。

高等教育经费来源由单一国家投入发展为社会多渠道投入，高等教育不同投资者理所当然的希望了解经费使用效益，是否达到目的和物有所值，投资者权益是否得到有效保障。扩大社会参与和监督，成为各级政府和各个社会阶层的共同要求。

三、社会参与高等教育治理的中国发展特征

影响社会参与高等教育治理的主要因素包括：政府是否决心放弃对高等教育具体事务的直接管理和干预，社会组织和中间机构是否已经具备参与对高等教育具体事务管理的能力，以及高等教育机构在重大决策、运行监督等方面的开放程度。在中国国情背景下，社会参与高等教育治理大致有如下发展特征：

（一）与稳步发展社会主义民主政治相结合

胡锦涛同志在党的十七大政治报告中明确指出，人民民主是社会主义的生命。发展社会主义民主政治是我们党始终不渝的奋斗目标。改革开放以来，我们积极稳妥推进政治体制改革，我国社会主义民主政治展现出更加旺盛的生命力。政治体制改革作为我国全面改革的重要组成部分，必须随着经济社会发展而不断深化，与人民政治参与积极性不断提高相适应。他还提出，人民当家做主是社会主义民主政治的本质和核心。要健全民主制度，丰富民主形式，拓宽民主渠道，依法实行民主选举、民主决策、民主管理、民主监督，保障人民的知情权、参与权、表达权、监督权。支持工会、共青团、妇联等人民团体依照法律和各自章程开展工作，参与社会管理和公共服务，维护群众合法权益。人民依法直接行使民主权利，管理基层公共事务和公益事业，实行自我管理、自我服务、自我教育、自我监督，对干部实行民主监督，是人民当家做主最有效、最广泛的途径，必须作为发展社会主义民主政治的基础性工程重点推进。发展社会组织在扩大群众参与、反映群众诉求方面的积极作用，增强社会自治功能。

扩大高等教育治理的社会参与，正是基于以上基本政治主张符合逻辑的发展。但是真正实现这一政治主张，提高高等教育治理的社会参与程度还要经过不懈的努力。如果说政治体制改革作为我国全面改革的重要组成部分，必须随着经济社会发展而不断深化，与人民政治参与积极性不

断提高相适应，那么高等教育改革同样离不开人民群众的广泛理解、支持和积极参与，也必须随着经济社会发展而不断深化，成为高等教育改革发展、国家政治体制改革和实施社会主义民主政治的有机组成部分，而不是相反。我们在制定《纲要》时，采取了一系列广纳群言、广集众智、群策群力的有效做法，对于制定一个符合规律、适应国情、有前瞻性的"规划纲要"，发挥了重要作用。今天我们实施这一"规划纲要"，仍然要保持和发扬这一传统，进一步鼓励和扩大社会参与高等教育改革的伟大实践。

（二）与研究借鉴国际高等教育发展经验相结合

经过 60 多年的发展，特别是改革开放 30 多年的积累，我们对高等教育规律的认识逐步深化，对国际发展有益经验的借鉴更加自觉。联合国教科文组织 1997 年 11 月通过的《关于高等教育教学人员地位的建议》，这是迄今为止就大学自治问题形成的最广泛国际共识。中国政府与世界各国一道对这个建议投了赞成票，表明我们认同并接受这一主张。该建议指出："只有在学术自由和高等教育机构自治的气氛中才能充分享受教育、教学和研究的权利，而且公开交流研究成果、设想及意见是高等教育的根本任务之一，能有力地保证学术工作及研究的准确性与客观性。""高等教育机构尤其是大学是学者们维护、传播和自由讨论已有的知识和文化的地方，也是不受特定的学说限制追求新知识的地方。高等教育、学术工作和研究工作的发展，主要取决于高等教育的基础结构和人力、物力资源……特别是学术自由、职业责任心、共事精神和机构自治。""要真正地享受学术自由和履行下述职责与义务，高等教育机构必须实行自治。自治就是高等教育机构本着对公众负责，尤其是对国家提供的资金负责和尊重学术自由与人权精神，就其教学科研工作、各种标准、管理和有关的活动进行有效决策所需要的一定程度的自我管理。"随后我国在 1998 年颁布了《高等教育法》，这标志着高等学校独立法人地位的基本确立。法律规定，大学在招生、学科设置和教师聘任、财产和经费管理等 7 个方面，拥有办学自主权。在公立大学治理方式上，与国家体制相适应，实行党委领导下的校长负责制，扩大社会参与范围，加强

内部民主管理。

研究发达国家高等教育治理和社会参与程度，一个重要因素是受到大学自治程度的制约。我们分析不同国家的大学自治内涵和存在的条件，可以得出一个基本结论，所谓大学自治以来都是有条件的、相对的、适当的，与本国的国情适应的。大学自治与政府治理的关系在不同国家呈现不同特点。英国 1992 年前的大学由枢密院颁发特许自治管理，1992 年后的大学根据教育改革法自治管理。大学是独立法人，非营利团体。政府通过枢密院特许状，社会机构参与，大学章程，学校理事会实现调控。美国公立大学是独立法人，非营利团体。政府通过大学章程，经费拨款，审批规划，参加校董会实现调控。这些国家的大学自治的基本特点是独立法人，非营利团体，社会广泛参与决策，依照章程自主管理。在赋予大学不同自治权利的同时，是社会不同程度的广泛参与，同时政府必然保留有效调控方式。不论实行何种自治形式，政府保有最终话语权。

经济合作与发展组织（OECD）教育委员会专家组 2007 年对中国进行访问，并在考察报告中表达了类似的观点。报告提出："世界其他国家的经验显示，要成为世界一流大学，学校就必须享有一定程度的自治……自治并不意味着自由放任。而是要调和公众对大学的要求与大学自治发展之间的冲突。其中最明显的就体现在以下问题上：保证学术标准和质量、保证学生入学程序公正、保证贫困家庭学生接受高等教育的机会等。""国家有一个总体的管理框架能对这种自治产生制衡，进而确保大学自治不伤害公众利益。"我们看到，OECD 教育委员会专家组也没有向中国推荐一种通用的大学自治和社会参与模式，并且特别强调各个国家应当有一个总体管理框架，实现对大学自治的制衡和对公众利益的保护。

（三）与努力转变各级政府教育管理职能相结合

回顾 1949 年以来中央政府与地方政府关系的变化历程，我们可以非常清晰地看到，实行高度中央集权的行政管理体制，正在向着建设服务型政府和实行适当地方政府分权的体制过渡。与政府总体管制方式改革相匹配，高等教育的中央

集权管理也在向同一方向改革。中央政府大量减少了直接管理高等教育的事务性工作，更多的运用规划、政策、示范、监管等方式实行间接管理，省级地方政府逐步承担了地方统筹和协调发展的任务。与此相适应，承担部分事务性管理任务的中间机构大量产生，行业和学会等组织参与治理的愿望和能力大大增强。

为适应中央政府行政管理体制改革要求，中央政府各部门与高等教育机构的关系发生了很大变化，绝大多数部门不再管理大学而成为需求方和用户。中央政府直接管理的高等学校从320多所减少为100余所，除了大学领导人任命和涉及各个大学共性的宏观管理之外，具体办学的主要权力都直接下放到学校。

为适应地方政府行政管理体制改革要求，以及中央政府管理高等教育方式的变化，省级政府与高等教育机构的关系也发生了较大变化。除了大学领导人任命和涉及本区域大学共性的宏观管理之外，具体办学的主要权力同样直接下放到学校，并有权对中央政府管理的高等学校提出指导意见。

最近几年我们在大学领导人的选拔任命方面，也采取了许多非常积极的改革试验办法。比如，有的大学副职可以面向海外公开招聘，有的大学可以招聘外籍人士担任二级学院正职领导，有的省一次拿出十几个大学领导职位面向海外公开招聘。有的省也采取了委托猎头公司物色大学领导人的做法。这方面的改革可以说是向社会发出了非常明确的信号，在大学领导人的选拔聘任方面，要进一步扩大社会参与的力度，采取各种有效方式，选择最合适的人选领导大学的发展。

与社会主义市场经济体制的建立和完善相比较，行政管理体制改革总体上相对滞后，进一步转变政府职能面临着新的要求，特别是如何运用好法律、规划、政策、评价、拨款等手段实现政府对高等教育的宏观管理，如何推动社会有关方面共同参与高等教育和高等教育机构的治理，如何促进高等教育机构形成自我约束和主动发展的机制，我们还有很长的路要走。

（四）与充分发挥社会组织和中间机构服务功能相结合

充分发挥社会组织和中间机构的作用，是社会参与高等教育治理的基本方式。在中国这些社会组织和中间机构大致包括如下类型：参与高等教育发展决策的咨询审议机构，承担政府职能转变委托任务的执行机构，行业协作自律和社团组织机构，以及民间自发主动建立的机构。

改革开放以来，为提高教育决策的科学性和管理的有效性，政府建立了若干重要的教育决策咨询审议机构。比如国家教育发展研究中心和中央教育科学研究所，中国高等教育学会和教育学会等，在中长期教育发展改革政策研究制定方面发挥了重要的作用。最近发布的《纲要》强调，要规范决策程序，重大教育与政策出台前要公开讨论，充分听取群众意见。并进一步提出：成立教育咨询委员会，为教育改革和发展提供咨询论证；设立高等教育经费拨款咨询委员会，增强经费分配的科学性。

根据政府转变职能的需要，教育部和地方教育行政部门建立了具有一定行政管理职能的直属事业单位，接受政府委托承担事务性行政管理、社会服务、监督评价等职能。比较典型的包括：学历学位认证机构，教育考试机构，教育发展监测和评价机构，课程教材教学指导机构等。

为加强同类教育机构和人员之间的联系合作，促进行业协商和自律机制形成，还成立了若干教育学会、联席会议等机构。这些机构在提供教育政策咨询意见，推动教育机构之间的协作，加强教师和管理人员培训和交流等方面，发挥着重要作用。

随着国家行政管理体制改革，民间主动成立了一批相关教育机构，关注和参与高等教育事业的发展。其中比较有影响的机构主要分布在教育发展评价和政策研究领域，以及留学中介组织等方面。还有些机构在通识性课程体系建设，资源共享平台建设，学科课程和质量标准建设等方面，发挥着重要作用。

（五）与积极扩大社会参与高等教育机构治理相结合

中国已有200多所公立大学相继建立了理事会或校董会，其发挥作用的形式大致有3种类型：一是合作型，大学与理事单位或校董单位合作，寻求更多的社会支持，包括办学资金、学生实习等的支持。二是审议型，理事会或校董会对大学的办学方向、发展规划、学科建设、科学研究、科技开发、产业发展等展开咨询、审议、监督、指导。三是决策型，民办大学和少数公办大学的理事会或校董会，在校长任命和学校重大发展决策上具有决定性作用。《纲要》充分肯定了这种参与形式，提出要进一步扩大社会合作，继续探索建立高等学校理事会或校董会。

在教育信息公开方面，也有些大学做了积极尝试，包括学校领导定期向教职工代表大会报告制度，重大决策实行民主协商制度，学校年度报告公开发布制度等。2010 年，教育部发布了《高等学校信息公开办法》，对大学信息的社会公开提出了明确要求。

大学与产业的结合，行业和企业委托大学进行开发研究，是中国大学的传统优势。在探索大学与行业、企业密切合作共建的模式，推进大学与科研院所、社会团体的资源共享，形成协调合作的有效机制等方面，已经涌现出一批产、学、研合作的发展典型。在此基础上，行业、企业等机构为了确保各自利益的实现，主动参与大学发展的积极性显著提高，对大学重大决策的话语权明显增强。

四、结语

高等教育治理的社会参与是国际高等教育发展共同趋势，是实现高等教育良治的基本保证，是中国民主政治发展的重要体现。中国在这个方面已经取得了长足的进步，社会参与的积极性主动性空前高涨，对教育体制改革的推动作用和对大学发展的促进作用明显增强。

《纲要》对社会参与高等教育治理提出了新的要求，包括在中央政府层面成立教育咨询委员会，成立高等教育拨款专家咨询委员会，预计在地方省级政府层面也会比照中央操作。在扩大学校办学自主权的同时，将进一步发挥中间机构参与治理的作用，发挥行业、学会、企业、雇主等参与治理的作用。在大学层面，鼓励设立大学理事会，推进利益相关者直接参与学校治理，实行

学校信息向社会公开。

我们要充分认识到，实现高等教育治理，需要政府、社会和高等教育机构共同努力，特别需要发挥社会组织和人民群众主动参与的积极性。促进高等教育治理的社会广泛参与，是发展社会主义民主政治的要求，是国家行政管理体制改革的重要内容。扩大高等教育治理的社会参与，对于经济社会发展和国际竞争力提升具有重要的基础性的作用，对于深化国家政治体制改革和提升我们党在精英高端人才中的影响力具有重要的基础性的作用，它的重大意义和深远影响远远超出高等教育范畴。

参考文献

[1] 胡锦涛. 高举中国特设社会主义伟大旗帜为夺取全面建设小康社会新胜利而奋斗 [N]. 人民日报，2007 – 10 – 24.

[2] 中共中央. 关于深化行政管理体制改革的意见 [N]. 人民日报，2008 – 03 – 04.

[3] 世界银行. 1997 年世界发展报告——变革世界中的政府 [M]. 北京：中国财经出版社，1997.

[4] 联合国教科文组织. 21 世纪的高等教育：展望和行动 [M]. 北京：教育科学出版社，2003.

[5] 经济合作与发展组织. 分散化的公共治理 [M]. 北京：中信出版社，2004.

[6] 范文曜. 聚焦高等教育治理改革 [J]. 复旦教育论坛，2008 (3).

[7] 刘承波. 中国公立高校治理中的社会参与 [J]. 大学教育科学，2008 (5).

[8] 周光礼. 政府、社会与学校：我国教育治理关系的变革 [N]. 学习时报，2009 – 03 – 16.

[9] 范文曜，刘承波. 静悄悄的深刻变革 [J]. 理工高教研究，2009 (4).

构建和完善现代大学制度 推进高水平教学研究型大学建设步伐

丁忠明①

（安徽财经大学，安徽 蚌埠 233030）

完善现代大学制度是社会主义市场经济条件下教育国际化大趋势下高等学校必然的选择，也是新时期我国高等学校改革的方向和发展的必然要求。它对提高我国大学核心竞争力，促进大学现代化，实现大学健康、和谐和可持续发展，都具有重要的意义。《国家中长期教育改革和发展规划纲要（2010—2020年)》对建设中国特色现代大学制度，完善治理结构，推进高校内部管理体制改革，都做了明确的部署。在新形势下，深化高校内部管理制度和运行机制改革是热点，更是难点。安徽财经大学作为一所有着 52 年办学历史的地方性高等财经院校，多年来，尤其是近些年来，学校以中国特色社会主义理论为指导，深入研究大学治理结构问题，积极构建和完善现代大学制度，在坚持和完善党委领导下的校长负责制；建立健全决策议事制度，引入民主评议程序；推动行政权力和学术权力适度分离，充分发挥学术委员会、教授委员会的作用；创新管理重心下移的校院两级管理模式，形成以学术为中心、管理科学的高校运行机制；推进内部管理体制改革等方面进行了大胆的有益的探索，在构建和完善现代大学制度方面迈出了坚实的步伐，取得了一定的成效。

一、完善党委领导下的校长负责制，明确党委和行政各自职责范围及相互关系

党委领导下的校长负责制是一个完整的体系，应明确高校内部党政之间的关系，既不能搞两个中心或党政不分、以党代政，也不能削弱党的领导。党委领导不等于党委书记个人领导，校长负责不等于校长专制。完善党委领导下的校长负责制，关键是明确党委与行政之间领导与被领导、决策与执行的关系及贯彻好党的民主集中制。我们的具体做法是：

（1）坚持"四会"制度，构建起党政决策运行的基本框架。坚持和完善党委领导下的校长负责制，重要的是加强制度建设。在明确党政职责的基础上，我们完善了集体领导和个人分工负责相结合的制度，健全了党委会等"四会"制度，即党委全委会制度、党委常委会制度、校长办公会议制度和领导班子民主生活会制度。党委常委会和校长办公会议一般两周一次，根据《中国共产党安徽省普通高等学校基层组织工作实施办法》有关规定，结合学校实际，进一步明确和界定了学校党委和行政会议工作程序和议事规则。其中，校长办公会议主要是根据党委会

---

① 丁忠明，安徽财经大学校长，教授，博士生导师。

决议，研究决定学校行政工作计划和实施意见；制定、修改学校有关管理规定和制度；研究决定有关人事调动和师生员工的奖惩事项；研究决定各单位请示需协调解决或需行政批准的重要事项；审议决定学校召开的有关教学科研、学生工作等业务性工作会议和学校行政工作通报会议，部署检查全校阶段性行政工作；讨论处理教代会、团代会、学代会、工会涉及行政工作的提案以及有关师生员工切身利益的重要问题；其他需要由校长办公会议协调和研究决定的事项。

（2）规范工作规则，科学界定党委与校长的议事决策程序。2009 年 10 月，根据安徽省委教育工委、省教育厅有关文件要求，我校研究制定了《中共安徽财经大学常委会工作规则（试行）》、《安徽财经大学校长工作规划（试行）》。2011 年，根据《中国共产党安徽省普通高等学校基层组织工作实施办法》新的精神和要求，我校又完善了常委会、校长办公会议等议事规则和工作规程，进一步规范了校党委与校长的议事内容和决策程序，形成了党委统一领导、党政分工合作、相互协调配合的工作机制，进一步提高了管理科学化和决策民主化科学化水平。近年来，我们在贯彻这两个工作规则过程中，坚持了一些行之有效的做法，如始终坚持重大问题"集体讨论、民主集中、个别酝酿、会议决定"的原则，不搞一言堂，坚持"三重一大"制度，重大事项、重要干部人事任免等都实行票决制。在召开常委会、校长办公会议等会议之前，先向每位常委和校领导征集议题，提前通知与会人员，并将会议重要事项相关材料分发给他们，使每位常委和校领导有足够的阅读材料和思考问题的时间。

二、构建权力制约机制，实行学术权力与行政权力适度分离

大学从本质上来说是学术组织，有学术自由的特性和教师自治的传统，有必要探索建立和完善富有活力的学术管理体系。因此，在大学内部必须处理好行政权力与学术权力之间的关系，追求学术权力和行政权力之间的平衡和谐。从我国高校现状看，这两者之间处于不同程度的失衡状态，学术权力往往被行政权力所取代，学术管理

架构容易流于形式。我校通过制度建设和创新，逐步转变学校行政职能，进一步增强学术权力，加强和改进学术管理，建立健全学术自由的保障机制，实行学术权力和行政权力的适度分离。

（1）重新构建学校学术委员会、教学工作委员会。2010 年，我校修订和完善了《安徽财经大学学术委员会章程》、《安徽财经大学教学工作委员会章程》，并按照"三三制"原则，重新构建校学术委员会、教学工作委员会，成立学院（部、所）教授委员会，进一步理顺了党政管理权力和学术权力、教学权力之间的关系。学校学术委员会、教学工作委员会为学校学术、教学事宜审议和决策的最高机构。校学术委员会、教学委员会分别由 19～25 名委员组成，校党委书记、副书记、多数校行政领导均不参加这两个委员会。学校学术委员会和教学工作委员会的章程规定，这两个委员会成员的构成分别为：分管校领导、校直有关部门负责人占委员会总人数不超过 1/3；教学院（部）、校属研究机构负责人占总人数不超过 1/3；不担任处级职务的专家占总人数不低于 1/3。所有委员通过全校教授（副教授）大会无记名投票差额选举产生。学术委员会下设学术道德分委员会及经济学、管理学、综合类三个学科分委员会。

（2）学术事务交给学术委员会决策。在学校层面，明确学术委员会是学校最高学术决策机构，在学术事务中拥有审定权。对学术委员会在其职责范围内做出的决定，相应职能部门无条件执行。

（3）在学院（部、所）成立由 5～11 人组成的教授委员会。教授委员会是学校教学工作委员会、学术委员会、学位委员会在学院（部、所）层面上履行职能的载体，是学院（部、所）关于教学、学术、学位事宜的决策咨询机构，是保证教授依法履行学术职责，建立院（部、所）教授治学与自主发展、自我完善机制的必要组织形式。

（4）优化制度设计，控制"双肩挑"岗位，限制"双肩挑"人员参加校内组织的评选先进、教学研究项目、科学研究项目、各类学术荣誉（学科带头人、骨干教师）等。

三、坚持和完善民主管理制度，深化内部管理体制改革

民主管理是现代大学制度的要件之一。学校在强化学术民主，健全校学术委员会、教学工作委员会、教授委员会制度，确保专家、学者参与学术事务决策的权利落到实处，使教学和学术权力发挥得以落实的同时，还注重营造以教师为主导，以学生为中心的管理氛围，凸显师生的主体地位，切实保障师生员工参与学校事务的权利。

（1）积极推进管理体制改革。2010年，学校研究制定了《安徽财经大学校院两级管理体制改革方案》，并结合学校和学院实际，在三个学院进行了改革试点，促进管理重心下移，提高学院自主管理、自主办学、自主发展能力，使学院教育教学等责任更加明确，学校宏观管理与服务职责更加明晰，初步形成了校院两级管理模式。同时，改革研究生管理体制和成人教育管理体制，进一步加强和规范研究生和成人继续教育。积极推进干部人事制度改革，开展了处级和科级干部的全员竞争上岗工作，初步实现了干部从身份管理向岗位管理的转变，为学校各项事业的发展提供了坚实的组织保证。

（2）坚持和完善学校民主管理。一是充分发挥教职工代表大会职能，坚持在每年年初召开教代会全体会议，校长向大会报告工作。大会的主要任务是审议校长工作报告、学校发展规划、年度财务预决算、工资和津贴调整等涉及学校发展和教职工切身利益的重大事项。凡是涉及学校发展建设规划、重大改革方案、重大决策，特别是涉及师生切身利益的事项，都提交教代会审议通过，切实保证教职工知情权、参与权、监督权等民主权利，让广大教职工"手中有权"。二是严格校务公开制度，在日常工作中，除党和国家规定的保密事项以外，学校发展建设的重大事项，原则上都要在一定范围公开，积极接受监督，让广大教职工"心中有数"。三是通过校领导接待日制度、联系学院、联系班级、联系教师制度、公开邮箱、意见箱等方法，扩大领导与教职工和学生的联系渠道，充分调动广大教职工建言献策的积极性。四是建立校行政与校工会联席会议制度。每年至少召开一次研究解决教职工提出的关于学校发展的意见和建议。五是设立学生校长助理岗位。每年选聘4～6名学生校长助理，参与学校和学生事务管理。六是坚持团员代表大会、学生代表大会制度。定期召开"团代会、学代会"。七是定期召开各种类型的座谈会。通过分别召开教师、学生、离退休人员等座谈会，通报学校建设发展重大事项，征求师生员工关于学校建设发展的意见和建议。八是问政于师生、问计于师生。重要规章制度出台前，广泛讨论，充分听取各方面意见。如分配制度改革、考核办法、岗位分级标准。

四、切实维护领导班子团结，推进事业科学发展

讲团结，首先是领导班子的团结。领导班子的团结合作，是指班子的各个领导成员在对组织目标认同的思想基础上，认真负责，积极工作，顾全大局，互相配合的一种良好状态。它是组织生命力、战斗力的根本所在，是各级领导班子的重要价值取向之一。领导班子团结合作得怎样，直接涉及集体合力、组织效能和领导绩效的高低，甚至涉及安全稳定和事业成败。多年来，尤其是近些年来，我校党政领导班子围绕学校事业发展大局，同心同德，团结合作，努力营造政通人和、干事创业的良好氛围。

（1）党政主要领导做团结的表率。党政主要领导提出"在团结方面向书记、校长看齐"，切实为班子成员和全校干部教师做出表率。在对重大问题的把握和决策上坚持以学校发展大局为重，保持原则和方向一致，在具体落实的工作措施和办法上共同协商。作为校长，应经常主动与书记沟通。

（2）充分发挥副校长的作用。领导班子成员协调配合唱好"一台戏"，充分尊重副校长，支持、指导他们在各自分工的领域自主开展工作。

（3）注重班子合力的形成。在工作中坚持集体决策、分工负责，注重以理服人，不搞简单的下级服从上级、少数服从多数。几年来，我校各项重大决策都是在领导班子成员一致同意的基础上做出的。

论大学治理之"教授治学"与"教授治校"

杨学义①

（西安财经学院，陕西 西安 710100）

摘　要：建立现代大学制度是新时期高等教育改革的方向及发展的必然要求，建立合理高效民主的大学治理结构尤为重要。教授是大学的主体，大学的使命主要由教授来承担。当前在探索大学治理结构中出现了"教授治学"和"教授治校"两种不同的观点。本文对这两种方式从其历史溯源、内涵演变、二者的主体、行为、目的等方面进行了比较。我们认为：当代中国大学应当坚持教授治学的理念；"教授治校"的说法既不合事宜，也不符合中国的国情、不符合中国大学的校情。

关键词：大学治理；教授治学；教授治校

大学制度是大学管理与运行的规则体系，建立现代大学制度，是新时期高等教育改革的方向及发展的必然要求。2011 年通过的《国家中长期教育改革和发展规划纲要（2010—2020 年）》（以下简称《纲要》）明确提出了完善中国特色现代大学制度的目标并开始进行现代大学制度改革试点。《纲要》体现了我国政府对现代大学制度建设的关注，也使创新现代大学制度任务变得更加紧迫。国际社会公认，现代大学的使命是人才培养、学术创新、服务社会和文化传承，而要完成这些使命，建立合理高效民主的大学治理结构尤为重要。教授是大学的主体，大学的使命主要由教授来承担。但是，教授在现代大学中到底应当处于何种地位、教授在大学治理中应该如何发挥作用，在探索现代大学制度建设中出现了"教授治学"和"教授治校"两种不同的声音，本文拟就此进行探析。

一、"教授治校"

（一）历史溯源

"教授治校"，通常是指以研究和传授高深学问为志业的教授为主体和主导来全权管理大学。"教授治校"作为学术管理的传统，在西方有着悠久的历史。"教授治校"起源于欧洲中世纪大学，当时巴黎大学一直推崇教授治校的制度，因其由所有教授共同管理大学，所以一般将其称为教师型大学。当时"教授治校"体现在三个方面：①大学校长必须由资深教授担任；②大学校长由全体教授选举产生；③大学教学等学术事务由教授负责。巴黎大学的教授治校制度取得了硕果，之后牛津大学、剑桥大学、科隆大学以及法国南部和意大利北部的一些大学等深受巴黎大学"教授治校"的影响。19 世纪德国的洪堡组建柏林大学，真正确立了"教授治校"的理念——"大学是由参与真理追求的师生组成的学者共同体"的理念。在这一理念的倡导

---

①　杨学义，西安财经学院党委书记，教授，博士生导师。

下德国的大学逐步实现了学术自由、大学自治、教学科研相结合的大学发展模式，各大学纷纷组建教授会，大学的各项事务均由教授会决定。

近代中国引进现代大学制度之后，教授治校的理念也得到贯彻。蔡元培在任北京大学校长期间于1919年公布了《国立北京大学内部组织试行章程》，设置了行政会议、教务会议和总务处，在这些机构中均充分发挥教授们的作用，以切实贯彻教授治校的原则。根据这些制度，教授们在大学的管理中完全占有主导地位，拥有学校事务的决策权。这些制度都是在蔡元培的主持下建立的，蔡元培在北大的改革推动了我国高等教育制度的发展，为近代其他大学教育树立了崭新的楷模，其措施多为教育部采用，并作为改革高等教育的依据，促使其他大学也逐渐建立了教授治校制度。抗战时期的西南联合大学贯彻"教授治校"的管理理念，取得了辉煌的成就。

（二）"教授治校"内涵的演变

第二次世界大战以后，随着政治、经济、文化的发展，人们的民主意识日渐增强，大学里的学生及其他教职员工也要求参与到学校的管理当中来，加上国家对大学以及教育的日益重视，国家对大学的行政干预逐渐强化，使得大学的自治权利有所减弱。"教授治校"逐渐变为"共同治校"或校长治校。如在德国，原来给德国大学带来荣耀的绝对的教授治校制度被修改。1985年，德国政府修改后的《高等学校总纲法》虽然在原来基础上进一步扩充了教授在校内各级决策机构中的发言权，但同时也加强了校级管理决策机构的职权，特别是校长的权限，从而使得校评议会和校代表大会的权力继续得到强化，而校长也开始真正成为大学管理中一位举足轻重的人物。在法国，1960年的学生运动平息后，法国颁布了《高等教育方向指导法》，开始进行教育改革计划。这一法案提出了自治、参与和多科性三大办学原则，其中"参与"指是"集体管理"，即"大学的所有成员乃至社会人士，均可以通过各种委员会的代表参加对学校本身的管理"。在这一原则的指导下，法国大学在校、系均设立了由大学教师、科研人员、学生代表、行政管理人员及校外知名人士代表经选举组成的理事会作为大学的决策机构，并设常委会领导、管理学校和系一级的行政、教学、科研和财务工作。通过这些改革，原来教授在大学拥有绝对权力的大学治理格局被打破。

在现代大学，教授治校有其新的内涵：①教授治校是个限制性概念，其治校的内容通常限定在对重大学术问题进行参与决策的范围，如学术政策的确定、学术规划的制定、教授的晋升和聘用、学位的授予、课程的设置调整等。②教授治校中的"教授"是一个集合概念，是教授作为一个团体，如教授会来治校，而不是某一个教授作为个体来治校。因此，所谓"教授治校"并不意味着任何一个作为个体存在的教授都享有治校的权力。③教授治校多为参与治校而非决定治校。和中世纪的"教授治校"不同，当代的"教授治校"仅指教授参与治校，教授会一般只享有重大事项的决策权、咨询权、监督权等，而不具有直接治理大学的权力，行政权意义上的治校权在以校长为代表的大学行政机构手中；大学中的其他人员如学生、一般教授等也参与到大学治理之中。

但由于各个大学、各个国家的传统、理念、制度、章程等存在着一定差异，教授参与大学治理的深浅程度或多或少地有一些差别。

二、"教授治学"

"教授治学"是具有中国特色的概念，但关于其含义，理论界有不同的看法。如史宁中认为，教授治学是教授委员会的本质，其内涵包括教授治学科、治学术、治学风和治教学。靳达宇认为，教授治学的"学"包括"学科"、"学术"和"教学"，并认为教授治学是现代大学制度的本质，是大学内部管理体制进行改革的有益尝试。张意忠认为，教授治学是指教授治理学术，即教授参与学术事务的决策和管理。王寿春认为，教授治学有两层含义：一是指教授本人在学术领域对学术问题进行研究；二是指在大学里实行专家、教授对学校的教学、人才培养和学术研究的民主管理，就是使教授拥有学术权力，使专家、学者在学术领域行使其决定权力。

一般认为，"教授治学"是指教授在自己的日常生活和学术道路上，不断追求崇高的精神生活、追求独立的学术人格、追求淡泊名利的人生品格、追求桃李芳菲的职业使命的过程。教授治学还可以延伸到与学术、教学关系较为密切的大学管理领域，诸如学科和专业设置、教学计划的制订、学术人员的晋级与聘任、学生培养方案的制订等内容，这些都是对教授治学内涵的有益外延。

可见，"教授治学"包括两个方面的内容：一是治自己之学；二是治学校之学。前者的"治"的意义是"致力"，即致力于自己的学术；后者的"治"的意义是"治理"，即参与大学的教学、学术活动的治理、管理。这种"治理"仅限于参与对"学"的治理；教授参与的是大学中涉及学术领域的相关事务——学术事务的管理，行使的是学术评价权，以及在此基础上的决策权；这种治理是大学民主管理的一种形式。

具体地说，"教授治学"的内涵包括：①治学科。学科建设是大学发展的龙头，教授治学就是要塑造学科发展特色，汇聚学科建设队伍，构建学科发展基地。同时，对大学学科建设、专业建设、人才队伍建设等重大问题拥有决策权和管理权。②治学术。现代大学制度建设的核心是学术自由、学术民主。学术实力是学术权力存在的合法性基础。治学术就是要加强学术实力，遵守学术规范，坚持学术标准。③治教学。大学的根本任务是培养合格人才，教学是培养合格人才的主要途径。治教学，首先要求教授深入一线给学生尤其是本科生上课；其次让教授广泛参与到教学管理中。教学管理是整个大学管理的中心环节，让教授参与决定学生培养方案、课程设置及教学组织形式，有助于大学教学水平的不断提高。④治学风。"师者，所以传道、守业、解惑也"。"治"之本意即为"钻研"，教授率先垂范，刻苦钻研，以示范去立规范、行规范。

三、"教授治校"与"教授治学"比较

（一）主体——教授的同与不同：教授与教师

"教授治校"中的主体——教授，当然仅仅指具有正教授职称、作为学科带头人或学术带头人的教授，并非指全体大学教师，而且这里的"教授"为一集合概念，即表示教授团体而非个体。如教授会等。

"教授治学"这一概念的本意即指教授在某一领域具有高深学问的个体研究学术、提高自身学术水平的行为，后来又演变发展为教授参与学校教学、学术活动的管理。这里虽然使用了"教授"一词，但事实上，任何一个大学老师，不管他是否拥有教授职称，"治学"——治学术、治教学，是其本分，不用宣传而自知，所以这里的"教授"其实是一种借代，以"教授"代指全体大学教师，并且偏重于教师个体。

所以，教授治校与教授治学，虽然主语都是"教授"、主体好像都是"教授"，但其语义所指其实并非相同。

（二）行为——治的同与不同：治理与致力

教授治校和教授治学的核心动词都是"治"，初看起来其意义相同——都是治理、管理的意思，其实两者的意义并不相同。在"教授治学"中，"治"更多的是在其本意即"钻研"的意义上使用的，即不懈的追求，刻苦的精神，"治学"即"致力"于学术研究和教学活动。这也是"治学"的本义。后来虽然时代的发展特别是受"教授治校"理念的影响，人们试图使用"治"的引申意即"治理"来解释"教授治学"，并且将"教授治学"理解为教师参与对大学的教学、学术活动的管理。但这里的"治"其实是指"参与治理"，仅具有咨询、建议等方面的权利，而且也仅限于参与对教学、学术等活动的管理。这种权利是分散的、个体化的，其实对大学管理者是难以起到监督、制约的作用的。

有人认为教授治学中的"治理"一般包括三种具体行：①指导，教授作为咨询者大学的发展提出指导性意见；②管理，教授作为管理者对大学工作或其中部分工作进行日常管理；③决策，教授作为决策者对大学发展的重大事项行使决策权，其决策由行政机构具体执行。这里阐述的其实是"教授治校"的意义，而不是"教授治学"。

（三）目的——实现大学的民主管理的同与不同：主体化的管理与参与式的管理

从形式上看，教授治校和教授治学都是为了实现大学的民主管理，体现教授在大学中的主体地位，但其本质却有较大差别。

"教授治校"是根源于大学独立、学术自由的理念。在这种理念下，学术权力成为制衡甚至

超越行政权力的力量，教授会作为决策机构，行政系统对教授会负责、由教授会产生，必须执行教授会的决议。根据这一理念，教授是大学之"主"而不是大学之"客"，是管理的主体而不是管理的"对象"。

"教授治学"中第一个方面的意义是指教授将精力主要投放在对学术和教学的追求，其实这是教授、教师的本分。社会之所以需要教授、教师这一职业，目的就在于要求这类人——教授、大学老师以其主要精力来教书育人、创新学术。第二个方面的意义要求教授也应参与对大学的治理、管理，但只限于参与对和教学、学术活动有关的大学事务的管理，其他方面如纯行政的实务等则由行政机构负责。

通过以上比较可以看出，"教授治学"和"教授治校"都承认教授应当参与对大学的管理，其差别主要在于管理的内容和管理的方式。从内容上看，"教授治校"要求教授对大学一切事务都享有决策权、管理权，而"教授治学"认为教授只对大学中和教学活动、学术活动有关的事务的管理；从方式上看，"教授治校"认为教授具有决策权和充分的管理权，"教授治学"则认为教授只是参与对大学教学活动、学术活动的管理。

四、要"教授治校"，
还是要"教授治学"

世界大学史上本来只有"教授治校"的理念，"教授治学"的说法是近年来中国学者提出来的。那么，我们到底是应当"教授治校"呢，还是应当"教授治学"？在我看来，当代中国大学应当坚持教授治学的理念；"教授治校"的说法既不合事宜，也不符合中国国情。

中国的大学脱胎于民国期间的旧大学，民国期间的大学在教授们的孜孜努力下培养了大量的人才，建立起了近代科学体系。在近代大学建立之初，教授的地位非常高，当时的北京大学实行教授治校制，该制度对"五四"运动的开展、中国共产党的建立具有重要意义，"五四"运动

的领导者都是北大教授，中国共产党最早的一批党员也都是北大教授或者在北大教授影响下的北大学生或其他进步学生。但此后教授的地位逐渐降低，1927 年南京政府的建立是一个分水岭。1927 年之前的教授在大学里享有至高无上的地位，但此后随着国民党政府定都南京并日益走向独裁统治，教授的地位一落千丈；抗日战争胜利之后国民党实现独裁、内战的反动统治，更是以消灭民主力量为能事，当时的大学里集中了一批自由知识分子，他们在反内战的斗争中坚定地和中国共产党站在一起，因而成为国民党的眼中钉、肉中刺，必欲除之而后快，李公朴、闻一多就是这批教授出身的自由知识分子的代表。事实上，国民党统治时期特别是后来，国民党对大学的统治、干预的程度已经非常高，广大教授斯文扫地、颜面无存，生计日益艰难，地位一落千丈，"教授治校"理所当然地成为一句空话。这也是为什么多数教授在 1949 年都选择留在内地的重要原因。

随着国民党政权的垮台，民国期间的大学制度也基本被否定。共产党接受了全国各地的公立大学、私立大学、教会大学，并且对大学进行了社会主义改造。经过 1952 年的院系调整，新的大学治理模式建立了起来，原来的大学制度被否定，原来已经在中国大学产生了重大影响的"教授治校"模式也被一并摒除。

新中国大学制度建立之初正值第二次世界大战结束后不久，当时在世界范围内的大学中都在加强国家对大学的行政干预，限制教授会的权力，大学中以校长为首的行政机构的权力大大强化，这一趋势对新中国大学的治理模式不可能不产生影响。

所以，新中国成立后抛弃教授治校的理念，有其历史的必然。

但是，教授彻底游离于大学管理之外，却带来了始料不及的后果。这种情况造成了大学的极度行政化，以至于教学和科研不再是大学的主要任务，大学被办成了机关而不是学府；[①] 学术自由受到极大限制；教授的地位日趋下降，成为大学里的客体、客人而不再是大学的主体、主人，

成为管理的对象，教授——知识分子的积极性无法得到充分发挥。这一切，又影响了大学使命的完成、大学职能的发挥，"钱学森之问"即由此而来。

看来还是要充分发挥教授的作用。基于此，"教授治学"演变出第二种意义，即教授应当参与对大学的教学、学术等事务的"治理"、管理，而不仅仅是"致力于"教学科研。学者认为，"教授治学"是"大学自治"内在机制和表现形态，"学术自由"是"教授治学"外在表现。教授治学实质上是依法治校、学者治学的一种学术内行对大学实行民主管理的制度，强调的是学术内行的自我管理。通过全校教授、博士等的民主选拔和校级领导考察相结合的方式，使优秀的、有威望的教授能够进入学术机构，真正让他们的学术能力和工作能力带动全校的学术、学科、教学的发展，也带动全校的教师积极参与教学、科研等学术活动，营造一个有学术气氛的大学，一个有良好的学术生态环境的大学。树立高校在社会中的学术信仰、学术信念、学术精神，树立自己的学术理想和学术追求，弘扬追求真理的科学精神，建立学术地位和学术尊严。

如果说中世纪大学的教授尚可以处理学校的全部事物，那么现在的大学教授则无法做到这一点了。首先，随着大学规模的扩张，其社会职能日益复杂，社会联系日益密切，管理事物日益烦琐，许多新的职能，如预算、会计、法律、公关等需要专职人员去完成；其次，教授不一定都适合治校，由于学科的局限，他们参与决策时往往缺乏全局观，考虑问题的视野和角度不免受到限制，易就事论事。此外，由于时间和精力有限，教授既要做学问又要搞行政，难免分身乏术，两项工作都难以实现高效率。因此，面对大学这一综合性学术组织，以教学和科研为主职的教授再也难以承担其全部管理工作，纯粹的教授治校已很难行得通。在世界范围内，为适应社会新的需求，高等教育开始改变其一贯保持的生产者导向的内向性特征，向消费者导向的开放体系转变，从而导致越来越多的外部因素开始介入大学的管理和运营。特别是在大学的资源来源日益呈现多元化的背景下，大学愈来愈依赖政府和社会其他组织的资助及政策方面的支持，其结果必然导致国家或社会其他组织通过诸如行政的、经济的或者直接参与管理等各种方式干预大学的运行。从内部影响来说，在高等教育机构的资源支撑日益多元化，特别是越来越依靠市场化运作方式时，客观上刺激了这一机构的管理者必须更加富于主动精神，也要求其在决策过程中具有更多的话语权。由于社会民主化诉求的不断高涨和人们对高等教育需求的大众化取向日趋明显，大学作为学术机构所形成并流传下来的传统文化保守主义和专业主义——教授治校就是这种传统的一部分——都将受到一定程度的挑战，一种新的参与型的文化氛围开始在大学校园内弥散开来。

所以，既不可能恢复"教授治校"的中世纪模式，也不可能回归到改革开放前"教授致力于学"的模式。我们所能选择也应该选择的，应当也必须是发展了的"教授治学"：教授治自己之教学、学术，治学校教学、学术之管理；学术的归学术，行政的归行政，各安其位，各得其所，互相协调，互相配合，共同履行大学的职能，完成大学的使命。

所以，正如学者所指出的，我们应该使优秀的、有威望的教授能够进入学术机构，真正让他们的学术能力和工作能力带动全校的学术、学科、教学的发展，也带动全校的教师积极参与教学科研等学术活动，营造一个有学术气氛的大学，有良好的学术生态环境的大学。树立高校在社会中的学术信仰、学术信念、学术精神，树立自己的学术理想和学术追求，弘扬追求真理的科学精神，建立学术地位和学术尊严。这其实也是"教授治校"的根本目的。

参考文献

[1] 耿有权. 论"教授治校"在中国大学中的应用 [J]. 理工高教研究，2009 (4).

[2] 李娟. 教授治校理念述评 [J]. 教育研究，2007 (3).

[3] 李倍雷，等. 大学自治、教授治学与学术自由 [J]. 文化学刊，2007 (4).

[4] 陈何芳. 教授治校：高校"去行政化"的重要切入点 [J]. 教育发展研究，2010 (Z1).

[5] 中国社会科学院语言研究所词典编辑室. 现代汉语词典 [M]. 北京：商务印书馆，2005.

［6］孙晓华. 教授治学的历史源流及实现途径［J］. 现代教育管理，2010（12）.

［7］刘丹，等. 从教授治校到教授治学［J］. 科教导刊，2010（11 上）.

［8］张斌. 教授治学的意义及实现途径［J］. 教育评论，2009（1）.

［9］眭依凡. "教授治校"：大学校长民主管理学校的理念与意义［J］. 比较教育研究，2002（2）.

［10］张正峰. 中国近代大学教授治校制度确立的历史考察［J］. 黑龙江高教研究，2010（9）.

［11］彭阳红. "教授治校"的现代变革——以德、法、美为例［J］. 现代教育管理，2011（4）.

［12］袁耀梅. 教授治校的历史考察［J］. 高校后勤研究，2009（3）.

［13］袁耀梅. 参与式管理："教授治校"与"教授治学"的一个调节器［J］. 长春工业大学学报：高教研究版，2008（4）.

［14］张烨. 我国高校"学术权力"与"行政权力"的矛盾及其对策［J］. 安庆师范学院学报：社会科学版，2001（3）.

［15］张君辉. 论教授委员会制度的本质——"教授治学"［J］. 东北师大学报：哲学社会科学版，2006（5）.

［16］高田钦. 西方大学教授治校的内涵及其合法性分析［J］. 高校教育管理，2007（1）.

［17］张庆晓. 教授治校问题研究综述［J］. 现代教育论丛，2010（11）.

［18］欧阳霞，王柱京. 关于提升高校学术权力的思考［J］. 现代教育科学，2011（2）.

［19］徐月红. 关于我国建立现代大学制度的一点思考［J］. 河北农业大学学报：农林教育版，2006（6）.

平衡学术权力和行政权力，推进现代大学制度建设

王 华①

（广东商学院，广东 广州 510320）

摘 要： 大学学术权力和行政权力，是大学权力体系中的两项核心权力，学术权力是大学内生性权力，行政权力是大学发展到一定历史阶段的产物，行政权力服务于学术权力。但是由于大学发展环境的改变，逐渐出现大学管理行政化的倾向，主要表现为行政权力侵害学术权力。在当前教育体制深化改革的背景下，建立现代大学制度，实现"去行政化"，回归学术权力和行政权力关系的应然状态已经成为中国大学实现进一步发展的必由之路，政府和大学都负有不可推卸的责任。

关键词： 大学；学术权力；行政权力；现代大学制度

一、引言

建立现代大学制度是现代大学科学发展的内在要求和必由之路，也是建设高水平大学的制度保障。《国家中长期教育改革和发展规划纲要（2010—2020）》明确提出要建立和完善中国特色的现代大学制度，体现了国家对建立现代大学制度的高度重视，可以说建立现代大学制度已经成为中国大学发展的紧迫任务和不可逆转的历史潮流。

现代大学制度是正确处理大学与外部的关系及大学内部关系的规范体系。大学学术权力和行政权力的关系是大学内部关系的核心内容。为保障大学人才培养、科学研究和社会服务三大功能得到充分实现，必须依据大学办学规律，科学界定学术权力和行政权力的范围、厘清二者的关系，并将其制度化，从而推动现代大学制度建设。

二、"两权"的内涵

现代大学既是从事研究的学术机构，也是服务社会的知识生产和传播组织。而要适应外部社会的要求和维持庞大系统的高效运转，必须有相应行政架构和职业管理人来保证。于是，现代大学系统不得不分为两大相对独立的系统：由教师组成的教学科研系统和由行政人员组成的行政管理系统。大学也就逐渐形成了学术权力和行政权力的双峰并峙的格局。

（一）学术权力

大学学术权力，通常是指大学里主要由从事教学和科研的学术人员组成的学术共同体通过共议方式行使的以保障学术自由为宗旨的管理学术事务的权力。大学学术权力是大学诞生之日即具备的内生性权力，学术权力的存在确保了大学教学、科研的基本属性。学术权力除了学术利益之外，没有学术权力执行人的任何个体权益。这是

---

① 王华，广东商学院院长，教授，暨南大学博士生导师。

学术权力受人尊重、学术事业发展的前提。

学术权力的价值追求是保障学术自由。大学是一个学术共同体，它的品性是独立追求真理和学术自由。所谓学术自由，是指"教授和他们的机构团体独立于政治干涉"。学术自由是"维持大学活力的源泉。有助于发挥人的思维和想像力"，"为了保证知识的准确和正确，学者的活动必须只服从真理的标准，而不受任何外界压力，如教会、国家、经济利益的影响"。学术自由的目的"完全是为了公众利益——获取新知识，改进人类生活"。大学的功能决定了大学要有学术权力，否则将会付出削弱创造性和探索未知世界能力的沉重代价。由此可见，大学的学术权力不是外部赋予的，而是大学内在逻辑的客观要求。

"教授治学"是现代大学制度的核心原则，是学术权力最本质的体现。由于大学的使命是保存、传递、发现、应用高深学问，追求真理。探索高深知识是大学的逻辑起点，大学教师所从事的高深学问的专门化，使其他人员难以理解和支配他们的工作，在决定如何教和研究什么等学术事务时，理所应当由大学教师起主导作用。

在维护大学的使命方面，学术权力有其充分的合理性。然而，学术权力在某种情况下倾向于片面性和保守性。从事学术研究的人，往往只致力于自己的研究领域，甚至"为了盈利的研究奔走不已"而对其他学科缺少了解。运用学术权力的时候，就会自觉或不自觉地倾向并维护自己的学科，这正是"文人相轻"的根源。同时，学术研究达到一定的深度，往往形成权威，形成惯性思维，易导致偏执和保守。

（二）行政权力

大学行政权力，通常是指由大学职能部门行使的为实现办学目标，依照国家法律法规和大学规章制度对非学术性事务进行管理的权力。大学行政权力不是从来就有的，而是大学发展到一定历史阶段的必然产物。

传统上，西方大学是一个由学者团体形成的独立组织，从事教学和学术活动，很少受社会的干预，被称为"象牙之塔"。工业革命以来，尤其是第二次世界大战以后，西方各国乃至全世界的高等教育规模都有极大的发展，大学经费越来越依赖于政府拨款和社会资助，而经济社会发展

也越来越倚重大学的贡献。大学逐渐走出象牙塔，成为社会的轴心机构。

随着大学同社会的联系越来越紧密，一方面，大学生存发展的外部环境和内部事务日益复杂，教授们无暇从事繁杂的事务，必须有专门的行政人员，正如高深学问需要专门化一样，在学院或大学的日常事务方面也需要职能的专门化；另一方面，学术自由陷入新的困境——对外来经费的依赖使大学传统的中立地位受到动摇。因为完全的大学自治必须要求完全的经费独立，这种程度的独立在现代社会根本是不可能的。大学从历史上的特权和豁免权地位转移到承担义务和责任的地位。这就导致行政权力进入大学，从客观需要上根本改变了大学的管理模式。

行政权力随着大学规模扩大、功能多样、结构复杂、大学与社会联系日益紧密而变得日益重要。然而行政权力也有其明显局限性。行政权力的"行政化"特征会打击和压抑教师的积极性和创造性；行政权力强调的照章办事和对上级的绝对服从，往往会导致学术独立的异化，并与大学的终极目标相冲突。行政权力奉行的等级、服从、计划、统一等运行原则与学术活动的规律和教育的内在要求是有明显冲突的。因此，如果高校中行政权力膨胀，必然干扰大学的正常运行，阻碍高等教育的发展。

三、"两权"的应然关系

（一）平行关系

学术权力和行政权力地位之间的关系，应从"两权"对于大学功能实现的意义角度来考量。学术权力是大学的内生性权力，保障学术自由，催生大学功能，是大学之所以成为大学的重要前提；而行政权力的宗旨是实现大学管理效益、充分发挥大学功能。因此二者的地位应当是学术权力倚重行政权力，行政权力服务学术权力。

（二）制衡关系

"学术权力与行政权力在价值取向上存在冲突"，因此，学术权力和行政权力必须分开，但是一定要形成相互制约的机制。学术权力的片面性、保守性特质需要行政权力的效益性特质加以合理规制，行政权力的命令——服从特质，需要学术权力的唯学术至上的特质予以规避。

（三）互补关系

过分松散的学术权力将有损于大学效率的提高和整体目标的实现，而对行政权力的过分强调则必然会影响学者的积极性和创造性。正是大学行政管理和学术管理的共同作用，才能保证大学在整体稳定有序的状态下不断发展和提高。

学术权力和行政权力是大学统一不可分割的有机整体，二者既相互制衡又相互补充，大学本身既是一个学术性组织又是一个社会性组织，这种两重属性要求对大学的管理必须既重视学术权力的运用，也重视行政权力的运用。教授治学和校长治校都是为了推动这个学校的学术发展，二者并行不悖。各国的大学为了维护二者的平衡，大多制定了较为严格的大学章程，以合理界定两种权力的边界，完善制度安排，实现优势互补、良性互动，共同服务于学校的整体目标。

四、中国大学"两权"关系的"行政化"倾向

行政权力侵害学术权力是大学管理行政化的主要特征，中国大学在学术权力和行政权力关系方面体现了显性的行政化的倾向。主要表现在以下几个方面：

（1）大学内部行政权力泛化，以行政权力干预或取代学术权力的现象较为普遍。

（2）大学内部的学术权力与行政权力的界限模糊，行政权力和学术权力常常交织在一起，分工不够明确。

（3）学术权力"虚化"——学术组织或者泛化为行政组织，行使某种行政职能；或者作为"虚位"组织、咨询机构，可有可无，权力没有制度化，得不到保障。

（4）权力过于向上集中——形成倒金字塔式权力结构，使基层的自主权受到限制，抑制了基层创造性的自我发挥。

（5）缺乏相关法律制度及其实施细则的保障，学术权力的合法性和可操作性在实践中难以体现。

大学的行政化是高等教育发展的必然结果，在世界各国均有体现。在中国，由于数千年的集权统治，导致传统文化中缺乏学术自由的基因，形成了"学而优则仕"和"官本位"的传统。

中国的大学因体制上的原因等，逐渐形成"国家办学、国家拨款、国家干预"的模式，使中国高等教育管理的行政化更加突出。

五、"去行政化"的对策分析

在政府办学的背景下，"政府部门对大学的干预和管理有越来越深入、越来越全面的趋势"，因此要实现"去行政化"必须由政府和学校共同努力。

从政府的角度来说，国家对高校管理体制以及教育行政管理部门职能必须进行根本转变。大学应从"公办"转到"公立"，政府只负责宏观规划和教育监管，而不干预大学发展。大学依据自身实际制定发展方向和目标，自主管理内部事务，真正实现"大学自治"。

从大学内部管理的角度来看，首先应当科学界定学术权力和行政权力的边界，建立"两权"相互支持、相互制衡的机制。

在牵涉到教学、科研、学科建设等学术事项时，应切实贯彻"教授治学"的原则，由学术权力主导，杜绝行政干预。但是在决定学校定位、学校发展方向等重大问题上，校长应该发挥更大的作用，因为任何一个教授都会过分强调自己学科的重要性。既要树立学术组织作为学术管理主体的权威，并对行政权力泛化起制衡作用，防止和纠正行政权力干预甚至代替学术权力的倾向，又要维护行政组织的行政权威，防止和纠正学术权力运行出现的偏差，从而建立起学术权力和行政权力分工明确、相互支持、相互制衡的运行机制。

在推进机构、人事、程序等制度建设方面，可以从以下几个方面着手：

（1）建立健全校务委员会制度。校务委员会作为大学行政事务的最高决策咨询机构，充分吸收教授尤其是没有行政头衔的教授代表参与校务委员会的决策。创造学术权力与行政权力共同参与学校行政事务决策的新局面。这不仅能确保行政权力之外的学术权力在高校行政事务决策中占有一席之地，而且能够实现学术权力与行政权力在学校重大决策中相互制衡。这是两种权力在最高决策层的全方位结合，是一种科学的、适合我国高校发展特点和要求的权力制衡模式。

（2）设置学术委员会、学位委员会、教学指导委员会、科研委员会、职称评审委员会等学术组织。充分发挥这些学术性委员会的作用，可有效平衡当前我国高校学术权力与行政权力失衡的现象。整合这些学术组织，明确相应的章程、职能与权力，是发挥它们的作用的关键。

（3）健全教代会制度。教代会成员每年除了参加一两次教代会之外，极少参与学校的其他行政管理工作，这种监督缺乏经常性、长效性，难以达到监督的作用，应建立教代会的常态化监督机制。

（4）将学术权力更多地下放给基层。"学术权力是扎根于学科专业的权力，它具有底部沉重的特征"，因此加强大学学术权力，应重点加强二级学院层面学术权力机构的建设。在学院一级成立以学科带头人为主组成的教授委员会，对学科的发展、课程的设置、教学的进行、教师的科研立项等进行管理，实行教授委员会集体决策基础上的院长负责制。

（5）落实学术权力应加强对学术权力的硬件建设。主要是良好的教学、科研条件，包括经费投入、设备、图书的采购等。高校搞科研项目，只有在硬件设施达标的基础上才能有效开展。

（6）优化专职管理队伍是重要的因素。由于大学管理的目的是为学术服务的，而且大多数事务是和学术事务相关的，因此，应对专职行政管理人员的选任、岗位职责等方面提出更高的要求，通过自身学习能按照教育规律进行管理实践，端正工作态度，以良好的管理能力做好服务。特别要加强行政管理人员尊重学者的意识和牢固树立"以教学、科研为中心"的观念，与教师共同营造重视知识、重视人才的学术氛围。

六、广东商学院的探索

为平衡学术权力和行政权力，推进现代大学制度建设，广东商学院目前正在以下几个方面努力。

（一）制定权威的大学章程

大学章程应该原则规定大学学术权力和行政权力的范围、边界，两类权力行使的程序和原则。同时大学章程也应对大学中的权力进行合理的分设、制衡和监督。

（二）建立权威的学术委员会

"教授治学"是现代大学制度的一项核心原则，其精髓在于体现学术权威的教授应该在学术事务中拥有最终发言权和决策权。学术委员会是"教授治学"的主要组织形式和学术权力的重要表达渠道。由学术委员会统领学校的教学、科研、学科建设、学位、职称评定等学术权力。实行教授负责制，赋予教授学术活动的支配权力和相应的责任。

大学内各个学术性的委员会必须对其成员进行严格的限制，必须由学科的带头人来行使大学的学术权力。校长和职能部门负责人不担任学术委员会委员的职务，因为学术委员会如果允许其成员学术、行政"双肩挑"，就存在这样的风险：即便他们在学术上非常出色，但在涉及敏感的利益分配问题时，仍可能利用所掌握的行政权力影响委员会的决策，从而将行政权力带入学术事务的决策过程之中。

（三）加紧推进人事制度改革

机构臃肿、机关干部人满为患是许多大学的一个通病。多余的机构或岗位，必然导致多余的管理。精简这些机构及其岗位，状况自然就会改善。因此，必须对学校的人事制度进行改革，建立全新的用人机制。以学校的人才培养、科学研究和社会服务职能为参照系，以更好地发挥学术权力的作用为基础，以学校的实际情况为依据，重新配置职能部门，改变与上级教育行政部门的一一对应，实行职能机构"大部制"。建立事务"模块"，而不搞工作"系统"，把相关联的事情统在一起，降低协调成本，提高工作效率。从而真正实现行政管理工作专业化、专门化。

（四）推进校院两级管理体制改革

我校出台了校院两级管理体制改革系列文件，并与各教学单位签订了目标责任书，试行校院两级管理体制，逐步下放人权、财权、物权、事权，取得初步成效。在二级学院设置上，按较宽的学科容量设置的原则，逐步推进院系调整。原则上应以一级学科设置，或涵盖至少两个以上二级学科，体现学科交叉融合和新兴学科优势。学院之下设系、研究所、研究中心等学术机构。

对学术性的职务（院长、所长、系主任等）应淡化级别，注重岗位。学校只任命学院"一把手",学院"一把手"对副手选拔有建议权。院长实行任期制,可连任一届(即最多两届),行政工作需要专业化,而院长则需要不断的新秀交接更替。

(五)建立完善行政决策咨询机构

逐步建立健全校务委员会、发展战略与规划委员会、投资预算委员会、教工申诉委员会等行政决策咨询机构,吸纳相关领域的专家、代表广泛参加,把行政决策咨询建立成重大行政决策的前置程序,为行政决策提供更为广泛的视角和更为专业的咨询意见,防止行政决策失之偏颇。

(六)准确定位校长角色

大学校长是联系学术权力和行政权力的纽带。校长应充分尊重学术权力,为学术权力的行使提供良好环境,捍卫学术权力的权威性。

校长的职责是创造大学内交流和沟通的基调和环境,校长要代表行政人员不断地重申他们的价值与学术人员的价值的一致性,他们工作的目的是增加大学的学术事业的价值,大学的公共价值是通过大学实现其学术价值来实现的。大学校长要促进学术人员和行政人员之间的相互理解与合作。行政人员和学术人员之间的合作需要的是学术和行政价值不断地交汇,以构成新的"大学价值"和"大学文化"。

在高校内部管理体制的改革中,应充分发挥校长平衡和协调的作用,强调行政权力注重校长负责,决不能排斥学术权力;强调学术权力注重教授治校,也不能排斥行政权力,从而促进我国高等教育健康地发展。

七、结语

学术权力和行政权力是现代大学权力网络中最核心的两项权力,只有科学划分学术权力和行政权力,实现二者优势互补、良性互动,才能建立良好的大学权力生态,从而推进现代大学制度建设。

在当今经济社会迅速发展,国家教育体制改革不断深化的背景下,加紧建立"两权"良性运行的机制,加快推进现代大学制度建设,才能更好地发挥大学功能,满足国家人才战略和经济社会的发展需要。

参考文献

[1] [美]唐纳德·肯尼迪. 学术责任 [M]. 阎凤桥,等,译. 北京:新华出版社,2002.

[2] [美]德里克·博克. 走出象牙塔——现代大学的社会责任 [M]. 徐小洲,陈军,译. 杭州:浙江教育出版社,2001.

[3] [美]布鲁贝克. 高等教育哲学 [M]. 郑继伟,等,译. 杭州:浙江教育出版社,1987.

[4] [德]马克斯·韦伯. 韦伯论大学 [M]. 孙传钊,译. 南京:江苏人民出版社,2006.

[5] 钟秉林. 现代大学学术权力与行政权力的关系及其协调 [J]. 中国高等教育,2005(19).

[6] 张德祥. 高等学校的学术权力与行政权力 [M]. 南京:南京师范大学出版社,2002.

[7] 陈学飞. 高校去行政化:关键在政府 [J]. 改革与开放,2010(9).

[8] 庞海芍. 大学管理中的学术权力与行政权力 [J]. 黑龙江高教研究,2006(10).

建设现代大学制度　促进学校和谐发展

遇华仁①

（哈尔滨金融学院，黑龙江 哈尔滨 150030）

2010 年是《国家中长期教育改革和发展规划纲要（2010—2020 年）》（以下简称《纲要》）正式颁布实施的第一年。在《纲要》中，国家明确提出了建立具有中国特色现代大学制度的要求，并把完善大学内部治理结构、深化校内管理体制改革作为进一步推动高等教育发展的一项重要举措。

一、现代大学制度的内涵

现代大学制度是关于政治权力、行政权力、学术权力及政治利益、行政利益、学术利益的规则体系，它将学校内部不同团体的责、权、利做了划分，保障大学在政府宏观调控下的自治，保障大学的学术自由，保障各团体的协调运作和利益共享。现代大学制度的构成要素包括大学理念、管理体制、多元投资、政校分开、依法治校、教育与经济相结合等。可归纳为宏观和微观两个层面：宏观层面主要是指国家的高等教育制度，包括国家高等教育的办学体制、投资体制和管理体制，是国家高等教育系统的总称；微观层面主要是指大学的组织结构和管理体系，是大学正常运行和发挥职能的制度保障。就我国而言，现代大学制度是指与社会主义市场经济体制相适应，符合高等教育规律，政府宏观调控，高等学校依法自主办学，管理体制与运行机制相统一的

高等学校管理制度的总称。

二、建设现代大学制度的必要性

一所大学的管理离不开制度，无论是人事、财务、教学，还是后勤的运作，都需要制度的规范。制度的生成、执行和变革，已成为事关学校发展的重要内容。

一是高校实现教育现代化的迫切需要。改革开放后，随着综合国力的不断增强，特别是产业结构的战略性调整，为使经济社会获得更好更快发展，国家对高等学校的人才培养不断提出了新的要求。教育现代化首先是教育思想、教育观念的现代化，以及教学内容、教育方法和教育手段的现代化，实现教育现代化是一个改革创新的过程。现代化学校综合了现代化的教育思想、现代化的师资队伍、现代化的办学条件、现代化的学校管理、坚持教学改革创新、优良的学生素质和鲜明的办学特色的统一。高等教育的发展需要建立起符合教育现代要求的各项制度，如学术制度、科研制度、管理制度等。作为高等教育的后发国家，我国大学的很多制度尚未完善，已建立起的制度也并不成熟，一些时候只是简单模仿照搬了国外的相关制度，没有充分考虑到我国国情、经济社会发展的具体情况。高校要实现教育现代化，就必须不断完善各项制度，加大改革攻

---

① 遇华仁，哈尔滨金融学院党委副书记，教授。

坚力度，加快构建积极向上、充满活力、富有效率、更加科学、更加民主、更加公平、更加开放的制度体系。

二是高校实现可持续发展的迫切需要。高校之间的竞争是人才、技术和资金的竞争。建立完善充满活力的制度体系，是竞争成败的根本性保障。哈尔滨金融学院有着60年的办学历史，有着较突出的专业优势，有着上万人的办学规模，但不可否认的是，与许多著名的本科院校相比，我们在办学理念、办学条件、师资队伍、管理水平、培养质量等方面还存在一定差距。面对当前高校之间激烈的竞争态势，面对《纲要》对高等教育提出的新要求，我们还存在许多不足。因此，要通过进一步建设完善现代大学制度。既有利于提高学校的办学层次和水平，又有利于深化教学内容和教学方法的改革、加强内涵建设；既有利于提高师资水平、提升科研质量，又有利于为师生员工提供更广阔的事业舞台、拓展发展空间。

三是高校实现遵章办学的迫切需要。现代大学处在复杂的社会体系之中，不仅要把握处理好学校与政府、学校与社会、学校与市场等各种外部关系，更要妥善处理好科学研究、教学育人、人员管理等各种内部关系。这些关系不是简单、纯粹的，而是复杂、多变的，有时还存在诸多矛盾。这就必须建立起一套积极的、行之有效的规章制度，用以划定高校的权利和义务、规范高校的行为和管理，处理好教学、行政管理各项制度出台及实施，处理好高校外部及自身的各种关系。2011年7月，为打造一支素质精良、结构合理、能够担当建设教学应用型本科院校重任的干部队伍，根据《党政领导干部选拔任用工作条例》、《中国共产党普通高等学校基层组织工作条例》，结合学校工作实际，我院先后制定、下发、实施了《哈尔滨金融学院党政处科级干部选拔任用工作暂行条例》、《哈尔滨金融学院2011年处级干部选拔任用工作实施方案》、《哈尔滨金融学院处级机构及处级干部职数设置方案》等文件。通过坚持干部队伍革命化、年轻化、知识化、专业化的方针，以优化班子结构、发挥整体功能、提高工作效率，建设学习型、和谐型、务实型、进取型和廉洁型领导班子为目标，形成了富有生机活力、有利于优秀干部脱颖

而出的选人用人机制。我院把几十名德才兼备、高职称、高学历的优秀干部选拔到了处级领导岗位上来，极大调动了全院干部职工奋发进取的积极性、主动性。

三、我国现代大学制度建设的现状及存在问题

伴着改革开放的步伐，我国高校现代制度建设亦经历了三十多年的历程，围绕着高校自主权下放、后勤社会化、人事分配制度改革、党委领导下的校长负责制完善等多个主题展开，取得了丰硕建设成果，但也存在一些问题。

一是高校的制度创新不够。制度创新是高校适应社会发展，使教育与现代经济社会协调同步的必然要求。目前，我国大学制度创新还不足，在一定程度上滞后于大学的发展速度。部分大学管理者还没有充分利用先进的教育理论、现代的科技手段，对大学进行全面、科学的管理。制度创新成效低，无法有效地促进学校的人、财、物、时间、空间、信息等发展要素的高效组合。

二是高校的决策机制欠佳。目前，公办高校是中国大学的主体，政府同时扮演着大学所有者与管理者二重角色。集产权、办学二权于一身，造成了包揽过多、管得过细、统得过死的局面。一些大学形成了对政府的"等、靠、要"依赖意识，对社会的需求和变化反应迟钝。所谓"决策"，仅仅是落实上级指示，贯彻上级文件精神，通过各级组织来执行各种行政命令。

三是高校的组织机构臃肿。目前，许多作为事业单位、享受财政拨款的高校，学校的组织机构及干部、人事任免仍然要受外部力量的控制和影响。一些高校的机构设置面面俱到、错综繁复、五脏俱全，难免形成各自为政、人浮于事、因人设岗、职能交叉、运转不灵的管理状况。

四是高校的办学自主权不足。大学自治是现代大学制度建立的前提和基础，《中华人民共和国高等教育法》明确赋予了大学自主办学的权利。大学应当以独立法人身份承担起社会责任，履行好社会义务。目前，政府在赋予大学办学自主权的同时，又在教育收费、专业设置、学位授予、机构设置、人员编制等方面，对大学实行了比较严格的宏观监控。大学对政府的依附关系仍

然比较明显，高校难以真正实现面向市场的自主办学。

五是高校的学术评价机制缺乏。公平有效的学术评价机制来自两方面：一是组织内同行的评价；二是组织外同行的评价。目前的学术评价体系，无论是内部评价还是外部评价，有时是"外行评内行"，导致评价标准的数字化、等级化。只是数一数，看发过多少篇文章，获得过何种级别的奖励。近年来，在一些地方，学术政治盛行，学术垃圾大量生产，都与此有直接关联。

三、加快建立我国现代大学制度的对策和建议

一是要坚持科学发展，建设现代大学制度。科学发展观是发展中国特色社会主义必须坚持和贯彻的重大战略思想。以科学发展观为指导，构建中国特色现代大学制度，是高等学校深入学习实践科学发展观，推动体制机制创新的必然要求。高校要正确处理好内涵发展与外延发展的关系、质量与数量的关系，要走内涵与外延相结合的道路，走质量数量兼顾、质量优先的可持续发展道路。领导班子要在提高学习能力上下工夫，认真学习党的理论创新的最新成果，学习科学发展观的精神内涵，及时纠正不符合科学发展的思想和做法，以科学理论指导制度建设，推动工作；要提高认识，端正作风，突出党性，健全机制，明确职责，协调运行，进一步加强各种制度建设；要在提高落实能力上下工夫，进一步明确抓落实的标准、重点和程度，确保各项制度建设落到实处。同时，高校领导班子要把是否增强学校发展后劲、是否能给群众带来实惠，作为衡量制度建设水平的重要标准；要充分发扬民主，紧密联系思想和工作实际，准确把握科学发展观的科学内涵、精神实质和根本要求，切实解决好师生员工最关心、最直接、最现实的利益问题，切实解决好影响和制约学校科学发展、内涵发展的突出问题；要进一步建立完善各种工作制度，用制度管人、以制度促事；要进一步建立完善各种激励机制、考核机制，严格兑现奖惩，使"能者上、庸者下"；要进一步做到政务公开，提高管理透明度，接受群众的监督，树立领导班子为民谋事、为民办事、民主管理的良好形象。

二是要坚持以人为本，建设现代大学制度。高校是学术机构，不是行政机关，是人类文明传承的场所，不是简单劳动的聚居地。师生是高校的主体，教学科研过程是师生共同开展创造性劳动的过程，教师和学生的素质决定了一所大学的质量和声誉。因此，现代大学制度建设必须能够满足教师和学生不同层面的发展要求。现代大学制度中的大学管理过程要以效率为标准，能办成事；要以师生满意为标准，能办好事；要以社会评价为标准，出成果、出人才。就学生而言，大学制度建设必须有利于保证学生在大学里能够真正成才，学到知识，学会做人，学校不仅要能够为学生提供足够的知识，还要创造其生理、心理健康成长的必备条件；就教师而言，大学制度建设不仅要为教师提供良好的教学和研究硬件设备，更要提供良好的学术科研氛围，保证教师具有独立的学者人格，保证教师在学术上有精深的造诣。

三是要坚持理念领先，建设现代大学制度。在制度建设上，高校要借鉴企业和其他社会团体的有益经验，建设符合高校自身实际的制度体系。在架构上，要以协调发展为中心，进一步完善教职工代表大会制度，创新基层民主管理制度体系，探索学生参与学校民主管理的途径和方法，切实保障教职工依法行使民主参与、民主管理、民主监督和民主决策的权力；要以过程为基础，合理设置内部管理系统，包括决策系统、执行系统、监督系统、反馈系统等；要适当运用竞争机制、激励机制，不断完善组织机制、工作机制，保证内部自治系统灵活、高效、协调运转；要符合依法治校的标准，体现人文情怀；要提高持续改进的能力，促进高校的长远发展。

四是要坚持依法治校，建设现代大学制度。依法治校是高校管理走向科学化、规范化、民主化的必由之路，也是大学制度建设内在和必然的要求。要健全议事规则与决策程序，保证重大决策的科学化、民主化；要完善党委会、校长办公会等各负职责和职权的议事规则和决策程序，规范领导决策行为，减少权力失控和行为失范；要增强决策的民主性、规范性和科学性，对涉及高校发展的重大问题和重要事项，要注意决策前的酝酿和磋商；要明确党委会、校长办公会、学术委员会、教职工代表大会等的职能定位、职权范

围、决策程序、监督督办程序等项制度，做到有章可循、有法可依；要进一步健全聘任制度和岗位管理制度、学生管理制度、科学的学术考核评价和激励机制、干部选拔任免决定制度、专家咨询制度、征求群众意见制度、民主生活会制度、监督检查和责任追究制度、重大事项公示和听证制度、校务公开制度等。

《纲要》的出台，从新的高度，对大学制度建设提出了新的更高的要求。可以相信，既具有中国特色社会主义大学的基本属性，又具有各自高校鲜明特色的大学制度建设，必将成为推动中国高等教育快速发展的坚实基础和强大动力。

深化校院两级管理体制改革的若干思考

郭剑鸣　颜建勇[①]

（浙江财经学院 发展规划处，浙江 杭州 310018）

摘　要：完善高校内部治理结构、深化高校内部管理体制改革是建设现代大学制度的需要。本文探讨了深化校院两级管理体制改革的现实意义，并对校院两级管理主要模式、实践中存在的主要问题进行了梳理和分析，提出了深化校院两级管理体制改革的基本路径。

关键词：深化；两级管理；体制改革；基本路径

经济全球化、教育国际化加剧了高等教育的国际国内竞争，我国高等教育发展的环境和自身状态也发生了巨大改变，《国家中长期教育改革和发展规划纲要（2010—2020 年）》（以下简称《纲要》）明确提出要建设现代大学制度、落实和扩大高校办学自主权，其主要抓手是改革高等教育管理方式。因此，高校要主动应对内部和外部环境的变化，以深化校院两级管理体制改革为突破口，不断完善内部治理结构，形成学术权力与行政权力相对分离、相互支撑的治理格局，建立责权利相统一、有利于调动积极性、提高执行力的现代大学管理制度和运行机制。

一、深化校院两级管理体制改革的现实意义

深化校院两级管理体制改革既是高校进一步提高管理效率、办学水平和服务社会水平的需要，更是高校建设现代大学制度的基本要求。通过深化校院两级管理体制改革，优化高校内部治理结构，有助于进一步明确校院管理权限和落实校院发展责任，真正实现学院实体化运作，推动校院共同发展。

（一）深化校院两级管理体制改革是建设现代大学制度的基本要求

大学自治、学术自由是现代大学制度的两大基本特征，其本质是权力的分配。前者是宏观层面的办学权力在大学、政府与社会之间的分配；后者是微观层面的大学内部行政权力与学术权力的关系。《纲要》亦明确提出了要通过完善大学内部治理结构、深化校内管理体制改革等举措来建设中国特色现代大学制度。而通过深化校院两级管理体制改革，学院获得更大办学自主权，教师的学术自由权利得到更好保障，这都有利于克服高校管理行政化倾向，更好实现学术权力与行政权力两者之间的关系的协调和平衡。因此，从这个意义上说，深化校院两级管理体制改革是建设现代大学制度的基本要求。

（二）深化校院两级管理体制改革是提高管理效率的需要

高校已从最初单一的教学实体发展成为具备教学、科研、社会服务、知识转化、促进就业、终身教育等多功能的复杂社会组织。校院两级管

[①]　郭剑鸣，浙江财经学院发展规划处副处长，教授；颜建勇，浙江财经学院副研究员。

理是高校内部管理理念、管理方式、管理手段的革新，通过深入推进校院两级管理，学校、职能部门、学院等各行为主体的权力和责任边界更加明晰，内部关系得到进一步理顺，既有助于高校提高管理水平和资源配置效率，又有助于满足政府、社会等外部组织对高校在管理效率方面日益增长的要求。

（三）深化校院两级管理体制改革是提高办学积极性的需要

通过深入推进校院两级管理，实现校院间权力的合理分配，学院可以获得更多的人、财、物等相关权力。例如：获得了更多的人事管理权，在人才引进、职称评审、岗位聘任和内部考核等多方面有了更多发言权；拥有了较大的财务管理权，可以统筹使用办学经费，可以自主制定二次分配政策；拥有了有形办学资源使用权，可以自主使用学校分配的办公用房、教室等办学资源。上述权力的获得必将进一步巩固学院作为管理中心的地位，学院的办学积极性也会有很大提高。

（四）深化校院两级管理体制改革是进一步明确办学责任的需要

通过深入推进校院两级管理，虽然学院获得了更多办学资源和管理权限、有了自主发展的内在动力，但学校也必将对学院提出更高的发展目标，实行更为严格的目标管理和绩效考核，因此，学院将承担更大的发展责任或发展压力。既有动力又有压力，内在动力和学校压力的合力作用必将促使各学院开展人才培养模式、学科专业建设、科研组织方式、师资队伍建设等方面的自主改革，以提高学院自身办学水平，从而有利于提升学校整体办学水平。

（五）深化校院两级管理体制改革是提高社会服务能力的需要

相对而言，学院比学校更加了解社会对人才、技术研发等方面的需求，对社会需求反应更为灵敏，能够有效改善以往学校在学科专业设置、研究开发、技术支持等方面与社会需求不对接的问题。此外，学院为谋求自身的更大发展，会更加主动地加强与社会特别是与行业、企业间的联系与合作，尽最大可能地挖掘和利用社会资源。因此，深入推进校院两级管理能有效地促进高校与社会的融合，密切高校与社会的联系，高校为社会服务的能力也会得到增强。

二、深化校院两级管理体制改革的理论基础

从管理学角度考量，高校作为一个日趋复杂的社会组织，深化校院两级管理体制改革，既有其现实性和紧迫性，也有充分的理论基础或依据。

（一）管理幅度理论

管理幅度又称管理宽度，是指在一个组织结构中，管理人员所能有效管理或控制的部属数目。现代管理学关于管理幅度的理论认为，一位上级管理者一般以直接领导 5～8 个下级为宜，超过 10 个以上就难以协调和把握。管理幅度过大必将增加管理难度，并削弱上级管理者对下级部属的控制力和管理有效性。

（二）受托责任理论

受托责任理论认为，由于资源占有人占有的资源数量巨大，自身无法有效经管这些资源，因此，将资源委托给他人经管，形成受托责任关系。委托方和受托方通过契约形式将受托责任明确下来，受托方有义务经管好所代管的一切资源。为激励受托方积极履行受托责任，委托方应明确赋予受托方相应的资源剩余控制权。

（三）目标管理理论

目标管理理论强调组织群体须共同参与制定目标，然后将目标分解到各级组织；为实现目标必须权力下放，培养下级组织的主人翁意识，唤起他们的创造性、积极性、主动性；上级组织通过目标对下级组织进行领导，如果没有方向一致的目标，当组织群体的规模越大，发生冲突的可能性就越大。

由此可见，管理幅度、受托责任、目标管理等管理学理论不仅对企业组织的内部结构治理提供了强大的理论支持，同样可以对高校完善内部治理结构（包括深化两级管理体制改革）发挥其理论指导作用。

三、现行校院两级管理主要模式及其比较

（一）校院两级管理主要模式

从目前的实践看，大多数实行校院两级管理

的高校在设计实施方案时，基本上是以业务属性为标准将内部权力分为事权、人事管理权、财务管理权三大类。本文根据前述三大权力下放到学院的程度，将校院两级管理模式主要分为事权下放、人事权下放、人财事权组合下放三种模式。

1. 事权下放模式

事权的划分是校院两级管理最基本的内容。高校的事务管理主要包括学生管理、教学管理、学科发展、科研和社会服务等。

在"事权下放"的校院两级管理模式下，学校集中管理人事、财务，而学生管理、教学管理、学科发展、科研和社会服务等事务管理则下放到学院。事权下放模式是目前国内高校采用较多的两级管理模式。

2. 人事权下放模式

高校的人事管理主要包括教师职称晋升审核、人才培养和引进、教职工年度考核及薪酬分配、岗位设置及聘任、内设机构负责人任用等内容。

在"人事权下放"的校院两级管理模式下，除了事权上进行了校院的划分，在人事管理和分配方面也进行了比较彻底的校院划分，人事管理基本下放到学院，学院具有较完全的人事管理权力，但财务管理权仍由学校集中掌控。以浙江大学为例，该校在校院两级管理改革过程中将岗位设置、聘任、考核和分配等基本人事管理权下放到了学院。

3. 人、财、事权组合下放模式

校院两级财务管理划分的基本内容，主要集中在各类经费的收入和支出项目的分割上。一般而言，高校经费收入主要包括本科学生学费、研究生学费以及国家培养费、专业学位及成人教育学费收入、研究生课程进修班收入、校外培训班收入、校友捐款、科研管理提成和专项经费等。经费支出的划分，有的学校按照工作主线如教学、科研、行政和后勤四条线进行划分；有的学校按照三大类划分：一是日常运行费（包括行政运行、公用经费和水电费三个项目）；二是投资建设经费（包括办公室用房和专项投资两个项目）；三是教师人头费支出（包括固定工资、岗位津贴和补贴或福利三个项目）。

人、财、事权组合下放模式以财务两级管理制度为核心，涉及人事权、财权和事权在校院两

级间的划分。从分权的程度看，这一模式采用的是将人、财、事权统筹考虑的全面分权管理，被认为是比较彻底的校院两级管理模式。国内有部分高校推行了以财务管理为核心的校院两级管理体制改革，以中南大学的实践为例。中南大学在校院两级管理中，赋予了二级学院比较彻底的自主理财权。该校在 2003 年出台的《中南大学校院两级管理体制实施办法》中明确规定，二级学院对学校切块划拨的公用经费具有统筹权和审批权，并且可将划拨的人员工资、津贴总额与创收和筹措资金的分成打通后，自主制定并实施本单位的具体分配方案，还鼓励有条件的学院进行个人实际工资与档案工资脱钩的分配改革。

（二）校院两级管理主要模式比较

目标管理理论认为：为实现组织目标，必须给下级组织分权，以调动其为实现组织目标而努力工作的积极性。受托责任理论认为，为激励受托方积极履行受托责任，委托方应明确赋予受托方相应的资源剩余控制权。在校院两级管理体制下，学校是决策中心，行使宏观管理权，学院是管理中心，行使微观管理权，学校对学院实行目标管理，二者在管理关系上构成了委托方与受托方的关系，学院办学积极性的高低决定于学校权力下放的程度、学院拥有剩余控制权的多少。

在"事权下放"的校院两级管理模式下，事权的下放由于没有结合人事权和财权，学院还要承担一部分成本并且对于不确定的事权没有相应的资源配备。因此，"事权下放"模式基本没有形成剩余控制权激励，学院不满意率比较高，认为学院就是学校的"生产队"，因而实现学校目标的积极性并不高。

在"人事权下放"的校院两级管理模式下，人事权和事权结合得比较好，学院在人事管理方面拥有较完整的资源配置权，形成了比较有效的剩余控制权激励，因此，学院实现学校目标的积极性有所提高。但是，由于事权和人事权的下放没有结合财权，学院不具备自主理财权限，资源配置权不充分，因此没有形成完整的剩余控制权激励。

在"人财、事权组合下放"的校院两级管理模式下，学院获得经费使用权、人事管理权和事务管理权，对于不确定信息，可以拥有资源的配置权，具有比较完整的剩余控制权激励，学院

积极性得到很好的调动；同时，学院也负有了比较完全的责任，有利于问责的实施。

根据目标管理和受托责任理论对以上三种主要模式进行比较分析后，我们认为：实现学校、学院及其他行为主体权、责、利对等和统一基础上的利益最大化，是决定包括校院两级管理在内的高校内部管理体制改革成败的关键所在。因此，高校在实施或深化校院两级管理体制改革时，应以权力的充分下放、职责的明确界定、利益的最大激励为原则来选择或创新管理模式。

四、校院两级管理实践中存在的主要问题

高校实行两级管理体制改革的根本目的在于通过适当分权、降低管理重心、调整管理跨度、规范管理行为来激发内部各级组织的活力，以提高整体办学水平。但从国内高校的实践情况来看，由于两级管理体制改革涉及不同利益群体间责、权、利关系的重新调整与分配，而这些关系的重新界定和理顺过程需要一段时间。因此，无论选择哪种两级管理模式，在实践中都或多或少的存在一些问题，归纳起来主要有以下几个方面：

（一）权限边界划分不清晰

校院两级之间的权限划分过于宏观，缺乏具体操作性。学校对学院进行宏观调控或管理控制时，经常发生越权管理、干预过多过深的现象，造成管理重心无法实质下移；学院虽有主动发展的愿望，但由于人事和财务管理权力下放程度太低，工作积极性受到严重挫伤。

（二）学院内部治理结构不完善

在校院两级管理模式下，成为管理中心的学院是学校履行教学、科研和社会服务的实体。但由于有关重大问题决策、教职工考核及薪酬分配等内部治理结构不够优化和完善，学院内部行政权力排挤学术权力的现象比较常见，教授治学、民主决策的制度得不到较好落实，由此造成了学院内部管理现象丛生。

（三）职能部门功能转变不到位

伴随着学校权力的下放和管理重心向学院的下移，职能部门所扮角色应该随之发生变化，其主要职能应以服务为主、管理为辅，更多担任的是服务提供者角色，主动为学院自主管理提供信息、政策、技术等方面的服务。但实践中经常发生职能部门惜权和卸责的现象，管理过多、服务不够，角色和功能转变不到位。

（四）相关配套政策不健全

校院两级管理覆盖面广、内容繁杂，许多高校由于在设计改革方案时缺乏系统思维，目标考核机制和监督约束机制等相关配套政策没有及时跟上或存在诸多缺陷，在实践中往往造成激励功能弱化、责任监督缺位、风险意识缺失等不良后果，校院两级管理的预期效果也无法实现。

（五）改革过程缺乏持续性

由于高校办学定位和目标的变化、高校职能的不断扩充、办学资源的不断增加等因素，校院两级管理在实施过程中必然会产生许多新情况、新问题，因此，校院两级管理体制改革应是一个持续进行的过程。但实践中，有些高校具体实施方案一经推行，数年不变，对产生的新情况和新问题也视而不见，改革过程缺乏持续性。

上述问题的有效解决，需借助于校院两级管理体制改革的不断深化。

五、深化校院两级管理体制改革的基本路径

（一）以系统思维为统领，完善两级管理实施方案

校院两级管理体制改革是一项系统工程，它牵涉到高校内部各级组织结构的重新构建以及不同利益群体间关系的重新调配。因此，应以系统思维方式、统筹考虑实施方案的完善，消除当初因方案设计的"先天性缺陷"而产生的不良效果。我们认为，一个完整的、科学合理的两级管理实施方案应包括目标管理机制、内部运作机制和监督制约机制三个方面的内容。其中，目标管理机制是关键，内部运作机制是基础，监督制约机制是保障，三者相辅相成，缺一不可，以确保两级管理能够健康、有序、规范地运行。

（二）以契约形式为载体，重新界定管理权责

权限和责任的明确划分是关系到学校在实施校院两级管理后能否对职能部门及学院实施有效

管理的重要环节。深入推进校院两级管理必然涉及人事管理、财务管理、物力资源管理等重要权力和责任的分配或重新划分，相关职能部门的权力将会有所减少，而学院将获得更多权力并且承担更多义务与责任。因此，应以契约形式将学校与职能部门、学院之间的基本管理权责加以重新明确，使各行为主体能够清晰地行使权力、履行责任，避免越权、弃权等权力混乱和扯皮、推诿等责任推诿现象的发生，实现两级管理模式下校院权责配置效率的最大化。实践中，高校应通过实施目标管理责任制等方式，制定学校、职能部门和学院在未来若干年内的发展任务，落实各自发展责任。

（三）以完善治理结构为抓手，规范学院内部管理

在深入推进校院两级管理的过程中，学校管理重心进一步向学院下移，学院拥有较多自主管理权，但如何保证这些权力顺畅运行并得到正确使用，在很大程度上关系到校院两级管理预期成效的实现。因此，学院应建立健全内部管理机制，规范权力运行。综合国内高校的成功实践来看，学院在优化内部治理结构方面主要着重于三个机制的建立或完善：一是进一步完善院务管理机制。院务管理是学院内部管理的基础，维持着学院的正常运行。学院除了建立党政联席会议制度、院长办公会制度、党（总支）委会议制度、二级教代会制度外，更应注重发挥教授委员会、教学委员会、学术委员会等二级学术管理组织在院务管理中的作用，形成行政管理与学术管理协同合作的学院管理运行机制。二是建立内部目标管理机制。学院的内部管理也应实施目标管理方式，强化责任，落实任务，使教师和管理人员自觉履行义务和承担责任。三是完善内部考核机制。强化学院内部考核，对不同类人员实施不同的考核标准，考核结果与职称职务晋级、推先推优、收入分配等情况相关联。四是完善内部收入分配制度。鼓励学院建立以人才培养和学术贡献为主要依据的收入分配机制，充分调动教职工的积极性。

（四）以调整功能定位为契机，促使职能部门转换角色

职能部门担负着高校的专项职能管理工作，其角色和功能定位是由学校层面所担负的职责和拥有的权限决定的。在校院模式下，职能部门行政管理和控制的权力相应减少、监督和协调的权力增加。它们既是学校层面实施计划、监督、调控、服务的执行者，也是学院自主管理的"服务提供者"，为学院提供信息、政策、技术、协调等方面的服务，功能定位以服务为主、管理为辅。但随着校院两级管理的深入推进，学校、学院及广大师生对职能部门的业务能力和服务效能也将提出更高要求，这就需要我们对职能部门的功能和角色定位进行持续调整和转变。一是要注重提高管理队伍业务水平，努力建设一支政策水平高、业务能力强的高校管理队伍；二是要按照提高服务效能的原则，梳理与优化职能部门管理职责，克服职能交叉、任务重复等效率低下问题；三是要坚持以学生和教师为本，转变服务方式，改善服务质量。

（五）以强化监督机制为依托，约束学院权力运行

权力运作规律告诉我们：权力的运行必须以一定的制衡手段为约束，没有约束的权力，必然导致权力运行的混乱。随着校院两级管理的不断深入，学院权力在不断扩张。在此情况下，学院如果毫无原则地使用这些权力，而又没有比较完善的机制来规范权力的运行，就会产生权力及其运行的混乱，并带来极大的管理风险。因此，建立或完善监督制约机制是规范学院权力运行、控制和化解两级管理风险的重要手段。既要进一步强化和完善学校对学院权力运行的监督体制，同时也应充分发挥学院内部教授委员会、二级教代会等组织的监督作用，拓展学校监督学院权力运行的广度和深度。

总之，高校深化校院两级管理体制改革应遵循建设现代大学制度的要求，使学院真正成为具有自主发展权、自主理财权、自主用人权的办学实体，从而形成宏观有序、微观搞活的校院发展新局面。

参考文献

[1] 赵琳. 从教育质理自我保障机制透视现代大学制度 [J]. 清华大学教育研究, 2010(4).

[2] 王洪才. 大学"新三大职能"说的缘

起与意蕴［J］. 厦门大学学报：哲学社会科学版，2010（4）.

［3］周三多，陈传明. 管理学——原理与方法［M］. 上海：复旦大学出版社，2003.

［4］刘俊梁. 试从"受托责任观"看经济责任审计产生的理论基础［J］. 审计理论与实践，2003（3）.

［5］博瑞森. 卓有成效的目标管理［M］. 北京：中国商业出版社，2006.

［6］李雪蕾. 从《论法的精神》看我国的权力制衡［J］. 法制与社会，2009（9）.

利益相关者视角下中国地方高校的治理

张 国①

（中国矿业大学（北京）文法学院 北京 100083 ）

摘 要：进入 21 世纪以来，国内外的一些专家、学者从利益相关者的角度对高校治理这一问题进行了多方面的研究，已经取得了不少有价值的研究成果。为了进一步推动研究的深化，本文从利益相关者的视角对中国地方高校的治理进行了比较深入的探讨，既具体分析了其中存在的突出问题，也给出了解决这些问题的可行性对策。

关键词：利益相关者；中国地方高校；高校治理；问题；对策

改革开放三十多年来，特别是进入 21 世纪以来，中国地方高校得到了较快的发展，办学的规模逐步扩大，在推动地方经济社会的发展中做出了极其重要的贡献。在充分肯定中国地方高校重要作用的同时，也必须清醒地看到，当前在它们的发展中仍然存在一系列诸多的突出问题亟待解决。在此，本文仅就其中的治理问题从利益相关者的视角进行探讨，希望能够对推动中国地方高校研究的发展起到些许的促进作用。

一、对高校治理的界定

高校治理又称为大学治理，英文为 universi-ty governance，这里的大学是泛指，统称高等学校。高校治理是指高等学校组织的决策权力在各个主体（利益相关者）之间的分配以及行使。从制度的层面而言，高校治理规定了具有法定决策权力的机构和职位的职责范围，以及各机构和职位之间的权利、责任和义务关系。此种制度安排又被称为治理结构。高校治理既包括静态的一面——相对稳定的治理结构，还包括动态的一面——治理过程。一旦进入具体事物决策过程中，各种人为的因素、文化的因素就会对治理结构的运行产生影响，从而影响最终的决策。将高校治理的定义加以细化，具体到地方高校的层面，所谓地方高校的治理，就是指地方高校的决策权力在各个利益相关者之间的分配和行使。在此需要强调的一点就是，本文中所探讨的中国地方高校，主要是公办性质的地方高校，民办高校不在本文讨论的范围之内。在地方高校的治理中，利益相关者主要是指地方政府、校长、党委书记、教师、管理者、学生、家长、校友和本地的企事业单位等利益群体。在中国地方高校的治理过程中，学校的决策应当兼顾到各个利益相关者的权益。只有这样，才能促使地方高校更好地发挥自身所具有的人才培养、科学研究和服务社会的重要功能。

---

① 张国，中国矿业大学（北京）文法学院 2009 级在读博士，中北大学讲师。

二、高校治理研究中利益相关者方面的理论研究

进入 21 世纪以来，国内外的一些从事高校研究的专家、学者，从利益相关者的视角对高校治理问题进行了研究，已经取得了不少积极的研究成果。在此，对这方面研究成果的介绍主要从国外和国内两个维度展开。一是国外所进行的研究的情况。Robert Birnbaurm（2004）认为，大学治理是为了协调大学理事会体系与教师体系的平衡而设计的结构与过程。Susan Whealler Johnstan（2004）分析了教师参与管理对于有效的大学治理的意义。Gaberiel E. Kaplan（2002）认为，在大学治理过程中，对代理教师、学生、校友等群体的董事会的分析所涉及的范围要广得多，这些群体之间存在着复杂的正式与非正式的相互联系，通过考察各参与者的权力分配和利益分配，认为应当采取实际措施使教师意识到教学比科研更能提高专业水平和实际回报，以此提高教师的参与程度，体现全体教员的利益。可以说，国外学者的研究涉及了高校治理研究的两个层面：外部治理和内部治理。二是国内研究中的一些情况。国内学者张维迎（2004）在《大学的逻辑》中指出，无论创造知识还是传授知识，大学都不适合作为盈利性机构而存在。大学治理结构必须平衡所有利益相关者的利益，必须以社会价值为目标，而不能以现有的教师或学生的利益为目标。竞争才是推动大学发展的有效力量，是实现大学理念的保证。胡仁东（2005）认为，现代大学内部治理结构体现为高等学校内部各个不同利益群体间、高校和社会之间的影响力配置，以及它们间的相互作用，分析了外部影响力对高校的渗透作用。潘海生、张宇（2007）认为，对大学而言，提出利益相关者的概念，是与传统大学崇尚"教授治校"，或者把大学看成"董事们的私有领地"相对应的。强调的是要与社会各界建立合作关系，争取校内校外各方面对大学的广泛支持。可以说，国内的学者侧重强调高校治理中所涉及的利益相关者的整体性，而不是仅指出一部分利益相关者的重要性。

三、中国地方高校治理中的突出问题

在 20 世纪 90 年代末，中国的高等教育开始由精英教育阶段向大众教育教育阶段转变，中国的地方高校由此获得了前所未有的发展机遇。十余年后，中国的地方院校在占地面积、在校生规模、学校资产、教职工数量等方面实现了跨越式的发展。与此同时，中国地方高校人才培养的质量出现了不同程度的下降问题。在此背景下，中国地方高校的治理工作也得到了初步的发展，在本地政府的大力扶持下，在地方高校内，党委领导下的校长负责制得到了贯彻执行，教授治学，民主管理的原则也在一定程度上得到了执行。在肯定业已取得成绩的同时，也必须清醒地看到，当前阶段，在中国地方高校治理中，仍然存在着不少的突出问题亟待妥善处理。

（一）外部治理中的突出问题

从大的方面来审视，中国地方高校外部治理中的突出问题主要体现在两个层面：一是地方政府和地方高校的关系方面。由于对社会资源的全面控制，地方政府一般处在强势的地位，地方高校由于要从当地政府手中获取自身发展所必需的各种资源，而在与地方政府的关系中处在依附的地位，尚未真正具备独立自主办学的能力。在这种情况下，一所大学的教学硬件建设、招生方案、专业设置、课程设置、就业率、教师聘用、职称晋升等一些本该由大学自行取舍的事务却被政府行政部门统管着，一所大学的发展前景甚至就取决于政府某些官员的一念之间，大学办学自主权根本无从谈起。因此，这种关系不是平等主体之间的互动关系，这就使得地方政府的利益得到了更好地维护，而地方高校的利益则在不同程度上受到了损害。在日常的工作中，地方高校势必要拿出相当多的时间和精力来从地方政府手中争取各种办学的资源，同时也要应付地方政府所组织的各项检查和评估。这就使得地方高校不能自主地选择办学体制和办学模式，同时也必然会妨碍地方高校按照高等教育的规律来独立规划自身的长远发展问题。二是地方高校和社会的关系方面。当前，在外部治理方面，地方高校同社会的关系是比较松散的，相对于地方政府而言，社

会对地方高校发展所给予的支持相对较少，社会中的利益相关者就难以参与到地方高校的治理之中去。具体而言，社会中的利益相关者主要是指地方高校的学生家长、校友、本地企事业单位，这些利益群体尚未履行好对地方高校发展应尽的义务。

在地方高校的人才培养中，学生家长的责任尚未真正地落到实处。在现阶段，学生家长往往认为，人才培养是地方高校必须全部承担的责任，而忽视了自身应尽的一份责任。在校学习期间，大学生的教育培养主要是由其所在高校的教职工承担的，家长则要负辅助性的培养责任。而在寒暑假期间，家长则应当对大学生的培养教育负主要的责任。因此，在地方高校的外部治理中，学生家长同学校的联系应当得到进一步的加强，使得地方高校的发展得到来自学生家长更多的关注和支持。

在现阶段，鉴于校友和企事业单位对地方高校发展所起的作用相当有限，他们对地方高校外部治理的参与并不积极。具体而言，校友和企事业单位对地方高校发展所起的作用主要体现在对其就业工作的促进和办学经费的扶持两个大的方面。在高等教育大众化的背景下，高校毕业生的就业问题，尤其是地方高校毕业生的就业问题已经成为当代中国不可忽视的重要社会问题之一。校友在为母校的就业问题积极地贡献自身的力量的情况下，应主动去关心母校人才的培养质量问题，力争在地方高校的治理中发挥出自身的作用。在高校毕业生就业形势日趋严峻的情况下，地方高校的就业部门也要大力加强同校友们的联系，充分发挥他们在为学弟、学妹解决就业问题方面的积极作用。

同时，校友和企事业单位对大学发展的支持还体现在他们对地方高校提供部分办学的经费。现在，我国高校经费主要靠国家财政性教育经费，而社会捐赠和集资办学经费甚少。2001年，国家投入经费666亿元，社会捐资和集资办学经费只有17.4亿元，社会捐赠在高校经费总额中只占1.4%。美国高校，尤其是一些名校相继建立了捐赠基金，1998年度名列美国前三名的哈佛大学、德州大学和耶鲁大学捐赠基金规模分别达130亿美元、77亿美元和66亿美元，2002年耶鲁大学捐赠资金总额达105亿美元，其收入占学

校总经费的28%，麻省理工学院预算收入中的拨款已由20世纪80年代的60%降至2000年的40%。英国高校捐赠约占经费来源的7%，日本公立高校的私人捐赠占学校总收入的15%，私立高校则高达50%。从对比中可以看出，在当代中国，校友和当地的企事业单位在资助地方高校办学方面还有很长的一段路需要走。

（二）内部治理中的突出问题

具体而言，地方高校内部治理中的突出问题主要体现在以下三个方面：

（1）党委会和校委会之间权力的争夺。在地方高校的内部治理中，起主导作用的是党委会和校委会两种力量。在现阶段，高校的管理体制是党委领导下的校长负责制，党委会和校委会应当互相配合，各司其职，才有可能实现高校治理的高效率，取得比较满意的治理效果。但是，党委领导和校长之间缺少严格的界定，权责划分不明，容易导致管理的缺失和混乱。事实上，党委在保证学校的办学方向，贯彻党的路线方针，学生的思想政治教育，对行政机构的执行工作进行监督方面有其独有的优势。在我国大学中，哪些事该党委管，哪些事由行政管，没有一个明确的标准。因此，在现实中，为了取得对学校发展中重大事项的最终决定权和执行权，党委会和校委会之间的竞争多于合作，争夺的结果可能是实现两者的共治，或者是一方居于主导地位，而另一方处于从属地位。在处于内耗的情况下，学校治理的效果必然会大打折扣。

（2）行政权力和学术权力在地方高校内部治理中的失衡。随着改革开放的深入推进，目前由于市场经济的影响，经营主义、市场主义等诱使或强化了高等学校内部管理的行政化，导致行政权力强化，学术权力弱化，以至于行政权力取代学术权力。同全国性的高校，即部属高校相比，中国的地方高校中的学术权力更是难于同行政权力相抗衡，从而使得学术权力在学校的治理中处于非主导性的地位。在这一点上，特别突出的一个现象就是，在学校内部空出一个处级岗位时，就有数十位教授或副教授去竞争，以便能够在今后的发展中取得更多的资源。不可否认的是，无论是行政权力，还是学术权力，只有在各自的范围内发挥作用，学校内部治理的结果才能够比较理想。一旦它们越出各自发挥作用的范围

和领域，插手不该过问的事情，必将会导致治理效率的低下。

（3）普通的教师和大学生难以真正参与学校的内部治理。在当前地方高校的治理中，学校层面的权力明显大于基层的权力，校内的普通教师和大学生群体很少有机会参与到学校的内部治理中去。在自身的利益受到损害时，教师只能通过教代会的途径来维护自身的合法权益。教师为主体组成的教代会则是通过对事关学校发展、教职工根本利益等重大决策的民主参与和对各级领导干部的民主评议，以其广泛的群众基础和教学科研一线工作的信息优势，在大学治理结构监督层面起着民主管理和监督作用的。相对于普通的教师群体而言，大学生群体的合法权益更容易受到不法的侵害，他们参与学校治理的紧迫性就更为突出。但是，由于我国高等教育管理积累了诸多矛盾，再加上学生群体的特殊性，学生参与大学治理从应然走向实然还有很长的路要走，而这种矛盾与诉求必然在中国高校的管理中长期存在。所以，要实现大学生参与地方高校的治理并不是很容易的，这既离不开地方政府、高校的领导层逐步认识到大学生参与对学校内部治理目标实现的重要意义，也同一代代的大学生群体自身的积极争取是分不开的。

四、改善地方高校治理效果的对策

中国地方大学的内外治理之所以存在着上述突出的问题，是多方面因素综合作用的结果。其中最为关键性的因素则体现在现代大学制度的缺失、大学治理理念的落后和高等教育领域法律法规的不健全三个方面，而这三个方面均同地方高校治理中利益相关者的联系密切。在新的历史时期，要想实现地方高校治理效果的显著提升，使地方高校更好地履行自身所肩负的人才培养、科学研究和服务社会的职责，就必须多管齐下，而且要有长期奋战的思想准备，并着力做好以下几个方面的工作：

（1）现代大学制度的最终建立。现代大学制度既包括内部制度，也包括外部制度。前者是大学进行内部治理的组织结构和运行机制，包括内部权力体系、组织结构分层等；后者是社会宏观组织或大学系统外部形成的、对大学有影响和制约作用的权威制度形态，重在规范政府及社会与大学的关系，是直接影响大学运转的外部资源配置及权力体系。目前，真正意义上的现代大学制度尚未在快速发展中的地方高校中建立起来。在地方高校的治理过程中，现代大学制度的建设就必须兼顾内部制度和外部制度两个方面，而不能忽视其中的任何一个方面。就地方大学而言，首先是内部治理方式的变革，即逐步建立符合现代大学精神的组织管理制度，包括大学法人的治理原则和治理结构。从组织架构上规定并体现了大学法人与政府管理主体之间的相互权限和责任，以及相互制约关系。地方大学内部治理的制度安排直接牵制外部治理的效率，因此，通过内部治理结构调整走向建立现代大学制度是大学内部改革的最终目标。

在地方高校内部治理制度的建设中，大学章程的重要性是不言而喻的。大学章程是大学自主管理、自律约束及接受监督的基本依据，是我国高等教育法制体系的延伸和组成部分，它是大学内部管理行为总的规范，是党委、校长及董事会（或理事会）依法管理大学的总纲，也是师生参与大学民主管理的基本依据。因此，地方高校应当特别重视大学章程的具体执行和进一步修订完善工作，使其不致成为不起任何作用的一纸空文。

就地方大学而言，外部治理方式的变革重在打破地方政府对当地高校的垄断性控制，使得社会中的校友和企事业单位能够参与到外部治理中来，从而建立起通过当地社会各界以合作的方式来共同管理地方大学的外部组织管理制度。

（2）高等教育法律法规的进一步完善。在新的历史时期，为了进一步提高地方高校治理的效果，就必须继续大力推进高等教育领域法律法规的完善工作，以明确治理中所涉及的各个利益相关者的责、权、利，促使他们在各自的领域内各司其职，各负其责。对地方政府而言，高等教育法律法规的完善重在限制和规范地方政府参与地方高校外部治理的权力，使地方政府积极地向服务型政府的方向转变，在为地方高校提供必要的办学资源的同时，尽量减少对地方高校内部治理的干预，使地方高校尽可能地按照高等教育的规律办事，以便比较顺利地完成人才培养、科学研究和服务社会的三项社会职能。

对地方高校而言，高等教育法律法规的完善，一方面，重在进一步明确和扩大地方高校的办学自主权，使之真正成为拥有办学自主权的实体，摆脱地方政府的附庸地位；另一方面，则重在明确地方高校内部治理中各个利益相关者各自的责、权、利，促使他们在地方高校的内部治理中各司其职，各负其责，互相配合，减少不必要的内耗，促使地方高校的内部治理取得良好的效果。在此，以高等教育法的修订和完善为例加以说明。高等教育法虽然明确规定大学的地位、权利与义务，但实践中仍然存在许多可变量。在经费、人事、教育教学质量标准、学生招生就业、后勤保障等方面，政府的主导作用和大学自身权力之间仍然具有巨大张力。"权力"问题在此凸显。现在大家的感觉是，在管理决策权力问题上，"该放的没放，不该放的却放了"。

对社会而言，高等教育法律法规的完善重在赋予学生家长、校友和企事业单位在地方高校外部治理中的责任和权力，从而使得地方高校的发展更加紧密地联系社会发展的现实，能够更好地服务于当地经济社会的发展，而不致成为与世隔绝的象牙塔。

在推动地方高校内外部治理向有序、高效方面前进的过程中，高等教育方面法律法规的完善既有全国层面的，也有地方层面的，全国层面高等教育法律法规的完善也适用于部属高校，这体现了高校治理的一般原则；地方层面高等教育法律法规的完善则体现了地方高校治理中的特殊性，对部属高校内外治理的优化可能会有所启示。

（3）地方高校治理理念的逐步提升。要解决地方高校治理中的上述突出问题，学校治理理念的提升是不容忽视的。地方高校治理理念方面必须侧重于以下四个方面：

一是民主参与的理念。不论是在地方高校的内部治理还是在外部治理中，民主参与都是必需的。通过民主参与的方式来打破利益相关者中某一利益群体对地方高校治理的垄断性权力，使地方高校治理所涉及的所有利益相关者都有机会参与到治理的过程，从而实现社会整体利益的最大化。在强调民主参与的治理理念时，我们也不得不重视集中的原则。大学的领导者或管理者，不论他们是校长、院长、主任或学院团体，都应确

信大学的治理方式是寻求共识，而不是行政命令，这是绝对必要的。大学管理中的共识是基于主持学校工作的人在意见争执不下时拥有最终决定权的原则。这种拥有最终决定权的原则就是集中的原则。因此，在地方高校的治理中必须使民主和集中和谐共存，相得益彰。

二是学术自由的理念。在地方高校的内外部治理中，学术自由理念的推行就是为了真正地使地方高校中教师和学生这两大利益相关者的利益得到切实的维护。地方高校以知识的传承、发展和创新作为主要的任务，这与企业的生产和政府部门的行政管理活动有很大的区别，但又能够为企业的生产和政府部门的行政管理活动提供智力支持。为了确保知识的传承、发展和创新的顺利进行，就必须在地方高校的治理中创造出比较宽松自由的学术环境和氛围，地方高校内外的行政权力要尽量减少对学术事务的干预，给教师和学生以充分的学术自由。这样，地方高校的教师和学生就能够充分地发挥出学习和研究方面的积极性、主动性和创造性，从而在学习和研究方面取得更大的成绩和进步。当然，在地方高校内，教师和学生的学术自由也是相对的，他们在享受这种自由和权力的前提是对学校日常的管理制度的遵循。在此，想特别强调的一点就是，无论是在地方政府层面，还是在学校层面，以经费的提供为手段来对教师的研究和教学活动进行限制、控制和引导最终都不利于知识的传承和创新工作。

三是以人为本的理念。科学发展观的核心是以人为本，地方高校的发展离不开科学发展观的指导，而且要贯彻好以人为本的科学理念。在地方高校的内外部治理中，以人为本的理念主要体现在对治理中所涉及的各个利益相关者权益的尊重和维护，使治理的全过程中既有他们的积极参与，也受到他们的有效监督。为此，内外部治理中所涉及的重大事项都必须全面地征询各个利益相关者的意见，而不是在他们毫无知情的情况下就做出决定并加以执行。因此，可以说，以人为本的理念就是要求地方的高校治理必须体现出鲜明的服务性特征，即治理既是为各个利益相关者的权益的增进而服务的，也是为他们日益全面性的发展而服务的。这就要求内外部的治理不能脱离对利益相关者的调查研究，在全面调研基础上的对下一阶段的治理才能够做出科学的规划，这

样的治理必将因得到各个利益相关者的拥护而得以顺利推进，并最终取得良好的社会效益。

四是开放和包容性的理念。在当今的时代条件下，地方高校的治理不可能在封闭的条件下进行，而必须实行开放的理念。在地方高校治理的过程中，不仅对校外的利益相关者实行开放，而且也对校内的利益相关者实行开放。在开放理念推行的过程中，校外的利益相关者能够加深对地方高校在人才培养、科学研究、服务社会情况的全面而深入的了解，有助于提高其参与地方高校治理的水平和效果。同时，校内的利益相关者也可以自由地同校外的同行开展积极的交流，对自身学习和研究水平的提升，乃至于更好地参与到本校的内部治理都是有益的。在新的时代条件下，社会的价值观日趋多元化，地方高校也应当在治理中实行包容性的理念。不论是地方高校的内部治理，还是外部治理，都必须践行这种包容性的理念。在外部治理的进程中，认真践行这种包容性的理念，就有助于解决外部治理过程中不同利益相关者之间因价值理念不同而产生的分歧和矛盾，在求同存异的基础上能够兼顾好各方的利益，而不是以牺牲一部分相关者的利益来维护其他相关者的利益。在内部治理的进程中，地方高校践行包容性的理念，必将会在高校形成宽松和谐的环境氛围，从而激发广大师生员工在工作和学习中的积极性、主动性和创造性，对学校阶段性发展目标的实现也会起到极大的促进作用。同时，地方高校的内部治理中践行包容性的理念，对校内各个利益相关者权益的兼顾也是有好处的，而兼顾了各方利益的治理是比较容易推进的，效果也就会更为理想。

（4）努力实现办学资源来源的多样化。要将办学的自主权落到实处，减少自身对当地政府的依赖性，地方高校就应当努力实现办学资源来源的多样化，而不是仅从当地政府手中来获取办学的资源。这就要求地方高校必须做好校友方面的工作，争取广大校友对母校事业发展的鼎力支持。同时，地方高校还应当加强同当地企事业单位的多种形式的合作，积极争取这些企事业单位对学校事业的支持。其中，尤其是要加强同金融机构的合作。在地方高校最近十几年跨越式发展的进程中，商业银行信贷所起的作用是不容低估的。在地方高校的规模扩张基本告一段落之后，

办学质量的提升问题已经成为当前地方高校治理中必须正视的主要问题。而办学质量的提升涉及多方面的工作，自然离不开充足的办学经费，在筹措办学经费方面，地方高校依然离不开金融机构的大力支持。因此，继续加强同金融机构的合作对地方高校来说依然是极其重要的。

参考文献

［1］刘献君. 院校研究［M］. 北京：高等教育出版社，2008.

［2］Robert Birnbaurm. The end of shared governance：looking ahead or looking backm atter. www. usc. edu，July 2003.

［3］Susan Whealler Johnstan. Faculty governance and effective academic administrative leadership. New direction for higher education，Volume，2003.

［4］Gabriel E. Kaplan. Does governancem atter. www. cudenver. edu，2003.

［5］胡凌玲. 大学治理问题研究综述［J］. 企业家天地，2007（1）.

［6］胡仁东. 现代大学内部治理结构探析——基于影响力的视角［J］. 现代大学教育，2005（2）.

［7］潘海生，张宇. 利益相关者与现代大学治理结构的构建［J］. 教育评论，2007（1）.

［8］朱骞. 大学去行政化的思考——基于美、英大学治理的比较研究［J］. 中国农业教育，2011（1）.

［9］席酉民，李怀祖，郭菊娥. 我国大学治理面临的问题及改善思路［J］. 西安交通大学学报：社会科学版，2005（1）.

［10］韩呼声. 完善大学治理结构的思考［J］. 中国高等教育，2008（20）.

［11］姚叶. 中国大学治理面临的主要问题及其改善途径［J］. 湖南工程学院学报，2011（1）.

［12］李建涛，段文美. 高校教代会在大学治理中的作用研究［J］. 山西高等学校社会科学学报，2011（2）.

［13］唐娥，傅根生. 学生参与大学治理的空间与路径思考［J］. 高校辅导员学刊，2009（4）.

［14］韩淑霞. 大学治理中的章程问题［J］. 现代教育科学，2010（6）.

［15］刘晖. 地方大学治理：特征、理念与模式［J］. 教育研究，2008（7）.

［16］王全林. 依法治校——大学治理的基本保障［J］. 安徽理工大学学报：社会科学版，2008（4）.

［17］李家兴. 大学治理与高等教育质量［J］. 国际关系学院学报，2008（3）.

［18］米格尔·安吉尔·埃斯科特. 大学治理：责任与财政［J］. 教育研究，2008（8）.

深化教育体制改革试点，
完善中国特色现代大学制度，
推进特色鲜明高水平财经大学建设[①]

西南财经大学

（西南财经大学，四川 成都 611130）

改革大学内部治理结构，完善现代大学制度是高等教育体制改革的重要方面。西南财经大学作为教育部批准的国家教育体制改革试点高校之一，在完善现代大学制度理论和实践方面进行了一系列积极的探索。

一、提高认识，增强完善现代大学制度的责任感和方向感

现代大学制度的核心是在政府的宏观调控下，大学面向社会，依法自主办学，实行民主管理。中国特色现代大学制度就是建设适应中国国情和时代要求的现代大学制度。什么是有中国特色的现代大学制度，如何完善中国特色的现代大学制度，要有一个科学的认识和解读。我们认为，完善中国特色现代大学制度，必须坚持"一个原则"，把握"两个区别"，处理好"四个关系"。

（一）完善中国特色现代大学制度，必须坚持党委领导下的校长负责制这个重要原则

党委领导下的校长负责制是从现阶段我国国情出发，完善中国特色现代大学制度必须坚持的重要原则，也是依法办学、培养社会主义"四有"新人的重要前提。现阶段社会阶层多样化，国际与国内环境的复杂性都要求有一个统一的核心领导，必须强调党委领导下的校长负责制。坚持党委领导下的校长负责制，首先要坚持党的领导，坚持社会主义的办学方向；从实践看，坚持党委领导下的校长负责制，还要明晰行政与党委的职责边界。职责边界明晰是建立完善现代大学制度的重要条件，这样才能相互衔接、各司其职。坚持党委领导下的校长负责制，更要健全议事规则与决策程序，依法落实党委、校长各自的职权。同时还要完善大学校长选拔任用办法。

（二）完善中国特色现代大学制度，必须科学把握高校治理与企业治理、中国特色与国际经验的区别与联系，体现学校的个性和特色

20 世纪 80 年代以来，西方国家对公立大学采取类似企业的模式以完善其外部治理。如美国对公立高校实行的"州问责制"，强调在规划和评价活动中将院校绩效表现与州高等教育的预算相联系。根据利益相关者理论，公立高校需要向相关实体负责，即市民社会的问责（包括各种认证组织、基金会等）、市场问责（包括生源市场、就业市场、经费捐助方等）和政府问责。这三种问责实际上体现了学术、市场、政府三种权力之间的治理。换句话说，高校的治理是一种类似企业和公司治理的委托人与代理人的关系。这种治理结构鼓励公立高校实现主要拨款人（州政府）的政策意图，鼓励公立高校自我改善、不断提高学术水平，鼓励公立高校强化与教育产品消费者的关系，适应社会的需求。这种治

---

① 本文是教育部政策法规司主办的完善现代大学制度工作研讨会的经验交流材料，执笔人彭浩波、李雪。

理结构无疑在管理绩效方面具有优势。但也在一定程度上忽略了大学作为公益性和公共性的特殊文化组织的特点。中国特色现代大学制度建设必须符合大学的学术文化组织特性，必须遵循学术发展规律，必须有利于管理的科学、民主和效率。在我国，建立中国特色现代大学制度，要按照教育法和高等教育法的要求，紧扣"大学"二字，将高校治理与企业治理区别开来。一是企业立足于取得赢利，是以营利性为目标的组织机构，而大学立足于人才培养、科学研究、社会服务和文化传承的四大功能，担负起引领社会和发展社会的重任，是以社会公益性为目的的。二是企业严格按理性管理原则进行治理，如科层化的管理设置机构，明确的权限划分和清晰的责任分工，追求严格和理性层面上的高效率；而大学治理更强调潜移默化，强调和谐环境和人文氛围。我们不能完全用市场经济的观点来认识和治理大学，以市场经济的价值评判标准来衡量大学的价值，甚至照搬企业管理的方式来管理大学，将经济领域的一套生搬硬套到大学治理上，忽视大学的公益性、人文性和教育自身发展规律，都将最终导致教育本质的偏离。

现代大学置身于高等教育国际化的大背景下，其发展受国际大潮的影响不可避免。但现实经验表明，一味模仿他人就不可能实现自身超越。改革内部治理结构，完善现代大学制度，必须考虑到我国国情，探索既立足于中国文化传统和教育实际，体现中国特色的时代精神，又符合我国现阶段发展现状的中国特色现代大学制度。我国现代大学制度的建立和完善，是自上而下的改革，而非欧美等国家自下而上的改革。我国的改革是逐步推动，从部分试点到全面推开的渐进式的改革。中国特色现代大学制度应当是国际性和本土化的和谐统一。

伴随我国高等教育由精英阶段向大众化阶段，分层次错位发展成为大学的办学思路与战略诉求。强调学校的独特个性就要承认中国特色的现代大学制度在不同大学里表现形态的多样性。中国特色的现代大学制度应该是大学独特的历史传统、文化传承、精神追求的反应和概括，立足于各自不同的现实发展情况和发展目标，因而中国特色的现代大学制度应因校而异、各有千秋，充分体现了不同学校的个性和特色。

（三）完善中国特色现代大学制度，必须处理好现代大学治理中的"四大关系"

完善中国特色现代大学制度，必须解决学术权力与行政权力的关系、教授治学与教授治校的关系、党委与校长职责边界关系以及外部改革与内部改革的关系。

（1）学术权力与行政权力的关系。学术权力与行政权力是高等学校内部管理中相互制衡的两大基本权力。在现阶段我国大学与西方大学行政权力与学术权力相对的分离不同。我国高等院校特别是公立大学，往往学术权力与行政权力呈现两者界限模糊、相互混合，因而造成分工不清、职责不明、信息不畅。行政权力泛化，学术权力相对薄弱，教授治学的力度和渠道都不够，因而目前"去行政化"问题上，我们认为更多的是行政权力与学术权力达到均衡、共存互助和合理分工的问题。

（2）教授治学与教授治校的关系。《国家中长期教育改革与发展规划纲要（2010—2020年)》（以下称《纲要》）提出："要探索教授治学的有效途径，充分发挥教授在教学、学术研究和学校管理中的作用"。但我们目前关注教授治学，即对教授从事科学研究、学科建设、学术评价等事务方面关注较多，如大多数高校都建立了学术委员会、教授委员会，行政领导退出学术委员会等。但在教授治校，即教授在参与学校的治理，参与学校的管理方面发挥作用较少，甚至没有。

（3）党委与校长职责边界的关系。大学设立党委书记是中国大学制度的显著特征。改革开放以来，高校实行过校长负责制、党委领导下的校务委员负责制、党委领导下的校长为首的校务委员负责制等。但从实践上看，处理好党委书记与校长的责权界限是关键。党委书记和校长的各自职责权力应该清晰界定，界限明确才能职责明确。教育部政策法规司孙霄兵司长强调指出，目前我们坚持党委领导下的校长负责制，党委有职责，党管方向、管干部、管政党，校长有职权独立负责开展工作。

（4）内部改革与外部改革的关系。我国的教育体制改革，特别是现代大学制度的建立健全，必须解决好外部改革与内部改革的关系。从外部和内部两个方面克服行政化的倾向。从外部来讲，国家机关要减少对学校的管理。如学校要不要成立研究生院，如何组织招生，调整和设置哪些学科和专业，如何选编教材和组织教学，都应该由学校自主决定，国家机关和部门不应以行政权力进行干涉，也没有批准或不批准和下达多少指标的问题。政府作为管理者，作为投资一方，对大学具有领导权、调控权、监督权。从学校内部来讲，更要改革内部管理制度，提高管理效率，使行政机关、学校与院系的机构，从微观上讲要建立起为教师服务，为教师和学生建立起以人为本的环境的管理制度。从宏观上建立起适应为国家服务，对政府负责，在国家的教育方针、政策法规的指导下办学，为国家经济建设提供人才服务和智力支持的管理制度。

二、西南财经大学完善现代大学制度的实践探索

西南财经大学作为国家教育体制改革试点高校，将深化教育体制机制改革，加快建设现代大学制度作为重要任务。以试点项目为抓手，以内部管理体制改革为突破口，以管理信息化为支撑，以理事会制度为载体，以落实教师主体地位为保障，稳步推进教育体制机制改革，办学活力得到增强。

（一）深化校院二级管理三级架构体制改革，增强办学活力

我校内部管理体制改革主要围绕"两大核心"，理顺"三个层次"的关系，重点推进"四个配套"政策。深化内部体制改革以完善二级管理三级架构体制和改革人事及分配制度为两个核心，处理好学校和学院层次、学院内部层次和机关职能部门三个层次的关系，实施"财务管理、考核办法、管理制度、信息化"四个配套政策，理顺了学校、学院两级管理关系，扩大二级单位的办学自主权，重构基层教学科研组织，进一步明晰了管理权责，提高了管理效能，激发了各自的活力。

一是处理好学校与学院的关系，将学术性事务下放到学院（中心），将一些服务性事务集中学校处理，减轻学院负担，进一步强化学院（中心）在学校统一领导下的相对独立办学主体地位，激活学院（中心）面向市场办学的活力。

通过统计学院、工商管理学院、法学院等的先行试点，再全面推广到其他学院的方式，进一步明确了学校、学院二级的责权利的划分，赋予学院与职责相适应的人、财、物等项权利，进一步实施"放水养鱼"政策，实现管理重心的下移。二是理顺学院与系所之间的责、权、利关系。通过建立合理的人事分配制度，以及学院的二级预算财务制度，理顺了学院与下面的基层组织系所在教学、科研、管理上的关系。加强基层学术组织建设，激发基层组织活力，尤其是在教学科研上的活力。三是切实转变机关职能部门管理职能和工作作风。依据校院二级管理需要，界定机关职能部门职责，下放管理权力，优化管理流程，明确各部门的岗位数和各岗位的工作职能，转换机关职能部门工作作风，进一步提升职能部门管理服务水平。

（二）深化人事制度改革，加强师资队伍建设

学校将深化人事制度改革，建设有特色的师资队伍和管理队伍作为体制改革的重要方面。一是建立健全师资队伍和管理干部建设的各项规章制度。制订《海内外英才引智计划》和《领军人才成长计划》等人才引进和成长项目的具体实施方案，细化项目的建设目标和内容等。进一步修订完善《西南财经大学人才引进工作办法》、《关于进一步加强青年教师和管理干部培养办法》等一系列政策措施。二是注重师资队伍国际化，实施"海内外英才引智计划"，瞄准海内外知名学府，以海内外知名学府高层次人才为目标，进一步优化重点学科领域学术领军人才引进政策，加强大金融学科群和国家重点学科人才引进，探索学术团队成建制引进和项目合作引进方式，打造海外人才回国服务的良好平台，积极引进全职外籍教师。目前我校已经聘请了 7 位"海归"学者担任学院院长，有力地推动了学术的国际化进程。引进了 110 多位全职海归博士，150 多名国内知名高校博士毕业生。同时聘请海外讲座教授 50 多名、课程教授 70 多名。三是加快现代大学薪酬制度改革，完善薪酬制度，打通新老体制，探索协议工资制等灵活多样的分配办法。确立以岗位目标为管理重点、年薪为岗位价值体现的"年薪制"新型用人模式，强调以岗位价值为核心导向，通过高薪激励吸引人才。深

入人事分配制度改革，实施全员聘任和岗位津贴制度。

（三）创新学科发展机制，探求学科特区、学科群的建设机制

瞄准学科发展前沿和国家、行业及区域重大需求，结合学校发展战略，先后建设"金融研究院"、"经济与管理研究院"、"马克思主义政治经济学研究院"、"发展研究院"等学科特区，形成新型的学科发展机制。适应经济发展方式转变的要求，建立动态的学科调整与优化机制，把握未来学科发展的主动权。打破现有学科设置阻隔和体制性壁垒，组建学科群发展委员会，进行有效的学科资源整合机制。完善学科评价指标体系，引入国际通行评价模式，形成科学的学科评价机制。

（四）推进校园信息化建设，提高现代管理水平

《纲要》强调，"信息技术对教育发展具有革命性影响，必须予以高度重视"。西南财经大学信息化建设坚持观念的变革与技术创新互相促进，以信息化建设推动管理体制创新和管理水平提升。近年来将信息化建设作为提升学校整体管理水平的重要载体，统一规划，整体推进，以此为载体，实现了管理的精细化、规范化，从而全面提升了现代大学整体管理水平和行政效能。2009 年年初，设立了行政管理信息化、教学管理信息化、学生管理服务信息化和信息化标准四个工作小组，由各分管校领导、职能部门主管与信息化办公室共同建立信息化工作的咨询、决策和建设管理组织机构，设立信息安全和教学资源信息化工作小组，完善学校的 IT 治理机制。

2009 年由党委、学生工作部和信息化办公室牵头，汇同教务处、研究生部、财务处、就业指导中心以及后勤服务总公司等单位和部门，自主构建"学生工作综合管理系统"。基本实现涉及教务、财务、学工、户籍、就业和心理咨询等部门的学生数据集中，下一步将在图书馆、后勤饮食、医疗和宿舍管理的学生信息集成方面突破。

2010 年引入国际上开放式高校解决方案从学生一体化、教职工一体、IT 技术规范与标准和校园共享数据机制与基础架构。引进 ORACLE 组织人事信息系统和研究生一体化系统建设项目

已经逐步投入运行，继承、优化和改进了人事、研究生管理的管理流程，基本形成了适应校院二级管理的、开放的、可持续扩展的新一代信息化平台，目前正在进行系统的进一步整合和优化。下一步信息化建设将在基于下一代校园网的整合教育教学资源平台、内部信息管理更标准化、规范化和精细化、建立可持续发展的校园网服务体系、校园网安全系统和校园信息化数据安全体系等方面更进一步推动现代大学管理水平的提升。

（五）探索理事会制度，健全社会支持和学校长远发展的长效机制

扩大社会合作，探索建立高等学校理事会或董事会，健全社会支持和监督学校发展的长效机制，是建立现代大学制度的重要环节。我校在探索董事会和理事会制度上，首先在部分学院取得成功经验。2008 年 9 月，证券学院第一届理事会成立，确定了理事会工作机制，并制定审议了理事会章程，理事会两年间在对重大工作、发展战略规划等问题上发挥了很好的作用。2010 年财税学院等单位也在开放办学合作共建，建立理事会制度方面开展新的尝试。下一步，我校将发挥我校与金融系统历史传统和现实需求的天然渊源，以董事会和理事会为纽带，吸纳原主管部委、重要金融机构，合作方企业代表、著名学者和社会进步人士进入学校的最高管理层，建立不同性质的基金，组建基金群，进一步探索高校董事会制度和社会力量支持和监督学校发展的创新模式。鼓励更多的学院以理事会方式合作共建，实现高校与科研院所、社会团体资源共享，协同创新的有效机制，推进中国特色现代大学制度建设。

（六）加强教师主体地位，营造尊重学术氛围

进一步健全党委常委会、全委会和党政联席会，完善"三重一大"事项的决策机制，注重政策的稳定性、持续性、民主性和科学性。探索教授治学、教授治校的有效途径，建立健全学校、学院教授委员会，对学术委员会成员结构和职能进行调整，校长等行政管理者退出学术委员会，同时增加了青年优秀人才加入，扩大了学术委员会在支持学生学业成长、职称评审等方面的职能，如将教授职称评审权交给学科组，副教授职称评审权交给学院。充分发挥教授在教学、学

术研究和学校管理中的作用，营造宽松的学术环境氛围。同时，加强了党员代表大会、教职工代表大会、学生代表大会、工会等制度建设，完善了党代会和教代会提案制，党代会和教代会责任制，在规模较大、教职工人数较多的二级单位建立二级教代会，集中解决了一批教职工关心的实际问题，进一步提高了民主决策、民主管理和民主监督水平。

突出广大师生在学校发展和建设中的主人翁地位。给予师生员工参与办学的主动权，通过各种形式听取师生员工对学校办学理念、教学、科研、管理等方面的意见与建议，并建立信息反馈机制。如通过论坛和聚会的形式，与学生在线网络交流。在对学校重大事项决策前，尤其是事关师生切身利益的重大问题，坚持公开、透明原则，坚持正当程序原则，增强师生的主人翁责任感，增强了学校发展的凝聚力，为完善现代大学制度营造了良好氛围。

三、进一步完善现代大学制度的对策建议

（一）加强章程建设，探索现代大学制度新思路

大学章程是大学的基本法，是高等学校依法治校、实施管理和履行公共职能的基本准则，高等学校以章程为依据制定内部管理制度及规范性文件、实施办学和管理活动、开展社会合作。当前要完善现代大学制度，实现大学治理的法制化、民主化，当务之急是要尽快启动大学章程的制定。

大学章程的制定既要考虑到继承学校的历史与现状，也要考虑到学校发展战略和长远目标，为今后改革发展留有适当空间。大学章程的制定既要学习借鉴世界一流大学的管理理念与管理经验，也要充分考虑和尊重我国的政治制度、经济社会发展等现实因素。因此，章程建设要根据实际情况因时制宜，因校而异，并在发展过程中不断修改完善。

（二）进一步探索高校与地方政府共建合作、协同创新的长效机制

高校加强与政府、企事业单位的合作共建，

不仅是促进科技发展，建设创新型国家的需要，也是大学自身发展的需要。教育如何切入经济、科技、文化等领域并产生良性互动，是改革大学内部治理结构、完善现代大学制度的重要内容。

从重大前瞻性科学问题、行业产业共性技术问题、区域经济与社会发展的关键问题以及文化传承创新的突出问题出发，鼓励高校充分发挥多学科、高水平的科研综合优势，与各级政府、企事业单位等各种创新力量开展深度合作、合作共建，形成协同创新的战略联盟，形成"多元、融合、动态、持续"的协同创新模式与机制，培养各行业的拔尖创新人才，建设合作共建的学术高地、行业产业技术研发基地和区域创新发展的引领阵地。探索高校与地方政府、科研机构合作共建、协同创新的长效机制，将合作共建长期化、制度化，强化持续创新能力，形成一个强大的持续创新系统。

（三）落实政府和企业责任，加大免税和补贴支持

完善现代大学制度要增强高校办学自主权，减少政府部门对高校行政干预；同时政府也要转变职能，加强政府政策性宏观调控和对教育的服务，落实好责任和义务。如加拿大政府始终把教育投资置于公共投资的重点和优先领域，通过转移支付、学生贷款计划、职业培训计划和科研合同等对教育进行宏观调控。通过实施贫困地区教育补贴专款、双语教育专款、社区教育均衡拨款等落实政府确保教育公平性的责任；为教育发展提供了大量有效的税收优惠政策，如政府为了鼓励私人、企业等社会各个阶层对教育的捐助，不仅为捐助者提供税收优惠，而且提供与捐资同等数额的配套资金。规定学校为非税单位，对学校所从事的商业活动，除货物与消费税（联邦税）外全部免税；制订了多项学生家庭教育储蓄税收减免计划。这些都对我国转变政府职能，落实政府企业和社会各层次责任具有很好的借鉴作用。

参考文献

[1] 袁贵仁. 建立现代大学制度，推进高教改革和发展 [N]. 光明日报，2000 - 02 - 23.

[2] 王素娟. 美国公立院校的州问责制 [M]. 北京：知识产权出版社，2010.

大学内部治理的国际视角

——美国大学章程浅析

魏 薇

（西南财经大学 高等财经教育研究中心，四川 成都 611130）

摘 要： 大学章程是大学自主办学和外部对大学实施影响而协商的产物，反映了大学和社会特别是和政府间的关系，彰显着大学的使命要求。美国大学章程与美国法治社会及现代高等教育管理制度相适应，具有鲜明的本国特色和时代特点。本文分析了美国大学章程的历史发展及特点构成，期望对我国大学章程的制定、促进现代大学制度的建设有所启示和借鉴。

关键词： 美国；大学章程

美国的高等教育在全世界范围内长期居于领先水平，美国众多一流大学已经成为现代大学发展的典范。这些大学经过长期历史积淀而形成的一整套管理规范已经成为现代大学制度的范式。在美国，无论公立大学还是私立大学一般都有自己的章程，这些章程具有高度权威性和严肃性，具有管理和治校的良好氛围。

美国的大学章程不是一般的管理制度，在高校拥有"宪法"般的效力。大学章程是学校依法治校的基础和保障，它能使学校的各项事务做到有章可依、照章办事、违章必究。大学章程还是学校对外沟通交流的桥梁，是展现学校办学特色和形象的重要窗口，学校的宗旨、校训、校徽等都会直接影响学校的内在和外在形象，昭示大学的发展潜力及未来前景，进而影响学校的招生、就业等工作以及教职工的精神风貌。因此，研究优秀先进的大学章程，对完善我国大学章程体系有着重要的意义。

一、美国大学章程的历史溯源

美国是一个法治国家，教育法规体系十分健全。美国的高等教育立法涉及高等教育的方方面面、内容非常丰富。可以说，大学章程是美国大学发展的产物、是美国高等教育以法治校的必然结果。从大学章程最初的起源——特许状，就可以看出大学章程具有深厚的法律渊源。

（一）大学特许状

美国最早的大学章程可以追溯到殖民地时期由英国王室或殖民地议会为学院颁发的、具有法律效力的特许状。特许状不仅规定了美国学校管理、教师聘任等内容，更重要的是以法律的形式确认了学校存在的依据。特许状体现的是政府和公共团体之间的一种契约关系。任何单一大学的建立，或者高等教育的崛起与振兴，都是在先通过生成法律的前提下诞生的。发源于殖民地时期学院的美国大学，其最初的合法性也是源自特许状，如 1636 年成立的哈佛学院于 1650 年获得马萨诸塞议会为其颁发的特许状，威廉玛丽学院于 1693 年得到英国皇家特许状而成立。

（二）大学章程

美国大学的章程以特许状为基础演变而来，如建立于殖民地时期的那些后来成为世界著名私立大学的大学章程就起源于英国王室或殖民地议会颁发的特许状。而美国独立后成立的私立学校，其创办要得到当地州政府的签准，因此，其章程制定及其法律效力渊源于本州的相关法律法规。对公立院校来说，通常由各州议会通过立法而建立，大学章程的法律效力一般源自联邦或州立法。

大学章程主要可以从总刚性原则、执行性细则和特色规定三个方面来划分。

（1）总刚性原则是大学的办学使命和目标。杨福家在评述耶鲁大学的使命时说："初看耶鲁大学的基本使命（保护、传授、推进和丰富知识与文化），似乎只是词语的堆砌，但是仔细品味，就能了解，假如使命只有传授知识，那么它就对美国近4000所大学与学院都适用；若加上推进和丰富，只有3%的大学能够胜任；再加上'文化'二字，就只剩1%；至于能够涉及保护知识和文化的，只怕不足3‰。大学的使命要有差别性、特殊性，如果一所大学的使命什么学校都能用，那它的表述就很不贴切了。"

大学章程要描述大学的未来发展蓝图，规划大学自身发展的中长期目标，这种规划是基于法治精神的一种制度性保障。美国密歇根州立大学在章程的序言中指出，作为政府赠与地的学校，其职责是提供农业、工业及其他课程的自由性及实践性教育，为学生的学术生涯和职业生涯做准备。康奈尔大学的章程规定，学校的主要任务是为了推动学校工业课程的自由和实践教育，学校主要教授与农业、机械相关学科的知识，包括军事战略等。

（2）执行性细则是把大学的使命与办学目标通过制度安排实现并固定下来。大学的管理与运行是一般大学章程都会有的基本框架内容，主要有：决策机构、执行机构、学术机构、职权、程序、学生、教师、学校日常运行管理、特殊情况处理等。

在美国，董事会是大学的最高决策与审议机构，大学章程规定了董事会的规模、职责、组织结构、选拔和任期等，董事会的作用还包括选择校长、监察教授职位的聘用和高级行政职位的任命等。董事会一般都下设一些委员会，章程要针对各自的不同职能对其职责做出具体的规定。如芝加哥大学章程规定，董事会拥有大学的最高决策权，大学校长向董事会负责，并执行董事会决策。大学管理需重视教授的作用，学校重要的权力机构都吸收教授加入。如耶鲁大学章程规定，

每个学院的终身教授同时是行政人员，他们和校长、教务长、院长一起组成终身职员理事会。该理事会是学院的管理机构，处理有关教育政策、学院管理的事情。

（3）特色规定则是各个学校根据自身特色以及客观情况制定的一些适用于本校的特色规则。这个规定尤其存在于美国诸多名校那"冗长"的规则当中。

大学章程一般还对学校的名称、校址、印章、规模、学科门类设置和教育形式等做出具体的规定。表明办学要有稳定性，涉及使命、目标及与之相关的具体内容不宜轻易改动。

二、美国大学章程的特点

美国大学章程的特点因学校性质不同而有差异，也正说明了章程具有反映学校个性特点的重要特性，可以说章程是学校的身份证。从美国大学章程的历史发展和法律渊源上分析，无论是公立大学章程还是私立大学章程都具有以下共同特点：

（1）法律特征明显。美国大学章程起源于英国王室颁发的特许状，特许状体现的是政府和公共团体之间的一种契约关系。任何单一大学的建立，或者高等教育的崛起与振兴，都是在先通过生成法律的前提下诞生的。章程的制定机关一般为州一级的议会，但是其制定不会脱离于联邦的法律规定。如1862年通过的联邦法律《莫里尔法案》，经历了四年半的立法过程，受益于此的著名大学如加利福尼亚大学、伊利诺大学、康奈尔大学、威斯康辛大学、麻省理工学院等，均在各自的大学章程中自然而然地在法律性上追根溯源到这里。由于美国的国家历史短于州的历史，州立法制度的丰富性与多样性是联邦立法制度不可比拟的，同时美国是一个联邦制国家，美国宪法规定了各州议会是州的立法机关。就美国各州议会的教育立法而言，教育法案的立法相对于其他法案的立法具有很大的一致性和相似性，无论在程序还是规则等方面都是如此。于是，在各州公立大学的章程中，总是将大学章程的出处标明，引用于哪章、哪条的州教育法中。从殖民时期开始延续的最新版的任何大学的章程，都是由州的议会，以法案形式批准的，成为州法律的

一部分。

（2）提供了完整的制度体系。一个健全的法治社会，并不意味着人民做每一件事情的具体步骤都要写进法律法规中，这种法律的程度，体现在美国法律系统中的层层关系，如宪法与普通法的关系，州立法案与联邦立法，再到地方区域自治契约的关系，这样也造成了美国的大学章程作为健全的法治社会的诞生品，更具有了一层社会宪法的含义。很多的大学章程都对大学管理中权力机构的划分进行了法律上的切割，即董事会享有哪些权利、理事会或者执行机构享有哪些权利、最终的司法诉讼又必须通过怎样的途径等。作为纲领性文件，在大学章程中规定各类组成部分的权利与义务，面对错综复杂多样变化的大学治理实际问题，只是做到抓住内外几个关键环节的重点；然后针对每种关系与利益组织进行规范，提出原则性规定，规定下一级别的法律法规由何而来，怎样操作，进而将各种行为细则下放到下一级规章中去，很好地做到了法律力求抓住重点与关键性环节，既不遗漏问题，又能不陷入繁文缛节之中的特点。

（3）修订频繁。大学的发展随着大学自身条件和社会环境的变化而变迁，西方国家的大学章程也会随着大学的变迁而不断撤销、修改，基本上每年都对大学章程进行更新。密歇根州立大学在其章程的开始部分提到"章程自 1965 年 12 月 16 日起生效，于 1977 年 10 月 28 日；1979 年 1 月 25～26 日；1980 年 1 月 24～25 日；1990 年 7 月 20 日；1994 年 10 月 7 日；1994 年 12 月 9 日；2000 年 10 月 13 日和 2003 年 1 月 10 日修订"。近年来，康奈尔大学章程修订的时间分别为 2005 年 1 月 25 日、2007 年 1 月 27 日、2008 年 5 月 24 日，最新版本的康奈尔大学章程距上次章程修订的时间仅隔了一年零四个月。同样，最新版的麻省理工学院章程（2008 年 3 月）与上次章程修订的时间相隔一年半。而加州大学在其章程的最后一段特别附上一份由学校基金会秘书签字的章程修改证明书："2006 年 6 月 1 日召开的董事会会议同意修改章程的第十章第一节的第（f）条，修改后的章程于 2006 年 6 月 1 日生效。"这种比较频繁地对章程的修改，有利于章程与实际情况的吻合，从而有利于章程的贯彻、执行。

而且章程的修订并不是随意性的，是严格按照章程规定的修订程序进行修改的。康奈尔大学对章程的制定与修改做了明确的规定。康奈尔大学章程第 25 条规定："只要多数董事同时出席并投赞成票或者三十张一致票，这些规章都可以在任何董事会会议上被修改。但至少须在会议前五天通知董事会成员，并呈递要修改的内容。"可以看出，康奈尔大学章程的修订有严格的程序规范，体现了大学章程的严肃性、合法性和民主性。

三、美国大学章程的借鉴意义

（一）决策权与执行权的分离

执行权是决策的一种后继方式，行政执行要求依据决策所规定的目标、方向和步骤来进行，整个执行过程中都存在着目标导向，一切行政措施或行为都是为了保质保量地实现决策目标。因此，大学章程必须明确领导决策体制和内部管理、监督机制，才能更有效地实现决策目标。美国大学由校董事会制定学校的大政方针，校行政领导负责实施，校董事会监督结果和最后核准，决策执行两权分离，相互牵制。

（二）行政权力与学术权力的平衡

行政权力与学术权力是政治与学术的关系在大学内部的表现，其实质是学术自由问题。学术自由是现代大学的基本理念，而学术自由离不开学术权力的保障。大学应当合理规范学术行政权力发挥作用的领域和范围，形成有机分工、相互配合、相互制约的均衡状态。在美国大学中，各层级的教授会是学术权力机构，掌握着学术管理决策的绝大部分权力。教授会几乎包揽了包括制订整个大学的学术方针、政策、规划及评聘、任命教师在内的所有学术事务的决策权，充分体现了教授治校的办学理念。

（三）领导职权与机构设置

在领导职权和机构设置问题上，美国大学更倾向于对前者的明确，比如耶鲁大学章程对校长、教务长及分管副校长的职责权限规定得非常具体、详细，便于问责，但却无相应科室机构的设置和职责表述。该章程表示，必要时可以给领导者配备若干助理人员，但却并未提及设置科室及配备科长、科员等。美国的大学副校长，根据章程必须是事必躬亲，兼任其所管辖的专业委员会秘书、顾问或出纳等。

（四）发展大学与外部的良好关系

美国的大学章程中都会明确指出大学与社区关系事务由一名专职的副校长负责，足以见得大学对其与所处外在环境的关系的重视程度非同一般。从大学长远发展的角度出发，所处社区的环境会直接或间接地影响大学的内部环境，甚至会关系到大学的前途发展。与外部联系更紧密的一种方式就是校友会。美国许多高校其强大的财力，部分来源于校友会近乎无私的支持。校友可以"参政议政"，如耶鲁大学专门成立了由企业家、社会名流组成的大学参议会，学校会定期地将战略规划告诉大学参议会的各位成员，让他们以各自的专业眼光来判断学校决策的可行性。

我国的大学章程建设应在借鉴国外经验的基础上，继承我国古代的大学章程的发展渊源，坚持古为今用、洋为中用的原则，在政府、社会和学校各方面的支持下，在专家、学者及各界人士的实践与探索中，使大学章程得以完善和发展。

参考文献

［1］The Yale Corporation By - laws（As Approved by the Corporation，September 28，2006）

［2］Harvard Charter of 1650. Held in the Harvard University Archives（UAI 15. 100）［DB/OL］. http://hul. harvard. edu/huarc/charter. html.

［3］Yale's history［DB/OL］. http://www. yale. edu/about/history. html.

［4］Articles of Incorporation，Bylaws & Statutes［DB/OL］. http://trustees. uchicago. edu/articles/index. shtml.

［5］University Charter&Bylaws［DB/OL］. http://www. cornell. edu/trustees.

［6］Neave，Guy. "The European Dimension in Higher Education：An Extension into into the Modern Use of Analogues," in J. Huisman，P. Maassen and G. Neave（eds.），Higher Education and the Nation State：The International Dimension of Higher Education（Oxford：Pergamon，2001）.

［7］Bylaws of Cornell University（2008 - 05 - 24）［EB/OL］. https://trustees. cornell. edu/cornell bylaws. pdf，2011 - 02 - 25.

［8］杨福家. 大学的使命与文化内涵［J］. 新华文摘，2007（23）.

图书在版编目(CIP)数据

高等财经教育研究:2011 年高等财经教育论文集/赵德武主编 . —成都:西南财经大学出版社,2012.6

ISBN 978 - 7 - 5504 - 0655 - 1

Ⅰ.①高… Ⅱ.①赵… Ⅲ.①财政经济—高等教育—教学研究—中国—文集 Ⅳ.①F8 - 4

中国版本图书馆 CIP 数据核字(2012)第 110133 号

高等财经教育研究:2011 年高等财经教育论文集

赵德武 主编

责任编辑:张明星

助理编辑:涂洪波 赵 琴

装帧设计:穆志坚

责任印制:封俊川

出版发行	西南财经大学出版社(四川省成都市光华村街55号)
网　　址	http://www. bookcj. com
电子邮件	bookcj@ foxmail. com
邮政编码	610074
电　　话	028 - 87353785　87352368
印　　刷	郫县犀浦印刷厂
成品尺寸	210mm × 285mm
印　　张	26
字　　数	760 千字
版　　次	2012 年 6 月第 1 版
印　　次	2012 年 6 月第 1 次印刷
书　　号	ISBN 978 - 7 - 5504 - 0655 - 1
定　　价	58.00 元